# ON COURSE WORLD STUDY GUIDES
# SERVICIO DE INFORMACION AL LECTOR

Le podemos enviar GRATIS información sobre cualquiera de los cursos o los colegios listados en la guía. Indique sus detalles más abajo y envíe esta tarjeta.

Nombre :                                País:

Tipo de curso de interés: (Ingeniería, Lengua inglesa etc):

Nivel (Postgrado, Licenciatura, curso corto):

Su Dirección:

Colegios o universidades de interés:

1.

2.

3.

☐ *Es posible que también reciba información sobre cursos relacionados de otras instituciones. Marque la cajetilla si no quiere recibir esta información.*

---

# ON COURSE WORLD STUDY GUIDES

Si desea recibir más información GRATIS sobre Sunderland University (detalles p424), rellene su nombre y dirección más abajo y envíe esta tarjeta.

Nombre:

Dirección:

Free Information Service (SP99)
On Course Publications
121 King Street
London
W6 9JG
Reino Unido

Lesley Brown
Sunderland University
Unit 4, Technology Park
Chester Road
Sunderland, SR1 3SD
Reino Unido

# WORLD STUDY GUIDE

# Gran Bretaña

ON COURSE PUBLICATIONS

En asociación con

## UCAS

# Contenido

**Editores:**
Jeremy Hunt, Mike Elms

**Editora:**
Irune Gonzalez

**Asistentes de la editora:**
Kirsten Chapman, Sara El Nusairi, José Gilly

**Equipo De Edicion:**
David Pievsky, Cheryl Roberts, Yolande Taylor, Chris True

**Ventas de Publicidad:**
Clare Cunningham, Rashné Todywala

**Diseño y Composición:**
Colleen Chong, Angela Jenkins

*Los editores de este libro hicieron grandes esfuerzos para asegurarse que la información contenida en la guía esté correcta en el momento de la publicación y no pueden aceptar reponsabilidad por ningún error u omisión. Los colegios se reservan el derecho de cambiar sus curriculums, el contenido de sus cursos y sus precios en cualquier momento.*

ISBN 1 898730 35 0
© Elms Hunt International Limited 1999

On Course Publications
121 King Street, Londres W6 9JG UK
Tel: 0181 600 5300 Fax: 0181 741 7716
E-mail: jeremy@oncourse.co.uk
Página Web: www.oncourse.co.uk

# Uso de la Guía

En tan solo una isla, Gran Bretaña tiene una de las más notables concentraciones de excelencia académica del mundo. Las famosas universidades de Oxford, Cambridge, LSE e Imperial se siguen destacando por sus investigaciones científicas, pero incluso si no piensa ganar un futuro Premio Nobel, Gran Bretaña tiene mucho que ofrecer en el campo de colegios, cursos y ambiente estudiantil, el más vibrante de toda Europa. Gran Bretaña tiene miles de estudiantes de todo el mundo, por una parte por el idioma, y por otra parte por la imagen moderna de Londres como meca de la moda callejera. A muchos les entra una gran afición- por el país y no quieren regresar a sus casas cuando los cursos se acaban. Si usted quiere encontrar información sobre cualquier curso, sea un cursillo de diseño de muebles o un doctorado de investigación sobre ingeniería ambiental, esta guía tiene posiblemente toda la información que pueda necesitar.

## Estructura de la guía

Las guías mundiales de estudio de On Course están diseñadas para darle toda la información que pueda necesitar para que su experiencia de estudiar fuera de su país sea un éxito. Si no es británico, las primeras secciones de las páginas 25 a 40 le darán toda la información necesaria sobre el sistema de educación británico. Incluye los requerimientos de visados e inmigración, y los aspectos de la cultura británica que puede que no le sean familiares. Si es

británico o vive en Gran Bretaña, igual prefiere saltarse esta sección.

Esta sección está seguida por el "A - Z de cursos", que tiene capítulos sobre los principales temas que Vd. puede estudiar. Estos capítulos incluyen información sobre los programas de títulos universitarios y cursillos vocacionales cortos. Desde un Master en Literatura Inglesa hasta un cursillo de secretariado de cuatro semanas, encontrará aquí varios cursos detallados para darle una idea de lo que se ofrece. Sin embargo no es una lista totalmente incluyente.

Hay tantos miles de cursos y cursillos en diferentes sitios de la Gran Bretaña que sería logísticamente imposible incluir detalles de todos en un libro de este tamaño. No obstante, los temas principales de estudio ofrecidos por las distintas instituciones de enseñanza superior están nombrados en la última parte del libro, de la página 468 a la 486. Utilice esta lista para hacerse una idea más completa de lo que se ofrece.

Los capítulos de la A - Z de cursos también contienen tablas que muestran cómo se situaron las instituciones de enseñanza superior en inspecciones independientes sobre calidad de enseñanza y capacidad de investigación. Tenga en cuenta que no todas las instituciones han sido examinadas en relación a todos sus cursos, y por lo tanto las tablas no están completas. Una vez más, utilice el directorio de cursos para hacerse una mejor idea. Las tablas solo incluyen la enseñanza superior. Para los cursos vocacionales y los de educación secundaria no existe ninguna escala de calificación independiente y lo mejor es visitar el colegio antes de inscribirse para asegurarse de que satisface sus requerimientos. La siguiente sección contiene descripciones detalladas de una selección de colegios y universidades de Gran Bretaña. Lea esta sección para hacerse una idea de las universidades que esté considerando, y para informarse de temas importantes, como por ejemplo si es una universidad con campus o está situada en una ciudad, en cuáles materias es particularmente fuerte y si las instalaciones son de su gusto. También puede encontrar más información en la página web de On Course (www.oncourse.co.uk) o la de UCAS (www.ucas.ac.uk).

Si lo desea, se le puede enviar gratis, por correo, un folleto de cualquiera de las universidades o colegios mencionados en la guía. No tiene más que rellenar la postal de Servicio de Información al Lector que encontrará al principio de la guía. Escriba su nombre y dirección junto a los nombres de los colegios que le interesen y envíelo a On Course. Hemos observado ciertas generalidades en toda la guía por razones de consistencia y brevedad. Todas las direcciones de Internet omiten el "http://" y empiezan con "www" seguido por la dirección. Todos los números de teléfono están escritos como si llamase desde el RU salvo algunas excepciones. Si su llamada es internacional necesita añadir el código internacional + 44 para el RU antes del número facilitado, omitiendo el primer 0. A partir de Abril del año 2000 habrá una serie de cambios en los códigos de teléfono del RU en Coventry, Cardiff, Portsmouth, Londres, e Irlanda del Norte. Además todos los números locales en estas regiones tendrán 8 dígitos. Para los nuevos códigos de teléfono vea la tabla más abajo.

Recuerde que si tiene alguna sugerencia para la próxima edición de esta guía, no dude en ponerse en contacto con On Course en el RU teléfono 0181 600 5300, 0181 741 7716 (fax) o jeremy@oncourse.co.uk (Email). Las mejores cartas recibirán gratis una copia de la edición del año que viene. O bien, si lo prefiere, de cualquier otra guía de On Course.

### Nuevos Códigos de Teléfono, a partir del 22 de Abril 2000.

| Región | Código | Número local de 8 cifras que empieza por | Ejemplo |
|---|---|---|---|
| Londres | 020 | 7/8 | 020 7 1234567 020 8 1234567 |
| Cardiff | 029 | 20 | 029 20123456 |
| Coventry | 024 | 76 | 024 76 123456 |
| Portsmouth | 023 | 92 | 023 92 123456 |
| Southampton | 023 | 80 | 023 80 123456 |
| Irlanda del N. | 028 | Varía según la zona | |

# Gran Bretaña y los británicos

A pesar de la opinión que tenga de Gran Bretaña y los británicos, la diversidad de sus personas, lugares y culturas le sorprenderá. Los británicos son típicamente conocidos por su cortesía, su discreción, su excentricidad, su peculiar sentido del humor , su arrogancia, su inabilidad para dirigir películas (aunque tienen unos estupendos actores y actrices). ¿Le extraña? ¡Pues le extrañará! Hasta el nombre de los sitios le puede dejar perplejo. ¿Debería Vd. decir que se va a estudiar a la Gran Bretaña, al Reino Unido (RU) o Las Islas Británicas? Bueno, pues depende a lo que se refiera. Gran Bretaña es simplemente Inglaterra, Gales y Escocia; el Reino Unido es Irlanda del Norte, Inglaterra, Gales y Escocia, y Las Islas Británicas se refiere a Irlanda del Norte, la República de Irlanda, Gales, Escocia e Inglaterra. En esta guía nos referimos al RU en general o a Gran Bretaña cuando no incluimos Irlanda del Norte.

Recientemente, con el establecimiento de la Asamblea Galesa y el Parlamento Escocés, (vea p 13) ha habido mucho debate sobre las identidades regionales. Algunos dirían que el Reino Unido no está nada unido. En realidad hay cuatro países, cada uno con su propia bandera, su identidad, sus tradiciones e incluso sus idiomas antiguos. A pesar de que existan desacuerdos sobre las funciones políticas de Escocia, Gales e Irlanda del Norte todos tienen políticas fijas. Sin embargo las fronteras que marcan el Norte, los Midlands y el Sur son tema de discusión inagotable y sus habitantes tienen fuertes opiniones de si son del "norte" o del "sur". El mapa (página 8) indica estas divisiones e indica tambien las zonas administradas por gobiernos locales.

Dondequiera que decida estudiar - sea St Andrews en Escocia, Cardiff en Gales, Manchester en Inglaterra o Queen's en Belfast - tendrá un acceso facil tanto a las ciudades, como al campo y a la costa. Y solamente distará de un viaje en tren del resto de Europa.

Puede que ya tenga varias imágenes del típico británico - quizás un hombre de negocios

SCOTLAND

NORTHERN
IRELAND

REPUBLIC OF
IRELAND

NORTH

MIDLANDS

WALES

SOUTH EAST

London

SOUTH WEST

*El Reino Unido*

con su bombín, la Reina, o quizás las Spice Girls - pero probablemente le sorprenderá la diversidad de estilos de vida, personajes y naciona-lidades que encontrará.

## INGLATERRA

Si acaba de llegar a Inglaterra, igual encontrará más fácil si divide el país en zonas grandes, como las indicadas en el mapa. Estas zonas se distinguen por sus variados paisajes e industrias e incluso por las características estereotípicas de sus habitantes. Por ejemplo, los Londinenses se conocen como bruscos, mientras que la gente del norte de Inglaterra se considera ser amistosa y receptiva con los extran-jeros. La vida fuera de las ciudades se considera generalmente más lenta y relajada.

Por toda Inglaterra las culturas populares de todo tipo están disfrutan-do de una especie de renacimiento. Esto puede que esté motivado por la creciente inversión de fondos de la Lotería Nacional. El resultado es que como estudiante tendrá a su disposición ofertas de descuento para muchos festi-vales de música, teatro marginal, baile y exposiciones. La mayoría de las grandes ciudades tiene varios teatros, museos y salas de conciertos, y Londres en particular ofrece una cantidad irre-sistible de oportunidades culturales.

Si las prisas y la actividad de la vida ciudadana no le atraen se puede escapar de estos centros urbanos superpoblados y retirarse a una de las muchas partes de la campiña inglesa o de la costa que siguen en su estado natural.

Inglaterra presume de nueve parques nacionales, séis parques forestales, 200 parques y miles de edificios y jardines históricos.

## El sur y el sureste de Inglaterra

Esta es una gran área que cubre la capital del país, los condados que la rodean - llamados los "Home Counties" y varias ciudades costeras y puertos.

Los "Home Counties" ofrecen paisajes verdes y tranquilos pero aún al alcance de las atracciones de la capital. Las conexiones rápidas de tren también sirven a numerosos viajeros diarios. Muchas de las universidades de esta zona se encuentran en la preciosa campiña, por ejemplo Buckinghamshire College y la Universidad de Surrey. Más al este y de camino al continente de Europa, Kent se conoce tradicional-mente como el Jardín de Inglaterra, pero también otros sitios de la costa del sur podrían merecer el mismo título. Hay varias universidades en las ciudades y puertos costeros del sur de Inglaterra en Brighton, Portsmouth y Southampton, donde pueblitos pintorescos alternan con ciudades pequeñas. El South Downs Way le dará unas vistas esplendidas de la costa, y a lo largo de la costa los

*El Suroeste de Inglaterra*

turistas se encuentran con los variados atractivos de acantilados de piedra caliza, enormes parques de atracciones, playas de guijarros y paseos marítimos victorianos.

## Londres

A mucha gente le atrae Londres como sitio de estudio, particularmente si han visitado la ciudad como turistas y han visitado sus magníficos edificios antiguos, sus elegantes calles y sus extensos parques, habiendo estado ausentes suficiente tiempo como para olvidar su polución y sus altos precios.

Los restos humanos más primitivos de Inglaterra fueron encontrados en Boxgrove, West Sussex y tienen aproximadamente medio millón de años.

Es la ciudad más cosmopólita de Europa y también la más grande y es además una ciudad de contrastes. Los super ricos se codean con personas sin hogar y la preciosa arquitectura se encuentra al lado de sucios bloques de oficinas construidos en los años sesenta.

La ciudad de Greater London y su extensión ofrecen un número enorme de oportunidades educativas. El 40% de todos los estudiantes universitarios de Gran Bretaña estudian en Londres y hay también cientos de escuelas privadas de lenguas y colegios especializados. Si alguna vez se siente nostálgico, se le garantiza encontrar un ejemplo de su país en Londres, ya sea de comida, en el cine, en los periódicos, libros o drama. Pero la desventaja es que si espera mejorar su inglés, le puede resultar difícil escaparse de la comunidad internacional. Una de las ventajas de estudiar en la capital es el conocer a gente de todo el mundo pero puede que no hable con tanta gente

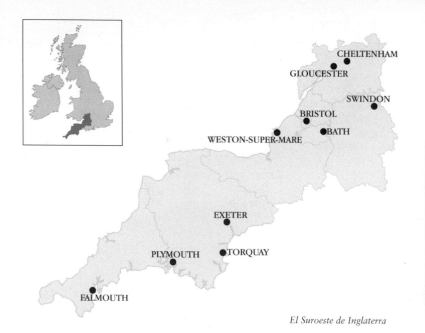

*El Suroeste de Inglaterra*

cuya lengua materna sea el inglés como quisiera, particularmente si está estudiando en una escuela de idiomas.

## El suroeste de Inglaterra

La Corriente del Golfo baña la punta del suroeste de Inglaterra, y por lo tanto el clima tiende a ser algo más cálido que el del resto del país y es un lugar popular para pasar las vacaciones. Aunque en general es una zona tranquila, Cornualles y su vecino Devon suelen sufrir aglomeraciones de turistas en verano.

Devon y el cercano Somerset son conocidos por sus tradicionales "cream tea" (té servido con pasteles de crema, "scones" con mermelada y nata espesa) y la sidra "Scrumpy" de granja (una bebida alcohólica fuerte de jugo de manzanas fermentado)

Todo ello tiene mucho éxito con los visitantes, pero no es nada apropiado para los que cuentan las calorías.

El paisaje aquí es rico y variado con sus brezales en las tierras altas, sus profundos valles fluviales y una costa magnífica de rocas con calas de arena. En adición a los imprescindibles pubs, bares de colegios y salas de fiestas, los estudiantes en el suroeste tienen facil acceso a muchos deportes acuáticos, por ejemplo la vela, el surf, el windsurf y el buceo. Como las cifras de paro son relativamente altas en el suroeste, mucha gente depende enteramente del turismo veraniego para ganarse la vida. Como consecuencia la zona tiene uno

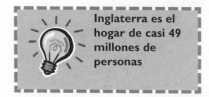

Inglaterra es el hogar de casi 49 millones de personas

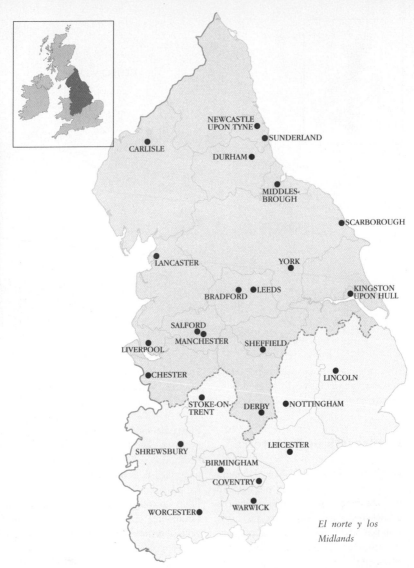

*El norte y los Midlands*

de los alojamientos más baratos del RU.

Esta es una zona muy tranquila de Inglaterra. Cornualles está a cinco horas en coche de Londres.

## El centro de Inglaterra (Los Midlands)

"Los Midlands" es un término que oirá para describir el centro de Inglaterra.

Esta región era el centro de la industria manufacturera de Inglaterra. Aunque la industria tiene ahora menos prominencia en la región en general, Birmingham (la segunda ciudad más grande de Gran Bretaña) sigue siendo un centro importante de fabricación. Birmingham se ha citado frecuentemente como el mejor sitio en Gran Bretaña para comer un curry, y es el hogar de una de las más grandes comunidades asiáticas del país.

Otras de las grandes ciudades de la zona como Leicester, Birmingham y Coventry tienen al menos dos y a veces tres universidades cada una. El resto de los Midlands tiene su cuota de atracciones turísticas con pueblos y ciudades históricos como Stratford upon Avon, donde nació y falleció el dramaturgo y poeta inglés William Shakespeare.

El centro de Inglaterra es más llano que el sur y se caracteriza como la típica campiña inglesa con prados verdes salpicados de casas de piedra y algún castillo suelto

## El norte de Inglaterra

El norte es una mezcla de paisaje montañoso, tierras de labranza y poblaciones y ciudades industriales. El este y oeste del norte de Inglaterra están divididos por los montes Pennines - una cordillera de montañas y valles que se extiende desde Derbyshire hasta la frontera escocesa. Los brezales y los

La devolución de gobiernos locales a Escocia y Gales es una parte importante de las reformas constitucionales del Gobierno Laborista. En 1997, un referendum aprobó el plan de crear un Parlamento escocés con poder para cargar impuestos, y una Asamblea galesa elegida democráticamente. Ambas permanecerán siendo parte del Reino Unido y continuarán teniendo representación en el Parlamento de Westminster en Londres.

Dos personas han muerto en terremotos en Inglaterra - lo cual se cree haber ocurrido a finales del siglo 16.

valles de Yorkshire tienen mucho terreno montañoso para los caminantes

La región solía ser intensamente industrial. Liverpool, Sheffield y Newcastle tienen una historia industrial, o bien de actividades portuarias o de la industria del acero o la producción de carbón. Recientemente estas industrias presentan altas cifras de paro, particularmente Liverpool. Sin embargo las ciudades del norte están intentando convertirse en centros importantes de comunicaciones y comercio y la mayoría tienen una selección de teatros, salas de conciertos, campos deportivos, galerías de arte y museos para todos los gustos. El costo de vida es mucho más bajo en general que el del sur, excepto en ciertas regiones como York donde los costos de alojamiento son más altos.

## ESCOCIA

El paisaje escocés varía desde las onduladas montañas de la frontera - La Baja Escocia al suroeste de Edimburgo - a los desiertos riscos inhabitables de Cairngorms. El campo tiene una variedad inimitable de fauna, con algunas especies que no se pueden encontrar en ninguna otra parte de Gran Bretaña. La Comunidad Europea ha clasificado más de 70 sitios en Escocia como "Áreas de Protección Especial" dada la presencia de muchos habitats ideales para las aves raras y migratorias. Escocia también es la tierra de uno de los acontecimientos

*Escocia*

culturales mundiales más importantes - el Festival anual Internacional de

**Las condiciones meteorológicas externas y el paisaje de la Región Montañosa de Escocia (los Highlands) hacen que éste sea el mejor sitio de Gran Bretaña para practicar deportes de invierno, incluyendo el esquí y el snowboard. La estación más famosa es la de Aviemore en los Cairngorms.**

Edimburgo. Este es el Festival de Artes más grande de toda Gran Bretaña, y no debe perdérselo si le interesa el teatro marginal, la música o la poesía que se representan ante públicos de todo el mundo. Si le atraen las ciencias, le interesará saber que Edimburgo también es la base del Festival de Ciencias más importante celebrado en una ciudad. Los científicos de Escocia destacan en sus investigaciones sobre el equivalente humano del EEB y el SIDA.

## La vida cultural escocesa

Los escoceses romantizan la idea de sus raíces y su herencia, y es muy evidente

Loch Ness tiene una profundidad media de 130m (472 pies) suficiente para que el monstruo llamado Nessie pueda estirarse. La montaña más alta de Gran Bretaña, Ben Nevis, no está lejos de aquí

la cultura celta. Más de 60.000 personas, la mayoría en las Islas del Oeste, hablan el idioma escocés, de origen celta. Aunque esto parezca una proporción muy pequeña de la población total de Escocia, el gobierno apoya la educación en escocés, y los fondos invertidos en la televisión escocesa y otras organizaciones han aumentado, lo cual demuestra que es una parte importante de la cultura y la herencia escocesas. Los escoceses hablan con acentos regionales que puede que le sean familiares por el trabajo de los actores escoceses Sean Connery y Ewan McGregor, que tienen tanta fama por ser "sex symbols" como por las alabanzas obtenidas de los críticos.

Si le gusta bailar, el "ceilidh" (pronunciado que-i-li) es esencial. Aprenderá los bailes básicos escoceses, beberá grandes cantidades de alcohol y gozará del ambiente musical popular con re-presenta-ciones directas y la camaradería de grupo.

Escocia tiene su propia moneda, pero sus billetes y monedas tienen curso legal en el resto del RU. El sistema de educación es distinto al de Inglaterra pero esto no quiere decir que haya restricciones en las universidades y colegios para los estudiantes escoceses. Muchos pasan al sur de la frontera, y una cantidad similar de estudiantes pasa del sur al norte. El sistema legal también funciona de manera distinta

## Edimburgo

Edimburgo, la capital de Escocia es una ciudad antigua, construida sobre riscos y acantilados con calles que serpentean y suben y bajan. Durante la última parte del siglo 18 y el principio del siglo 19

*Paseando en los Highlands de Escocia*

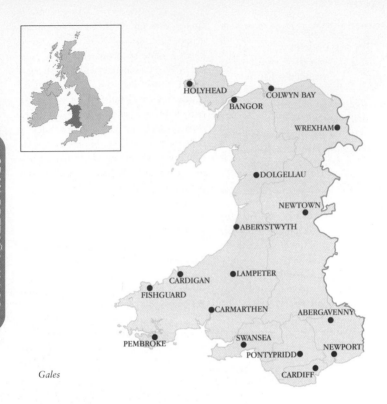

*Gales*

Edimburgo fué el centro de una era de cultura escocesa brillante que produjo filósofos como David Hume. Hoy día sus castillos y palacios, su Gran Kirk, sus antiguas calles y galerías son atracciones importantes para los turistas y los estudiantes que acuden a su universidad.

## Glasgow

La ciudad más grande de Escocia tiene 667.540 habitantes y es rival de Edimburgo y Londres como ciudad cultural. En Glasgow encontrará varios grandes teatros , fantásticas galerias de arte y colecciones importantes de bellas artes y artes aplicadas,  como por ejemplo la Colección Burrell. La ciudad ganó recientemente el título de "Ciudad más amistosa de Gran Bretaña" otorgado por miles de lectores de una revista internacional de viajes. Con

respecto a la comida y la cultura, solamente le gana Londres y es comparable a Edimburgo en su ambiente.

## GALES

El Principado de Gales presume de ciudades cosmopólitas - Cardiff, por ejemplo, con su arquitectura fantástica, sus Arcadas victorianas y sus elegantes edificios públicos - y de tener los paisajes más preciosos de las Islas Británicas. Montañas imponentes y escarpadas, colinas ondulantes, páramos, bosques y valles que atraen a visitantes de todo el mundo. Snowdonia, Los Brecon Beacons y la costa de Pembrokeshire están protegidos por la creación de grandes parques nacionales. Hasta recientemente, la

**Snowdon en el norte de Gales es la montaña más alta del RU fuera de Escocia. Tiene 1.085m (3.561) de altura y hay un tren que lleva a sus visitantes hasta la cima.**

producción de carbón y acero estaban en el centro de la economía galesa. La industria del carbón está casi muerta debido a la competencia de precios del extranjero y del cambio hacia otros métodos de obtener electricidad. Y mientras la producción de acero sigue siendo significativa el área de más expansión ha sido la del sector de servicios y el desarrollo de tecnología.

Inglaterra y Gales fueron unidas por el Rey Enrique VII, que era medio galés, en 1485, de modo que Gales comparte muchos de los sistemas culturales y políticos de Inglaterra, incluyendo su moneda y sistema legal. Sin embargo, Gales tiene su propia bandera y pronto tendrá su propio parlamento - la Asamblea galesa. La lengua galesa se cree ser una de las más antiguas de toda Europa (Los celtas cruzaron a Gales desde Europa aproximadamente hacia el año 600AC. Todavía se habla mucho en las zonas de Lampeter y Aberstwyth, en el lado montañoso al oeste del país y en pequeñas regiones del norte y del centro. Hasta 1942 estaba suprimido el uso de la lengua galesa, pero desde entonces la determinación de los galeses para mantener viva su lengua ha ido aumentando. Existen cadenas de televisión y de radio en galés, y los colegios en Gales enseñan galés a sus alumnos hasta los 16 años. En las universidades galesas donde no hay un departamento separado de Galés o Celta, se ofrece la

*Una playa en Swansea*

*Irlanda del Norte*

enseñanza gratuita del idioma como un idioma moderno opcional que se puede hacer a la vez que los estudios principales. Todos los cursos de las universidades o colegios galeses se realizan en el idioma inglés.

## La Vida Cultural Galesa

Cada ciudad y pueblo tiene sus tradiciones y sus acontecimientos especiales. Gales es la tierra de Hay-On-Wye, la "Ciudad de los Libros" que todos los

El terremoto más grande registrado en las Islas Británicas fué en Swansea, en Junio 1906, que llego a alcanzar un 5,5 en la escala de Richter

años se anima cuando su festival literario atrae a poetas, escritores y celebridades conocidos internacional-

mente. El país tiene una tradición literaria fuerte, que solo se puede comparar con su historia musical. Ambas son celebradas en los festivales de arte más respetados de Gran Bretaña. Los Eisteddfods - que quiere decir literalmente "una sentada" - son reuniones culturales en las cuales los artistas compiten en música y literatura, y solo se habla en galés. El Eisteddfod Internacional de Música de Llangollen, se celebra anualmente con la intervención de música, danza y canciones de todo el mundo. El Eisteddfod Real Nacional, que abarca las artes, la artesanía, la literatura, la danza y el drama, se celebra cada año en un sitio distinto de Gales y está presidido por el Arzo-Druida (miembro de la antigua orden de curas) de Gorsedd (la institución bárdica del Eisteddfod).

## Cardiff

Cardiff, la capital de Gales desde 1955 está en South Glamorgan. Su rica herencia marítima viene de su crecimiento como puerto para el transporte de carbón desde los valles galeses en el siglo 19. En el centro está su castillo, construído originalmente en el siglo 11 pero en su mayoría reconstruído en el estilo neo-gótico en el siglo 19. Además de ser un próspero centro cultural con excelentes museos, como el Welsh Folk Museum y el Maritime Museum, Cardiff es también el centro del Rugby galés. La copa mundial de Rugby de 1999 se celebrará en Cardiff en su nuevo complejo deportivo, que será el centro de muchos importantes acontecimientos internacionales. La calidad cultural de la ciudad se refuerza por el hecho de que tiene la mayor concentración de filmación de películas y televisión fuera de Londres - lo que da

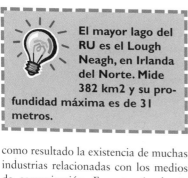

El mayor lago del RU es el Lough Neagh, en Irlanda del Norte. Mide 382 km2 y su profundidad máxima es de 31 metros.

como resultado la existencia de muchas industrias relacionadas con los medios de comunicación. Encontrará además un gran número de cafes, restaurantes pubs y bares en los que relajarse con vistas de paisajes espectaculares.

## IRLANDA DEL NORTE

Los seis condados de Irlanda del Norte son verdes y de vegetación exuberante, con un paisaje de montañas bajas y una costa rocosa en la que se insertan grandes y tranquilos lagos. Uno de los lugares que merece visitarse es el Giant's Causeway, un gran arrecife situado en la costa nordeste, que es una formación geológica admirable, creada

hace millones de años por una masiva erupción volcánica.

Irlanda fué un estado independiente hasta que en 1171 los reyes ingleses efectuaron una serie de incursiones en el territorio irlandés. Subsiguientemente los monarcas ingleses de finales del siglo 15 y del siglo 16 emprendieron campañas contra los disidentes irlandeses. Desde ese momento la historia de Irlanda del Norte ha estado plagada de agitaciones políticas que van desde una paz difícil a una rebelión violenta. En 1801, mediante la Ley de La Unión, Irlanda se unió oficialmente a Inglaterra y Escocia bajo la denominación de Reino Unido de Gran Bretaña e Irlanda. En 1916 hubo un levantamiento nacionalista que se sofocó y sus jefes fueron ejecutados.

Sinn Fein, el Partido Nacionalista Irlandés declaró a Irlanda como república y en 1922 se le concedió el estado de dominio bajo la corona británica. Los seis condados del norte de la antigua provincia de Ulster tuvieron el derecho de excluirse. Cuando Irlanda se independizó totalmente en 1949, la mayoría protestante de los condados del norte optó por permanecer como parte del Reino Unido, con un parlamento independiente (Stormont) y un auto-gobierno limitado. El parlamento de Irlanda del Norte tuvo desde su comienzo una mayoría unionista, de la que surgían los ministros del gobierno. Los nacionalistas, que estaban en minoría, resentían este dominio y su efectiva marginación de la vida política. A raiz de un sofisticado movimiento de derechos civiles creado en la región durante los años 60, ocurrieron una serie de insurrecciones partidistas, que fueron la causa del Problema (the Troubles) como se ha dado en llamar a los problemas civiles y políticos de esta provincia.

El terrorismo en ambas partes ha exacerbado el grave conflicto político en Irlanda del Norte. El Acuerdo de Viernes Santo firmado en 1998 tuvo la intención de marcar el final a la violencia partidista y el principio de conversaciones de paz en las que participen todos los partidos. Su éxito queda aun por demostrar. El siguiente paso para una paz duradera en Irlanda del Norte será que, tanto los unionistas como los repúblicanos, se deshagan de las armas ilegales.

## La Vida Cultural Irlandesa

La herencia cultural de Irlanda del Norte es rica y variada. Tiene varios museos, incluyendo el Ulster Museum en Belfast, el Ulster Folk and Transport Museum en el condado de Down y el Ulster-American Folk Park, el cual documenta perfectamente la historia de la emigración a los Estados Unidos de América. Existen además numerosos museos y lugares de interés subvencionados localmente. Verá que existen muchos festivales de arte local en Irlanda del Norte, incluyendo el afamado festival de Belfast. La Autoridad de Artes de Irlanda del Norte apoya a varias compañías de teatro locales, grupos musicales, orquestas, teatros, y grupos de artistas y escritores, de los que hay muchísimos.

### Belfast

La tercera parte de la población de Irlanda del Norte, casi medio millón de personas, vive en la ciudad de Belfast. La ciudad creció rápidamente en el siglo diecinueve, con la expansión de las industrias del hilo, cordelería y construcción naval. La industria ha jugado un enorme papel en el desarrollo de la región. La ciudad ha estado en el centro de los problemas pero recientemente se ha transformado en un ciudad de cultura y turismo. Existen numerosos museos que muestran la herencia irlandesa. En los siglos 18 y 19 muchos irlandeses emigraron a América y a Nueva Zelanda y se han conservado muchas de sus granjas ancestrales. Se pueden visitar en Belfast y sus alrededores las casas de las familias de cuatro presidentes Norteame-ricanos. La Universidad de Queens está situada a media milla del centro mismo de Belfast.

## EL TIEMPO

Una de las pocas cosas sobre las que se puede contar en relación al tiempo británico es su inestabilidad. Las predicciones del tiempo son notorias por su falta de precisión. Esto da como resultado que los ingleses más precavidos lleven siempre un paraguas. A lo británicos también les encanta hablar del tiempo.La mayoría de las conversaciones en invierno empiezan con una breve queja sobre el frío, la lluvia o la nieve y, en el verano, la gente termina por quejarse de que hace demasiado calor. Aunque los veranos británicos tienden a ser más frescos que en el continente, los inviernos son mucho más templados.

*Un estudiante descansando al sol en Escocia*

A pesar de la naturaleza cambiante del tiempo británico, existen características climáticas generales en las Islas Británicas. El Oeste y el Norte de Gran Bretaña tienen inviernos templados y tormentosos y veranos frescos y ventosos - las montañas en estas regiones producen una mayor cantidad de lluvia. Las regiones llanas de Inglaterra tienen un clima parecido al del continente europeo.

El sur de Inglaterra tiende a ser más cálido que el norte, mientras que el oeste es generalmente más humedo que el este. Las regiones montañosas suelen ser nubosas y ventosas. Merece la pena recordar que las ciudades tienden a ser más calurosas que las áreas rurales.

Una de las características más notables del clima en Gran Bretaña son los largos días del verano y los cortos días del invierno - oscureciendo a las diez de la noche en el mes de julio y a las cuatro de la tarde en el mes de diciembre. Durante el solsticio de diciembre solo hay ocho horas de luz al día, mientras que en el solsticio de verano, en junio,

hay 18 horas de luz al día. La regla general es que el tiempo cambia rápido y frecuentemente, incluso en lugares que están relativamente cercanos, tales como Glasgow y Edimburgo.

## Preparación contra el frío

Como puede verse de las comparaciones de tiempo internacionales en la página de enfrente, existen una gran cantidad de mitos sobre el tiempo en Gran Bretaña, y lo más importante es que no se desanimen de ir a estudiar allí. Londres puede ser más cálido que la Ciudad de México en el verano y si espera que haya mucha lluvia se sorprenderá de ver que llueve menos que en Hong Kong, Tokio o Washington. Si vive en un alojamiento de estudiantes no olvide tener en cuenta una provisión para un mayor gasto de calefacción en el invierno.

# COMPARACION INTERNACIONAL DEL TIEMPO

## El Reino Unido

### I N G L A T E R R A

#### EL NORTE

##### York

| Mes | Temp. Media Durante el día | | Temperaturas extremas | | medida Pluvio-metria anual |
|-----|------|------|------|------|------|
| | Max °C | Min °C | Max °C | Min °C | |
| Jun • Jul • Ag | 20.3 | 15 | 32.2 | 3.7 | 588mm |
| Dic • En • Feb | 6.6 | 1 | 16.5 | -13 | |

#### LOS MIDLANDS

##### Birmingham

| Mes | Temp. Media Durante el día | | Temperaturas extremas | | medida Pluvio-metria anual~ |
|-----|------|------|------|------|------|
| | Max °C | Min °C | Max °C | Min °C | |
| Jun • Jul • Ag | 20 | 12 | 32 | 5 | 622mm |
| Dic • En • Feb | 7 | 3 | 14 | -8.9 | |

#### EL SURESTE

##### Londres

| Mes | Temp. Media Durante el día | | Temperaturas extremas | | medida Pluvio-metria anual |
|-----|------|------|------|------|------|
| | Max °C | Min °C | Max °C | Min °C | |
| Jun • Jul • Ag | 21 | 13 | 33 | 6 | 611mm |
| Dic • En • Feb | 7 | 3 | 15 | -9 | |

#### EL SUROESTE

##### Plymouth

| Mes | Temp. Media Durante el día | | Temperaturas extremas | | medida Pluvio-metria anual |
|-----|------|------|------|------|------|
| | Max °C | Min °C | Max °C | Min °C | |
| Jun • Jul • Ag | 19 | 12 | 29 | 4 | 982mm |
| Dic • En • Feb | 8 | 4 | 14 | -7.3 | |

### I R L A N D A   D E L   N O R T E

#### Belfast

| Mes | Temp. Media Durante el día | | Temperaturas extremas | | medida Pluvio-metria anual |
|-----|------|------|------|------|------|
| | Max °C | Min °C | Max °C | Min °C | |
| Jun • Jul • Ag | 18 | 10 | 28 | 3 | 951mm |
| Dic • En • Feb | 4 | 2 | 14 | -12 | |

## ESCOCIA
### Edimburgo

| Mes | Temp. Media Durante el día | | Temperaturas extremas | | medida Pluviometria anual |
|---|---|---|---|---|---|
| | Max °C | Min °C | Max °C | Min °C | |
| Jun • Jul • Ag | 18 | 11 | 28 | 4 | 638mm |
| Dic • En • Feb | 6 | 2 | 14 | -8 | |

## GALES
### Cardiff

| Mes | Temp. Media Durante el día | | Temperaturas extremas | | medida Pluviometria anual |
|---|---|---|---|---|---|
| | Max °C | Min °C | Max °C | Min °C | |
| Jun • Jul • Ag | 20 | 12 | 32 | 6 | 1061mm |
| Dic • En • Feb | 7 | 2 | 15 | -11 | |

## Otros Países

## ARGENTINA
### Buenos Aires

| Mes | Temp. Media Durante el día | | Temperaturas extremas | | medida Pluviometria anual |
|---|---|---|---|---|---|
| | Max °C | Min °C | Max °C | Min °C | |
| Jun • Jul • Ag | 15 | 6 | 28 | -5 | 950mm |
| Dic • En • Feb | 28 | 17 | 39 | 5 | |

## BRASIL
### Rio de Janeiro

| Mes | Temp. Media Durante el día | | Temperaturas extremas | | medida Pluviometria anual |
|---|---|---|---|---|---|
| | Max °C | Min °C | Max °C | Min °C | |
| Jun • Jul • Ag | 24 | 18 | 33 | 11 | 1086mm |
| Dic • En • Feb | 29 | 23 | 38 | 15 | |

## MEXICO

### Ciudad de México

| Mes | Temp. Media Durante el día | | Temperaturas extremas | | medida Pluvio-metria anual |
|---|---|---|---|---|---|
| | Max °C | Min °C | Max °C | Min °C | |
| Jun • Jul • Ag | 20 | 6 | 29 | 9 | 749mm |
| Dic • En • Feb | 39 | 12 | 24 | -2 | |

## PORTUGAL

### Lisboa

| Mes | Temp. Media Durante el día | | Temperaturas extremas | | medida Pluvio-metria anual |
|---|---|---|---|---|---|
| | Max °C | Min °C | Max °C | Min °C | |
| Jun • Jul • Ag | 27 | 16 | 40 | 12 | 708mm |
| Dic • En • Feb | 18 | 8 | 22 | -1 | |

## ESPAÑA

### Madrid

| Mes | Temp. Media Durante el día | | Temperaturas extremas | | medida Pluvio-metria anual |
|---|---|---|---|---|---|
| | Max °C | Min °C | Max °C | Min °C | |
| Jun • Jul • Ag | 29 | 16 | 38 | 7 | 682mm |
| Dic • En • Feb | 10 | 2 | 19 | -9 | |

## EEUU

### Washington DC

| Mes | Temp. Media Durante el día | | Temperaturas extremas | | medida Pluvio-metria anual |
|---|---|---|---|---|---|
| | Max °C | Min °C | Max °C | Min °C | |
| Jun • Jul • Ag | 29 | 19 | 40 | 9 | 1064mm |
| Dic • En • Feb | 7 | -2 | 26 | -26 | |

# El Sistema Británico de Educación

## LA EDUCACION EN EL RU

La educación siempre ha sido un tema de discusión. El gobierno Laborista recientemente elegido reflejó las preocupaciones del público cuando declaró "educación, educación y educación" como prioridad. Pero raras veces no ha formado parte del orden del día de todos los gobiernos. En años recientes ha habido una gran sacudida con la introducción de un nuevo sistema de exámenes y cambios en el curriculum nacional al final de la década de los 80, seguido por la publicación de una liga de clasificación de colegios al principio de la década de los 90. Existe consenso general en relación a que los niveles de educación han mejorado aunque todavía es noticia el estado de la educación en los centros y zonas pobres de las ciudades. Hay quienes argumentan que los colegios que no alcanzan buenos resultados en las zonas de suburbios no atraen la suficiente atención.

La mejora general de niveles ha colocado a algunos colegios independientes bajo presión - están en competencia con buenos colegios del estado y ya no tienen la garantía de largas listas de espera. La introducción de colegios selectivos del estado ha animado a algunos padres a probar el sistema estatal. En cuanto a la educación postescolar el mayor número de estudiantes que han accedido a la universidad demuestra que la igualdad de oportunidades está aumentando.

## RUTAS DE EDUCACIÓN

El colegio es obligatorio para todos los niños de entre cinco y 16 años, pero las oportunidades para aprender se extienden más allá de estas edades. El gobierno del RU ha prometido un cupo de guardería para todos los niños de cuatro años, si sus padres lo desean, y la mayoría de los jóvenes de diecisiete años sigue algún tipo de enseñanza superior o laboral. La mano de obra se está acostumbrando a la idea de una nueva formación , dándose cuenta que los trabajos no son para toda la vida. La educación para adultos, se ha hecho más  popular, aunque solo sea por necesidad.

Todas las universidades tienen un grupo de estudiantes maduros – aunque algunos temen que éstos estén disminuyendo con la reciente introducción del pago de matrículas universitarias. Gracias a las ligas de clasificación y las listas de calificaciones para los colegios y las universidades, el sistema de educación es mucho más  abierto.

## COLEGIOS INDEPENDIENTES Y COLEGIOS DEL ESTADO

La educación se divide entre colegios subvencionados por el estado y colegios privados (independientes). Los colegios independientes son de pago y son "independientes " del control del estado. Hay una gama de colegios independientes de todo tipo por todo el país, que cobran precios diferentes y que se dirigen a todas las edades y a todas las creencias religiosas. Equivocadamente se han conocido históricamente como colegios públicos, pero en general se les llama privados. Los más famosos (y más caros) de estos colegios privados son los colegios de Eton (al que acuden los Principes William y Harry) y Harrow. Los colegios independientes para niños de entre los siete y 11 años se conocen como colegios de preparatoria, y éstos tradicionalmente preparan a los niños para los "public schools".

La mayoría de los colegios están financiados por el estado y la educación es gratuita. Algunos adoptan un sistema de selectividad, y entre ellos hay los que tienen muy buena fama y por lo tanto la competencia para entrar es muy intensa. Los padres mismos incluso se cambian de dirección para residir en una calle en particular y mejorar las posibilidades de que sus hijos sean admitidos en ciertos colegios. La mayoría de los colegios son coeducativos (de educación mixta) y algunos tienen propensión a ciertas religiones, normalmente de la Iglesia Anglicana o la Católica, aunque recientemente también se han abierto colegios musulmanes financiados por el estado. Los alumnos de casi todos los colegios del estado tienen uniforme. El sector independiente tiene más colegios de alumnos de un solo sexo y también un buen número de colegios religiosos. Casi todos requieren que sus alumnos lleven uniforme, y algunos (como el colegio de Eton) tienen el mismo uniforme desde hace siglos y atraen las miradas de la gente.

## EL CURRICULUM Y LAS CALIFICACIONES EN INGLATERRA, GALES E IRLANDA DEL NORTE

### Los GCSE y los A level

Todos los colegios del estado, y también algunos de los independientes, siguen el curriculum nacional que prescribe un número determinado de materias que los jóvenes tienen que estudiar hasta los dieciseis años, en cuyo momento se deben presentar a los GCSE - Certificado General de Educación Secundaria (General Certificate of Secondary Education) - en nueve o diez materias. Estos certificados se califican de la A* a la G. Los estudiantes que quieren ir a la universidad y que tienen cinco o más GCSEs aprobados con notas de la A a la C, suelen estudiar tres o más

A levels - Advanced level (nivel avanzado) - durante dos años. Los A/S levels (Avanzado suplementario) son del mismo nivel que los A level pero solo cubren la mitad del programa de estudios. Estos se introdujeron para intentar ampliar el curriculum de los estudiantes de A levels. Se intentó animar a los estudiantes de cursar dos A levels y dos A/S levels. En realidad algunos estudiantes se presentan a tres A levels y un A/S level, y algunos utilizan el A/S level como el exámen de prueba después de un año de estudios.

Algunos colegios tienen cursos para el sexto y el séptimo año para jóvenes de 16 a 18 años, pero un gran número de jóvenes de 16 años acude a otras instituciones donde se les ofrece una gama de cualificaciones suplementarias junto a los A levels.

## El GNVQ y el NVQ

Algunos estudiantes se presentan a los GNVQ - Calificación Vocacional General Nacional (General National Vocational Qualification). Estos operan a otro nivel, como la tabla de abajo indica, pero todos son más vocacionales que los GCSE y los A level. Un curso base de GNVQ es el equivalente aproximado de cuatro GCSEs con notas entre D y G, y el GNVQ intermediario es el equivalente de cuatro GCSE con notas entre A y C. Los estudiantes que están haciendo el GNVQ Avanzado pueden solicitar entrada a la universidad y en 1996 se ofrecieron cupos universitarios al 92% de éstos. Los estudiantes ya no tienen que seguir un rígido plan educativo y pueden estudiar una mezcla de A levels y GNVQs, aunque la práctica indica que esto está ocurriendo lentamente.

Los NVQs – Cualificaciones Vocacionales Nacionales (National Vocational Qualifications) son cualificaciones prácticas en materias particulares relacionadas con el trabajo. Su nivel se dicta por los empresarios, los sindicatos gremios y los cuerpos profesionales. Las calificaciones se basan en la competencia sobre cada materia y no existen restricciones de tiempo para llegar al nivel apropiado.

Los estudiantes que siguen cursos de GNVQ y de NVQ tienen un asesoramiento contínuo.

| ESTRUCTURA NACIONAL DE CALIFICACIONES | | |
|---|---|---|
| ACADÉMICO | SEMI VOCACIONAL | VOCACIONAL |
| Título Superior | | NVQ5 |
| Título | GNVQ4 / HND | NVQ4 |
| A / AS Level | GNVQ Avanzado / National Diploma | NVQ3 |
| GCSE A-C | GNVQ Intermedio / First Diploma | NVQ2 |
| GCSE D-G | GNVQ Foundation | NVQ1 |

## Los diplomas

Los GNVQ están remplazando a los diplomas poco a poco. Eventualmente el GNVQ a nivel 4 remplazará el Higher National Diploma - Diploma Superior Nacional - (HND). Sin embargo todavía se puede estudiar el HND. Se pueden seguir cursos para primeros diplomas en temas laborales y son el equivalente de cuatro GCSE con notas entre la A y la C. El Diploma Nacional tiene un nivel más alto y también se puede cursar en temas laborales. Ambos se presentan a un exámen final y a evaluaciones contínuas. El HND es una cualificación de enseñanza post-escolar que combina una preparación para el trabajo junto con oportunidades de enseñanza superior. Puede convertirse un HND en matrícula universitaria muchas veces sin tener que estudiar el primer año del curso universitario.

### Organizaciones que conceden los títulos

Existen distintas organizaciones que conceden los títulos de GNVQ y NVQ. Frecuentemente sus nombres se mencionan en la descripción del curso.

**BTEC** - Business and Technology Education Council (Consejo de Educación de Dirección y Tecnología). BTEC forma ahora parte del EDEXCEL, pero su nombre aún se utiliza para describir los cursos. Cubre temas como tecnología, dirección, salud y protección social así como tiempo libre y turismo.

**C & G** - City and Guilds of London Institute. C & G cubre la tecnología de las industrias tradicionales tales como ingeniería, construcción y abastecimientos.

**RSA** - Royal Society of Arts. El RSA ofrece cursos similares a los del BTEC y C & G pero además se especializa en técnicas de oficina, enseñanza del inglés, e inglés como idioma extranjero.

## ESCOCIA

### El curriculum y cualificaciones en Escocia

Las cualificaciones vocacionales en Escocia se conocen como Scottish Vocational Qualifications o SVQs. El 1 de abril de 1997 el Scottish Vocational Education Council - Consejo de Educación Vocacional Escocés - (SCOTVEC) que tiene responsabilidad sobre la concesión y la evaluación de las cualificaciones vocacionales se unió al antiguo Scottish Examination Board - la junta escocesa de exámenes - (SEB) que era responsable de marcar los exámenes académicos y el programa de estudios de los colegios escoceses y las instituciones de enseñanza post-escolar. Ahora forman parte del Scottish Qualifications Authority - Autoridad escocesa de Cualificaciones - (SQA) y la misma autoridad evalúa los exámenes y las cualificaciones vocacionales y académicas.

Los Higher Grades (conocidos como "Highers") son exámenes para jóvenes de 17 años, y son requisito para la entrada a la universidad o a colegios de educación superior. Sin embargo aquellos estudiantes que prefieran comenzar la universidad o en los colegios de enseñanza superior a los 18 años - la misma edad que en el resto del RU - permanecen en el colegio para obtener las calificaciones del Certificate of Sixth Year Studies - Certificado de Estudios del Sexto Curso - en las materias pertinentes o repiten los "Highers" para obtener mejores notas.

Si quiere obtener más información

detallada sobre la educación en Escocia, pongase en contacto con:
Scottish Qualification Agency
Hanover House, 24 Douglas Street, Glasgow G2 7NQ
Tel: 0141 248 7900
Línea especial de ayuda: 0141 242 2214
Página Web: www.sqa.org.uk

## LA EDUCACIÓN ESPECIALIZADA, VOCACIONAL Y SUPERIOR

### LOS COLEGIOS ESPECIALIZADOS Y VOCACIONALES

Hay varias escuelas y colegios en Gran Bretaña que se especializan en temas individuales. Tanto el Christie's Modern Education como el Central School of Fashion o el London Hotel School son unos de los muchos a elegir entre una gran gama. Muchos ofrecen técnicas vocacionales tales como el Vidal Sassoon School of Hairdressing. Unos ofrecen cursos de licenciatura, y otros no. Muchos colegios ofrecen Diplomas de un año o cursos de base que son una buena forma de aprender sobre un tema en particular o prepararse para un curso de enseñanza superior y acostumbrarse al estilo de vida británico.

Una advertencia es necesaria aquí. A veces hay confusiones sobre la validez de ciertos certificados y cualificaciones de los colegios privados. Algunos ofrecen cualificaciones reconocidas nacionalmente y están listados en la página 27, y otros ofrecen cursos de base que pueden ser un escalón útil para luego hacer uno de los cursos de licenciatura que ellos mismos o bien otras instituciones académicas puedan ofrecer. Pero los colegios que ofrecen un diploma con su propio nombre como última autoridad de acreditación se deben tratar con precaución. Si es que verdaderamente son conocidos, y debe hacer sus propias investigaciones para averiguarlo, entonces está bien. Pero debe analizar con cuidado que la cualificación que se le ofrecezca sea realmente válida.

*Esto indica que el colegio tiene la acreditación del British Council*

# OXFORD ⊕ HOUSE COLLEGE

RECOGNISED by the BRITISH COUNCIL

A R E L S
ENGLISH IN BRITAIN

3 Oxford Street, London W1R 1RF. Tel: 0171-580 9785/6 Fax: 0171-323 4582
E Mail oxhc@easynet.co.uk

*Esto indica que el colegio es miembro del Association of Recognised English Language Schools.*

## Los colegios de Lenguas

Muchos estudiantes vienen a Gran Bretaña únicamente para estudiar el inglés; otros tienen planes de estudiar otra cosa más adelante, pero primero quiren perfeccionar su inglés. El inglés es el idioma de las comunicaciones internacionales, y también del turismo, de la aviación, de la navegación y de las investigaciones científicas. Además es el mayor idioma del mundo en cuanto al número de palabras que emplea.

¿Porqué debe estudiar el inglés en Gran Bretaña? Si el inglés no es su lengua materna tiene que tomar la decisión de estudiar el inglés en Gran Bretaña, Australia, Canadá o en los Estados Unidos de América, o cualquiera de muchos otros países donde se habla el inglés. Las razones principales por las que Gran Bretaña es tan popular son una buena selección de colegios de lenguas, la familiaridad con el sistema de educación británico y la atracción del estilo de vida británico. Una de las mayores ventajas de estudiar en

Inglaterra es que el acceso al continente europeo es fácil. Como estudiante de inglés en Gran Bretaña seguramente será una de muchas nacionalidades en su clase. Muchos estudiantes internacionales consideran esto como una gran ventaja ya que el inglés suele ser el único medio de comunicación entre los estudiantes.

### Situación

Los colegios de lenguas se encuentran por todo Gran Bretaña, pero la mayoría se encuentran en el sureste, en sitios como Londres, Bournemouth, Brighton, Oxford y Cambridge. Londres tiene la más grande variedad de colegios de lenguas y existe una gran competencia entre ellos. Por lo tanto los precios son de los más bajos de todo el país. El único posible problema de estudiar en Londres es que, si viene a perfeccionar su inglés se encontrará con tánta gente de su propio país que puede que termine hablando muy poco inglés. Sin embargo tendrá muchas otras oportunidades para hablarlo con los otros estudiantes de inglés.

### Acreditación de los colegios de lenguas

Existen varias disposiciones de acreditación y afiliaciones para los colegios de lengua inglesa pero el mejor conocido es el del British Council.

Para conseguir esta acreditación, los colegios tienen que satisfacer ciertos criterios bastante estrictos. Se tienen que someter a una inspección completa de las instalaciones de enseñanza, las calificaciones de sus profesores y su gerencia. Para los colegios que hayan conseguido la acreditación del British Council, existen dos asociaciones más. La British Association of State English Language Teaching (BASELT) es una asociación de las instituciones de enseñanza de la lengua inglesa que son del estado. La Association of Recognised English

# Los Exámenes de Lengua Inglesa

| Tribunal examinador | Exámen |
|---|---|
| University of Cambridge Local Examination Syndicate (UCLES) Syndicate Buildings 1 Hills Road Cambridge CB1 2EU Inglaterra Tel: 01223 553311 | Preliminary English Test (PET) *Exámen Preliminar de inglés* First Certificate in English (FCE)     *Primer Certificado de inglés* Certificate in Advanced English (CAE)   *Certificado de inglés avanzado* *Algunas de las universidades del RU aceptan este nivel de inglés* Certificate of Proficiency in English (CPE) *Certificado de inglés "Proficiency"* *El nivel aceptable de inglés para la mayoría de las universidades del RU.* International English Language Testing System (IELTS) *Sistema Internacional de examinar inglés* *La mayoría de las universidades del RU exigen entre 5.5 and 6.5.* |
| TOEFL Educational Testing Service P O Box 6151 Princeton, NJ 08541-6151 USA Tel: 1609 771 7100 PáginaWeb: www.toefl.org | Test of English as a Foreign Language (TOEFL). *Exámen de inglés como lengua extranjera. Popular con las universidades y los colegios de EEUU. Actualmente la mayoría de las universidades del RU aceptan una puntuación entre 550 y 600 para los exámenes de ordenador. El exámen por escrito TOEFL se está actualmente dejando de usar.* |
| Northern Examinations and Assessment Board Devas Street Manchester M15 6EX Tel: 0161 953 1180 | University Entrance Test in English for Speakers of Other Languages (UETESOL) *Exámen de entrada a la universidad para estudiantes que hablan otras lenguas. Aceptado en la mayoría de las universidades del RU.* |
| English Speaking Board (International) Ltd 26a Princes Street Southport PR8 1EQ Tel: 01704 501730 PáginaWeb: www.esbuk.demon.uk | English Speaking Board, English as an Acquired Language (ESB, EAL) *Consejo de Habla Inglesa/inglés como Lengua Adquirida* *Exámenes Orales a varios niveles desde la pre-base hasta el nivel intermedio y avanzado* |
| Oxford  – ARELS Examinations, University of Oxford Delegacy of local examinations Ewert House Ewert Place Summertown Oxford OX2 7BZ Tel: 01865 55429 | Exámenes orales ARELS: Preliminary Certificate/Certificado Preliminar Diploma Higher Certificate/Certificado Superior Exámenes Escritos Oxford: Preliminary Level/Nivel Preliminar Higher Level/Nivel Superior |
| Trinity College Exams 16 Park Crescent London W1 4AP Tel: 0171 323 2328 | Inglés hablado 12 niveles *Exámen oral desde principiantes hasta avanzados.* |

Language Schools (ARELS) es para los colegios del sector privado. Los cursos del sector del estado se siguen frecuentemente en los colegios de enseñanza superior. El número de estudiantes en las clases puede ser mayor que en los colegios privados, pero los cursos son con frecuencia más baratos.

Las universidades y los colegios de enseñanza superior suelen tener también programas de lengua inglesa (también acreditados por el British Council). El estudiar en el mismo sitio donde desea acudir a la universidad o curso de postgrado le ayudará a decidir si es el sitio apropiado para Vd. Si desea más información vea el capítulo EFL.

## LOS COLEGIOS DE ENSEÑANZA SUPERIOR

Muchos de los cursos que no son de licenciatura se pueden estudiar en los colegios de enseñanza superior (Further education). El término "Further Education" se refiere a cualquier curso, estudiado después de la edad mínima para terminar los estudios escolares, que en Gran Bretaña son los 16 años, que no sea de licenciatura universitaria. Los colegios de enseñanza superior están bajo el control de las autoridades de educación local (local education authorities) y tienden a ofrecer cursos vocacionales. Hasta recientemente los colegios de enseñanza superior no aceptaban a estudiantes internacionales y no estaban acostumbrados ni a organizar ni a convalidar visados de estudiante. Esta situación está cambiando rápidamente, ya que las demandas de estudiantes internacionales van en aumento. Los colegios de enseñanza superior están encaminados a los siguientes tipos de estudiantes: estudiantes británicos mayores de dieciséis años que están completando su educación; estudiantes maduros, por ejemplo los padres que quieren volver

al trabajo después de haber criado a sus hijos; gente que busca un cambio de profesión, y personas más maduras que desean estudiar después de su retiro.

## LOS COLEGIOS DE EDUCACIÓN PARA ADULTOS

La educación para adultos es un tipo de enseñanza superior pero tiende a referirse a clases de jornada reducida que tienen lugar tarde, a la hora del almuerzo o durante el fin de semana. Los temas son muy variados y van desde la repostería a la política, y pueden durar desde un día hasta un año. Los estudiantes pagan unas matrículas muy razonables por un número determinado de sesiones. Las clases suelen ser informales y amistosas porque tienden a atraer a gente que quiere aprender y experimentar algo nuevo. Estos cursos de educación de adultos suelen ser una manera de conocer gente y formar nuevas amistades.

Los colegios de enseñanza superior se suelen convertir en colegios de educación para adultos por la noche y ofrecen una gama de cursos. Muchos ofrecen cursos de Entrada (Access course) que son el camino rápido de entrada a la universidad para los estudiantes maduros británicos que dejaron la educación escolar con malos resultados o sin cualificaciones.

Es significativo que estos centros están empezando a ofrecer clases de inglés, a veces a precios muy bajos. Las publicaciones tales como On Course Magazine le darán información completa sobre los cursos en Londres.

## LOS COLEGIOS DE ENSEÑANZA POSTESCOLAR

La educación post-escolar ("Higher Education") tradicionalmente incluye cursos académicos y profesionales desde el nivel de diploma hasta la primera licenciatura universitaria y aún más. Los colegios de enseñanza post-escolar ofrecen los A Levels en materias vocacionales, frecuentemente combinados con cualificaciones profesionales y licenciaturas que son aceptadas por las universidades locales. Estas pueden ser licenciaturas a jornada completa un HND o un Diploma of Higher Education (Diploma de Enseñanza Post-Escolar) - (DipHE). A veces, la diferencia entre los colegios de enseñanza superior y aquellos de enseñanza post-escolar no está bien definida - en muchos sentidos el nombre no es lo importante. Asegúrese únicamente que la cualificación que vaya a obtener al final del curso es la que necesita.

## LA EDUCACIÓN UNIVERSITARIA

### COMO CONSEGUIR CUPO EN EL CURSO DE LICENCIATURA DESEADO

Los A Level son la forma tradicional de entrar en las universidades británicas para los estudiantes británicos. Los estudiantes internacionales que desean entrar en las universidades británicas necesitan tener las cualificaciones equivalentes a aquellas que se les requieren a los estudiantes británicos en la misma institución. Las cualificaciones internacionales son reconocidas por las universidades, pero siempre vale la pena preguntar a la asociación a la que desee entrar si sus cualificaciones son las apropiadas.

### Los cursos de base

Los cursos de base de un año de duración están diseñados generalmente para los estudiantes internacionales - aparte de los cursos de base en arte y enfermería - y son una manera de conseguir la entrada a los cursos uni-

versitarios. Aunque haya completado la educación secundaria en su país de origen, puede que sus cualificaciones no sean reconocidas por los tutores de admisión, o puede que tenga que obtener más cualificaciones hasta el nivel requerido para matricularse en la universidad. Los cursos de base se consideran como una ruta alternativa para entrar en las universidades británicas o como puente entre sus propias cualificaciones y las requeridas para entrada en un curso de licenciatura. Los cursos de base también pueden contribuir a ampliar sus conocimientos, mejorar su inglés, desarrollar técnicas prácticas y proveerle de una base sólida para su educación universitaria.

Los programas de los cursos de base están creados especialmente para relacionarse con el tema que quiera estudiar en la universidad. Además de las materias principales que elija, puede cursar clases en técnicas de comunicación y también de lengua inglesa. En resumen, tendrá una elección de módulos principales relacionados al tema que quiera eventualmente estudiar en la universidad. Dependiendo en donde se estudie, la mayoría de los estudiantes siguen tres o cuatro módulos principales como parte central del curso y un par de módulos menos esenciales, cuyas notas tienen menos importancia en la nota final.

Algunos cursos de base son independientes y se aceptan en algunas universidades. Otros están aprobados por ciertas universidades y garantizan la entrada en las mismas para los estudiantes que los hayan aprobado. Los profesores de los cursos de base pueden aconsejarle respecto a selección de licenciaturas y universidades, y el curso puede ofrecer mayor flexibilidad si no está seguro del programa universitario que quiere seguir. Sin embargo, es importante que se asegure del curso apropiado para Vd.

Los cursos de base independientes no se aceptan generalmente para los estudios de medicina ni para el acceso a las universidades de Oxford y Cambridge. Algunos cursos de base están asociados con grupos específicos de universidades, en las que al haber pasado el curso significa la entrada garantizada a cualquiera de las universidades asociadas con dicho curso de base. Por ejemplo el Northern Consortium, que está compuesto de 12 universidades en el norte de Inglaterra. El Northern Consortium tiene también instituciones asociadas en Jordania, Pakistan y Kenya y se puede contactar llamando al 0161 2004029 (Fax: 0161 2287040)

Los cursos de base en arte son un poco diferentes. Los estudiantes británicos que quieren licenciarse en arte en la universidad tienen que completar un curso de base después de los A levels. No deje de verificar con la institución que elija si ésto es necesario.

## Las cualificaciones requeridas

Los criterios de entrada a los programas de cursos de base varían. Dependiendo de donde quiera realizar sus estudios se le exigirá que haya completado su educación secundaria, que tenga al menos 17 años y que tenga un nivel intermedio en la lengua inglesa. Algunos cursos ofrecen clases de idiomas a la vez que los estudios principales. Pregunte por estos cursos en las universidades específicas o en los colegios especializados.

### Cursos de acceso.

Los programas de acceso son otra ruta alternativa, y bien establecida, a la educación universitaria. Están específicamente diseñados para los estudiantes maduros y para gente que por cualquier razón haya sufrido desventajas en su educación. Hay más de 30.000 estudiantes en cursos de acceso en Gran Bretaña y más de 1.000 cursos de acceso reconocidos a lo largo de Inglaterra, Irlanda del Norte y Gales.

Un gran número de cursos de acceso están ahora relacionados con la materia y están dirigidos hacia ciertas vocaciones, por ejemplo Acceso a las Humanidades o Acceso a los Negocios. UCAS (vease más abajo) ha desarrollado una Página Web de Programas de Acceso. Puede buscar por tema o por cursos, y región por región, en www.ucas.ac.uk/access

## LAS UNIVERSIDADES

Las Universidades son los únicos sitios que conceden licenciaturas. Otras instituciones también pueden conceder licenciaturas pero siempre que éstas sean validadas por una universidad. Casi todas las instituciones que ofrecen programas de licenciatura son socios de UCAS, el Universities and Colleges Admissions Service - Servicio de Admisiones de Universidades y Colegios. UCAS opera un procedimiento centralizado de admisiones para los cursos conducentes a la licenciatura, de modo que debe solicitar su plaza a través de UCAS y no directamente con las universidades.

### Las universidades antiguas, las nuevas y las más nuevas

Algunas de las universidades son antiguas instituciones de estudio. Las universidades de Oxford y Cambridge fundadas en el Siglo 12, son de las universidades más antiguas de toda Europa. St Andrews, la primera universidad escocesa se fundó en 1411, seguida por Glasgow en 1451. La necesidad urgente de conocimientos en ciencias y tecnología cuando la industrialización se extendió por el RU en el Siglo 19, dió como resultado la fundación de muchas universidades nuevas en las ciudades industriales. University College London se fundó en 1826 y fué la primera universidad en Gran Bretana que admitiese estudiantes sin tener en cuenta el sexo ni las creencias religiosas. La Universidad de Manchester se fundó en 1851, la de Gales en 1893, la de Birmingham en 1900, la de Liverpool en 1903, la de Bristol en 1909 y la de Reading en 1926. Dado que se construían frecuentemente de ladrillo - en contraste con los muros de piedra vieja de algunos de los colegios más antiguos de las universidades de Oxford y Cambridge – las universidades se conocieron como universidades "red brick" (de ladrillo rojo).

Después de la 2a. Guerra Mundial hubo una oleada de nuevas universidades. La universidad de Nottingham se fundó en 1948 y la universidad de Keele, establecida como "University College of North Staffordshire", y con el derecho de dar sus propios títulos en 1962, se fundó en 1949. Siguieron la de Exeter en 1955 y las de Sussex, Warwick, Kent, East Anglia y Essex en la década de los 60.

Hasta recientemente se las conocía como "universidades nuevas" ("new universities") o universidades de cristal, gracias a sus edificios modernos.

De todas formas, ahora las "new universities" han sido sobrepasadas por una nueva oleada de instituciones aún más nuevas. Durante la década de los 90 se ha más que doblado el número de universidades en el RU. Un cambio en la ley permitió a los colegios politécnicos cambiar su nombre a universidad y dar títulos universitarios. Los politécnicos (o "polys") ofrecían tradicionalmente estudios técnico-profesionales seguidos de cualificaciones vocacionales. Aún hoy, los politécnicos tienden a ofrecer estudios universitarios mucho más prácticos que las universidades antiguas. También tienen amplios contactos y experiencia de la industria local. Por ejemplo, la universidad de Plymouth está situada en un puerto importante de la costa de Devon y ofrece estudios universitarios en ingeniería marítima y en ingeniería naval. Las universidades más antiguas se han concentrado más en disciplinas teóricas y académicas, tales como filosofía, literatura y ciencias.

## Las universidades inglesas

Todas las ciudades principales de Inglaterra tienen su propia universidad - y algunas ciudades tienen varias. Además de informarse sobre el curso y la estructura de enseñanza, también debe asegurarse que le agrade el sítio. El sureste de Inglaterra tiene una gama enorme de universidades: algunas situadas en la típica campiña inglesa, a las afueras de Londres, y otras en las ciudades y puertos costeros. Muchas de las universidades del norte de Inglaterra fueron fundadas en el siglo 19 por las autoridades civiles del norte.

## La Universidad de Londres

La Universidad de Londres se formó en 1836 y consiste en una federación de 53 colegios e instituciones, incluyendo muchos nombres famosos tales como SOAS, UCL, Kings, Imperial y el London School of Economics. La Universidad de Londres misma no tiene campus y no ofrece cursos. Es una federación que une unas instituciones importantes en cualquiera de las cuales se puede apuntar. Tiene su base en el centro de Londres donde hay una biblioteca a la cual pueden acudir todos los estudiantes de las instituciones asociadas. La Página web de la Universidad de Londres es www.lon.ac.uk. Tiene conexiones fáciles con otras Páginas web de otras instituciones asociadas. Debe solicitar directamente la plaza a la institución en la cual desee realizar sus estudios y no directamente a la Universidad de Londres.

## Las universidades escocesas

Lo más importante a tener en cuenta es que las universidades escocesas ofrecen licenciaturas de cuatro años, en contraposición a las más corrientes de tres años ofrecidas por las universidades en el resto de Gran Bretaña. Pero no se deje disuadir por ésto. Algunas universidades escocesas ahora permiten que los estudiantes pasen directamente al segundo año, si tienen las cualificaciones universitarias necesarias.

Ahora que los estudiantes británicos tienen que pagar £1.000 al año como contribución a los honorarios de enseñanza quizás más aún opten por esta solución.

Los cursos post-escolares en Escocia están diseñados para facilitar una educación amplia y completa. El año extra de la licenciatura escocesa existe porque los jovenes escoceses de 17 años deben llegar al mismo nivel que aquellos escoceses que hayan permanecido en el colegio para hacer los A levels y los estudiantes de los A levels del resto del RU. El primer año de la licenciatura escocesa es para profundizar en la educación , y encontrará muchos cursos en las universidades y en los colegios que no se pueden hacer en A level. De modo que puede que no le interese perder este año. Los temas estudiados en éste primer año también están relacionados con el tema principal de la licenciatura y por lo tanto añaden valor al título universi-

tario obtenido.

Además de las de Edimburgo y Glasgow, hay otras universidades y colegios en Escocia, como Aberdeen, un pintoresco puerto de mar en la costa este, cerca de las montañas Grampian, que es una ciudad rica en edificios históricos además de tener la universidad de Aberdeen, que se fundó en el siglo 15. Dundee es una ciudad costera y un puerto de mar en una ría que creció en el siglo 19, y tiene dos universidades. Al sur del Firth of Tay está St Andrews, la universidad más antigua de toda Escocia, fundada en 1411. Hoy día la población universitaria es casi un tercio de los habitantes de la ciudad de St Andrews. En el lado más reciente del espectro histórico está Stirling, fundada en 1967 junto a un lago ("loch") y cerca del Firth of Forth. Está rodeado de montañas y los lugares donde tuvieron lugar algunas del las más grandes batallas de la historia escocesa.

## Las universidades galesas

El sistema de educación galés es idéntico al inglés. La Universidad de Gales es una universidad federal con una estructura parecida a la de la Universidad de Londres. La universidad de Aberstwyth fué la primera universidad fundada en Gales y su "Old College", que tiene vistas sobre la bahía, fué su primer edificio. Se unió con las universidades de Cardiff y Bangor para formar la Universidad de Gales en 1893. Posteriormente Lampeter, el University of Wales Institute, Cardiff, Swansea College of Medicine y el University of Wales College, Newport se han unido a la federación. Aberystwyth y Lampeter están situadas en la costa oéste. La ciudad universitaria de Bangor está cerca del Parque Nacional de Snowdonia. Swansea y Cardiff están en el sur industrial pero junto a kilómetros de preciosas playas del Gower Peninsular y el Brecon Beacons National Park. Newport está en la zona industrial de Gales pero sus campus están en el ondulante campo de Gwent. Glamorgan, cerca de Pontypridd, en los valles galeses, es una universidad nueva y tiene independencia de la Federación de University of Wales.

La Universidad de Gales, Cardiff (más conocida como Cardiff University) tiene una tradición de investigación y calidad académica. Además Cardiff está muy bien de precio para una capital. Tiene una gran selección de bares, clubs, extensos parques y edificios históricos y es notable por su animado ambiente estudiantil.

## La competencia entre universidades

El Consejo Fundador de Educación Superior ("Higher Education Funding Council") financia públicamente a las universidades británicas. El incremento en el número de universidades ocurrió en un momento de recesión económica y financiera, como consecuencia, existe una gran competencia entre las universidades británicas para conseguir los fondos disponibles. También existe una rivalidad entre las universidades antiguas y las más nuevas.

Quizás la competencia más intensa sea por los estudiantes internacionales que vienen de fuera de la Unión Europea. Estos estudiantes pagan las matrículas completas y no hay límite en el número de estos estudiantes que puede aceptar cada institución. De modo que generan fondos financieros muy necesarios. Si Vd. está en esta categoría, use bien su fuerza para negociar.

No es solo la razón financiera por la que las universidades británicas dan la

**Títulos de licenciatura**

BA - Bachelor of Arts / Licenciado en Letras

BBA - Bachelor of Business Administration / Licenciado en Administración Empresarial

BEd - Bachelor of Education / Licenciado en Educación

BSc - Bachelor of Science / Licenciado en Ciencias

BD - Bachelor of Divinity / Licenciado en Divinidad

BTh - Bachelor of Theology Licence in Theology / Licenciado en Teología

LLB - Bachelor of Law / Licenciado en Derecho

BMus - Bachelor of Music / Licenciado en Música

bienvenida a los estudiantes internacionales. Muchas universidades tienen una larga tradición académica y cuidan con esfuerzo su fama internacional. Todas las universidades opinan que es una ventaja para los estudiantes domésticos el poder relacionarse con estudiantes y académicos de otros paises.

## LICENCIATURAS

La licenciatura ("degree") es un título antiguo académico concedido por las universidades a los estudiantes que hayan terminado con éxito un curso de estudios. No existe ninguna homologación de licencias y el valor de una licencia depende del estatus que tenga la institución que lo haya concedido. El número de licenciaturas concedidas por las universidades británicas está subiendo constantemente y debe averiguar con detenimiento su valor y aceptabilidad en su país de origen antes de solicitar una matrícula.

## Los títulos universitarios

No existe ninguna homologación de licenciaturas en Gran Bretaña, y la enseñanza puede ser muy diferente de una universidad a otra. Sin embargo la mayoría de las universidades usan una combinación de estilos de enseñanza que incluye "tutorials" (clases de grupos reducidos), "lectures" (clases abiertas) y seminarios. Los "lectures" se dan a grupos grandes de estudiantes, normalmente en un auditorio o un teatro, y los estudiantes deben escuchar y tomar notas sobre lo que se dice. Generalmente no hay ningún tipo de interacción entre el profesor y los estudiantes en los "lectures". Los seminarios suelen incluir uno o más profesores con un grupo más pequeño de estudiantes. Los estudiantes deben presentar un tema que luego se discute en grupo. Los "tutorials" frecuentemente son de grupos mucho más pequeños - normalmente un profesor con cuatro o cinco estudiantes.

Además de acudir a los seminarios, "lectures" y "tutorials" se espera que dedicará un tiempo importante a la lectura, investigación y preparación de trabajos como proyectos y redacciones.

En algunas universidades los resultados obtenidos en los exámenes del primer año no cuentan para la licenciatura final. Los resultados de los exámenes del segundo y del tercer año, combinados con la nota de su trabajo escrito de licenciatura darán como resultado su nota final. Otras universidades han adoptado una estructura "modular". Aquí los cursos consisten en unidades llamadas módulos y cada módulo tiene un tipo de calificación ("credit rating") derivado del número de horas de clases y estudio privado. Estos módulos se

pueden transferir entre las universidades que operan el mismo tipo de sistema.

Muchas universidades ofrecen la posibilidad de combinar dos o más temas en una licenciatura combinada o en un "joint honours degree". Una licenciatura combinada suele incluir temas distintos que no tienen necesariamente el mismo peso. Un "joint honours degree" tiene temas muy relacionados, tales como económicas y matemáticas, o más distantes pero también relacionados, tales como informática y psicología.

La nota que saque en su licenciatura puede consistir en una colección de puntos bajo el sistema modular, o bien estar basado en sus exámenes finales (generalmente llamados "finals"). Cuando reciba su nota, igual está en una denominación que no le sea familiar pero que se ha utilizado durante generaciones. La nota más alta es el "First class (Honours) degree". El "Upper Second (Honours)" o "Two-one" se concede más frecuentemente que el "First", seguido por el "Lower second (Honours)" o "Two-two" (po-pularmente conocido entre los estu-diantes como un "Desmond" - en referencia a Desmond Tutu). También existe el "Third class (Honours)" degree" y el "pass" o "Ordinary degree" (licenciatura ordinaria). Esta última no incluye los "Honours" y aunque es una licenciatura no se respeta tanto. Los "Ordinary degrees" tienden a ser todavía más raros que los "Firsts"

## Cursos Sandwich

Estos cursos son una combinación de periodos de estudio y tiempo trabajando en la industria, comercio o administración relacionada con el tema del curso. Suele ocurrir que estos cursos duran cuatro años en vez de los tres años que duran normalmente. La experiencia de trabajo se puede realizar en un solo bloque que dura un año, o bien en dos bloques de unos seis meses cada uno de duración. Este último se suele denominar curso "thin sandwich". En ambos casos regresará a la universidad en el último año para completar sus estudios. Esto se considera frecuentemente como la mejor forma de que un estudiante obtenga una valiosa experiencia durante su licenciatura y graduarse no solo con calificaciones académicas sino también con una adecuada experiencia de trabajo.

Como estudiante internacional tendrá una restricción o prohibición para trabajar en este país, lo que se indicará en su pasaporte a su llegada.

El permiso de trabajo es más fácil de obtener durante un curso sandwich que si únicamente hubiese estado trabajando part-time durante el trimestre. Si tiene prohibido trabajar, necesitará ponerse en contacto con el Home Office para levantar esta prohibición. Existen condiciones especiales para estudiantes que realizan prácticas industriales durante sus estudios de licenciatura de modo que si se pone en contacto con el jefe de su departamento podrá obtener la información necesaria para conseguir la aprobación de su puesto de trabajo. Solo puede solicitar la cancelación de la restricción o prohibición a través de su departamento universitario. No pueden solicitarse personalmente por un individuo.

## Estudio en el extranjero

Hoy día es común que las universidades ofrezcan a los estudiantes la oportunidad de estudiar durante un trimestre o un año en el extranjero. Esto solía ser posible solamente con los cursos de lenguas donde los estudiantes podían estudiar en el extranjero para perfeccionar sus idiomas. En estos casos las licenciaturas duran cuatro años y los estudiantes regresan a la universidad en el último año.

Gran Bretaña es una base para los viajes al extranjero dada su proximidad al continente europeo y los vuelos relativamente baratos que puede conseguir a cualquier sitio del mundo.

Si decide marcharse de Gran Bretaña por un año deberá enterarse de los documentos que necesita para poderse marchar y volver a entrar. Deberá averiguar también los requisitos respecto a visados del país en el que pretende estudiar o desea visitar. Lo mejor es pedir consejo del jefe de departamento o bien del representante internacional.

## Títulos de postgrado

Se les denomina frecuentemente "Higher degrees" y en general hay dos tipos de títulos postgrados en Gran Bretaña. Estos son los cursos en los que se reciben clases y los cursos de investigación. Normalmente necesita una buena primera licenciatura (un "first" o un "upper second") para ser aceptado en un curso de postgrado.

El PhD quiere decir "Doctor of Philosophy" - Doctor en Filosofía - pero no tiene nada que ver con la filosofía como disciplina. Es el título de investigación de postgrado más alto y puede referirse a cualquier area de investigación. El MPhil también está mal expresado. Es un título de investigación de uno o dos años en cualquier materia y se convierte frecuentemente en PhD.

## Cursos en los que se reciben clases

Uno de los mayores atractivos de las universidades británicas para los estudi-

## Títulos de Postgrado

| | | |
|---|---|---|
| MA | – | Master of Arts/ Master en Letras |
| MBA | – | Master of Business Administration/ Master en Administración Empresarial |
| MA (RCA) | – | Master of Art from the Royal College of Arts/ Master en Arte del Royal College of Arts |
| MSc | – | Master of Science/ Master en Ciencias |
| MD | – | Doctor of Medicine/ Doctorado en Medicina |
| MEng | – | Master of Engineering/ Master en Inge niería |
| MChem | – | Master of Chemistry/ Master en Química |
| MPhil | – | Master of Philosophy/ Master en Filosofía |
| PhD | – | Doctor of Philosophy/ Doctorado en Filosofía |

sores, profesionales y académicos - por medio de clases, seminarios y clases con tutor - y al mismo tiempo desarrolle las técnicas de investigación y estudio independiente. Los cursos en los que se reciben clases son útiles para aquellos estudiantes que desean obtener conocimientos detallados de un tema en particular que se pueden aplicar también directamente a situaciones relacionadas con el trabajo.

La primera mitad del año consiste normalmente en una serie de clases, seminarios y clases con tutor o trabajo en laboratorio, dependiendo del tema. Esto va seguido de un periodo de investigación importante, que se conoce como el "dissertation". Este proyecto, a elegirse, estará relacionado normalmente con su experiencia e intereses de trabajo.

Este modo de estudio se puede considerar como un fin en sí mismo o como una oportunidad para que el estudiante mejore sus conocimientos en un campo determinado y obtenga experiencia y prácticas en relación con su carrera profesional. También se puede considerar como una introducción al tipo de estudios que se encontrará como estudiante de investigación en un doctorado.

antes internacionales es el hecho que pueden obtener un título de Master en un solo año en vez de dos que es más habitual. La oportunidad de obtener un título de postgrado en un solo año, con todo el ahorro de tiempo y dinero que esto implica, ha hecho que los cursos de enseñanza de Masters sean los cursos de postgrado más populares en Gran Bretaña en estos momentos.

Los cursos de enseñanza Master permiten que el licenciado se especialice en su tema, bajo la instrucción de profe-

Normalmente se le exigirá que tenga una licenciatura en el mismo tema o tema similar aunque algunos cursos Master están diseñados como un tipo de curso de conversión a un campo específico. Este suele ser el caso de los cursos Master relacionados con informática.

### Cursos de Investigación

Tienen una duración mínima de tres años y deberá realizar investigaciones originales a fin de producir una tesis. Los estudiantes de PhD también suelen estar comprometidos con la enseñanza en su departamento. Los cuerpos de investigación pueden facilitarle financiación para estos cursos y están interesados en estudiantes motivados, dedicados y con ideas originales.

Se requiere mucha preparación para hacer un curso de investigación. Como estudiante de doctorado se le asignará un supervisor que vigilará sus investigaciones. Es posible que reciba muchos consejos de su supervisor o que le deje un grado mayor de independencia. Puede que necesite más consejos al prinicipio del curso y segun pasa el tiempo que necesite menos reuniones con su tutor.

## Aprendizaje a Distancia / Los Programas Externos

Estos programas se ofrecen en un gran número de instituciones de enseñanza post-escolar y superior para los estudiantes que no puedan acudir a la universidad en la cual estén estudiando. Suelen interesar a los estudiantes internacionales que tienen compromisos financieros, de familia, de trabajo u otros que no les permiten dejarlo todo e irse a estudiar al RU durante tres o cuatro años. Las ventajas son que los honorarios de enseñanza son considerablemente más bajos y no tienen los gastos de instalarse en el RU. Además pueden seguir ganando dinero mientras estudian, ya que no tienen un horario estricto para los cursos - los programas de estudio son flexibles y pueden acomodarse. Los estudiantes no acuden a la universidad en persona y no tienen clases con un tutor. En vez de ésto, como estudiante externo tendrá responsabilidad sobre su horario y método de estudio. La institución con la que se matricule le mandará un paquete conteniendo los materiales del curso. Estos materiales varían y dependen del curso que esté estudiando.

Existe una gran gama de instituciones que ofrecen programas de enseñanza a distancia - desde las institutuciones tradicionales de enseñanza post-escolar, por ejemplo la Universidad de Londres, hasta los colegios de enseñanza superior y las organizaciones profesionales tal como la Association of Certified Accountants (Asociaciación de Expertos Contables). Las cualificaciones que ofrecen en estas instituciones varían desde los GCSEs y los A Levels hasta los diplomas y las licenciaturas de BA (Hons). Para estudiar un diploma probablemente tendrá que acudir a una de las instituciones oficialmente reconocidas en su país, que le podrá preparar para los exámenes en representación de la universidad donde esté registrado. Los diplomas se pueden estudiar en temas como derecho, informática y economía y serán cualificaciones en su propio derecho - importantes para su desarrollo personal o bien para mejorar su porvenir profesional. No obstante, también pueden servir como cualificaciones de entrada al curso de licenciatura correspondiente. Por ejemplo el Diploma of Law ofrecido por el Programa Externo de la Universidad de Londres (University of London External Programme) está diseñado como entrada a los cursos de LLB.

Si está estudiando su primera licenciatura o un curso de postgrado, recibirá sus clases por escrito, específicamente diseñadas para los programas de aprendizaje a distancia. Mientras que Vd. recibirá material escrito y se espera que estudie solo, quizás tenga que acudir a seminarios locales y grupos de estudios en ciertas épocas del año, cuando los académicos de su institución vengan a visitarlos. Algunos de los cursos requieren que los estudiantes acudan a colegios de verano y cursos de repaso durante una temporada corta en el RU. El trabajo se evalúa mediante exámenes a final de curso, pero quizás también tenga que presentar trabajos escritos que también serán evaluados.

Los requerimientos de entrada para todos los cursos varían de institución a institución y están detallados en los folletos informativos. Sin embargo, la mayoría de cursos de licenciatura requieren que sea mayor de 17 años y que tenga el equivalente de dos GCSEs y dos A Levels. Los estudiantes de más edad tienen una evaluación individual. Si le interesa cursar un diploma, los requerimientos de entrada varían, aunque las cualificaciones normales de los GCSEs suelen ser satisfactorias. Debe hacer su solicitud directamente a la institución apropiada y no a través de UCAS.

Si requiere más información, vea la Página web de Aprendizaje a Distancia, donde se pueden encontrar listas de todas las instituciones en el RU que ofrecen programas de aprendizaje a distancia, junto con los detalles de solicitud, que es la *www.distance-learning.co.uk*.

## MÁS FUENTES DE INFORMACIÓN

Existen varios sitios donde puede conseguir información sobre las universidades británicas. Muchas bibliotecas y oficinas de servicio de consejería profesional en Gran Bretaña tienen folletos informativos y, si vive fuera de Gran Bretaña, el British Council es una buena fuente de información.

Si desea solicitar un curso de licenciatura universitario, los oficiales del British Council le pondrán en contacto con UCAS - el Universities and Colleges Admissions Service (Servicio de Admisiones de Universidades y Colegios). UCAS es la organización central a través de la cual los estudiantes de Gran Bretaña o del extranjero pueden solicitar plazas universitarias. El British Council le podrá dar también copias del formulario de solicitud y del manual de UCAS, que tiene una lista de todas las universidades británicas que ofrecen cursos de licenciatura, además de una lista completa de los cursos y las combinaciones que cada una ofrece.

Si desea solicitar un curso de postgrado, es mejor que se ponga directamente en contacto con las universidades que le interesen, ya que las solicitudes de este tipo de curso se hacen así.

Otra fuente de información sobre los cursos universitarios y de colegios es por internet. Todas las universidades tienen una _Página web que muestra su folleto informativo además de información actual sobre sus cursos, procedimientos de admisión etc. También encontrará aquí números para obtener información y para que se pueda poner en contacto por email directamente con la persona adecuada, si tiene alguna pregunta. También puede visitar la Página web de UCAS *(www.ucas.co.uk)* o la de On Course. *(www.oncourse.co.uk)*.

*La manera más fácil de conseguir la información de las universidades y colegios es usar la tarjeta de servicio de información para el lector que se encuentra al principio de este libro. Simplemente rellene los nombres del las universidades que le interesen y mándenosla, y nosotros nos encargaremos de que se le envíe la información. También puede llamar al On Course Hotline por teléfono o por fax para que le mandemos un folleto informativo . Tel : 0181 600 5300 Fax: 0181 741 7716.*

# Solicitudes de Matrículas

Para la mayoría de los cursos, incluyendo los cursos de lengua, vocacionales y de postgraduado debe dirigir su solicitud directamente a la institución apropiada. Cada curso suele tener distintos requisitos, pero en general no suele ser necesario acudir a una entrevista en Gran Bretaña. Una hoja de solicitud rellenada corréctamente, junto con un depósito, suele ser suficiente. Para los cursos universitarios tiene que efectuar su solicitud a través de UCAS - Universities and Colleges Admissions Service - el Servicio de Admisiones de Universidades y Colegios.

## ESCUELAS ESPECIALES, DE FORMACIÓN PROFESIONAL Y DE LENGUAS

El proceso de solicitud depende del tipo de colegio en cuestión. Si quiere solicitar un curso que no es de licenciatura en un colegio especializado debe dirigirse directamente al colegio por escrito, por teléfono, por fax o por email y pedir una hoja de solicitud (Application Form). También se puede informar sobre la última fecha de admisión de solicitudes y de cualquier otra cosa que necesite saber. Puede que le pidan un depósito para asegurar su plaza cuando mande su hoja de solicitud. En general el depósito suele ser no reembolsable, pero siempre debe informarse si esta cantidad se puede deducir del precio de la matrícula si decide aceptar la plaza. Para los cursos

de arte puede que tenga que demostrar su capacidad por medio de un video o su portafolio.

### Finanzas

Los honorarios de algunos cursos pueden estar sujetos a desgravación fiscal si puede firmar un impreso declarando que ha sido residente en Gran Bretaña durante 183 días a lo largo del año fiscal (de abril a abril) de su curso. El Vocational Traning Tax Relief (Desgravación por Prácticas de Formación Profesional) se refiere a algunos cursos, pero no a los estudiantes de todas las nacionalidades. Puede reducir el costo de un curso en un 23%, lo que es un ahorro considerable. Los colegios y universidades que ofrecen cursos vocacionales donde se puede aplicar esta desgravación le podrán informar de cómo solicitarla.

## PROGRAMAS DE TÍTULOS UNIVERSITARIOS

Tiene que tener en cuenta varias cosas al tomar la decisión de estudiar una licenciatura. Las dos decisiones más importantes son qué quiere estudiar, y en dónde quiere hacerlo.

### Elección de curso.

¡Elegir el curso ideal puede ser una pesadilla! Las siguientes líneas tienen el propósito de ayudarle:

•Hágase una buena idea de la gama de cursos que se ofrecen. Lea las descripciones de los cursos en los folletos informativos de las universidades y hágase una idea de los requerimientos de entrada. Refiérase al Big Guide de UCAS que contiene información sobre casi todos los títulos universitarios que se ofrecen en el RU.

•Reduzca su selección a una lista de temas/combinaciones de temas preferidos.

•Examine sus razones: ¿Cuáles son sus razones de querer estudiar el primer tema de su lista? ¿Tiene las cualificaciones necesarias para que le acepten? ¿Es su inglés de suficiente nivel como para poder realizar sus estudios en inglés? ¿Qué desea hacer cuando termine la licenciatura? Se acepta el título en el país donde quiere trabajar? Durante cuánto tiempo está dispuesto a estudiar?

•Calcule cuánto le va a costar: Considere el costo del viaje de ida y vuelta desde su país; el monto de la matrícula teniendo en cuenta la duración completa del curso; el costo de los libros y otros materiales; el costo de alojamiento durante el trimestre y las vacaciones; cómo piensa financiar sus estudios.

### Elección de universidad

Hay que tener en cuenta várias cosas al elegir una universidad. Uno de los factores es el sítio geográfico; puede que quiera estar cerca de Londres, ¡o lo más lejos posible! Otro factor importante es elegir entre una universidad con campus o una en el centro de una ciudad. En el caso de las universidades con campus los estu-diantes suelen vivir, estudiar, comer y mezclarse con la gente en el

campus mismo, y la ciudad más cercana puede estar demasiado lejos o no ser conveniente para visitar. Esto puede hacer que llegue a conocer a los otros estudiantes rápidamente. Otras universidades ofrecen a los estudiantes una vida social muy activa centrada en las residencias de estudiantes, los student unions y los bares de la universidad, pero también existen  las salas de fiestas, los bares, los pubs y las salas de conciertos de la ciudad, por si la vida estudiantil se hace demasiado repetitiva y le apetece un cambio.

Siempre es importante considerar lo que ofrece una universidad aparte de la cuestión académica. Si por ejemplo participa en la revista del colegio, la estación de radio, o las sociedades de películas o debate, demostrará a sus futuros patrones que es una persona bien formada con otros intereses además de los académicos.

Otra consideración importante es el dinero. Hay una regla general que dice

que el sur de Inglaterra es más caro que el norte, y que Londres es el sitio más caro de todos. Sin embargo, si encuentra trabajo en Inglaterra, encontrará que el trabajo en Londres se paga mejor.

El factor más importante quizás sea la fama de la universidad y la del tema que desea estudiar en la universidad. Aquí quizás se quiera referir a las tablas de numeración.

## Los Ejercicios de Evaluación de Investigación de 1992 y 1996

Existe una evaluación oficial de la calidad de las investigaciones de distintas universidades. Ya que su financiación está basada sobre cómo cumplen en este campo, las universidades se lo toman muy en serio. Pero como concierne la capacidad de investigación (que es muy distinta a la enseñanza) interesan principalmente a los estudiantes de cursos de postgrado.

Esta evaluación se lleva a cabo por cuatro cuerpos de financiación de la enseñanza post-escolar llamados el Higher Education Funding Council for England - Consejo de financiación de la enseñanza post-escolar en Inglaterra - HEFCE; the Scottish Higher Education Funding Council - el Consejo de Financiación de la enseñanza Post-escolar Escocesa - SHEFC ; The Higher Education Funding Council for Wales - el Consejo de Financiación de Enseñanza Post-escolar de Gales - HEFCW; y el Department for Education for Northern Ireland - El Departamento de Educación de Irlanda del Norte - DENI. Las universidades facilitaron información sobre las investigaciones de sus departamentos, por ejemplo el número de publicaciones, los ingresos por investigaciones realizadas, las becas de investigación y los planes

de investigación para el futuro. Estos departamentos recibieron entonces una puntuación entre 1 y 5 y 5* de varios grupos de académicos. La evaluación se realiza cada cuatro años, y ha habido dos, una en 1992 y otra en 1996.

## Evaluación de Calidad de Enseñanza

La calidad de enseñanza en los departamentos de las universidades se evalúa cada cuatro años en un programa contínuo. Algunas están a punto de recibir su segunda evaluación mientras que otras están aún esperando la primera. No debe suponer que cada tabla tiene una lista completa de todas las universidades que ofrecen cursos en ese tema. Pueden existir universidades que ofrecen cursos excelentes pero que aún no han sido evaluadas, o cuyos resultados no se han publicado aún. Este es el caso particularmente en Inglaterra, donde hay muchas más universidades que evaluar que en Escocia, Gales e Irlanda del Norte.

Los Higher Education Councils - (Juntas de Enseñanza Post-escolar ) - de Inglaterra, Escocia y Gales (HEFCE, SHEFC y HEFCW) son responsables de controlar las inspecciones y publican informes en sus Páginas web. No obstante, las funciones de evaluación de calidad llevadas a cabo por las Juntas de Financiación de la Enseñanza Post-escolar de Inglaterra y de Gales han pasado ahora a la Quality Assurance Agency - la Agencia de Garantía de Calidad - QAA. Esto puede resultar en una estandarización eventual de la publicación de resultados. De momento, si mira las Páginas web verá que la información se presenta de maneras muy distintas y puede ser desconcertante.

Otra causa de confusión es que el

sistema de indicar el nivel de los departamentos ha cambiado desde que empezaron las evaluaciones. Originalmente la clasificación era de Satisfactorio (Satisfactory) o Excelente (Excellent) - con Muy Satisfactorio (Highly Satisfactory) como variación escocesa. Ahora existen seis criterios de evaluación: diseño del curriculum, contenido y organización; enseñanza, aprendizaje y evaluaciones; progreso de los estudiantes y sus éxitos; ayuda y consejos al estudiante; recursos para el aprendizaje y garantía y aumento de calidad. Cada materia recibe una puntuación de hasta cuatro y para obtener un pase tiene que sacar dos puntos o más. La puntuación máxima es 24. Un departamento puede sacar una puntuación alta en cuatro secciones pero suspender una. Esto dará como resultado una nueva inspección del departamento que no será aprobado en la primera. Vea detalladamente la Página web donde puede leer el informe completo.

El tamaño de los departamentos universitarios también puede presentar un problema. Los tamaños varían considerablemente de una universidad a otra. Las evaluaciones de calidad de enseñanza examinan a las universidades por cada departamento que tienen, pero algunos departamentos se agrupan si son demasiado pequeños. Esto puede resultar en interpretaciones confusas. Por ejemplo, en lenguas modernas, el francés se evalúa como tema separado en un número de universidades. Sin embargo, en otras el departamento de francés se evalúa como parte del departamento de lenguas modernas. El departamento es demasiado pequeño para considerarlo independientemente, y por lo tanto está agrupado con los departamentos de

Español y Alemán de tal forma que no sería correcto el decir que el departamento de francés haya recibido tal marca, porque el resultado está influído por los otros dos departamentos. Existe un problema similar con la ingeniería, que tiene varios departamentos listados bajo el grupo mayor de "ingeniería general". Es importante recordar esto cuando examine las tablas, y es mejor no tomar decisiones basadas únicamente en la estadística.

## CURSOS DE LICENCIATURA

UCAS procesa las solicitudes para todos los Higher National Diploma (HND), Diploma of Higher Education (DipHE) y cursos de licenciatura en las universidades del RU, con la excepción de la Open University. UCAS procesa más de 450.000 solicitudes cada año, incluyendo 50.000 de estudiantes internacionales.

### Antes de realizar su solicitud

Antes de realizar su solicitud asegúrese que tiene las cualificaciones necesarias. Estas se indican normalmente en los folletos informativos de las universidades o colegios. Vea nuestro capítulo sobre la Educación británica para más información sobre programas de base universitarios y las cualificaciones comparativas.

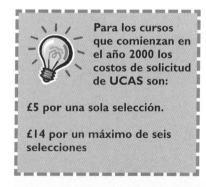

Para los cursos que comienzan en el año 2000 los costos de solicitud de UCAS son:

£5 por una sola selección.

£14 por un máximo de seis selecciones

## Cuándo realizar su solicitud

Para acudir a la universidad en el otoño del año 2.000, debería preferiblemente entregar su formulario de UCAS para el 15 de diciembre de 1.999 (El 15 de octubre de 1999 para las universidades de Oxford y Cambridge y para las solicitudes de estudios de medicina). Las solicitudes de estudiantes internacionales son bienvenidas en todo momento, pero si desea cursar las materias más populares, incluyendo medicina, fisioterápia y muchos temas de letras, debe enviar su solicitud lo antes posible después del 1 de septiembre de 1999. Las fechas para las solicitudes de cursos de arte y diseño son algo diferentes. (Ver más abajo)

## Cómo realizar su solicitud

Para solicitar los cursos de licenciatura lo tiene que hacer a través de UCAS y el procedimiento es el mismo tanto para los estudiantes del RU como para los internacionales. El sistema de UCAS a veces se considera burocrático, pero tiene las siguientes ventajas:

•Puede solicitar hasta seis universidades o colegios diferentes en cada formulario de solicitud. Cuando reciba después las ofertas de puestos, puede elegir la que quiere aceptar.

•Todas las instituciones de UCAS son reconocidas por el gobierno u ofrecen cursos validados por universidades reconocidas por el gobierno.

•UCAS actúa tanto para los solicitantes como para las instituciones asociadas - de esta forma se asegura que los solicitantes reciban un tratamiento justo y un asesoramiento detallado e imparcial.

•UCAS también puede aconsejarle sobre el sistema de admisiones, e incluso cómo facilitar la información que buscan los seleccionadores.

Puede solicitar su plaza en hasta seis universidades rellenando un solo formulario de solicitud de UCAS (pero no debe rellenar más de un formulario). El número maximo de selección de cursos, excepto en medicina donde solo puede selccionar cuatro (más otros dos que no sean de medicina, si lo desea) es de seis. Puede solicitar un solo sitio, y añadir otros más adelante, hasta un máximo de seis.

Escriba el nombre de las instituciones que haya seleccionado en el orden que aparecen en el libro de UCAS y no en su orden preferido. Solo tiene que declarar sus preferencias cuando ha recibido las ofertas de las instituciones que haya incluído en su lista.

Debe enviar con su solicitud un cheque en libras esterlinas, o bien un cheque bancario, con el pago exacto. Si solamente hace una solicitud y quiere añadir otras más adelante, tendrá que pagar un monto adicional de £9 (para el curso del año 2.000)

El formulario de solicitud contiene instrucciones para rellenarlo. Si tiene Vd. cualquier dificultad, normalmente el British Council más cercano le podrá ayudar. Cuando haya rellenado el formulario y la tarjeta de confirmación, entrégueselo junto con el pago correspondiente a la persona que ha facilitado sus referencias académicas, normalmente el director o tutor de su colegio. El o ella añadirá su referencia confidencial y mandará el formulario, la tarjeta de confirmación y el pago de la solicitud a UCAS.

Los solicitantes que ya no sean estudiantes a tiempo completo también tienen que obtener una referencia que se puede conseguir de su jefe o patrono o alguien con autoridad que le conozca suficientemente bien para poder comentar sobre el interés que Vd. tiene en la materia que ha elegido y sobre su capacidad para terminar el curso con éxito. Esta persona no puede ser un miembro de su familia.

## Cursos de arte y diseño

La selección para los cursos de arte y diseño se hace normalmente por entrevista o inspección del portafolio. Debe ponerse en contacto con las instituciones que esté considerando presentar su solicitud antes de completar el formulario. De esta manera se puede establecer si es necesaria una entrevista. Puede realizar su solicitud por la "Ruta A" (fecha límite 15 de diciembre para entrada en septiembre del año siguiente) o por la "Ruta B" (fecha límite 24 de marzo para entrada en septiembre del mismo año).

### Ruta A

Los solicitantes pueden seleccionar seis cursos en el formulario de UCAS, pero si lo desean pueden reservar hasta tres selecciones para otra solicitud por la Ruta B. Se deben mencionar las instituciones seleccionadas en el orden que aparecen en el libro de UCAS. Se enviarán copias del formulario de solicitud simultáneamente a las instituciones seleccionadas.

## Calendario para la Ruta A

| | |
|---|---|
| *15 de diciembre* | Fecha límite para solicitudes |

| | |
|---|---|
| *31 de marzo* | Fecha límite para decisiones de las instituciones |
| *1 de julio* | Fecha límite para respuesta de los solicitantes |

Las solicitudes retrasadas que lleguen antes del 30 de junio se enviarán a las universidades y colegios para que las consideren a su discreción. Las solicitudes recibidas después del 30 de junio se incluirán en el sistema 'clearing'.

### Ruta B

Los solicitantes pueden seleccionar hasta tres cursos mencionándolos en el orden en que aparecen en el libro de UCAS. Se debe indicar en un formulario diferente, que viene con el formulario de solicitud de UCAS, el orden que desean ser entrevistados o entregar sus portafolios para la inspección de las instituciones. Las copias de los formularios se mandarán a cada institución en el mismo orden

## Calendario para la Ruta B

| | |
|---|---|
| *24 de marzo* | Fecha límite para solicitudes |
| *3 abril* | Comienzo de primeras entrevistas e inspección de portafolios |
| *15 mayo* | Comienzo de segundas entrevistas e inspección de portafolios |
| *12 junio* | Comienzo de terceras entrevistas |

Las solicitudes recibidas entre el 24 de marzo y el 12 de junio se enviarán a las instituciones en el siguiente envío o ronda de entrevistas. Las solicitudes recibidas después del 12 de junio se incluirán en el sistema "clearing".

## CÓMO RELLENAR EL FORMULARIO DE UCAS

El formulario de UCAS tiene cuatro páginas y puede parecer bastante confuso, especialmente si el inglés no es su lengua materna. Sin embargo, cada formulario va acompañado de "Instrucciones a estudiantes internacionales para rellenar el formulario de solicitud" ("Instructions for completion of the application form by international students") En las próximas páginas se mencionan algunos consejos para explicar cómo rellenar el formulario.

Rellene el formulario usando tinta negra. El formulario debe fotocopiarse y las tintas rojas y azules no se copian bien.

Rellene el formulario con pulcritud. Tenga en cuenta que pasan miles de formularios por UCAS y las oficinas de cada colegio y universidad - un formulario sucio, ilegible o gramaticalmente incomprensible no le hará ningún favor. Saque una fotocópia del formulario en blanco, y haga prácticas antes de rellenar el original.

UCAS no acepta:
- Fotocópias del formulario rellenado. Tiene que mandar el original.
- Páginas separadas. Tiene que mantener el formulario intacto
- Páginas extras. Tiene que escribir todo lo que necesita en los cajetines. Sin embargo puede escribir a las oficinas de admisiones de las universidades y

colegios elegidos y mandarles cualquier información adicional que desee.

Saque una fotocopia de su solicitud ya rellenada y de su cheque por £14, por si acaso se pierde el original.

Habrá recibido con el formulario de solicitud una tarjetita de respuesta. Escriba su nombre y dirección al dorso y envíesela a UCAS con su formulario de solicitud rellenado. UCAS se la mandará por correo cuando reciba su solicitud.

Envíe el original por correo certificado o urgente.

# CONSEJOS PARA RELLENAR EL FORMULARIO DE UCAS

## Título

Lea el panfleto de UCAS enviado con el formulario de solicitud, titulado "Instructions for completion of the application form by international students" (Instrucciones para estudiantes internacionales para rellenar el formulario de solicitud)

Debe adjuntar a esta página su pago o comprobación de pago de £5 (por una selección) o de £14 (por seis selecciones). Escriba su nombre y dirección al dorso de la tarjeta de respuesta que recibió de UCAS y adjúntela al formulario

Envíe el formulario por correo a UCAS a esta dirección en el RU

El número en este cajetín ayuda a UCAS a procesar el formulario. No marque ni estropee el cajetín de ninguna forma.

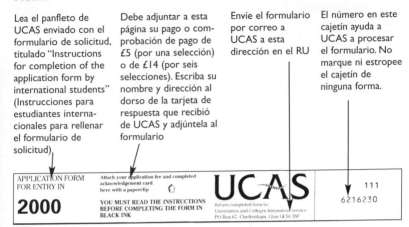

## Sección 1

Indique la dirección a la que quiere que UCAS y las universidades dirijan su correspondencia.

Escriba aquí sus nombres, si tiene un nombre patronímico escríbalo aquí también

Ignore esta sección si su dirección para correspondencia no está en el RU

Indíque un número de teléfono donde UCAS y las instituciones se pueden poner en contacto con Vd. sobre su solicitud.

Escriba su dirección permanente aquí, si es distinta a la dirección para correspondencia. No olvide informar a UCAS si cambia de dirección cuando su solicitud se está procesando por UCAS

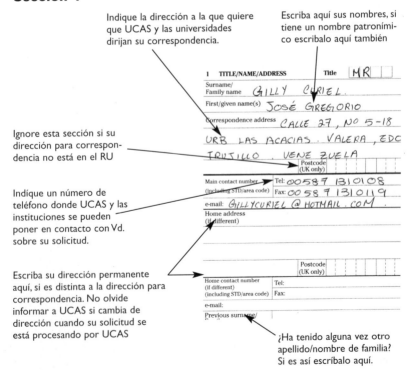

¿Ha tenido alguna vez otro apellido/nombre de familia? Si es así escríbalo aquí.

# Sección 2

Si quiere obtener
una cualificación de
BTEC/SCOTVEC o
GNVQ/GSVQ
inserte su número
de registro en este
cajetín.

Si tiene algún problema médico que
requiera atención especial, lea la
lista que sigue y añada el número
que corresponda a su problema. Si
no tiene ninguna enfermedad o
incapacidad ponga un 0

Inserte uno de estos números en la
casilla
**0** No tengo ninguna incapacidad
**1** Tengo dislexia
**2** Soy ciego/tengo vista parcial
**3** Soy sordo/dificultad para oir
**4** Tengo dificultades de mobilidad/
uso silla de ruedas
**5** Necesito asistencia personal de
apoyo
**6** Tengo problemas de salud mental
**7** Tengo una incapacidad invisible
(diabetes, epilepsia, asma)
**8** Tengo dos o más de las incapacidades arriba mencionadas
**9** Tengo una incapacidad no incluída
en la lista.

**2 FURTHER DETAILS**

Your age on 30 September 2000:

Years | 1 8 |  Months | 0 6 |   Male (M)/Female (F) | M |

Date of birth (DD MM YY) | 3 0 0 1 8 0 |

Student Registration
Number for vocational
qualifications or Scottish
Candidate Number

Disability/special needs/
medical condition | 0 |

Student Support
Arrangements  MY PARENTS   Fee code | 0 1 |

Date of first entry
to live in the UK
(DD MM YY)

Residential category

Area of permanent residence   TAICHUNG

Country of birth   VENEZUELA

Nationality

These boxes for UCAS use only

APR
COB
NAT
LEA

A AS H C W P

VOC HSC LC M WR OEQ

Escriba uno de estos números en
esta casilla

01 Me financio personalmente / mis
padres me financian
02 Soy residente de la UE y solicito
evaluación para contribución de
matrícula de enseñaza a la
autoridad local de educación - local
education authority - (LEA),
Agencia de Ayuda a Estudiantes de
Escocia - (Students Award Agency
for Scotland - (SAAS)) o Junta de
Educación y Bibliotecas de Irlanda
del Norte - (Northern Ireland
Education and Library Board).
06 Tengo una concesión de estudiante internacional del gobierno del
RU o del British Council.
09 Estoy financiado por un
gobierno, universidad o industria
extranjero
90 Estoy financiado por otro
patrocinador no incluído en la lista
99 Aún no lo sé. Si no consigo un
patrocinador, igual tengo que
retrasar mi solicitud para el año
2000

Ignore esta sección
si nunca ha vivido
en el RU. Si ha
vivido en el RU,
refiérase al libro de
instrucciones de
UCAS para ayudarle
a rellenar la casilla
de Categoría Resi-
dencial (Residential
Category)

No escriba nada
en estas casillas

## Secciones 3 y 4

Indique las instituciones y cursos que quiere solicitar en esta sección, un colegio o curso por línea, en el orden que aparecen en el libro de UCAS

Marque esta columna solamente si va a vivir con amigos o familiares mientras esté estudiando en el RU.

Si quiere retrasar cualquier curso por un año inserte una D en la casilla de esta columna.

Si la institución ha aceptado que entre directamente en otro año que no sea el primero del curso escriba un 2 o un 3 etc aquí. Si va a entrar directamente en el primer año no escriba nada.

| 3 | APPLICATIONS IN *UCAS HANDBOOK* ORDER | | | | | | If you wish to apply later for Art & Design Route B courses please tick (✓) | | |
|---|---|---|---|---|---|---|---|---|---|
| (a) Institution code name | (b) Institution code | (c) Course code | (d) Campus code | (e) Short form of the course title | (f) Further details requested in the *UCAS Handbook* | (g) Point of entry | (h) Home | (i) Defer entry | |
| GREEN | G 7 0 | 0 1 6 0 | | BSc / EB | | | | | |
| GREEN | G 7 0 | 0 1 6 1 | | BSc / EBES | | | | | |
| PLYM | P 6 0 0 | D 1 2 | | BSc / McBEC | | | | | |
| READG | R 1 2 | 0 1 6 0 | | BSc / ENV.BIO | | | | | |
| | | | | | | | | | |
| | | | | | | | | | |

If you have previously applied to any institution(s) listed above enter the institution code(s) and your most recent UCAS application number (if known)

| 4 | SECONDARY EDUCATION/FE/HE | From | | To | | PT, FT or SW | UCAS SCHOOL OR COLLEGE CODE |
|---|---|---|---|---|---|---|---|
| | | Month | Year | Month | Year | | |
| | COLEGIO SALESIANO STO TOMÁS DE AGUINO | 10 | 93 | 07 | 98 | | |

| 5 | Tick (✓) if you have a National Record of Achievement (UK applicants only) | pre-16 | | post-16 | |
|---|---|---|---|---|---|

| 6 | PLANNING STATISTICS (These will not be used for selection purposes) |
|---|---|

A   Occupational Background _____   B   Ethnic Origin (UK applicants only)

Page 1

Indique los nombres y direcciones de las tres últimas instituciones académicas en las que ha estudiado (escuela, colegio, universidad) y la(s) fecha(s) en que lo hizo.

Los estudiantes internacionales pueden ignorar las secciones 5 y 6

Ignore esta cajetilla si esta es su primera solicitud de estudios en el RU.

Esto significa
PT = tiempo parcial
FT = tiempo completo
SW = Curso sandwich

# Sección 7A

**7A QUALIFICATIONS COMPLETED** (Examinations or assessments (including key/core skills) for which results are known, including those failed)

Examination/Assessment centre number(s) and name(s)

*COLEGIO "STO TOMÁS DE AOFUINO - HIGH SCHOOL DIPLOMA IN SCIENCES*

| Examination(s)/Award(s) | | | | Result | Examination(s)/Award(s) | | | | Result |
|---|---|---|---|---|---|---|---|---|---|
| Month | Year | Awarding body | Subject/unit/module/ component | Level/ qual | Grade Mark or Band | Month | Year | Awarding body | Subject/unit/module/ component | Level/ qual | Grade Mark or Band |
| 07 | 98 | | ENGLISH | | 16 | | | | | | |
| 07 | 98 | | SOCIAL STUDIES | | 17 | | | | | | |
| 07 | 98 | | BIOLOGY | | 15 | | | | | | |
| 07 | 98 | | MATHEMATICS | | 12 | | | | | | |
| 07 | 98 | | CHEMISTRY | | 15 | | | | | | |
| 07 | 98 | | WORLD HISTORY | | 16 | | | | | | |
| 07 | 98 | | PHYSICS | | 15 | | | | | | |
| 07 | 98 | | LITERATURE | | 17 | | | | | | |
| 07 | 98 | | GEOGRAPHY | | 16 | | | | | | |

En esta sección tiene que indicar todos los exámenes que ha hecho (aprobados o reprobados). Los encabezamientos de las columnas se refieren a exámenes del RU. Si ha hecho exámenes que no son del RU indíquelos en las líneas horizontales, e ignore las columnas verticales. También debe indicar el nombre de la organización examinadora.

# Sección 7B

¿Dónde los hará?

¿En cuales materias se va a examinar?

¿Ha tenido algun resultado?

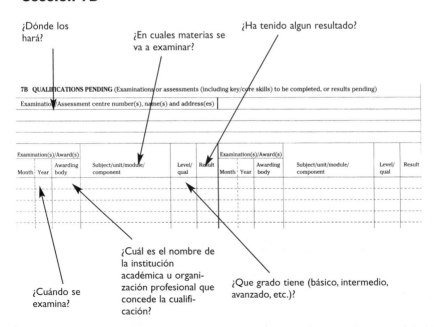

**7B QUALIFICATIONS PENDING** (Examinations or assessments (including key/core skills) to be completed, or results pending)

Examination/Assessment centre number(s), name(s) and address(es)

| Examination(s)/Award(s) | | | | | Examination(s)/Award(s) | | | | |
|---|---|---|---|---|---|---|---|---|---|
| Month | Year | Awarding body | Subject/unit/module/ component | Level/ qual | Result | Month | Year | Awarding body | Subject/unit/module/ component | Level/ qual | Result |

¿Cuándo se examina?

¿Cuál es el nombre de la institución académica u organización profesional que concede la cualificación?

¿Que grado tiene (básico, intermedio, avanzado, etc.)?

**53**

## Secciones 8, 9 y 10

¿Ha tenido alguna vez un trabajo o experiencia de aprendizaje de trabajo? Escriba los detalles aquí

Si ha puesto un número en la casilla de incapacidades/ necesidades especiales de la casilla 2 (vea la página 48) debe explicar aquí cual es su incapacidad y las necesidades especiales que tiene.

**USE BLACK BALLPOINT OR BLACK TYPE**

| 8 | SPECIAL NEEDS or SUPPORT required as a consequence of any disability or medical condition stated in Section 2 | NONE | | | | | | |
|---|---|---|---|---|---|---|---|---|

| 9 | DETAILS OF PAID EMPLOYMENT TO DATE Names and addresses of recent employers | Nature of work | From Month | Year | To Month | Year | PT/ FT |
|---|---|---|---|---|---|---|---|
| | | | | | | | |

**10 PERSONAL STATEMENT** (do NOT attach additional pages or stick on additional sheets)

I've been fascinated by the sea since I was small. As part of my examination course, I studied the effect of pollution on the coast of São Paulo. I analysed water sample over a period of six months. At school, biology has always been my favorite subject.
I would like to study Environmental Studies in the U.K. because the facilities and laboratories of UK universities have a good reputation. One day I may want to do a Master or PHD in Marine Biology, and I think a British degree in Environmental studies would be a good basis for that.
Ultimately I would like to work in the field of conservation. São Paulo has industrialised very rapidly over recent years and there is a lot of demand for qualified conservationists. England has a long tradition of being involved in conservation issues. I have been involved with "Friends of the Earth" in São Paulo, and I would like to see how conservation charities operate in the UK.
I came to England two years ago and studied English in a language school in oxford. I had a very happy time and feel confident that my English will be good enough to make friends with British students at University..

11 **CRIMINAL CONVICTIONS:** Do you have any criminal convictions? See instructions    YES ☐  NO ☐

12 **DECLARATION:** I confirm that the information given on this form is true, complete and accurate and no information requested or other material information has been omitted. I have read the Instructions for Completion of the Application Form and the appropriate sections in the *Handbook* and I undertake to be bound by them. I accept that, if I do not fully comply with these requirements, UCAS reserves the right to cancel my application and I shall have no claim against UCAS or any higher education institution or college in relation thereto.

| | tick one |
|---|---|
| I have attached payment to the value of $14.00/$5.00 | |
| or | |
| I have attached a completed credit/debit card payment coupon | |

Applicant's Signature.................................... Date................................

**REMEMBER TO KEEP A PHOTOCOPY – SEE APPLICANT CHECKLIST ON BACK OF INSTRUCTIONS**    Page 3

No olvide firmar y fechar aquí

Recuerde adjuntar su cheque al formulario antes de meterlo al sobre. No se olvide de mandarlo por correo.

# LISTA DE CHEQUEO

*Información a incluir en su declaración personal*

¿Por qué ha elegido el los curso(s) indicados en la sección 3?

¿Cuáles son sus conocimientos sobre el (los) tema(s) que desea estudiar?

¿Está realizando actualmente algún trabajo o actividad que esté relacionado con el (los) tema(s) que desea estudiar?

¿Qué aspectos de sus estudios presentes le agradan más?

¿Por qué quiere estudiar en el RU?

¿Qué piensa hacer con su cualificación de estudios post-escolar?

¿Qué otros intereses tiene (por ejemplo culturales, deportivos)?

¿Está realizando algún estudio del que no se piensa examinar?

¿Ha tomado parte en actividades en las cuales ha tenido un puesto de autoridad o ha tenido que demostrar su habilidad comunicativa?

¿Ha conseguido o solicitado un patrocinador o una experiencia de trabajo profesional o industrial? Si es así indíque los detalles

¿Está planeando retrasar la entrada hasta el año 2.000? Si es cierto indíque sus razones.

Aparte de los resultados de pruebas de lengua inglesa que haya incluído en la sección 7 ¿qué otras pruebas puede dar de su habilidad para completar un curso post-escolar que se enseña en inglés? Por ejemplo, si todos o parte de sus estudios se han realizado en inglés, es importante mencionarlo.

# Referencia

Pida a un profesor u otra persona responsable que escriba una opinión sobre Vd.. Esta debe confirmar lo que dice su propia declaración personal y dar una indicación de sus resultados académicos. Esta declaración debe dar una seguridad a la universidad de que Vd. trabajará con dedicación y que terminará el curso con éxito. La declaración también debe explicar cualquier caso peculiar de su historia académica; por ejemplo malos resultados, ausencia por enfermedad etc. No copie este ejemplo.

USE BLACK BALLPOINT OR BLACK TYPE

**REFERENCE**
Do NOT attach additional pages

**UCAS**
PO Box 67, Cheltenham, Glos GL52 3ZD
UCAS is a Registered Educational Charity
UCAS Ref No UC-0003A/20

777

SAMPLE

Name of referee  MR RAFAEL LEONIDAS CRESPO

Type of school, college or training centre  COLLEGE

Post/Occupation/Relationship  SOCIAL STUDIES TEACHER

Dates when the applicant is unavailable for interview due to examinations, etc.

Name and address of school/college/organisation  COLEGIO SALESIANO
"STO TOMÁS DE AGUINO". URB LAS ACACIAS
CALLE 6. VALERA EDO TRUJILLO. VENEZUELA

Total number in post-16 education

Full time
Part time

Tel: 00 087 1311 415    Fax: 00 5871 311675

Number normally proceeding to higher education each year

e-mail: ESKUKE @ HOTMAIL . COM .

Should this reference be treated as confidential?  Yes [ ]  No [ ]

**Name of applicant** (block capitals or type)

Section 7 checked as correct?    Yes [ ]

Referee's Signature: _____

Correct fee and stamped acknowledgement card enclosed?    Yes [ ]

Date: _____

Page 4        SEE REFEREE CHECKLIST ON BACK OF INSTRUCTIONS

La persona que informe sobre Vd. debe chequear la sección 7 si es apropiado

La persona que informe sobre Vd. debe firmar y fechar su declaración.

## Después de enviar su solicitud

UCAS enviará una copia de su formulario a las instituciones que haya mencionado. Cada institución considerará su solicitud e informará a UCAS si desean ofrecerle una plaza. Si ya ha obtenido las cualificaciones de entrada para el curso, la oferta será incondicional. Si aún tiene que examinarse la oferta será condicional a que pase los exámenes con notas específicas. UCAS le informará de esta decisión, aunque puede que las instituciones le escriban directamente. No debe enviar ninguna contestación a las ofertas que reciba hasta que UCAS le pregunte qué ofertas quiere aceptar. Puede reservarse no más de dos selecciones: su primera selección/aceptación definitiva y su segunda selección/aceptación de garantía. Debe enviar su respuesta a UCAS quien la enviará entonces a las instituciones.

## Aceptación de una oferta

Tiene que considerar con mucho cuidado sus repuestas a las ofertas que reciba, ya que se cuenta con que mantendrá su elección y no cambiará de opinión más adelante. Cuando reciba los resultados de sus exámenes debe enviar una copia de su nota de resultados a la universidad/ colegio del que haya recibido una oferta condicional.

Si ha satisfecho las condiciones de cualquier oferta que tenía condicionalmente, la oferta se convertirá en incondicional. Si confirma su aceptación de su primera selección de institución, su aceptación de garantía se cancelará automáticamente.

Si no ha conseguido los resultados que necesitaba, también tiene que enviar una copia de su nota de resultados a las universidades, pues puede que una de ellas le envíe una oferta incondicional a través de UCAS.

UCAS le notificará la decisión final. Si recibe una confirmación de oferta tiene que devolver el papel que le mande UCAS inmediatamante, directamente a la institución para confirmar si va o no a aceptar la oferta. Si no le aceptan porque no ha obtenido las notas requeridas, puede unirse al proceso de "Clearing".

## Clearing

UCAS opera un servicio que se conoce como "Clearing" en agosto/septiembre de cada año para ayudar a los candidatos que no han logrado un puesto en su institución preferida, o que han hecho su solicitud demasiado tarde. Será eligible para el clearing si está en una de las siguientes categorías:

- Habiendo hecho su solicitud a través de UCAS no recibe ofertas de ninguna de las instituciones elegidas.

- Recibe ofertas de algunas de sus instituciones seleccionadas pero los resultados de sus exámenes no son suficientes para ser aceptado.

Si ha hecho su solicitud a través de UCAS después del 30 de junio (o el 12 de junio para los cursos de Arte y Diseño por la Ruta B) recibirá automáticamente un formulario de solicitud para el Clearing - Clearing Entry Form (CEF) - de UCAS, con los detalles necesarios e información sobre cómo puede proceder.

## Finanzas

Como estudiante internacional tiene la responsabilidad de pagar la matrícula, alojamiento y gastos. Cuando llegue al RU tendrá que demostrar que ha venido a estudiar y que puede financiar sus estudios. Debe organizar el patrocinio adecuado de indivíduos y organizaciones de su país antes de marcharse. Las restricciones de inmigración le prohiben trabajar con el único fín de financiar sus estudios mientras está en el RU.

Para ser elegible para recibir una concesión mandatoria (local education authority grant) o un préstamo de estudiante, tiene que haber estado "ordinariamente residiendo" en el RU durante los tres años anteriores al comienzo de su curso. Puede que tenga derecho a una concesión o préstamo de estudiante si está en un curso de tiempo completo y es de un país de la Unión Económica Europea, o si puede demostrar que su esposo/a o uno de sus padres tiene estatus de trabajador inmigrante. También puede que tenga derecho a una concesión si está reconocido como refugiado por el gobierno británico.

Con efecto a partir del comienzo del curso de 1998, los estudiantes de licenciatura británicos y de la UE empezaron a pagar matrículas de enseñanza de hasta £1000 al año.

## Más información
El Departamento de Trabajo y Educación publica guías tituladas "Grants to Students" - (Concesiones para estudiantes) - y "Student Grants and Loans" - (Concesiones y Préstamos para estudiantes) - que contienen información actual sobre la situación presente de la financiación.

## Solicitudes para cursos de postgrado
Salvo los casos de estudios de postgraduado en enseñanza o trabajo social (vea los capítulos sobre Educación y Economía) no existe ninguna organización administrativa de admisiones, como UCAS, que se encargue específicamente de las solicitudes de estudios de postgrado. Algunas universidades tienen un departamento separado encargado de las admisiones de postgraduados, y otras cuentan con que Vd. se ponga en contacto con el departamento o el profesor del curso directamente.

Lo primero que debe hacer es conseguir los folletos informativos para estudios de licenciados de las instituciones que le interesen. Esto le facilitará información general sobre la universidad y sus departamentos. Según dicha información, puede entonces pedir los folletos informativos de los departamentos individuales. Siempre le será útil ponerse en contacto con los profesores de departamento para hacerles cualquier pregunta antes de realizar su solicitud. También le pueden aconsejar sobre la mejor forma de proceder.

Existen varias cuestiones que quizás quiera considerar antes de solicitar un curso de postgrado, en particular relacionadas con la financiación. La institución a la que vaya a dirigir su solicitud puede que ofrezca concesiones financieras para los estudiantes de investigación - y sería útil que se informe si es Vd. elegible para una de éstas, y cuáles son las posibilidades de recibir una. También puede desear informarse de si la institución a la cual va a hacer su solicitud tiene una buena reputación o está reconocida por sus investigaciones en algún tema en particular. Los ejercicios de evaluación de investigación de 1996 le pueden dar algunas indicaciones sobre este particular. *(ver más arriba)*

Los procedimientos de solicitud son diferentes de una universidad a otra. De todas maneras, generalmente tendrá que rellenar un formulario de solicitud detallado en el que tendrá que indicar sus cualificaciones académicas, su experiencia de trabajo, y sus razones para querer estudiar el curso. Si está solicitando un cupo de investigación, se le puede pedir que presente un resumen de su propuesta de investigación. Incluso si está solicitando un curso de enseñanza habrá una pequeña parte de investigación al final del año. En su formulario de solicitud puede que le pregunten el tema que piensa que le gustaría investigar para su trabajo escrito. Esto se utiliza generalmente para determinar sus intereses más que como un compromiso firme con un tema.

Tendrá que demostrar un interés genuino en el tema que esté solicitando, y que tiene suficiente motivación y quiere comprometerse a realizar el trabajo requerido. Los cursos de postgrado, y en particular los que se dan en un año, requieren mucho trabajo y normalmente se necesita un periodo de ajuste después de la licenciatura.

## Las Finanzas

Cómo estudiante internacional tiene la responsabilidad de buscar su propia financiación para cubrir los costos de inscripción y matrícula, los gastos de vida, los libros y los viajes. Aunque el precio de la matrícula y los gastos de vida varían de universidad a universidad y de región a región, existen precios uniformes en todo el RU - los cursos de artes cuestan aproximadamente £6000, los de ciencias £8000 y los cursos clínicos aproximandamente £14000. Si es estudiante de la CE, paga lo mismo que los estudiantes británicos, es decir £1000 al año. Tenga en cuenta que estos honorarios solo cubren la enseñanza. También tiene que calcular cuánto va a necesitar para su alo-jamiento, comida, viajes...etc. La universidad a la que solicite sus estudios le podrá dar más información sobre el dinero que va a necesitar durante el curso.

Cómo estudiante internacional, igual puede solicitar la financiación de su propio gobierno. Alternativamente puede que consiga otras ayudas: el British Council concede becas y el Foreign and Commonwealth Office y Overseas Development Administration tienen planes de becas y concesiones.

## ¿Qué pasa si se equivocó al elegir el curso?

En general el sistema de enseñanza británico es flexible. Cuando se estudia en el RU frecuentemente se tiene la opción de elegir entre varios módulos - cursos cortos especializados en el tema general que está estudiando. En las universidades, frecuentemente el primer año es como un año de base - un curso general en el cual puede probar todas las distintas especialidades. Al comenzar el segundo año se empieza a hacer la especialización, dejando algunos estudios y concentrándose en otros. Inevitablemente algunos estudiantes se dan cuenta poco a poco que les interesa más otro tema que no era el de su curso original. Si le ocurre esto no se preocupe.

En casi todas las universidades británicas tendrá un tutor académico. Si después de pensarlo seriamente y haber investigado el curso al que se quiere cambiar pida una cita con su tutor y el le podrá aconsejar cómo proceder. Puede que algunos cambios no se permitan (por ejemplo de literatura Inglesa a medicina) pero la mayoría se considerarán con interés.

## DIRECCIONES ÚTILES

**Department for Education and Employment**

Student Support
Division 1
Mowden Hall
Staindrop Road
Darlington DL3 9BG
Tel: 01325 392 822
Fax: 01325 392 464
Página web:dfee.gou.uk

Rathgael House
Bangor
Irlanda del Norte
Tel: 01247 279 279
Fax: 01247 279 100
Email: deni@nics.gov.uk
Página web:
www.deni.gov.uk

Higher Education
Funding Council for
England and Northern
Ireland
(HEFCE)
Northavon House
Coldharbour Lane
Bristol BS16 1QD
Tel: 0117 931 7317
Fax: 0117 931 7203
Email: hefce@hefce.ac.uk
Página web:
www.hefce.ac.uk

The Scottish Higher
Education Funding
Council (SHEFC)
Donaldson House
97 Haymarket Terrace
Edimburgo
EH12 5HD
Tel: 0131 313 6500
Fax: 0131 313 6501
Página web:
www.shefc.ac.uk

Higher Education
Funding Council for
Wales (HEFCW)
Linden Court
The Orchards
Ty Glas Avenue
Llanishen
Cardiff
CF4 5DZ
Tel: 01222 761 861
Fax: 01222 763 163
Email: hefcw@wfc.ac.uk
Página web:
www.niss.ac.uk/educatio
n/hefcw

The Northern Consor-
tium
PO Box 88
Manchester
M60 1QD
Tel: 0161 200 4029
Email: pgorham@
fs2.ba.umist.ac.uk

EL BRITISH COUNCIL
El British Council tiene
oficinas en todo el
mundo y en general
prestan gran ayuda. A
continuación se muestra
una lista de oficinas.
Observe que los números
de teléfono y de fax se
indican como si marcase
localmente y deberá
añadir el código del país
y omitir el 0 inicial si es
una llamada interna-
cional. También puede
utilizar la Página web
www. britcoun.org

*Argentina*
Marcelo T de Alvear
590 (4th Floor)
1058 Buenos Aires
Tel: 311 9814, 7519

Fax: 311 7747
Email:
britcourn@britcoun.int.ar

*Bolivia*
La Paz Avenida Arce (eq
Campos)
Casilla 15047
La Paz
Tel: 431 240
Fax: 431 377
Email: internet:info@
bcouncil.org.bo

*Chile*
Eliodoro Yañes 832
Providencia
Santiago
Tel: 236 1199/ 236 0193
Fax: 235 7375 / 9690
Email:
british.council@bc-
santiago.sprint.com

*Colombia*
Calle 87 No.12-79
Apartado Aéreo 089231
Santafé de Bogotá
Tel: 6180118 / 6103077
Fax: 2187754 / 6167227
Email: brit.council@bc-
bogota.sprint.com

*Ecuador*
Avenida Amazonas 1646
y
La Niña
Casilla 17-07-8829
Quito
Tel: 540225 / 225421 /
508282
Fax: 508283
Email:
erey@britcoun.org.ec

*España*
Paseo del General
Martinez Campos 31
28010 Madrid
Tel: 337 3500
Fax: 337 3573
Email:
general.enquiries@bc-
madrid.sprint.com

*Filipinas*
10th Floor
Taipan Place
Emerald Avenue
Ortigas Centre
Pasig City 1605
Metro Manila
Filipinas
Tel: 02 914 1011/2/3/4
Fax: 02 914 1020
Email:
britcoun@britcoun.org.ph

*Perú*
Calle Alberto Lynch
110 San Isidro
Lima 27
Tel: 221 7552
Fax: 421 5215
Email: postmaster@bc-
lima.org.pe

*Reino Unido*
Londres
10 Spring Gardens
London SW1A 2BN
Tel: 930 8466
Fax: 839 6347
Email:
enquiries@britcoun.org

Manchester
Bridgewater House
58 Whitworth Street
Manchester M1 6BB
Tel: 957 7000
Fax: 957 7111
Email:alan.webster@
britcoun.org

Belfast
1 Chlorine Gardens
Belfast BT9 5DJ
Tel: 666 770
Fax: 665 242
Email:
lynda.wilson@britcoun.org

Edimburgo
3 Bruntsfield Crescent
Edimburgo EH10 4HD
Tel: 447 4716
Fax: 452 8487
Email:
alison.kanbi@britcoun.org

Cardiff
28 Park Place
Cardiff CF1 3QE
Tel: 397 346
Fax: 237 494
Email:
lindahall@britcoun.org

*Venezuela*
Piso 3, Torre Credit Card
Av. Principal El Bosque
Av Sta Isabel/Sta Lucia
El bosque
Caracas
Tel: 952 9965
Fax: 952 9691
bc-venezuela@bc-
caracas.sprint.com

Fuente: The British
Council

# Llegada a Gran Bretaña

**S**iempre y cuando decida venir a Gran Bretaña a estudiar, tendrá varias cosas que organizar antes de viajar al RU. Puede tener la obligación de hacer el Servicio Militar o necesitar permiso para abandonar su país. La Álta Commission británica, la embajada británica, el Cónsul General británico o el British Council quizás le puedan ayudar y facilitarle documentos adicionales que le ayuden. Puede que su gobierno le imponga restricciones sobre transferencia de dinero al RU.

## VISADOS E INMIGRACIÓN

La división básica se dá entre los ciudadanos del Área Económica Europea (la Unión Europea más Islandia y Noruega), la gente de otros países que no requieren un visado para entrar en Gran Bretaña (nacionales no-visados), y gente de los países que necesitan un visado para entrar en Gran Bretaña (nacionales visados). El Home Office divide las categorías como sigue:

### El Área Económica Europea

Si es nacional de uno de los países de la Union Europea o de Noruega o Islandia, puede entrar libremente al RU para estudiar, vivir o trabajar y no necesita un visado. Los estudiantes de la Unión Europea tienen una fuerte competencia de los estudiantes británicos y también tienen que pagar los mismos honorarios de enseñanza de hasta £1000 al año - dependiendo de sus circunstancias financieras. Los estu-

---

**El Área Económica Europea**

Austria, Bélgica, Dinamarca, Finlandia, Francia, Alemania, Grecia, Holanda, Islandia, Irlanda, Italia, Liechtenstein, Luxemburgo, Noruega, Portugal, España, Suecia, Reino Unido

---

diantes de Islandia y Noruega tienen que pagar honorarios completos como estudiantes internacionales pero no necesitan visados de trabajo y por lo tanto pueden financiar su curso trabajando.

### Nacionales no visados

Los nacionales no visados son los de países que no requieren visado para entrar en Gran Bretaña. Puede llegar con la documentación necesaria y el visado se expide cuando llega. Necesitará:

Prueba de que ha sido aceptado en un curso de tiempo completo en una escuela, un colegio o una universidad

---

**Nacionales no visados**

Andorra, Argentina, Australia, Botswana, Brasil, Canadá, Costa Rica, Chile, Japón, Korea (Sur), Malasia, Malta, México, Mónaco, Namibia, Nueva Zelanda, San Marino, Singapur, Sudáfrica, Korea del Sur, Swazilandia, Suiza, EEUU, Venezuela,Zimbabwe

---

del RU (un total de 15 horas o más a la semana)

Una carta de su nueva escuela, colegio o universidad, en su papel oficial, declarando que ha pagado su depósito y/o matrícula de enseñanza

Prueba de que tiene suficiente fondos para pagar sus estudios y gastos de vida. Esto puede consistir en cheques de viajero en suficiente cantidad para cubrir sus gastos, una orden de pago bancaria a favor de un banco del RU, cartas o documentos bancarios de sus patrocinadores, o una combinación de todas estas cosas. Tiene que demostrar que no acudirá al "recurso de fondos públicos" - que se puede mantener sin contar con el estado asistencial británico y sin trabajar para financiar sus estudios.

Si se queda más de seis meses, sus finanzas serán inspeccionadas mucho más rigurosamente. Es aconsejable entregar su documentación a la Embajada Británica/Alta Comisión de su país y conseguir autorización de entrada (un visado) antes de emprender el viaje. Aún así es posible que tenga problemas con su estatus pero tendrá derecho a apelar y permanecer en Gran Bretaña hasta que el caso se decida. Si tenía idea de conseguir su visado a su llegada, pucde que le hagan volver a su costo. Hay muchos rumores alarmistas pero estos casos no suelen ocurrir en la práctica, a no ser que haga algo que incite sospechas. Esto podría ocurrir si viaja muchas veces de ida y vuelta a Gran Bretaña en un tiempo corto, o parece que tiene poco dinero, o se matricula en un colegio con

fama de ser una "fábrica de visados".

Puede traer consigo a su cónyuge/marido/mujer o hijos. No obstante necesitarán un visado de personas dependientes de estudiante, que tienen que obtener ANTES de llegar (aunque su visado se pueda expedir a su llegada). Para esto tienen que demostrar que les puede mantener de su propio bolsillo. Recuerde que puede ser muy difícil encontrar alojamiento para familias, y si lo encuentra tiende a ser caro, de modo que intente organizar algo antes de llegar. La mayoría de las universidades pueden ofrecer alojamiento para familias, pero las plazas son limitadas. Sea lo más organizado posible en sus gestiones, ya que ésto le dará más credibilidad a los ojos de los oficiales de immigración.

También puede entrar en Gran Bretaña como turista. En teoría, los nacionales no visados pueden después solicitar que se cambie a un visado de esdudiante sin salir del país, como "solicitud interna". En la práctica ésto

no es recomendable ya que el departamento de inmigración sospecha de la gente que cambia el motivo de su estancia en Gran Bretaña. Puede que consiga cambiar su visado de esta manera pero le someterán a un buen interrogatorio para obtenerlo. Mucha gente viene a Gran Bretaña con visado turístico y buscan un colegio para apuntarse. Tenga cuidado porque puede terminar por ser deportado si las autoridades piensan que intentaba engañar al departamento de immigración. Lo mejor que puede hacer es solicitar un visado de aspirante a estudiante en su país. Necesitará demostrar que tiene los fondos suficientes para mantenerse durante el curso y podrá permanecer en el RU durante un máximo de seis meses.

**Nacionales-visados**
Los nacionales-visados necesitan obtener un visado de estudiante de su embajada británica o Alta Comisión más cercana antes de llegar a Gran Bretaña. Para obtenerlo necesita demostrar lo siguiente:

* Prueba de que ha sido aceptado en un curso a tiempo completo (15 horas o más a la semana), en un colegio o universidad de buena reputación en el RU. Si es en una escuela de idiomas es preferible que pertenezca a ARELS o acreditada por el British Council.

* Una carta de su nueva escuela, colegio o universidad, en papel oficial, declarando que ha pagado su depósito y/o matrícula

* Prueba de que tiene suficientes fondos para pagar sus estudios y gastos de vida. Esto puede consistir en cheques de viajero en suficiente cantidad como para cubrir sus gastos, una orden de pago bancaria a favor de un banco del

**Nacionales-visados**

Afganistán, Albania, Argelia, Angola, Armenia, Azerbaijan, Bahrain, Bangladesh, Belarus, Belize, Benin, Bhutan, Bolivia, Bosnia-Herzegovina, Burkina Faso (Alto Volta), Burma (Myanmar), Brunei, Bulgaria, Burundi, Cambodia (Kampuchea), Camerón, Cabo Verde, República Centro-Africana, Chad, China, Colombia, El Congo, Cuba, Chipre, República Democrática del Congo (Zaire), Djibouti, República Dominicana, Ecuador, Egipto, Guinea Ecuatorial, Eritrea, Etiopía, Fiji, Gabón, Gambia, Guinea, Guinea-Bissau, Guyana,Haiti, India, Irán, Iraq, La Costa de Marfil, Jordania, Kampuchea (Cambodia), Kazakhstan, Kenya, Kirgizstan, Korea (Norte), Kuwait, Laos, el Líbano, Liberia, Libia, Macedonia, Madagascar, Malawi, las Maldives, Mali, Mauritius, Moldavia (Moldova), Mongolia, Marruecos, Mozambique, Myanmar (Burma), Nepal, Niger, Nigeria, Omán, Pakistán, Palestina, Papúa Nueva Guinea, Perú, Filipinas, Qatar, Rumania, Rusia, Rwanda, Sao Tomé e Principe, Arabia Saudita, Senegal, Serbia, Sierra Leona, Somalia, Sri Lanka, Sudán, Surinám, Siria, Tanzania, Taiwan, Tailandia, Togo, Túnez, Turquía, Turkmenistan, Uganda, Ukrania, Alto Volta (Burkina Faso), Uzbekistan, Vietnam, Yemen Yugoslavia, Zambia

RU, cartas o documentos bancarios de sus patrocinadores, o una combinación de todas estas cosas. Tiene que demostrar que no acudirá al "recurso de fondos públicos" - que se puede mantener sin contar con el estado asistencial británico y sin trabajar para financiar sus estudios.

\* Los oficiales de inmigración prefieren las órdenes de pago bancarias porque son más difíciles de copiar y se pueden comprobar con el banco que las expide. Tiene que demostrar que no acudirá al "recurso de fondos públicos". Cuanto más larga sea su propuesta estancia más tendrán que ser convincentes sus credenciales financieros.

> Leave to enter the United Kingdom on condition that the holder maintains and accommodates himself and any dependants without recourse to public funds, does not enter or change employment paid or unpaid without the consent of the Secretary of State for Employment and does not engage in any business or profession without the consent of the Secretary of State for the Home Department is hereby given for/until
>
> **TWELVE MONTHS**

Típico visado expedido para estudiantes

Tiene que conseguir su visado y traerlo con Vd. con toda su documentación cuando entre en Gran Bretaña, ya que los oficiales de inmigración podrán pedírselo cuando llegue. Si tiene una autorización para entrar conseguida en su país esto suele ser suficiente. Sin embargo, puede que haya dificultades por parte de los oficiales de immigración, si creen que ha habido un cambio de circunstancias o no ha mencionado o ha ocultado alguna información importante. En esta situación tiene el derecho de permanecer en Gran Bretaña mientras apela la decisión.

Si entró en el RU con visado de turista no podrá cambiarlo a un visado de estudiante en Gran Bretaña. Tiene que salir del país y volver a solicitar un visado de estudiante antes de poder volver a entrar.

## SI TIENE ALGUN PROBLEMA

No debe temer problemas en la sección de inmigración, pero prepárese para que le hagan preguntas detalladas. Los oficiales de inmigración intentarán establecer si es un estudiante genuino, y que no viene al RU para trabajar o conseguir residencia permanente. También se quieren asegurar de que va a volver a su país al final de sus estudios.

Si por cualquier razón los oficiales no están satisfechos con sus respuestas y deciden detenerle en inmigración, los oficiales del aeropuerto le pondrán un interprete si es necesario. Puede ser una experiencia desagradable y lo mejor es pedir a los oficiales que se pongan en contacto con su colegio o universidad o cualquier otra persona que le pueda ayudar apoyando su caso. El mejor consejo es que sea honesto y directo. Los oficiales de immigración sospecharán aún más si detectan la más mínima mentira o una verdad a medias.

Si tiene libre la entrada y quiere apelar, se puede poner en contacto con un abogado de inmigración. Es importante que use una firma de buena reputación. Existe una organización llamada UKCOSA específicamente formada para ayudar a los estudiantes en estas situaciones. Ellos le pueden recomendar abogados de buena reputación o aceptar su caso ellos mismos

UKCOSA Council for International Education
9 - 17 St Albans Place
London
N1 0NX
Teléfono de consejos: (Lún - Vier 1 - 4pm)
0171 354 5210

Otra organización que puede ser útil es el Joint Council for Welfare of Immigrants (JWCI) aunque tratan más con gente que viene al RU a quedarse

Joint Council for the Welfare of Immigrants (JCWI)
115 Old Street
London
EC1V 9JR
Teléfono de consejos: (abierto Lún, Mar, Jue 2 - 5pm)
0171 251 8706

Si emplea un abogado y tiene problemas con su firma puede contactar al Law Society, Tele. 0171 242 1222. También puede contactar el Immigration Law Practitioners Association Tele. 0171 251 8383. Ambas organizaciones también le pueden facilitar nombres y direcciones de abogados y otros que le puedan asesorar.

Puede obtener más información sobre immigración si escribe al Foreign Office a:

The Correspondence Unit
Migration and Visa Division
Foreign and Commonwealth Office
1 Palace Street
London
SW1E 5HE

También puede escribir a la Dirección de Immigración y Nacionalidad en el Home Office a:

Lunar House
40 Wellesley Road
Croydon
Surrey
CR9 2BY
Página web:
www.homeoffice.gov.uk/indhpg.htm

## Obligaciones de registro y visados
### Registro en la Policía

Si es de uno de los países que necesitan visados y que no sea miembro de la Commonwealth y va a estar en Gran Bretaña durante más de seis meses, debe registrarse en la estación de policía local. Si está en Londres debe ir al Alien Registration Office, en 10 Lambs Conduit Street, High Holborn, Londres (Lun - Vier 9.30am - 4.45pm) Tel: 0171 230 1208. Los residentes de fuera de Londres se deben registrar en la estación de policía local central. Cuando vaya a registrarse debe llevar su pasaporte, documentos de viaje, cualquier documento apropiado del Home Office, dos fotos de pasaporte y los honorarios de registro que son £34. Si más tarde cambia de dirección, curso o cualquier otro aspecto de los detalles de su registro, debe volver a la misma oficina y actualizar su ficha.

### Registro en su embajada

También se debe registrar en su embajada nacional en Londres, por si pierde su pasaporte u otros documentos de viaje, o le ocurre algún incidente. Si vive fuera de Londres tendrá que ponerse en contacto con la embajada por teléfono y pedir los formularios de registro necesarios. En otro caso, siempre es posible ir y registrarse en persona. Puede ser una buena idea llamar por teléfono de antemano, por si tiene que hacer una cita (mire en las Páginas Amarillas o llame a información (192) para conseguir el número correcto.

## Prórroga de su visado de estudiante

Es conveniente hacerlo por correo, ya que las colas en las oficinas de immigración suelen ser muy largas. Tiene que escribir al Application Forms Unit en Lunar House (dirección más arriba) y mandar los documentos originales pertinentes por correo certificado. Debe mandar documentos originales. Si envía fotocopias, su solicitud será rechazada inmediatamente.

Los documentos que va a necesitar incluyen prueba de la matrícula en su escuela o colegio, y si quiere una prórroga de su visado de estudiante, prueba de haber acudido un mínimo de 80% o más de sus clases, si ha acudido a las clases, seminarios u otros requisitos del curso en una proporción inferior al 80%, tendrá que mostrar un certificado médico o prueba similar para explicar su ausencia. El certificado médico también debe presentarse en original y no en fotocopia.

Si hace la solicitud en persona, puede ir a cualquiera de las oficinas del Immigration and National Directorate en el RU. Los formularios de solicitud se pueden conseguir escribiendo a:

The Applications Forms Unit
Immigration and Nationality
Directorate
Lunar House
40 Wellesley Road
Croydon CR9 2BY
Tele: 0870 241 0645

La oficina más cercana para la zona de Londres es Lunar House en Croydon, y naturalmente es la más ocupada, con colas que empiezan  regularmente a partir de las seis de la mañana. Llévese el desayuno, y quizás necesite traer también el almuerzo. Por esta razón, si puede es mejor que vaya a una de las oficinas de fuera de Londres.

**Londres**
Immigration and Nationality
Directorate
Lunar House
40 Wellesley Road
Croydon CR9 2BY
Tele: 0870 606 7766
Información grabada:
0181 760 1622

**Belfast**
Immigration Office
Olive Tree House
Fountain Street
Belfast BT1 5EA
Tele: 01232 322547

**Birmingham**
Immigration office
(Cargo Terminal)
Birmingham Airport
Birmingham B26 3QN
Tele: 0121 606 7345

**Glasgow**
Immigration Office
Dumbarton Court
Argyll Avenue
Glasgow Airport
Paisley PA3 2TD
Tele: 0141 887 2255

**Liverpool**
Immigration Office
Graeme House
Derby Square
Liverpool L2 7SF
Tele: 0151 236 8974

También puede ver la Página web del Departamento de Immigración y Nacionalidad:
www.homeoffice.gov.uk/ind/hpg.htm

## Viajes

Cuando llegue por primera vez a Gran Bretaña tendrá que trasladarse del aeropuerto, puerto o estación de tren, a su destino. Si se va a registrar en la universidad, el encargado internacional seguramente le habrá enviado un mapa con instrucciones de cómo viajar. Incluso quizás hayan organizado ir a buscarle cuando llegue. Los aeropuertos de Heathrow, Gatwick, Stansted y Luton están todos a las afueras de Londres y tendrá que coger un tren, metro o autobús para llegar a la ciudad. Hay aeropuertos importantes internacionales en varios lugares de las Islas británicas, incluyendo Edimburgo, Glasgow, Derry, Prestwick, Birmingham, Cardiff y Bournemouth. Muchos de los estudiantes que vuelan a estos aeropuertos regionales usan Amsterdam más que Heathrow como centro.

## Viajes desde Heathrow

Si viaja entre el aeropuerto de Heathrow y Londres puede coger el servicio Heathrow Express desde la estación de Paddington (£10 por el viaje de ida de 15 minutos) o el metro. Heathrow está en la linea Piccadilly y un viaje de ida cuesta £3.40 y tiene una hora de duración. El metro es seguro y mucho más barato, aunque tendrá que andar por escaleras mecánicas con todo su equipaje. Puede usar el servicio de Airbus que funciona cada 30 minutos, cuesta aproximadamente £6 y tiene dos rutas al centro de la ciudad. El Airbus A1 va a la estación de trenes de Victoria (la estación de autobuses también está cerca), pasando por la estación de metro de Gloucester Road, y la de Knightsbridge. El Airbus A2 va a Russell Square pasando por la estación de metro de Holland Park, la de Baker Street y la estación de Euston. Si quiere tener la experiencia de un viaje en uno de los muchos taxis negros de Londres, y tiene montones de libras a su disposición, el viaje le costará £35 más una propina del 10%. Puede que tarde más que en metro si hay mucho tráfico,

especialmente durante las horas pico.

## Viajes a Gatwick

Se puede viajar facilmente al aeropuerto de Gatwick de ida y vuelta por medio del Gatwick Express, que sale de la estación Victoria. Los trenes salen cada 15 minutos y el costo es de £9.50 en cada dirección. Los trenes funcionan hasta las 11.40pm. Hay autobuses que hacen el viaje regular entre Gatwick y Victoria y cuestan £5 en cada dirección. El último autocar sale de Gatwick a las 10pm y de Victoria a las 11.30pm. Funcionan con regularidad desde muy temprano por la mañana. El teléfono para información de autocares es 0990 747777

## Viajes a Stansted

Stansted esta más lejos de Londres que los aeropuertos de Heathrow y Gatwick. Quizás sea esta la razón por la cual, en general, es mucho más tranquilo y agradable.Los trenes de Stansted a Liverpool Street, en el centro de Londres, tardan aproximadamente 40 minutos y cuestan £10.40 en cada dirección.

## Los Aeropuertos Regionales

Si va a un colegio o universidad fuera de Londres quizás pueda viajar en avión directamente desde su país sin o con escalas en el camino, a aeropuertos como el de Manchester. Si aterriza en Aberdeen, Edimburgo o Glasgow la mejor opción para llegar a su destino es tomar un taxi en la fila de taxis del aeropuerto (el costo es entre £8 y £15).

Puede que se encuentre con una larga cola de gente esperando a los taxis. El colarse está considerado de muy mala educación e injusto, de manera que está avisado. Puede que haya un autobus desde la estación al aeropuerto que será más barato que el taxi. Los taxis son más baratos fuera de Londres y quizás sea la mejor opción.

# La Vida y Estudios en Gran Bretaña

## LA VIDA EN GRAN BRETAÑA

### Alojamiento

Lo más importante que debe preguntar a la institución con la que va a estudiar es si pueden facilitarle alojamiento o si lo tiene que buscar Vd. mismo. Las opciónes son: el alojamiento en universidad/colegio; el compartir un piso o una casa, o "homestay" (vivir con una familia británica). A no ser que la universidad le facilite el alojamiento, es aconsejable ver los alojamientos antes de comprometerse a tomarlos o, lo que es más importante, antes de pagar un depósito.

## Alojamiento en colegio/ universidad

En general debería tener su alojamiento garantizado, por lo menos durante el primer año. Es aconsejable aceptar una oferta de alojamiento tan pronto como sea posible. Hay pocas universidades con suficiente espacio de alojamiento para todos sus estudiantes y por lo tanto necesitan saber lo antes posible si van a tener una habitación libre.

Las universidades han invertido recientemente en nuevos alojamientos para hacer frente a un creciente número de estudiantes. La mayoría tienen alojamientos que van desde los viejos tipos de estudio/habitación para una dos o tres personas, con cocina y cuarto de baño común en las residencias, hasta los apartamentos nuevos en los "student village" con ocho habitaciones individuales para estudiantes y con cocina, cuarto de baño y sala comunes. Algunas universidades han comprado casas cerca del campus y las han adaptado para estudiantes. También existen planes donde los propietarios privados dejan la gerencia de sus edificios a las universidades para los estudiantes.

Las residencias más tradicionales tienen vigilancia de personal de la universidad. Algunas residencias suministran dos comidas al día y otras ofrecen facilidades para que los estudiantes se arreglen ellos mismos. Aunque estas residencias de self catering suelen ser más baratas, puede preferir pagar más para que le preparen las comidas. La hora de comer puede ser una buena oportunidad para conocer gente y hacer nuevas amistades. La mayoría de las residencias suelen tener servicios de lavandería y además personal de limpieza que cambia las sábanas de las camas y retiran las basuras.

### Las Residencias

Aunque algunas residencias son más estrictas que otras, normalmente se puede obtener permiso para tener un huesped una noche. En general, poca gente se molesta en pedir permiso. A veces se pueden reservar habitaciones de invitados por adelantado para los padres/amigos que vengan a hacer una visita.

Vivir en residencias de estudiantes es una manera estupenda de conocer a gente nueva y hacer amistades duraderas. El estrés asociado algunas veces con vivir fuera, como las cuentas y los propietarios se puede evitar en las residencias donde existe la ventaja de ser parte de un grupo grande, pero también poder aislarse si lo necesita. Vivir en una residencia también significa poder participar en las actividades organizadas por otras personas de la residencia.

Teniendo todo esto en cuenta merece la pena tomar nota de que las reglas pueden ser restrictivas. Puede que tenga una incompatibilidad con sus compañeros y que prefiera un ambiente más ruidoso/tranquilo. La cultura dominante

## Costos típicos de alojamiento en Gran Bretaña

**Residencias universitarias**
*(Precio por semana self catering incluyendo electricidad y calefacción pero excluyendo otros gastos)*

| | |
|---|---|
| Londres | £58 |
| Sureste | £47 |
| Suroeste | £40 |
| Los Midlands | £38 |
| El Norte | £40 |
| Escocia | £43 |
| Gales | £42 |
| Irlanda del Norte | £34 |

**Sector Privado**
*(Precio por semana de alojamiento alquilado excluyendo cuentas)*

| | |
|---|---|
| Londres | £64 |
| Sureste | £51 |
| Suroeste | £46 |
| Los Midlands | £33 |
| El Norte | £39 |
| Escocia | £47 |
| Gales | £39 |
| Irlanda del Norte | £40 |

*Fuente de información: What University 1998*

bien sea de hacer fiestas o de estudiar, puede no ser para todos los gustos. Sin embargo, como son propiedad de las universidades y están administradas por ellas, pueden proporcionar un ambiente de apoyo.

No todas las residencias proporcionan alojamiento durante el año entero, y le pedirán que deje libre su habitación durante las vacaciones. Si es este el caso pregunte a su jefe internacional. En la mayoría de las universidades se hacen excepciones para los estudiantes internacionales que pueden permanecer en las residencias durante las vacaciones. Algunas puede que cobren extra. De todas maneras probablemente podrá guardar su equipaje en un sitio seguro, si va a volver a casa durante las vacaciones.

## Compartir un piso/casa

En la mayoría de los casos los cupos en residencias universitarias solo se ofrecen durante dos de los tres años del curso: normalmente el primero y/o tercer años. Por esta razón el compartir piso o casa suele ser común entre estudiantes que permanecen un largo plazo. Los estudiantes de cursos cortos no suelen tomarse la molestia de organizar su propio alojamiento.

Los pisos y las casas que se alquilan se anuncian en periódicos locales y en las oficinas de alojamiento de las universidades. En Londres debe consultar los periódicos Loot y Evening Standard. Los precios varían enormemente y depende del sitio y el tipo de alojamiento que desee. Generalmente la mejor temporada para buscar alojamiento es antes del final del trimestre de verano - Junio/Julio. Tenga en cuenta que si encuentra un piso o una casa en ese momento lo tendrá que pagar durante el resto del verano. Si le gusta la independencia, y cocinar por sí

mismo (¡y de vez en cuando para otros!), entonces compartir un piso o casa va a ser lo mejor para Vd.

## "Homestay"

Esta es una opción popular para los estudiantes de lenguas. Vivirá en la casa de su familia anfitriona donde tendrá su propio estudio/habitación y donde compartirá un número determinado de comidas con la familia. Puede encontrar flexibilidad respecto a condiciones, dependiendo de lo que el estudiante quiera y necesite, aunque frecuentemente se considera como intercambio cultural. La familia que le acoja puede estar interesada en conocerle de la misma manera que a Vd. le pueden interesar su cultura y tradiciones. El sumergirse completamente en la vida británica es frecuentemente la mejor forma de practicar el idioma y de

- **Thorton Heath,** room in friendly house, all mod cons, close BR, £50pw. 0181-239 9398 .
- **Tooting Broadway,** room in houseshare, £41pw low bills. 0181-767 9306 SW.
- **Tooting Broadway,** single room, £140pcm. 0181-767 9951
- **Tooting Broadway,** small single room, fully furnished, close tube / all amenities, deposit required, £200pcm excl. 0181-682 4228
- **Tooting SW17,** lovely room, leading into garden, £60pw inc + phone. 0181-769 8201 SW.
- **Tooting,** single furnished room in shared flat, gch, share kitchen / lounge / phone / washing machine, close BR / buses, prof, months dep & months rent in advance, £240pcm. 0181-648 5783
- **Tooting,** spacious furnished room in friendly mixed house, 7 mins tube, near all amenities, available 17th Jan 99, £216.66 pcm. 0181-682 3678
- **Turnpike Lane,** double room to share in friendly SA / NZ / Australian household, all mod cons, Sky etc, £156pp pcm incl. 0181-881 7675
- **Turnpike Lane,** single room, share kitchen, bathroom and garden with 2 others, will suit non smoking professional, references required, £62 per week. Geogrge 0181-885 2029 or E-mail g. papadopoulos@ rca. ac. uk
- **Walthamstow,** single room in houseshare, gch, garden, washing machine, 10 mins tube, dep / months rent, £240pcm. Paul 0468 847 458 days / 0181-527 4292 eves
- **Walthamstow, E17** single room, in large modern flat, all mod cons, close tube / BR /

*Sección de alojamiento en Loot*

entender la cultura y las costumbres de la familia británica.

Vd. tendrá que respetar y obedecer las reglas básicas que pueda imponer la familia. Sin embargo Vd. está pagando, de modo que los servicios como cuidar de los niños, son a su entera discreción y no forman parte del acuerdo.

Los "Homestay" pueden dar buen resultado para estudiantes que valoran la seguridad y prefieren un ambiente hogareño. Sin embargo, si la familia anfitriona tiene niños pequeños, puede que no sea el mejor ambiente para estudiar. La ventaja real es que hablará inglés todos los días y su facilidad para conversar mejorará. Pero puede que viva lejos del colegio y de los otros estudiantes, e igual no le guste la comida!

Los "Homestay" se pueden organizar para todo el curso, bien privadamente o a través de la institución en la que vaya a estudiar. Algunas oficinas internacionales organizan fines de semana cortos en plan "Homestay" para introducirle a la cultura y vida hogareña británicas. También se pueden organizar a través de ciertas organizaciones tales como las iglesias, los templos, las mezquitas y las sinagogas locales, y las organizaciones caritativas con contactos en el extranjero. Quizás prefiera ponerse en contacto con gente conocida de su familia o amigos que puedan sugerir alguna familia.

## Los estudios apartamentos "Bedsits"

"Bedsit" es la abreviación de bed/sitting room (un salón con cama), y consiste en un apartamento de una habitación en un edificio más grande. Suelen tener una cama individual o doble, con un área para lavarse, una cocina y un cuarto de baño. Pueden ser de cualquier tamaño, desde razonablemente espaciosos, hasta muy apiñados. Aunque son muy baratos, los "bedsit" pueden ser muy solitarios, a no ser que viva en un edificio con muchos más estudiantes. Los vecinos ruidosos también lo pueden

convertir en un sitio donde es imposible escribir una redacción o leer, y los propietarios puede que no sean tan comprensivos ni le den el mismo apoyo que en las residencias, particularmente si se retrasa en pagar la renta. Pero para los estu-diantes de mente independiente, los "bedsit" pueden ser un buen sitio para asegurar su paz, tranquilidad y libertad!

## "Lodgings" (Pensiones)

Esto es una habitación en una casa de familia - como el "homestay" pero la relación es puramente comercial. Tendrá muy poco que ver con la familia y le tratarán más como inquilino que como huesped.

Como inquilino tiene derecho a vivir privadamente, a que le respeten y a un nivel de vida decente, aunque puede que la familia tenga sus reglas respecto a traer invitados y amigos. Las pensiones se anuncian normalmente en las tiendas y supermercados o a través de las oficinas de alojamiento de estudiantes y organizaciones religiosas caritativas.

# FINANZAS

## El trabajo en el RU

Si tiene un visado de estudiante, las leyes de immigración no le permiten trabajar a fin de financiar sus estudios. Sin embargo, sí que puede trabajar hasta veinte horas a la semana, part-time, si obtiene un permiso de trabajo. Su centro de empleo local le puede expedir un permiso de trabajo si satisface los siguientes criterios:

Será un trabajo que un ciudadano británico no pueda/ no quiera hacer

El trabajo no interferirá con su programa de estudios

No trabaja para financiar sus estudios

También tendrá que presentar su pasaporte y el certificado de registro de la policía local para comprobar su estatus temporal de estudiante. Los centros de empleo se muestran en la lista telefónica bajo "Employment Services and Job Centres".

Trabajar sin permiso es ilegal y quiere decir que no estará protegido por las leyes de empleo. Los patrones con trabajadores ilegales sufren multas cuando los descubren y los trabajadores ilegales son deportados inmediatamente.

## Cuentas Bancarias

Como estudiante de un curso a tiempo completo y de duración de dos años o más, tiene derecho de abrir una cuenta bancaria de estudiante. Estas cuentas suelen facilitar saldos deudores sin intereses y otras buenas ofertas, por ejemplo de billetes de tren, teléfonos móbiles, vales para discos y, a veces, regalos en metálico..

BANK MANAGER

Como estudiante, le ofrecerán normalmente una cuenta corriente o una cuenta de estudiante, que le da derecho a tener chequera, tarjeta de garantía de cheques, y tarjeta de cajero automático - para usar en dichos cajeros. También la puede usar como tarjeta de débito (usada como tarjeta de crédito en las tiendas, pero el dinero se deduce automaticamente de su cuenta unos tres días laborables después de efectuar su compra).

Los cheques se usan comunmente como metodo de pago en Gran Bretaña, y debe recordar algunos puntos importantes cuando los extienda:

\* No deje huecos

\* Firme su nombre de manera que sea difícil de imitar (usar dígitos japoneses si es japonés es más aconsejable que firmar su nombre en inglés). Guarde siempre separados su chequera y tarjeta de garantía.

Cuando abra su cuenta el banco le preguntará si va a necesitar un sobregiro. Esto es una buena idea ya que ponerse en números rojos sin haberlo autorizado puede ser muy caro y puede resultar en cargos de interés. La mayoría de los sobregiros autorizados están libres de interés aunque algunos bancos igual cobran honorarios extras por gestionar cheques. Lea todos los folletos informativos a su disposición antes de elegir un banco.

Los bancos varían entre los grandes que operan nacionalmente (por ejemplo Midland, Barclays, Lloyds, National Westminster) y los regionales más pequeños (por ejemplo el Clydesdale - en Escocia) y los bancos que solían ser "building society" (por ejemplo el Halifax, Abbey National) que se han convertido recientemente en bancos y que ofrecen condiciones muy competitivas para los estudiantes. Merece la pena abrir una cuenta en un banco que esté cerca de su colegio o universidad ya que sus trabajadores suelen estar más acostumbrados a tratar con los estudiantes.

## Préstamos a estudiantes

Los préstamos a estudiantes se ofrecen como parte del apoyo financiero para estudiantes de educación post-escolar . Aunque son esenciales para los estudiantes del RU, no suelen aplicarse a estudiantes internacionales. Los préstamos de estudiantes se organizan con el Student Loans Company Ltd, basada en Glasgow, y ofrecen condiciones más competitivas que los bancos normales. Para cumplir los requisitos tiene que haber sido residente en el RU durante los tres años inmediatamente anteriores al primer día de su curso y tiene que hacer un curso de tiempo completo de educación post-escolar (más de 15 horas a la semana) o un Postgraduate Certificate in Education (PGCE)

Los préstamos se tienen que pagar en plazos mensuales durante cinco años, o

siete si el estudiante tomó préstamos durante al menos cinco años académicos. El reembolso incluye intereses. Póngase en contacto con el Student Loans Administrator, en el Departamento de Financiación de Estudiantes de su universidad/colegio si quiere más detalles. Aunque los préstamos se organizan a través de la universidad, puede preguntar sobre sus posibilidades al:
The Student Loans Company Ltd
100 Bothwell Street
Glasgow G2 7JD
Tele: 0800 405 010
Los estudiantes de postgrados de investigación no son elegibles para recibir préstamos en parte porque los licenciados pueden obtener un préstamo del banco con más facilidad.

## SALUD Y BIENESTAR

### Registrarse con medicos y dentistas

Si su curso dura más de seis meses tiene derecho a tratamiento gratuito

| Precios tipicos de supermercado | | |
|---|---|---|
| Pan | 1 barra | 50p |
| Leche | 1 pinta | 27p |
| Zumo (Jugo) de naranja | 1 litro | 99p |
| Mantequilla Anchor | 250g | 85p |
| Manzanas | 10 x tipo Cox | £1.52 |
| Patatas (Papas) | 500g | £2.14 |
| Corn Flakes | 500g | £1.15 |
| Nescafé | 100g | £1.89 |
| Bolsas de te Tetley | 160 | £3.35 |
| Detergente Persil | 1 kg | £2.59 |
| Coca Cola | 6 latas | £1.99 |
| Budweiser | 23 x 440ml | £13.98 |
| Vino blanco | 1 botella | £2.99 |
| Pasta dentífrica | 100g | £2.14 |

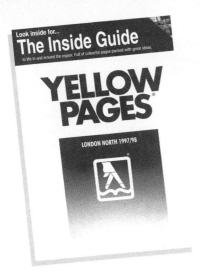

cobran las recetas de pastillas o aparatos anticonceptivos.

Si va a necesitar medicinas frecuentemente, se pueden obtener Certificados de prepago y en este caso se paga £30.10 (por cuatro meses) o £82.70 (por doce meses) por adelantado, que puede que resulte en un ahorro final. Por ejemplo merece la pena si es asmático y necesita más de un tipo de inhalador a todas horas, ya que cada inhalador y cada cilindro de medicina lleva un cargo separado.

## ALIMENTOS

Si se cuida a si mismo, se dará pronto cuenta que Gran Bretaña tiene una variedad excelente de tiendas de alimentación para los gustos de minorías. Normalmente puede comprar una gama sorprendente de alimentos incluso en las ciudades pequeñas. Londres en particular tiene tiendas que _venden ingredientes auténticos de todo el mundo. Existen Barrios Chinos en la mayoría de las ciudades grandes como Manchester, Birmingham y Liverpool. Las tiendas locales tienden a ser más caras que los supermercados pero si no tiene acceso a un coche o si el transporte público que da servicio a las afueras de la ciudad es pobre, estas tiendas pueden ser su salvación. La comida le costara por lo menos £25

bajo el National Health Service (NHS). Puede que haya una consulta médica unida a su colegio o universidad, y es una buena idea registrarse allí. Los empleados estan acostumbrados a los pacientes estudiantes y el sitio tiende a ser conveniente. Sino debe dirigirse a una consulta local y preguntar si se puede registrar allí. Puede encontrar la consulta más cercana en las Páginas Amarillas o preguntando en su farmacia local. Lleve prueba de su estatus de estudiante. Cuando se haya registrado recibirá una tarjeta médica del NHS con un código individual de identidad.

No pierda esta tarjeta ya que también se debe registrar con el dentista. Los estudiantes tienen derecho a recibir gratis los tratamiento dentales a cargo del NHS, pero no todos los destintas los ofrecen.

Las recetas médicas del NHS cuestan £5.80 por cada medicamento. Están exentos los menores de 19 años y los estudiantes que estudian a tiempo completo, o si está embarazada o si ha tenido un niño en el último año. No se

*Estudiantes de la Universidad de Cardiff*

a la semana dependiendo de sus requerimientos alimenticios. Los vegetarianos y veganos son comunes en Gran Bretaña y están bien surtidos en las ciudades con tiendas especialistas de comida sana y supermercados bien repletos. Incluso en las ciudades pequeñas es posible ahora comer solo productos orgánicos o comprar de granjas donde los animales viven más libres.

En Londres encontrará excelentes restaurantes de muchos países y en la mayoría de las ciudades provinciales hay restaurantes que sirven comida europea, india, tailandesa, china y griega y/o turca. El pescado con patatas (papas) fritas (Fish and Chips) es probablemente el plato inglés más famoso, y se comía tradicionalmente los viernes como vestigio a la doctrina cristiana prohibiendo el consumo de carne en este día. Podrá encontrar tiendas de Fish and Chips por todo Inglaterra desde los pueblos más pequeños hasta las ciudades más grandes. Los cafes "Greasy spoon" llamados así por los cubiertos que se puede encontrar en estos sitios son el mejor lugar para probar un desayuno inglés tradicional (English breakfast). Esto consiste típicamente de tomates fritos, pan frito, salchichas, bacon (tocineta), huevos fritos, champiñones fritos, patatas fritas, alubias en salsa (baked beans), morcilla y una taza de te caliente. No para los debiluchos. Y por supuesto el "fastfood", los bares takeaway de hamburguesas y pollo y las pizzerías se pueden encontrar en prácticamente cualquier sitio del país. Busque las guias de restaurantes en los periodicos locales y regionales y en las revistas de televisión.

## TIEMPO LIBRE

Con muy pocas excepciones todas las universidades del RU tienen sindicatos afiliados al Sindicato Nacional de Estudiantes (National Union of Students) (NUS). Cuando se registre en la universidad se le expedirá una tarjeta NUS y una tarjeta de estudiante. También puede solicitar a través de su universidad una Tarjeta Internacional de Identidad de Estudiante - International Student Identity Card (ISIC). Ambas son prueba de que es estudiante y le dan derecho a ciertas concesiones.

Mientras el dinero del estudiante no suele llegar para actividades lujosas, se lo puede pasar muy bien por muy poco dinero. Los cines de las ciudades con colegios y universidades ofrecen descuentos y la mayoría de las universidades tienen una asociación de películas que las proyecta a precios imbatibles. El teatro es una forma muy popular de entretenimiento en Gran Bretaña y como estudiante tendrá descuentos y asientos baratos especialmente para las sesiones de tarde. Su tarjeta NUS le conseguira descuentos en la mayoría de actividades desde las salas de fiestas hasta los saltos de "bunjee".

Seguramente le atraerá por lo menos una de las sociedades conectadas a su colegio o universidad. Esta puede ser la mejor manera de participar y organizar acontecimientos que estén relacionados con su interés específico, sea la escalada de rocas o la cava vinos.

Las ciudades como Londres y Manchester son famosas por sus salas de fiestas. En realidad las mejores salas de fiestas se encuentran por todo el país y es corriente que dichas salas de fiestas hagan tours por el país, pasando unos meses en sitios diferentes. Las salas de fiestas pueden resultar muy caras, y a menudo algunas bebidas cuestan casi el doble que en los pubs. La música de baile (Dance music) y las salas de fiestas estan asociadas con la droga éxtasis. Algunas salas de fiestas son frecuentadas por gente que compra y vende drogas y por lo tanto por la policía, o sea que está advertido! Las muertes relacionadas con la droga y la atención de los medios de comunicación han resultado en un mayor interés en estos sitios por parte de la policía.

Encontrará música de todo tipo en todas las ciudades grandes: orquestas y coros, música clasica, de rock, grupos de jazz y de música regional que tocan en los clubs y pubs. Los pubs son los centros sociales mejor conocidos de Gran Bretaña. Venden alcohol y bebidas sin alcohol y a veces tienen música con bandas y actuaciones de comediantes. Los británicos quizas esten en su estado más relajado en el pub, bebiendo cerveza o lager en vasos de pinta. A veces la gente pasa toda la velada jugando a los dardos o al billar,

**Números de teléfono útiles**

**Información de viajes de Londres**
**0171 222 1234**

**V Información general de la Estación de autocares Victoria**
**0171 730 3466**

**Servicio de autocares National Express0990 808 080**

**Autocares Green Line Información de horarios**
**01737 242 411**

**Información Ferrocarriles Nacionales**
**0345 484 950**

participando en juegos de preguntas y respuestas, o haciendo karaoke, o simplemente charlando y oyendo a un grupo musical. Los pubs son también muy acogedores durante los inviernos fríos, cuando a menudo se encuentra un fuego de chimenea, o durante el verano cuando los clientes pueden estar al sol en mesas colocadas al aire libre. Muchos colegios y casi todas las universidades cuentan con un bar por lo menos, generalmente en el lugar de reunion del sindicato de estudiantes. El bar es frecuentemente el centro de vida de los estudiantes, un lugar donde poder reunirse entre clases o al final del dia. Los grupos de amigos se reunen con frecuencia en un pub antes de irse a algun sitio para el resto de la velada. Las leyes inglesas sobre licencias para vender bebidas prohiben la venta de alcohol después de las 11 pm.

## VISITAS A LUGARES DE INTERÉS

El RU es relativamente pequeño, pero dentro de sus fronteras se acumulan cantidad de cosas. Ofrece unos paisajes bellísimos, edificios históricos y ciudades llenas de vida y, dado su tamaño, es facil viajar de un sitio de interés a otro. No se engañe sin embargo pensando que se puede ir a todos los sitios de interés en un solo fin de semana; hay tantos lugares dignos de visitarse que es importante dedicar suficiente tiempo a cada uno de ellos.

Se deben aprovechar todas las oportunidades de salir del campus y acostumbrarse durante su estancia a ir a visitar lugares. Tanto si prefiere las muchas atracciones de Londres, el antiguo misterio de Stonehenge,la tranquila belleza de la Región de los Lagos o las fantásticas costas de Cornualles y del oeste de Gales, es seguro que encontrará algo de su interés.

## Medios de transporte

Es una medida sensata para moverse por Londres el invertir en un mapa turístico y en una tarjeta de viaje valida por un día para las cuatro zonas, que le permitirá utilizar casi todo el transporte público en la zona de Londres.

### Estaciones y trenes

El que le guste viajar por tren en Gran Bretana depende de su perspectiva. Si disfruta de los bellos paisajes y le gusta la campiña inglesa, ignorará los frecuentes retrasos, precios exagerados y pésimos servicios de vagón restaurante.

Puede suponer un esfuerzo el comprar un billete en una concurridísima estación de Londres. Intente averiguar la hora de salida del tren en que quiere viajar y el nombre de la estación de destino antes de comprar el billete.

Las estaciones son a veces lugares muy ruidosos y los clientes están separados de los vendedores de billetes por unas gruesas pantallas de cristal. Se necesitan oídos biónicos y una voz clara y fuerte para consequir lo que se desea.

Los trenes que hacen el trayecto entre ciudades ('Inter City') estan generalmente equipados con un vagón buffet o trolley, segun la duración del viaje.

También puede tener la suerte de encontrar un teléfono (muchisimo más caro que los teléfonos de pago de monedas normales). Los servicios de aseos son relativamente fiables. Sin embargo, los trenes que tienen una ruta corta y local no suelen tener más que

### Consejos para viajar en tren

Se dará cuenta que existen tres tipos diferentes de personas que viajan en tren en Gran Bretaña: lectores, que se sientan escondidos detras de su libro o periódico y casi no dicen nada a sus vecinos de viaje - lo que es especialmente cierto de la gente que viaja en el metro en ciudades como Londres o Glasgow; los de la mirada perdida, que se sientan mirando al vacio, o leyendo los anuncios o los titulares del periódico de su vecino. El tercer tipo habla en voz alta y comete graves faltas sociales como reirse e intentar hablar con los otros pasajeros del tren. La reserva tradicional británica hace que la gente sea timida para hablar en público en voz alta.

**Recuerde!**

No tema pedir ayuda. La educación británica anima las preguntas y la curiosidad en general. Sus tutores querrán saber si está teniendo dificultades. Las universidades ofrecen un ambiente de apoyo y el personal estará encantado de ayudarle si piensan que tiene algún problema. Si no dice nada puede que no se den cuenta que está teniendo dificultades, de modo que no le podran ayudar.

un inodoro, y los servicios estan sujetos a retrasos y cancelaciones.

Las siguientes normas suelen operar en el transporte público:

- No suba a un tren sin tener un billete que sea válido para el trayecto completo. Habrá un inspector chequeando todos los billetes, quizas más de una vez, en todos los trenes principales y generalmente en el metro.

Las multas son automáticas, incluso si es por ignorancia.

- Existe una prohibición de fumar en casi todo el transporte público - aunque los trenes Inter-City generalmente llevan un vagón reservado para fumadores. Está totalmente prohibido fumar en el Metro de Londres.

### Autobuses y autocares

Los autocares de Londres se pueden tomar en Victoria Coach Station (cerca de la Estación Victoria de ferrocarriles) con destino a la mayoría de los lugares de Gran Bretaña. Los viajes en autocar son bastante más largos que los viajes al mismo destino en tren, los asientos son más apretados y las facilidades mínimas - si es que existen. Sin embargo los precios son mucho más baratos y si hace el viaje por la noche puede intentar dormir durante todo el camino. La mayoría de las ciudades y poblaciones tienen parada de autocares y algunos servicios de autocares enlazan con poblaciones pequeñas que no tienen estación de ferrocarril. Los autobuses generalmente operan rutas locales en zonas rurales y pequeñas poblaciones y rutas de distrito en las ciudades. Londres cuenta con sus famosos autobuses rojos y la mayoría de las ciudades tienen una gama multicolor de autobuses que pertenecen a diferentes compañías. El costo del billete varia segun donde haya comenzado el viaje y la distancia que vaya a recorrer. Las rutas de autobuses de las ciudades tienen un servicio mucho más frecuente que las rutas rurales, que a veces pasan por todos los pueblos de una zona.

Su tarjeta ISIC o NUS le permitirá adquirir billetes de autocar con descuento y también puede solicitar una 'Young Person's Railcard' si tiene menos de 26 años. Esto le permite un descuento de un tercio en todos los billetes de tren y cuesta £18 por un año.

## ESTUDIAR EN INGLÉS

Si el inglés no es su primera lengua, podrá encontrarse con dificultades durante las primeras semanas del curso que haya elegido. Tanto si estudia ingeniería mecanica como arte y drama, invariablemente encontrará que tiene que estudiar el idioma inglés con mucha intensidad. Se le requerirá entender lo que se dice a velocidad normal en una clase; tomar notas; entender a los compañeros de clase cuando le hablen o se hablen entre si y leer y escribir a velocidad razonable. Aunque este familiarizado con la lengua inglesa, puede que necesite tiempo para acostumbrarse a asimilar una gran cantidad de información durante todo el dia.

Si tuviese dificultades importantes, siempre habrá alquien deseoso de ayudarle durante su periodo de aclimatación, aunque sea largo. Si esta en la universidad, el encargado internacional en particular entenderá las dificultades que esté pasando. Si, como a veces ocurre, uno de sus profesores o conferenciantes habla demasiado rapido o con un acento que le es difícil de entender, no debe temer el hacerselo saber. Deberán tomar en consideracion sus necesidades y hablar más claramente y despacio si es necesario. Pero sobre todo, no tenga reparos en pedir ayuda.

Una forma de solucionar este problema es llegar unas pocas semanas antes de que comience el curso y matricularse en un curso de lengua. La mayoría de los colegios, universidades y escuelas del idioma inglés tienen clases de verano a todos los niveles. Algunos ofrecen cursos en 'técnicas de estudio' que les preparan para cosas cómo escribir una tesis, planear el trabajo, etc. El aprendizaje en este ambiente antes de comenzar un curso universitario o en un colegio le puede ser útil  ya que se familiarizará con el aprendizaje del inglés y a escucharlo en un ambiente académico. No se deje llevar por el panico si encuentra las cosas dificiles. Pida a sus profesores notas escritas para suplementar sus propias anotaciones, si es que eso le ayuda. Estarán más  que contentos de ayudarle.

Muchos colegios organizan clases de lengua y de 'técnicas de estudio' para sus estudiantes internacionales. Estas clases son generalmente gratis, asi que aprovechese de esta oportunidad. Lo más  importante es recordar  que todo será más  fácil según pase el tiempo.

## Acentos regionales

Como en todos los países, Gran Bretaña cuenta con una amplia gama de acentos regionales. Asi como el idioma hablado es el mismo, la pronunciación de las palabras y las expresiones difieren claramente de una región a otra. Esta diversidad no es mayor que en otros países como EEUU o Japón, pero puede ser una sorpresa para un estudiante internacional que espera oir ya bien el estereotipado acento 'cockney' o el acento 'Queens English' (Inglés de la Reina). Tenga en cuenta que a cualquier lugar que vaya, probablemente necesitará tiempo para acostumbrarse a la forma de hablar de la gente y a las frases que emplean. En todo caso, si tiene pensado estudiar en una universidad o colegio, pronto se dará cuenta que los otros estudiantes son de muchas otras partes del país. Esto ocurre porque la mayoría de los estudiantes británicos salen de su ciudad para estudiar en la universidad.

### Hacer Amigos

Hacer nuevos amigos es la mejor forma de mejorar su inglés. El conocer mucha gente y enfrentarse a distintas situaciones es una buena experiencia  para la mejoría

# A-Z de Cursos

La primera cosa que debe decidir es el tema que desea estudiar, y esta sección es un resumen de lo que se ofrece. No solo incluye las disciplinas académicas tradicionales tales como física, derecho y económicas, sino también los temas de formación profesional tales como diseño gráfico, moda y estudios de medios de comunicación. Sin embargo no es una lista completa de todos los temas, pero la mayoría de los temas principales están incluidos.

Este capítulo está dividido en tres partes. La primera parte de cada capítulo tiene una introducción al tema en general; explica la historia del tema, las variadas ramas que existen (por ejemplo la diferencia entre la ingeniería civil y la ingeniería química) y describe como se estudia el tema en Gran Bretaña.

La segunda sección del capítulo se concentra sobre los cursos especializados y de formación profesional que se tienden a ofrecer en las instituciones privadas. Estos cursos pueden tener una duración de entre una semana y tres años, pero en general son cursos de un año de duración. En esta sección se incluyen numerosos colegios independientes que se especializan en cursos para los estudiantes internacionales.

La tercera sección de cada capítulo ofrece ejemplos de ciertos cursos de licenciatura a nivel de primera licenciatura y de postgrado. Aquí también se mencionan cursos ofrecidos por varias instituciones, e incluso algunos que obtuvieron altas clasificaciones en el ejercicio de evaluación de investigación de 1996, o en las recientes evaluaciones de calidad de enseñanza. Por razones de espacio limitado, muchas de las universidades que se clasificaron con un excelente en las evaluaciones de calidad de enseñanza o con un 5 en el ejercicio de evaluación de investigación no están incluidos pero deben consi-derarse de igual importancia. Cada descripción se termina con una página de referencia del último capítulo que contiene más información y/o detalles de contacto de todas las instituciones de UCAS.

## CLASIFICACIONES DE INVESTIGACION Y EVALUACIONES DE CALIDAD DE ENSEÑANZA

Estos capítulos también incluyen tablas con los resultados de evaluaciones independientes de las universidades y de los colegios. Estas evaluaciones son por tema. Una de las evaluaciones se trata de la calidad de las investigaciones en un tema en particular. Estos son los ejercicios de evaluación de investigación (RAE) y sus últimas evaluaciones se realizaron en 1996. En éstas los evaluadores princi-palmente examinan la cantidad de publicaciones realizadas nacional e internacionalmente en un campo específico. Estas tablas probablemente sean de más interés para los estudiantes de postgrado. Las calificaciones son desde 5* que se refiere a aquellos departamentos con el nivel más alto en investigación hasta 1 que se refiere a aquellos departamentos con menos capacidad de investigación. Sin embargo esto no significa que los niveles de enseñanza sean peores en estas universidades. Al contrario, puede ser posible que los profesores de las universidades con menos capacidad de investigación tengan más tiempo para dedicarse a los estudiantes de licenciatura. Los ejercicios de evaluación de investigación se llevan a cabo cada cuatro años.

La segunda evaluación es de calidad de enseñanza, conocida como la evaluación de calidad de enseñanza (TQA). Estos son probablemente más significantes para los cursos de primera li- cenciatura pero también incluyen programas de cursos de Master de clases. Los TQA se llevan a cabo por distintas organizaciones en Inglaterra (HECE), Escocia (SHEFCE) y en Gales (HEFCW). Ya que la evaluación de cada tema puede tardar hasta tres años en realizarse, y que el proceso ha comenzado hace poco tiempo, muchas de ellas no están completas. También dado que las TQA se realizan por separado en Inglaterra, Escocia y Gales, hay algunos temas que se han evaluado en Escocia y Gales pero no en Inglaterra. Las TQA en Escocia también tienen una categoría más de evaluación que es la de Muy Satisfacto-

rio. Esto significa que las comparaciones son difíciles de hacer.

Otra complicación es que recientemente el sistema de evaluar las TQA en Inglaterra ha cambiado. Los departamentos solían obtener las clasificaciones de Excelente, Satisfactorio y no Satisfactorio, pero ahora se clasifican con una puntución hasta un máximo de 24 puntos. Esta puntuación está basada en el diseño del curriculum, la enseñanza, el progreso de los estudiantes, el apoyo y la asistencia a los estudiantes, las instalaciones de enseñanza y el control de calidad.

De modo que encontrará que las tablas no están completas, están basadas en sistemas contrarios, se refieren a ciertas partes de Gran Bretaña y no a otras y que en general son totalmente confundientes, Sin embargo hemos decidido que es información importante y es mejor el incluirla con estas advertencias que no incluirla. Al igual que con otras tablas y estadísticas no debe considerar esta como la unica información. Si quiere más información sobre los TQA o las RAE (Ejercicios de Evaluacion de Investigación) vea el capítulo sobre Solicitar Estudios.

# Contabilidad y Finanzas

onsiderada hace algún tiempo como una materia aburrida y poco inspiradora, la contabilidad está experimentando en la actualidad un cambio de imagen a medida que la profesión se introduce en la gestión de las Sociedades principales. Muchas de las tareas tradicionales se han computarizado dejando tiempo libre al contable para dedicarse a otros aspectos de la profesión. La separación entre gestión financiera y estrategia de negocios es cada vez más irrelevante, ya que la planificación financiera, flujos de caja y la gestión de inversiones son frecuentemente factores claves que influyen en las decisiones de las empresas. Por está razón, muchos de los jefes ejecutivos de hoy tienen una formación contable e incluso en otros casos, siempre habrá un director financiero con formación contable en el consejo de administración. El trabajo de un contable varía, pero el punto más importante a señalar es que solamente los contables colegiados y los registrados están cualificados para auditar y firmar las cuentas financieras de las empresas.

Sin embargo, la contabilidad no es el único método para entrar en la esfera financiera. Existen otros cursos en los que se estudia finanzas en general, tanto en relación a empresas como con vistas al constante cambio global de la economía. Asumiendo el Distrito de la City de Londres como ejemplo típico, los estudios pueden ser teóricos, enfocados a la naturaleza de las alzas, las caídas en picada y las bajas de los mercados de valores, o podría tener un enfoque más específico combinado con cursos de gestión de deportes o de hoteles. Hay cursos que pueden estar más basados en la economía.

Para obtener el título de contable en Gran Bretaña se tienen que aprobar los exámenes formulados por una de las seís instituciones que se muestran más abajo. Los estudiantes normalmente se presentan a estos exámenes habiendo ya aprobado una licenciatura de primera o segunda clase, aunque estas licenciaturas no tienen que estar necesariamente relacionadas con la materia. Para aquellos que no tengan una licenciatura, una forma de acceso es a través de los exámenes de la Asociación de Técnicos Contables (AAT). El AAT es una asociación profesional para técnicos contables cualificados y personal auxiliar que tiene su propio plan de educación y formación. Este plan se divide en tres niveles, sin tiempo límite para terminarlos. Para información adicional con relación a estos planes y centros de asesoramiento contactar a:

AAT
154 Clerkenwell Road,
Londres EC1R 5AD.
Tel: 0171 837 8600
Fax: 0171 837 6970
Email: aatuk@dial.pipex.com
Página Web: www.aat.co.uk

Como la mayoría de los exámenes de contabilidad comprenden además de la teoría un elemento de experiencia de trabajo práctico, los estudiantes que procedan de fuera de la Unión Europea deben de tener en cuenta que pueden verse restringidos a causa de sus requisitos de visado.

## INSTITUCIONES CONTABLES

### Association of Chartered Certified Accountants (ACCA)

29 Lincoln's Inn Fields, Londres WC2A 3EE
Tel: 0171 396 5800
Fax: 0171 396 5858
Email: student.recruit@acca.co.uk
Página Web: www@acca.org.uk

ACCA reconoce que no solamente es responsabilidad del contable la gestión financiera. Muy frecuentemente los profesionales y directores toman decisiones financieras sin experiencia ni asesoramiento: el "Certified Diploma" tiene por objeto facilitar dicho asesoramiento. El programa introduce los principios de financiación y adiestra progresivamente en la enseñanza de técnicas prácticas que se emplean para extraer, interpretar y analizar la información financiera. El Diploma tiene el nivel de postgrado y concede exenciones para los programas de MBA. Los cuatro exámenes pueden completarse en un solo año de estudio a tiempo parcial en colegios, universidades o a través del programa abierto de enseñanza del ACCA. La experiencia profesional se tiene en cuenta en el momento de la inscripción, en el supuesto de no tener las cualificaciones académicas exigidas. De especial importancia para los estu-diantes internacionales, es que se pueden examinar antes de hacer el periodo de prácticas. Para algunos estudiantes esto significa venir al Reino Unido para estudiar el lado académico y retornar a su propio país para completar la formación en una empresa.

### Chartered Institute of Management Accounts (CIMA)

63 Portland Place, Londres W1N 4AB
Tel: 0171 637 2311
Fax: 0171 631 5309
Email: student-services@cima.org.uk
Página Web: www.cima.org.uk

Se trata de una cualificación especializada para indivíduos que desean trabajar en gestión contable, normalmente en sociedades más que en firmas de práctica contable. El principal énfasis de la formación del CIMA es el minimizar costos y maximizar beneficios. Los estudiantes deben preparar informes sobre gestión de operaciones financieras y transacciones de una sociedad, pronosticar los gastos y controlar los movimientos financieros. Hay un total de 16 exámenes divididos en cuatro partes. Los estudiantes pueden obtener experiencia industrial, comercial o en sectores públicos, (o cualquier combinación de los anteriores).

### Chartered Institute of Public Finance and Accounting (CIPFA)

3 Robert Street, Londres WC2N 6BH
Tel: 0171 543 5600
Fax: 0171 543 5700
Email: studentservices@cipfa.org
Página Web: www.cipfa.org.uk

Se trata de una calificación especializada para aquellos que desean trabajar en el sector de servicios públicos, tales como Gobierno, Educación o Servicio de Sanidad Nacional. Las organizaciones del sector público tienen diferentes métodos de contabilidad financiera que el sector privado y por lo tanto los contables dedicados a este campo requieren una formación especializada. Para obtener la calificación se requieren tres años y consiste en una combinación de trabajo académico, exámenes de casos determinados y un proyecto. La mayoría de los estudiantes tendrán una licenciatura primera, si bien algunos comienzan los estudios habiendo terminado los exámenes del AAT.

## The Institute of Chartered Accountants of England And Wales (ICA)
**Education and Training Department,**
**Gloucester House,**
**399 Silbury Boulevard,**
**Central Milton Keynes,**
**Buckinghamshire MK9 2HL**
**Tel: 0171 920 8677**
**Fax: 0171 920 0547**
**Email: etdsrp@icaew.co.uk**
**Página Web: www.icaew.co.uk**

Este es el modo más tradicional de acceder a la profesión. El graduarse en este instituto significa ser un contable colegiado y tener las iniciales ACA (Asociado del Colegio de Contables) después del nombre. La formación para llegar a ser contable colegiado exige un contrato de tres años de entrenamiento como mínimo, en una oficina autorizada para este fin (no una universidad o colegio) que normalmente es una firma de contables colegiados, si bien hay otras organizaciones contables que también están autorizadas. Durante el contrato de entrenamiento los estudiantes deben completar una experien-

cia de trabajo práctico y tres niveles de exámenes profesionales.

## ESCOCIA E IRLANDA
Existen otras dos instituciones contables, una con sede en Escocia y la otra en Irlanda. El Institute of Chartered Accountants en Escocia (Tele: 0141 4274976) facilita contratos de entrenamiento en una oficina autorizada para este fin con una firma de contables colegiados o, de acuerdo con su propio plan, en una de entre veinte organizaciones específicas en industria, comercio o en el sector público. El instituto no solamente prepara exámenes si no que también se puede estudiar en sus propios centros de educación en Aberdeen, Edimburgo, Glasgow y Londres. El Institute of Chartered Accountants en Irlanda (Tele: 00353 166 80400), abarca tanto Irlanda del Norte como La República de Irlanda. Las calificaciones exigidas para asociarse en este Instituto normalmente son un contrato de entrenamiento de tres años y medio con una firma reconocida para este fin, en Irlanda. Al igual que en Escocia, existe un plan que permite a los estudiantes capacitarse en organizaciones, negocios privados y el sector público.

## CURSOS ESPECIALIZADOS Y VOCACIONALES

### City of London College
Establecido en 1979, y situado muy próximo al corazón financiero de la capital - La City de Londres - este colegio privado se especializa en cursos de formación para adultos, tanto a tiempo completo como parcial. Los cursos que se ofrecen pueden servir para hacer un curso a nivel de masters en una de las universidades del Reino Unido o para pasar directamente al

mercado de trabajo profesional. El colegio está plenamente acreditado por el "British Accreditation Council".

Los estudiantes pueden estudiar un programa integrado que combine diversas técnicas contables. El colegio también puede evaluar a candidatos que no asistan a sus cursos pero que deseen pasar el exámen. La mayoría de los cursos tiene una duración de dos a tres trimestres.

El "City of London College" está aprobado por "The Association of Accounting Technicians" (AAT) y ofrece cursos para acceder a esta asociación. El curso base cubre materias tales como contabilidad de operaciones en metálico y a crédito y técnicas empresariales, incluyendo procesamiento de datos, salud y seguridad. En el curso intermedio existen dos exámenes centrales - contabilidad financiera y contabilidad de costos. Los estudiantes preparan un portafolio contable que comprende simulaciones y/o documentaciones de trabajo. Los estudiantes también estudian y se examinan en tecnología de la información.

El curso a nivel de técnicos comprende aspectos de especialización en contabilidad y empresa. *Detalles p448*

## CURSOS DE LICENCIATURA

### University of Edinburgh
**Método Contable y Empresarial**

Edimburgo fué la primera de las viejas universidades en establecer una cátedra de contabilidad. Hoy día el departamento ofrece a sus estudiantes un curso de cuatro años que comprende materias como historia de la contabilidad, auditoria, contabilidad financiera y contabilidad del sector público. La investigación en el departamento se lleva a cabo como parte del "Institute of Public Sector Accounting Research" que se trasladó de la Universidad de Stirling en 1991. El departamento de Método Contable y Empresarial recibió una calificación de excelente en la evaluación de calidad de enseñanza del "Scottish Higher Education Funding Council". *Detalles p450.*

## Evaluaciones de Calidad de Enseñanza.
### Finanzas y Contabilidad (Escocia) 1995/96

| | | | |
|---|---|---|---|
| Dundee | Excelente | Heriot-Watt | Muy Satisfactorio |
| Edinburgh | Excelente | | |
| | | Stirling | Muy Satisfactorio |
| Aberdeen | Muy Satisfactorio | Abertay Dundee | Satisfactorio |
| Glasgow | Muy Satisfactorio | Napier | Satisfactorio |
| | | Paisley | Satisfactorio |
| Glasgow Caledonian | Muy Satisfactorio | Strathclyde | Satisfactorio |

*Fuente: SHEFC ultimas listas disponibles*

*Para obtener una lista más completa de las instituciones que ofrecen estos cursos a nivel de licenciatura mire el directorio de cursos pp468-486*

## London Guildhall University

**BA (Hons) Servicios Financieros**

Este curso se enfoca al estudio de los servicios financieros en un marco integrado e internacional. Se basa sobre una variedad de disciplinas académicas para examinar el desarrollo y significado de los servicios financieros del mundo moderno. El énfasis mayor se centra en el conocimiento teórico y su aplicación práctica en el sector de servicios financieros. La licenciatura es de naturaleza multidisciplinaria haciendo uso de la contabilidad, económia, teória de la inversión, derecho y gestión. Permite una flexibilidad considerable para que los estudiantes puedan realizar hasta dos vias de especialización en areas tales como banca, gestión de servicios financieros, seguros, inversiones y derecho. El sistema de opciones permite el estudio de una lengua europea moderna durante la licenciatura. Los estudiantes pueden especializarse en hasta dos de los siguientes sectores: banca, gestión de servicios financieros, seguro, inversiones y derecho. *Detalles p372.*

## University of Manchester

**Contabilidad y Finanzas**

La universidad de Manchester se distingue por ser la única universidad de Inglaterra que recibió un grado 5* en la evaluación de investigación del gobierno en su Escuela de Finanzas y Contabilidad. A nivel de estudiante, uno de los nuevos cursos es contabilidad juntamente con un BA (Hons) en sistemas de información empresarial. Es interesante destacar que este curso es el resultado directo de la investigación del efecto de los sistemas de información de gestión en empresas llevada a cabo en la escuela, y demuestra que la alta calidad de trabajo de los cursos de postgrado e investigación puede beneficiar también a los estudiantes de licenciatura. Las áreas de investigación más recientes incluyen análisis de las fuentes e implicaciones del fallo en el sistema de información, práctica contable de gestión dentro de las empresas japonesas, evolución de los mercados de capital y métodos de evaluar las sociedades biotecnológicas. *Detalles p382.*

## Clasificación de Investigación

### Contabilidad

| | | | |
|---|---|---|---|
| Manchester | 5* | Bristol | 3a |
| Edinburgh | 5 | Central Lancashire | 3a |
| Exeter | 5 | Queen's, Belfast | 3a |
| LSE, London | 5 | Thames Valley | 3a |
| Strathclyde | 5 | Middlesex | 3b |
| Brunel | 4 | Portsmouth | 3b |
| Dundee | 4 | Hull | 2 |
| Essex | 4 | Liverpool | 2 |
| Glasgow | 4 | Newcastle | 2 |
| Stirling | 4 | Paisley | 2 |
| Aberstwyth | 4 | Southampton Institute | 2 |
| Aberdeen | 3a | | 1 |

*Fuente: RAE 1996*

## University of North London
### MA Finanzas Internacionales

Este curso se imparte durante un año y está diseñado para licenciados en disciplinas contables, económia, estudios empresariales y otras similares. Los estudiantes examinan tanto el desarrollo del mundo de las finanzas internacionales como la gestión de las finanzas a través del exámen de materias como el estado vigente de las finanzas y economías globales y el impacto de las finanzas internacionales en la actividad económica y política. Los módulos principales del curso comprenden los mercados financieros globales, análisis financiero y cuantitativo y métodos de investigación de inversión y las materias optativas son entre otras, fusiones y adquisiciones y estrategia de gestión de control. Los métodos de enseñanza y aprendizaje incluyen grupos de discusión, análisis de problemas y videos, así como también clases convencionales, seminarios y trabajos escritos de 12 a 15.000 palabras. Los estudiantes pueden solicitar el desarrollo de las materias objeto de su trabajo escrito para acceder a un programa de doctorado (MPhil/PhD) *Detalles p386.*

## University of Northumbria
### BA (Hons) Servicios Financieros

Se trata de un nuevo programa desarrollado por la escuela empresarial de Northumbria. Existen actualmente 12 estudiantes internacionales en este curso. El objetivo del curso es preparar a los estudiantes para carreras con mucha movilidad en el sector de servicios financieros. Las materias del curso comprenden entre otras: contabilidad de empresa y gestión, organización empresarial, finanzas internacionales, inversiones, servicios financieros y, estrategia y toma de decisiones. Se ofrece ayuda con el inglés. *Detalles p388.*

CONTABILIDAD Y FINANZAS

# Agricultura y Gestión de Tierras

La revolución industrial de la última parte del siglo XVIII fué seguida de cerca por una revolución similar en agricultura, constituyendo a Gran Bretaña en uno de los primeros paises en el mundo que aplicó métodos científicos a la agricultura. Inspirada en el espíritu racional y científico del iluminismo y en la expansión del capitalismo con relación a la producción de alimentos, los grandes propietarios agrarios comenzaron a experimentar con nuevos cultivos, nuevas especies de animales y a aplicar métodos más eficientes de producción.

Los cursos presentes abarcan un amplio abanico de tópicos que comprende la agricultura, la ciencia agrícola y la gestión de bosques y terrenos. En estos cursos los estudiantes normalmente cubren una gran variedad de tópicos, pero pueden también tener la oportunidad de especializarse en un área determinada como el desarrollo de la agricultura tropical. Se imparte enseñanza a nivel de licenciatura en una serie de universidades. Alternativamente el estudiante puede elegir el estudio al nivel HND, por ejemplo en Writtle College.

El tema común de estos cursos, que cubren desde la ciencia de animales para la producción de productos lacteos hasta la agronomía y horticultura, es la gestión de los recursos de las tierras. Sin embargo, los estudiantes internacionales deben de saber que la enseñanza se basa frecuentemente en la experiencia y necesidad de las industrias urbanas y rurales en el Reino Unido. Los recursos, el empleo del terreno y sus técnicas pueden resultar diferentes a las prácticas usuales en otros paises. Si está interesado en la agricultura internacional, gestión de terrenos o su desarrollo, compruebe que el curso que solicita, incluye el estudio de estas materias. Para más información sobre cursos ecológicos, de medio ambiente y científicos, ver el capítulo de Ciencia y Tecnología.

## AGRICULTURA

La agricultura es la industria más básica del mundo, después de la caza y de la recolección de alimentos; el estudio de la agricultura comprende la agricultura tradicional, la producción de cultivos y animales y métodos asociados. Cada vez en mayor medida también comprende la protección y conservación del medio ambiente. La licenciatura de agricultura comprende normalmente el estudio teórico de biología, económia y técnicas de gestión, con el objeto de su integración práctica en los sistemas de producción agricola.

## HORTICULTURA

La horticultura en general hace referencia al aspecto académico de la jardinería, pero puede también abarcar la gestión y conservación de parques, jardines o el campo. Los cursos buenos ofrecen con frecuencia el estudio científico de las plantas y la producción de frutos, el cuidado del terreno y algún elemento de técnicas de especialización en gestión y en general abarca la experiencia práctica. Los cursos pueden ser altamente especializados, por ejemplo la venta al por menor de productos hortícolas o el diseño de jardines.

## GESTION DE TERRENOS

El concepto de gestión de terrenos es un término generalizado aplicable a cualquier actividad que abarque el uso, desarrollo y gestión de terrenos. Los cursos pueden comprender inspección de edificios, práctica general (temas económicos, legales y de gestión), inspección de minerales, planificación, práctica rural y control cuantitativo. Se cubren algunos de estos aspectos bajo el capítulo "Medio Ambiente Construido y Arquitectura" donde se incluyen los cursos de gestión de fincas rurales y granjas. Los gestores de fincas rurales trabajan en representación de los terratenientes controlando el desarrollo diario de las fincas. Para mayor información con respecto al papel de la gestión de terrenos y fincas en el Reino Unido, consultar la página web: www.rcis.org.uk del Royal Institute of Chartered Surveyors. Si le interesa la agricultura merece la pena comprobar si podrá tener acceso a una granja colegio y si se ofrecen visitas y puestos.

## CURSOS DE LICENCIATURA

### University of Edinburgh
**Agricultura**

La primera Cátedra de Agricultura en el mundo de habla inglesa se estableció en Edimburgo en 1792. En 1990 el Departamento de Agricultura combinó las ciencias forestales y ecológicas para constituir el Instituto de Gestión de Ecología y Recursos. Este instituto está compuesto de cuatro escuelas: agricultura, economía de recursos, ciencias ecologicas y bosques. La licenciatura BSc en agricultura forestal y economía rural ofrece una gran flexibilidad a los estudiantes. Sólo se evalúa el último año del curso de cuatro años para conseguir la licenciatura, de forma que los estudiantes pueden elegir una gran variedad de cursos en el primero, segundo y tercer año, antes de especializarse en el último año. Otra carac-

Foto por cortesia de Harper Adams

terística de este curso es el Curso de Técnicas Transferibles Interpersonales, que adiestra a los estudiantes en cómo calificar un comité y cómo llevar a cabo evaluaciones de compañeros. *Detalles p450.*

## Harper Adams University College
### Agricultura

Ubicado en la campiña de Shropshire, este colegio tiene una situación ideal para estudiantes de agricultura. Este colegio especializado está próximo a áreas de agricultura intensiva y mixta, granjas de montaña y tierras altas. Los cursos que ofrece comprenden una gama de programas tanto a nivel de licenciatura como para postgrados, además de programas HND y Cursos Base/de Acceso. Los estudiantes pueden elegir desde cursos de agricultura general hasta cursos más especializados tales como BEng (Hons) Ingeniería de la Agricultura y BSc (Hons) en Protección del Medio Ambiente Rural. Recientemente Harper Adams obtuvo 23 puntos sobre 24 en calidad de enseñanza en sus cursos de agricultura y gestión de terrenos, la más alta calificación entre otras instituciones dedicadas a esta materia. Este colegio obtuvo también el grado 3b en Investigación, el más alto dentro de los Colegios Universitarios de Agricultura del sector.

Las instalaciones del colegio incluyen siete laboratorios principales, gabinetes de cultivo de plantas en un entorno controlado, un gran invernadero experimental, edificios de producción animal, estación climatológica automática, laboratorio de electrónica y talleres de ingeniería. *Detalles p 452.*

## University of Nottingham
### Agricultura y Horticultura

Localizada en el campus Sutton Bonington de la universidad, las instalaciones de agricultura y horticultura de la escuela de Ciencias Biológicas contienen entre otras una granja universitaria de 340 hectáreas de cultivos, 300 ovejas, 135 cerdas, una unidad de ganado vacuno y un rebaño para producción de leche de más de 180 vacas. Existen otros servicios como laborato-

## Evaluaciones de Calidad de Enseñanza.
### Agricultura, Silvicultura y Ciencias Agrícolas (Inglaterra e Irlanda del Norte) 1996/97

| | | | |
|---|---|---|---|
| Nottingham | 23 | Leeds | 20 |
| Cranfield | 22 | Lincolnshire and Humberside | 19 |
| Askham Bryan | 21 | Writtle College | 19 |
| Reading | 21 | De Montfort | 16 |
| Bournemouth | 20 | | |

### Agricultura y Ciencias Forestales (Gales) 1996/97

| | |
|---|---|
| Bangor | Excelente |

### Estudios Rurales (Gales) 1996/97

| | |
|---|---|
| Aberystwyth | Satisfactorio |

*Fuente: HEFCE, SHEFC, HEFCW últimas listas disponibles*

*Para obtener una lista más completa de las instituciones que ofrecen estos cursos a nivel de licenciatura mire el directorio de cursos pp468-486*

AGRICULTURA

rios de bioquímica, ciencia molecular y del entorno, una sala de procesamiento de alimentos, un laboratorio de metabolismo, un complejo extenso de invernadero, una unidad de investigación sobre cultivos tropicales y otros especializados. La Universidad de Nottingham es una de las pocas universidades del país que ofrece un curso de agricultura europea totalmente integral. Los estudiantes dedican su primer año al estudio de la lengua, cultura e historia del país europeo de su elección y realizan un año intercalado entre su segundo y cuarto curso en una universidad de Francia, Alemania, Bélgica, España o Portugal. El programa europeo se ha organizado bajo los auspicios del plan Erasmus/Socrates. Los puntos ganados durante el tercer año sirven para la valoración de la licenciatura. La división de agricultura y horticultura solamente entrevista a estudiantes maduros y a aquellos sin calificaciones de acceso normales. Durante el primer semestre el estudiante tendrá un trabajo de 70 horas por módulo, de las cuales 30 consisten en tiempo de enseñanza. Los estudiantes realizan seis módulos por semestre,

cada uno de ellos de 15 semanas de duración. La evaluación se efectúa mediante una mezcla de trabajo realizado durante el curso (aproximadamente 30%) y exámenes. Sin embargo un reducido número de cursos se evalúan completamente por el trabajo realizado durante los mismos. Durante los últimos 18 meses de la licenciatura, los estudiantes desarrollan un proyecto de investigación susceptible de evaluación. Dichos proyectos deben consistir en investigación sobre una fuente de alimentación nueva, agronomía o marketing (mer-cadeo). Los estudiantes preparan su investigación en una tesina de 50 páginas. Es fácil pasar de un programa a otro al comienzo de la licenciatura, ya que todos los estudiantes comparten un primer semestre común. El treinta y seis por ciento de los licenciados se dedican a la agricultura (30% en el R.U. y el resto en el extranjero), y el 35% elige trabajar en las industrias agrícolas, tales como producción de alimentos, agroquímica, marketing y Relaciones Públicas. La Universidad de Nottingham estima que existe un licenciado de su universidad en todas las

## Clasificación de Investigación
### Agricultura

| | | | |
|---|---|---|---|
| Reading (Plant Sciences) | 5* | Stirling | 4 |
| Edinburgh | 5 | Cranfield | 3a |
| Newcastle | 5 | Exeter | 3a |
| Nottingham | 5 | Wye College, London | 3a |
| Queen's Belfast | 5 | Aberystwyth | 3b |
| Aberdeen | 4 | Harper Adams | 3b |
| Bangor | 4 | De Montfort | 2 |
| Leeds | 4 | Portsmouth | 2 |
| Natural Resources Institute | 4 | Wolverhampton | 2 |
| Reading (Agriculture, Soil Science, Agricultural Economics and Management) | 4 | Writtle College | 2 |
| | | Plymouth | 1 |

*Fuente: RAE 1996*

empresas de alimentación animal en Gran Bretaña. El Dr Paul Wilmut, creador de la oveja Dolly, fué alumno de la División de Agricultura y Horticultura. *Detalles p390.*

## University of Plymouth
### Facultad Seale-Hayne

La Facultad Seale-Hayne se especializa en el desarrollo rural y el empleo de terrenos, agricultura, calidad de alimentos y desarrollo de productos, hospitalidad y turismo. Situada en South Devon, la facultad se fundó en 1914. Forma ahora parte de la Universidad de Plymouth. En las evaluaciones de calidad de enseñanza de 1997 obtuvo 22 puntos de 24 en los cursos relacionados con la agricultura, ciencia de la alimentación y gestión de terrenos y propiedades. La facultad tiene una granja de 166 hectáreas, cuya actividad comprende, entre otras, un rebaño para producción láctea de cerca de 120 vacas, una unidad cubierta para cerdos y un rebaño de 225 ovejas. Aunque la granja se emplea para fines educativos también opera una unidad financieramente viable separada. Los cursos que ofrece esta facultad comprenden una licenciatura BSc en agricultura, agricultura y el entorno, gestión de la agricultura y fincas, producción animal, ciencias del cultivo, biología de los alimentos, producción y calidad de alimentos, gestión de fincas rurales y gestión de recursos rurales. *Detalles p400.*

## University of Reading
### BSc Botánica Agrícola

Los estudiantes de los cursos de BSc en botánica agrícola estudian todos los aspectos de la cría, origen, manipulación del crecimiento y protección de las plantas de cultivo en temperaturas y ambientes tropicales. Los módulos estudiados en el curso, entre otros, comprenden fisiología, bioquímica, protección de cultivos, ecología de cultivos, genética y reproducción de plantas. Hace especial énfasis en el desarrollo de técnicas prácticas por medio de trabajos de proyectos en grupo o individuales. En el año 1996 en la evaluación de investigación, La Escuela de Ciencias de Plantas de Reading recibió una calificación de 5*. Los antiguos alumnos del curso, que ha existido desde hace más de 70 años, comprenden entre otros el Profesor R.A. Robinson, el Profesor M.S. Wolfe y el Profesor J.M. Hirst, distinguidos científicos y Agricultura listas. *Detalles p406.*

## University of Reading
### MSc Desarrollo Agrícultural Tropical

Este curso de MSc ha existido desde 1969. Aproximadamente el 70 - 80% de los estudiantes de este curso son internacionales. La mayoría de estos son profesionales en sus propios paises que regresan a puestos altos en instituciones como el Ministerio de Agricultura y de investigación, después de terminar el curso. La licenciatura se trata de una enseñanza especializada en la ciencia y la práctica de producción de plantas tropicales en el contexto más amplio de los aspectos del desarrollo de la agricultura, y abarca el ambiente físico, económico y social. Los estudiantes también estudian el proceso de examinar los efectos de los parámetros de la productividad y la sustancia del cultivo. A base de clases y seminarios se estudian los temas principales como producción agrícola y economía rural con módulos especializados como ciencia de cultivo, biotecnología, relación del agua con el cultivo e irrigación. Los estudiantes también deben escribir una tesina individual. *Detalles p406.*

# Arqueología y Antropología

La Antropología y la arqueología están estrechamente ligadas y generalmente se estudian en conjunto. Los estudiantes pueden combinar aspectos de ambas materias para perfeccionar sus conocimientos.

## ARQUEOLOGIA

La arqueología es el estudio de anteriores sociedades humanas a través del material que se ha conservado, es decir, objetos usados, modificados o hechos por seres humanos. Los arqueólogos, a través de estos restos conservados, deducen información sobre el comportamiento de dichas sociedades antiguas.

Los estudiantes de arqueología tienden a tener una base de estudios tradicionales científicos, o de humanidades, o una combinación de ambos. Pueden solicitarse cursos de BA(Hons) o de BSc(Hons) en Arqueología. Los cursos científicos implican un estudio más detallado, como arqueozoología (el análisis e interpretación de restos de animales encontrados en lugares arqueológicos), arqueobotánica (el análisis e interpretación de restos de plantas encontrados en lugares arqueológicos), y arqueoastronomía (las creencias y prácticas relativas a la astronomía que existieron en sociedades antiguas y prehistóricas).

El primer año de la mayoría de los cursos de tres años de duración facilita una introducción general a la materia. Esto puede incluir cursos que examinan una o más de las materias siguientes: Evolución biológica y social del Homo sapiens, la revolución Neolítica y la llegada de cultivos; organización social; la llegada de la escritura; civilizaciones antiguas del viejo mundo; tecnología y adaptación, y ética. Los estudiantes tendrán una mayor elección en el segundo y tercer año, en los que tienen que presentar un trabajo de investigación.

Las universidades británicas tienden a concentrarse bien en el aspecto académico de la arqueología o en el aspecto práctico. Los cursos prácticos requieren a los estudiantes el aprendizaje de técnicas de excavación arqueológica, mapistas (la ciencia de preparar mapas) y materias basadas en laboratorio/artefactos. Los estudios de conservación arqueológica se refieren a la restauración, preservación y conservación de objetos recuperados en lugares arqueológicos.

Los estudiantes tienen oportunidad de estudiar no solamente el patrimonio cultural de las islas británicas sino de casi todas las regiones del mundo - los departamentos más importantes en las universidades mayores y más antiguas comprenden Arqueología del Sudeste de Asia, Arqueología Mesoamericana, Arqueología Sudamericana, Arqueología Africana, Egiptología y Arqueología Clásica.

Se encuentran por toda Inglaterra museos y exposiciones que muestran material cultural extranjero y local.

Merece la pena tomarlo en cuenta para elegir el lugar donde se vaya a estudiar -algunas universidades están situadas en sitios de gran interés histórico o cerca de museos importantes. Los estudiantes que vivan en Londres podrán participar en seminarios, visitar museos nacionales y asistir a conferencias públicas sobre todos los aspectos de la arqueología. Los estudiantes radicados en Gales por otro lado, tendrán a su disposición una selección de excavaciones arqueológicas tales como fuertes prehistóricos situados en colinas, minas de oro romanas y castillos medievales.

Algunas universidades, por ejemplo Oxford y UCL (Londres), exigen que los estudiantes tengan una experiencia de un periodo mínimo de trabajos prácticos de campo. En el UCL, esta experiencia mínima es de 70 días de trabajos de campo y se conceden becas a los estudiantes para que puedan cumplir con este requerimiento. Los estudiantes de UCL han recibido fondos para excavar en el Caribe, Africa, Sudeste Asiático, Sudamérica, Centroamérica, Oriente Medio, Europa, Escandinavia y Norteamérica.

**ANTROPOLOGIA**

La antropología es el estudio de la raza humana. Las tres ramas principales de este estudio son la biológica - estudio de la evolución pasada y presente, física y biológica del hombre; social - estudio de la organización social de las sociedades humanas; y cultural - estudio de las relaciones sociales y de las relaciones de los humanos con su entorno. Todas las ramas de la antropología están inexorablemente entrelazadas, ya que todas se refieren al estudio de la experiencia humana.

Los programas sobre antropología en las universidades británicas tienden a enfocar ya bien una de dichas ramas o una combinación de las tres. Por lo tanto, un curso puede estar enfocado al comportamiento biológico, tanto como social y cultural de los seres humanos, tratando de todo el paso de la humanidad hasta nuestros días. Los títulos académicos de antropología facilitan a los estudiantes una base singularmente extensa para un desarrollo académico, haciéndoles competentes en ciencias sociales, humanidades y ciencias biológicas.

Los métodos de evaluación varían de curso a curso y de institución a institución. Las disciplinas de arqueología y antropología están totalmente integradas en algunos programas universitarios. Por ejemplo, se puede estudiar la evolución de la cultura entre los Yanomami al mismo tiempo que la revolución Neolítica en el Cercano Oriente.

La mayoría de las universidades británicas ofrecen a los estudiantes la oportunidad de especializarse en cualquier materia, desde las costumbres mortuorias de los Nuer y Dinka en el Sudán, hasta los ritos y rituales de la brujería contemporánea en Inglaterra.

El estudio de la arqueología y antropología en Gran Bretaña es adecuado para el trabajo profesional en museos, administración de patrimonio histórico, trabajos de campo, e investigación. Ambas materias también facilitan el conocimiento y una serie de adiestramientos técnicos valorados por patronos en muchos campos, incluyendo el periodismo, la administración pública, la banca, educación, comercio, editoriales, cine y televisión y relaciones comunitarias e internacionales.

# CURSOS UNIVERSITARIOS

## Bournemouth University
### MSc/PGDip Arqueología Forense

La Arqueología forense es la aplicacion de principios y métodos de arqueología dentro de los límites del sistema de justicia penal. El curso comprende aspectos arqueológicos, legales y administrativos y está diseñado para arqueólogos que deseen trabajar en la investigación criminal, oficiales de policía que pueden desear fortalecer su capacidad investigadora o universitarios que deseen trabajar en este campo. Trata de facilitar al estudiante técnicas especializadas necesarias para llevar a cabo investigaciones en el lugar del crimen a fin de conseguir pruebas sin riesgo y con precisión de forma que puedan presentarse en juicio. El curso es de un año de duración a tiempo completo, con algunas unidades de fin de semana. En 1994 recibió el Premio de la Reina por diseño y estructura de curso. *Detalles p340.*

## University of Bradford
### Ciencias Arqueológicas

El departamento ofrece cuatro cursos universitarios BSc basados en la Arqueología: Arqueología, Ciencias de la Arqueología, Bioarqueología y Química Arqueológica. Todos estos cursos tienen el carácter de vocacionales y la universidad cree que la competencia científica y práctica adquirida por los estudiantes les proporciona un buen comienzo en el mercado del trabajo profesional. De los cuatro cursos, la arqueología es el más convencional, aunque también tiene una base científica. La Bioarqueología prepara arqueólogos con experiencia práctica en trabajo de campo y técnicas de laboratorio para el estudio de la arqueología del entorno y cultura humanos e incluye los nuevos campos en desarrollo de arqueología forense y biomolecular. Las Ciencias de la Arqueología se concentran en la aplicación de la química y la física a la arqueología siendo el primer curso de esta clase en el país. La Química Arqueológica es un curso de química con una aplicación arqueológica. Está diseñado de forma tal que los estudiantes pueden continuar por los mismos caminos que los abiertos a otros graduados en químicas. Todos estos cursos pueden ser cursos "Sandwich" de cuatro años de duración, en cuyo caso pueden incluir un trabajo - colocación en el extranjero. *Detalles p342.*

## University of Cambridge
### Antropología Social

El autor de "The Golden Bough", Sir James Frazer, uno de los antropólogos más influyentes de finales del siglo XIX y principios del XX, estudió aquí. Los estudiantes de primer año de antropología social (Parte 1), exploran la interacción de la sociedad, la cultura y la biología desde el tiempo en que se conocen los primeros restos humanos hasta el final del siglo veinte. Esta integración de la arqueología con la antropología social y biológica es poco frecuente en un primer año de un curso universitario. En el segundo año (parte IIA de los "Tripos") los estudiantes se especializan en antropología social, pero pueden también estudiar otra materia de su interés, ya que hay exámenes en cuatro materias. El tercer año del título de los "Tripos" (parte IIB) está diseñado para que los estudiantes puedan explorar la disciplina de su elección con mayor profundidad y ya bien presentar una tesis o combinar un número de temas a nivel avanzado.

Después de la especialización del segundo año, los estudiantes aún pueden seguir otros cursos durante sus estudios. Por ejemplo, se puede hacer un curso de historia o de arqueología. El proceso de solicitudes se controla a través de los colegios. Durante el primer trimestre hay aproximadamente ocho clases y dos seminarios por semana. Hay entre diez y 12 supervisiones (tutoriales con uno o dos estudiantes y un supervisor) por trimestre, cada uno de los cuales sirve de preparación para una composición escrita. Además de este programa de estudios, el departamento cree que los estudiantes deben realizar dos horas de estudio privado al día. *Detalles p346.*

## University of East Anglia Norwich
### Licenciatura BA en Antropología, Arqueología e Historia del Arte
El Departamento de Arte e Historia Cultural se caracteriza por su encuadre interdisciplinario en los campos de historia del arte, arqueología y antropología. Este curso se concentra en las cuestiones teóricas, metodológicas y políticas aplicables a las tres disci-

plinas. Los estudiantes pueden elegir entre una amplia gama de materias de especialización en una de las tres áreas de estudio. Se evalúa a lo largo del curso el material arqueológico y antropológico. Esta poco corriente combinación de materias se complementa con un componente de estudio de museos - se hacen numerosas visitas a museos por todo el país.

El Centro Sainsbury de la Universidad guarda una gran colección de arte mundial y europeo y una gran bi-blioteca de libros de referencia de arte no-occidental. Hay oportunidades para realizar trabajos arqueológicos de campo con la Unidad Arqueológica de Norfolk y viajes a Europa. *Detalles p432.*

## University of Oxford
### Arqueología y Antropología
La licenciatura BA en arqueología y antropología en Oxford integra totalmente ambas disciplinas y no es un título conjunto (joint honours degree). Además, el programa se centra en la antropología social y biológica. Los trabajos escritos y opciones para el primer año del curso comprenden la evolución, el medio ambiente y la cultura. Los trabajos escritos para los

### Evaluación de Calidad de Enseñanza

| Antropología (Inglaterra e Irlanda del N) 1994/95 | | | |
|---|---|---|---|
| Brunel | Excelente | Oxford Brookes | Excelente |
| Cambridge | Excelente | Oxford | Excelente |
| Durham | Excelente | SOAS, London | Excelente |
| Kent at Canterbury | Excelente | Sussex | Excelente |
| LSE, London | Excelente | UCL, London | Excelente |
| Manchester | Excelente | Goldsmiths, London | Satisfactorio |

| Arqueología (Gales) 1995/6 | | | |
|---|---|---|---|
| Cardiff | Excelente | Lampeter | Excelente |

*Fuente: HEFCE, SHEFC, HEFCW últimas listas disponibles*

*Para obtener una lista más completa de las instituciones que ofrecen estos cursos a nivel de licenciatura mire el directorio de cursos pp468-486*

dos años siguientes comprenden la evolución humana y ecología, variaciones humanas genéticas y los orígenes del primate moderno y de los humanos. La parte arqueológica del programa cubre el Paleolítico, Neolítico, la Edad de Hierro y los periodos Clásicos hasta los principios de la Edad Media. Oxford ofrece dos títulos universitarios basados en la antropología a nivel de licenciatura: ciencias humanas y arqueología y antropología, y tiene buenas instalaciones para el estudio tanto de la antropología como de la arqueología. Los estudiantes pueden usar la biblioteca del Institute of Archaeology y

la sala de mapas en Beaumont Street, la Bodleian Library, la biblioteca del Institute of Social and Cultural Anthropology, el Museo y Biblioteca Ashmolean, la biblioteca del Institute of Biological Anthropology y el Museo Pitt-Rivers, que tiene una gran colección de películas, audio-cassettes y videos etnográficos y etnomusicales. Las instalaciones de ordenadores (computadores) en Oxford se organizan mayormente a nivel de colegios y varían mucho. Son parte importante del programa de arqueología y antropología las cinco semanas obligatorias de trabajo de campo. Dos semanas del primer año se dedican a

## Clasificación de Investigación

### Antropología

| | | | |
|---|---|---|---|
| Cambridge | 5* | St Andrews | 4 |
| LSE, London | 5 | Sussex | 4 |
| Goldsmiths, London | 5 | Oxford Brookes | 3a |
| SOAS, London | 5 | Roehampton Institute | 3a |
| UCL, London | 5 | Hull | 3a |
| Manchester | 5 | Kent at Canterbury | 3a |
| Queen's, Belfast | 4 | Swansea, Centre for | |
| Durham | 4 | Development Studies | 3a |
| Edinburgh | 4 | Swansea, Department of | |
| Oxford | 4 | Sociology and Anthropology | 3a |

### Arqueología

| | | | |
|---|---|---|---|
| Cambridge | 5* | Glasgow | 4 |
| Oxford | 5* | Liverpool | 4 |
| Sheffield | 5* | Cardiff | 4 |
| Bradford | 5 | York | 4 |
| Durham | 5 | Exeter | 3a |
| Leicester | 5 | Nottingham | 3a |
| Queen's, Belfast | 5 | Lampeter | 3a |
| Reading | 5 | Bournemouth | 3b |
| Southampton | 5 | Newcastle | 3b |
| UCL, London | 5 | Trinity College, Carmarthen | 3b |
| Birmingham | 4 | Newport College | 3b |
| Bristol | 4 | King Alfred's College | 2 |
| Edinburgh | 4 | Staffordshire | 2 |

*Fuente: RAE 1996*

ARQUEOLOGIA Y ANTROPOLOGIA

trabajos obligatorios de excavación en Ridgeway camino de la época prehistórica situado cerca del Caballo Blanco de Uffingham. Se pasan tres semanas más (en general durante las vacaciones de verano) en una excavación que elija el estudiante. Los lugares elegidos en el pasado han sido Italia, Chipre, Israel, Africa e Irlanda. La selección de solicitudes se realiza a nivel de colegio. Los estudiantes deben de contar con acudir a 40 clases durante el curso de ocho semanas. *Detalles p394.*

## School of Oriental and African Studies (SOAS)
### Licenciatura BA en Historia del Arte y Arqueología y Antropología Social

Este es un curso universitario combinado que cubre una región o area en particular, como Africa o el Oriente Medio. Los estudiantes consideran aspectos de la historia de las pinturas, escultura, arquitectura, costumbres, artesanía y objetos únicos al área de que se trate. La combinación aumenta la comprensión del estudiante del significado y valor de una "obra de arte" para la cultura que la produjo y pone en duda los postulados de las concepciones de occidente sobre el arte. SOAS cuenta con una vasta colección de cerámica china. En 1950 Sir Percival David donó una enorme colección de cerámica china de unas 1.700 piezas, todas las cuales pueden verse en la Fundación Percival David en Gordon Square. SOAS está a cinco minutos del Museo Británico, el Museo de la raza humana (Museum of Mankind) y otras colecciones etnográficas. Ambos departamentos recibieron la calificación de Excelente en la lista de calificaciones para investigación y se juzgó que la antropología era Excelente en las calificaciones de calidad de enseñanza de

1995. *Detalles p416.*

## University College London, University of London
### Antropología

Los programas de antropología en el University College de Londres se refieren tanto a los atributos biológicos como sociales y culturales de los seres humanos y cubren toda la historia humana, desde sus orígenes hasta la actualidad. Los programas de cursos por lo tanto facilitan al estudiante una amplia base poco corriente para su desarrollo intelectual, equipándole con conocimientos especializados de las ciencias sociales, humanidades y ciencias biológicas. El departamento tiene cuatro sesiones de entrevistas al año. Durante el primer trimestre hay unos cuatro cursos introductorios diferentes. En general se componen de diez clases y diez tutoriales cada uno. Los estudiantes deben escribir una composición cada trimestre. Los métodos de evaluación varían de curso a curso. El método usual de evaluación es un examen de tres horas de duración al final del año. Sin embargo, los estudiantes que han elegido ciertas opciones tendrán una evaluación por composición escrita, o notas obtenidas en sus libros de laboratorio. Solamente un número reducido de alumnos (generalmente los que han logrado un "first") continúan con estudios de postgrado y después, posiblemente, con una carrera profesional como antropólogo. Los destinos típicos de los universitarios graduados son el trabajo en museos, periodismo, editoriales, trabajo social, dirección de personal, enseñanza, gobierno local, urbanismo, contabilidad, sanidad pública y epidemiología. El departamento cuenta con su propia biblioteca pero no tiene instalaciones de ordenadores(computadoras) para los estudiantes de licenciatura. *Detalles p465.*

# Arte, Diseño e Historia del Arte

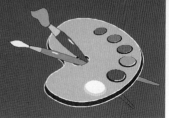

En las pasadas tres décadas los artistas y diseñadores británicos han estado en la vanguardia del arte y del diseño comercial. El "Arts Council" de Gran Bretaña lanzó un nuevo fondo en 1997 denominado "Arts4Everyone" con la esperanza de alentar a los artistas, financiandoles para que exhiban sus trabajo en espacios públicos, incrementando con ello la importancia del arte en nuestro paisaje. El tan publicado "Turner Price" concedido a los artistas británicos menores de 50 años por la Tate Gallery, se constituyó en 1984 para "promover el debate público de los nuevos desarrollos del arte contemporáneo británico". Es uno de los más prestigiosos galardones europeos para las artes visuales y testimonia la energía y vigor del arte británico. El mundo del arte se ha esforzado con éxito para dar a conocer innovaciones y logros en arte y diseño. El arte británico ha sido etiquetado como el "nuevo rock & roll" y está en la vanguardia del debate público, planteando importantes cuestiones y temas discutibles que afectan a todos los miembros de la sociedad.

Durante unos 20 años los coleccionistas internacionales con vista para invertir han estado acumulando obras de jovenes artistas inspirados - entre ellos Damien Hirst, que es posible que sea uno de los más reconocidos. Sin embargo, es solo uno de entre una larga lista de jóvenes artistas británicos que actualmente están tomando por asalto el mundo del arte internacional.

La mayoría de las escuelas de arte fundadas durante la primera mitad del siglo 20, impartían enseñanza primordialmente en bellas artes pero, después de sucesivas décadas, su portafolio se ha expandido. La educación en arte tiene como meta desarrollar la creatividad y la imaginación. Así, en lugar de dar objetos para dibujar, pintar, hacer o fotografiar, se espera que el alumno prepare un plan de trabajo por sí mismo y para completarlo por su propia iniciativa. Las escuelas británicas de arte tienen todavía estudios para pintura, escultura, impresión e ilustración pero casi todas ofrecen cursos de diseño. Otros cursos más amplios facilitarán a los estudiantes la experimentación con diseño gráfico, diseño teatral, fotografía, cinematografía y animación, diseño por computadora, diseño textil, bordado y moda, diseño de joyas y objetos de plata, oro y otros metales, madera, cerámicas y plásticos, diseño interior y vidrio arquitectónico. Se ofrece ayuda cuando es necesario y los estudiantes desarrollan su propia investigación en bibliotecas o mediante visitas a colecciones o exposiciones. Se alienta también a los estudiantes para que preparen exposiciones. Si se opta por un curso de ordenadores (computación), se imparte una cierta cantidad de instrucción básica, pero se espera que el estudiante trabaje y desarrolle su potencial creativo. Si el estudiante efectúa un curso de diseño de teatro o moda, sin embargo, se espera frecuentemente que el estudiante trabaje en una producción en grupo con otros estudiantes.

Como estudiante potencial de arte,

tendrá que decidir si desea estudiar en una universidad o en un colegio de arte y diseño especializado. En ambos casos existen cursos que cubren una gama de materias, así como materias especializadas tales como impresión o escultura. En los colegios de arte se puede estudiar informalmente cualquier número de horas tomando unas pocas o tantas clases como se deseen en una gama de materias, sin que sea necesario obtener un título.

También se puede estudiar para obtener un diploma. Si se decide estudiar para obtener un título en una universidad, la obtención del diploma aumentará las posibilidades de ser aceptado y puede incluso eximir al estudiante del primer año del curso universitario.

Para ser admitido en los cursos de licenciatura, se requiere a los estudiantes británicos potenciales normalmente que asistan a una entrevista en la que deberán mostrar el portafolio de su trabajo. Existen normalmente diferentes procedimientos de admisión para los estudiantes internacionales. Algunos colegios tiene oficinas en otros países y otros colegios están representados en exposiciones y ferias en materia de educación. En estas exposiciones y ferias el estudiante puede conversar con el colegio y formular preguntas con respecto a los cursos y a los servicios. Si no existen ninguna de estas posibilidades en el país en el que el estudiante potencial vive, el estudiante puede ser admitido sin entrevista, siempre que la solicitud

Foto por cortesía de Chelsea College of Art and Design, The London Institute

y el portafolio sean satisfactorios. Debido a la amplitud de materias que cubre el tema de arte y diseño, los cursos de licenciatura son normalmente de cuatro años en lugar de tres - en Inglaterra, Gales e Irlanda del Norte, así como en Escocia, los cursos de cuatro años son norma. El primer año es un curso de base en el que el estudiante tiene la oportunidad de estudiar todas las materias que ofrece la escuela. Al final del año el estudiante decide el área o áreas en las que quiera especializarse durante los próximos tres años. Algunos estudiantes realizan el curso básico en una escuela y a la finalización del año solicitan matricularse en otra escuela, quizas una escuela especializada en el área elegida de estudio. Si el estudiante ha estudiado arte en su propio país puede ser admitido directamente en el segundo año en un curso especializado - compruébe en la oficina internacional de su universidad o colegio si está opción es posible.

Los cursos de licenciatura están basados en el estudio y normalmente contienen un elemento de teoría. Los estudiantes pueden estudiar historia y/o teoría del arte. La historia del arte forma parte de la mayoría de los cursos de arte y constituye un importante componente de los cursos más tradicionales. Los estudiantes que estudien historia del arte en un programa de licenciatura BA, pueden tomar esta materia como materia única en muchas universidades o conjuntamente con otras materias como arqueología, lenguas o filosofía.

## CURSOS ESPECIALIZADOS Y DE FORMACIÓN PROFESIONAL

### Blake College

Este colegio de arte independiente ofrece cursos apropiados tanto para principiantes como para estudiantes avanzados. Lleva el nombre de un pintor del Siglo dieciocho William Blake, y está ubicado en un almacén victoriano reconvertido. El colegio tiene edificios modernos, incluyendo un taller de impresión y cuartos oscuros plenamente equipados. El colegio facilita becas para los estudiantes de la Unión Europea que no pueden afrontar los gastos de asistir al colegio. Los estudiantes de este colegio proceden de muchos países y las clases son pequeñas.

Las clases se complementan con visitas a galerías, museos y exposiciones, según sea necesario. Hay museos nacionales y museos de arte, consultorias de diseño de renombre internacional y organizaciones de arte, tales como el Design Council, en las cercanías del colegio.

El Blake College fué el primer colegio independiente del Reino Unido que recibió plena convalidación del BTEC por el diploma base en arte y diseño.

Los cursos en general duran un año académico aunque existe flexibilidad y los estudiantes pueden incorporarse en un curso ya comenzado o, si lo desean pueden estudiar por periodos más cortos. Existen cursos en una variedad de disciplinas prácticas que comprenden dibujo con modelo, pintura y dibujo, escultura, historia del arte y diseño, impresión, moda y diseño interior, así como fotografía, video y cine. *Detalles p44.*

### Cavendish College

Establecido en 1985 y ubicado en el centro de Londres, es un colegio privado especializado en cursos a tiempo completo y a tiempo parcial en estudios empresariales, arte y diseño, hospitalidad e informática. Ofrece servicios modernos y espaciosos incluyendo un teatro, estudios creativos especializados y cinco laboratorios de informática. El colegio ha abierto recientemente su propio Cyber Café, donde los estudiantes pueden descansar y utilizar el servicio de Internet con fines recreativos entre clases. Debido a la naturaleza vocacional de una gran parte de los cursos que se ofrecen, el colegio pone al día el contenido del curso regularmente para mantenerse en

## Evaluación de Calidad de Enseñanza

### Historia del Arte (Inglaterra e Irlanda del Norte) 1996/97

| | | | |
|---|---|---|---|
| UCL, London | 24 | Bristol | 20 |
| Nottingham | 23 | Falmouth College of Arts | 20 |
| Reading | 23 | Kingston | 20 |
| Cambridge | 22 | Sussex | 20 |
| Middlesex | 22 | Central Lancashire | 19 |
| Royal College of Art | 22 | Derby | 19 |
| Brighton | 21 | Goldsmiths, London | 19 |
| De Montfort | 21 | London Institute | 19 |
| Manchester | 21 | Anglia Polytechnic | 18 |
| Staffordshire | 21 | | |

### Historia del Arte (Escocia) 1995/96

| | | | |
|---|---|---|---|
| Aberdeen | Muy Satisfactorio | Glasgow | Muy Satisfactorio |
| Edinburgh | Muy Satisfactorio | St Andrews | Muy Satisfactorio |

### Arte, Diseño e Historia del Arte (Gales) 1995/96

| **Art, Design and Art History** | | **Ceramics, Fine Art, Internal Architecture** | |
|---|---|---|---|
| Cardiff Institute | Excelente | | |
| Swansea Institute | Excelente | Cardiff Institute | Satisfactorio |
| Aberystwyth | Satisfactorio | Newport College | Satisfactorio |
| | | N.E. Wales Institute | Satisfactorio |
| | | Carmarthenshire College of Technology and Art | Satisfactorio |

### Bellas Artes, Imprenta, Escultura y Pintura (Escocia) 1995/96

| | | | |
|---|---|---|---|
| Dundee | Muy Satisfactorio | Glasgow School of Art | Muy Satisfactorio |
| Edinburgh | Muy Satisfactorio | Robert Gordon | Satisfactorio |

### Diseño Gráfico y Diseño Textil (Escocia) 1995

| | | | |
|---|---|---|---|
| Dundee | Excellent | Robert Gordon | Muy Satisfactorio |
| Edinburgh College of Art | Muy Satisfactorio | Scottish College of Textiles | Muy Satisfactorio |
| Glasgow School of Art | Muy Satisfactorio | | |

*Fuente: HEFCE, SHEFC, HEFCW últimas listas disponibles*

*Para obtener una lista más completa de las instituciones que ofrecen estos cursos a nivel de licenciatura mire el directorio de cursos pp468-486*

ARTE Y DISEÑO

vanguardia de los desarrollos actuales en campos determinados. El colegio alberga una gran comunidad internacional, con estudiantes procedentes de más de ochenta paises diferentes.

El departamento creativo ofrece una gama de cursos de diferentes niveles tanto para principiantes como para estudiantes avanzados. El diploma básico comprende todos los aspectos de la pintura, dibujo, diseño gráfico y fotografía. Además del curso básico, el Departamento de Creatividad ofrece diplomas en diseño gráfico, diseño interior, diseño de modas y marketing(mercadeo) de diseño. Los programas del diploma duran todo el año académico y los estudiantes pueden estudiar materias adicionales para promocionar su especialidad e intereses.

Las instalaciones comprenden, entre cosas, estudios de arte bien equipados con talleres y cuartos obscuros para fotografía. *Detalles p447.*

## City and Guilds of London Art School

Esta escuela pequeña e independiente se estableció en Kennington por el City and Guilds Institute en 1879 como una ampliación del Lambeth School of Art. Originalmente proporcionaba enseñanza principalmente en talla, modelaje y decoración arquitectónica. A traves de los años ha ampliado sus actividades y cursos y ahora atrae a estudiantes extranjeros y del Reino Unido.

Los cursos de talla de piedra arquitectónica y talla de madera para ornamentos y el dorado siguen la tradición y se incorporan al departamento de conservación, el cual imparte un curso de conservación de tres años a tiempo completo - recientemente recomendado para convalidar con licenciaturas BA (Hons). El Departamento de Bellas Artes

ofrece programas de licenciatura BA (Hons) en pintura y escultura. El departamento de arte aplicada imparte cursos de Diploma de tres años en vidrio arquitectónico, artes decorativas e ilustración. El curso básico a tiempo completo de un año tiene un porcentaje de éxito superior al 80%, consiguiendo sus estudiantes ser aceptados en los cursos especializados de arte de su elección.

Los servicios que ofrece están alojados en una hilera de seis casas adosadas del Siglo XVIII y comprenden estudios de Bellas Artes, talleres de talla de piedra, taller de imprenta, taller de madera, estudio de dibujo y una bi-blioteca especializada para apoyar el programa de humanidades - que constituye un componente importante para los cursos a tiempo completo. *Detalles p.448.*

# CURSOS DE LICENCIATURA

## Bath Spa University College

### BA (Hons) Diseño Gráfico

Este curso ofrece a los estudiantes la oportunidad de especializarse en fotografía, animación en video, ilustración o multimedia. Es posible realizar estudios secundarios en diseño tridimensional y medios de impresión. El conocimiento experimental se desarrolla en el estudio y taller, alentando a los estudiantes para que empleen las técnicas de estudio del oficio y tecnológicas. El curso pretende preparar a los estudiantes para el mundo competitivo del diseño y les equipa con técnicas que pueden emplearse en cualquier contexto internacional. Se alienta a los estudiantes para que desarrollen su conciencia cultural, social, histórica y profesional, con la esperanza de que puedan llegar a ser capaces de formular juicios independientes de su trabajo. Imparten lecciones famosos diseñadores y artistas con re-gularidad. Debido al fuerte elemento profesional del curso, se alienta a los estudiantes para que tomen parte en tantos concursos como sean posibles. Los estudiantes pueden comenzar en un curso de Pre-licenciatura en Arte y Diseño, o un curso base, a fin de incorporarse al programa. *Detalles p33.*

## City College Manchester
### Programa de Acceso a Licenciatura de Arte y Diseño

Es un curso de arte y diseño de un año a tiempo completo diseñado para preparar a los estudiantes para acceder a una licenciatura en arte y diseño en una universidad británica. Aunque el curso ha establecido contactos con las universidades de Manchester Metropolitan y Salford, los estudiantes pueden al terminar el curso, solicitar cualquier curso de licenciatura. Los cursos están diseñados individualmente para las necesidades de cada estudiante. Además de una gama de módulos esenciales, los estudiantes pueden elegir de entre un número de especializaciones en arte y diseño.

Se asigna a los estudiantes un tutor personal que les asesora y guía semanalmente y en revisiones formales. Los tutores personales ayudan a los estudiantes a elegir las materias opcionales adicionales del curso de entre una variedad de especializaciones tales como cerámica, estudios de cine, joyería y fotografía. Todos los estudiantes hacen un curso de estudios culturales y se les ayuda con el idioma y preparación universitaria. Los servicios modernos que ofrece este programa entre otros, comprenden estudios, aulas de informática, cuartos obscuros y un Centro de Recursos de Aprendizaje completo con biblioteca y aula de IT (Tecnología de la Información). El costo del curso es

£5.000. *Detalles p350.*

## Coventry University
### MA en Diseño de Automoción/ Investigación de Diseño de Automoción

Estos cursos proporcionan a los estudiantes la capacitación y entendimiento para llegar a ser diseñadores creativos de la automoción, o para proseguir la investigación basada en el exámen del campo de conocimiento experimental. Los cursos contienen elementos de diseño bi-dimensional y tri-dimensional y los estudiantes pueden practicar la tecnología avanzada CAD y dibujo tradicional, con modelación en escayola de proyectos basados en la industria. El curso basado en investigación comprende elementos de gestión de diseño, preparación de investigación y CAD y estudios de diseño contextual. Los licenciados procedentes de estos cursos han conseguido trabajo en estudios de diseño de Volvo, Jaguar, Ford, Rover y otros fabricantes de automóviles, como diseñadores libres, y en la enseñanza o la gestión de diseños. Los estudiantes internacionales tendrán la oportunidad de trabajar en un estudio y contactar con diseñadores profesionales y métodos industriales. Actualmente hay cuatro estudiantes internacionales en el curso. *Detalles p352.*

## Falmouth College of Arts
### PgDip Culturas Digitales

Los estudiantes de este curso pueden explorar las posibilidades de un entorno digital, combinando la imagen, el sonido, la palabra, la animación y la filmación en nuevos modos de expresión para el siglo XXI. Existen actividades prácticas para completar la educación tal como la presentación multimedia. Se hace hincapié en el desarrollo de técnicas analíticas y teóricas mediante la consideración de temas que incluyen la ética de la imagen, teorías de narrativa o cuerpo en el cyberespacio. El programa hace uso de experticia tanto dentro como fuera del colegio. Se alienta a los estudiantes a conseguir un empleo cuando sea apropiado. El objetivo es equipar a los licenciados para que trabajen en áreas tales como la publicidad, relaciones públicas, organizaciones de arte y grupos de presión. El curso es adecuado para licenciados de arte, diseño, actuación, danza, música, medios, periodismo, ciencia de la informática u otras artes interactivas. *Detalles p358.*

## The London Institute
## Camberwell College of Art
### MA en Conservación

Este curso se dedica a la conservación de artefactos basados en papel y comprende una amplia gama de material que se encuentran en archivos de bibliotecas, colecciones de impresos y dibujos. El programa de dos años a tiempo completo se efectúa en dos partes. La primera parte (un año), se dedica a la creación de una base técnica que comprende: cuidado y preservación de colecciones; procedimientos de conservación y tratamiento; la ciencia de materiales y conservación apuntalada con la práctica de la conservación; programa de estudios históricos que se centra en la importancia de la historia en relación con temas de conservación. En la segunda parte se enfatizan los proyectos de conservación e investigación individual y el desarrollo de aptitudes para resolver problemas de conservación más complejos y exigentes. Durante el periodo de verano los estudiantes toman parte también en prácticas profesionales. Los licenciados con experiencia profesional pertinente respecto a la conservación de papel, pueden ser considerados para acceder directa-

mente al tercer año. Los estudiantes internacionales frecuentemente desean aprender los métodos de conservación británicos y su modo de empleo en conjunto con sus propios métodos tradicionales. *Detalles p374.*

## The London Institute
## London College of Printing
### BA (Hons) Fotografía

Este curso explora en profundidad la fotografía, y se alienta a los estudiantes a desarrollar trabajos basados en ideas de los temas principales - documentales, publicidad, moda, trabajos de galería. Este enfoque multitemario está apoyado por talleres técnicos en áreas como creación de imagen de color, imagen digital, y prácticas en estudio. Se imparte un programa teórico especialmente diseñado para examinar los debates sobre fotografía en el contexto de la cultura visual, histórica y contemporánea.

El London College of Printing posee una tradición de educación fotográfica establecida desde hace tiempo y fué uno de los primeros colegios en ofrecer licenciaturas en fotografía en Gran Bretaña. Imparte el único curso especial de Licenciatura BA en fotografía en el centro de Londres, que proporciona a los estudiantes el acceso a las industrias de artes y medios. Los antiguos alumnos del curso incluyen entre otros al fotógrafo de modas Rankin, Dario Mitidieri, galardonado fotografo-periodista, y a las artistas Sophie Ricketts y Rut Blees Luxemburg. *Detalles p374.*

## Plymouth College of Art and Design
### Curso Base en Arte y Diseño

Se trata esencialmente de un curso diagnóstico que introduce a los estudiantes a una variedad de diferentes disciplinas de arte y diseño y les ayuda a seleccionar el área de especialización. Los estudiantes pueden también desarrollar su propio portafolio para emplearlo en sus solicitudes de acceso a los cursos de licenciatura BA (Hons).

Las áreas que cubre el curso incluyen, entre otras, bellas artes, oficios de diseño (cerámica y joyería), diseño gráfico e ilustración, diseño de moda y textil, medios basados en lentes y estudios tri-dimensionales. A lo largo de estos cursos, se introduce a los estudiantes a las materias de tecnología de la información y estudios contextuales e históricos. Estos estudios contextuales e históricos están diseñados para alertar la conciencia de los estudiantes hacia temas artísticos e intelectuales, mientras desarrollan las técnicas artísticas prácticas. *Detalles p398.*

## Southampton Institute
### BA (Hons) Evaluación de Bellas Artes

Este curso de licenciatura constituye una mezcla única de áreas de estudio especializado en artes y decoración, y objetos (objetos de propiedad personal tales como muebles y cuadros), conjuntamente con estudios legales, financieros y de gestión. Durante el curso los estudiantes cubren áreas como apreciación arquitectónica de edificios, interiores y jardines; influencia histórica del renacimiento, el Oriente e Islam; análisis de objetos; estudios de valoración y empresariales; práctica empresarial y derecho de subastas; muebles, cerámica y arte europeo. Los estudiantes también redactan una tesina de una materia de su elección. Se facilita a los estudiantes el acceso regular a la colección de Estudio del Instituto que incluye, entre otros, muebles, cerámicas, cristal, obras de metal y pinturas, así como también se les facilita el acceso a información computarizada a traves de internet, Art Quest y Thesaurus. Además existe un programa de oradores visitantes y visitas a casas de subasta y colecciones y se efectúa un viaje a Europa en el segundo año. *Detalles p418.*

## Staffordshire University
### BA (Hons) Diseño

Este curso modular de licenciatura de tres años ofrece a los estudiantes la oportunidad de especializarse en una de las 11 áreas de diseño que comprenden cerámica, vidrio, producción de medios, fotografía y diseño de producto. Es posible combinar esta primera elección con otra materia de diseño de menor importancia. La universidad tiene una galería en Nueva York para efectuar las exposiciones de los profesores y estudiantes, y la mayoría de los profesores son artistas, diseñadores o investigadores en activo. Esta conexión con el mundo del arte y de práctica de diseño se refuerza mediante oradores visitantes. Existen talleres que facilitan el trabajo de vidrio en caliente y en frío, impresión monocromo y en color, impresión en pantalla sobre textiles y papel, producción y edición audio/video, estudio fotográfico y el empleo de madera, metal, plásticos y cerámica. La universidad que está ubicada en Stoke-on-Trent (que tiene una larga historia de cerámica), tiene más estudiantes dedicados a la cerámica que en ningún otro lugar del país. *Detalles p420.*

## University of Sunderland
### BTEC Diploma
### Estudios base de Arte y Diseño

Este curso base provee acceso directamente al programa de licenciatura en arte y diseño de la universidad. Es una calificación para estudiantes no licenciados reconocida nacionalmente. El propósito del curso es facilitar una conexión entre la educación secundaria en arte y el nivel académico de la educación superior.

Se ofrece a todos los estudiantes que completan el curso una plaza en el programa de licenciatura. Se imparte enseñanza para desarrollar técnicas prácticas de estudio y para considerar las teorías e historia subyacentes a temas relativos al arte. Se facilita a los estudiantes asistencia práctica para desarrollar un portafolio a lo largo del curso. Se efectuan diversas visitas de estudio a museos, galerías y centros de artesanía del país.

Todos los profesores son artistas y diseñadores profesionales que imparten su enseñanza mediante clases, seminarios y talleres de grupo. Se califica a los estudiantes mediante una combinación de exámenes, composiciones y presentaciones. *Detalles p424.*

## University of Wales Institute, Cardiff
### Curso Base Internacional en Arte y Diseño

Este curso ofrece a los estudiantes un entrenamiento como artistas profesionales en cualquier campo que elijan, además de preparar un portafolio de trabajo en vistas a solicitar el acceso a cursos de educación superior en arte y diseño. Una vez creado un portafolio esencial, los estudiantes pueden continuar accediendo a un programa de licenciatura.

Los estudiantes pueden especializarse en una variedad de materias en el segundo trimestre, que comprenden desde las bellas artes y diseño gráfico hasta textiles y diseño teatral. Se presenta una exposición importante al final del año que los estudiantes preparan en el último trimestre. *Detalles p434.*

# Clasificación de Investigación

## Arte y Diseño

| | | | | |
|---|---|---|---|---|
| Brunel | 5* | UCE, Birmingham | 3b |
| Goldsmiths, London | 5* | Central School of Speech | |
| UCL, London | 5* | and Drama | 3b |
| Dundee | 5 | Dartington College of Arts | 3b |
| Open University | 5 | De Montfort (Design) | 3b |
| Oxford | 5 | Derby | 3b |
| Wimbledon | 5 | Glasgow School of Art | 3b |
| Bournemouth | 4 | Hertfordshire | 3b |
| Brighton | 4 | Keele | 3b |
| Coventry (Design) | 4 | Kent Institute | 3b |
| Middlesex (Electric Arts) | 4 | Leeds Metropolitan | 3b |
| Reading (Fine Art) | 4 | Lincolnshire and Humberside | 3b |
| Reading (Typography & Graphic | | Liverpool John Moores | 3b |
| Communication) | 4 | Napier | 3b |
| Royal College of Art | 4 | Newcastle | 3b |
| Sheffield Hallam | 4 | Newport College | 3b |
| Southampton | 4 | Norwich School of Art and Design | 3b |
| Ulster | 4 | Oxford Brookes | 3b |
| Westminster | 4 | Portsmouth | 3b |
| Bath College | 3a | Staffordshire (Design) | 3b |
| Bretton Hall | 3a | Anglia Polytechnic | 2 |
| Buckinghamshire College | 3a | Central Lancashire | 2 |
| Cardiff | 3a | Chichester Institute | |
| Cheltenham and Gloucester | | Huddersfield | 2 |
| College | 3a | Liverpool Hope | 2 |
| Coventry (Fine Art) | 3a | London Guildhall | 2 |
| De Montfort (Fine Art) | 3a | Loughborough College | 2 |
| East London | 3a | North East Wales Institute | 2 |
| Edinburgh College of Art | 3a | North Riding College | 2 |
| Falmouth College of Art | 3a | Roehampton Institute | 2 |
| Kingston | 3a | Salford College | 2 |
| Lancaster | 3a | Scottish College of Textiles | 2 |
| London Institute | 3a | Southampton Institute | |
| Loughborough | 3a | (Design Innovation) | 2 |
| Manchester Metropolitan | 3a | Wolverhampton | 2 |
| Middlesex (Design Disciplines) | 3a | Bolton Institute | 1 |
| Middlesex (Fine Art) | 3a | Canterbury Christ Church College | 1 |
| Northumbria at Newcastle | 3a | Chester College | 1 |
| Nottingham Trent | 3a | Edge Hill College | 1 |
| Plymouth | 3a | Glasgow Caledonian` | 1 |
| Robert Gordon | 3a | La Sainte Union College | 1 |
| Southampton Institute (Fine Art | | Newman College | 1 |
| Practice) | 3a | Ripon and York St John | 1 |
| Staffordshire (Fine Art) | 3a | Surrey Institute | 1 |
| Sunderland | 3a | Swansea Institute | 1 |
| UWE, Bristol | 3a | Teesside | 1 |
| Aberystwyth | 3b | Westhill College | 1 |

ARTE Y DISEÑO

## Clasificación de Investigación

### Historia del Arte

| | | | |
|---|---|---|---|
| Cambridge | 5* | Glasgow | 3a |
| Courtauld Institute | 5* | Loughborough College | 3a |
| Sussex | 5* | Manchester Metropolitan | 3a |
| Essex | 5 | Middlesex | 3a |
| Leeds | 5 | Nottingham | 3a |
| Open University | 5 | Plymouth | 3a |
| SOAS | 5 | Aberdeen | 3b |
| UCL, London | 5 | Bristol | 3b |
| Birkbeck | 4 | De Montfort | 3b |
| East Anglia | 4 | Goldsmiths, London | 3b |
| Edinburgh | 4 | Hertfordshire | 3b |
| Kent at Canterbury | 4 | Leicester | 3b |
| Manchester | 4 | Northumbria at Newcastle | 3b |
| Newcastle | 4 | Southampton | 3b |
| Oxford Brookes | 4 | Surrey Institute | 3b |
| Reading | 4 | Cardiff Institute | 2 |
| Royal College of Art | 4 | UCE, Birmingham | 2 |
| Southampton Institute | 4 | Central Lancashire | 2 |
| St Andrew's College | 4 | Glasgow School of Art | 2 |
| Warwick | 4 | Kent Institute of Art and Design | 2 |
| Birmingham | 3a | London Institute | 2 |
| Brighton | 3a | Wimbledon School of Art | 2 |
| Derby | 3a | Kingston | 1 |
| Falmouth College of Arts | 3a | | |

*Fuente: RAE 1996*

ARTE Y DISEÑO

# Medio Ambiente Construído y Arquitectura

La tecnología moderna, materiales y técnicas de construcción nos han facilitado un poder sin precedentes sobre el medio ambiente. Mientras que hace 500 años se tardaba décadas en construir un gran edificio, por ejemplo una catedral, hoy en día puede cambiarse el carácter de una ciudad en menos de una generación. En el RU una de cada diez personas empleadas trabaja en la construcción y sus industrias asociadas. Esta es una importante área de inversión para el país y contribuye considerablemente a su prosperidad económica.

## ARQUITECTURA

En las últimas tres décadas los arquitectos británicos han construído algunos de los edificios innovativos y de mayor prestigio en el mundo y la fama internacional de figuras como Sir Norman Foster y Lord Richard Rogers ha contribuído al renacimiento de la arquitectura en el RU. No solamente ha crecido la consideración profesional hacia los arquitectos británicos, sino que ha habido un aumento del interés público en nuevos proyectos con figuras como el Príncipe Carlos contribuyendo a los actuales debates. Además, la inversión ha aumentado por parte de fuentes como las grandes sociedades, la Unión Europea y fondos de la Lotería Nacional. Algunos de los proyectos que se han beneficiado recientemente son la Clore Gallery en Londres y la Tate Gallery en Liverpool.

Si está pensando en estudiar arquitectura en Gran Bretaña existen ciertas consideraciones prácticas a tener en cuenta: la proporción profesor/alumno tiende a ser mejor que en el resto de Europa; la enseñanza puede ser menos teórica que en su país de origen; puede especializarse en arquitectura en una primera licenciatura, lo cual no es posible en los EEUU. Los títulos universitarios de arquitectura eventualmente conducen a la asociación profesional en el "Royal Institute of British Architects" (RIBA), 66 Portland Place, Londres W1N 4AD, Tel: 0171 580 5533. Para ello hay que aprobar las Partes 1, 2 y 3 de RIBA. La estructura de calificaciones tradicional es un curso universitario de tres años, seguido de un año de práctica profesional, seguido de un programa de postgrado de dos años que conduce a la parte 2, y finalmente un segundo año de práctica profesional, al final del cual hay que pasar el examen de la parte 3. Para conseguir un trabajo de prácticas en un estudio de arquitectura del RU los estudiantes internacionales deberán fijarse en los requerimientos de su visado. Si necesita más información sobre la arquitectura en el RU puede dirigirse a RIBA.

## MEDIO AMBIENTE CONSTRUIDO

La complejidad de los temas sociales, de medio ambiente y de estética que intervienen en la edificación y el uso del terreno se refleja en la variedad de cursos universitarios que se ofrecen y, en muchos casos en la naturaleza interdisciplinaria del estudio. Los cursos de urbanismo de

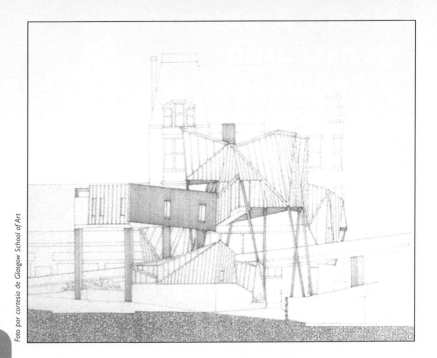

ciudades y campo, por ejemplo, emplean conocimientos sociales, económicos y ecológicos a fin de gestionar el cambio en el medio ambiente construído y natural. Se ofrecen a diferentes niveles y pueden incluir el estudio de aspectos como el proceso de desarrollo, la historia y teoría del urbanismo y la política del gobierno y del urbanismo. Algunos cursos incluyen también un elemento de estudio en Europa en asociación con los programas Erasmus/Socrates. Otras áreas importantes de estudio son "quantity surveying" (control cuantitativo), que se ocupa de la organización y dirección de trabajos de construcción de edificios e ingeniería civil, y de la gestión de construcciones, siendo su mira el conseguir administradores profesionales capaces de comprender la tecnología de la construcción así como los aspectos empresariales de la gestión de una empresa constructora.

## CURSOS DE LICENCIATURA

### University of Bath
### MA en Diseño Arquitectónico

Consiste en un programa a tiempo completo de doce meses de duración que comienza todos los años en el mes de Septiembre. Trata del diseño arquitectónico en una ciudad europea seleccionada - el año pasado fué Roma y actualmente es Granada, en España. Los alumnos estudian la dinámica histórica y cultural de la ciudad en cuestión y, trabajando en conjunto con alumnos del programa de MA en Arquitectura, se centran cada uno en desarrollar las instrucciones de construcción de un edificio específico antes de diseñar un edificio moderno. Es componente integral de este título una tesis escrita. En la última sesión se graduaron dos estudiantes y actualmente siguen el curso otros dos. *Detalles p336.*

# University of Cambridge
## Arquitectura

La mayor parte de la selección y enseñanza de los estudiantes de arquitectura en Cambridge se organiza a nivel de colegios. Sin embargo, cada estudiante tiene un espacio para su trabajo dentro del Departamento de Arquitectura. El Departamento cuenta además con una biblioteca que usa conjuntamente con el Departamento de Historia del Arte. Obtuvo la más alta calificación por investigación (5*) en el ejercicio de evaluación de investigación de 1996. Además, este departamento está

## Evaluación de Calidad de Enseñanza

### Arquitectura (Inglaterra e Irlanda del N.) 1994

| | | | |
|---|---|---|---|
| Bath | Excelente | Kingston | Satisfactorio |
| Cambridge | Excelente | Leeds Metropolitan | Satisfactorio |
| East London | Excelente | Liverpool John Moores | Satisfactorio |
| Greenwich | Excelente | Liverpool | Satisfactorio |
| Newcastle | Excelente | Manchester | |
| Nottingham | Excelente | Metropolitan | Satisfactorio |
| Sheffield | Excelente | Manchester | Satisfactorio |
| UCL, London | Excelente | Oxford Brookes | Satisfactorio |
| York | Excelente | Plymouth | Satisfactorio |
| Brighton | Satisfactorio | Queen's, Belfast | Satisfactorio |
| De Montfort | Satisfactorio | Westminster | Satisfactorio |
| Huddersfield | Satisfactorio | UCE, Birmingham | 20 (1997) |

### Arquitectura (Escocia) 1994/5

| | | | |
|---|---|---|---|
| Glasgow School of Art | Excelente | Edinburgh College of Art | Muy |
| Strathclyde | Excelente | | Satisfactorio |
| Edinburgh | Muy | Robert Gordon | Muy Satisfactorio |
| | Satisfactorio | Dundee | Satisfactorio |

### Arquitectura y Construcción (Gales) 1994/95

| **Arquitectura** | | **Construcción** | |
|---|---|---|---|
| Cardiff | Excelente | Newport | Satisfactorio |
| **Ingeniería Arquitectónica e Ingeniería del Medio Ambiente** | | **Medio Ambiente Construido, Estudios de Construcción y Estudios de Ingeniería Civil** | |
| Cardiff | Satisfactorio | N.E. Wales Institute | Satisfactorio |
| **Construcción y Viviendas** | | Swansea Institute | Satisfactorio |
| Cardiff Institute | Satisfactorio | | |
| **Control** | | | |
| Glamorgan | Satisfactorio | | |

*Fuente: HEFCE, SHEFC, HEFCW ultimas listas disponibles*

*Para obtener una lista más completa de las instituciones que ofrecen estos cursos a nivel de licenciatura mire el directorio de cursos pp468-486*

situado en el impresionante ambiente arquitectónico de Cambridge. Las entrevistas con el director de estudios de arquitectura y con los tutores de admisión de los colegios se realizan normalmente en Diciembre. Durante el primer trimestre el trabajo suele consistir en 56 horas de lecciones, 40 horas de clases y 96 horas de estudios, una proporción de los cuales está dedicada a clases individuales. Los trabajos escritos dependen de los tutores individuales, pero se le requerirá que presente tres o cuatro proyectos de estudio. Las evaluaciones se efectúan por medio de exámenes escritos y presentación del portafolio al final del año. En el tercer año deberá presentar una tesis. La proporción de ordenadores(computadores) con los estudiantes en el departamento es de uno por cada once estudiantes. Los antiguos alumnos más conocidos incluyen a Richard MacCormac, Sir Colin St John Wilson y Spencer de Grey. *Detalles p346.*

## University of East London
### Arquitectura
La Escuela de Arquitectura de la Universidad de East London funciona con un sistema de unidad o taller - pequeños grupos de estudiantes que reciben clases de profesionales/profesores, que son individualmente responsables del contenido educativo y los métodos del curso. El colegio tiene buenas instalaciones de estudios y talleres. Se hace hincapié en estos cursos en la experiencia práctica y en construir elementos a tamaño real. Se invita a los candidatos a acudir a una entrevista (con su portafolio). Los estudiantes de primer año llevan un programa muy intenso. Al final de cada año los estudiantes presentan su portafolio a un panel examinador que representa todos los aspectos del curso. Durante todo el curso los estudiantes son informados de su situación y de sus trabajos (pero no reciben notas). Existe una biblioteca del departamento que cuenta con sus propias instalaciones de ordenadores para los estudiantes. Uno de los miembros del profesorado es el conocido Peter Salter, arquitecto del edificio de la Expo en Osaka, Japón. *Detalles p450.*

## Greenwich University
### Licenciatura MA en Diseño Urbano
Más del 20% de los estudiantes del School of Land and Construction Management son estudiantes internacionales. Los estudiantes de diseño urbano trabajan en proyectos tanto del RU como del extranjero. La visión actual del diseño urbano en el curso es un análisis objetivo siempre que sea factible y se concentra especialmente en la morfología y el contexto. Las asignaturas principales incluyen teoría de diseño urbano, análisis de diseño urbano, proyectos territoriales, métodos de investigación, síntesis del bloque urbano y diseño urbano. Los alumnos también preparan proyectos de diseños y tesis.

Existen oportunidades para trabajos multi-disciplinarios. El colegio está orgulloso de sus instalaciones de ordenadores y los alumnos de diseño urbano emplean técnicas como los sistemas de información geográfica (GIS) y diseño asistido por ordenador (CAD). Además de diseño urbano, el colegio cuenta con una combinación única de disciplinas de arquitectura y diseño de perspectiva arquitectónica; en la evaluación de calidad de enseñanza de 1994 obtuvo la calificación de Excelente en arquitectura. *Detalles p362.*

## University of North London

### Arquitectura y Diseño Interior

La escuela ofrece la licenciatura BA (Hons) en arquitectura y diseño interior. Se han combinado estas dos materias para formar un esquema de curso de licenciatura en el que los estudiantes siguen una mayoría de módulos de la parte más importante de su área de estudios junto con algunos del área complementaria. Por ejemplo, un estudiante de arquitectura obtendrá por lo tanto algún conocimiento de diseño interior por medio de trabajos de proyectos integrados. Todos los cursos del colegio están enfocados hacia el diseño y su objetivo es aumentar la creatividad individual de cada alumno. También hay un curso de acceso a arquitectura y diseño interior que facilita una base para los estudiantes que quieren prepararse para una licenciatura en un campo relacionado. Este curso comprende módulos sobre ideas y cuestiones, técnicas prácticas y confección de modelos y dibujo y comunicación visual, junto con un proyecto de diseño. *Detalles p386.*

### University of Nottingham

### Arquitectura y Tecnología de la Construcción

La escuela universitaria de Nottingham es la más popular del país en relación a solicitudes de UCAS. Su amplia oferta incluye un acceso al estudio durante 24 horas al día. Se han estructurado los cursos para que el alumno pueda elegir módulos opcionales en una gama de asignaturas no relacionadas con la arquitectura, tales como lenguas, y un enfoque multidisciplinario hacia la arquitectura que facilita a los alumnos la comprensión de las disciplinas relacionadas bajo el tema general del ambiente construído. Los estudiantes tienen también la oportunidad de hacer un viaje al extranjero, muy subvencionado, para estudiar aspectos de diseño urbano fuera del país. *Detalles p390.*

### University of Salford

### MSc en Tecnología de la Información en Inmuebles y Construcción

Este es un curso para postgraduados que se refiere al uso de TI (tecnología de la información) para personas que trabajan en el campo de los bienes inmuebles y la construcción. El programa consiste en cuatro módulos: tecnologías y sistemas; bases de datos, CAD y visualización; tecnología avanzada de software y técnicas y dirección y estrategia de TI. Los alumnos también deben escribir una tesis. El "Salford Research Centre for the Built and Human Environment" obtuvo una calificación de 5* en el ejercicio de evaluación de investigación de 1996. Cuenta con un grupo de postgrado compuesto por unos 70 estudiantes de PhD y MPhil. El departamento tiene la intención de organizar cursos de aprendizaje a distancia. *Detalles p412.*

MEDIO AMBIENTE CONSTRUÍDO

**115**

## Clasificación de Investigación

### Medio Ambiente Construído

| | | | |
|---|---|---|---|
| Reading | 5* | Brighton | 2 |
| Salford | 5* | De Montfort (Architecture and Conservation) | 2 |
| Cambridge | 5 | Glasgow School of Art | 2 |
| Heriot-Watt | 5 | Greenwich | 2 |
| Loughborough | 5 | Kingston | 2 |
| Sheffield | 5 | Leeds Metropolitan | 2 |
| University College | 5 | Liverpool John Moores | 2 |
| Cardiff | 4 | Manchester | 2 |
| De Montfort (Energy) | 4 | Northumbria at Newcastle | 2 |
| Liverpool | 4 | Portsmouth | 2 |
| Newcastle | 4 | Queen's, Belfast | 2 |
| Nottingham | 4 | Robert Gordon | 2 |
| Strathclyde | 4 | UWE, Bristol | 2 |
| Ulster | 4 | Abertay Dundee | 1 |
| Bath | 3a | Anglia Polytechnic | 1 |
| Central Lancashire | 3a | UCE, Birmingham | 1 |
| Glamorgan | 3a | Dundee | 1 |
| Nottingham Trent | 3a | East London | 1 |
| Oxford Brookes | 3a | Edinburgh College of Art | 1 |
| Sheffield Hallam | 3a | Huddersfield | 1 |
| UMIST | 3a | Luton | 1 |
| York | 3a | Manchester Metropolitan | 1 |
| Coventry | 3b | North East Wales Institute | 1 |
| Edinburgh | 3b | Plymouth | 1 |
| Glasgow Caledonian | 3b | South Bank | 1 |
| Napier | 3b | Southampton Institute | 1 |
| North London | 3b | Staffordshire | 1 |
| Wolverhampton | 3b | | |

### Urbanismo de Ciudad y Campo

| | | | |
|---|---|---|---|
| Cardiff | 5* | Strathclyde | 3a |
| Glasgow | 5* | Westminster | 3a |
| Leeds | 5* | Manchester | 3b |
| Sheffield | 5 | Nottingham | 3b |
| Aberdeen | 4 | Queen's, Belfast | 3b |
| Cheltenham and Gloucester College | 4 | Sheffield Hallam | 3b |
| Liverpool | 4 | UWE, Bristol | 3b |
| Loughborough | 4 | Angia Polytechnic | 2 |
| Newcastle | 4 | De Montfort | 2 |
| Reading | 4 | Dundee | 2 |
| Cambridge | 3a | East London | 2 |
| Leeds Metropolitan | 3a | Edinburgh College of Art | 2 |
| Liverpool John Moores | 3a | UCE, Birmingham | 1 |
| Oxford Brookes | 3a | Manchester Metropolitan | 1 |
| South Bank | 3a | Paisley | 1 |

*Fuente: RAE 1996*

MEDIO AMBIENTE CONSTRUÍDO

# Empresa, Dirección y Marketing

os estudios empresariales se refieren al funcionamiento de la empresa y también a examinar las corrientes nuevas en el desarrollo de la misma. En general los cursos están dirigidos a la preparación de futuros administradores en el tipo de toma de decisiones con las que tendrán que enfrentarse en el ambiente real empresarial, tales como planificación estratégica, finanzas, reacción ante los cambios, marketing(mercadeo) y dirección general. Sin embargo hay una extensa gama de materias que pueden incluirse dentro del encabezamiento de empresa y dirección y en muchas universidades británicas tendrá la oportunidad de estructurar un curso según sus necesidades personales. Los cursos pueden enfocarse hacia una sola materia y ofrecer módulos menores en otras áreas. También existen muchas licenciaturas/diplomas combinados que dividen el enfoque con otra área de estudio como podría ser, por ejemplo, idiomas, contabilidad, turismo o sistemas de información.

Además, muchos cursos del RU hacen énfasis en la importancia de la experiencia práctica e incluyen la simulación de situaciones reales, visitas de conferenciantes invitados, y trabajo en una empresa. En los cursos de licenciatura esto puede tener una duración de hasta un año, que se puede realizar en el RU o en el extranjero, en especial en cursos de estudios empresariales combinados con lenguas. Como ge-neralmente los estudiantes internacionales tienen restricciones para trabajar en el RU,

debe tener en cuenta que puede tener necesidad de obtener permiso del Home Office a través del departamento universitario. Es posible que incluso se le permita realizar un trabajo de prácticas en su propio país (compruébelo primero con la universidad).

Se pueden efectuar cursos cortos en colegios privados en una variedad de temas relacionados con la empresa. También es muy posible que la preparación para asistente personal (PA), así como los cursos de marketing, o cualesquier prácticas relacionadas con el trabajo de oficina, incluyan un trabajo de entrenamiento.

## EMPRESA Y DIRECCION

Las licenciaturas de estudios empresariales tienen generalmente una duración de tres años. En general el primer año de un curso de licenciatura de estudios empresariales tiende a consistir en una amplia visión de las disciplinas de empresa, incluyendo módulos en económia, contabilidad, finanzas, marketing, gestión de recursos humanos, estadística e informática. Durante este año el alumno se familiariza con los conceptos subyacentes a la teoría y práctica de la dirección y empresa. En el segundo y tercer año los estudiantes tienden a especializarse en un tópico de su elección, que puede ser uno de los antes mencionados u otras áreas de la dirección, tales como investigación operativa, comportamiento organizativo y relaciones de trabajo. Los tipos de licenciatura que se conceden pueden ser un BSc o un BBA (Bachelor of Business

# Evaluación de Calidad de Enseñanza.

## Estudios Empresariales y de Dirección (Inglaterra e Irlanda del N.) 1994

| | | | |
|---|---|---|---|
| Bath | Excelente | Brighton | Satisfactorio |
| City, London | Excelente | Brunel Satisfactorio | |
| Cranfield | Excelente | UCE, Birmingham | Satisfactorio |
| De Montfort | Excelente | Doncaster College | Satisfactorio |
| Imperial, London | Excelente | Durham | Satisfactorio |
| Kingston | Excelente | Huddersfield | Satisfactorio |
| Lancaster | Excelente | Hull | Satisfactorio |
| London Business School | Excelente | Kent at Canterbury | Satisfactorio |
| LSE, London | Excelente | Loughborough College | Satisfactorio |
| Loughborough | Excelente | Nene College | Satisfactorio |
| Manchester | Excelente | N.E. Worcestershire | |
| Northumbria at Newcastle | Excelente | College (Revisit) | Satisfactorio |
| Nottingham | Excelente | Plymouth | Satisfactorio |
| Nottingham Trent | Excelente | Portsmouth | Satisfactorio |
| Open University | Excelente | Queen Mary and | |
| Surrey | Excelente | Westfield, London | Satisfactorio |
| UMIST | Excelente | Reading | Satisfactorio |
| Warwick | Excelente | Salford | Satisfactorio |
| UWE, Bristol | Excelente | Sheffield Hallam | Satisfactorio |
| Anglia Polytechnic | Satisfactorio | Southampton | Satisfactorio |
| Birmingham | Satisfactorio | Suffolk College | Satisfactorio |
| Blackburn College | Satisfactorio | Swindon College | Satisfactorio |
| Bradford | Satisfactorio | Teesside | Satisfactorio |
| Bradford and Ilkely | | Ulster | Satisfactorio |
| College | Satisfactorio | Wolverhampton | Satisfactorio |

## Estudios Empresariales y de Dirección (Escocia) 1994/95

| | | | |
|---|---|---|---|
| Strathclyde | Excelente | Stirling | Muy |
| Edinburgh | Muy | | Satisfactorio |
| | Satisfactorio | Aberdeen | Satisfactorio |
| Robert Gordon | Muy | Abertay Dundee | Satisfactorio |
| | Satisfactorio | Glasgow | Satisfactorio |
| Scottish College of | Muy | Glasgow Caledonian | Satisfactorio |
| Textiles | Satisfactorio | Heriot-Watt | Satisfactorio |
| St Andrews | Muy | Napier | Satisfactorio |
| | Satisfactorio | Paisley | Satisfactorio |

## Estudios Empresariales y de Dirección (Gales) 1993/94

| | | | |
|---|---|---|---|
| Swansea Institute | Excelente | Cardiff | Satisfactorio |
| Glamorgan | Excelente | Swansea | Satisfactorio |
| Aberystwyth | Satisfactorio | Cardiff Institute | Satisfactorio |
| Bangor (Administrative | | Newport | Satisfactorio |
| Studies) | Satisfactorio | N.E. Wales Institute | Satisfactorio |

## Evaluación de Calidad de Enseñanza.

### Estudios de Consumo (Escocia 1995)

| | | | |
|---|---|---|---|
| Glasgow Caledonian | Muy Satisfactorio | Dundee | Satisfactorio |
| | | Robert Gordon | Satisfactorio |
| Queen Margaret College | Muy Satisfactorio | | |

*Fuente: HEFCE, SHEFC, HEFCW última listas disponibles.*

*Para obtener una lista más completa de las instituciones que ofrecen estos cursos a nivel de licenciatura mire el directorio de cursos pp468-486*

Administration).

A nivel de postgrado muchos colegios de estudios empresariales y dirección ofrecen títulos de Masters y diplomas, tanto a tiempo completo como parcial, en los que aumenta el nivel de especificación, de forma que se puede hacer, por ejemplo, un MSc en dirección de tecnología, dirección de personal, o relaciones de trabajo. El MBA (Master of Business Administration) desarrollado en EEUU, es hoy en día enormemente popular en el RU. Para poder hacer un MBA se necesitan un mínimo de tres años de experiencia de trabajo, un buen título universitario en cualquier otra materia y a menudo una buena nota en el "Graduate Management Admissions Test" (GMAT) (los buenos colegios piden una media de 630-650). El examen está basado en ordenador(computador) y se puede hacer en varios centros del RU. Para mayor información sobre el GMAT diríjase a: Educational Advisory Service, The Fulbright Commission, 62 Doughty Street, Londres WC1N 2LS. Tel: 0171 404 6880, Website: www.fulbright.co.uk. La admisión a estos cursos en algunas de las instituciones más famosas del RU, tales como City University Business School o la London Business School es difícil y cara. Por otro lado, un MBA concedido por una de dichas instituciones merece

mucho respeto y muchas empresas pagan altos salarios a graduados MBA.

## MARKETING(MERCADEO) Y RELACIONES PUBLICAS

Pueden incluirse cursos de marketing y relaciones públicas (PR) en una licenciatura general de estudios empresariales. Sin embargo, también es posible estudiar estas materias, y también muchos otros aspectos de empresa, tales como finanzas, como asignatura principal. Las relaciones públicas y el marketing están relacionadas en algunos aspectos (incluso pueden encontrarse en el mismo departamento de algunas empresas) ya que se refieren a las formas de presentar una imagen. Ambas son importantes en el mundo empresarial moderno. Sin embargo, en cuanto a cursos y eventualmente carreras profesionales, tienen diferentes énfasis y miras. Las relaciones publicas se refiere a la comunicación entre una organización y aquellos que tienen un interés en la misma, tanto si son inversores financieros como la prensa o el público. Casi todos los cursos tienen el nivel de licenciatura y la mayoría incluyen un elemento de experiencia de trabajo con una empresa de Relaciones Públicas. Algunos cursos, como el del University College de St. Mark y St. John, pueden combinarse con otros temas tales como arte y diseño o tecnología de la información. Los cursos de marketing son más numerosos y se ofrecen en una variedad de niveles, incluyendo los títulos NVQ, el HND, BA y Masters. En general se dedican a enseñar a los alumnos las técnicas que se requieren para comercializar un producto mediante el uso de investigación, conocimiento del comportamiento de los consumidores, planificación y creación de planes creativos de promoción, entre otras técnicas generales de empresa. Recientemente, en respuesta a la situación de Gran Bretaña en el mercado europeo, hay una tendencia hacia cursos con un fuerte contenido de lengua y materias internacionales.

## CURSOS DE ESPECIALIZACION Y VOCACIONALES

### Babel Technical College

Este colegio, de reducido tamaño, se estableció en 1984 y tiene su base en David Game House, Notting Hill, Londres. Su director y fundador, Hassan Kubba, es un científico de informática y tiene experiencia en una variedad de áreas, incluyendo procesamiento de ingeniería y educación. El colegio, que se especializa en informática, ofrece varios cursos destinados a mejorar las técnicas de empresa y oficina. El diploma de City and Guilds y el diploma avanzado en técnicas modernas de oficina, por ejemplo, se dedican a la enseñanza de áreas como procesadores de palabras, spreadsheets, touchtyping y bases de datos. También se puede estudiar inglés para comunicaciones empresariales. La matrícula cuesta £2.320 en relación al diploma y £3.640 para los cursos de diploma avanzado. Los diplomas son Nivel 2 y Diploma Avanzado Nivel 3 de cualificaciones vocacionales. El colegio ofrece también enseñanza privada y cursos cortos y a tiempo parcial. *Detalles p444.*

### Cavendish College

Este colegio privado se estableció en 1985 y está situado en el corazón de Londres, especializándose en cursos a tiempo completo y parcial en empresa, arte y diseño e informática. Cuenta con instalaciones modernas y espaciosas, que incluyen un aula de conferencias, estudios creativos de especialización y cinco laboratorios de ordenadores (computadores) y ha establecido recientemente su propio "Cyber Café" donde los alumnos se pueden relajar y usar el servicio de internet con fines recreativos entre clases. Debido a la naturaleza vocacional de muchos de sus cursos, el colegio pone al día el contenido de sus cursos con regularidad a fin de mantenerse al día en el desarrollo de campos específicos. El colegio cuenta con una gran comunidad internacional de estudiantes de más de ochenta países diferentes de todo el mundo.

El departamento de estudios empresariales ofrece una amplia variedad de cursos que tratan de preparar a los alumnos para trabajar en el mundo empresarial internacional. Se pueden obtener diplomas intensivos en seis o nueve meses, en materias como marketing, PR, publicidad, y comunicaciones. Hay otros cursos que comprenden diplomas en dirección internacional, importación/exportación, análisis de inversiones, publicidad creativa y estudios de secretariado ejecutivo. El colegio ofrece formación especializada en informática en todos sus cursos de empresa y se anima a los estudiantes a que usen las amplias instalaciones de ordenadores del colegio en todas las oportunidades. *Detalles p447.*

## Greenwich School of Management

Este colegio independiente de empresa y dirección está situado cerca de Greenwich Park en el sur de Londres. La cuarta parte de los estudiantes son extranjeros, de forma que el colegio está acostumbrado a organizar estancias con familias locales. Muchos estudiantes cursan su primera licenciatura o siguen el programa de acceso. El éxito a la finalización del programa de acceso conduce al programa de BSc (Hons) de la Universidad de Hull. Este cuenta con una opción en dirección, una opción en dirección e informática, y un curso de viajes y turismo. El colegio ofrece también el programa de MBA de la Universidad de Hull, que puede realizarse a tiempo completo, en clases nocturnas, o de fin de semana para ejecutivos. El colegio también desarrolla una licenciatura en dirección de empresa en conjunto con la Universidad de Northwood en EEUU. La Universidad de Northwood tiene un campus en Michigan, Texas y Florida y Greenwich School of Management financia intercambios de estudiantes. El colegio ofrece también una serie de cursos de diploma en una variedad de áreas de empresa y dirección.

Las instalaciones del colegio comprenden una biblioteca, sala de ordenadores (computadores), librería y eficaces servicios de asesoramiento académico y personal. *Detalles p451.*

## Hove College

Hove College se fundó en 1977 y es un pequeño colegio privado situado a menos de una milla de Brighton, que

# THE AMERICAN UNIVERSITY IN LONDON (AUL)

*AUL offers the following full-time/part-time/external degree programs*

1) **ACCELERATED (3 YEARS) Bachelor degree in Business Administration(BBA) in Accounting, Banking, Finance, Hotel Management, International Trade, Marketing and Management.**

2) **ACCELERATED (3 YEARS) BS in Computer Information Systems OR in Computer Science.**

3) **MBA/PhD in Accounting, Business Administration, Banking, Management, Finance, Hotel Management, International Trade, Marketing, Human Resources Management and Mass communications.**

4) **MS/PhD in Computer Information Systems OR in Computer Science.**

5) **MS/PhD in Telecommunications.**

6) **MA in Middle East studies, Islamic studies, MEd, M Music, LLM in International law, Company law, Criminal justice and PhD program in various subjects.**

7)* Computer training courses in Network Administration, MS Windows NT 4.0 and NT server 4.0 ( by MCT trainer)

8)* English Language for foreign students.

  \*  *if sufficient number of enrolments.*

### DEGREE PROGRAMS FEE(1998-99)

Full-time: £ 4300 per year                External /part-time: £ 2500 per year

*Short courses fees is different from the above*

THE REGISTRAR, AUL, 97-101 Seven sisters Road, London N7 7QP,UK
Telephone: +44-171-263 2986          Fax: +44-171-281 2815
aul@ukbusiness.com  OR  info@aul.edu
www.aul.edu
Please write for a catalog or call for further information
The nearest under ground station Finsbury Park on Piccadilly or Victoria lines.

está en la costa sur de Inglaterra. El factor individual más importante para ser admitido en un curso de este colegio, aunque es deseable que los candidatos tengan previamente las calificaciones adecuadas de educación, es el nivel de motivación del individuo. El departamento de empresa ofrece diversos cursos, por ejemplo el Diploma de "European Business and Personnel" incluye tecnología de la información, dirección empresarial, taquigrafía e idiomas comerciales europeos. El curso tiene una duración de 24 semanas y cuesta £3.933. El Diploma Internacional PA con Técnicas de Medios Informativos comprende módulos en tecnología de la información, taquigrafía, idiomas comerciales europeos, planificación de viajes de negocios, relaciones públicas y publicidad. El curso tiene una duración de 24 semanas y cuesta £3.933. Estos dos cursos tienen tres fechas de comienzo repartidas durante el año. También se ofrecen cursos de más corta duración dentro del departamento. Se ofrece una amplia gama de tipos de alojamiento en el colegio y los precios varían de £45-£60 por semana en un piso o casa compartida, a £70-£80 por semana por un apartamento de un dormitorio. *Detalles p452.*

## Kensington College of Business

El Kensington College of Business se estableció en 1982 como un centro de formación especializado en dirección de empresa. Originalmente estaba situado en Kensington, pero el colegio creció rápidamente y ahora opera desde dos grandes centros en el centro y oeste de Londres, además de impartir cursos por todo el país, en zonas como Birmingham y las Islas del Canal. El colegio cuenta ahora con más de 1.000 estudiantes de todo el mundo que estudian

a tiempo completo o tiempo parcial y también a distancia.

El colegio ofrece dos tipos importantes de títulos: títulos profesionales como exámenes para "The Association of Business Executives" (ABE), The Institute of Secretaries and Administrators (ICSA), The Chartered Institute of Marketing (CIM) y el Chartered Institute of Business Administration (IBA); y licenciaturas BA, BSc, LLB y MBA concedidas por las Universidades de Glamorgan, Londres, Thames Valley y Hertfordshire. Las instalaciones del colegio se complementan con el personal administrativo que siempre está deseoso de ayudar a los estudiantes en cualquier asunto académico, profesional o personal. El colegio tiene una lista de alojamientos en lugares cercanos al mismo. *Detalles p453.*

## London College of English

Es un colegio privado situado cerca del centro financiero de Londres y a corta distancia del Barbican Centre. Todos los cursos de empresa y/o negocios de este colegio están acreditados por el Institute of Commercial Management. Los cursos se han pensado para estudiantes que esperan obtener una enseñanza formal en empresa a nivel de principiante y avanzado. El Diploma en Business Studies crea una base de conocimientos en una gama de temas de empresa y permite obtener a los estudiantes la entrada directa al Graduate Diploma in Management Studies, que está diseñado para los estudiantes de estudios empresariales de alto nivel y los administradores. El Diploma de licenciado es una cualificación de alta-dirección que se usa extensivamente para mejorar la carrera. Existe un programa de MBA, a tiempo parcial o de tiempo completo o bien de enseñanza a distancia. El colegio tiene su propio

# LONDON CITY COLLEGE

London City College (LCC) is an international college recognised by the **British Accreditation Council** (BAC) offering the following prestigious qualifications, in association with **Leicester University**.

- **MASTER OF BUSINESS ADMINISTRATION (MBA)**
- **MBA (MARKETING)**
- **MBA (MARITIME MANAGEMENT)**
- **MBA (FINANCE)**
- **GRADUATE DIPLOMA IN MANAGEMENT**

OTHER COURSES OFFERED: MARKETING • SHIPPING AND TRANSPORT • IMPORT AND EXPORT • HOTEL AND CATERING • TRAVEL AND TOURISM • BUSINESS ADMINISTRATION • INTERNATIONAL BUSINESS • ADVERTISING AND PUBLIC RELATIONS • ACCESS COURSES • ENGLISH LANGUAGE COURSES • PSYCHOTHERAPY AND COUNSELLING.

Courses start in September, October, January and June. For a prospectus contact:

**Admissions Director, London City College**
**51/55 Waterloo Road, London SE1 8TX.**
**Tel: 0171-928 0901/0938/0029**
**Fax: 0171-401 2231**
**E-mail: lcclist@aol.com**

# *2 year BSc(Hons) Business Management in London*

- University of Hull BSc (Hons) studied at Greenwich School of Management London
- 24 month duration
- Choice of starting dates; February, October and June
- 9 month Access course to BSc (Hons) also available

**Greenwich School of Management**
**Meridian House**
**Royal Hill, London SE10 8RT**

**Tel: +44 (0)181-516 7800**

e-mail: registry@greenwich-college.ac.uk
http://www.greenwich-college.ac.uk

*The University of Hull and*
*Greenwich School of Management*

servicio de alojamiento y puede proveerlo limitadamente en su propio hostal. El colegio atrae a muchos estudiantes internacionales y puede ayudar con información o asistencia para obtener visados; su propósito es apoyar a los estudiantes en su elección de carrera.*Detalles p455.*

## London College of International Business Studies

Es un colegio privado especializado en la enseñanza de marketing, turismo y técnicas de oficina/informática a estudiantes internacionales. La enseñanza está destinada a desarrollar los conocimientos prácticos de empresa y/o negocios de los estudiantes y al mismo tiempo mejorar su inglés profesional. Los programas son flexibles y permiten a los estudiantes elegir temas relacionados con sus carreras, y si fuese necesario, elegir un horario conveniente para sus circunstancias individuales. Todos los cursos incluyen técnicas de estudio y comunicación profesional en inglés. La enseñanza es a base de clases, tutoriales, presentaciones por video y trabajos prácticos de estudio de casos. Como parte de los cursos de Diploma de 45 semanas se incluyen trabajos prácticos de investigación, y experiencia de trabajo. Todos los profesores tienen experiencia comercial en sus campos y las clases se mantienen pequeñas para asegurar la atención individual.

Los estudiantes pueden elegir entre una variedad de diplomas que incluyen administración empresarial internacional, un curso que facilita las técnicas y la experiencia necesarias para acceder a puestos de trabajo administrativo de nivel alto. Las áreas incluidas en el Diploma son marketing, informática empresarial, económía empresarial y análisis de informes financieros. Los

estudiantes también pueden estudiar Diplomas en administración de communicaciones, relaciones públicas y marketing. *Detalles p455.*

## Purley Secretarial and Language College

Este colegio privado, situado en una gran casa en el centro de Purley, se especializa en cursos residenciales de lenguas y de secretariado. El colegio selecciona familias anfitrionas para los estudiantes que desean encontrar alojamiento; esto asiste particularmente a los estudiantes internacionales ya quew ofrece una oportunidad más para mejorar sus técnicas linguísticas.

El colegio ofrece varios cursos de empresariales y de secretariado, y se prepara a los estudiantes para los exámenes externos que tienen lugar durante todo el año, incluyendo las cualificaciones Pitman y RSA. Los estudiantes deben demostrar un nivel adecuado en inglés, y aquellos que lo necesiten pueden estudiar inglés como asignatura suplementaria junto a sus estudios suplementarios.

Se ofrecen cursos de empresa, secretariado y de técnicas de asistente personal y duran entre 15 y 36 semanas. El curso de secretariado incluye proceso de palabras, audio-mecanografía, short hand, administración empresarial y comunicación. Se ofrecen cursos cortos a lo largo del año y estos incluyen teclería y proceso de palabras, usando el ultimo software. Vea el capítulo sobre inglés como idiomna extranjero para más información sobre cursos. *Detalles p459.*

## The Spectrum Group

Spectrum trabaja conjuntamente con más de 20 colegios del gobierno (y también privados) acreditados en

EMPRESA, DIRECCION Y MARKETING

Londres y en otras partes de Inglaterra. Todos cuentan con buenas instalaciones de estudio para estudiantes internacionales, con clases pequeñas y programas deportivos y sociales variados. El alojamiento varía desde hostal hasta "home-stay" (estancias con familias). Estos colegios ofrecen Diplomas básicos, intermedios y avanzados, además de Higher Diploma (HND) y cursos de licenciatura en estudios empresariales, administración empresarial, contabilidad, finanzas, tecnología de la información, derecho, dirección, marketing, comercio y estudios de secretariado. Estos cursos duran de uno a tres años y se obtienen cualificaciones reconocidas internacionalmente. Los precios de las matrículas son de £3400 a £4000 al año para los cursos de Diploma, £5700 a £6700 al año para los HND o cursos de licenciatura; y de £3780 a £5200 para un Programa Base Universitario Internacional de un año. Algunos colegios también ofrecen cursos de especialidad cortos en áreas de empresa internacional que duran unas pocas semanas. *Detalles p463.*

## St Aldates College

St Aldates está en pleno centro de Oxford cerca del colegio Christ Church. Un asesor de estudiantes que trabaja a tiempo completo ayuda a buscar alojamiento y la mayoría de los estudiantes internacionales se alojan en los apartamentos y las casas de los colegios. Este colegio ofrece una gama de programas de estudios empresariales y también diplomas en medios de comunicación y en moda. Un Diploma avanzado de 12 meses de duración del Intitute of Commercial Management es el equivalente de un HND y puede servir para pasar al MBA de 18 meses de duración del West London College, que es un colegio asociado a St Aldates.

El Diploma se concentra en técnicas prácticas de dirección. Los estudiantes también estudian tecnología de la información y realizan una experiencia de trabajo de dos semanas con una empresa. También existen cursos más cortos de estudios empresariales de tres, seis y nueve meses de duración. Cada curso ofrece estudios intensivos de técnicas de dirección que combinan tecnología de la información con teoría de negocios. El colegio también ofrece un curso de diploma para asistentes ejecutivos de nueve meses de duración y que incluye la oportunidad de aprender un idioma. Para aquellos estudiantes que tienen una facilidad para las lenguas el diploma de asistente bilingue ofrece el estudio intensivo del francés o alemán comercial. Todos los estudiantes reciben ayuda profesional con la planificación de sus carreras y con técnicas de entrevista de "Careers Direct", que es el servicio de colocación del colegio. *Detalles p461.*

## CURSOS DE LICENCIATURA

### Aston University
MBA

El propósito del MBA en Aston University es de desarrollar los conocimientos teóricos y prácticos para obtener las técnicas necesarias en el mundo profesional de los negocios y el comercio. Los alumnos estudian 12 módulos, de los cuales 8 son obligatorios y que incluyen marketing, finanzas, direccion estratégica, dirección de operaciones y dirección de innovación. Los cuatro módulos restantes se eligen de entre una gama de temas y dan la oportunidad de especializarse en un campo, tal como estudios empresariales internacionales, marketing o finanzas si lo desean.

El colegio de estudios empresariales

recibió una clasificación de 4 en el ejercicio de evaluación de investigación de 1996. El curso está totalmente acreditado por la "Asociación de MBAs". Otras inspecciones independientes consistentemente clasifican a Aston entre los primeros en la bolsa de empleo de licenciados. Actualmente hay 30 estudiantes internacionales en el curso. *Detalles p332.*

## Bournemouth University
### BA Hons en publicidad y comunicaciones de marketing.

Este curso incluye la dirección de comunicaciones de marketing, concentrándose particularmente en la publicidad. Muchos profesores tienen experiencia profesional de empresas de marketing y agencias de publicidad grandes. Los estudiantes realizan experiencias de trabajo individual de seis semanas en empresas de marketing, medios de comunicación y publicidad, tales como Saatchi & Saatchi Advertising, Coca Cola y Gillette. El curso incluye módulos sobre la conducta del consumidor, la publicidad y la sociedad, el planeamiento de marketing y persuasión e influencia. En la evaluación de calidad de enseñanza más reciente el "School of Media Arts and Communication" recibió una clasificación de 22. Los estudiantes deben hacer presentaciones en grupo y presentar un trabajo escrito. Los licenciados han conseguido puestos de trabajo con empresas como Zenith y agencias de publicidad tales como SCRS y TBWA Simon Palmer. (*Detalles p340).*

## University of Essex
### BSc Dirección de Empresas (con inglés)

Essex ha ofrecido licenciaturas en contabilidad, finanzas y dirección durante varios años, pero este curso nuevo está específicamente destinado a los estudiantes internacionales que desean combinar un esfuerzo en su perfeccionamiento linguístico con estudios en dirección de empresas. Algunos estudiantes pueden proceder directamente a un curso de tres años en dirección, finanzas, informática, contabilidad, marketing y otros temas relacionados. Los primeros dos años están compuestos de cursos obligatorios en áreas tales como teoría y política económica, dirección de operaciones e informes y análisis financieros. El último año permite que los estudiantes elijan opciones en áreas como marketing estratégico, aspectos culturales de dirección y proceso decisorio de dirección. Muchos jóvenes internacionales que han terminado los estudios de bachillerato, requieren estudiar un año base en inglés y técnicas de estudio, que resulta en la obtención por separado del "Certificate of English for Academic Purposes". *Detalles p356.*

## London Guildhall University
### BA (Hons) Estudios Empresariales

Esta licenciatura es un curso Sandwich integrado que combina una base académica con prácticas comerciales. Después de pasar dos años en la Universidad, los estudiantes a tiempo completo realizan un año de formación industrial o comercial. La universidad colabora en la organización de las colocaciones y los profesores visitan a los estudiantes para guiar su progreso durante su colocación. Los estudiantes trabajan a tiempo completo y reciben un salario. Al comienzo del cuarto semestre los estudiantes empiezan la especialización en un tema opcional, como banca, finanzas corporativas, dirección de recursos humanos, seguros, marketing, transporte y distribución o títulos, valores y mercancías. Otros cursos ofrecidos por el departamento incluyen: BA (Hons) en administración de Empresa y BA (Hons) en Estudios de Empresas Europeas, que incluye un año de colocación obligatorio en un ambiente de habla francesa, alemana o española.

Actualmente hay 15 estudiantes internacionales en el curso. Se aceptan solicitudes de estudiantes maduros siempre que cuando no satisfagan los requisitos de entrada puedan demostrar su capacidad de beneficiarse del curso. *Detalles p372.*

## Greenwich University
### MBA Internacional

Este curso está destinado a ofrecer un conocimiento amplio del comercio combinado con su aplicación práctica. Las áreas centrales de estudio incluyen marketing, jefatura y técnicas de desarrollo de equipo, dirección de operaciones, dirección internacional financiera, tecnología de la información para empresas, gerencia innovativa, dirección estratégica, mercados de capital y resolución creativa de problemas. La mayoría del trabajo está basado en problemas actuales que las empresas colaboradoras están investigando, y, al final del programa, los estudiantes presentan un ejercicio de consultoría con una de estas empresas, a fin de demostrar las técnicas estudiadas. Los estudiantes también pasan dos semanas en Lille, Francia, estudiando junto a estudiantes franceses (el curso se lleva a cabo en inglés) para proporcionar más diversidad cultural. Actualmente hay 15 estudiantes internacionales en el curso. *Detalles p362*

## Lancaster University
### Dirección

El "Management School" de Lancaster University ofrece licenciaturas generales y también licenciaturas especializadas en contabilidad, publicidad, finanzas, económia, estudios empresariales internacionales, ciencias de la dirección, dirección de operaciones, marketing y estudios de organización/ dirección de recursos humanos (HRM). La mayoría de los programas ofrecen la oportunidad de estudiar en Europa, Norteamérica o el extremo Oriente durante un año como parte integral del curso. Los programas de cuatro años incluyen un año de experiencia de trabajo. Las licenciaturas de Lancaster son muy flexibles: es posible cambiar el curso principal elegido en un principio durante o al final del primer año. Los solicitantes aceptados son invitados a una visita a la universidad. El departamento tiene una lista de alumnos eminentes que incluyen George Cooper, director de British Airways RU/Africa y Judith Evans, directora de política de personal de Sainsburys. El "Management School" está situado cerca del centro del campus que tiene también muchas otras instalaciones. El colegio tiene sus propios laboratorios dedicados a la informática. *Detalles p454*

## London School of Economics and Political Science
### BSC Dirección

Esta licenciatura ofrece la oportunidad de realizar estudios críticos y teóricos y está enfocado para proporcionar al estudiante una preparación amplia para la dirección a partir de las disciplinas de ciencias sociales que se estudian en el LSE. El BSc en Dirección es un curso de tres años. El primer año que sirve como base para la especialización del segundo y tercer año. Los estudiantes estudian asignaturas obligatorias como económia, métodos cuantitativos y empresa industrial en la perspectiva comparativa. También estudian un curso opcional. En el segundo y tercer año, continuan con algunas asignaturas obligatorias en dirección, contabilidad y finanzas y económia, pero también tienen más opciones en áreas internacionales, en dirección de sectores públicos y voluntarios, y en aspectos humanos y organizativos de la dirección. El colegio es socio de la Comunidad de Colegios Europeos de Dirección - Community of European Management Schools - (CEMS) que ofrece a los estudiantes la oportunidad de conseguir una cualificación adicional (el CEMS Master). Para conseguirlo los estudiantes deben realizar un periodo de estudio y trabajo en otro de los paises sócios. También deben demostrar su dominio de tres idiomas. *Detalles p376.*

## Loughborough University
### Empresa

Loughborough University Business School recibió una calificación de excelente en la evaluación de calidad de enseñanza de 1994. El colegio ofrece seis programas de licenciatura, incluyendo programas de BSc (Hons) en contabilidad y dirección financiera, banca y finanza y empresa internacional. El curso BSc de Empresa Internacional, por ejemplo, dura cuatro años y prepara a los estudiantes para una carrera en puestos de dirección , incluyendo aquellas carreras que requieren dominio de un segundo idioma. El francés, alemán o español se estudian durante todo el curso y el énfasis internacional implica un estudio de las estructuras culturales, políticas y económia que afectan a la operación de los negocios de otros paises. En el tercer año se trabaja en una colocación profesional en el Reino Unido o bien en el extranjero. *Detalles p378.*

## University of Luton
### MBA Estudios Empresariales Internacionales

El curso se concentra en las áreas estratégicas del marketing y las finanzas y también en el desarrollo de las relaciones del comercio internacional. Existen varios métodos de evaluación en este curso, que incluyen exámenes formales y componentes de trabajo de curso. El aspecto más importante en la evaluación general es una tesina que supone una investigación profunda de un problema o una situación que sea interesante bajo el punto de vista de empresa o dirección. Frecuentemente se basa sobre una organización o un sector de negocios particular. El estudiante puede llevar a cabo su tesina fuera de Luton, si satisface un número de condiciones sobre la accesibilidad y contacto contínuo. Los estudiantes que lo deseen pueden realizar una tesina con una dimensión internacional. Los solicitantes deben tener una experiencia de dirección o de administración. *Detalles p380.*

## University of Manchester Institute of Science and Technology (UMIST)
### Dirección

El "School of Management" de UMIST es famoso por haber conseguido las calificaciones máximas tanto en enseñanza (excelente) como en investigación (5*); siendo otro de los aspectos notables del departamento su ambiente cosmopolita. Además del programa de dirección con un idioma moderno, se ofrece un curso poco común, de dirección Internacional con Estudios Empresariales Americanos, en el cual se estudia la política, sociedad, económia y negocios americanos, además de las técnicas fundamentales de dirección y aspectos de dirección internacional. Los estudiantes de estos cursos de cuatro años, pasan el tercer año en un colegio de estudios empresariales en el país pertinente. Estos son verdaderos programas de intercambio ,lo que no es frecuente y suele haber hasta setenta y cinco estudiantes de las universidades asociadas estudiando en UMIST en cualquier momento. Es obligatorio para los candidatos del programa de dirección internacional y ciencias empresariales asistir a los días abiertos al público. Los solicitantes de otros cursos de licenciatura no tienen la obligación de asistir aunque todas las ofertas van acompañadas de una invitación para visitar el colegio. *Detalles p456.*

## Middlesex University
### BA Marketing(Mercadeo)

Este curso está especificamente diseñado para los estudiantes que quieren seguir una carrera profesional en marketing. Los módulos del programa están diseñados para desarrollar las técnicas necesarias en el ambiente altamente competitivo del marketing de hoy día. Los solicitantes deben decidir si desean seguir el curso de tres años o bien el de cuatro años. Esta segunda opción incluye un año de colocación de trabajo industrial durante el tercer año.

Los estudiantes pueden seguir módulos en una variedad de tipos de marketing que incluyen módulos sobre métodos cuantitativos de negocios, comportamiento organizativo, marketing estratégico, publicidad y promoción de ventas.

La Escuela de Negocios de la universidad es el única que ofrece el "Chartered Institute of Marketing Advanced Certificate in Marketing" a los estudiantes que aprueban el curso. *Detalles p384.*

## University of North London
### MA/PgDip Administración Pública Internacional

El curso es un programa intensivo orientado hacia la política aplicada y la dirección pública para licenciados que estén trabajando o tengan la intención de seguir una carrera en la administración pública. La intención general del curso es el equipar a los profesionales del sector público con las técnicas y los conocimientos necesarios para ser administradores y directores innovativos, que puedan efectuar cambios en su propio ambiente. También está diseñado para estudiantes de fuera del RU; el curso se imparte en seis ciudades del mundo, de modo que se organizan internados en el extranjero como parte del programa. El periodo de colocación se puede hacer en una organización de servicios públicos basada en Londres. Se ofrecen becas. Actualmente hay 100 estudiantes internacionales en el curso. *Detalles p386.*

## Oxford Brookes University
### BSc Dirección Internacional

En 1997/98 había 46 estudiantes internacionales en este curso que está diseñado principalmente para licenciados que desean trabajar profesionalmente en organizaciones internacionales. La filosofía del curso está basada en la creencia de que los directores de organizaciones a todos los niveles, necesitan un conocimiento y una comprensión del caracter integrativo de los negocios globales.

El curso está ahora en su cuarto año y proporciona al estudiante una oportunidad para adquirir conocimientos de la teoría y los conceptos de los negocios y la dirección internacional y también para adquirir técnicas interpersonales a través de temas de grupo y de equipo. El curso tiene tres módulos principales:

uno de ellos investiga el ambiente global, incluyendo cuestiones ecológicas; el segundo incluye una investigación de como formar una empresa en el extranjero; y el tercero introduce las técnicas que son esenciales para el desarrollo profesional de una forma práctica. Al mismo tiempo hay un curso de método de investigación que ayuda a los estudiantes a preparar su trabajo escrito final de 20.000 palabras. La enseñanza se efectúa en grupos de aproximadamente 25 personas. *Detalles p392.*

## Southampton Institute
### BA (Hons) Estudios Empresariales Internacionales

La Escuela de Negocios del "Southampton Institute" se formó recientemente después de la fusión de las facultades de "Business Management" y "Business Finance". Tiene un número de cursos de licenciatura y de postgrado con el apoyo de 100 académicos a tiempo completo y aproximadamente 80 profesores a tiempo parcial. Actualmente hay aproximadamente 3.200 estudiantes a tiempo completo. Los estudiantes del curso de licenciatura BA en Estudios Impresariales Internacionales, estudian temas como económia, métodos cuantitativos, lengua, sistemas de información, marketing, empresa europea, proceso decisorio financiero, dirección estratégica, marketing estratégico global, dirección internacional de recursos humanos y contabilidad y finanzas internacionales. También estudian un idioma extranjero y pasan un semestre del segundo año estudiando en el extranjero en uno de los establecimientos de educación superior de España, Alemania, Francia, Italia, Finlandia, EEUU o Canadá. *Detalles p418.*

## University of Salford
### Master of Business Administration (MBA)

El MBA de Salford está dividido en tres áreas. Los temas principales incluyen económia, finanza/contabilidad, informática y marketing. Los cursos principales son en estrategia, el proceso decisorio de la dirección y estudios empresariales internacionales. Existen asignaturas facultativas en dirección y desarrollo de recursos humanos, finanzas multi-nacionales, fabricación y reconversión, sistemas basados en conocimientos inteligentes e ingeniería. El curso tiene un énfasis internacional con aspectos de actividad empresarial, tales como estudios empresariales internacionales, marketing internacional y contabilidad internacional. El curso está dirigido por el "Management School Programme" que se lanzó en 1984, y actualmente dirige nueve cursos de licenciatura separados pero integrados, que atraen a estudiantes de más de 80 paises. Hay 25 estudiantes internacionales estudiando el curso de MBA. *Detalles p412.*

## University of Stirling
### MSc Marketing

El programa es de 12 meses de duración e incluye unidades de enseñanza con una tesina. Las unidades de enseñanza se llevan a cabo a base de clases, estudios de casos y trabajos en grupos pequeños e individuales. Los temas tratados incluyen cuestiones contemporáneas de marketing, técnicas de investigación y su aplicación y técnicas profesionales de marketing. Se pueden cursar temas opcionales, tales como marketing internacional, logística y dirección de los canales de distribución y compra al por menor, y lanzamiento de productos. Actualmente hay 45 estudiantes inter-

nacionales en este programa. Los licenciados del curso se han colocado en empresas internacionales que operan en la gestión de productos, investigaciones de marketing, planificación de medios de comunicación, dirección de publicidad y en el sector público. *Detalles p422.*

## University of Sunderland
### BA Administración Empresarial

Este es un programa de licenciatura de base amplia que ofrece la oportunidad de estudiar una gama amplia de disciplinas empresariales. Los primeros dos años cubren todos los componentes esenciales requeridos para la carrera de estudios empresariales, mientras que el último año ofrece la oportunidad de especializarse en áreas como marketing, dirección de recursos humanos, finanzas y derecho.

Estudios Empresariales es uno de los temas más transferibles que se pueden estudiar en la universidad. Los principios empresariales son los mismos en todo el mundo y este programa se ofrece con perspectiva internacional. Los estudiantes adquieren conocimientos y técnicas personales y empresariales transferibles a lo largo del curso, a base de clases, seminarios, clases con tutor y trabajos prácticos. En los primeros dos años los estudiantes dirigen su propia empresa y en el último año hacen un proyecto de investigación de un problema activo empresarial y efectúan las recomendaciones adecuadas.

Actualmente hay 50 estudiantes internacionales en este curso. *Detalles p424.*

## University of Teeside
### School of Business and Management

El colegio ofrece una gama de cursos modulares a nivel de licenciatura y de postgrado. Los cursos incluyen licenciaturas en marketing, estudios empresariales, estudios empresariales internacionales, contabilidad y finanzas, dirección de recursos humanos y dirección de tiempo libre. Los cursos de postgrado incluyen MSc en Estudios de Dirección y MA en Dirección de Recursos Humanos. Todos los cursos están basados en el desarrollo de conocimientos teóricos relevantes, mientras que la oportunidad de realizar proyectos con empresas da un énfasis práctico a los cursos.

Por medio de un programa internacional de intercambio, el colegio ofrece la oportunidad de experimentar otras culturas y formas de aprendizaje. Los estudiantes internacionales disfrutan particularmente de la oportunidad de participar en una variedad de actividades de estudio. El colegio se beneficia de haber sido completamente renovado recientemente y cuenta con instalaciones de estudio modernas, incluyendo tres laboratorios de IT de alta especificación que contienen los últimos módelos de hardware y software. *Detalles p428.*

## University of Wales Institute, Cardiff
### Master de Administración Empresarial (MBA)

Está es una calificación de alta dirección internacionalmente conocida. Los estudiantes se preparan para el liderazgo en el mercado internacional. Este programa de MBA se concentra en cuatro módulos de dirección empresarial con otros dos módulos opcionales en areas como marketing internacional o dirección de finanzas. A lo largo del curso hay un módulo de desarrollo personal y ésto supone un curso de fin de semana para ayudar a los estudiantes a llegar a entender sus própias necesidades de estudio. También incluye una tesina especializada que

# Evaluación de Investigación

## Estudios de Empresa y Dirección

| | | | |
|---|---|---|---|
| Lancaster | 5* | Hertfordshire | 3b |
| London Business School | 5* | Hull | 3b |
| UMIST | 5* | King's College, London | 3b |
| Bath | 5 | Kingston | 3b |
| LSE, London | 5 | Manchester Metropolitan | 3b |
| Reading | 5 | Portsmouth | 3b |
| Southampton | 5 | Robert Gordon | 3b |
| Strathclyde | 5 | Sheffield Hallam | 3b |
| Cardiff | 5 | South Bank | 3b |
| Warwick | 5 | Bangor | 3b |
| Aston | 4 | Westminster | 3b |
| Birmingham (School of Business) | 4 | Anglia Polytechnic | 2 |
| Bradford | 4 | Bolton Institute | 2 |
| Cambridge | 4 | Bournemouth (Business School | |
| City, London | 4 | and Institute of Finanace | |
| Cranfield | 4 | and Law) | 2 |
| Edinburgh | 4 | Bournemouth (School of | |
| Glasgow | 4 | Service Industries) | 2 |
| London, Imperial | 4 | Buckinghamshire College | 2 |
| Keele | 4 | UCE, Birmingham | 2 |
| Leeds | 4 | Central Lancashire | 2 |
| Manchester | 4 | Cheltenham and Gloucester | |
| Nottingham | 4 | College | 2 |
| Oxford | 4 | Coventry | 2 |
| Sheffield | 4 | Derby | 2 |
| St Andrews | 4 | East Anglia | 2 |
| Birkbeck, London | 3a | East London | 2 |
| Birmingham (Public Policy) | 3a | Exeter | 2 |
| Brighton | 3a | Glamorgan | 2 |
| Durham | 3a | Greenwich | 2 |
| Heriot-Watt | 3a | Huddersfield | 2 |
| Kent at Canterbury | 3a | Leeds Metropolitan | 2 |
| Lincolnshire and Humberside | 3a | Leicester | 2 |
| Loughborough | 3a | Liverpool John Moores | 2 |
| North London (CELTS) | 3a | Luton | 2 |
| Nottingham Trent | 3a | Middlesex | 2 |
| Open University | 3a | Newcastle | 2 |
| Royal Holloway, London | 3a | North London (Business and | |
| Stirling | 3a | Management Studies) | 2 |
| Surrey | 3a | Northumbria at Newcastle | 2 |
| Ulster | 3a | Oxford Brookes (Hospitality | |
| Swansea | 3a | Management) | 2 |
| Aberdeen | 3b | Paisley | 2 |
| Brunel | 3b | Plymouth | 2 |
| De Montfort | 3b | Staffordshire | 2 |
| Glasgow Caledonian | 3b | UWE, Bristol | 2 |

| Wolverhampton | 2 | Queen Margaret College | 1 |
| Abertay Dundee | 1 | Salford College | 1 |
| Bath College | 1 | Southampton Institute | 1 |
| Harper Adams | 1 | Teesside | 1 |
| London Guildhall | 1 | Thames Valley | 1 |
| University College Northampton | 1 | Trinity and All Saints | 1 |
| Oxford Brookes (Business and | | Cardiff | 1 |
| Management Studies) | 1 | | |

*Fuente: RAE 1996*

permite que el estudiante se concentre en un área que le interese en particular.

El curso está diseñado para que los estudiantes trabajen junto a sus tutores en grupos pequeños. Los estudiantes tienen asesoramiento para proceder a una selección considerable, sobre módulos especializados opcionales, temas para su tesina o un trabajo de investigación en una industria. La evaluación del curso se efectúa por medio de exámenes, trabajo durante el curso, y la tesina al final del año. Actualmente hay 28 estudiantes internacionales en el curso. *Detalles p434.*

## Warwick University
### BA en Derecho y Estudios Empresariales

La licenciatura conjunta abarca varias áreas de interés que cubren las profesiones legales y empresariales, tales como la estructura de empresas, la organización empresarial, la ley de competencia y regulación de mercados, las finanzas, los mercados financieros y los impuestos.

Actualmente hay 18 estudiantes internacionales, de un total de 75, en el curso. Los estudiantes trabajan con el Law School y con Warwick Business School. *Detalles p436.*

## West London College
En 1997 el West London College se trasladó a sus nuevos edificios modernos en el centro del "West End" de Londres, que están a tan solo unos minutos de la estación de metro de Bond Street, (antes había ocupado un edificio desde la década de los 30). El colegio está acreditado por el BAC y atrae a más de 1000 estudiantes al año de más de 100 paises que vienen a estudiar estudios empresariales, dirección de hoteles, viajes y turismo, informática e inglés.

El departamento de "Business Studies" ofrece un sistema completamente flexible en el cual los estudiantes se pueden incorporar al nivel que mejor satisfaga sus necesidades. Por ejemplo, pueden elegir un Basic Business Certificate, de tres meses de duración, como introducción a la disciplina elegida antes de estudiar el "Association of Business Executives Diploma". Este es un curso de un año para aquellos que tengan el nivel de A'Level. Otra opción es el MBA en asociación con Heriot-Watt University o con el "Chartered Institute of Management Accountants" (un curso de dos años de duración). *Detalles p466.*

EMPRESA, DIRECCION Y MARKETING

# Historia Clásica y Antigua

No hace mucho tiempo, la necesidad de estudiar la cultura clásica no tenía discusión entre la gente educada de la Europa Occidental. Desde la caída del Imperio Romano hasta los comienzos del siglo XIX una persona educada era alguien que leía en latín. La cultura clásica facilitaba una herencia común en la que participaba la gente educada desde Irlanda hasta los Balcanes. A partir del Renacimiento, la cultura clásica ha aportado la terminología, encuadre y ejemplo para muchas de las cuestiones que desembocaron en los grandes descubrimientos. La terminología de las ciencias y las matemáticas hoy día todavía emplea el latín y el griego.

La palabra "clásico" puede aplicarse a diferentes materias en una variedad de formas distintas. En su apreciación menos específica, el término se refiere a la civilización cívica mediterránea que comenzó a emerger en el siglo VIII antes de Jesucristo. Generalizando, también se hace referencia como cultura Greco-Romana. Sin embargo, es importante puntualizar que los expertos clásicos emplean la palabra clásico en referencia a periodos específicos en el desarrollo de dicha civilización.

## CLASICOS

Cuando los académicos hacen mención a estudiantes que cursan estudios clásicos, se refieren a una licenciatura basada en el estudio de los idiomas y literatura latín y/o griega. Por supuesto que es una gran ventaja si los alumnos tienen un conocimiento previo de estas lenguas de sus estudios en el colegio (en Gran Bretaña en latín se estudia más comunmente que el griego a nivel de A level, pero la popularidad de ambos va en descenso). Sin embargo, algunas universidades de Gran Bretaña también aceptan a principiantes si demuestran una aptitud en el aprendizaje de lenguas. Aparte de los aspectos literario e idiomático del curso, los alumnos que estudian los clásicos deben también mostrar un interés en las civilizaciones y sociedades que produjeron las obras que están estudiando. Por ello, frecuentemente se ofrecen módulos en arqueología e historia y cultura antiguas. Sin embargo, el estudio de los clásicos es predominantemente una licenciatura linguistico-literaria.

## ESTUDIOS CLASICOS/ CIVILIZACION CLASICA

La civilización clásica de Grecia y Roma tuvo una enorme influencia en el desarrollo de la cultura occidental. La diferencia entre estudios clásicos (o civilización clásica) y estudios de los clásicos es que éstos últimos cubren la totalidad de los logros greco-romanos, incluyendo aspectos como la historia, filosofía y cultura. En algunas, aunque no todas las universidades, el estudio de los clásicos incluye el estudio de una lengua clásica. Sin embargo, el nivel del estudio de una lengua en el estudio de clásicos es muy inferior que en un curso de los clásicos. Esto refleja el hecho de que un estudiante de estudios clásicos cubrirá en su licen-

Picture courtesy of Cambridge University

ciatura un campo de materias mucho más amplio.

## HISTORIA ANTIGUA

Desde un punto de vista occidental, se dice que la historia fué inventada por los griegos y los romanos. Sin embargo, los escritos de los historiadores antiguos eran con frecuencia trabajos de literatura o retórica, mientras que los escritos históricos (buenos) modernos están más inclinados hacia las ciencias sociales. Hoy en día el estudio de la historia antigua requiere la misma rigurosa metodología académica que la historia moderna, siendo la única diferencia las épocas que se estudian. Los historiadores están aún por decidir qué momento de la historia pasada deja de ser historia antigua, aunque la caída del imperio romano occidental en el siglo V de nuestra era se mantiene con frecuencia como una divisoria útil. Muchas universidades clasifican la historia moderna y la historia antigua como materias separadas y se enseña historia antigua en conjunto con estudios clásicos y/o arqueología. (*ver p95 - 100*).

# CURSOS DE LICENCIATURA

## University of Oxford
### Literae Humaniores

La licenciatura de estudios clásicos en Oxford es conocida como Literae Humaniores e incluye el estudio de los clásicos, filosofía, historia antigua y arqueología clásica. El departamento es el mayor del mundo en su clase y uno de los de más prestigio a considerar para estudiar una licenciatura en estudios clásicos. Gracias a la cercana Biblioteca Bodleian y a otras colecciones de manuscritos y restos materiales, la tradición escolar de los clásicos en Oxford es tan sana como venerable. La gama de actividades extracurriculares de que se dispone para el estudio de los clásicos incluye las " Oxford Greek Plays" (Obras de Teatro en Griego de Oxford). Como en el caso de otras licenciaturas en Oxford, la Literae Humaniores está dividida en dos partes, un curso base de iniciación denominado "Mods" y el curso final que se aboca en la obtención de la licenciatura misma, conocido en la facultad por "Greats". Para los

LOS CLASICOS E HISTORIA ANTIGUA

**139**

alumnos que no hayan estudiado idiomas clásicos en el colegio, Oxford ofrece un curso (Literae Humanitores II) que incluye el estudio preliminar del latín o el griego. También pueden estudiarse los clásicos como parte de una licenciatura "joint honours" junto con inglés o lenguas modernas. *Detalles p394.*

## University of St. Andrews
### Griego, Latín e Historia Antigua

Existe una larga historia de escolaridad clásica en St. Andrews. Los alumnos pueden elegir entre "single honours", licenciaturas MA en latín, griego, estudios clásicos, historia antigua, historia antigua y arqueología, así como entre una variedad de programas de "joint honours". En los dos primeros años la historia antigua ofrece un amplio examen de la historia griega y romana y existe una gran variedad de opciones "Honours" especializadas, que incluye tópicos de arqueología. El latín y griego son cursos basados en textos, con un enfoque hacia la lengua y literatura. Sin embargo, existe una amplia variedad de módulos, incluyendo muchos aspectos no literarios de la cultura latina y griega. El curso de cuatro años de duración da la oportunidad a los alumnos sin previo conocimiento del griego o latín de empezar de cero y aún así obtener el mismo nivel de conocimientos que los que los estudiaron en el colegio. El estudio de los clásicos combina la lengua y literatura griega y latina con historia antigua y/o filosofía. Los estudios de los clásicos que no tienen una lengua obligatoria, dan la oportunidad a los estudiantes de explorar áreas de la civilización clásica que no estarían disponibles para los que hacen un curso de clásicos basado en lenguas. Entre los diversos tópicos que se ofrecen están las ciencias antiguas, la magia, la tragedia griega, la novela antigua y el Epicureanismo. *Detalles p461.*

LOS CLASICOS E HISTORIA ANTIGUA

## Clasificación de Investigación

### Clásicos, Historia Antigua, Estudios Bizantinos y de la Grecia Moderna.

| | | | |
|---|---|---|---|
| Cambridge | 5* | Leeds | 4 |
| Institute of Classical Studies | 5* | Liverpool | 4 |
| King's College, London | 5* | Manchester | 4 |
| Oxford | 5* | Newcastle | 4 |
| UCL, London | 5* | Swansea | 4 |
| Birmingham (Byzantine, Ottoman and Modern Greek Studies) | 5 | Warwick | 4 |
| Bristol | 5 | Keele | 3a |
| Exeter | 5 | Nottingham | 3a |
| Reading | 5 | Open University | 3a |
| Royal Holloway, London | 5 | Queen's, Belfast | 3a |
| St Andrews | 5 | Birmingham (Classics and Ancient History) | 3b |
| Durham | 4 | Kent at Canterbury | 3b |
| Edinburgh | 4 | Lampeter | 3b |
| Glasgow | 4 | St Mary's College | 2 |

*Fuente: RAE 1996*

# Teatro y Danza

Existen dos lugares para estudiar teatro, en la Universidad donde recibirá un título académico más amplio, o en una escuela donde recibirá un entrenamiento en un ambiente más práctico para trabajar como actor profesional. Las escuelas teatrales se han unido a las universidades para ofrecer cursos de licenciatura más académicos. Sin embargo, algunas escuelas de teatro han rechazado deliberadamente esta asociación, alegando que algunos de los mejores actores no destacaron en el ambiente académico, pero que sus aptitudes no deben excluirse. La admisión a las escuelas de teatro se realiza mediante una audición, y esta basada en la competencia y el potencial de los estudiantes. Hay cientos de estas escuelas por todo el R.U. que acogen a miles de estudiantes del arte de representación a todos los niveles.

Los estudiantes de las escuelas de teatro deben estudiar el arte dramático y la actuación y deben comprender los aspectos prácticos del trabajo en la industria del espectáculo. Esto puede incluir cursos en como tratar con agentes, y en dirección de cine y televisión. La enseñanza es a través de clases, trabajos en grupo y ensayos en cómo leer y entender una obra de teatro y cómo responder de manera apropiada. Los estudiantes se pueden después especializar en actuación en cine y televisión en el segundo y el tercer año del curso. En los estudios de representación, los estudiantes aprenden varios estilos de teatro, como el Griego, el de Shakespeare, Restauración, Naturalismo Ruso de las obras de los Siglos diecinueve y veinte y teatro musical.

En la licenciatura de teatro o estudios teatrales se estudian temas tales como historia del teatro (en Gran Bretaña y a escala global), Shakespeare y otros dramaturgos importantes y la historia de la dirección. Lo más importante de recordar es que los cursos varían considerablemente de universidad a universidad. Si por ejemplo le interesa el teatro oriental, la Universidad de Middlesex tiene una gran tradición de cursos sobre temas como Kabuki y la Opera de Peking.

Aunque hay escuelas de teatro por todo el país, están más concentradas en Londres, que tiene locales de clase internacional de música, danza y teatro tales como el National Theatre, el Barbican y el Royal Opera House. También estan los teatros del West End donde ha habido representaciones durante largas épocas de musicales, como Les Miserables que se ha representado durante años, además de teatros más pequeños marginales - que son locales más pequeños en espacios comunales situados por todo Londres y por el R.U.

Algunas escuelas se consideran de una excelencia indiscutible, con una larga tradición en el arte de la representación, como el Royal Academy of Dramatic Art (RADA), el Central School of Speech and Drama, el Guildhall School of Music and Drama, y el London Academy of Music and Dramatic Art (LAMDA). Además de este capítulo, los candidatos a estudiante pueden desear consultar el Conference of Drama Schools en Internet y el National Council of Drama Training (NCDT), que ofrece una lista de sus cursos aprobados. El Conference of Drama Schools publica la guía de formación de teatro "The Guide to Drama Training" - que es la guía oficial de formación en teatro en el R.U. (Westlake Publishers Ltd. - 01223 566 763), que también puede ser útil.

La página Web de los teatros del R.U. contiene una lista de varias instituciones y cursos que se ofrecen en el R.U.: www.drama.ac.uk.

El estudio de la danza puede resultar en una carrera profesional con una compañia de danza o le puede conducir a áreas como la terapia de la danza, la danza en la comunidad o incluso a la carrera de actor. Los cursos que combinan música, teatro y danza son muy frecuentes.

El ballet tradicional siempre ha sido popular en Gran Bretaña, pero la emergencia de nuevas estrellas ha ayudado a modernizar la profesión y darle un ambiente contemporáneo. El mejor sitio para informarse de lo que pasa en el mundo del ballet hoy día es la página www.ballet.co.uk.

Londres tiene innumerables representaciones de danza, desde "Stomp", que es un grupo del norte de Inglaterra que está teniendo gran impacto por todo el mundo con sus rutinas rítmicas utilizando tapas de cubos de basura, hasta El Cascanueces en el Royal Festival Hall. Muchas compañías también organizan programas extensos de tours.

## TEATRO

### Bristol Old Vic Theatre School

Está acreditado por el NCDT, el BOVTS y situado en Clifton, un suburbio de Bristol al Oeste de Inglaterra. Tiene una buena reputación transmitida de persona a persona y asegura ser único en cuatro aspectos: "su profesorado está compuesto de profesionales activos, su formación se imparte en todas las disciplinas bajo el mismo techo, es parte integral de una compañía de teatro activa - The Bristol Old Vic Company - y consistentemente ha conseguido un grado de empleo del 100% de sus estudiantes licenciados".

Algunos de sus alumnos famosos son Daniel Day-Lewis y Jeremy Irons. Los cursos que se ofrecen incluyen áreas como Teatro clásico inglés, actuación, dirección de escena, diseño de teatro y guardarropa. Se requiere un buen nivel de habla inglesa para aquellos que su lengua madre no sea el inglés. Los estudiantes de fuera de la UE deben recordar que el recibir una formación en Inglaterra no les faculta para trabajar profesionalmente en el RU, a no ser que fuesen por otra parte elegibles para vivir y trabajar en el RU. Los solicitantes de otros países deberán acudir a una audición en Londres o Bristol, a no ser que se les comunique lo contrario individualmente. *Detalles p446.*

### Guildhall School of Music and Drama, Londres

Fundado el 1880, pertenece y fué fundado y dirigido por la Corporación de Londres. El Guildhall School of Music and Drama tiene una fama bien establecida como uno de los conservatorios más reconocidos de Europa. Está situado en el Barbican, en el corazón de la City de Londres, cerca de uno de los más importantes templos del arte en Londres, el Barbican Centre.

El Guildhall imparte cursos de licenciatura que resultan en un título de BMus (interpretación musical) o BA(Hons) en actuación teatral, dirección de escena y teatro técnico. También se ofrecen cursos de música a nivel de postgrado/avanzado. Estos últimos incluyen el MMus en Composición, el Diploma en Interpretación Musical y el Diploma en Terapia Musical. La escuela también ha introducido recientemente un programa modular para músicos que continúan su desarrollo profesional. Los estudios son extremadamente intensivos y están muy bién considerados nacional e internacionalmente.

Tiene unos 650 estudiantes a tiempo completo que provienen de más de 40 países y por lo tanto la escuela ofrece un ambiente verdaderamente internacional. Algunos de sus licenciados en música incluyen el barítono Bryn Terfel, las violinistas Rachel Podger y Katharine Gowers y la chelista Jacqueline du Pré. Algunos de los licenciados en actuación teatral más recientes incluyen Ewan McGregor, Joseph Fiennes y Natasha Little.

Hay una residencia cerca de la escuela que ofrece alojamiento integral sin comidas a 178 estudiantes y también contiene una cantina para los alumnos y profesores. Asímismo hay disponibles listas de alojamientos privados.

La selección se efectúa mediante audición/entrevista. Se facilitan detalles completos en el folleto que se puede conseguir contactando a la oficina general de la escuela, o en la página web de colegios. *Detalles p451.*

## University of Hull
### Teatro

El Departamento de Teatro de la Universidad de Hull tiene buenas instalaciones prácticas. El departamento ofrece una amplia gama de opciones académicas y prácticas, facilitando a los estudiantes de "joint honours" la elección entre módulos como estudios americanos, teología, música y una variedad de idiomas. El proceso de selección varía de acuerdo con el tipo de licenciatura. Los estudiantes de "honores simples" acuden a una entrevista que dura todo el día, o medio día, y los candidatos seleccionados participarán después en un seminario/entrevista práctico. Los candidatos para "joint honours" deberán acudir al "open day" (el día señalado para visitar la escuela). El trabajo normal durante el primer semestre consiste de ocho a diez horas de enseñanza por semana, una semana práctica concentrada, trabajo intensivo práctico sin término durante dos a seis semanas, dos trabajos escritos y un examen de dos horas de duración. La evaluación del curso se realiza mediante un sistema modular de créditos. Los créditos se obtienen de varias formas, como asignaciones, exámenes, tesinas y portafolio práctico. El departamento cuenta con una larga lista de alumnos famosos, incluyendo la presentadora de TV Juliet Morris, el actor Malcolm Sinclair y el actor/director Bob Carlton. *Detalles p452.*

## The London Academy of Music and Dramatic Art

LAMDA, Otra de las escuelas de teatro de Londres, es una escuela dramática independiente que forma actores, directores y técnicos y directores de escena. Sus alumnos famosos incluyen Richard Harris, Claire Higgins y Anna Chandler. Ofrece un curso de tres años en actuación, acreditado por el NCDT, con enfoque en los aspectos vocacionales de la actuación. Hay otros cursos como el curso de actuación clásica, de un año de duración, un curso de dos años en dirección de escena y técnica teatral y cursos de diploma de postgrado de un año. También hay un curso base de 1 año de duración que se recomienda antes de acudir a la escuela de teatro o a la universidad. Aproximadamente un 30% del cuerpo de estudiantes de LAMDA son del extranjero (EEUU, Australia, Oriente Medio, Malasia y Japón). En general acuden principalmente al curso de un año de duración en actuación clásica que abarca el estudio de Shakespeare y Chekhov, de forma que se requiere un buen conocimiento y entendimiento del inglés. El costo de la matrícula es de £7.000 para todos los estudiantes. LAMDA no puede facilitar alojamiento, pero ofrece ayuda para encontrarlo.

La admisión es por audición, a no ser que realice el curso de verano durante cuatro semanas. *Detalles p455.*

## Rose Bruford College
### BA(Hons) Diseño Teatral

Hay actualmente 9 estudiantes internacionales en este curso que cubre el diseño teatral (escenario y trajes), estudios teatrales (análisis de obras de teatro, historia de trajes, estilos y géneros teatrales, historia del teatro), clases de técnicas (realización de modelos, dibujo técnico, dibujo en directo y de trajes) y que comprenden una colocación con una compañía de teatro profesional. Todo ello proporcionará contactos y experiencia en el mundo del teatro. Además, las representaciones que se efectúan en la escuela ofrecen la oportunidad de conseguir más experiencia práctica. Los estudiantes tienen espacios de estudio individuales. *Detalles p410.*

## The Royal Academy of Dramatic Art, Londres

Establecida en 1904, RADA es internacionalmente conocida por su formación teatral. Entre sus alumnos famosos se encuentran John Gielgud y Anthony Hopkins. Los cuatro cursos más importantes son el Diploma en Actuación de nueve trimestres de duración, el Diploma en Dirección de Escena y Producción Teatral de seis trimestres de duración, y cursos de Diploma de Especialista en construcción de escena, pintura de escena, electricidad del escenario y creación de propiedad, y un MA en Estudio de Textos e Interpretación. La Academia ofrece también un número de cursos cortos. La formación que se imparte en RADA es vocacional y sus cursos están acreditados por NCDT. RADA no proporciona alojamiento y los estudiantes deben solucionar este problema por sí mismos.

Para ser aceptado hay que hacer una audición y una entrevista. No es corriente que se ofrezca una plaza a un candidato que no haya cumplido los 18 años. *Detalles p460.*

## University of Warwick
### Estudios Teatrales

La Escuela de Estudios Teatrales de la Universidad de Warwick está muy cerca de varios teatros, incluyendo el Teatro Royal Shakespeare en Stratford-upon-Avon. La escuela ofrece un programa de "single honours". El curso está enfocado predominantemente al periodo moderno. Los estudiantes se pueden especializar en los años segundo y tercero. Algunos estudiantes tienen una actitud práctica hacia los estudios teatrales mientras que otros se enfocan en los aspectos analítico o histórico de la materia. Las opciones de estudio van desde el montaje de Shakespeare y marketing de teatro hasta la presentación e interpretación, además de la mujer en el teatro. La escuela organiza visitas regularmente por todo el RU y el extranjero. Recientemente se realizó una visita a un Festival de Arte de Interpretación en Alemania y a la Academia Central de Drama de China. Se invita a los solicitantes con posibilidades a que acudan a una visita de un día en la universidad. La enseñanza varía según los cursos que se estudien. Algunos están basados en clases en aula y seminarios y otros son más prácticos. Normalmente las calificaciones se determinan mediante una combinación de exámen y evaluación escrita o práctica. En algunos cursos únicamente se evalúa el trabajo práctico. Los licenciados normalmente se dedican a trabajos relacionados con el teatro y las comunicaciones. Algunos han formado sus propias compañías de teatro. *Detalles p436.*

## DANZA

### The Laban Centre for Movement and Dance

Todos los candidatos al Diploma de Licenciatura en Representación, al BA(Hons) en Teatro de Danza, al Diploma de Teatro de Danza y al MA y Diploma de Postgrado en Terapia de Movimiento de Danza tienen que acudir a audiciones, que no son esenciales para los otros cursos.

Esta escuela es uno de los lugares más tradicionales para hacer una licenciatura vocacional en danza. Entre sus alumnos famosos se encuentran coreógrafos como Lea Anderson y Matthey Bourne, y Sophie Constanti, crítico de danza del periódico The Independent. Ofrece cursos en tres áreas: licenciaturas, postgrados y estudios profesionales, incluyendo un BA(Hons) en Teatro de Danza, un Diploma Profesional en Estudios de Danza de Comunidad y un MA en Terapia de Movimiento de Danza. Alrededor de un 40% de los estudiantes son del extranjero, particularmente de Noruega y Korea. El centro organiza también todos los años una escuela internacional de verano que atrae a estudiantes de todo el mundo. Entre sus instalaciones se encuentra el Teatro Bonnie Bird. Aquellos cuya lengua madre no sea el inglés deberán obtener un nivel 6 en IELTS para poder hacer el BA(Hons) en Teatro de Danza. Para los MA en Estudios de Danza, Estudios de Danza de Comunidad y Terapia de Movimiento y el MPhil, PhD y Diploma de Postgrado en Terapia de Movimiento de Danza se requiere un nivel 8 en IELTS. El Laban Centre publica una lista de alojamiento adecuado para sus estudiantes. *Detalles p453.*

### The Rambert School, Londres

El Rambert School, fundado en 1920 (y actualmente parte de la Universidad de Brunel) ofrece calificaciones profesionales en ballet y danza contemporánea. Estos son cursos profesionales de diploma de tres años de duración a tiempo completo, para estudiantes excepcionales de más de 16 años y un certificado de un año de duración para estudiantes adelantados y jóvenes profesionales, estando ambos basados en la interpretación. La escuela tiene un departamento de interpretación que efectúa giras con representaciones por todo el RU desde Noviembre hasta Julio. Aproximadamente el 30% de los estudiantes son extranjeros. Existen tres oficinas de alojamiento que pueden ayudar a los estudiantes a encontrar alojamiento. Todas las consultas en relación a cursos deben efectuarse al Rambert Ballet School. *Detalles p460.*

### The Royal Ballet School, Londres

Los alumnos de esta famosa escuela de representación de las artes son predominantemente del RU, aunque alrededor de un 30% son extranjeros. La RBS tiene dos centros; el Lower School que es para los que tienen entre 11 y 16 años y el Upper School, que está situado en Barons Court, es para estudiantes que tienen 16 años o más. Entre los antiguos miembros del RBS se encuentran Darcey Bussell y Dame Margot Fonteyn. En el Upper School se pueden estudiar materias como ballet clásico, danza contemporánea y enseñanza. La RBS también organiza escuelas de verano. Los candidatos deben tener un buen nivel de inglés a nivel de comprensión ya que las clases se imparten en inglés. Se organiza el alojamiento de los estudiantes del Upper School. La admisión se basa en talento y potencial. Todos los candidatos, siempre que cumplan con unos requisitos estándar mínimos, pasan una audición. La escuela manifiesta que ningún solicitante deberá desanimarse por causa de falta de medios económicos. *Detalles p461.*

## University of Surrey
### Estudios de Danza

Se considera que los cursos sobre representación de las artes en esta universidad tienen una tendencia hacia lo académico, aunque también contienen un elemento de representación. Las licenciaturas de BA(Hons) son en Danza y Cultura y se puede elegir entre un curso de tres o cuatro años (el tercer año del curso de cuatro años se pasa en una colocación de formación profesional). También se pueden obtener títulos en música tanto a nivel de licenciatura como de postgrado. Los títulos de postgrado son MMus o Diplomas de Postgrado en Música. Se requiere a los candidatos que tengan un buen nivel de inglés. *Detalles p464.*

## Clasificación de Investigación

### Teatro, Danza y Artes de Representación

| | | | |
|---|---|---|---|
| Royal Holloway, London | 5* | De Montfort | 3b |
| Warwick | 5 | Manchester Metropolitan | 3b |
| Goldsmiths, London | 4 | East Anglia | 3b |
| Lancaster | 4 | Ulster | 3b |
| Roehampton Institute, Dance | 4 | Worcester College | 3b |
| Birmingham | 4 | St Martin's College | 2 |
| Bristol | 4 | Bournemouth | 2 |
| Exeter | 4 | Bretton Hall | 2 |
| Glasgow | 4 | Central School of Speech and | |
| Hull | 4 | Drama | 2 |
| Kent at Canterbury | 4 | Dartington College of Arts | 2 |
| Manchester | 4 | Liverpool John Moores | 2 |
| Reading | 4 | Middlesex | 2 |
| Surrey | 4 | Queen Margaret College | 2 |
| Chichester Institute | 3a | Salford College | 2 |
| City, London | 3a | The London Institute | 2 |
| Loughborough | 3a | Huddersfield | 2 |
| Nottingham Trent | 3a | Chester College | 1 |
| Roehampton Institute Drama | | Ripon and York St John | 1 |
| and Music | 3a | Coventry | 1 |
| Aberystwyth | 3a | North Riding | 1 |
| Brunel | 3b | Northumbria at Newcastle | 1 |

*Fuente: RAE 1996*

146

# Economía y Sociología

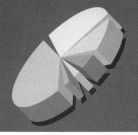

L a Económica y la Sociología son ciencias sociales y por lo tanto estrechamente relacionadas a materias como historia, política (ver p225), geografía (ver p203) y psicología (ver p300). El estudio de las ciencias sociales es el estudio de cómo funcionan los humanos y las sociedades. Los cursos de sociología se concentran en organización y relaciones sociales, que son también materias importantes en las estrechamente relacionadas areas de trabajo social, política y administrativa. Los cursos de economía se enfocan más a la forma en que vivimos y trabajamos, examinando el proceso monetario y la forma en que administramos los recursos disponibles. Debido a la naturaleza interdisciplinaria de las ciencias sociales, merece la pena buscar los capítulos de materias relacionadas por facultades y departamentos que ofrecen licenciaturas combinadas.

## ECONOMIA Y ECONOMETRIA

Muchos estudiantes que comienzan una licenciatura de economía lo hacen por motivos profesionales. El R.U. es la patria de algunos de los mayores centros mundiales de estudios económicos - por ejemplo, entre otras, la Universidad de Oxford, la London School of Economics (LSE) - y una buena licenciatura de una institución de fama puede ayudar a allanar el camino a una carrera en banca, finanzas, contabilidad, industria o el sector público.

Como estudiante de licenciatura no es esencial tener calificaciones previas en económia. Sin embargo, los requisitos de admisión normalmente estipulan que se necesita un nivel de conocimientos de matemáticas (el equivalente a un CGSE o A level, por ejemplo, según el nivel de enfoque matemático del curso) y los estu-diantes deberán estar interesados en los números y en la informática. Esto es principalmente importante para estudiantes interesados en econometría (la aplicación de técnicas matemáticas y estadísticas a problemas económicos y teorícos). Hay otros que estudian económia en conjunto con otra materia como historia, política o filosofía, para entender sus orígenes, su papel en la decisión de la política del gobierno y su impacto en la sociedad. En el primer año de un curso BSc en económia es casi seguró que tendrá que estudiar los principios básicos de la materia, incluyendo microeconomía, macroeconomía y economía aplicada. La mayoría de las licenciaturas ofrecen la opción de especializarse en su segundo y tercer años en materias como banca, política europea o economía internacional, por nombrar algunas.

En un Diploma a nivel de MSc o PhD, se requiere una buena base en económia. Algunas universidades ofrecen un curso intensivo a fin de asegurar que el nivel es adecuado. La mayoría de los cursos de MSc tienen un año de duración (algunos dos) y se componen de una serie de opciones de entre las que se seleccionan los exámenes.

## SOCIOLOGIA Y TRABAJO SOCIAL

Los primeros sociólogos, tales como Max Weber, buscaban el empleo de la metodología científica para anatomizar tanto a la sociedad como a los individuos. La sociología tiene una naturaleza interdisciplinaria y está estrechamente relacionada con económia y materias como antropología), psicología y criminología. La Sociología también se estudia con frecuencia en colegios y universidades del R.U. en asociación con cursos de política social o trabajo social.

Aunque frecuentemente los sociólogos se interesan por la historia, la política y la economía, muchos cursos de sociología hacen hincapié en el estudio directo de la sociedad y los individuos contemporáneos. Esto implica la recogida, análisis y presentación de datos estadísticos e información; la formulación de teorías y modelos; y la comprobación de tales teorías contra la estadística y la información. La sociología está a veces ligada con estudios culturales, en cursos que pueden tratar de materias como la etnicidad, el género masculino o femenino, la familia y los medios. Hay algo que refleja la combinación de disciplinas que se estudian en sociología y es el hecho de que un curso de licenciatura en sociología puede conducir a un BSc o a un BA, lo que puede indicar si el curso tiene una tendencia científica o cultural. La mayoría de los cursos de licenciatura tienen una estructura de tres años que implica un estudio general de la materia durante el primer año, seguida por una especialización durante el segundo y tercer años. Las áreas de estudio pueden comprender salud, educación, cómo se implementan las políticas sociales y el impacto que tienen sobre ciertos grupos. Las materias de los cursos de postgrado van desde el estudio de la sociología del deporte a estudios sobre la mujer.

El trabajo social es tanto académico como vocacional (en contraste con la sociología que es primordialmente una materia académica). Se trata del trabajo realizado en la comunidad y del apoyo a la gente que cae dentro del sistema de los servicios sociales del R.U. Los estudiantes internacionales deben tener en cuenta que las situaciones y políticas de gobierno pueden ser diferentes en sus propios países. El Diploma en Trabajo Social está reconocido para dar acceso a una profesión en el R.U., mientras que los cursos de BSc y masters proporcionan una cualificación superior. Se puede elegir entre varios campos de investigación, incluyendo materias como política y administración social o política social con ciencias políticas, así como un gran número de cursos de clases, incluyendo asesoramiento u orientación vocacional.

## CURSOS DE LICENCIATURA

### University of Bath
**BSc Hons Economia y Desarrollo Internacional**

Este curso está dirigido a alumnos que deseen tener una carrera profesional relacionada con el desarrollo internacional, en gobiernos, el sector privado, organizaciones internacionales u organizaciones no-gubernamentales. Los alumnos adquirirán una comprensión interdisciplinaria del desarrollo reciente de la economía mundial y la capacidad de emplear técnicas adecuadas para analizar problemas específicos. El contenido del curso comprende teoría económica; política; economía del desarrollo; relaciones internacionales; comercio y finanzas internacionales, métodos cuantitativos e idiomas. La oportunidad de obtener una colocación adecuada de 12 meses

# Evaluación de Calidad de Enseñanza

## Económia (Escocia) 1993

| | | | |
|---|---|---|---|
| Aberdeen | Excelente | Glasgow | Satisfactorio |
| Abertay Dundee | Excelente | Heriot-Watt | Satisfactorio |
| St Andrews | Excelente | Napier | Satisfactorio |
| Stirling | Excelente | Paisley | Satisfactorio |
| Dundee | Satisfactorio | Strathclyde | Satisfactorio |
| Edinburgh | Satisfactorio | | |

## Sociología (Inglaterra e Irlanda del N.) 1995/1996

| | | | |
|---|---|---|---|
| Birmingham | 24 | Leeds | 20 |
| Open University | 24 | LSE, London | 20 |
| Sussex | 24 | University College Northampton | 20 |
| Warwick | 24 | Northumbria at Newcastle | 20 |
| Greenwich | 23 | Plymouth | 20 |
| Loughborough | 23 | Portsmouth | 20 |
| West of England | 23 | Roehampton Institute | 20 |
| York | 23 | Salford | 20 |
| Bath College | 22 | St Mary's College | 20 |
| Brunel | 22 | Trinity and All Saints | 20 |
| College of St Mark and St John | 22 | Wolverhampton | 20 |
| Essex | 22 | Bath | 19 |
| Keele | 22 | City, London | 19 |
| Liverpool Institute | 22 | East London | 19 |
| Reading | 22 | Leicester | 19 |
| Sheffield Hallam | 22 | Middlesex | 19 |
| South Bank | 22 | Nottingham Trent | 19 |
| Thames Valley | 22 | Southampton Institute | 19 |
| Bristol | 21 | Teesside | 19 |
| Coventry | 21 | Queen's, Belfast | 19 |
| Durham | 21 | UCE, Birmingham | 18 |
| Exeter | 21 | Central Lancashire | 18 |
| Goldsmiths, London | 21 | Derby | 18 |
| Kent at Canterbury | 21 | La Sainte Union College | 18 |
| Kingston | 21 | Liverpool John Moores | 18 |
| Lancaster | 21 | Luton | 18 |
| Liverpool | 21 | Westminster | 18 |
| Manchester | 21 | Bradford | 17 |
| Manchester Metropolitan | 21 | Hertfordshire | 17 |
| Nottingham | 21 | London Guildhall | 17 |
| Oxford Brookes | 21 | Staffordshire | 17 |
| Royal Holloway, London | 21 | Ripon and York St John | 17 |
| Southampton | 21 | Ulster | 17 |
| Sunderland | 21 | Buckinghamshire College | 16 |
| Surrey | 21 | Cheltenham and Gloucester | 16 |
| Worcester College | 21 | East Anglia | 16 |
| Anglia Polytechnic | 20 | Lincolnshire and Humberside | 16 |
| Cheltenham and Gloucester | 20 | De Montfort | 15 |
| Hull | 20 | | |

# Evaluación de Calidad de Enseñanza

## Sociología (Escocia) 1996

| | | | |
|---|---|---|---|
| Aberdeen | Excelente | Paisley | Muy Satisfactorio |
| Edinburgh | Excelente | | |
| Glasgow | Excelente | Strathclyde | Muy Satisfactorio |
| Stirling | Excelente | | |
| Glasgow Caledonian | Muy Satisfactorio | | |

## Sociología y Política Social (Gales) 1994/95

| | | |
|---|---|---|
| Bangor | Satisfactorio | **Sociology and Anthropology** |
| Cardiff | Satisfactorio | Swansea    Satisfactorio |

**Social Policy**

| | |
|---|---|
| Swansea | Satisfactorio |

## Política Social y Administración (Inglaterra e Irlanda del N.) 1994/95

| | | | |
|---|---|---|---|
| Bath | Excelente | Open University | Excelente |
| Brunel | Excelente | Sheffield | Excelente |
| Edge Hill | Excelente | Ulster | Excelente |
| Hull | Excelente | York | Excelente |
| Kent at Canterbury | Excelente | Birmingham | Satisfactorio |
| Lancaster | Excelente | De Monfort | Satisfactorio |
| London Guildhall | Excelente | East London | Satisfactorio |
| LSE, London | Excelente | Leeds Metropolitan | Satisfactorio |
| Manchester | Excelente | Luton | Satisfactorio |
| Newcastle | Excelente | North London | Satisfactorio |

## Política Social (Escocia) 1997/98

| | | | |
|---|---|---|---|
| Edinburgh | Excelente | Glasgow | Excelente |

## Trabajo Social Aplicado (Inglaterra e Irlanda del N) 1994/95

| | | | |
|---|---|---|---|
| Anglia Polytechnic | Excelente | York | Excelente |
| Bradford and Ilkley | Excelente | Bath | Satisfactorio |
| Bristol | Excelente | Buckinghamshire | |
| Durham | Excelente | College | Satisfactorio |
| East Anglia | Excelente | Central Lancashire | Satisfactorio |
| Huddersfield | Excelente | Croydon College   (revisit) Satisfactorio | |
| Hull | Excelente | rio | |
| Keele | Excelente | De Montfort | Satisfactorio |
| Lancaster | Excelente | Derby | Satisfactorio |
| LSE, London | Excelente | East London | Satisfactorio |
| Oxford | Excelente | Exeter | Satisfactorio |
| Queen's, Belfast | Excelente | Hertfordshire | Satisfactorio |
| Sheffield | Excelente | Leicester | Satisfactorio |
| Southampton | Excelente | Liverpool John Moores | Satisfactorio |
| West London Institute | Excelente | Manchester | |

## Evaluación de Calidad de Enseñanza

| | | | |
|---|---|---|---|
| Metropolitan | Satisfactorio | Portsmouth | Satisfactorio |
| Middlesex | Satisfactorio | Reading | Satisfactorio |
| University College Northampton | | South Bank | Satisfactorio |
| | Satisfactorio | Stockport College | Satisfactorio |
| Northumbria at | | Sussex | Satisfactorio |
| Newcastle | Satisfactorio | Ulster | Satisfactorio |
| Nottingham | Satisfactorio | Warwick | Satisfactorio |
| Open University | Satisfactorio | | |

### Trabajo Social (Escocia) 1995/96

| | | | |
|---|---|---|---|
| Edinburgh | Excelente | Paisley | Muy |
| Dundee | Muy | | Satisfactorio |
| | Satisfactorio | Robert Gordon | Muy |
| Glasgow | Muy | | Satisfactorio |
| | Satisfactorio | Stirling | Muy |
| Glasgow Caledonian | Muy | | Satisfactorio |
| | Satisfactorio | Strathclyde | Muy |
| Northern College | Muy | | Satisfactorio |
| | Satisfactorio | Moray House Institute | Satisfactorio |

### Trabajo Social Aplicado (Gales) 1993/94

| | | | |
|---|---|---|---|
| Bangor | Satisfactorio | Newport | Satisfactorio |
| Cardiff | Satisfactorio | Swansea | Satisfactorio |
| Cardiff Institute | Satisfactorio | N.E. Wales Institute | Satisfactorio |

*Fuente: HEFCE, SHEFC, HEFCW últimas listas disponibles*

*Para obtener una lista mas completa de las instituciones que ofrecen cursos de licenciatura refierase al Directorio de Cursos pp468-486*

de duración durante el tercer año, que facilitará una apreciación y aplicación de la economía en la práctica del desarrollo internacional, es un atractivo especial de este curso. La mayoría de las colocaciones se efectuarán con organizaciones ya bien en el R.U. o en el extranjero, lo que ofrece una oportunidad de experiencia de trabajo en el contexto de un país en desarrollo. *Detalles p336.*

## Universidad de Bristol
### BSc Economia y Contabilidad

Los alumnos de primer y segundo año de este curso estudian las asignaturas principales de microeconomía y macroeconomía y asimismo unidades de métodos cuantitativos (matemáticas, estadística y econometría). Se pueden elegir opciones en el año final y los estudiantes pueden también elegir módulos de idiomas. El Departamento de Económia hace hincapié en la aplicación práctica de la estadística y ofrece una vasta experiencia en el uso de ordenadores(computadores). Los organismos profesionales contables estiman que las ciencias económicas con contabilidad es una licenciatura "pertinente", dispensando a los estudiantes del curso base de los más importantes organismos profesionales de contabilidad del R.U. Se pueden elegir entre un gran número de licenciaturas combinadas, incluyendo un BSc en Económia y Contabilidad con Derecho. La investigación del departamento cubre áreas como la privatización y reglamentación, estructura de mercados financieros y sistemas de información a nivel de dirección. El departamento tiene su propia página web: www.ecn.bris.ac.uk. *Detalles p344.*

## City College Manchester
### Curso Base en Económia y Estudios Sociales

Este curso base de un año de duración, efectuado en conjunto con las tres universidades de Manchester, está dirigido a los estudiantes internacionales que desean acceder luego a una primera licenciatura en económia y materias de ciencias sociales. El programa comprende asignaturas como económia, gobierno y política, matemáticas, tecnología de la información y apoyo con el Inglés. Los estudiantes que terminan el curso con éxito obtienen una plaza en un curso de licenciatura en una de las universidades implicadas. Los cursos de licenciatura, disponibles para los que aprueban, son sociología, econometría, contabilidad y finanzas y antropología. La evaluación se efectúa por medio del trabajo realizado durante el curso, pruebas en las clases y pruebas finales. Las instalaciones disponibles comprenden un centro de recursos de estudios que tiene un centro de TI (tecnología de la información) y una bien surtida librería.

A la terminación del curso-base se obtiene el certificado de la Universidad de Manchester y del City College Manchester. El costo de la matrícula es de £4.150, y hay un encargado de alojamiento en el colegio que puede ayudar a los estudiantes a encontrar una habitación adecuada. *Detalles p350.*

## University of Durham
### BA Hons Economía de Empresa

El Departamento de Económia

tiene como meta el facilitar a los estudiantes del programa de economía de empresa un sólido conocimiento de la teoría económica, economía aplicada y técnicas estadísticas, así como el estudio a fondo de dirección y contabilidad. Las materias que se estudian comprenden métodos de economía, macroeconomía, microeconomía y análisis de datos económicos. El programa es flexible y los estudiantes pueden elegir las opciones que más convengan a su carrera o intereses académicos de entre una lista que comprende dirección en la "Costa del Pacífico", economía del turismo, tiempo libre y arte, o estrategia y empresa internacional. Los graduados recientes están trabajando en investigación, contabilidad, banca, dirección financiera, consultoría, industria y gobierno. El departamento forma parte del programa SOCRATES-ERASMUS que invita a los estudiantes a estudiar parte de su curso en una universidad de otro país de la Unión Europea. *Detalles p354.*

## University of East Anglia Norwich
### BA/BSc (Hons) Estudios de Desarrollo

Este programa interdisciplinario facilita a los estudiantes una comprensión esencial del desarrollo, así como de las técnicas más valoradas en la defensa y la práctica del desarrollo. La actitud es primordialmente internacional, con énfasis en los países en desarrollo. Incluye las ciencias sociales, económia y el medio ambiente dentro del mismo departamento. El departamento recibió la calificación de Excelente en las evaluaciones de calidad de enseñanza de 1994 y la investigación llevada a cabo por el mismo obtuvo la calificación más alta de los centros de estudios de desarrollo de todo el R.U. en 1996. El programa de licenciatura BA incluye económia, sociología y política social. El programa de licenciatura BSc trata de temas como recursos naturales y el medio ambiente.

Acuden con regularidad conferenciantes de organizaciones gubernamentales y no-gubernamentales que contribuyen al programa de enseñanza del departamento. La Honorable Doña Clare Short, MP, Ministro del Departamento de Desarrollo Internacional fué uno de los recientes visitantes del colegio. Hay actualmente 26 estudiantes internacionales haciendo este curso. *Detalles p432.*

## London School of Economics, University of London
### Económia

La London School of Economics está orgullosa de tener cinco galardonados con el Premio Nobel en Economía. La lista incluye a Sir John Hicks, que desarrolló una teoría microeconómica moderna en la década de 1930, Ronald Coase, que estableció la teoría de la firma, o por qué la producción opera con efectividad dentro de la estructura de una sociedad, y Hayek, a quien se acredita haber sido el cerebro detrás de la era de los principios de mercado libre de Thatcher/Reagan. La fama de la LSE como uno de los centros líderes del mundo del pensamiento social y económico aún continúa ya que, hoy en día, algunos de los componentes de su profesorado son consejeros del gobierno en relación a las políticas de empleo y bienestar social. LSE ofrece a los estudiantes de licenciatura BScs en económia, económia con historia de la economía, econometría, económia matemática, geografía con económia, política de medio ambiente con económia,

gobierno y economía, filosofía y económia y matemáticas y económia. Se ofrece una gama de títulos MSc que comprende económia, econometría y economía matemática, economía del mercado global y política financiera pública. La fama del colegio atrae a estudiantes de todo el mundo y tiene programas de investigación internacionalmente famosos sobre política de los mercados de empleo y trabajo, econometría, macroeconómia, microeconómia y mercados financieros. La investigación se lleva a cabo en pequeños grupos activos y los estudiantes tienen un acceso razonable a los académicos. *Detalles p376.*

## University of Manchester
### BA (Hons) Econ

Esta es la mayor licenciatura de la universidad, con 800 estudiantes del R.U. y 215 internacionales de 40 países diferentes. Es una licenciatura flexible, con una amplia base, organizada por la Facultad de Estudios Económicos y Sociales. Los estudiantes se pueden especializar en una o dos de las siguientes materias: contabilidad, estudios de empresa, económia, econometría, historia económica, finanzas, gobierno, sociología, antropología social o política social. Se pueden elegir módulos en derecho e idiomas modernos y muchos tienen un contenido internacional - por ejemplo contabilidad internacional, finanzas corporativas multinacionales, economía de la Unión Europea y temas de ética en la política mundial. Las características principales de la licenciatura son su flexibilidad, la gama de opciones que se ofrecen y el principio de que los estudiantes tomen decisiones estratégicas en relación a sus áreas de especialización según progresan a través de los años. *Detalles p382.*

## The University of Nottingham
### Económia

Los cuatro cursos de postgrado MSc del departamento ofrecen la especialización en investigación en económia, economía y econometría, economía internacional y economía del desarrollo. El curso de MA ofrece la especialización de economía aplicada a análisis económicos, economía de la salud, economía de la agricultura y el ya establecido por mucho tiempo MA en desarrollo económico y análisis de políticas (MAEPDA). Mientras se cubren todas las áreas de la economía, el departamento goza de una experticia reconocida en economía internacional y del desarrollo. Como parte del programa del masters hay un curso intensivo previo en matemáticas para económia y un diploma (con conversión) en económia como parte de un masters de dos años. *Detalles p390.*

## University of Oxford
### Económia y Estadística

Oxford ha sido notable durante mucho tiempo en el estudio de las ciencias económicas. Su peculiar licenciatura "honours" de Politics, Philosophy and Economics (PPE) tiene muchos alumnos famosos, incluyendo algunos anteriores Primeros Ministros. Hoy en día el PPE es el curso de licenciatura más popular en Oxford. Los estudiantes tienen que estudiar las tres materias durante el primer año y se pueden especializar en los dos años posteriores. Si tiene usted gran afición a la economía puede hacer hasta tres cuartas partes de los exámenes finales de la licenciatura en economía. Oxford ofrece ahora una nueva licenciatura en económia y dirección y también tiene dos licenciaturas especializadas de cuatro años que combinan la económia y la dirección con ingeniería y metalurgica. A nivel de postgrado Oxford ofrece un MPhil en Economía. Este curso tiene una duración de dos años y profundiza mucho más que los comparables de muchas otras universidades. Es un curso teórico y requiere un buen nivel de competencia en matemáticas. Muchos estudiantes usan el MPhil como un camino para posterior investigación; la tesis que se requiere para terminar el MPhil puede ampliarse para formar la base de un MLitt o DPhil. El afamado conglomerado de expertos en Oxford es sin duda uno de los beneficios de realizar una investigación allí. Algunas de las áreas actuales de notable competencia son economía industrial, economía laboral y economía del desarrollo. *Detalles p394.*

## Thames Valley University
### BA (Hons) Estudios Internacionales

Este programa considera cuestiones globales contemporáneas causadas por el desarrollo y la expansión globales del sistema económico e industrial de Occidente y su creciente interconexión con otros sistemas. Los estudiantes analizan los cambios en las relaciones económicas, sociales y políticas entre los estados y bloques regionales e investigan el proceso de toma de decisiones en asuntos internacionales dentro de sus marcos institucionales e ideológicos. La School of European and International Studies tiene conexiones con muchas instituciones, tanto en la Europa del Este como del Oeste, y el 60% de los estudiantes de este curso son internacionales que vienen de tan lejos como EEUU, Japón y Uzbekistan. Este programa puede estudiarse en conjunto con áreas como idiomas, estudios europeos o americanos, política o historia. *Detalles p430.*

## University College London (UCL)

### Económia

UCL ofrece programas en económia, tanto a nivel de licenciatura como de postgrados y es uno de los tres Departamentos de Económia que obtuvo un grado 5* por su investigación en esta materia. Para los estudiantes de licenciatura, hay un curso especializado de BSc en Económia y una gama de programas "joint honours" que comprenden Económia e Historia, Económia y Geografía, Económia y Estadística y Filosofía y Económia (BA). El BSc de Económia incluye una opción para estudiantes que no tienen un A level en matemáticas. UCL ofrece programas MSc en Económia, Economías del Medio Ambiente y Económia de Recursos. El curso de un año de MSc facilita una buena base para acceso a investigación doctoral en el departamento. *Detalles p465.*

### University of York

### Económia y Finanzas

Este popular curso de licenciatura combina el análisis financiero con los implementos y técnicas del economista. Después de un primer año introductorio, los años segundo y tercero comprenden módulos en contabilidad, dirección financiera, mercados de capitales, económia bancaria, teoría monetaria, económia para toma de decisiones empresariales y finanzas empresariales. El atractivo de este curso reside en su naturaleza práctica. Para los estudiantes que deseen trabajar en un ambiente empresarial, ofrece una base sólida en económia junto con el entendimiento de las aplicaciones de las ciencias económicas al mundo empresarial. Siendo uno de los mayores departamentos de económia en el R.U., el departamento de York contiene una gran variedad de experticia y puede ofrecer a sus estudiantes un alto grado de elección flexible de módulos. Los licenciados de este curso han ido a trabajar en un número de diferentes profesiones. Mientras que muchos van a trabajar en puestos de dirección en la industria y en el sector financiero, otros han destacado en la administración pública, bienestar social, y en las profesiones de la enseñanza y medios de comunicación. *Detalles p442.*

## Clasificación de Investigación

### Económia y Econometría

| | | | |
|---|---|---|---|
| LSE, London | 5* | Essex | 5 |
| Oxford | 5* | Exeter | 5 |
| UCL, London | 5* | Newcastle | 5 |
| Birkbeck, London | 5 | Nottingham | 5 |
| Bristol | 5 | Southampton | 5 |
| Cambridge | 5 | Warwick | 5 |

## Clasificación de Investigación

| | | | |
|---|---|---|---|
| York | 5 | Swansea | 4 |
| Aberdeen | 4 | Bath | 3a |
| Birmingham | 4 | City, London | 3a |
| Dundee | 4 | East London | 3a |
| East Anglia | 4 | Heriot-Watt | 3a |
| Edinburgh | 4 | Hull | 3a |
| Glasgow | 4 | Leicester | 3a |
| Keele | 4 | Manchester Metropolitan | 3a |
| Kent at Canterbury | 4 | Portsmouth | 3a |
| Liverpool | 4 | Queen's, Belfast | 3a |
| Loughborough | 4 | Salford | 3a |
| Manchester | 4 | SOAS, London | 3a |
| Queen Mary and Westfield, | | De Montfort | 3b |
| London | 4 | London Guildhall | 3b |
| Reading | 4 | Aberystwyth | 3b |
| St Andrews | 4 | Northumbria at Newcastle | 2 |
| Stirling | 4 | Nottingham Trent | 2 |
| Strathclyde | 4 | Staffordshire | 2 |
| Surrey | 4 | Abertay Dundee | 1 |
| Sussex | 4 | | |

## Sociología

| | | | |
|---|---|---|---|
| Lancaster | 5* | Bradford | 3a |
| Essex | 5* | Bristol | 3a |
| Goldsmiths, London | 5 | Durham | 3a |
| Loughborough | 5 | East London | 3a |
| Edinburgh | 5 | Exeter | 3a |
| Manchester | 5 | Greenwich | 3a |
| Oxford | 5 | Kent at Canterbury | 3a |
| Surrey | 5 | Plymouth | 3a |
| Warwick | 5 | Portsmouth, Cultural Theory and | |
| Brunel | 4 | Historical | 3a |
| City, London | 4 | Strathclyde | 3a |
| Leicester | 4 | Teesside | 3a |
| LSE, London | 4 | Keele | 3b |
| Open University | 4 | Manchester Metropolitan | 3b |
| Cambridge | 4 | Nottingham Trent | 3b |
| Queen's, Belfast | 4 | Oxford Brookes | 3b |
| Glasgow | 4 | Roehampton Institute | 3b |
| Leeds | 4 | Staffordshire | 3b |
| North London | 4 | Derby | 3b |
| Salford | 4 | Liverpool | 3b |
| Southampton | 4 | Nottingham | 3b |
| Sussex | 4 | Portsmouth, Sigma | 3b |
| Cardiff | 4 | Reading | 3b |
| York | 4 | Ulster | 3b |
| Royal Hòlloway, London | 3a | UWE, Bristol | 3b |
| Bath | 3a | Anglia Polytechnic | 2 |
| Aberdeen | 3a | Bath College | 2 |

# Clasificación de Investigación

| | | | |
|---|---|---|---|
| Liverpool Hope | 2 | Northumbria at Newcastle | 2 |
| London Guildhall | 2 | Worcester College | 2 |
| St Mary's College | 2 | Coventry | 1 |
| Central Lancashire | 2 | Trinity and All Saints | 1 |

## Política Social y Administración

| | | | |
|---|---|---|---|
| LSE, London | 5* | Sussex | 3a |
| Bath | 5 | Buckinghamshire College | 3b |
| Bristol | 5 | Edge Hill College | 3b |
| Kent at Canterbury | 5 | Leeds Metropolitan | 3b |
| York | 5 | Liverpool John Moores | 3b |
| Brunel | 4 | Sheffield Hallam | 3b |
| Keele | 4 | Thames Valley | 3b |
| Middlesex | 4 | Queen's, Belfast | 3b |
| Open University | 4 | Brighton | 3b |
| South Bank | 4 | Glamorgan | 3b |
| Bangor | 4 | Lincolnshire and Humberside | 3b |
| Birmingham | 4 | Northumbria at Newcastle | 3b |
| Edinburgh | 4 | Portsmouth | 3b |
| Glasgow | 4 | Cheltenham and Gloucester | |
| Hull | 4 | College | 2 |
| Manchester | 4 | Glasgow Caledonian | 2 |
| Sheffield | 4 | London Guildhall | 2 |
| Ulster | 4 | Luton | 2 |
| Goldsmiths, London | 3a | North London | 2 |
| Royal Holloway, London | 3a | Sunderland | 2 |
| Leicester | 3a | St Martin's College | 1 |
| Newcastle | 3a | Newport | 1 |
| Oxford | 3a | | |

## Trabajo Social

| | | | |
|---|---|---|---|
| Stirling | 5* | Hull | 3a |
| Lancaster | 5 | Liverpool | 3a |
| East Anglia | 5 | Southampton | 3a |
| Warwick | 5 | Brunel | 3b |
| York | 5 | Middlesex | 3b |
| Keele | 4 | Exeter | 3b |
| Bristol | 4 | Kent at Canterbury | 3b |
| Edinburgh | 4 | Luton | 3b |
| Huddersfield | 4 | Ulster | 3b |
| Leicester | 4 | Anglia Polytechnic | 2 |
| Swansea | 4 | De Montfort | 2 |
| Queen's, Belfast | 3a | Goldsmiths, London | 2 |
| Bath | 3a | Liverpool John Moores | 2 |
| Birmingham | 3a | Manchester Metropolitan | 2 |
| Bradford | 3a | North East Wales Institute | 2 |
| Dundee | 3a | Staffordshire | 2 |

*Fuente: RAE 1996*

# Educación

La educación en el RU se halla en estado de cambio. Por primera vez se está pidiendo a los estudiantes que paguen parte del costo de su educación universitaria. Actualmente se emplean tablas de liga y evaluaciones para medir muchos aspectos de la educación en las escuelas, y la educación es una de las prioridades políticas del gobierno. Por todo ello, la educación en Gran Bretaña se ha convertido en un área de controversia que es fascinante estudiar y muy debatida como carrera profesional. Si se decide a venir a estudiar al RU, no será el único. Londres, en particular, atrae a cantidad de eruditos de la educación de todo el mundo, lo que sirve para subrayar la variedad y profundidad de la enseñanza.

Desde el punto de vista de los estudiantes internacionales, el hacer estudios de educación en Gran Bretaña tiene más demanda a nivel de masters o de doctorado. Muchos de ellos vienen a contribuir a la investigación innovativa que se lleva a cabo actualmente sobre métodos de enseñanza, o para obtener un título de masters en materias específicas para uso en sus propios países. Si está interesado en estudiar a nivel de postgrado será muy probable que ya tenga una primera licenciatura y haya pasado entre dos y cuatro años como profesional de la enseñanza.

Además de proseguir con el estudio académico, la razón principal por la que los estudiantes estudian un postgrado en educación, es para entrar en la profesión de la enseñanza. Existen varios caminos para obtener las calificaciones necesarias para ser un maestro de escuela primaria o bachillerato en Gran Bretaña y obtener la categoría de Maestros Cualificados (Qualified Teacher Status - QTS). Los estudiantes tienen dos caminos principales a elegir: la licenciatura de enseñanza especializada de cuatro años de duración, es decir el Bachelor of Education (BEd), y el Certificado de Postgrado en Educación (PGCE) de un año de duración, que se hace después de haber conseguido una licenciatura en otra materia.

La mayoría de los maestros de enseñanza primaria británicos (cerca del 70%) obtienen una licenciatura en educación - normalmente un BEd. Esta licenciatura normalmente dura cuatro años, durante los cuales los estudiantes pasarán cierto tiempo dando clases, supervisados por un maestro mentor. Aunque frecuentemente se espera que los maestros de enseñanza primaria puedan dar clases en todas las materias, un BEd normalmente dará oportunidad al estudiante para especializarse en una materia particular, por ejemplo arte, drama, inglés, matemáticas o educación física. Hay algunos cursos BEd para potenciales maestros de enseñanza secundaria - por ejemplo en educación física o diseño y tecnología. Otra alternativa es obtener un título de BA o BSc con QTS, que tiene una mayor especialización en una materia. En un BA con QTS en lenguas modernas, los estudiantes que ya tengan algún conocimiento de una lengua aprenden cómo enseñársela a otros. A veces estos cursos se encuentran en versiones más cortas de dos años de duración.

Sin embargo, la mayoría de los maestros de enseñanza secundaria en Gran Bretaña (90%) han hecho un curso de postgrado en enseñanza. El PGCE es el típico curso de postgrado en enseñanza de un año de duración a tiempo completo. La estructura de los cursos varía, pero la mayoría consisten en los tres elementos siguientes: experiencia práctica de enseñanza con base en un colegio; estudio de una materia principal que es la que normalmente se ha estudiado para la licenciatura y estudio de la teoría y el papel de un maestro. También se puede hacer un PGCE en educación primaria.

Dado que la actitud hacia la enseñanza varía entre los diferentes países, es importante que los estudiantes internacionales consideren dónde quieren eventualmente enseñar. Las cualificaciones que se obtengan en el RU pueden no estar reconocidas fuera de la Unión Europea o pueden requerir un nuevo curso de conversión. Igualmente, las cualificaciones obtenidas fuera de la UE pueden no ser suficientes para obtener un QTS en Gran Bretaña. Otro camino hacia la profesión de maestro británico es el "Overseas Trained Teacher Scheme" (Plan de Maestros formados en el extranjero) que conduce a la obtención de un QTS y se puede hacer en un periodo de entre un trimestre y tres años. Proporciona a los maestros que tienen una licenciatura en educación (o una cualificación a nivel de postgrado y una experiencia de un año en la enseñanza) la oportunidad de entrar en el sistema británico mediante la combinación de experiencia en la enseñanza y el estudio en un colegio.

# CURSOS DE LICENCIATURA

## Institute of Education University of London
### BEd(Hons) para Maestros en Ejercicio

Este curso a nivel de primera licenciatura va dirigido a los maestros formados y cualificados del RU y del extranjero. Se divide en dos partes. La parte I se dirige a desarrollar un entendimiento amplio, maduro y preciso de temas de educación; la parte II ofrece la oportunidad de especializarse en áreas de estudios sobre educación o de curriculum. Se eligen los módulos en vistas a la experiencia previa de los candidatos e incluyen áreas como desarrollo infantil, enseñanza contemporánea, psicología de la educación o aprendizaje y enseñanza del inglés. El curso incluye un programa de visitas a fin de que los estudiantes internacionales adquieran una experiencia de primera mano en algunos aspectos del sistema de enseñanza británico. En 1997/98 había 11 estudiantes internacionales en el curso. *Detalles p366.*

## Institute of Education University of London
### MA en enseñanza del inglés a personas que hablan otras lenguas

Este curso de postgrado va dirigido a los estudiantes que buscan una orientación práctica a la educación profesional de alto nivel. En 1997/8 hubo 76 estudiantes internacionales en el curso. El curso tiene una forma más teórica de abordar la aplicación de la orientación lingüística que los ofrecidos por otras instituciones. Los estudiantes cubren los puntos fundamentales en lengua y enseñanza, incluyendo los contenidos sociolingüísticos y psicolingüísticos de la enseñanza de una lengua. También hay una gama de opciones de estudio, incluyendo análisis del discurso y adquisición de la lengua. Se puede seguir el programa de estudios a través de internet, combinado con sesiones cara a cara en Londres. *Detalles p366.*

## King's College London
## University of London
### Educación

King's College es uno de los pocos que en la evaluación de investigación obtuvo 5* en educación y ofrece una amplia gama de cursos. A nivel de licenciatura, se puede elegir entre BA más PGCE en Lenguas Extranjeras Modernas con Educación, y un BSc más PGCE ya bien en Matemáticas o Física y Educación. Los tres cursos tienen una duración de cuatro años. Hay varios cursos de masters en areas especializadas como el inglés en la educación, educación urbana o teología y educación. Algunos de estos programas están especialmente diseñados para profesionales de la educación. Los cursos son modulares de forma que se pueden elegir con flexibilidad las materias preferidas. Los puntos más fuertes del departamento en trabajo de postgrado son matemáticas, tecnología de la información y ciencias en la educación. Actualmente se llevan a cabo investigaciones en estos campos, como por ejemplo la valoración de paquetes de ordenador(computador) para el aprendizaje. También se pueden elegir entre programas de MPhil, PhD y EdD y un Diploma de Postgrado en Educación Sanitaria. El colegio ofrece a los estudiantes internacionales cursos pre-apertura de inglés y un tutor personal. *Detalles p453.*

## University of Northumbria
### MA en Educación

Este es un curso de un año de duración con varios caminos diferentes. Las materias incluyen: formas de enfocar las consultas de los profesionales, diseño de investigación y consulta colaborativa, el mando en la educación, gestión del curriculum, y aprendizaje profesional en la educación. El curso ofrece posibilidades para maestros del extranjero cualificados y con experiencia, para que sumen conocimientos especializados a la expertia que ya posean en campos como la gestión educativa o la enseñanza en casos de necesidades especiales. Los cursos empiezan en Febrero y Septiembre. Actualmente hay 24 estudiantes internacionales en este curso. *Detalles p388.*

## University of Stirling
### Educación

Stirling ofrece una licenciatura concurrente, lo que es raro en una universidad escocesa. Esto significa que los estudiantes aprenden a enseñar mientras estudian otra materia a nivel de licenciatura. Por ejemplo, se puede estudiar un BSc o BA en inglés, francés, alemán, historia, matemáticas y religión, entre otros, y al mismo tiempo obtener un Diploma en Educación. Los cursos actuales son de tres años y medio o cuatro años y medio de duración, según se desee obtener una licenciatura general o con "honours". Una vez licenciado se puede trabajar como maestro en un colegio, igual que si hubiese obtenido un PGCE en otras universidades. El curso implica un nivel similar de trabajo práctico que el PGCE, aunque Stirling ofrece su propio curso "Microteaching". Esto quiere decir que se traen pequeños grupos de niños a la universidad a fin de que los estudiantes adquieran experiencia directa en la enseñanza. *Detalles p422.*

# Un Centro Mundial para el Estudio de la Educación

El Institute of Education es un colegio para licenciados de la Universidad de Londres, y es un centro mundial para el estudio de la educación. Nuestra fama internacional atrae cada año a estudiantes de más de 80 países.

La provisión de licenciaturas de investigación conducentes a los títulos de MPhil, PhD o EdD en el Instituto es la mejor. También se ofrece una selección inbatible de cursos conducentes a licenciaturas Master, Diplomas Avanzados y Premios de Asociación.

EL INSTITUTO está orgulloso de su excelente biblioteca que contiene la mayor colección de libros y periódicos sobre la educación en Gran Bretaña. Se ofrece una gama de instalaciones de informática que incluye un servicio de apoyo de plena dedicación para los estudiantes de doctorado y también se ofrece apoyo antes y durante la sesión en lengua inglesa a nuestros estudiantes internacionales.

El instituto está situado en el corazón del atractivo distrito de Bloomsbury en el centro de Londres y está cerca de sus propias residencias además de las importantes atracciones culturales de la capital.

Las numerosas estaciones de metro cercanas facilitan viajes rápidos y fáciles por la zona de Londres.

PARA MÁS INFORMACIÓN SOBRE LOS PROGRAMAS DE ESTUDIO O CUALQUIER OTRO ASPECTO DE NUESTRAS ACTIVIDADES, PÓNGASE EN CONTACTO CON:

**THE REGISTRY, INSTITUTE OF EDUCATION**
**20 Bedford Way, Londres WC1H 0AL**

*Teléfono:* 0171 612 6104
*Fax:* 0171 612 6097
*Email:* enquiries@ioe.ac.uk

*En busqueda de la Excelencia en la Educación*

**INSTITUTE OF EDUCATION**
UNIVERSITY OF LONDON

EDUCACIÓN

## Evaluación de Calidad de Enseñanza

### Educación de Maestros (Escocia) 1994/5

| | | | |
|---|---|---|---|
| Moray House Institute | Muy Satisfactorio | Stirling | Muy Satisfactorio |
| Paisley | Muy Satisfactorio | Strathclyde | Muy Satisfactorio |
| St Andrew's College | Muy Satisfactorio | Northern College | Satisfactorio |

*Fuente: HEFCE, SHEFC, HEFCW ultimas listas disponibles*

*Para obtener una lista más completa de las instituciones que ofrecen estos cursos a nivel de licenciatura mire el directorio de cursos pp468-486*

## Clasificación de Investigación

### Educación

| | | | |
|---|---|---|---|
| Institute of Education | 5* | Canterbury Christ Church | |
| King's College, London | 5* | College | 3a |
| Bath | 5 | Dundee | 3a |
| Birmingham | 5 | Glasgow | 3a |
| Bristol | 5 | Greenwich | 3a |
| East Anglia | 5 | Heriot-Watt | 3a |
| Lancaster | 5 | Homerton College, Cambridge | 3a |
| Leeds | 5 | Hull | 3a |
| Newcastle | 5 | Keele | 3a |
| Open University (Educational Technology) | 5 | Leicester | 3a |
| | | Liverpool | 3a |
| Oxford | 5 | Liverpool John Moores | 3a |
| Sheffield | 5 | Moray House Institute | 3a |
| Stirling | 5 | Northumbria at Newcastle | 3a |
| Aberdeen | 4 | Reading | 3a |
| Cambridge | 4 | Sheffield Hallam | 3a |
| Durham | 4 | Bangor | 3a |
| Edinburgh | 4 | Swansea | 3a |
| Exeter | 4 | Anglia Polytechnic | 3b |
| Goldsmiths, London | 4 | Aston | 3b |
| Manchester | 4 | Brighton | 3b |
| Nottingham | 4 | Brunel | 3b |
| Open University (Education) | 4 | City, London | 3b |
| Queen's, Belfast | 4 | East London | 3b |
| Southampton | 4 | Hertfordshire | 3b |
| Surrey | 4 | Leeds Metropolitan | 3b |
| Sussex | 4 | Loughborough | 3b |
| Ulster | 4 | Manchester Metropolitan | 3b |
| Cardiff | 4 | Middlesex | 3b |
| Warwick | 4 | University College Northampton | 3b |
| York | 4 | North London | 3b |

# Clasificación de Investigación (continuación)

| | | | |
|---|---|---|---|
| Nottingham Trent | 3b | South Bank | 2 |
| Oxford Brookes | 3b | St Andrew's College | 2 |
| Plymouth | 3b | St Martin's College | 2 |
| Strathclyde | 3b | Sunderland | 2 |
| Aberystwyth | 3b | Thames Valley | 2 |
| UWE, Bristol | 3b | Westhill College | 2 |
| Worcester College | 3b | Westminster College, Oxford | 2 |
| Bath College | 2 | Chester College | 1 |
| Bretton Hall | 2 | Derby | 1 |
| UCE, Birmingham | 2 | La Sainte Union College | 1 |
| Central Lancashire | 2 | Liverpool Hope | 1 |
| Central School of Speech and Drama 2 | | Newman College | 1 |
| | | North Riding College | 1 |
| Cheltenham and Gloucester College | 2 | Northern College | 1 |
| Chichester Institute | 2 | Paisley | 1 |
| College of St Mark and St John | 2 | Swansea Institute | 1 |
| De Montfort | 2 | Teesside | 1 |
| Edge Hill College | 2 | Trinity and All Saints | 1 |
| Huddersfield | 2 | Cardiff Institute | 1 |
| King Alfred's College | 2 | Wolverhampton | 1 |
| Kingston | 2 | | |
| Lincolnshire and Humberside | 2 | | |
| North East Wales Institute | 2 | | |
| Portsmouth | 2 | | |
| Roehampton Institute | 2 | | |

*Fuente: RAE 1996*

# Ingeniería

**T**radicionalmente los puntos fuertes de Gran Bretaña en ingeniería se deben a su inventiva e innovación más que a sus técnicas de fabricación. Sin embargo, recientemente se han realizado grandes inversiones en las instalaciones de fabricación. El RU esta a la cabeza de las investigaciones en aeroespacio y automoción: por ejemplo, muchos de los equipos de Fórmula 1 del mundo están basados en Gran Bretaña, y el automóvil supersónico que condujo Andy Green en Octubre de 1997 y que batió el record de velocidad sobre tierra, fué diseñado con la ayuda de un equipo de la Universidad de Gales, Swansea.

Si se desea hacer un curso en ingeniería, debe considerar qué tipo de ingeniería le interesa más. Un problema que ocurre frecuentemente en los departamentos de ingeniería del país, es que los estudiantes matriculados en un curso encuentran que es diferente a lo que se esperaban. Si no se está seguro, quizas sean de interés los cursos universitarios que incluyen un año introductorio o de base. Estos cursos ofrecen estudios en una variedad de tópicos para conseguir conocimientos generales en el tema antes de elegir el área de especialización.

Las licenciaturas en ingeniería, duran entre tres y cinco años, y resultan en la calificación de Bachelor of Engineering (BEng) o Master of Engineering

*Foto por cortesía de Loughborough University*

(MEng), y pueden incluir una experiencia de trabajo en la industría o un año en el extranjero. Esta segunda opción es particularmente relevante si el curso se combina con un idioma. Después de obtener el primer título, debe realizar un segundo periodo de trabajo para obtener el título de "chartered" ingeniero diplomado (CEng) o ingeniero incorporado (IEng). Los ingenieros diplomados deben tener un nivel de conocimiento superior y tienden a ser más innovativos en diseño y desarrollo de nuevos sistemas, mientras que los ingenieros incorporados hacen uso de conocimientos ya existentes.

## INGENIERIA MECANICA

La ingeniería mecánica se refiere al diseño, construcción y operación de máquinas.

Algunos cursos son muy generales,

Foto por cortesía de Loughborough University

pero otros permiten enfocarse en áreas particulares. Por ejemplo una licenciatura en ingeniería mecánica y aeronáutica trata de la tecnología detrás de una industria en rápida expansión. Los módulos pueden incluir aerodinámica de aviones, sistemas de propulsión o mecánica de vuelo. Las licenciaturas combinadas con diseño de automóviles, están enfocadas hacia las técnicas y los materiales necesarios para crear nuevos sistemas de vehículos. Frecuentemente ésto incluye el diseño por ordenador (computador) (CAD), que es común en la industria automotríz del RU. Otras áreas importantes de la ingeniería mecánica son la de servicios de construcción y fabricación.

## INGENIERIA ELECTRICA Y ELECTRONICA

Las tecnologías eléctricas, electrónicas y microelectrónicas son clave en muchas áreas de nuestra vida, desde las telecomuni-caciones hasta los marcapasos, y desde la transmisión de energía hasta las plaquetas. Nuestra creciente dependencia de los ordenadores (computadores) por ejemplo, puede influir a algunos estudiantes a estudiar un curso

de ingeniería con informática. Este curso está muy relacionado con los cursos de informática y TI e incluye el estudio del papel que juegan los ordenadores en la ingeniería.

## INGENIERIA CIVIL

La ingeniería civil tiene muchas aplicaciones prácticas y tiende a incluir proyectos de construcción a gran escala, que son necesarios para el funcionamiento de las economías modernas como, sistemas de agua y saneamiento, casas, puentes e infraestructura del transporte. Este tema tiene varias áreas en común con la arquitectura. Algunos cursos como la ingeniería arquitectónica, permiten que los estudiantes se especialicen en técnicas asociadas. La ingeniería civil también tiene áreas en común con la geología, particularmente con la minería.

## INGENIERIA QUIMICA

Las actividades de fabricación dependen frecuentemente de las técnicas de la ingeniería química. Las técnicas exploradas en el laboratorio tienen una gama de aplicaciones prácticas. Los ingenieros químicos son responsables de productos como plásticos, fibras sintéticas, alimentos procesados, productos de aceite y farmacéuticos, entre otros. Los cursos incluyen frecuentemente una experiencia de trabajo en una industria relacionada con la química.

# CURSOS ESPECIALIZADOS Y VOCACIONALES

## Cavendish College

Este colegio privado fué establecido en 1985 y está situado en el pleno centro de Londres. Se especializa en cursos a tiempo completo y parcial en

INGENIERÍA

## Evaluación de Calidad de Enseñanza

### Ingeniería General (Inglaterra e Irlanda del N.) 1996/97

| | | | |
|---|---|---|---|
| Imperial, London | 23 | De Montfort | 19 |
| Oxford | 23 | Southampton Institute | 19 |
| Bradford | 20 | UCE Birmingham | 19 |
| Durham | 22 | Bournemouth | 18 |
| Brunel | 20 | Coventry | 18 |
| Central Lancashire | 20 | Doncaster | 18 |
| Leicester | 20 | Leeds Metropolitan | 17 |
| Sheffield Hallam | 20 | Ryecotewood College | 15 |
| Ulster | 20 | | |

### Ingeniería Química (Inglaterra e Irlanda del N.) 1995/96

| | | | |
|---|---|---|---|
| Cambridge | 23 | Queen's, Belfast | 21 |
| Imperial, London | 22 | Bath | 20 |
| Loughborough | 22 | Bradford | 20 |
| Sheffield | 21 | UCL, London | 20 |
| UMIST | 22 | Aston | 19 |
| Birmingham | 21 | Leeds | 19 |
| Brighton | 21 | South Bank | 18 |
| Newcastle | 21 | Surrey | 18 |
| Nottingham | 21 | Teesside | 17 |

### Ingeniería Civil (Inglaterra e Irlanda del N.) 1996/97

| | | | |
|---|---|---|---|
| Bristol | 22 | Bolton Institute | 20 |
| Nottingham | 22 | Bradford | 20 |
| Queen's, Belfast | 22 | Newcastle | 20 |
| Surrey | 22 | City, London | 19 |
| UMIST | 22 | Derby | 19 |
| Birmingham | 21 | Teesside | 19 |
| Greenwich | 21 | Hertfordshire | 18 |
| Imperial, London | 21 | Manchester | 18 |
| Leeds Metropolitan | 21 | Sheffield Hallam | 18 |
| Sheffield | 21 | | |

### Ingeniería Civil (Escocia) 1993

| | | | |
|---|---|---|---|
| Aberdeen | Muy Satisfactorio | Heriot-Watt | Muy Satisfactorio |
| Abertay Dundee | Muy Satisfactorio | Napier | Muy Satisfactorio |
| Dundee | Muy Satisfactorio | Paisley | Muy Satisfactorio |
| Edinburgh | Muy Satisfactorio | Strathclyde | Muy Satisfactorio |
| Glasgow | Muy Satisfactorio | Glasgow Caledonian | Satisfactorio |

# Evaluación de Calidad de Enseñanza

## Ingeniería Civil (Gales) 1996/97

| | |
|---|---|
| Glamorgan | Satisfactorio |

## Ingeniería Electrica y Electronica (Inglaterra e Irlanda del N.) 1996/97

| | | | |
|---|---|---|---|
| Bristol | 24 | Staffordshire | 20 |
| Essex | 24 | Ulster | 20 |
| Imperial, London | 24 | Anglia Polytechnic | 19 |
| Coventry Technical College | 22 | Bournemouth | 19 |
| Loughborough | 22 | De Montfort | 19 |
| Nottingham | 22 | East Anglia | 19 |
| UCL, London | 22 | South Bank | 19 |
| Aston | 21 | Southampton Institute | 19 |
| Brunel | 21 | Sunderland | 19 |
| City, London | 21 | UCE Birmingham | 19 |
| Kent at Canterbury | 21 | Blackburn College | 18 |
| Kingston | 21 | Doncaster | 18 |
| Newcastle | 21 | Loughborough College | 18 |
| Queen Mary and Westfield, | | Plymouth | 18 |
| London | 21 | Sheffield Hallam | 18 |
| Sussex | 21 | College of North West London | 17 |
| Westminster | 21 | Sandwell College | 17 |
| King's College, London | 20 | Liverpool Community College | 16 |
| Luton | 20 | Central Lancashire | 15 |
| Manchester | 20 | East London | 15 |

## Ingeniería Electrica y Electronica (Escocia) 1993

| | | | |
|---|---|---|---|
| Edinburgh | Excelente | Glasgow | Satisfactorio |
| Heriot-Watt | Excelente | Glasgow Caledonian | Satisfactorio |
| Strathclyde | Excelente | Napier | Satisfactorio |
| Aberdeen | Satisfactorio | Paisley | Satisfactorio |
| Abertay Dundee | Satisfactorio | Robert Gordon | Satisfactorio |
| Dundee | Satisfactorio | | |

## Ingeniería Electrica y Electronica (Gales) 1995/96

| | | | |
|---|---|---|---|
| Cardiff | Excelente | Cardiff Institute | Satisfactorio |
| Glamorgan | Excelente | N.E. Wales Institute | Satisfactorio |
| Swansea | Excelente | Newport | Satisfactorio |
| Bangor | Satisfactorio | Swansea Institute | Satisfactorio |

## Ingeniería Mecanica (Inglaterra e Irlanda del N.) 1993

| | | | |
|---|---|---|---|
| Bath | Excelente | Manchester | Excelente |
| Bristol | Excelente | Nottingham | Excelente |
| Coventry | Excelente | Reading | Excelente |
| Cranfield | Excelente | Sheffield | Excelente |
| Manchester Metropolitan | Excelente | Birmingham | Satisfactorio |

INGENIERÍA

## Evaluación de Calidad de Enseñanza

| Institución | | Institución | |
|---|---|---|---|
| Bolton Institute(Revisit) | Satisfactorio | University College Northampton | Satisfactorio |
| Brighton | Satisfactorio | Newcastle | Satisfactorio |
| Brunel | Satisfactorio | Nottingham Trent | Satisfactorio |
| College of North West London | Satisfactorio | Open University | Satisfactorio |
| Coventry Technical College | Satisfactorio | Oxford Brookes | Satisfactorio |
| De Montfort | Satisfactorio | Portsmouth | Satisfactorio |
| Derby | Satisfactorio | Queen's, Belfast | Satisfactorio |
| Greenwich | Satisfactorio | South Bank | Satisfactorio |
| Harper Adams | Satisfactorio | Southampton | Satisfactorio |
| Hull | Satisfactorio | Southampton Institute | Satisfactorio |
| Lancaster | Satisfactorio | Surrey | Satisfactorio |
| Leeds | Satisfactorio | Sussex | Satisfactorio |
| Loughborough | Satisfactorio | UCE, Birmingham | Satisfactorio |
| Luton | Satisfactorio | UCL, London | Satisfactorio |
| Middlesex | Satisfactorio | UMIST | Satisfactorio |
| | | West of England | Satisfactorio |

## Ingeniería Mecanica  (Escocia) 1993

| Institución | | Institución | |
|---|---|---|---|
| Strathclyde | Excelente | Paisley | Muy Satisfactorio |
| Aberdeen | Muy Satisfactorio | Robert Gordon | Muy Satisfactorio |
| Abertay Dundee | Muy Satisfactorio | Edinburgh | Satisfactorio |
| Glasgow | Muy Satisfactorio | Glasgow Caledonian | Satisfactorio |
| Heriot-Watt | Muy Satisfactorio | Napier | Satisfactorio |

## Ingeniería Mecanica  (Gales) 1993/94

| Institución | | Institución | |
|---|---|---|---|
| Cardiff | Excelente | N.E. Wales Institute | Satisfactorio |
| Cardiff Institute | Satisfactorio | Newport | Satisfactorio |
| Carmarthenshire College | Satisfactorio | Swansea | Satisfactorio |
| Glamorgan | Satisfactorio | Swansea Institute | Satisfactorio |

## Ingeniería Mecanica, Aeronautica y de Fabricacionl (Inglaterra e Irlanda del N.) 1996/97

| Institución | | Institución | |
|---|---|---|---|
| Kingston | 24 | Anglia Polytechnic | 19 |
| Nottingham | 24 | UCE, Birmingham | 19 |
| Loughborough | 23 | City, London | 19 |
| Queen's, Belfast | 21 | Southampton Institute | 19 |
| Sheffield Hallam | 21 | Sunderland | 19 |
| Southampton | 21 | Writtle College | 19 |
| Birmingham | 20 | Bournemouth | 18 |
| Brunel | 20 | Coventry | 18 |
| Newcastle College | 20 | East London | 18 |

INGENIERÍA

## Evaluación de Calidad de Enseñanza

| Loughborough College | 18 | Sandwell College | 17 |
| Leeds Metropolitan | 17 | South Bank | 17 |

*Fuente: HEFCE, SHEFC, HEFCW ultimas listas disponibles*

*Para obtener una lista más completa de las instituciones que ofrecen estos cursos a nivel de licenciatura mire el directorio de cursos pp468-486*

estudios empresariales, arte, diseño e informática. Ofrece instalaciones modernas y espaciosas que incluyen un aula, estudios de creación y cinco laboratorios de ordenadores. Recientemente el colegio estableció su propio cibercafé, donde los estudiantes van entre clases a usar el servicio de internet para fines recreativos. Dada la naturaleza vocacional de muchos de estos cursos, el colegio actualiza el contenido de los mismos regularmente para estar al día con las novedades en campos particulares.

El colegio ofrece un programa base universitario para los estudiantes que deseen hacer cursos de licenciatura en Gran Bretaña pero que no han seguido la ruta tradicional de los A Levels. Se ofrecen programas base en tres temas que incluyen informática, estudios empresariales y estudios de ingeniería. Los cursos están divididos en dos semestres, cada uno de quince semanas de duración. Generalmente la evaluación se basa en el trabajo del curso. En los cursos base de informática e ingeniería, el primer semestre consiste en lengua inglesa, técnicas de estudio y de biblioteca, conocimientos de informática y métodos estadísticos. En informática, los temas estudiados son programación, programación lineal y redes. Los estudiantes de ingeniería estudian una gama de temas como la mecánica de los termo-fluídos y números complejos. *Detalles p447.*

# CURSOS DE LICENCIATURA

## University of Aberdeen
### Ingeniería

El Departamento de Ingeniería es grande y tiene 80 profesores académicos y de investigación, 150 estudiantes de postgrado y 500 estudiantes de licenciatura. El departamento ofrece un programa de licenciatura integrado para el MEng o BEng. Los primeros dos años de todos los cursos son iguales y permiten que el estudiante adquiera conocimientos de cuestiones de ingeniería. Los estudiantes se especializan en ingeniería civil y estructural, mecánica o eléctrica y electrónica, en el tercer año. Todos los programas de MEng y BEng son totalmente acreditados por instituciones profesionales, y los licenciados de los programas acreditados están automaticamente exentos de los requisitos académicos de asociación profesional. Las áreas del departamento que tienen fama académica y fuerte apoyo de la industría son la mecánica del fondo del mar, dinámica del caos, fundición con laser, holografía subacuática, seguridad en el mar, sistemas de comunicación por satélite y redes, y recursos de agua. El departamento tiene conexiones fuertes con las industrias de petróleo y gas en el mar que operan desde la costa de Aberdeen - la "capital petrolera de Europa". *Detalles p328.*

INGENIERÍA

## Aston University
### BEng/MEng en Ingeniería Química

En ambos cursos de licenciatura los estudiantes estudian los elementos fundamentales de la ciencia de la ingeniería y esto incluye la transferencia de calor, termo-dinámica, mecánica de flúidos y fenómenos de transporte, además de estudios de prácticas de ingeniería química. Las matemáticas y los métodos numéricos son aspectos importantes durante todo el curso.

El programa está acreditado por el Institute of Chemical Engineers y su contenido principal se extiende a áreas como el diseño de productos químicos, ingeniería química avanzada, dirección y económía.

El programa de ingeniería química de la universidad tiene fuerte enfoque hacia el diseño de procesos y trabajo práctico de laboratorio. Los estudiantes también desarrollan técnicas de informática, estudios empresariales y comunicación durante todo el curso. Actualmente hay 10 estudiantes internacionales en el curso. *Detalles p332.*

## Aston University
### BEng/MEng Ingeniería Eléctrica y Electrónica

El curso de Ingeniería Eléctrica y Electrónica de Aston, ofrece una base amplia, y permite que los estudiantes desarrollen técnicas en una variedad de disciplinas. El curso empieza con los principios fundamentales de la electrónica digital, análoga y física, telecomunicaciones, informática, matemáticas y dirección. Por consiguiente, los estudiantes se pueden especializar en áreas que les interesen o que sean pertinentes a sus carreras.

Los programas están diseñados en colaboración con las industrias de electrónica y telecomunicaciones y están acreditados por el Institute of Electrical Engineers. Todos los estudiantes internacionales pueden seguir un programa sandwich, que incluye un año de experiencia profesional pagado. Estudios independientes han demostrado que la Universidad de Aston consigue consistentemente los porcentajes más altos de empléo de licenciados de entre todas las universidades británicas. *Detalles p332.*

## University of Bradford
### BEng Ingeniería Mecánica

Este curso facilita a los estudiantes todas las técnicas que necesitan para concebir, diseñar y producir piezas, componentes y maquinaria utilizada en todos los aspectos de la vida moderna. Los módulos de la mecánica de sólidos y fluídos de máquinas están apoyados por el desarrollo de técnicas, matemáticas e informática. Se dedica un tiempo considerable al trabajo práctico en laboratorio; también incluye una introducción a las técnicas de estudios empresariales y de comunicación. En el último año se pueden elegir módulos como ingeniería por ordenador, automatismo, ingeniería de la energía y estudios empresariales. También se debe completar un proyecto. El departamento obtuvo un 4 en el ejercicio de evaluación de investigación de 1996. Otros cursos relacionados que se ofrecen son: ingeniería mecánica y de automoción, sistemas de fabricación con ingeniería mecánica, ingeniería mecánica con dirección y sistemas de fabricación con dirección. *Detalles p342.*

## University of Bristol
### MEng en Informática

Los estudiantes de informática de Bristol deben realizar un trabajo de proyecto importante además de estudiar cuatro áreas principales;

hardware, software, aplicaciones y disciplinas cruzadas. Recientemente, el curso se ha revisado para satisfacer las necesidades de los estudiantes, además de proveer las técnicas requeridas por los futuros patronos. Los profesores tienen el propósito de desarrollar la capacidad práctica y teórica de los estudiantes y existen oportunidades para trabajar en proyectos industriales. En los primeros dos años se estudian los temas principales de ingeniería de software y arquitectura de la informática. Los estudiantes del tercer y cuarto año pueden elegir cursos como inteligencia artificial, gráficos de ordenador(computador), bases de datos y arquitectura de sistemas. *Detalles p344.*

*Foto por cortesía de Loughborough University*

## University of Cambridge
### Ingeniería Química

El curso de licenciatura de ingeniería química de Cambridge empieza en el segundo año del curso. En el primer año se estudia ciencias naturales, informática o ingeniería. Sólo son admitidos en el curso - que está limitado a 65 estudiantes al año - aquellos estudiantes que obtienen honours en el primer año y que han citado la ingeniería química en el formulario de solicitud preliminar. La licenciatura de ingeniería química es de tres o cuatro años de duración. Los estudiantes que obtienen su licenciatura después de tres años, obtienen un BA, pero la mayoría permanecen un cuarto año para obtener la licenciatura MEng, que está completamente acreditada por el Institute of Chemical Engineers y el Institute of Energy. Se entrevista a la mayoría de los solicitantes. La enseñanza del curso es por medio de una mezcla de clases, supervisiones, trabajo en laboratorio y clases de dibujo. El grupo es una parte importante del curso del tercer año y los estudiantes del cuarto año realizan un proyecto original de investigación. Los estudiantes tienen ejercicios de evaluación cada quince dias, además de proyectos y exámenes escritos. Los exámenes tienen un mayor peso en la evaluación. El departamento de ingeniería química tiene su propia biblioteca e instalaciones de ordenadores (computadores). Los licenciados prosiguen a trabajar en las industrias de fabricación, ingeniería

profesional, ingeniería química y de proceso, consulta de dirección y enseñanza. *Detalles p346.*

## Coventry University
### BSc en Ingeniería sobre Desastres Internacionales y Dirección

Este curso tiene el propósito de desarrollar técnicas y experiencia en las áreas de estudio complementarias de gestión de desastres, especialmente desarrollo humano sostenible, salud, procesos de gestión y ayuda en casos de desastres. Ofrece una mezcla de estudios académicos y técnicos, lo que hace que el estudiante desarrolle su experticia en dirección tecnológica y de desastre. El programa está diseñado hacia el estudio de la ingeniería, gestión, y estudios internacionales, junto con entrenamiento práctico en el campo de trabajo, que se considera ser un aspecto esencial del curso. El programa de estudios también ofrece oportunidades de practicar las técnicas aprendidas en el propio terreno. El curso tiene una temática internacional y

Foto por cortesía de Loughborough University

se estudian numerosos casos internacionales. Es un sitio ideal para estudiantes internacionales que deseen dedicarse a iniciativas de construcción y desarrollo de capacidad en los países en vías de desarrollo. *Detalles p352.*

## University of Durham
### MEng Ingeniería

Los estudiantes de ingeniería de la Universidad de Durham reciben una educación de base amplia en ingeniería. En los primeros dos años se estudian principios de ingeniería civil, eléctrica, electrónica y mecánica. Seguidamente es posible seleccionar opciones especializadas en uno de estos temas o bien en el campo de sistemas de información o de fabricación con dirección. La licenciatura MEng de Durham está acreditada por las instituciones profesionales de ingeniería apropiadas, considerándola como la base para registrarse como ingeniero.

El colegio de ingeniería está situado en un edificio moderno en el centro del local de Ciencias de la universidad, y está cerca del centro de informática y de la biblioteca. El colegio ha formado conexiones con la industria por medio de trabajos de investigación y planes de enseñanza. Tutores industriales participan en los proyectos de diseño, ejercicios de resolución de problemas y discusiones sobre aplicaciones industriales en el trabajo y en otros ambientes más amplios. Los estudiantes tienen oportunidades para organizar experiencias de trabajo con empresas durante las vacaciones. *Detalles p354.*

## University of Essex
### Ingeniería de Sistemas Electrónicos

Este departamento es muy especializado y se enfoca hacia las áreas de crecimiento de la Electrónica - Telecomunicaciones de Sistemas Electrónicos

e Ingeniería de Ordenadores (computadores). Los solicitantes del RU son invitados a una entrevista. Los cursos constan de 40 a 45 horas de trabajo a la semana, con 17 horas de contacto directo (clases, seminarios, etc.). Al comienzo del curso todos los estudiantes de licenciatura estudian lo mismo. Solo se elige la especialización en los últimos dos años del curso, cuando también existe la posibilidad de cambiar de curso dentro del departamento. Las evaluaciones son una combinación de pruebas y evaluación contínua (durante todo el año), y exámenes formales (al final del año). Los estudiantes tienen acceso a la biblioteca de la universidad y se cuenta con instalaciones de ordenadores para los estudiantes de licenciatura del departamento. El número de ordenadores está calculado para que cualquier estudiante pueda acceder a ellos cuando lo desee. Existen aproximadamente 50 estaciones de ordenadores para los estudiantes de licenciatura y 30 ordenadores para la enseñanza durante el curso. Uno de los antiguos alumnos famosos es Peter Cochrane - Portavoz principal de British Telecom. *Detalles p356.*

## Imperial College of Science, Technology and Medicine, University of London
### Ingeniería Mecánica

El Departamento de Ingeniería Mecánica del Imperial College es uno de los más grandes de todo el país. Los cursos están orientados hacia la investigación y tienen conexiones próximas con la indutria. El departamento ofrece cursos de tres y de cuatro años. Los estudiantes también tienen la oportunidad de estudiar ingeniería mecánica durante un año en el extranjero. El departamento tiene acuerdos de intercambio con numerosas universidades tecnológicas de Europa. Los solicitantes apropiados serán invitados a una entrevista y a una visita del departamento. La enseñanza es por medio de una mezcla de clases, seminarios, talleres de resolución de problemas, proyectos individuales y trabajos en laboratorio. Esto suma un total de 18 horas de aprendizaje a la semana más 15 horas de estudio adicional. La evaluación de los estudiantes de licenciatura se realiza por medio de examénes y trabajos de curso. Las posibilides de la carrera en ingeniería mecánica incluyen trabajos industriales, gubernamentales y comerciales. *Detalles p453.*

## University of Liverpool
### BEng/MEng Ingeniería

La ingeniería se ha estudiado en Liverpool desde su fundación al final del siglo XIX. El departamento ofrece cursos de BEng de tres años y MEng de cuatro años en Ingeniería Civil, Electrica/Electrónica, Mecánica, Aeroespacial y de Materiales. Varios cursos ofrecen un tiempo especifico realizando experiencias de trabajo en la industria de fabricación. También se anima a los estudiantes a conseguir la experiencia de trabajo apropiada durante sus vacaciones. Todos los programas están totalmente acreditados por los Consejos de Ingeniería del RU. Los estudiantes internacionales han formado parte de la facultad durante muchos años y en 1998, 63 fueron admitidos en los cursos de ingeniería. Uno de los licenciados más famosos de la facultad es Tung Chee-hwa, Jefe del Ejecutivo de la Región Especial de Administración de Hong Kong. *Detalles p370.*

## Loughborough University
### Ingeniería Electrónica y Eléctrica

El Departamento de Ingeniería Electrónica y Eléctrica es uno de los más grandes de Loughborough y tiene 40 empleados a tiempo completo y un número similar de empleados de apoyo. Las áreas generales de investigación del departamento son procesamiento de comunicaciones y señales, tecnología de componentes electrónicos, energía eléctrica y sistemas de control. Todas ellas cubren una gama de intereses, por ejemplo lasers, automatismo y comunicaciones submarinas. En 1997 el departamento tuvo

*Foto por cortesia de Loughborough University*

INGENIERÍA

una de las más altas clasificaciones del país en las evaluaciones de calidad de enseñanza, y obtuvo 22 puntos sobre 24. Los programas ofrecidos incluyen licenciaturas BEng de tres años y MEng de cuatro años en Ingeniería Electrónica y Eléctrica, Ingeniería de Sistemas Electrónicos y de Informática e Ingeniería de Energía Electro-Mecánica. *Detalles p378.*

*Foto por cortesía de Loughborough University*

## The University of Nottingham
### Ingeniería Eléctrica y Electrónica

Todos los cursos de este departamento ofrecen una base de ingeniería eléctrica y electrónica en los dos primeros años. En el curso de MEng de cuatro años de duración existe la posibilidad de especializarse en los dos últimos años en cursos de ingeniería electrónica, ingeniería eléctrica o electrónica y control industrial. Como alternativa, se puede estudiar una gama amplia de temas mediante el curso de licenciatura de ingeniería eléctrica y electrónica. Además existe la posibilidad de estudiar el tema principal con un idioma europeo moderno (actualmente se ofrece francés, alemán y español), con estudios de dirección, comunicaciones o ingeniería de ordenadores (computadores). *Detalles p390.*

## University of Plymouth
### BSc/BEng/MEng Ingeniería Civil

El Colegio de Ingeniería Civil ofrece estudios en una variedad de temas como por ejemplo ingeniería civil, ingeniería civil y de costas, inspección de construcción, y el medio ambiente, diseño e informática. Entre sus proyectos de investigación, el colegio ha desarrollado sistemas únicos de instrumentación para medir ondas y para probar la respuesta dinámica de las estructuras. El laboratorio principal de estructuras contiene un equipo de carga universal de 2.000KN mediante el que se pueden examinar elementos de muro hasta 5m de altura y hasta 3m (3m en plano), bajo cargas verticales y horizontales. El colegio ofrece módulos únicos en tecnología de buceo submarino que permiten que ciertos estudiantes obtengan cualificaciones de buceadores. *Detalles p400.*

## Queen's University of Belfast
### BEng (Hons) Ingeniería Eléctrica y Electrónica

Este curso está acreditado por el Instituto de Ingenieros Electricos, y su contenido se ha elegido para preparar a los estudiantes para cualquier carrera en el campo de la ingeniería eléctrica o electrónica. Los temas de especialización incluyen sistemas de energía, procesamiento inteligente de señales de control, informática, telecomunicaciones y microelectrónica. El departamento obtuvo una clasificación de 5 en el ejercicio de evaluación de investigación y la puntuación máxima de 24 puntos en calidad de enseñanza. Existen instalaciones lideres de tecnología en el Northern Ireland Technology Centre. *Detalles p402.*

## University of Sheffield
### Ingeniería Electrónica y Eléctrica

Este departamento es uno de los únicos tres que obtuvieron un 5* en el ejercicio de evaluación de investigación de 1996. También obtuvo 24 puntos sobre 24 en las evaluaciones de calidad de enseñanza. El departamento es la sede del centro nacional de ESPRC para materiales y mecanismos semiconductores de III-V y tiene extensas instalaciones de pruebas al aire libre en Buxton. Actualmente hay 112 empleados con 425 estudiantes, de los cuales 128 son del extranjero. El departamento ofrece seis cursos de licenciatura en ingeniería eléctrica, ingeniería electrónica, o ingeniería electrónica con una selección de cuatro especializaciones en comunicaciones, informática, mecanismos de estado sólido y sistemas, todos los cuales se pueden estudiar durante tres años a fin de obtener el BEng, o cuatro años a fin de obtener el MEng. La decisión final sobre el curso que se desea estudiar y las especializaciones que se desea realizar no debe tomarse hasta el final del primer año. A nivel de postgrado se ofrece un MSc en comunicación de datos que se estudia en conjunto con el departamento de informática. *Detalles p414.*

## Southampton Institute
### BSc (Hons) Tecnología de los Medios de Comunicación

El curso tiene el propósito de ofrecer a las industrias de emisión, de cine y del espectáculo una fuente potencial de ingenieros tecnicos de apoyo. El curso contiene dos temas principales: la operación de equipo de producción de medios de comunicación junto con ingeniería electrónica a nivel de sistemas. Este es un curso de licenciatura vocacional en cuanto está diseñado específicamente para satisfacer las necesidades futuras de las industrias de medios de comunicación y del espectáculo. Durante el curso, de tres años de duración, se estudian varias áreas, por ejemplo informática, matemáticas, principios de la electricidad y electrónica integrada, grabación magnetica, sistemas audio y de video, multimedia basada en microprocesadores y telecomunicaciones. La enseñanza se lleva a cabo por profesionales de la industria, y el contenido técnico se revisa con frecuencia dados los cambios rápidos de tecnología. Las instalaciones especializadas incluyen dos estudios de televisión, un estudio de filmación, cinco estudios de radio, varias salas con máquinas de editar y un estudio de grabación de hard-disk multicanales. *Detalles p418.*

## University of Sunderland
### BEng Diseño y Fabricación de Automóviles

Este es un programa de licenciatura de tres años, o un curso sandwich de cuatro años que incorpora un año de trabajo en la industria.

El programa de licenciatura fué desarrollado en colaboración con las empresas principales de la industria de diseño de automóviles. Estas empresas proveen materiales y equipo para el curso, además de clases dadas por profesores invitados de vez en cuando. Los estudios académicos son complementados con proyectos prácticos durante todo el curso. Estos proyectos se culminan con un proyecto final en el último año, que generalmente está relacionado con una materia tópica. Durante el curso los estudiantes aprenden y obtienen técnicas transferibles que les permiten trabajar en diseño o fabricación de automóviles.

Los métodos de enseñanza son a base de una combinación de clases y seminarios. Las evaluaciones de los estudiantes son a base de exámenes escritos; de elección multiple y pruebas en ordenador(computador), además de tesinas de investigación. *Detalles p424.*

## University of Surrey
### Ingeniería Civil

Una parte imporante de los programas de licenciatura ofrecidos por el Departamento de Ingeniería Civil de la Universidad de Surrey son las fuertes conexiones con la industria en el RU y en el extranjero. Esta es una de las razones por la cual Surrey recibe tan buenos resultados en las clasificaciones de empleo de la universidad. Los candidatos apropiados son seleccionados mediante sus formularios de UCAS y cuando es posible son invitados a una entrevista con profesores visitantes del extranjero. Durante el primer semestre los estudiantes tendrán unas 40 horas de trabajo por semana. Esto incluye 18 horas de tiempo de enseñanza en el aula y 22 horas de estudio privado por semana. Sin embargo estas horas de trabajo pueden variar según la etapa semestral. Las evaluaciones se llevan a cabo mediante exámenes escritos formales y evaluación contínua. Según la universidad, los licenciados del departamento "están representados en los más altos niveles de la industria de la construcción en el RU e internacionalmente; y muchos jefes ejecutivos y directores empezaron sus carreras en el campus de Surrey." *Detalles p464.*

## University of Sussex
### MEng/BEng Ingeniería

El colegio de Ingeniería actúa como un centro muy integrado y no departamental de las actividades de enseñanza e investigación. Los programas de los cursos MEng de cuatro años son versiones elaboradas de los cursos BEng de tres años, con trabajos de proyecto y estudios de dirección empresarial adicionales en el tercer y cuarto año. Es posible cambiar de un BEng a un MEng al final del primer año. Ambos cursos cubren una gama de disciplinas de ingeniería desde la ingeniería informática, electrónica, mecánica y de control, hasta automatismo, optoelectrónica, diseño de productos y sistemas de fabricación. Ambos programas de BEng y MEng se ofrecen en campos especialistas e interdisciplinarios.

Los estudiantes que no tienen los requisitos necesarios para el acceso, pueden matricularse en programas de licenciatura BEng de cuatro años, en los cuales el primer año es un curso de base. *Detalles p426.*

# Clasificación de Investigación

## Ingeniería Química

| | | | | |
|---|---|---|---|---|
| London, Imperial | 5* | Queen's, Belfast | 3a |
| Bath | 5 | Surrey | 3a |
| Birmingham | 5 | Swansea | 3a |
| Cambridge | 5 | Heriot-Watt | 3b |
| UMIST | 5 | Leeds (Chemical Engineering) | 3b |
| UCL, London | 5 | Nottingham | 3b |
| Leeds (Fuel & Energy) | 4 | Glasgow Caledonian | 2 |
| Loughborough | 4 | South Bank | 2 |
| Bradford | 3a | Strathclyde | 2 |
| Edinburgh | 3a | Teesside | 1 |
| Newcastle | 3a | | |

## Ingeniería Civil

| | | | |
|---|---|---|---|
| London, Imperial | 5* | UCL, London (Photogrammetry | |
| Newcastle | 5* | and Surveying) | 4 |
| Swansea | 5* | Abertay Dundee | 3a |
| Bradford | 5 | Birmingham | 3a |
| Bristol | 5 | Leeds | 3a |
| Cardiff | 5 | Napier | 3a |
| City, London | 5 | Paisley | 3a |
| Dundee | 5 | Queen Mary and Westfield, | |
| Nottingham | 5 | London | 3a |
| UCL, London | 5 | Salford | 3a |
| Edinburgh | 4 | Strathclyde | 3a |
| Glasgow | 4 | Surrey | 3a |
| Glasgow (Naval Architecture and | | UMIST | 3a |
| Ocean Engineering) | 4 | Brighton | 3b |
| Heriot-Watt | 4 | Portsmouth | 3b |
| Liverpool | 4 | Plymouth | 2 |
| Loughborough | 4 | South Bank | 2 |
| Manchester | 4 | Teesside | 2 |
| Newcastle (Surveying) | 4 | Westminster | 2 |
| Queen's, Belfast | 4 | Bolton Institute | 1 |
| Sheffield | 4 | East London | 1 |
| Southampton | 4 | Kingston | 1 |
| | | Oxford Brookes | 1 |
| | | Southampton Institute | 1 |

## Ingeniería Eléctrica y Electrónica

| | | | |
|---|---|---|---|
| Edinburgh | 5* | Glasgow | 5 |
| Sheffield (Electrical and | | London, Imperial | 5 |
| Electronic Engineering) | 5* | Queen Mary and Westfield, | |
| Southampton | 5* | London | 5 |
| Surrey | 5* | Queen's, Belfast | 5 |
| UCL, London | 5* | Sheffield (Automatic Control | |
| Bristol | 5 | and Systems Engineering) | 5 |

# Clasificación de Investigación

| | | | |
|---|---|---|---|
| Strathclyde | 5 | Napier | 3b |
| UMIST (Instrumentation and | | Nottingham Trent | 3b |
| Analytical Science) | 5 | Plymouth | 3b |
| Aston | 4 | Portsmouth | 3b |
| Bath | 4 | Westminster | 3b |
| Birmingham | 4 | Bolton Institute | 2 |
| Cardiff | 4 | Bournemouth | 2 |
| Essex | 4 | De Montfort | 2 |
| Heriot-Watt | 4 | Glamorgan | 2 |
| Kent at Canterbury | 4 | Huddersfield | 2 |
| King's College | 4 | Liverpool John Moores | 2 |
| Liverpool | 4 | Middlesex | 2 |
| Loughborough | 4 | Reading (Electronics – | |
| Newcastle | 4 | Engineering) | 2 |
| Swansea | 4 | Sheffield Hallam | 2 |
| UMIST (Electrical Engineering) | 4 | South Bank | 2 |
| York | 4 | Brighton | 1 |
| Brunel | 3a | Central Lancashire | 1 |
| Bangor | 3a | Coventry | 1 |
| Leeds | 3a | Derby | 1 |
| Manchester | 3a | East London | 1 |
| Northumbria at Newcastle | 3a | Glasgow Caledonian | 1 |
| Nottingham | 3a | University College Northampton | 1 |
| Reading (Electronics – | | North London | 1 |
| Cybernetics) | 3a | Paisley | 1 |
| Bradford | 3b | Staffordshire | 1 |
| City, London | 3b | Teesside | 1 |
| Hull | 3b | UWE, Bristol | 1 |
| Manchester Metropolitan | 3b | | |

# Ingeniería General

| | | | |
|---|---|---|---|
| Cambridge | 5* | Brunel | 3a |
| Keele | 5* | City, London | 3a |
| Oxford | 5* | Exeter | 3a |
| Durham | 5 | Ulster | 3a |
| London, Imperial | 5 | Abertay Dundee | 3b |
| Liverpool John Moores | 5 | De Montfort | 3b |
| Strathclyde | 5 | Greenwich | 3b |
| Aston | 4 | Leeds Metropolitan | 3b |
| Cranfield | 4 | Open University | 3b |
| Dundee | 4 | Oxford Brookes | 3b |
| Lancaster | 4 | Paisley | 3b |
| Leicester | 4 | Southampton Institute | 3b |
| Sussex | 4 | Sunderland | 3b |
| Warwick | 4 | Bournemouth | 2 |
| Aberdeen | 3a | UCE, Birmingham | 2 |
| Bradford | 3a | Glasgow Caledonian | 2 |

# Clasificación de Investigación

| | | | |
|---|---|---|---|
| Robert Gordon | 2 | Wolverhampton | 2 |
| Staffordshire | 2 | Luton | 1 |
| Swansea Institute | 2 | | |

## Ingeniería Mecánica, Aeronáutica y de Fabricación

| | | | |
|---|---|---|---|
| Bath | 5* | Newcastle | 3a |
| London, Imperial | 5* | Northumbria at Newcastle | 3a |
| King's College London | 5* | Surrey | 3a |
| Leeds | 5* | De Montfort | 3b |
| Queen's, Belfast | 5* | Derby | 3b |
| Cardiff | 5 | Hertfordshire | 3b |
| Cranfield | 5 | Huddersfield | 3b |
| Liverpool (Mech. Engineering) | 5 | Nottingham Trent | 3b |
| Sheffield | 5 | Portsmouth | 3b |
| Southampton | 5 | Reading | 3b |
| UMIST | 5 | Salford | 3b |
| UCL, London | 5 | Sheffield Hallam | 3b |
| Bradford | 4 | South Bank | 3b |
| Bristol | 4 | Staffordshire | 3b |
| Brunel | 4 | Strathclyde (Design, Manufacture and Engineering Management) | 3b |
| Glasgow (Aerospace Engineering) | 4 | Bolton Institute | 2 |
| Liverpool (Industrial Studies) | 4 | Brighton | 2 |
| Loughborough | 4 | City, London | 2 |
| Manchester | 4 | Coventry | 2 |
| Nottingham | 4 | Kingston | 2 |
| Queen Mary and Westfield, London | 4 | Liverpool John Moores | 2 |
| Strathclyde (Mech Engineering) | 4 | Manchester Metropolitan | 2 |
| Swansea | 4 | Plymouth | 2 |
| Birmingham | 3a | Buckinghamshire College | 1 |
| Edinburgh | 3a | East London | 1 |
| Glasgow (Mech. Engineering) | 3a | Middlesex | 1 |
| Greenwich | 3a | Newport College | 1 |
| Hull | 3a | Teesside | 1 |
| | | UWE, Bristol | 1 |

## Ingeniería Mecánica, Aeronáutica y de Fabricación

| | | | |
|---|---|---|---|
| Bath | 5* | UMIST | 5 |
| London, Imperial | 5* | UCL, London | 5 |
| King's College London | 5* | Bradford | 4 |
| Leeds | 5* | Bristol | 4 |
| Queen's, Belfast | 5* | Brunel | 4 |
| Cardiff | 5 | Glasgow (Aerospace Engineering) | 4 |
| Cranfield | 5 | Liverpool (Industrial Studies) | 4 |
| Liverpool (Mech. Engineering) | 5 | Loughborough | 4 |
| Sheffield | 5 | Manchester | 4 |
| Southampton | 5 | | |

# Clasificación de Investigación

| | | | |
|---|---|---|---|
| Nottingham | 4 | Salford | 3b |
| Queen Mary and Westfield, | | Sheffield Hallam | 3b |
| London | 4 | South Bank | 3b |
| Strathclyde (Mech Engineering) | 4 | Staffordshire | 3b |
| Swansea | 4 | Strathclyde (Design, Manufacture | |
| Birmingham | 3a | and Engineering Management) | 3b |
| Edinburgh | 3a | Bolton Institute | 2 |
| Glasgow (Mech. Engineering) | 3a | Brighton | 2 |
| Greenwich | 3a | City, London | 2 |
| Hull | 3a | Coventry | 2 |
| Newcastle | 3a | Kingston | 2 |
| Northumbria at Newcastle | 3a | Liverpool John Moores | 2 |
| Surrey | 3a | Manchester Metropolitan | 2 |
| De Montfort | 3b | Plymouth | 2 |
| Derby | 3b | Buckinghamshire College | 1 |
| Hertfordshire | 3b | East London | 1 |
| Huddersfield | 3b | Middlesex | 1 |
| Nottingham Trent | 3b | Newport College | 1 |
| Portsmouth | 3b | Teesside | 1 |
| Reading | 3b | UWE, Bristol | 1 |

# Ingeniería Mineral y de Minas

| | | | |
|---|---|---|---|
| Heriott-Watt | 5* | Leeds | 4 |
| London, Imperial | 5 | Nottingham | 4 |
| Exeter | 4 | | |

*Fuente: RAE 1996*

# Inglés

El inglés es mucho más que un vehículo adecuado para las comunicaciones internacionales. Es el idioma del turismo, de la aviación, de la navegación y de la investigación científica. Por qué entonces elegir estudiar inglés en el Reino Unido más que en los Estados Unidos o Australia?. En gran medida es una elección personal, pero sin embargo Gran Bretaña ofrece ciertas ventajas. Primero, tiene la atracción de una historia larga y variada. La mayoría de las escuelas de inglés organizan viajes para que sus estudiantes visiten Stratford-upon-Avon, Oxford, Cambridge y Bath, ciudades llenas de historia y asociadas a escritores ingleses como Shakespeare, Byron y Jane Austen. Si sus aficiones tienden más hacia el siglo XX, la cultura contemporánea es otra gran atracción. Los medios de comunicación de muchos países promueven a Londres como "una de las ciudades más excitantes del mundo". Edimburgo es mundialmente famoso por su festival de arte y Gran Bretaña en general está experimentando una enorme expansión en las industrias de la moda y la música.

Otra ventaja de estudiar en Inglaterra es su proximidad a la Europa continental. Esto no solamente significa que hay un gran número de diferentes nacionalidades en las clases de lengua, sino que además, si se decide a estudiar en Gran Bretaña tendrá a su alcance muchas otras culturas. Muchos estudiantes internacionales consideran a Gran Bretaña como la puerta hacia Europa y aprovechan la oportunidad para visitar otros países durante su estancia. Y por último, aunque

muy importante, una buena razón para elegir el RU como lugar para aprender el inglés es la calidad de la enseñanza.

El British Council, que es una entidad apoyada por el gobierno, se estableció mediante Carta Real en 1934 y uno de sus objetivos más importantes es la vigilancia de la enseñanza de la lengua inglesa en Gran Bretaña a través del "British Council Accreditation Scheme" (Plan de Acreditación del British Council). Las escuelas que solicitan su acreditación pasan por una rigurosa inspección cada tres años. Dos inspectores supervisan durante varios días la gestión gerencial y académica de cada escuela, los lugares donde se imparte la enseñanza, el alojamiento de los estudiantes, los medios académicos (equipos de enseñanza, libros, equipos de laboratorio de idiomas) y las provisiones sociales y de bienestar. El British Council controla a todos los profesores, que deberán tener un certificado de Enseñanza del Inglés como Lengua Extranjera (TEFL).

Hay otras dos asociaciones ligadas a este plan, para escuelas que ya tengan la acreditación del British Council. La "British Association of State English Language Teaching" (Asociación Británica de Enseñanza Estatal del Inglés) (BASELT) es una asociación de instituciones de enseñanza del idioma inglés del sector estatal, mientras que la "Association of Recognised English Language Schools" (Asociación de Escuelas de Inglés Reconocidas) (ARELS) es para escuelas del sector privado.

Muchas universidades también tienen sus cursos propios de Inglés (también acreditados por el British Council), generalmente con diferentes formatos. La mayoría prepara los estudiantes en inglés académico, tanto hablado como escrito. Algunos cursos se estudian junto con la licenciatura principal, facilitando a los estudiantes lecciones complementarias y de apoyo. Otros son cursos pre-apertura de uno o dos meses de duración para asegurar que los estudiantes que hayan obtenido una plaza en la universidad tengan un suficiente nivel de inglés. Otros cursos tienen una duración hasta de un año y se enseñan, además del inglés, técnicas de estudio que luego podrán emplear en otras instituciones. Algunas universidades ofrecen cursos que no están específicamente encauzados al estudio académico, con una enseñanza más generalizada del idioma. Si le interesa realizar estudios adicionales en una universidad en particular, estos cursos le facilitan la oportunidad de experimentar su ambiente e instalaciones y de investigar sobre los departamentos y los cursos.

Para más información sobre escuelas de idiomas, ver el capítulo de Sistema de Educación Británico.

# CURSOS ESPECIALIZADOS Y VOCACIONALES

## Bath Spa University College

### Estudios Comparativos Internacionales (CIS)

El programa de CIS de un año de duración facilita la entrada a varios cursos de licenciatura a estudiantes internacionales cuyo conocimiento del inglés esté por debajo de los requisitos normales de ingreso. El programa combina el estudio de materias académicas del primer año del esquema modular del colegio universitario con ayuda en lengua inglesa relacionada con la materia de estudio y con actividades culturales y sociales. Los estudiantes internacionales cursan clases junto con sus compañeros británicos, pero reciben ayuda adicional para preparar presentaciones de seminarios, trabajos escritos y técnicas linguísticas. En el primer año del programa de licenciatura modular se estudian hasta tres asignaturas junto con los estudiantes británicos. El estudiante que completa con éxito el programa CIS puede pasar al segundo año de un programa de licenciatura en Bath Spa. Puede también emplearse el programa como una cualificación puente para otras instituciones de educación superior en el RU.

Este programa es un paso muy popular para acceder a programas de BSc(Hons) en Estudios Empresariales, Artes Creativas o Ciencias Sociales que se ofrecen en esta universidad *Detalles p334.*

## City College Manchester
### Inglés para los que no son anglo parlantes

Los que deseen obtener una cualificación en inglés como lengua extranjera pueden elegir entre cursos a tiempo completo, tiempo parcial y clases nocturnas. Las cualificaciones comprenden IELTS, Prueba de Admisión a la Universidad, y Pitman básico y elemental. Se pueden cursar hasta un total de 25 horas de clase por semana y los estudiantes tienen libre acceso a las instalaciones del colegio, que incluyen un multi-gimnasio, un centro de recreo, estudios de música y una suite dedicada a Tecnología de la Información. Los estudiantes tienen encuentros individuales con tutores a fin de identificar sus necesidades y diseñar un programa de estudios individual. Los cursos se imparten en el Abraham Moss Centre, al norte de Manchester y en el Fielden Centre, situado al sur.

Las clases de inglés del colegio están acreditadas por el British Council. *Detalles p350.*

## David Game College

Este es un colegio independiente que forma parte del Grupo David Game, una amplia organización educativa que incorpora colegios de todo el RU y del extranjero, incluyendo Malasia, Pakistán y Turquía. El colegio está plenamente acreditado por el British Accreditation Council.

Los estudiantes del David Game pueden estudiar inglés como idioma extranjero en la Kensignton Academy of English, que es una división del colegio. Se imparten cursos a todos los niveles, desde principiante hasta avanzado, unos son cursos generales y otros de preparación para exámenes reconocidos como IELTS, TOEFL y la gama de Cambridge. Algunos estudiantes pasan de las clases de lengua inglesa a los cursos pre-universitarios del colegio.

El curso de UFP tiene una duración de un año a tiempo completo y está diseñado para estudiantes internacionales que deseen ser admitidos en las universidades británicas, como alternativa a los cursos tradicionales de A level. Los cursos estan debidamente planificados y preparan a los estudiantes para estudiar una licenciatura en una cierta materia, junto con el estudio del idioma inglés y clases de técnicas de estudio. La estructura del curso consta de seis módulos, repartidos en las tres fases del curso. Tres de estos son módulos importantes, que hacen relación a la materia de la futura licenciatura del estudiante y los otros tres son de menor importancia que amplían y equilibran el trabajo necesario. Los módulos menores que están a disposición de todos los estudiantes son matemáticas, Tecnología de la Información (TI) y técnicas de comunicación. Los módulos importantes incluyen arte, económia, derecho, ciencias y estudios sociales. *Detalles p449.*

## London College of English

El London College of English es un colegio privado que está reconocido por la Asociación de Escuelas de Idiomas Británica y ofrece clases de inglés para estudiantes internacionales en pequeños grupos amistosos. Está situado cerca de la City de Londres, a una corta distancia andando de la estación de metro de Barbican.

Los cursos son a tiempo completo en todos los niveles, desde el Elemental al Proficiency, y están diseñados para preparar los exámenes de inglés de la Universidad de Cambridge, que están reconocidos en todo el mundo.

Todos los profesores, cuya lengua madre es el inglés, están plenamente cualificados y tienen experiencia en hacer que los estudiantes obtengan el máximo beneficio y disfrute de su paso por el colegio. La secretaría del colegio siempre está a disposición de los estudiantes para ayudarles con los requisitos de visados y cualquier otros problemas que puedan encontrar. Se facilita un servicio completo de alojamiento y hay una variedad de actividades deportivas y de recreo en lugares de fácil acceso desde el colegio, así como las famosas atracciones de Londres. *Detalles p455.*

## London Study Centre

Fulham es una parte cosmopolita y muy popular de la capital para los veinteañeros, con cantidad de cafés, bares y restaurantes y a fácil distancia del centro de la ciudad.

El London Study Centre fué fundado hace 24 años para ofrecer a los estudiantes clases de inglés a un precio asequible. El colegio bulle de actividad con estudiantes de todo el mundo y cuenta con un Organizador Social que está a cargo de un variado programa que incluye fiestas, viajes, visitas culturales, actividades deportivas y otros eventos.

Todas las clases cuentan con TV satélite y hay una biblioteca y un centro multimedia, un laboratorio de idiomas para estudio privado y un departamento de ordenadores(computadores) con internet. Hay dos salas comunes y los estudiantes pueden sentarse en el jardín y en los patios desde la primavera hasta el otoño. El centro está acreditado por el British Council y es miembro de ARELS. Los estudiantes tienen evaluaciones regularmente y se supervisan sus progresos. Se facilitan notas a petición de los estudiantes, a quienes se alienta para que vigilen sus propios avances y el sistema tiene flexibilidad para permitirles cambiarse a una clase más avanzada si creen que van por delante de la clase, o a una clase inferior si creen que van retrasados.

Se ofrecen todos los niveles desde principiante hasta avanzado, y se presenta un exámen al entrar. El principal enfoque es hacer que los estudiantes puedan comunicarse con efectividad, principalmente en el idioma hablado, pero también por escrito. No existe un método de enseñanza LSC sino que los profesores emplean una mezcla de tácticas y actividades al nivel y rapidez adecuados para cada grupo. El centro tiene un alto nivel académico y una amplia gama de instalaciones a precio razonable.

Los estudiantes del London Study Centre pueden prepararse para los exámenes de Cambridge Preliminary First Certificate, Cambridge Advanced o Proficiency. Se pueden elegir cuatro opciones EFL:

- EFL varios niveles, 12 semanas con 15 horas por semana, £350
- EFL varios niveles, 12 semanas con 15 horas por semana, £318
- EFL varios niveles, 4 semanas con 15 horas por semana, £158
- EFL varios niveles, 4 semanas con 15 horas por semana, £148

Los estudiantes pueden integrarse a una clase en un lunes cualquiera, siempre que exista una plaza en una clase de su nivel. Al llegar presentan un examen a fin de colocarles en la clase adecuada. Los estudiantes que hayan estado en el LSC durante más de 6 meses obtienen un Certificado de Estudios. *Detalles p456.*

## Middlesex University
### Curso Base Internacional

Este curso está diseñado para impartir clases de idioma inglés y de una materia especializada. Dos terceras partes del curso se dedican al estudio del inglés y el resto al estudio de la materia especializada. Después de completar el curso los estudiantes pasan a estudiar una licenciatura en la universidad.

Hay una amplia variedad de materias para estudiar junto con el idioma inglés, que incluyen arte y diseño (preparación del portafolio) estudios empresariales, gráficos por ordenador(computador), política, música. tecnología/ingeniería, derecho, hostelería, marketing (mercadeo) y moda.

Además de los citados estudios, que se realizan en uno de los colegios asociados a la universidad, se prepara a los alumnos para estudiar en una universidad británica. Este curso que tiene una duración de un año comienza con una semana de orientación con residencia incluída, libre de cargo. Los alumnos del curso base tienen acceso a todas las instalaciones de la universidad, incluyendo las de recreo, y a los medios de estudio. *Detalles p384.*

## The Old Vicarage

Este colegio residencial privado para chicas está situado en una gran casa de estilo regency a las afueras del pueblo de Marden, en Kent. El énfasis del colegio se sitúa en el desarrollo individual de cada joven, ayudándoles a adquirir una gama de técnicas y aptitudes desde la confección de

# The Old Vicarage

The Old Vicarage

- English/Culture for Ladies
- No upper age limit
- High quality tuition in small groups
- English and other subjects can be combined
- Historic country area one hour from London
- Convenient for trips nationwide
- Pleasant rooms provided for accommodation during the course
- included in the cost of the course (£300-£400 + vat per week)
- No VAT payable on half the course fees
- Courses start at any time throughout the year

**The Old Vicarage, Marden, Tonbridge, Kent TN12 9AG**
**Tel & Fax 01622 832200**
**Founded 1986**
**Principal Mrs P. J. Stevens LRAM (S&D)**

ropa y el arte de la hospitalidad hasta la creación de trabajos con azucar y el cuidado de los niños. El Old Vicarage ofrece un ambiente relajado pero estimulante para las jóvenes al mismo tiempo que continúan con su educación y adquieren oficios prácticos para su uso en su vida futura. El colegio tiende a conseguir "chicas adultas con talento, relajadas y responsables". Las estudiantes internacionales se han dado cuenta que el estudio del inglés con clases en una materia práctica les da la oportunidad de usar el inglés hablado y ampliar su vocabulario. Se ofrecen cursos de lengua inglesa cortos y flexibles, además de los cursos que culminan en los exámenes de inglés como lengua extranjera. Se organizan cursos durante todo el año en tres términos de diez semanas cada uno, aunque las estudiantes pueden elegir estancias más cortas o más largas. Se pueden admitir chicos mediante un acuerdo especial. Los precios son de £2.610 por un término de 10 semanas, o £7.830 por un año. Los cursos cortos cuestan de £326-£435 por semana, según las horas de clase y las materias. *Detalles p459.*

## Oxford Brookes University
### Diploma Internacional de Curso Base

Este curso está dirigido por el International Centre for English Language Studies (ICELS). El curso es una mezcla de módulos obligatorios y opcionales. Los tres módulos obligatorios son lengua inglesa, técnicas de estudio y un programa individual de investigación en un tema que sea de la materia que el estudiante desee proseguir. Se estudian también cinco módulos, a nivel de curso base y de licenciatura, de entre una gama de opciones que incluye estudios empresa-riales, turismo, derecho, medios, ciencias sociales e informática.En 1997/98 hubo 87 estudiantes internacionales de más de 40 países en los cursos de ICELS. *Detalles p392.*

## Purley Secretarial and Language College

Este colegio privado situado en una gran casa en el centro de Purley, se especializa en la enseñanza de idiomas y secretariado con residencia. El colegio selecciona familias anfitrionas para los estudiantes que necesitan ayuda para encontrar alojamiento; esto supone una gran ayuda en especial para estudiantes internacionales, ya que ofrece una oportunidad más para mejorar su inglés. Al llegar al colegio los estudiantes tienen una evaluación sobre su nivel de idioma y se les designa una clase adecuada - Principiante, Elemental, Intermedia, First Certificate, Advanzada o Proficiency. Se hace hincapié en la comunicación, de forma que se trabaja en las técnicas de escuchar, leer, hablar y escribir, junto con clases de literatura inglesa, historia y cultura. Los medios de estudio incluyen material audio-visual moderno. Se prepara a los estudiantes para exámenes externos que se celebran a lo largo del año, incluyendo IELTS, TOEFL, Instituto de Linguistas y los exámenes de UCLES de Cambridge. Además de las clases generales y de inglés a tiempo parcial y completo, el colegio ofrece Inglés intensivo para fines especiales, con una duración de una a cuatro semanas, en areas tales como comercio, turismo y marketing (mercadeo). Los alumnos pueden tomar parte en actividades deportivas y sociales organizadas por el colegio. Ver el capítulo de secretariado para detalles de otros cursos. *Detalles p459.*

## University College of Ripon and York St. John- Centro Internacional de Cursos Cortos

Este centro ofrece cursos de lengua inglesa a nivel intermedio y avanzado durante todo el año. Los alumnos pueden estudiar durante periodos de uno a tres meses en programas de inglés intensivo, viviendo con familias de York especialmente seleccionadas. Los alumnos pueden también estudiar un curso de Certificado Curso Base para BA, que es un programa de un año de duración, validado por la Universidad de Leeds, que provee a los estudiantes de conocimientos de inglés, técnicas de estudio y conocimientos de la materia suficientes para comenzar una licenciatura. *Detalles p408.*

## The Spectrum Group

Spectrum trabaja con más de 20 colegios estatales y privados acreditados en Londres y otros lugares de Inglaterra. Todos ellos ofrecen buenas instalaciones de estudio para estudiantes internacionales, con clases reducidas y variados programas deportivos y sociales. El alojamiento va desde hostales a estancias con familias. Estos colegios ofrecen cursos de lengua inglesa a nivel elemental, intermedio y avanzado, para presentarse a los exámenes de TOEFL, IELTS y Cambridge. Algunos también realizan cursos para profesores internacionales de inglés. Los cursos tienen una duración desde unas pocas semanas hasta un año o más y varios de los colegios tienen cursos de verano en Julio y Agosto. Los precios van desde £390 por cuatro semanas, £575 a £1.400 por tres meses y £1.725 a £3.850 por un año. Los cursos de inglés con otra asignatura tienen cada vez más demanda y generalmente son de un año de duración. Se puede elegir entre empresa, arte y diseño, informática, viajes y turismo, terapias de belleza, hostelería, fútbol y moda. *Detalles p408.*

# CURSOS DE LICENCIATURA

## Anglia Polytechnic University
### BA (Combined Hons) en Lengua Inglesa y Empresa

Esta licenciatura da la oportunidad de desarrollar el inglés empresarial mientras se estudian módulos en materias empresariales. Estos módulos son tanto teóricos como prácticos y van desde el análisis de la cultura corporativa a presentaciones profesionales de empresa. Los alumnos no tienen que hacer su elección de módulos antes de comenzar el curso, lo que les da la oportunidad de enterarse de los cursos antes de comprometerse. Los trabajos a realizar durante el curso colocan con frecuencia a los alumnos en situaciones empresariales realísticas y puede consistir en escribir informes sobre la empresa, preparar documentos para consultas y realizar presentaciones. Actualmente existen 48 estudiantes internacionales en el curso. *Detalles p330.*

## University of Essex
### BA en Inglés como Idioma Extranjero

Este curso de licenciatura está diseñado para los que quieren dedicarse a la enseñanza del inglés como lengua extranjera (TEFL). La licenciatura de tres años incorpora también la concesión de un certificado TEFL. Facilita la introducción a aspectos como la estructura de inglés contemporáneo y la comprensión de la forma de enseñanza del inglés en clase, así como la evaluación de materiales y métodos modernos empleados en TEFL. También se pueden elegir opciones en linguística. El curso se lleva a cabo dentro del departamento de Lenguas y Linguística que se fundó hace treinta años y cuenta con unos 50 miembros. Actualmente hay 14 estudiantes internacionales en el curso. *Detalles p356.*

LENGUA INGLESA

# Literatura Inglesa

El inglés es una de las únicas lenguas realmente internacionales, y sus distintas tradiciones literarias florecen en casi todas las partes habitadas del mundo. Esto significa que el alcance de los cursos de licenciatura de literatura inglesa, incluso de los más tradicionales, es enorme, y se estudian las obras de autores tan culturalmente, geográficamente y cronológicamente diversos como Chaucer, Ben Okri, Toni Morrison y V. S. Naipaul. No es necesario decir que el estudio de la literatura inglesa supone el llegar a conocerse la biblioteca con el mayor detalle y leer muchísimo. Sin embargo, como parte de sus estudios, se encontrará también discutiendo cuestiones sobre temas diversos, tales como, historia, arte, lenguas, política, religión, filosofía, geografía, ciencias y los medios de comunicación.

Ya que la literatura inglesa es un tema relativamente tradicional y académico, se puede estudiar en la mayoría de universidades, colegios y escuelas privadas. Muchos de estos también ofrecen cursos de inglés como lengua extranjera, y los estudiantes deben tener cuidado en no confundirlos. Los estudiantes de literatura inglesa a nivel de licenciatura y postgrado - y en menor grado a nivel de GCSE y A Level - deben ser capaces de escribir redacciones literarias y tener una comprensión intuitiva de los matices del vocabulario literario.

A nivel de licenciatura, los cursos de BA suelen durar tres años. Sin embargo, el contenido de los cursos varía de institución a institución, e incluso de estudiante a estudiante. Algunos departamentos pueden insistir en la importancia de las antiguas raices de la lengua inglesa e incluir estudios de inglés antiguo así como también del desarrollo de la historia y de la lengua. Además pueden incluir temas obligatorios, tales como Chaucer y Shakespeare. Otros cursos son más modulares y permiten mucha independencia para elegir los temas que se quieren estudiar; los estudiantes frecuentemente completan la licenciatura de literatura inglesa sin haber leído todas las "grandes obras" del canon (los textos tradicionalmente considerados como los más importantes de la literatura inglesa).

Las licenciaturas de un solo tema pueden estar estructuradas para que el primer año sirva como una especie de curso base, y se estudia una selección de obras o autores importantes. Esto puede estar combinado con una introducción a las teorías principales, por ejemplo el Marxismo, el feminismo o el post-structuralismo y las fuentes culturales tales como Homero, la Biblia, Darwin y Freud. Los dos años siguientes pueden permitir que los estudiantes estructuren sus propios estudios, seleccionando varias opciones, por ejemplo Romanticismo, tragedia, literatura y cine, literatura victoriana o escocesa. La literatura inglesa también se encuentra en los estudios de licenciaturas combinadas con temas como alemán, historia del arte, música o política.

A nivel de postgrado se ofrecen cursos de investigación, cursos de clases de MA o diploma de postgrado. Las areas que se estudian varían desde la teoría crítica hasta la lengua moderna inglesa, o estudios de Shakespeare, y pueden dar la oportunidad a los estudiantes de ampliar el campo de sus estudios a otros campos relacionados con la literatura. Por ejemplo un curso de MA en literatura y cultura americana de un año de duración, combina estudios de literatura americana con temas como historia y fotografía americana.

La literatura inglesa también se puede estudiar a nivel de no-licenciatura. Las calificaciones oficiales son las del sistema escolar británico, es decir los GCSEs y los A Levels, que se pueden estudiar a tiempo completo o parcial en varios colegios privados o colegios de educación para adultos. Algunas de estas instituciones también ofrecen cursos cortos - por ejemplo en Escritura Creativa, Las Canciones y los Sonetos de Shakespeare o la Escritura Afrocaribeña - que no resultan en una cualificación en particular, pero que pueden ser interesantes como introducción al tema.

## CURSOS DE LICENCIATURA

### Bath Spa University College
#### MA Escritura Creativa

Este programa de la Facultad de Humanidades estudia la escritura imaginativa, por ejemplo poesía, ficción, escritura de obras de teatro y guiones. Mientras el curso desafía las dimensiones entre los géneros y experimenta con lengua y forma, al mismo tiempo trata de las prácticas literarias tradicionales. Se anima a los estudiantes a seguir una dirección en particular en sus escritos y también a desarrollar sus técnicas de escritura creativa para avanzar en sus carreras, bien en periodismo, o como escritores, novelistas o poetas. El curso está estructurado en módulos e incluye el estudio de escritura en grupo, dos módulos obligatorios de contexto, tales como postmodernismo, escritura y la hambruna irlandesa, ficción de suspenso y un proyecto de escritura en dos fases.

La evaluación se efectúa en base al conjunto de sus obras creativas escritas y cada uno de los módulos de contexto tiene una evaluación a través de una redacción de 3.000 palabras. No hay exámenes escritos.

El curso atrae a una variedad de estudiantes de distintas formaciones. Se invita a escritores a dar seminarios y a leer obras durante todo el curso. Uno de los escritores que ha intervenido es Fay Weldon. *Detalles p334.*

### University of Birmingham
#### Literatura Inglesa (English)

El programa de inglés de Birmingham permite que los estudiantes sigan un plan de estudios que refleje sus intereses, seleccionando cursos de literatura y de lengua o bien especializándose en el estudio literario o linguístico. El inglés se puede estudiar como una licenciatura de un solo tema o "joint honours" (combinado) con temas tales como, estudios africanos, estudios americanos, drama y danza. Después del primer año, que es común, los estudiantes pueden elegir entre 100 módulos, en el segundo y tercer año, que cubren una gama de escritores, géneros y tipos de literatura, desde la edad media hasta el presente, además de estudios avanzados en lengua inglesa. Entre los módulos existe uno dedicado a Shakespeare, que utiliza los recursos del único Instituto Shakespeare, que está situado en Stratford-upon-Avon y que organiza visitas a las representaciones del Royal Shakespeare Company. Como contraste con la escuela o colegios, los estudiantes tienen menos horas de contacto con los profesores y se les anima a trabajar independientemente aparte de sus clases de aula, seminarios y clases con tutor. La evaluación se hace a través de redacciones escritas junto con presentaciones orales y exámenes escritos; y con una tesis en el último año. Los licenciados en inglés desarrollan técnicas de pensamiento crítico y expresión de articulación y muchos se dedican a trabajar en los campos de editorial, periodismo o enseñanza. *Detalles p445.*

## University College London
## University of London
### BA (Hons) en Inglés

UCL tiene una larga historia de considerar el Inglés como tema académico serio y lo hizo antes que las otras universidades en el R.U. y ha conseguido siempre las clasificaciones más altas en enseñanza e investigación. Además del curso de Literatura inglesa es posible combinar el estudio de Inglés con Alemán o Historia del Arte. El primer año del curso de licenciatura sólo en inglés consiste en un curso base que cubre métodos críticos y textos narrativos desde la era Anglosajona hasta el presente, con inclusión de textos básicos, tales como Homero, Freud y la Biblia. En el segundo y el tercer año los estudiantes realizan dos "cursos principales" sobre Chaucer y Shakespeare, más otros seis cursos opcionales, desde lengua hasta literatura. Se ofrecen clases particulares con tutores una vez cada quince días. La licenciatura se evalúa a lo largo del curso y a través de largas redacciones y exámenes en el segundo y en el tercer año. Sólo se

ofrecen 80 plazas para estudiar inglés en UCL incluyendo el programa de licenciatura combinado y por lo tanto las notas exigidas por el departamento, como requisito de admisión, son altas - Notas en A Levels de AAB, con A en inglés. *Detalles p465.*

## University of Oxford
### Lengua y Literatura Inglesa

Oxford es famosa por sus cursos de postgrado en Inglés. Igualmemte es reconocido su curso de licenciatura en lengua inglesa y literatura el cual tiene una gran demanda y es muy popular entre los estudiantes internacionales (se aceptan aproximadamente 300 año). Oxford cuenta con profesores académicos como Terry Eagleton, además de la biblioteca Bodleian. Además del curso BA en Lengua y Literatura Inglesa, se ofrece ahora inglés como parte de las licenciaturas conjuntas con Historia Moderna, los Clásicos o Lenguas Modernas. El curso no tiene módulos y el estudiante tendrá una introducción, y escribirá redacciones sobre varias obras de la literatura inglesa, a lo que se pueden añadir otras opciones que incluyen, literatura clásica, linguística, literatura americana y poetas importantes.

La evaluación se efectúa a base de exámenes al final del primer año (Honour Moderations) y un examen final al terminar el tercer año. Este sistema da la oportunidad a los estudiantes de explorar profundamente y en detalle el tema y desarrollar sus técnicas sin el estrés de exámenes en el segundo año, aunque suele significar que existe más presión en el periodo del examen final. Como en todos los programas de licenciatura de Oxford, los estudiantes tienen un tutor para supervisar su progreso y ofrecerle apoyo en sesiones cara a cara. *Detalles p394.*

## University of Sheffield
### Literatura Inglesa

El Departamento está situado en un grupo de edificios victorianos que contiene una biblioteca e instalaciones de informática. También tiene su propio teatro utilizado por los estudiantes que hayan optado por estudios prácticos de Taller de Drama. Hay conexiones de intercambio que ofrecen la oportunidad a varios estudiantes de pasar un año en una universidad americana. El curso cubre aspectos del pasado, pero con un énfasis fuerte en la cultura contemporánea. Todos los módulos del primer nivel incluyen estudios literarios y aspectos del Renacimiento. Se ofrecen las siguientes opciones: Introducción al Teatro, Hollywood y el cine y práctica literaria. Los grupos de teatro constituyen el método principal de enseñanza. Los estudiantes tendrán que hacer siete redacciones o trabajos en el primer semestre y siete horas de contacto a la semana. Entre los métodos de evaluación están los trabajos de curso, proyectos prácticos y exámenes. Los licenciados en literatura inglesa pueden dedicarse a las profesiones de enseñanza, periodismo, contabilidad y derecho, entre otras. *Detalles p414.*

## University of Sussex
### Grupo de Temas de Inglés

Los estudios de literatura inglesa en Sussex han recibido buenas clasificaciones en los Ejercicios de Evaluación de Investigación del Gobierno. También obtuvo un "Excelente" en las evaluaciones de calidad de enseñanza más recientes. Los estudios de literatura inglesa en Sussex siempre han sido particularmente innovadores. Tiene un sistema especial de estudios para sus licenciaturas y ofrece la oportunidad a los estudiantes de explorar una gama de temas junto con la literatura. La selección de los cursos ofrecidos es grande y cada estudiante puede crear un programa que satisfaga sus intereses particulares. La mayoría de la enseñanza se lleva a cabo en seminarios en grupos de entre ocho y doce estudiantes, y varios cursos que tienen el apoyo de clases en el aula (lectures). En los trimestres de primavera y de verano del segundo año los estudiantes tienen derecho a pasar el semestre de primavera en la Universidad de Rutgers, en Nueva Jersey, como parte del programa de intercambio. Los licenciados en literatura inglesa de Sussex han conseguido trabajos en los siguientes campos: como escritores, en el teatro, en periodismo, en televisión, en casas editoriales, en enseñanza y como funcionarios. *Detalles p426.*

## Cardiff University
### Literatura Inglesa, Comunicaciones y Filosofía

La escuela de literatura inglesa, comunicaciones y filosofía de Cardiff ofrece cursos de literatura inglesa y estudios modernos de inglés con licenciaturas en crítica cultural, lengua y comunicaciones, filosofía e historia de las ideas. El planteamiento de los cursos de Cardiff está centrado en el estudiante y es modular, con cursos que se pueden adaptar a los requerimientos del estudiante. Se ofrece aproximadamente una selección de 100 módulos y el curso está dividido en semestres. Los estudiantes del segundo y el tercer año estudian seis módulos por semestre. Se pueden estudiar módulos de otras licenciaturas ofrecidas por la escuela o la facultad. Las atracciones más importantes para los postgraduados son los internacionalmente conocidos "Centre for Critical and Cultural Theory", "Centre for Language and Communication Reseach" y el "Centre for Editorial and Intertextual Research". *Detalles p348.*

## University of York
### BA(Hons) Literatura Inglesa

La literatura es un tema particularmente diverso y apasionante que abarca casi toda la vida humana. El Departamento de Literatura Inglesa de York pretende reflejar esta diversidad con un curso de amplitud histórica y geográfica en el cual se introduce a los estudiantes a una variedad de planteamientos críticos, al mismo tiempo que se les anima a desarrollar y expresar sus propias ideas. Las opciones ofrecidas por el curso varían desde la literatura anglo-sajona, hasta la poesía moderna irlandesa. El profesorado tiene también interés en varias obras literarias extranjeras. La flexibilidad del curso no solo se demuestra en su variedad de opciones literarias sino también en las oportunidades ofrecidas a los estudiantes para sustituir cursos normales por temas tales como la escritura creativa o la producción de obras de teatro. Los métodos de evaluación son creativos a fin de tener en cuenta las disciplinas que los estudiantes deberán haber adquirido, e incluyen redacciones largas, evaluaciones orales y exámenes escritos abiertos de siete días de duración. *Detalles p442.*

## Clasificación de Investigación
### Literatura Inglesa

| | | | |
|---|---|---|---|
| Cambridge (Anglo-Saxon, Norse and Celtic) | 5* | Leicester | 4 |
| Cambridge (English) | 5* | Liverpool | 4 |
| Oxford | 5* | Manchester | 4 |
| UCL, London | 5* | Nottingham | 4 |
| Birmingham | 5 | Reading | 4 |
| Leeds | 5 | Royal Holloway, London | 4 |
| Queen Mary and Westfield, London | 5 | Sheffield | 4 |
| Sussex | 5 | Southampton | 4 |
| Cardiff | 5 | St Andrews | 4 |
| York | 5 | Warwick | 4 |
| Birkbeck, London | 4 | Aberdeen | 3a |
| Bristol | 4 | Dundee | 3a |
| Durham | 4 | Glasgow | 3a |
| East Anglia | 4 | Goldsmiths, London | 3a |
| Edinburgh | 4 | Hull | 3a |
| Essex | 4 | Keele | 3a |
| King's College, London | 4 | Kent at Canterbury | 3a |
| Lancaster | 4 | Loughborough | 3a |
| | | Newcastle | 3a |
| | | Nottingham Trent | 3a |

# Clasificación de Investigación (continuación)

| | | | |
|---|---|---|---|
| Queen's, Belfast | 3a | York St John | 2 |
| Roehampton Institute | 3a | Edge Hill | 2 |
| Sheffield Hallam | 3a | Huddersfield | 2 |
| Stirling | 3a | Kingston | 2 |
| Strathclyde | 3a | Liverpool Hope | 2 |
| Ulster | 3a | Nene College | 2 |
| Bangor | 3a | North London | 2 |
| Aberystwyth | 3a | Oxford Brookes | 2 |
| Swansea | 3a | Plymouth | 2 |
| Anglia Polytechnic | 3b | St Martin's College | 2 |
| Cheltenham and Gloucester | | Staffordshire | 2 |
| College | 3b | Sunderland | 2 |
| De Montfort | 3b | Trinity College, Carmarthan | 2 |
| Exeter | 3b | Westminster | 2 |
| Hertfordshire | 3b | Westminster College, Oxford | 2 |
| Liverpool John Moores | 3b | Worcester College | 2 |
| Manchester Metropolitan | 3b | Bretton Hall | 1 |
| Middlesex | 3b | Chester College | 1 |
| Open University | 3b | College of St Mark and St John | 1 |
| St Mary's College | 3b | Derby | 1 |
| Lampeter | 3b | King Alfred's College | 1 |
| UWE, Bristol | 3b | La Sainte Union College | 1 |
| Bath College | 2 | Luton | 1 |
| Bolton Institute | 2 | Northumbria at Newcastle | 1 |
| Brunel | 2 | Norwich School of Art | |
| UCE, Birmingham | 2 | and Design | 1 |
| Chichester Institute | 2 | Teesside | 1 |
| College of Ripon and | | Trinity and All Saints | 1 |

*Fuente: RAE 1996*

# Evaluación de Calidad de Enseñanza

## Inglés (Inglaterra e Irlanda del Norte) 1994/95/96

| | | | |
|---|---|---|---|
| Anglia Polytechnic | Excelente | Newcastle | Excelente |
| Bath College | Excelente | North London | Excelente |
| Birkbeck, London | Excelente | Northumbria at Newcastle | Excelente |
| Birmingham | Excelente | Nottingham | Excelente |
| Bristol | Excelente | Oxford | Excelente |
| Cambridge | Excelente | Oxford Brookes | Excelente |
| Chester College | Excelente | Queen Mary and Westfield, | |
| Durham | Excelente | London | Excelente |
| East London | Excelente | Queen's, Belfast | Excelente |
| Exeter (revisit) | Excelente | Sheffield | Excelente |
| Kingston | Excelente | Sheffield Hallam | Excelente |
| Lancaster | Excelente | Southampton | Excelente |
| Leeds | Excelente | Sussex | Excelente |
| Leicester | Excelente | UCL, London | Excelente |
| Liverpool | Excelente | Warwick | Excelente |

# Evaluación de Calidad de Enseñanza (continuación)

| | | | |
|---|---|---|---|
| West of England | Excelente | Luton | Satisfactorio |
| York | Excelente | Manchester | |
| Aston | Satisfactorio | Metropolitan | Satisfactorio |
| Canterbury Christ Church | | Manchester | Satisfactorio |
| College | Satisfactorio | North Riding College | Satisfactorio |
| Central Lancashire | Satisfactorio | Nottingham Trent | Satisfactorio |
| Chichester | | Portsmouth | Satisfactorio |
| Institute (Revisit) | Satisfactorio | Reading | Satisfactorio |
| College of St Mark and | | Royal Holloway, London | Satisfactorio |
| St John | Satisfactorio | | |
| De Montfort | Satisfactorio | St Mary's College | Satisfactorio |
| East Anglia | Satisfactorio | Staffordshire | Satisfactorio |
| Essex | Satisfactorio | Sunderland | Satisfactorio |
| Greenwich | Satisfactorio | Teesside (Revisit) | Satisfactorio |
| Huddersfield | Satisfactorio | Trinity and All Saints | Satisfactorio |
| Hull | Satisfactorio | UCE, Birmingham | Satisfactorio |
| Keele | Satisfactorio | Westminster | Satisfactorio |
| Kent at Canterbury | Satisfactorio | Wolverhampton | Satisfactorio |
| King Alfred's College | Satisfactorio | Worcester College | Satisfactorio |
| King's College, London | Satisfactorio | | |

## Inglés (Escocia) 1996/97

| | | | |
|---|---|---|---|
| Dundee | Excelente | St Andrews | Muy Satisfactorio |
| Glasgow | Excelente | Edinburgh | Muy Satisfactorio |
| Stirling | Excelente | Strathclyde | Muy Satisfactorio |
| Aberdeen | Muy Satisfactorio | | |

## Inglés (Gales) 1994/95

| | | | |
|---|---|---|---|
| Aberystwyth | Excelente | Bangor | Satisfactorio |
| **Language** | | **Literature** | |
| Cardiff | Excelente | Cardiff | Satisfactorio |
| **Creative writing, theatre, media** | | Lampeter | Satisfactorio |
| Glamorgan | Excelente | Swansea | Satisfactorio |

*Fuente: HEFCE, SHEFC, HEFCW ultimas listas obtenidas*

*Para obtener una lista más completa de las instituciones que ofrecen estos cursos a nivel de licenciatura mire el directorio de cursos pp468-486*

# Moda y Belleza

Si quiere conquistar el mundo de la moda y belleza y cree que tiene las características necesarias - ambición, originalidad, ingenio y dedicación - podría llegar a ser uno de los próximos Vivienne Westwood, Alexander McQueen o Trevor Sorbie. Existen muchos cursos para acercarle al mundo dinámico y cosmopolita de la industria de la moda y la belleza y, como estos campos están sujetos a cambios y expansión radicales, los estudiantes tienen la oportunidad de hacerse notar y ejercer una significativa influencia.

Como materias vocacionales que son, tanto moda como belleza requieren una gran cantidad de trabajo práctico y hay varios tipos de cursos y títulos disponibles. Muchos cursos se dan en escuelas o colegios especializados y privados, que conceden sus propios diplomas, pero sin embargo también hay cursos de licenciatura y postgrado en colegios y universidades. Hay muy pocos colegios en el RU (una excepción es el London College of Fashion - London Institute) donde se pueden estudiar tanto moda como belleza bajo el mismo techo, ya que ambas materias generalmente se tratan como entidades separadas.

## MODA

Para quienes deseen estudiar moda el Reino Unido, y Londres en particular, son la elección natural. Londres es una ciudad clave en el circuito internacional de la moda, junto con Nueva York, París y Milán, y Gran Bretaña tiene fama de producir diseñadores de ingenio y originalidad, como John Galliano y Vivienne Westwood. La moda cubre un gran espectro, desde ropa de mujeres, hombres y niños, hasta ropa de deportes, prendas de punto, lencería y zapatos. Hay por lo tanto una gran variedad de cursos cuyo enfoque común es la creación, comunicación y promoción de imágenes de moda. Muchos cursos basados en diseño amplían la experiencia del estudiante respecto a la moda, mientras que desarrollan su propio estilo creativo individual. Sin embargo la moda no trata solamente de diseño. Hay otros cursos que sitúan a la moda en un ambiente empresarial. El curso sobre promoción de moda, por ejemplo trata de los aspectos prácticos, tales como técnicas de escribir, relaciones públicas (PR) estrategias de marketing (mercadeo) y periodismo.

## BELLEZA Y MAQUILLAJE

La cantidad de cursos disponibles en el RU sobre maquillaje y belleza es enorme y confusa, tanto para el estudiante nativo como para el extranjero. Por esta razón, cuando esté considerando los cursos debe obtener la mayor información posible, hablando con los que tienen experiencia y visitando los colegios, antes de decidirse por un curso y antes de pagarlo. Un curso universitario o en un colegio puede tener una duración de dos o tres años, en comparación con seis meses en una escuela privada, y las calificaciones y precios pueden ser muy diferentes.

También es importante saber qué área de belleza o maquillaje se desea estudiar.

La terapia de belleza está orientada hacia el cliente con el propósito de facilitarle, en clubs o salones, una sensación de salud y bienestar. Para conseguirlo hay cursos dedicados a tratamientos, tales como, masaje, manicura, cera y facial. Se pueden conseguir un número de títulos. Dos de las más conocidas organizaciones de acreditación son el Comité Internationale d'Esthetique et Cosmetolgie (CIDESCO) y su contrapartida británica la British Confederation of International Beauty Therapy and Cosmetology (CIBTAC). Ambas organizaciones inspeccionan los establecimientos antes de permitirles emplear su nombre. Otras calificaciones que merecen respeto son International Hair and Beauty Certificate (IHBC), City and Guilds y NVQs.

El maquillaje tiene más una orientación de imagen, tanto si está basado en la moda como en efectos especiales. La mayoría de los cursos de maquillaje tratan estas dos áreas de estudio por separado y se aconseja a los estudiantes a que se especialicen en una de ellas, aunque el curso contenga elementos básicos de la otra. Un curso de Estilista de Moda de Peinado y Maquillaje, por ejemplo, versará en la enseñanza de cómo producir imágenes modernas y atractivas para fines promocionales, de desfiles de moda o fotográficos. Por otra parte, un curso de maquillaje para TV, cine y teatro, tratará de las diversas técnicas para crear heridas falsas o aspectos de época para el teatro y la pantalla.

## CURSOS ESPECIALIZADOS Y VOCACIONALES

### Alan D The School of Hairdressing

Esta academia especializada está situada en el centro comercial de Londres, el West End, y ofrece una gama de cursos flexibles de peluquería y maquillaje, con una duración de entre un día a 36 semanas. También hay siete salones de peluquería en Londres que, junto con la academia, componen el grupo Alan D. La academia también organiza seminarios, grupos de trabajo práctico y demostraciones dirigidos por su equipo de educadores.

Se enseñan todas las facetas de peluquería, desde el corte, permanente y coloración hasta barbería, extensiones y entrelazado. También se dan cursos base y cursos a nivel avanzado que pueden incluir el peinado Afro-Caribeño, que se pueden hacer en cursos a tiempo completo o parcial. También se pueden preparar cursos a la medida, según los intereses y necesidades de los estudiantes.

Alan D The School of Hairdressing cuenta con una amplia comunidad de estudiantes internacionales - más del 50% de sus estudiantes son extranjeros. Aunque existen otras escuelas de peluquería en el centro de Londres, ésta es la única donde se pueden obtener los certificados de NVQ y de World Federations of Hairdressing and Beauty Schools. El énfasis doble en los aspectos práctico y teórico ha ayudado a muchos estudiantes a conseguir el éxito en sus carreras en la industria de la peluquería y la belleza en todo el mundo. Entre los estudiantes se encuentran peluqueros con experiencia que desean desarrollar las últimas técnicas en peluquería, participando en grupos de trabajo y cursos avanzados, así como principiantes y los que desean refrescar sus conocimientos y mejorar sus técnicas. El Equipo Creativo del colegio presenta regularmente seminarios y exhibiciones por todo el mundo, incluyendo Italia, España, Hungría, Israel, Malasia, Tailandia, Singapur y Brasil.

Las modernas instalaciones de la academia comprenden un salón construído específicamente para realizar demostraciones, y una sala común de estudiantes con aire acondicionado. *Detalles p444.*

## Birmingham College of Food and Tourism

**NVQ a Nivel 2 y 3 Peluquería y Terapia de Belleza**

Los estudiantes pueden enfocar sus estudios tanto a la peluquería como a la terapia de belleza (cursos de dos años), o combinar las dos materias (curso de tres años). El contenido del programa es 80% práctico y 20% teórico y los estudiantes aprenden aspectos como el cuidado de la piel, electroterapia, lift facial sin intervención quirúrgica, tratamientos de uñas y ojos, corte, secado con secador, coloración y permanente. La formación se lleva a cabo en un ambiente de trabajo práctico, en los dos salones de peluquería del colegio y en las suites de terapia de belleza que están abiertas al público. Los nuevos programas HND incluyen estudios de empresa con gestión de salones.

La mayoría de los programas empiezan anualmente en Septiembre, aunque también es posible inscribirse en Febrero. Los precios del curso son de £3.000 al año, lo que incluye clases de inglés. *Detalles p338.*

## Blake College

Esta escuela de arte independiente ofrece cursos adecuados tanto para principiantes como para estudiantes adelantados. Está situada en un almacén de la época victoriana reconvertido y ofrece instalaciones modernas y becas para estudiantes de la UE que no tienen medios económicos para hacer el curso.

Los estudiantes de ilustración de modas se familiarizan inicialmente con el dibujo de figura. Se usan diferentes medios como lápices, pinceles gruesos y delgados o una combinación de ellos, a fin de realizar cartones temáticos y técnicas de dibujo alternativas. Los estudiantes desarrollan su propio estilo en investigación y dibujo y preparan proyectos basados en fuentes históricas y contemporáneas.

Los cursos de corte con patrón y construcción de ropa permiten a los estudiantes coser su propia ropa. Los estudios comprenden las técnicas necesarias para la producción de mangas, bolsillos, pantalones, pliegues, además de coser con máquina eléctrica y la producción de prototipos en blanco. Los estudiantes comienzan realizando proyectos simples, como un vestido de linea A, y gradualmente pasan a producir una colección de moda para el desfile de moda anual de los estudiantes. Los estudiantes de textiles aprenden a producir diseños para telas y otros materiales para moda o interiores, empleando una multitud de efectos y técnicas. Eventualmente llegan a crear y explorar sus propias técnicas y temas de investigación. El curso cubre muchas técnicas de aplicación, como impresión "screen printing", teñido y pintura en seda.

También hay cursos de diseño gráfico y diseño de interiores. *Detalles p445.*

## The Old Vicarage

Este colegio residencial privado para chicas está situado en una gran casa de estilo regency a las afueras del pueblo de Marden, en Kent. El énfasis del colegio se sitúa en el desarrollo individual de cada joven, ayudándoles a adquirir una gama de técnicas y aptitudes desde la confección de ropa y el arte de la hospitalidad hasta la creación de trabajos con azucar y el cuidado de los niños. El Old Vicarage ofrece un ambiente relajado pero estimulante para las jóvenes al mismo tiempo que continúan con su educación y adquieren oficios prácticos para su uso en su vida futura. El colegio tiende a conseguir "chicas adultas con talento, relajadas y responsables". Se dan cursos cortos de cultura de la belleza, modas y acicalado, y coordinación de ropa. El Departamento de Arte del colegio también enseña diseño y tejido con agujas, modas y costura. Las alumnas que completan el curso con éxito obtienen el diploma del colegio. Los precios son de £2.610 por un término de 10 semanas o £7.830 por año. Los cursos cortos cuestan £326-£435 por semana, según las horas de enseñanza y la materia. *Detalles p459.*

## Plymouth College of Art and Design
### HND Moda

Este nuevo curso se ha diseñado para satisfacer las necesidades y temas actuales relativos a la moda y a la industria textil, tanto localmente como a nivel nacional. Es decir, los aspectos técnicos, contemporáneos e históricos que se relacionan con el mundo de la moda. Los estudiantes desarrollan durante todo el curso las técnicas de diseño y producción que se requieren para el trabajo profesional en este dinámico campo.

Los estudiantes pueden realizar un número de cursos, desde materiales y técnicas hasta procesos, a fin de cubrir las diferentes etapas desde la realización de prendas de ropa hasta la colección final.

Este es un curso de amplia base y cubre todos los aspectos de la moda, desde el diseño hasta la coreografía del desfile, con fuertes conexiones entre el departamento y la industria. *Detalles p398.*

## St. Aldates College

St. Aldates está situado en el mismo centro de Oxford, cerca del Chirst Church College. Hay un consejero de estudiantes que trabaja a tiempo completo para ayudar con el alojamiento y la mayoría de los estudiantes internacionales se hospedan en pisos y casas de propiedad del colegio. El colegio ofrece una serie de programas de gerencia así como un diploma sobre medios de comunicación. El curso sobre dirección de edición de moda, de nueve meses de duración, se ofrece en dos niveles. El curso de dirección de edición de moda está dirigido a los que desean hacer una carrera a nivel de dirección. El curso de asistente de edición de moda combina, por el contrario, conocimientos prácticos de tecnología de la información y administración con un entrenamiento en las bases de edición de moda para los que deseen tener un puesto de asistente personal u otro similar. Ambos cursos se enfocan a la comprensión de varios aspectos de revistas de moda/estilo de vida. Los cursos examinan el contenido editorial, así como el contexto empresarial y las fuentes de ingresos más importantes. El curso incluye la edición mediante ordenador(computador), el diseño de página y el uso de hojas de estilo y plantillas. Los estudiantes efectúan visitas a revistas y casas de moda y realizan su propia producción de edición de revistas. *Detalles p461.*

## CURSOS DE LICENCIATURA

### The London Institute, London College of Fashion
### BA(Hons) Tecnología de Diseño para la Industria de la Moda

Actualmente hay 63 estudiantes internacionales en este curso, que pretende dar una comprensión creativa del proceso de diseño y una comprensión del desarollo y fabricación de la ropa dentro de la ropa de hombres, de mujeres o accesorios. Dentro de la especialidad que elijan, los estudiantes exploran varias áreas en profundidad a lo largo de los dos primeros años y se concentran en un área durante su tercer año de estudio. En relación a la moda masculina se estudian las prendas deportivas y la sastrería, y en relación a la moda femenina se estudian los trajes sastre, ropa no estructurada y moda de bordado, y en cuanto a accesorios, se estudian los objetos de cuero y sombrerería. Cada especialidad se estudia bajo una perspectiva creativa, tecnológica, comercial e internacional. El curso se beneficia de estar situado en el corazón de Londres, desde donde se forman conexiones industriales con empresas a todos los niveles del mercado. *Detalles p374.*

## University of Northumbria at Newcastle
### Diseño

El Diploma/MA de Postgrado en Diseño de la Universidad de Northumbria en Newcastle puede incluir especializaciones en moda, diseño para la industria y diseño 3-D. El curso tiene una buena reputación internacional. Recientemente ganó un galardón concedido por una importante revista alemana de modas para el mejor curso de diseño de moda en el mundo. *Detalles p388.*

## University of Westminster
### Medios, Diseño y Comunicaciones

Este curso, un BA de tres años en moda, está muy relacionado con la industria de la moda. Los cursos cubren un amplio espectro de materias como corte de patrones, sombrerería, práctica profesional y estudios de moda empresariales. Los graduados de estos cursos han conseguido trabajos con Maxmara, Escada, Diesel y Ralph Lauren. Los estudiantes internacionales tienen el alojamiento garantizado en las residencias de la universidad durante el primer año. El curso se imparté en el campus de Harrow de la Universidad de Westminster, que tiene su base en el Norte de Londres.

Los cursos PELAS tienen lugar en Junio, Julio, Agosto y Septiembre. Los estudiantes que quieren estudiar inglés durante su curso universitario pueden hacer el EAP (Inglés con fines Académicos) que dura todo el año y cuenta como un módulo del curso en la mayoría de los programas de licenciatura.

Muchos de los empleados de la oficina internacional de educación son extranjeros o han estudiado en el extranjero. También se organiza un programa de estudios en el extranjero para los que desean realizar parte de su licenciatura en el RU y parte en su propio país. Los estudiantes de este programa tienen clases universitarias combinadas con clases de lengua inglesa durante uno o dos semestres y pueden transferir los créditos obtenidos a una universidad de su propio país.

La universidad tiene sus locales en el centro y a las afueras de Londres y da prioridad de alojamiento a los estudiantes internacionales. Se cuenta con un consejero para los estudiantes internacionales a fin de ayudarles y aconsejarles, el cual organiza encuentros sociales durante todo el año. También hay una Sociedad Internacional de Estudiantes. *Detalles p440.*

La Academia para la gente nueva a la Peluquería Y para los peluqueros con experiencia que desean avanzar sus técnicas y conocimientos de las **TÉCNICAS COMERCIALES DE SALÓN**

Cursos en:
* Corte          *Coloreado
*Permanenetes    *Cabello largo
*Barbería        *Extensiones

*Hasta y sobrepasando el nivel de NVQIII

*Se ofrecen cursos a tiempo parcial

GET
IN
THE
PICTURE
WITH

61/62 Eastcastle Street, Londres W1P 3RE
Tel: 0171 580 3323    Fax: 0171 580 1040
www.aland.co.uk

# Geografía y Ciencias de la Tierra

os científicos de la tierra aspiran a entender la constitución del planeta, la evolución de todas las formas de vida y los orígenes de la atmósfera. Es un área de descubrimientos - la investigación de los cambios climáticos y los cambios de pautas en la tierra y en el mar - y, cada vez más, un área de planificación y gestión a gran escala, ya que está bajo escrutinio el papel que jugamos en la tierra. Muchas de las asignaturas recaen dentro del apartado general de la geografía y ciencias de la tierra. Algunas contienen una visión general amplia, por ejemplo un BSc en estudios de la tierra, y otras están enfocadas a una materia mucho más específica, como un BSc en Estudios Costeros. Las áreas de asignaturas que se mencionan más abajo son solamente a título de guía general y es importante recordar que con frecuencia están muy relacionadas entre sí. La geografía y las ciencias de la tierra en su conjunto tienen también fuertes conexiones con otras materias, incluyendo el medio ambiente construído, ciencias y tecnología.

## GEOGRAFIA

La geografía es una materia variada que puede incorporar tanto ciencias naturales como sociales, e incluir temas tan variados como meteorología, geología y diseño y planificación urbana pero también puede tener un enfoque más humano - incluyendo demografía, cambios sociales y culturas en el mundo. Es bastante normal, especialmente a nivel universitario, que los cursos faciliten a los estudiantes una base general en muchos tópicos antes de permitirles especializarse en un área particular. También es posible un enfoque hacia la aplicación práctica del conocimiento geográfico; un BSc o un MSc en sistemas de información geográficos, por ejemplo, se refiere a la enseñanza de los sistemas de informática que emplean datos provinientes de aviones y satélites para fines como la navegación, predicción del tiempo y gestión de desastres.

## GEOLOGIA

La geología es el estudio de la tierra, incluyendo su composición, estructura, procesos e historia. Son áreas que no solamente cambian constantemente sino que también afectan en gran parte el uso del terreno a nuestro alrededor. Los cursos reflejan estas premisas mediante la inclusión de una gran parte de trabajo de campo - la experiencia práctica puede incluir las áreas de análisis estructural y confección de mapas de superficie. También hay varias carreras especializadas en las que los conocimientos de geología son prácticamente esenciales y algunos cursos los facilitan. Los estudiantes que se interesan por la industria disponen de un curso de geología industrial o del petroleo. De todas formas se pueden estudiar la mayoría de las especialidades. Los estudiantes con un interés especial en la historia de la tierra, por ejemplo, pueden dedicarse al estudio de fósiles, quizás conectando su curso con la arqueología.

## CIENCIAS DEL MEDIO AMBIENTE

Los cursos de ciencias del medio ambiente estudian la relación entre los humanos y su entorno, lo cual, con la preocupación sobre el calentamiento global en años recientes, está siendo un área de creciente interés. Con frecuencia se examina en los cursos el impacto que nuestras actividades tienen sobre la tierra, pero también se considera la forma en que los humanos se ven afectados por su entorno y por eventos tales como volcanes y terremotos. El propósito de las ciencias del medio ambiente es el entender, predecir, y siempre que sea posible regular dichos impactos. Las materias que se tratan incluyen, por ejemplo, el estudio de la conservación o la polución química y ambos pueden considerarse con relación a sus implicaciones legales, políticas y sociales.

## ESTUDIOS DE LOS OCEANOS

Aunque el RU sea una isla, no existe un gran número de cursos sobre estudios del océano y de oceanografía. Sin embargo los que hay ofrecen un buen grado de especialización. Algunos se inclinan hacia las ciencias, estudiando las aspectos físicos o biológicos del océano. Otros tienen un enfoque tecnológico y examinan las operaciones que se llevan a cabo sobre el mar y bajo el mar y muchas veces tienen conexión con la ingeniería. También hay cursos con un énfasis en el aspecto empresarial y consideran la situación legal y económica de la navegación.

## CURSOS UNIVERSITARIOS

### University of Aberdeen
Ciencias del Medio Ambiente

La Universidad de Aberdeen ofrece una gama de cursos en los Departamentos de Agricultura, Química, Silvicultura, Geografía y Zoología. Entre los programas de licenciatura que se ofrecen están los de agricultura, biología de conservación, ecología, ciencias del medio ambiente, silvicultura, biología marina y ciencias del entorno tropical. A nivel de postgrado se ofrece un gran número de cursos de clases de un año de duración, incluyendo desarrollo de la agricultura, ecología, derecho del medio ambiente y ciencias marinas y de pesquerías. Se intenta alentar a los estudiantes de PHD y de Masters, siempre que sea posible, para que realicen un proyecto de investigación que sea relevante en su país de origen. Se pueden realizar estudios universitarios de investigación en los ocho departamentos. La universidad tiene estrechas relaciones con los Institutos de investigación más importantes, como el Macaulay Land Use Research Institute, Rowlett Research Institute y el Laboratorio Marino del Scottish Office Agriculture Environment and Fisheries Department (SOAEFD). *Detalles p328.*

### University of Birmingham
Geografía

La Escuela de Geografía de Birmingham es una de las mayores del RU y ofrece a los estudiantes una amplia gama de especializaciones, incluyendo gestión del entorno, climatología, geomorfología, geografía urbana histórica y paleoecología. Además de los principios de la geografía humana y física, los estudiantes adquieren conocimientos prácticos que implican trabajo en el campo con estancias incluídas y aprenden técnicas especializadas como cartografía por ordenador (computador). Los métodos de evaluación comprenden el trabajo realizado durante el

## Evaluación de Calidad de Enseñanza

### Geografía (Inglaterra e Irlanda del Norte) 1994/95

| | | | |
|---|---|---|---|
| Birmingham | Excelente | Sheffield | Excelente |
| Bristol | Excelente | Southampton | Excelente |
| Cambridge | Excelente | Open University | Excelente |
| Canterbury Christ Church | | UCL, London | Excelente |
| College | Excelente | Birkbeck, London | Satisfactorio |
| Cheltenham and | | Central Lancashire | Satisfactorio |
| Gloucester College | Excelente | Hull | Satisfactorio |
| Coventry | Excelente | Kent at Canterbury | Satisfactorio |
| Durham | Excelente | King Alfred's College | Satisfactorio |
| East Anglia | Excelente | Kingston | Satisfactorio |
| Exeter | Excelente | Leicester | Satisfactorio |
| Kings College, London | Excelente | Liverpool | Satisfactorio |
| Lancaster | Excelente | LSE, London | Satisfactorio |
| Leeds | Excelente | Loughborough | Satisfactorio |
| Liverpool Institute | Excelente | Manchester | |
| Manchester | Excelente | Metropolitan | Satisfactorio |
| Nottingham | Excelente | Newcastle | Satisfactorio |
| Oxford Brookes | Excelente | Northumbria at | |
| Oxford | Excelente | Newcastle | Satisfactorio |
| Plymouth | Excelente | Salford | Satisfactorio |
| Portsmouth | Excelente | SOAS, London | Satisfactorio |
| Queen Mary and Westfield, | | Sunderland (Revisit) | Satisfactorio |
| London | Excelente | Ulster | Satisfactorio |
| Reading | Excelente | Worcester College | Satisfactorio |

### Geografía (Escocia) 1993/94

| | | | |
|---|---|---|---|
| Aberdeen | Excelente | Stathclyde | Excelente |
| Glasgow | Excelente | Edinburgh | Muy Satisfactorio |
| St Andrews | Excelente | Dundee | Satisfactorio |

### Geología (Inglaterra e Irlanda del Norte) 1994/95/96

| | | | |
|---|---|---|---|
| Birmingham | Excelente | Oxford | Excelente |
| Cambridge | Excelente | Plymouth | Excelente |
| Derby | Excelente | Queen's, Belfast | Excelente |
| Durham | Excelente | Reading | Excelente |
| Imperial, London | Excelente | Royal Holloway | Excelente |
| Kingston | Excelente | Southampton | Excelente |
| Leeds | Excelente | UCL, London | Excelente |
| Liverpool | Excelente | Bristol | Satisfactorio |
| Manchester | Excelente | Exeter | Satisfactorio |
| Newcastle | Excelente | Leicester | Satisfactorio |
| Open University | Excelente | Oxford Brookes | Satisfactorio |

## Evaluación de Calidad de Enseñanza

### Geología (Escocia) 1993/94

| | | | |
|---|---|---|---|
| Aberdeen | Excelente | Strathclyde | Excelente |
| Glasgow | Excelente | Edinburgh | Muy Satisfactorio |
| St Andrews | Excelente | Dundee | Satisfactorio |

### Estudios del Medio Ambiente (Inglaterra e Irlanda del Norte) 1994/95/96

| | | | |
|---|---|---|---|
| Bath | Excelente | Lincolnshire and | |
| East Anglia | Excelente | Humberside | Satisfactorio |
| Greenwich | Excelente | Luton | Satisfactorio |
| Hertfordshire | Excelente | Manchester | |
| Lancaster | Excelente | Metropolitan | Satisfactorio |
| Liverpool | Excelente | North Riding (Revisit) | Satisfactorio |
| Liverpool Institute | Excelente | Northumbria at | |
| Plymouth | Excelente | Newcastle | Satisfactorio |
| Reading | Excelente | Ripon and York St John | Satisfactorio |
| Southampton | Excelente | Southampton Institute | Satisfactorio |
| Ulster | Excelente | Staffordshire | Satisfactorio |
| Anglia Polytechnic | Satisfactorio | Sussex | Satisfactorio |
| Central Lancashire | Satisfactorio | Teesside | Satisfactorio |
| De Montfort | Satisfactorio | Wolverhampton | Satisfactorio |
| Kent at Canterbury | Satisfactorio | Worcester College | Satisfactorio |
| King Alfred's College | Satisfactorio | | |

### Ciencias del Medio Ambiente (Escocia) 1994

| | | | |
|---|---|---|---|
| Stirling | Excelente | Dundee | Muy Satisfactorio |

### Estudios del Medio Ambiente (Gales) 1994/95

| | | | |
|---|---|---|---|
| **Ciencias del Medio Ambiente-Cardiff** | **Excelente** | **Ciencias Medioambientales** N. E. Wales Institute | Satisfactorio |
| **Salud Medioambiental** Cardiff Institute | Excelente | **Medio Ambiente Rural y Salud y el Medio Ambiente** | |
| **Ingeniería del Medio Ambiente** Bangor | Satisfactorio | Trinity College, Carmarthen | Satisfactorio |

### studios de la Tierra y/u Océanos 1994/95

| **Ciencias de la Tierra** | | **Ciencias de la Tierra** | |
|---|---|---|---|
| Aberystwyth | Excelente | Cardiff | Satisfactorio |
| **Ciencias Oceánicas** | | **Geografía** | |
| Bangor | Excelente | Lampeter | Satisfactorio |
| **Geografía** | | | |
| Swansea | Excelente | | |

### Estudios Marítimos (Gales) 1994/95

| | |
|---|---|
| Cardiff | Excelente |

Fuente: HEFCE, SHEFC, HEFCW últimas listas disponibles

*Para obtener una lista más completa de las instituciones que ofrecen estos cursos a nivel de licenciatura mire el directorio de cursos pp468-486*

GEOGRAPHY

curso, presentaciones de seminarios, informes prácticos y exámenes. Los graduados en geografía se ven muy solicitados por empresarios a causa de su amplia gama de conocimientos y técnicas y se dedican a trabajos tan diversos como marketing (mercadeo), banca, planificación, topografía, y organizaciones de ayuda internacionales. *Detalles p445.*

## University of Cambridge
### Geografía

La Escuela de Geografía de Cambridge es uno de los mayores colegios de su clase de Inglaterra que ofrecen una licenciatura simple. El "tripos" en geografía permite el estudio de la materia durante uno, dos o tres años. El sistema hace posible que el estudiante combine la geografía con otra materia, y cambiar de "tripos" entre un año y otro. El departamento está equipado con su propia biblioteca, laboratorios, talleres y facilidades de informática. Las solicitudes y entrevistas se llevan a cabo directamente a través de los colegios de Cambridge. La enseñanza de geografía se realiza por medio de lecciones, clases prácticas y cursos de campo, que suman aproximadamente 16 horas por semana. Los estudiantes de licenciatura tienen también que presentar de uno a dos trabajos escritos por semana, junto con dos proyectos en cada trimestre. Las evalua-ciones se efectúan mediante una combinación de alrededor de un 20% de trabajo realizado durante el curso y un 80% en exámenes. *Detalles p346.*

## Coventry University
### MSc en Control y Evaluación del Medio Ambiente

Los estudiantes que deseen realizar este curso deben primero completar un diploma de postgrado y si desean continuarlo, pueden hacer el MSc. Los estudiantes aprenden los procesos del medio ambiente industrial y el mantenimiento de una buena práctica industrial en términos de calidad de agua y aire, y de eliminación sin riesgo de residuos. Los estudiantes aumentan sus conocimientos en la evaluación y solución de problemas del medio ambiente. Primero estudian un curso principal que consiste en química y gestión del medio ambiente en términos de control y análisis del medio ambiente industrial. En el año final del curso MSc se estudia la reglamentación y gestión del medio ambiente, con especialización en gestión de residuos, polución del aire, agua y ruido, y con-taminación de terrenos. Los graduados de este curso han obtenido trabajos en agencias del medio ambiente, consultoría y control de calidad del medio ambiente en la industria y el comercio. *Detalles p352.*

## Liverpool Hope
### MA en Renacimiento Urbano Contemporáneo

Este curso ofrece a los estudiantes de postgrado la oportunidad de desarrollar sus conocimientos sobre los planteamientos actuales del estudio de temas urbanos. Situado en el contexto de la regeneración urbana, el curso facilita un discurso contemporáneo sobre el futuro de las ciudades postindustriales. Los estudiantes investigan conceptos y teorías de geogafía urbana y las aplican a los procesos que han configurado ciudades en las recientes décadas. Los cursos tienen un equilibrio entre bases académicas y técnicas. Además de la enseñanza de módulos principales como la práctica, procedimientos, conceptos y teorías del renacimiento urbano, los estudiantes pueden también obtener experiencia práctica de trabajo mediante colocaciones con agencias de desarrollo, consultorías de planificación o autoridades locales. Los módulos opcionales incluyen la ecología urbana y turismo, patrimonio y renovación urbana. Los estudiantes realizan investigación en un tópico de su propia elección. *Detalles p368.*

## London School of Economics and Political Science, University of London
### Geografía y Medio Ambiente

A nivel de postgrado, los cursos del LSE de geografía y medio ambiente se concentran en los aspectos socioeconómicos, con mayor énfasis en la enseñanza e investigación multi-disciplinaria y enfoque en trabajos relevantes a la elaboración de políticas. La investigación tiene lugar principalmente en tres grupos que están dirijidos hacia: actuación y reglamentación económica, instituciones sociales de transformación económica y política, planificación y reglamentación del medio ambiente. El profesorado en estas diversas áreas es responsable de la enseñanza de cursos de masters especializados, lo que quiere decir que los estudiantes se ben-

efician de una comprensión actualizada de los temas que se tratan. Los intereses de los profesores van desde la reglamentación del medio ambiente al empleo de Sistemas de Información Geográfica (GIS). *Detalles p376.*

## University of Reading
### MSc/Diploma en Meteorología Aplicada

El curso tiene por objeto la preparación de los estudiantes con conocimientos científicos para trabajar en todas las ramas de la meteorología aplicada, incluyendo meteorología para la agricultura. Las asignaturas principales incluyen cursos en física atmosférica, ecología global e instrumentación y medición global, que se continúan con opciones a nivel avanzado en materias como hidrometeorología, cambios climáticos y climatología estadística. El tercer trimestre se dedica a un tópico a elección del estudiante. Los estudiantes tienen también la oportunidad de trabajar en un proyecto de grupo, investigando temas como el fenómeno de El Niño de 1997, y de asistir a un curso corto sobre predicción del tiempo en el UK Meteorological Office College. El departamento tiene conexiones con la Met Office y el

## Clasificación de Investigación
### Ciencias de la Tierra

| | | | |
|---|---|---|---|
| Cambridge | 5* | Durham | 4 |
| Oxford | 5* | London, Imperial | 4 |
| Bristol | 5 | Leicester | 4 |
| Edinburgh | 5 | Manchester | 4 |
| Leeds | 5 | Reading | 4 |
| Liverpool | 5 | Royal Holloway, London | 4 |
| Newcastle | 5 | UCL, London | 4 |
| Open University | 5 | Cardiff | 4 |
| Birkbeck, London | 4 | Birmingham | 3a |

GEOGRAFIA

# Clasificación de Investigación

| | | | |
|---|---|---|---|
| Glasgow | 3a | Sheffield | 3b |
| Keele | 3a | Cheltenham and Gloucester | |
| Southampton | 3a | College | 2 |
| Aberdeen | 3b | Derby | 2 |
| East London | 3b | Greenwich | 2 |
| Kingston | 3b | Luton | 2 |
| Portsmouth | 3b | Oxford Brookes | 2 |
| Queen's, Belfast | 3b | St Andrews | 2 |

## Ciencias del Medio Ambiente

| | | | |
|---|---|---|---|
| East Anglia | 5* | Liverpool John Moores | 2 |
| Reading | 5* | Luton | 2 |
| Lancaster | 5 | Middlesex | 2 |
| Southampton | 5 | Natural Resources Institute | 2 |
| Edinburgh | 4 | Oxford Brookes | 2 |
| London, Imperial | 4 | Paisley | 2 |
| Bangor | 4 | Robert Gordon | 2 |
| Glasgow | 3a | Roehampton Institute | 2 |
| Newcastle | 3a | Sheffield Hallam | 2 |
| Plymouth | 3a | Southampton Institute | 2 |
| Bradford | 3b | Sunderland | 2 |
| Hertfordshire | 3b | Kent at Canterbury | 2 |
| Manchester Metropolitan | 3b | Anglia Polytechnic | 1 |
| Napier | 3b | Bournemouth | 1 |
| Stirling | 3b | Central Lancashire | 1 |
| Ulster | 3b | Edge Hill College | 1 |
| Canterbury Christ Church College | 2 | North Riding College | 1 |
| Derby | 2 | Staffordshire | 1 |
| Greenwich | 2 | Wolverhampton | 1 |

## Ciencias del Medio Ambiente

| | | | |
|---|---|---|---|
| UCL, London | 5* | Open University | 4 |
| Bristol | 5* | Queen Mary and Westfield, | |
| Cambridge | 5* | London | 4 |
| Durham | 5* | Birmingham | 4 |
| Edinburgh | 5* | East Anglia | 4 |
| Royal Holloway, London | 5 | Exeter | 4 |
| Leeds | 5 | Hull | 4 |
| Newcastle | 5 | Liverpool | 4 |
| Sheffield | 5 | Manchester | 4 |
| Southampton | 5 | Nottingham | 4 |
| Lancaster | 4 | Oxford | 4 |
| LSE, London | 4 | Aberystwyth | 4 |
| Loughborough | 4 | Swansea | 4 |
| | | Birkbeck, London | 3a |

## Clasificación de Investigación

| | | | |
|---|---|---|---|
| Coventry | 3a | Anglia Polytechnic | 2 |
| King's College, London | 3a | Bath College | 2 |
| Queen's, Belfast | 3a | Brunel | 2 |
| Aberdeen | 3a | Kingston | 2 |
| Bradford | 3a | Liverpool John Moores | 2 |
| Dundee | 3a | Nottingham Trent | 2 |
| Glasgow | 3a | Oxford Brookes | 2 |
| Leicester | 3a | Staffordshire | 2 |
| Plymouth | 3a | Brighton | 2 |
| Portsmouth | 3a | Northumbria at Newcastle | 2 |
| Reading | 3a | Cardiff | 2 |
| St Andrews | 3a | Canterbury Christ Church College | 1 |
| Sussex | 3a | Chester College | 1 |
| Lampeter | 3a | Ripon and York St John | 1 |
| Cheltenham and Gloucester | | Edge Hill College | 1 |
| College | 3b | London Guildhall | 1 |
| Huddersfield | 3b | University College Northampton | 1 |
| Middlesex | 3b | St Martin's College | 1 |
| Open University, Development | | St Mary's College | 1 |
| Studies | 3b | Derby | 1 |
| SOAS, London | 3b | North London | 1 |
| Strathclyde | 3b | Worcester College | 1 |
| York | 3b | | |

*Fuente: RAE 1996*

European Centre for Medium Range Weather Forecasts. Una atracción especial del curso es la discusión semanal sobre el tiempo, donde se compara el tiempo que ha hecho durante la semana con las predicciones. *Detalles p406.*

### University of Wales, Aberystwyth Instituto de Geografía y Ciencias de la Tierra.

El instituto se distingue por su larga y bien establecida tradición en la enseñanza de la geografía y las ciencias de la tierra. Otros rasgos notables son sus instalaciones de clases, laboratorios y biblioteca, y los viajes a lugares de trabajo organizados dentro del RU y en el extranjero. Los estudiantes maduros pueden tener una entrevista. Los candidatos a estudiar Geografía necesitan una C en Geografía a nivel A level. Los solicitantes de otros cursos necesitan una buena base científica. Todos los candidatos a los que se ofrezcan plazas tendrán una invitación para acudir a un día de visita. *Detalles p444.*

# Salud y Medicina

Gran Bretaña tiene una considerable tradición en innovación médica. William y John Hunter, de la Universidad de Edimburgo, fueron quienes durante el siglo XVIII elevaron la anatomía, patología, obstetricia y cirugía al rango de estudio científico. En la década de 1850 Joseph Lister, que estudió en el University College de Londres (UCL), introdujo técnicas antisépticas en la cirugía. En 1988 James Whyte Black, graduado de la Universidad de St. Andrews, obtuvo el Premio Nobel de Fisiología y Medicina por desarrollar la primera droga betabloqueante, empleada en el tratamiento de la angina.

Se indican más abajo las principales especialidades en carreras que recaen dentro del capítulo de salud y medicina. Sin embargo, es posible especializarse sin haber hecho primero un periodo de formación como farmacéutico o médico. Las asignaturas de anatomía, inmunología o fisiología se tratan por separado en muchas facultades de ciencias y se estudian a nivel de BSc, MSc o MPhil.

## MEDICINA Y ODONTOLOGIA

Los hospitales de enseñanza de Gran Bretaña se encuentan entre los mejores del mundo. Sin embargo, desafortunadamente, la reputación de una excelente enseñanza e investigación atrae solicitudes a las escuelas médicas en grandes cantidades - tanto de Gran Bretaña como del extranjero - que un gran número tienen por necesidad que ser rechazadas. Como término medio, hay tres solicitudes por cupo en las escuelas médicas de Gran Bretaña. Las que tienen más fama reciben con frecuencia más de 20 solicitudes por plaza. Deben tenerse en cuenta diversos factores al enviar una solicitud. Primero, los requisitos de admisión son muy altos; es frecuente que solicitantes con tres notas A a nivel A level sean rechazados. Segundo, el gobierno restringe el número de cupos de licenciatura que se ofrecen a estudiantes internacionales. Tercero, algunas escuelas médicas de Gran Bretaña restringen la oferta de plazas a estudiantes internacionales que en sus propios países carecen de medios adecuados de formación. Por último, algunos colegios solamente aceptan estudiantes que tengan edades entre los 18-30 años.

En conjunto existen unas 30 escuelas de medicina en el RU, 14 de las cuales ofrecen también odontología que, de forma similar, tiene también una demanda excesiva. Las posibilidades de ser aceptado pueden mejorar si, en lugar de solicitar una plaza en una de las más famosas escuelas de medicina de Escocia o Londres, se solicita plaza en una que tenga una política de admisión menos rígida. La Universidad de Bristol, por ejemplo, algunas veces admite estudiantes con un historial poco corriente - el Bristol Medical School aceptó a un acupunturista profesional que deseaba ampliar sus conocimientos médicos. El formulario de UCAS le da la posibilidad de solicitar hasta seis escuelas. Sin embargo, la mayoría de las escuelas médicas y de odontología aconsejan que se hagan solicitudes a un número máximo de cinco colegios y se emplee la sexta posibilidad para solicitar una materia alternativa - como anatomía, fisiología o un tema de ciencias puras - lo que maximiza la posibilidad de ser aceptado a un curso de licenciatura durante ese año.

Los tutores de admisión buscan una serie de cualidades diferentes. Es importante probar un gran compromiso personal y una posición realística frente a la medicina o la odontología, lo cual puede demostrarse mediante trabajo voluntario realizado anteriormente en un hospital o institución curativa o habiendose dedicado a observar a un profesional en su campo. Los colegios de medicina y odontología también se interesan por la experiencia en informática, intereses ajenos (como música o deporte), preocupación por otras personas y técnicas de comunicación. Si el inglés no es su lengua materna, se le exigirá un alto nivel de competencia en el idioma hablado y escrito - una nota de 6,5 o 7 en IELTS o calificación equivalente .

Ambos cursos tienen una duración de cinco años, pero los estudiantes que no han estudiado las materias obligatorias a nivel de A level (preferiblemente química, física y biología o zoología) pueden tener que hacer un año base o curso pre-clínico antes de proceder con los estudios principales. Durante el primer año el énfasis se sitúa en los principios básicos de las materias. El planteamiento tradicional es introducir al estudiante a la teoría en materias como anatomía, fisiología y bioquímica en los dos años "pre-clínicos", antes de empezar los tres años "clínicos" que

mezclan el estudio con la experiencia práctica en salas de enfermos. Sin embargo, algunos colegios médicos han adoptado una estructura de curso más integrada. La odontología sigue muy de cerca la misma estructura pero con ciencias dentales como parte del trabajo teórico y experiencia en una consulta de dentista. Algunos estudiantes pueden tener opción a seguir una licenciatura intercalada ; es decir, un año fuera de la práctica médica para estudiar a tiempo completo una licenciatura BSc antes de continuar con la formación médica. Después de estos años pre-clínicos e intercalados, algunos estudiantes que no pudieron entrar en el colegio de su elección la primera vez, tienen la oportunidad de presentar una segunda solicitud, que tiene más probabilidades de ser aceptada si han obtenido unos excepcionales resultados.

Los cursos de medicina y odontología son muy intensivos, pero muchos estudiantes dicen que el volumen del material a aprender es más preocupante que su grado de dificultad. Una desventaja en relación al sistema de combinar el estudio académico con la práctica clínica es que frecuentemente solamente quedan libres para estudiar las noches y los fines de semana. Durante los dos últimos años de sus cursos, los estudiantes de medicina y odontología pierden también sus vacaciones de verano ya que trabajan durante 48 semanas al año.

La formación médica no termina con la licenciatura. A fin de registrarse como médico en ejercicio con el British General Medical Council (GMC), se debe trabajar durante un año como "house officer" (interno). Esto es una especie de aprendizaje supervisado por un médico licenciado en un hospital. Aunque no se supone que los internos, en el sentido estricto de la palabra, trabajen más de 56 horas por semana, la mayoría trabajan muchas más (la semana de 72 horas es corriente).

Después de los trabajos de interno y de conseguir el registro, los médicos pueden empezar su especialidad. Esto consiste generalmente en una serie de contratos de seis meses de duración en hospitales como " senior house officer" (SHO) (médico interno residente) trabajando en su área de interés o en relación a la misma. En general esto lleva cuatro años, durante los que el SHO debe presentarse a los exámenes pertinentes del Royal College. Las prácticas y exámenes que se requieren para ser un médico de cabecera (GP), por ejemplo, son acreditadas por el Royal Gollege of General Practitioners. Se puede también hacer especialidades en cirugía, patología o anestesia.

Otra opción que eligen muchos estudiantes internacionales en el RU. es la investigación a nivel de postgrado. Todos los colegios médicos tienen departamentos de investigación y existen varios cursos de enseñanza, como un MSc en medicina nuclear o en bioquímica clínica. También se puede solicitar la incorporación en una de las organizaciones de investigación independientes, como el Institute of Cancer Research. Las instituciones de investigación aceptan la mayoría de las cualificaciones médicas internacionales, pero para solicitar algunas becas de investigación puede ser necesario tener una cualificación como médico de uno de los colegios médicos británicos.

La formación de odontología finaliza con la licenciatura y una vez cualificado puede empezar a trabajar. Para muchos, esto empieza con un periodo de formación vocacional antes de entrar en la práctica general como dentista. Sin embargo, existen otras opciones que incluyen la odontología hospitalaria, odontología académica, o las fuerzas armadas. También es posible especializarse en áreas como la ortodoncia y odontología pediátrica o restaurativa. Para practicar en estas especialidades se necesita un diploma del Fellowship of Dental Surgery, que puede necesitar de uno a tres años. Sin embargo, para especializarse en cirugía oral tendrá que graduarse primero de médico.

## ENFERMERIA Y OBSTETRICIA

Existen dos caminos para obtener las cualificaciones de enfermera o partera, ya bien mediante un diploma o un programa de licenciatura. En cuanto a enfermería , se puede hacer ya bien un diploma de educación superior en enfermería (DipHE) o un título de enfermería pre-registro. Los requisitos mínimos de aceptación son cinco GCSEs. Tanto el programa de diploma como el de licenciatura incluyen teoría y práctica de enfermería supervisada, en partes iguales. La parte práctica tiene lugar tanto en hospitales como en lugares de la comunidad. Los programas tienen normalmente una duración de tres años (a veces cuatro) y se dividen entre un Programa Base Común de 18 meses (CFP) y un programa subsiguiente de 18 meses en una de las cuatro ramas de la enfermería: adultos, mental, salud, enseñanza de descapacitados o cuidado infantil. También hay programas acelerados de diploma modificados del DipHE para aquellos que ya posean una licenciatura relacionada con la salud. Tienen una duración de 24 meses a cuya finalización se obtiene una cualificación en una de las cuatro áreas principales de la enfermería. Deberá contactar el colegio o universidad a fin de averiguar cuáles son los títulos relacionados con la salud que se aceptan. También existen cursos pre-registro en obstetricia, ya bien a nivel de diploma o de licenciatura. Los programas de diploma tienen una duración de tres años, mientras que la licenciatura durará tres o cuatro. Los requisitos de admisión son un mínimo de cinco GCSEs con un grado C o superior, incluyendo inglés y una asignatura de ciencias. Se estudia la teoría y práctica de la obstetricia en hospitales y en la comunidad, con mayores oportunidades de participar en el cuidado individualizado de una mujer y su familia. Una vez cualificadas, las parteras son responsables de su propio desarrollo profesional y pueden hacer cursos especializados en áreas como práctica intensificada de la obstetricia, planificación familiar, enseñanza en práctica clínica e investigación.

Algunas universidades y un número de colegios menores especializados en el RU ofrecen cursos en enfermería y obstetricia. A fin de obtener una lista completa y más información sobre la enfermería en el RU, deberá contactar al National Board for Nursing, Midwifery and Health Visiting en el país apropiado. Inglaterra (Tel: 0171 388 3131), Irlanda del Norte (Tel: 01232 238 152), Gales (Tel: 01222 261 400) y Escocia (Tel: 0131 225 2096) entre las 10 de la mañana y las 3 de la tarde.

## FARMAGOLOGIA Y FARMACIA

La farmacia es la práctica de dispensar drogas empleadas para tratar enfermedades. Requiere un conocimiento experto de las ciencias físicas de forma que, si se desea estudiar farmacia, se necesitan buenas calificaciones de A level en física, química y biología. El título de MPharm (Master en Farmacia) dura normalmente cuatro años e incluye el estudio de la química farmacéutica (el análisis y síntesis de drogas medicinales), farmacéutica (las propiedades y formulación de drogas medicinales), y farmacognosia (el estudio de las sustancias naturales empleadas en drogas medicinales). También incluye el estudio de la farmacología.

La farmacología es, en términos generales, el estudio de la ciencia de las drogas y cómo afectan al cuerpo humano, hasta el nivel molecular. Implica el estudio detallado de fisiología, bioquímica, biología celular, botánica y zoología. A fin de estudiar un BSc en Farmacología - generalmente un curso de licenciatura de tres años de duración - son necesarios A levels en física, química y biología.

La diferencia entre los dos es que un MPharm, junto con un año de postgrado en un empleo supervisado, le permitirá registrarse como miembro de un cuerpo profesional (en el RU la Royal Pharmaceutical Society) y por lo tanto dispensar medicamentos. Un BSc en Farmacología por otra parte no se lo permite. Existen sin embargo salidas para los licenciados en farmacología en muchos campos, incluyendo toxicología (el estudio de los venenos), hematología (el estudio de las enfermedades de la sangre), y polución - un campo de rápida expansión. Muchos estudiantes de farmacología también continúan estudiando un PHd or MSc a fin de dedicarse a la investigación.

## OPTOMETRIA Y ORTOPTICA

Optometría es la práctica de probar la visión y recetar gafas, lentes de contacto y otras ayudas visuales. Los estudiantes de optometría aprenden a examinar el ojo, a diagnosticar defectos y enfermedades y a tratar defectos visuales con terapia, así como con lentes de varios tipos. A fin de ser admitido en un curso de tres años de duración para la licenciatura de BSc en Optometría, se necesitan generalmente por lo menos dos asignaturas de ciencias a nivel A level. Los cursos comprenden estudios básicos (como fisiología, anatomía y óptica visual) optometría y práctica clínica. Los estudiantes pueden después inscribirse en el General Optic Council cuando completen un año de postgrado especializándose bajo la supervisión de un optometrista cualificado y pasando los exámenes profesionales.

Ortóptica es la ciencia de corregir defectos visuales, como visión binocular y anormalidades en el movimieno del ojo. Se necesitan notas altas en A levels, en general en tres asignaturas de ciencias, que incluyan física, a fin de conseguir la admisión a un curso en esta materia más especializada (el curso solamente se puede hacer en tres instituciones: Glasgow Caledonian p451 y en las universidades de Liverpool p370 y Sheffield p416). En este curso se estudia la anatomía y fisiología del ojo, óptica, oftalmología (estudio de las enfermedades del ojo) neurociencias y patología, obteniendo una licenciatura BSc, lo que permite al estudiante inscribirse en el Council for Professions Supplementary to Medicine (CPSM) y empezar a trabajar inmediatamente. Los Ortópticos trabajan con oftalmólogos y en general están basados en hospitales o en centros de ojos de la comunidad.

## RADIOGRAFIA

La radiografía es una profesión que presta cuidados al público y que también requiere una gran dosis de experticia técnica. Tiene dos ramas principales, una es el diagnóstico empleando rayos x y la otra es la

radiación electromagnética a fin de producir imágenes fotográficas de las estructuras internas del cuerpo, lo que es un proceso importante en el diagnóstico de anormalidades y enfermedades. La segunda rama es terapéutica e implica tratamientos empleando radiación ionizada, en general en casos de enfermedades malignas. Los cursos de BSc duran tres o cuatro años e incluyen una experiencia de trabajo clínico. En general se cubren áreas como la ciencia y tecnología de la radiación, biología humana, anatomía y fisiología, y módulos en el área de especialización que se desee seguir.

## NUTRICION Y DIETETICA

La nutrición humana es el estudio científico de los alimentos que tomamos, lo que contienen, lo que les ocurre en el cuerpo y el efecto de la dieta en la salud y bienestar. La dietética es la aplicación de la nutrición a individuos y grupos con el fin de promocionar buena salud, prevenir problemas relacionados con la nutrición y tratar enfermedades a través de la dieta. Las licenciaturas BSc en general combinan los dos aspectos y tienen una duración de tres o cuatro años, dependiendo de si se considera una experiencia de trabajo como parte del curso. Aunque muchos graduados encontrarán trabajo como dietéticos en hospitales, el estudio de la nutrición también es útil para aquellos que estén interesados en trabajar en la industria de la alimentación o promoción de la salud.

## FISIOTERAPIA, TERAPIA OCUPACIONAL Y DEL HABLA

Se necesitan notas altas a fin de estudiar fisioterapia en el RU - por lo menos BBC a nivel de A level, incluyendo física a nivel GCSE o superior. La licenciatura BSc de tres o cuatro años de duración se acepta en todo el mundo - aunque puede resultar difícil para los fisioterapeutas formados en el RU el ejercer en ciertos estados de los EEUU. Sin embargo, muchos americanos vienen al RU a especializarse como fisioterapeutas. Los cursos generalmente incluyen las opciones de cuidado de la columna vertebral, medicina deportiva, o el cuidado de ancianos y las experiencias de trabajo clínico se integran en el programa de estudios.

La terapia ocupacional es la profesión de cuidados de salud de más rápido crecimiento en el RU. Es un método de rehabilitación empleado en hospitales y centros de comunidad y enfoca la actividad como medio de prevenir la incapacitación y como ayuda para tener una vida independiente. Los cursos conducen a una licenciatura BSc e incluyen tanto trabajo teórico, es decir anatomía, psicología y medicina, como trabajo práctico, es decir el uso de equipo especial y el diseño de adaptaciones al entorno de una persona.

Los cursos de terapia del habla se ofrecen a nivel de BSc y en general tienen una duración de tres años. Preparan a los estudiantes a tratar con una serie de desórdenes del habla en niños y adultos. Las asignaturas que se estudian pueden incluir la biología del habla y del oído, ciencias del comportamiento, lingüística y fonética. En general los estudiantes deben completar una experiencia de trabajo como parte del curso.

## PODIATRIA

Podiatría es la disciplina médica que trata del pié y su salud y enfermedades. En general sustituye a la palabra quiropodista (callista) en las esferas profesionales. Además del estudio de la estructura y función del pié, los cursos cubren medicina general, locomoción y cirugía podiátrica. Los licenciados con BSc pueden inscribirse como miembros de instituciones profesionales y con el Servicio Nacional de Salud.

## MEDICINA COMPLEMENTARIA

Existe un gran número de cursos bajo el encabezamiento de medicina complementaria. Hay cursos que van desde el BSc en ciencias de la salud hasta la medicina complementaria, que proporcionan una introducción general a las ciencias humanas y biológicas que subrayan la materia, y también se introduce a los estudiantes a una gama de terapias complementarias.

Sin embargo, la mayoría de los cursos que se ofrecen tienden a especializarse en un área de terapia particular. La licenciatura BSc en Osteopatía (que tiene una duración de cuatro años) por ejemplo, enseña el sistema osteopático de diagnóstico y tratamiento conectado con la composición estructural del cuerpo. También existen cursos a tiempo parcial y cursos cortos en colegios e instituciones especializadas, en materias como aromaterapia, reflexología, acupuntura, masaje, hipnosis clínica y homeopatía.

En relación con los cursos que se imparten en Londres, ver la revista Oncourse. Otros números útiles: British School of Osteopathy (Tel: 0171 407 0222), The College of Homeopathy (Tel: 0171 487 7416), o London College of Massage (Tel:0171 323 3574).

# CURSOS DE LICENCIATURA

## University of Aberdeen
### Salud y Medicina

La competencia es muy grande entre los estudiantes internacionales para quienes existe solamente un número limitado de plazas en los cursos de medicina y materias relacionadas con la medicina en la universidad. Los cursos de licenciatura ofrecen una variedad de materias, desde ciencias biomédicas, genética, farmacia y ciencias de la vida humana, hasta inmunología y neurociencia. A nivel de postgrado existen oportunidades en cursos de investigación y teóricos en una variedad de materias, incluyendo medicina, física biomédica y bio-ingeniería, farmacología clínica, salud ocupacional e investigación sobre salud pública. El Institute of Medical Sciences de la universidad, un edificio construído a la medida que contiene el centro de investigación médica y se inauguró en 1996, está bien equipado; es el único departamento situado al norte de Cambridge que cuenta con un scanner PET. *Detalles p328.*

## University of Bradford
### BSc(Hons) Ciencias Biomédicas

El curso cubre la investigación y diagnóstico de enfermedades, exámenes médicos, el desarrollo de nuevas terapias con drogas y el análisis de los efectos de la polución sobre los mamíferos. Aunque tiene una base amplia, incluye importantes opciones especializadas. La patología celular examina la función de las células y las relaciones intracelulares. La bioquímica médica estudia las respuestas bioquímicas del cuerpo a varios factores nocivos. La microbiología médica cubre la historia natural de enfermedades microbianas y los cambiantes patrones de la epidemiología de enfermedades contagiosas. La farmacología investiga el cómo las drogas y sustancias tóxicas interaccionan con células y tejidos. Los estudiantes deben completar un proyecto sustancial de investigación. Antes de comenzar el último año existe

una opción de conseguir experiencia práctica en un entorno de trabajo pertinente, por ejemplo en la industria farmacéutica o en un laboratorio de investigación médica. En el ejercicio de evaluación de investigación de 1996 el departamento obtuvo una calificación de 4. *Detalles p342.*

## University of Cambridge
### Medicina

El curso de medicina de Cambridge consiste en un curso de tres "Tripos" de Ciencias Médicas, que conducen a una licenciatura BA, y a un periodo de dos años y medio de estudios clínicos trabajando en un hospital de enseñanza, para conseguir el "Bachelor of Medicine y Bachelor of Surgery" (MB BChir) final. Cambridge ofrece un programa MB/PhD, que incluye tres años de investigación combinados con prácticas clínicas. La Cambridge Clinical School ofrece también un Curso "GP Parallel Track" para los estudiantes que quieren ser médicos de cabecera. A fines de admisión se necesitan resultados de AAA en A levels. La Escuela clínica obtuvo altas calificaciones en farmacología y farmacia, anatomía y fisiología, temas clínicos basados en hospitales y en la comunidad, y ciencias clínicas de laboratorio en el ejercicio de evaluación de investigación de 1996. *Detalles p346.*

## Guy's, King's and St. Thomas's Hospitals Medical and Dental School
### Medicina y Odontología

El King's College de Londres y UMDS (las Escuelas Médica y Dental Unidas de los Hospitales Guy's y St.Thomas's) se unieron en Agosto de 1998, juntando así tres de los más famosos centros hospitalarios en Londres. La tradición académica de medicina en King's College London se estableció en el siglo XIX por médicos pioneros como Lord Lister, y hoy día continúa con científicos de la categoría de Sir James Black, que ganó el Premio Nobel por su desarrollo de ciertas drogas que han salvado muchas vidas. El Hospital St. Thomas's se fundó en el siglo XII y fué el único hospital al sur de Londres durante seiscientos años. El Hospital de Guy's se construyó muy cerca de St. Thomas's y sus primeros pacientes ingresaron en 1786. Ya se habían establecido conexiones cuando, al principio de la década de 1980 ambos Guy's y St. Thomas's se unieron y se convirtieron en UMDS. Los primeros dos años de los estudiantes de medicina y odontología se estudian en un centro recientemente desarrollado en el campus de Guy's en London Bridge. La enseñanza entre los años tercero y quinto tiene lugar principalmente en St. Thomas's, King's College Hospital en Denmark Hill, en Guy's y en la comunidad. Algunos estudiantes de medicina y odontología pueden elegir hacer un programa intercalado de un año de duración de BSc. También pueden realizar un periodo de trabajo en el extranjero.

## The University of Nottingham
### Master en Farmacia (Hons) MPharm

Esta licenciatura tiene cuatro años de duración y se desarrolla con naturalidad a partir de asignaturas preuniversitarias de química, biología, física y matemáticas. Está estructurada alrededor de las áreas principales de farmacéutica, química farmacéutica y biológica, microbiología farmacéutica, fisiología y farmacología y práctica de farmacia. Esta última contiene farmacia profesional y clínica. La estructura modular permite la integración efectiva de todos estos diferentes conceptos. Hay parte de enseñanza conjunta en Nottingham con estudiantes médicos y otros de servicios de salud. El curso está acreditado por la Royal Pharmaceutical Society of Great Britain. La Farmacia del RU está reconocida por todo el mundo. La escuela de farmacia de Nottingham tiene dos programas internacionales de licenciatura conjunta. Se acepta aproximadamente un número de 25 estudiantes internacionales al año. *Detalles p390.*

## Royal Free Hospital, Univesity of London
### Medicina

Louisa Brandreth Aldrich-Blake, una de las primeras mujeres cirujano, fué Decano del Colegio de Medicina para Mujeres del Royal Free Hospital School a comienzos del siglo XX y su estatua se conserva en una esquina de Tavistock Square, cerca del Edificio de la British Medical Association, en Bloomsbury. Hoy día los modernos edificios del Royal Free Hospital y su Escuela de Medicina se elevan por encima de Hampstead, en el Norte de Londres. En 1999-2000 sin embargo, la Escuela de Medicina se fusionará con el University College School of Medicine, y podrá cambiar la estructura del curso de medicina. El Royal Free obtuvo las calificaciones más altas posibles en relación a investigación en anatomía y farmacología en la evaluación de investigación correspondiente a 1996. Su centro de Hepatología lleva a cabo una importante investigación sobre el funcionamiento del hígado. *Detalles p461.*

## University of Teesside
### Salud

Esta escuela ofrece una serie de programas de licenciatura y postgrado para la gente que desea trabajar en las profesiones relacionadas con la salud, como por ejemplo lienciaturas BSc(Hons) en fisioterapia, ciencias de la salud y terapia ocupacional. Hay un número de cualificaciones de postgrado en varias materias, incluyendo ultrasonido médico, ciencias de la rehabilitación y un doctorado en psicología clínica. También hay cursos para los estudiantes que desean trabajar como enfermeros y asistentes sociales.

La Escuela de Salud mantiene estrechas relaciones con patrones e instituciones profesionales y los programas de estudios se ponen al día constantemente a fin de reflejar las tendencias en las prácticas y formas profesionales. La mayoría de los cursos comprenden una experiencia de trabajo clínico pertinente. La escuela también ofrece a los estudiantes ya licenciados la oportunidad de continuar con sus estudios a través de una gama de módulos de postgrado de enseñanza teórica o de investigación.

En los cursos del colegio hay estudiantes internacionales de Noruega, EEUU, Islas Mauricio, Trinidad, Sierra Leona y Singapur. *Detalles p428.*

## University College London, University of London
### Medicina

El departamento conjunto de Medicina se creó en 1997 y cuenta con centros en The Whittington Hospital y en The Camden and Islington Community NHS Trust, así como en el University College Hospital (en el centro de Londres). El departamento es multidisciplinario, responsable de la investigación, enseñanza y atención médica en todas las áreas de la medicina. El curso de medicina dura cinco años, incluyendo un curso preclínico de dos años de duración sobre ciencias médicas básicas, la opción de una licenciatura intercalada despúes del

segundo año y tres años de prácticas clínicas. El Departamento de Medicina de la UCL obtuvo las mejores marcas posibles en relación a investigación en anatomía en el ejercicio de evaluación de investigación de 1996, y los Institutos de Salud Infantil, Neurología y Oftalmología obtuvieron altas calificaciones por investigación sobre materias clínicas basadas en hospitales y comunidades. El Instituto de Oftalmología en el UCL da cursos de salud de ojos comunitaria en el Centro Internacional de Salud de Ojos. Estos cursos varían desde un Certificado y Diploma de seis meses en Salud de Ojos Comunitaria a un MSc de dos años de duración. *Detalles p465.*

## University of Wales Institute, Cardiff
### BSc en Ciencias Biomédicas

Este curso está diseñado para estudiantes que desean trabajar como científicos biomédicos en hospitales, organizaciones de investigación o en la industria. El curso es de cuatro años de duración y comprende una experiencia de trabajo clínico de un año entre el segundo y tercer años. El curso está organizado dentro de una estructura modular. Las áreas más importantes de bioquímica, biología célular y molecular y fisiología conducen a cursos especializados en ciencias médicas de laboratorio, farmacología y biotecnología. Los estudiantes se someten a una evaluación constante por medio de exámenes, asignación de trabajos y proyectos. El departamento tiene una larga tradición en la educación de estudiantes internacionales. Hay un programa subvencionado por Erasmus que ha establecido relaciones con varias instituciones de Francia, Dinamarca, Finlandia, Irlanda y Grecia. *Detalles p434.*

## Evaluación de Calidad de Enseñanza

### Odontología (Escocia) 1996

| | | | |
|---|---|---|---|
| Dundee | Muy Satisfactorio | Glasgow | Muy Satisfactorio |

### Dietética y Nutrición (Escocia) 97/98

| | | | |
|---|---|---|---|
| Queen Margaret College | Excelente | Glasgow Caledonian | Muy |
| Robert Gordon | Excelente | | Satisfactorio |

### Medicina (Escocia) 1996/97

| | | | |
|---|---|---|---|
| Aberdeen | Excelente | Edinburgh | Muy Satisfactorio |
| Dundee | Excelente | St Andrews | Muy Satisfactorio |
| Glasgow | Excelente | | |

### Materias Relacionadas con la Medicina (Gales) 1996/97

| | | |
|---|---|---|
| Terapia de habla y lenguaje Podiatría, Dietética | Cardiff Institute | Excelente |

### Enfermería (Escocia) 1996/97

| | | | |
|---|---|---|---|
| Abertay Dundee | Satisfactorio | Glasgow | Muy Satisfactorio |
| Edinburgh | Muy Satisfactorio | Queen Margaret College | Muy Satisfactorio |
| Glasgow Caledonian | Muy Satisfactorio | | |

### Enfermería (Gales) 1996/97

| | | | |
|---|---|---|---|
| College of Medicine | Satisfactorio | N.E. Wales Institute | Satisfactorio |

### Terapia Ocupacional (Escocia) 1998

| | | | |
|---|---|---|---|
| Glasgow Caledonian | Muy Satisfactorio | Queen Margaret College | Muy Satisfactorio |
| | | Robert Gordon | Satisfactorio |

### Optometría y Ciencias de la Visión (Gales) 1995/96

| | |
|---|---|
| Cardiff | Excelente |

### Farmacia (Escocia) 1997

| | | | |
|---|---|---|---|
| Robert Gordon | Muy Satisfactorio | Strathclyde | Excelente |

### Farmacia (Gales) 1995/96

| | |
|---|---|
| Cardiff | Excelente |

### Radiografía (Escocia) 1997/98

| | | | |
|---|---|---|---|
| Glasgow Caledonian | Muy Satisfactorio | Queen Margaret College | Satisfactorio |
| | | Robert Gordon | Satisfactorio |

*Fuente: HEFCE, SHEFC, HEFCW ultimas listas disponibles*

*Para obtener una lista más completa de las instituciones que ofrecen estos cursos a nivel de licenciatura mire el directorio de cursos pp468-486*

SALUD Y MEDICINA

# Clasificación de Investigación

## Anatomía

| | | | |
|---|---|---|---|
| Birmingham | 5* | Dundee | 4 |
| Royal Free Hospital | 5* | Glasgow | 3a |
| UCL, London | 5* | Nottingham | 3b |
| Cambridge | 5 | Edinburgh | 2 |
| Liverpool | 5 | Queen's, Belfast | 2 |
| Oxford | 5 | | |

## Odontología Clínica

| | | | |
|---|---|---|---|
| UMDS Guy's and St Thomas' | | London | 4 |
| Hospitals | 5* | Dundee | 3a |
| Manchester | 5 | Liverpool | 3a |
| UCL London, Eastman Dental | | Newcastle | 3a |
| Institute | 5 | Sheffield | 3a |
| Bristol | 4 | Wales, College of Medicine | 3a |
| King's College London | 4 | Birmingham | 3b |
| Leeds | 4 | Glasgow | 3b |
| Queen Mary and Westfield, | | Queen's, Belfast | 2 |

## Materias Clínicas Basadas en la Comunidad

| | | | |
|---|---|---|---|
| Cambridge | 5* | Medical School | 3a |
| Oxford | 5* | Liverpool | 3a |
| Kings Cross Institute | | London, Imperial | 3a |
| of Psychiatry | 5* | Queen's, Belfast | 3a |
| London School of Hygiene and | | Birmingham | 3b |
| Tropical Medicine | 5 | Dundee | 3b |
| Royal Free Hospital | 5 | Exeter | 3b |
| University College London | 5 | Glasgow | 3b |
| Wales, College of Medicine | 5 | King's College London | 3b |
| Brunel | 4 | Liverpool | 3b |
| Edinburgh | 4 | Newcastle | 3b |
| Manchester | 4 | Nottingham | 3b |
| Queen Mary and Westfield, | | Southampton | 3b |
| London | 4 | St George's Hospital | 3b |
| UMDS Guy's and St Thomas' | | Hull | 2 |
| Hospitals | 4 | Keele | 2 |
| York | 4 | Leeds | 2 |
| Aberdeen | 3a | Sheffield | 2 |
| Bristol | 3a | De Montfort | 1 |
| Charing Cross and Westminster | | Westminster | 1 |

## Salud y Medicina

| | | | |
|---|---|---|---|
| Institute of Cancer Research | | Pathology | 5* |
| (Biological Clinical Laboratory | | Birmingham | 5 |
| Sciences) | 5* | Cambridge | 5 |
| Oxford, Dunn School of | | Institute of Cancer Research, | |

## Clasificación de Investigación

| | | | |
|---|---|---|---|
| (Medical Physics) | 5 | Leicester | 3a |
| London School of Hygiene and | | Liverpool | 3a |
| Tropical Medicine | 5 | Newcastle | 3a |
| Oxford (Clinical Laboratory | | Nottingham | 3a |
| Science) | 5 | Manchester | 3b |
| Bristol | 4 | Queen's, Belfast | 3b |
| Dundee | 4 | UMDS Guy's and | |
| Edinburgh | 4 | St Thomas' Hospitals | 3b |
| Glasgow | 4 | King's College London | 2 |
| London, Imperial | 4 | Queen Mary and Westfield, | |
| Royal Free Hospital | 4 | London | 2 |
| Southampton | 4 | Roehampton Institute | 2 |
| UCL, London | 4 | Sheffield | 2 |
| Wales, College of Medicine | 4 | St George's Hospital | 2 |
| Aberdeen | 3a | Bournemouth | 1 |
| Leeds | 3a | | |

## Materias Clínicas basadas en el Hospital

| | | | |
|---|---|---|---|
| Imperial College-National | | UMDS Guy's and | |
| Heart and Lung Institute | 5* | St Thomas' Hospitals | 4 |
| Oxford | 5* | UCL, London | 4 |
| UCL, London Institute of | | Wales, College of Medicine | 4 |
| Ophthalmology | 5* | Aberdeen | 3a |
| Cambridge | 5 | Bristol | 3a |
| Edinburgh | 5 | Charing Cross and Westminster | 3a |
| Exeter | 5 | Leeds | 3a |
| UCL, London Institute of Child | | Leicester | 3a |
| Health | 5 | Manchester | 3a |
| UCL, London Institute of | | Newcastle | 3a |
| Neurology | 5 | Nottingham | 3a |
| Birmingham | 4 | Queen Mary and Westfield, | |
| Glasgow | 4 | London | 3a |
| Imperial College | 4 | St George's Hospital | 3a |
| King's College London | 4 | Belfast | 3b |
| Royal Free Hospital | 4 | Dundee | 3b |
| Sheffield | 4 | Keele | 3b |
| Southampton | 4 | Liverpool | 3b |
| | | Hull | 2 |

## Enfermería

| | | | |
|---|---|---|---|
| King's College London | 5 | Glasgow Caledonian | 3b |
| Manchester | 4 | Hull | 3b |
| Surrey | 4 | Liverpool, John Moores | 3b |
| Institute of Cancer Research | 3a | Nottingham | 3b |
| Leeds | 3a | Sheffield | 3b |
| Liverpool | 3a | Ulster | 3b |
| RCN Institute | 3a | Birmingham | 2 |
| Edinburgh | 3b | Brighton | 2 |

# Clasificación de Investigación

| | | | |
|---|---|---|---|
| Central Lancashire | 2 | UCE, Birmingham | 1 |
| Glasgow | 2 | City, London | 1 |
| Hertfordshire | 2 | Coventry | 1 |
| Oxford Brookes | 2 | De Montfort | 1 |
| Portsmouth | 2 | Manchester Metropolitan | 1 |
| Robert Gordon | 2 | Middlesex | 1 |
| Swansea | 2 | North East Wales Institute | 1 |
| Thames Valley | 2 | Southampton | 1 |
| Anglia Polytechnic | 1 | St Martin's College | 1 |
| Buckinghamshire College | 1 | Wales, College of Medicine | 1 |

## Otros Estudios y Profesiones Aliados con la Medicina

| | | | |
|---|---|---|---|
| Southampton (Nutrition) | 5* | King's College, London | |
| Strathclyde | 5* | (Physiotherapy) | 3b |
| Ulster (Biomedical Sciences) | 5* | Queen Margaret College (Social | |
| Loughborough | 5 | Sciences in Health) | 3b |
| Surrey (Toxicology) | 5 | Robert Gordon | 3b |
| Cardiff | 5 | Salford College | 3b |
| Aston | 4 | UCL, London | 3b |
| King's College, London | | Central Lancashire | 3b |
| (Gerontology) | 4 | Ulster, Rehabilitation Sciences | 3b |
| King's College, London | | UWE, Bristol | 3b |
| (Nutrition) | 4 | Huddersfield | 2 |
| Sheffield Hallam (Biomedical | | Bath College | 2 |
| Sciences) | 4 | Canterbury Christ Church College | 2 |
| UMIST | 4 | Chester College | 2 |
| Bradford (Biomedical Sciences) | 4 | College of St Mark and St John | 2 |
| Bradford (Optometry) | 4 | Coventry | 2 |
| Glasgow | 4 | Glasgow Caledonian University | |
| Greenwich | 4 | (Other Professions Allied to | |
| Portsmouth | 4 | Medicine) | 2 |
| Surrey (Nutrition) | 4 | Goldsmiths, London | 2 |
| City, London (Clinical | | Kingston | 2 |
| Communication Studies) | 3a | Leeds Metropolitan | 2 |
| City, London (Optometry and | | Manchester Metropolitan | 2 |
| Visual Science) | 3a | Nene College | 2 |
| Glasgow Caledonian (Vision | | Queen Margaret College, | |
| Sciences) | 3a | Physiotherapy | 2 |
| Liverpool John Moores | 3a | St Martin's College | 2 |
| Queen Margaret College, | | Sheffield Hallam (Health Care | |
| (Nutrition) | 3a | Practice and Evaluation) | 2 |
| Queen Margaret College (Speech | | Brighton | 2 |
| and Language Disorders) | 3a | Derby | 2 |
| East Anglia (Health Policy and | | Hertfordshire | 2 |
| Practice) | 3a | Leeds | 2 |
| North London | 3a | Northumbria at Newcastle | 2 |
| Glasgow Caledonian (Biomedical | | Southampton (Occupational | |
| Sciences) | 3b | Therapy and Physiotherapy) | 2 |

SALUD Y MEDICINA

## Clasificación de Investigación

| | | | |
|---|---|---|---|
| Teesside | 2 | Oxford Brookes | 1 |
| Cardiff Institute | 2 | UCE, Birmingham | 1 |
| Wolverhampton | 2 | East Anglia (Occupational | |
| Anglia Polytechnic | 1 | Therapy and Physiotherapy) | 1 |
| Brunel | 1 | Westhill College | 1 |
| City, London (Physiology of | | Napier | 4 |
| Vision Radiography) | 1 | East London | 1 |
| Ripon and York St John | 1 | | |

## Farmacología

| | | | |
|---|---|---|---|
| Leicester | 5* | Edinburgh | 4 |
| Royal Free Hospital | 5* | Nottingham | 4 |
| UCL, London | 5* | Queen Mary and Westfield, | |
| Bristol | 5 | London | 4 |
| Cambridge | 5 | Birmingham | 3a |
| Liverpool | 5 | Leeds | 3a |
| Oxford | 5 | Hertfordshire | 2 |
| Dundee | 4 | East London | 1 |

## Farmacia

| | | | |
|---|---|---|---|
| Nottingham | 5* | Aston | 3a |
| Bath | 5 | Bradford | 3a |
| Cardiff | 5 | Brighton | 3b |
| Institute of Cancer Research | 5 | Queen's, Belfast | 3b |
| Manchester | 5 | De Montfort | 2 |
| School of Pharmacy | 5 | Sunderland | 2 |
| King's College London | 4 | Liverpool John Moores | 1 |
| Strathclyde | 4 | Robert Gordon | 1 |

## Fisiología

| | | | |
|---|---|---|---|
| Liverpool | 5* | Aberdeen | 3a |
| Bristol | 5 | Edinburgh | 3a |
| Cambridge | 5 | Glasgow | 3a |
| Newcastle | 5 | Keele | 3a |
| Oxford | 5 | Leeds | 3a |
| Birmingham | 4 | Queen's, Belfast | 3a |
| Royal Free Hospital | 4 | Wolverhampton | 2 |
| UCL, London | 4 | | |

## Estudios Pre-clínicos

| | | | |
|---|---|---|---|
| London, Imperial | 5 | Cardiff | 3a |
| King's College London | 4 | Charing Cross and Westminster | 3a |
| Manchester | 4 | Leicester | 3b |
| St George's Hospital | 4 | Queen Mary and Westfield | 2 |
| UMDS Guy's and St Thomas' | | St Martin's College | 1 |
| Hospitals | 4 | | |

# Historia y Política

**T**anto la historia como la política incluyen el estudio de actos y comportamientos humanos y están estrechamente relacionadas. La Historia naturalmente considera las opiniones, sentimientos, valores y prejuicios del pasado, que sin embargo son muy importantes para nuestra comprensión de la vida contemporánea. De forma similar, la política emplea modelos y experiencia del pasado para discutir los nuevos principios y sistemas. También están muy ligadas a las ciencias económicas, la sociología, geografía y psicología, como ciencias sociales que son, y vale la pena buscar información sobre cursos combinados en la sección de departamentos y facultades relacionados.

## HISTORIA

Los científicos, pensadores y figuras políticas británicas, desde Newton y Darwin a la Reina Victoria y Margaret Thatcher, han sido parte importante de la civilización mundial actual.

A partir de la década de 1960 ha habido una enorme diversificación de los cursos de historia en Gran Bretaña. Se puede observar que con frecuencia las universidades tienen diferentes planteamientos sobre esta materia. Algunos departamentos ofrecen licenciaturas BA en Historia que abarcan todos los periodos de la historia - moderno, medieval y antiguo -hasta el año 3.000 A.C. En otras universidades los cursos como historia y cultura Romana se estudian en el departamento de historia antigua o clásica (ver p000). Hay cursos con temas más amplios, tales como estudios de área (por ejemplo estudios Americanos, Alemanes o Africanos), que se concentran en la historia, geografía y cultura de un país, continente o región en particular. Estos últimos, lo mismo que en caso de cursos de historia, se pueden estudiar en combinación con idiomas o tecnología de la información.

## POLITICA Y RELACIONES INTERNACIONALES

Una licenciatura BA en Política puede incluir el estudio de campañas, asuntos de actualidad, historia reciente, derecho constitucional y sistemas políticos, así como ayudar a comprender teorías opuestas y argumentaciones diversas.

Las relaciones internacionales trata de las realidades de los asuntos internacionales. Se fija en los mecanismos subyacentes de afinidad y explotación que unen a las naciones y a los intereses percibidos de varias sociedades y los caminos por los que los promueven. Hay un curso disponible que se relaciona mucho con lo anterior, así como con historia y política, que es la licenciatura BA en Estudios de Guerra, que cubre todos los aspectos de la guerra, desde su impacto en la sociedad humana y los dilemas morales y éticos que engendra hasta un análisis de las operaciones en ayuda de la paz.

# CURSOS DE LICENCIATURA

## University of Bradford
### Estudios de la Paz

Se estableció en 1973 y es actualmente el centro universitario mayor del mundo en relación a estudios de la paz. Este curso se concentra en el análisis de temas de violencia internacional, social e interpersonal. Los temas que cubre incluyen resolución de conflictos, defensa y seguridad, desarrollo, relaciones internacionales, política y sociedad. Las materias básicas de los cursos se basan en política, sociología y relaciones internacionales, psicología social, historia, filosofía y económia. El estudiante debe completar una tesina en su año final. Todos los cursos consisten en una combinación de clases y seminarios. Hay opciones que incluyen módulos como: intervención y mantenimiento de la paz por las Naciones Unidas, desarrollo y democracia en America Latina, nacionalismo y etnicidad en la política post-Guerra Fría, y áreas de conflicto en el Oriente Medio. En el ejercicio de evaluación de investigación de 1996, el departamento obtuvo una calificación de 4. *Detalles p342.*

## Institute of Education, University of London
### MA en Educación y Desarrollo Internacional

En este curso de licenciatura se estudian dos módulos base: desarrollo de la educación y desarrollo internacional. También se estudian una gama de módulos opcionales en materias como planificación de la educación, curriculum y educación del profesorado en países en desarrollo y mujeres y salud. Tiene una duración de un año a tiempo completo o dos o tres años a tiempo parcial y el curso puede estructurarse de la forma más conveniente para las necesidades propias del alumno. Va dirigido a profesionales y educadores que trabajan en ministerios de educación, organizaciones no gubernamentales, agencias donantes y colegios en el extranjero. En 1997/98 había 16 estudiantes internacionales en el curso.*Detalles p366.*

## King's College London, University of London
### Historia

El departamento de historia en Kings está situado en el centro de Londres. Los estudios incluyen la totaldad de la historia británica y europea, desde los tiempos antiguos hasta el mundo moderno. El programa de licenciatura está estructurado para conseguir la mayor flexibilidad y no existen cursos obligatorios. Los estudiantes eligen sus propias opciones de estudio desde el primer año en adelante. El procedimiento de solicitud es competitivo, con aproximadamente 10 solicitantes por plaza. Todos los candidatos deben acudir a una entrevista formal. Los estudiantes de licenciatura tendrán aproximadamente cinco horas de aprendizaje y un ejercicio escrito por semana. La parte principal de las evaluaciones es por medio de exámenes, la mayoría de los cuales se celebran al final del tercer año. Las oportunidades de trabajo son muy amplias, algunos graduados continúan haciendo investigación/estudios, otros se pasan a la contabilidad, periodismo, administración, la administración pública y profesiones relacionadas con servicios de salud. *Detalles p453.*

## The University of Oxford
### Historia Moderna

Una de las principales razones para estudiar historia en Oxford es la gran cantidad de bibliotecas que existen. La joya de la corona de bibliotecas de la universidad es la Bodleian, que tiene derecho a recibir una copia de todos los libros que se editan en Gran Bretaña. La Bodleian nunca se deshace de material alguno, siendo una de las mayores bibliotecas del mundo. La fama de Oxford hace que frecuentemente se reciban visitas de eruditos internacionales. En los seminarios de materias especiales los alumnos pueden encontrarse escuchando a historiadores famosos. Hay más de 800 estudiantes de licenciatura estudiando historia en Oxford y más de 100 académicos dedicados a la enseñanza. Se puede estudiar historia moderna como materia única o en combinación con inglés, historia antigua, política, económia o idiomas modernos. *Detalles p394.*

## University of Sheffield
### Política

El departamento obtuvo una calificación de 5 en el ejercicio de evaluación de investigación de 1996. La investigación y la enseñanza cubren una amplia área, incluyendo partidos políticos, economía política internacional, política pública europea, teoría política, política británica y metodología política. El departamento es sede de la biblioteca "Mohan Memorial" que tiene una colección de libros especializada en los campos de política internacional y política del tercer mundo. Hay 665 alumnos a tiempo completo y pueden elegir entre una variedad de cursos de honours simples y dobles, añadiendo las siguientes materias a la política: económia, geografía, estudios japoneses, sociología, historia moderna, filosofía o idiomas como francés, alemán, español o ruso.

Existen ocho cursos de MA en política británica, democracia y democratización, política económica europea, política económica internacional, orden público, economía política, política y estudios internacionales, y también un MSc en metodología de investigación. *Detalles p414.*

## School of Oriental and African Studies (SOAS), University of London
### BA en Historia y Política

Esta licenciatura combinada ofrece la oportunidad de explorar una gama de tradiciones políticas y culturales dentro de una estructura histórica comparativa única. Además de desarrollar el conocimiento de los conceptos intelectuales y teóricos centrales a estas disciplinas, los alumnos pueden elegir entre una gama de opciones de especialización en tópicos internacionales y regionales, como historia del género en el Medio Oriente moderno y Africa, o política china del siglo veinte, por nombrar solo dos. El aspecto regional de este curso (se debe elegir una región o área) permite que los estudiantes realmente se enfoquen sobre una cultura, abarcando temas como imperialismo, colonización y descolonización. *Detalles p416.*

## University of Sussex
### MA en Relaciones Internacionales

Este programa de postgrado de enseñanza teórica, está diseñado para estudiantes que deseen ampliar sus conocimientos en relaciones internacionales, así como para aquellos que requieran una introducción al tema. El curso comienza con un grupo de materias que forman su centro y que son de naturaleza teórica e histórica, ofreciendo con ello al estudiante un planteamiento de estudio difícil, al contrario que la mayoría de los programas de estudios internacionales. En el segundo trimestre, además de una introducción a las prácticas de investigación adecuadas, los estudiantes pueden elegir dos opciones de una amplia gama de módulos de curso, desde análisis de la política extranjera y análisis de conflictos internacionales, a la globalización comercial, guerra, estado y sociedad. El curso tiene una naturaleza progresiva y principalmente se mueve por el análisis social contemporáneo y la teoría crítica, más que por la teoría internacional clásica o la historia tradicional asociada a la mayoría de los programas de estudios internacionales. *Detalles p426.*

## University of Warwick
### Historia

Los estudios Comparativos Americanos y la historia de Norte América son temas populares en el Departamento de Historia. Sin embargo, la universidad también se especializa en estudios del Renacimiento. Los estudiantes del curso del Renacimiento e Historia Moderna y del curso de Historia del Arte pasan parte de su año final en Venecia, donde la Universidad de Warwick alquila un antiguo palacio, el Querini Stampalia. Todos los estudiantes de honores simples en historia siguen un curso obligatorio de historiografía en su año final. Además de facilitar un sólido conocimiento del objetivo y métodos empleados en la historiografía moderna, este curso induce a la consideración de los fines de la investigación histórica y el lugar de la historia en la vida civilizada y académica. También es obligatorio el estudio de la lengua para los estudiantes de un curso de honores simple. El reciente ejercicio de evaluación de investigación de 1996 otorgó a la Universidad de Warwick una calificación de 5* en historia. El Departamento de Historia de Warwick ha dado albergue en el pasado a algunos nombres famosos como E.P. Thompson (autor de "The making of the English Working Class") y el profesor Scarisbrick, una autoridad en Historia de la época Tudor. *Detalles p436.*

## Evaluación de Calidad de Enseñanza
### Historia (Inglaterra e Irlanda del N.) 1993/94

| | | | |
|---|---|---|---|
| Birmingham | Excelente | Liverpool | Excelente |
| Cambridge | Excelente | LSE, London | Excelente |
| Canterbury Christ Church | | Oxford | Excelente |
| College | Excelente | Queen's, Belfast | Excelente |
| Durham | Excelente | Royal Holloway, London | Excelente |
| Hull | Excelente | Sheffield | Excelente |
| Kings College, London | Excelente | UCL, London | Excelente |
| Lancaster | Excelente | Warburg Institute | Excelente |
| Leicester | Excelente | Warwick | Excelente |

## Evaluación de Calidad de Enseñanza

| | | | | | |
|---|---|---|---|---|---|
| York | Excelente | Newcastle | | Satisfactorio | |
| Anglia Polytechnic | Satisfactorio | North London | | Satisfactorio | |
| Bath College | Satisfactorio | Northumbria at | | | |
| Bristol | Satisfactorio | Newcastle | | Satisfactorio | |
| Chichester Institute | Satisfactorio | Nottingham Trent | | Satisfactorio | |
| Derby | Satisfactorio | Sheffield Hallam | | Satisfactorio | |
| East Anglia | Satisfactorio | Southampton | | Satisfactorio | |
| Essex | Satisfactorio | St Martin's College | | Satisfactorio | |
| Goldsmiths, London | Satisfactorio | St Mary's College | | Satisfactorio | |
| Keele | Satisfactorio | Staffordshire | | Satisfactorio | |
| King Alfred's College | Satisfactorio | Sussex | | Satisfactorio | |
| La Sainte Union College | Satisfactorio | Trinity and All Saints | | Satisfactorio | |
| Leeds | Satisfactorio | West of England | | Satisfactorio | |
| Manchester | Satisfactorio | Wolverhampton | | Satisfactorio | |

### Historia (Escocia) 1995/96

| | | | |
|---|---|---|---|
| Edinburgh | Excelente | Glasgow | Muy Satisfactorio |
| St Andrews | Excelente | Stirling | Muy Satisfactorio |
| Aberdeen | Muy Satisfactorio | Strathclyde | Muy Satisfactorio |
| Dundee | Muy Satisfactorio | | |

### Historia (Gales) 1993/94

| | | | |
|---|---|---|---|
| Swansea | Excelente | Cardiff | Satisfactorio |
| Aberystwyth | Satisfactorio | Glamorgan | Satisfactorio |
| Bangor | Satisfactorio | Lampeter | Satisfactorio |

### Política(Escocia)1996

| | | | |
|---|---|---|---|
| Strathclyde | Excelente | Edinburgh | Muy Satisfactorio |
| Aberdeen | Muy Satisfactorio | Glasgow | Muy Satisfactorio |
| Dundee | Muy Satisfactorio | Stirling | Muy Satisfactorio |

### Política (Gales) 1995/96

| | | | |
|---|---|---|---|
| Aberystwyth | Excelente | Swansea | Satisfactorio |
| Cardiff | Satisfactorio | | |

*Fuente: HEFCE, SHEFC, HEFCW ultimas listas disonibles*

*Para obtener una lista más completa de las instituciones que ofrecen estos cursos a nivel de licenciatura mire el directorio de cursos pp468-486*

## Clasificación de Investigación

### Historia

| | | | |
|---|---|---|---|
| Cambridge | 5* | Warwick | 5* |
| King's College London | 5* | Birkbeck, London | 5 |
| LSE, London (Historia Económica) | 5* | Birmingham, School of History | 5 |
| Oxford | 5* | Bristol | 5 |
| SOAS, London | 5* | Durham | 5 |
| UCL, London | 5* | East Anglia | 5 |

# Clasificación de Investigación

| | | | |
|---|---|---|---|
| Edinburgh (Historia Económica y Social) | 5 | Reading | 4 |
| Hull (Historia Económica y Social) | | SSEES, London | 4 |
| | 5 | Sheffield Hallam | 4 |
| Hull | 5 | Southampton | 4 |
| London, Imperial | 5 | Stirling | 4 |
| Institute of Commonwealth | | Warburg Institute | 4 |
| Studies | 5 | York | 4 |
| Leeds | 5 | Aberdeen | 3a |
| Leicester (Historia Económica y | | Bangor | 3b |
| Social e Historia Inglesa Local) | 5 | Bath College | 3a |
| LSE, London (Historia | | Canterbury Christ Church College | 3a |
| Internacional) | 5 | Central Lancashire | 3a |
| Manchester | 5 | Dundee | 3a |
| Open University | 5 | Exeter (Historia Económica y | |
| Royal Holloway, London | 5 | Social) | 3a |
| Sheffield | 5 | Glasgow | 3a |
| St Andrews | 5 | Huddersfield | 3a |
| Strathclyde | 5 | Liverpool (Historia Económica y | |
| Sussex | 5 | Social) | 3a |
| Ulster | 5 | North London | 3a |
| Aberystwyth | 4 | Northumbria at Newcastle | 3a |
| Birmingham (Historia Económica | | Roehampton Institute | 3a |
| y Social) | 4 | St Mary's College | 3a |
| Cardiff | 4 | Swansea | 3a |
| Edinburgh | 4 | Teesside | 3a |
| Essex | 4 | UWE, Bristol | 3a |
| Exeter | 4 | Wolverhampton | 3a |
| Glasgow (Historia Económica y | | Anglia Polytechnic | 3b |
| Social) | 4 | Chichester Institute | 3b |
| Goldsmiths, London | 4 | De Montfort | 3b |
| Institute of Historical Research | 4 | Edge Hill College | 3b |
| Keele | 4 | King Alfred's College | 3b |
| Kent at Canterbury | 4 | Kingston | 3b |
| Lancaster | 4 | Lampeter | 3b |
| Leicester | 4 | Liverpool John Moores | 3b |
| Liverpool | 4 | Middlesex | 3b |
| London Guildhall | 4 | Manchester Metropolitan | 3b |
| Newcastle | 4 | North Riding College | 3b |
| Nottingham | 4 | Portsmouth | 3b |
| Oxford Brookes | 4 | Staffordshire | 3b |
| Queen Mary and Westfield, | | Sunderland | 3b |
| London | 4 | Trinity and All Saints | 3b |
| Queen's, Belfast, (Historia | | Westminster | 3b |
| Económica y Social) | 4 | Bolton Institute | 2 |
| Queen's, Belfast (Historia | | Cheltenham and Gloucester | |
| Moderna) | 4 | College | 2 |
| | | Chester College | 2 |

| | | | | |
|---|---|---|---|---|
| Glamorgan | 2 | Rippon and York St John | 2 |
| Glasgow Caledonian | 2 | St Martin's College | 2 |
| Herfordshire | 2 | Thames Valley | 2 |
| La Sainte Union College | 2 | Worcester College | 2 |
| Liverpool Hope | 2 | Derby | 1 |
| Luton | 2 | Westhill | 1 |
| Nene College | 2 | | |
| Nottingham Trent | 2 | | |

## Estudios Políticos e Internacionales

| | | | |
|---|---|---|---|
| King's College, London | 5* | Open University | 3a |
| LSE, London | 5* | Oxford Brookes | 3a |
| Essex | 5* | SOAS, London | 3a |
| Oxford | 5* | Birmingham | 3a |
| Institute of Commonwealth Studies | 5 | Dundee | 3a |
| Glasgow | 5 | Kent at Canterbury | 3a |
| Sheffield | 5 | Leeds | 3a |
| Strathclyde | 5 | Nottingham | 3a |
| Sussex, Science Policy Research Unit | 5 | Plymouth | 3a |
| Aberystwyth | 5 | Reading | 3a |
| Birkbeck, London | 4 | St Andrews | 3a |
| Keele University | 4 | Stirling | 3a |
| Queen Mary and Westfield, London | 4 | Warwick | 3a |
| SSEES, London | 4 | Westminster | 3a |
| Queen's, Belfast | 4 | Ulster | 3b |
| Aberdeen | 4 | Leeds Metropolitan | 3b |
| Bradford | 4 | London Guildhall | 3b |
| Bristol | 4 | Manchester Metropolitan | 3b |
| Edinburgh | 4 | Middlesex | 3b |
| Exeter | 4 | Nottingham Trent | 3b |
| Hull | 4 | Robert Gordon | 3b |
| Leicester | 4 | Staffordshire | 3b |
| Manchester, Government | 4 | Durham | 3b |
| Newcastle | 4 | East Anglia | 3b |
| Southampton | 4 | Huddersfield | 3b |
| Sussex, Relaciones Internacionales y Política | 4 | University of Manchester, Policy Research in Engineering, Science and Technology | 3b |
| Swansea | 4 | Northumbria at Newcastle | 3b |
| York | 4 | Glasgow Caledonian | 2 |
| Brunel | 3a | Liverpool John Moores | 2 |
| De Montfort | 3a | Greenwich | 2 |
| Liverpool | 3a | Teesside | 2 |
| Lancaster | 3a | Wolverhampton | 2 |
| | | Southampton Institute | 1 |

*Fuente: RAE 1996*

# Dirección de Hoteles, Catering (Servicio de Comida) y Estudios Sobre Alimentación

Casi uno de cada diez empleados del RU trabaja en el sector del catering y hostelería, una de las industrias de más rápido crecimiento en el mundo. La hostelería y el catering son industrias de servicios que requieren experiencia y por lo tanto los cursos y especialización generalmente implican el trabajo en hoteles y restaurantes. Por el contrario de lo que ocurre con la hostelería y el catering, los estudios sobre alimentación tienden a enfocarse más del lado práctico de la comida y la bebida, concentrándose en el desarrollo de productos, fabricación y venta. Sin embargo, también se incluye en los cursos un elemento de experiencia de trabajo. Antes de comenzar cualquier plan de especialización basado en trabajo, los estudiantes que vienen de fuera de la Unión Europea deben tener en cuenta que existen restricciones de trabajo en el RU y de que deben revisar sus necesidades de visados con cuidado. (ver el capítulo de Llegada a Gran Bretaña).

## DIRECCION DE HOTEL Y CATERING(SERVICIOS DE COMIDA)

En la rama de dirección de hoteles y catering se realiza una especialización para un papel muy específico como director de hotel, cocinero, recepcionista, somelier o director de marketing (mercadeo), de forma que se tiene uno que asegurar que ésta es la carrera que uno quiere seguir. Al elegir un curso hay que tener también en cuenta la diferencia entre dirección de hoteles y turismo (ver p313), que pueden estudiarse en la misma institución. La dirección de hoteles es una especialidad y trata de la parte empresarial del funcionamiento de un hotel, mientras que turismo cubre los aspectos sociológicos y de dirección de la industria del turismo en general.

Existen tres caminos importantes hacia la industria hotelera y de catering: la asistencia a una universidad o colegio como alumno a tiempo completo, el inscribirse en un programa de formación, o trabajando directamente en un empleo. Los cursos de universidad y de colegios generalmente consisten en programas que pueden incluir cursos de empresa e informática junto con el estudio de temas como hostelería y dirección de hotel o gestión de comidas y bebidas. Las licenciaturas generalmente incluyen una experiencia de trabajo en un hotel o restaurante, que puede durar hasta un año.

Los programas de especialización se organizan a través de un patrono o de organizaciones profesionales como Hotel and Catering Training Companies (HCTC) o Hotel and Catering International Management Association (HCIMA). En general dichos programas tienen lugar en un hotel o restaurante, con quizás un día a la semana de clases. Pueden tener una duración de hasta dos años y se centran en un NVQ. Para más información contactar a HCTC (Tel: 0171 378 8468) o HCIMA (tel: 0181 672 4251).

La tercera opción es ir a trabajar

directamente y obtener los títulos de organizaciones externas. Stonebow (Tel: 0181 567 5591), por ejemplo, es una firma de consultoría de dirección profesional que organiza programas de dos o tres días de duración sobre materias como seguridad en la alimentación, salud e higiene o la profesión de tabernero británico. Los estudiantes acuden a estos cursos a través de su empresa o privadamente.

La Hospitality Training Foundation, que organiza varios programas de especialización, es otra fuente de información general (Tel: 0181 579 2400).

## COCINA

Tradicionalmente considerado como el bastión del pescado frito, patatas (papas) fritas y del pastel la de carne y riñones, el RU no solía tener fama de buena cocina. Sin embargo, recientemente se ha experimentado una explosión en la industria de restaurantes con nuevos establecimientos que se abren con regularidad y un interés creciente del público en la cocina internacional, vegetariana e incluso "moderna Británica". El interés del público ha crecido aún más debido a la proliferación de programas de cocina en televisión, cuyos cocineros han obtenido el estatus de celebridades.

Existen cursos para los que desean hacerse cocineros, para cocineros cualificados que intentan ampliar sus conocimientos y para el amateur interesado. La mayoría de estos cursos son a tiempo parcial a través de colegios, escuelas privadas y servicios de educación de adultos más que en universidades, y tienen una duración de entre uno y dos días a uno o dos años. Los cursos disponibles van desde la cocina caribeña y decoración de pasteles, a confección de pan (NVQs) o

cocina profesional (en City and London Guilds). Muchas escuelas de cocina y catering ofrecen sus propios diplomas con su nombre. Sin embargo, la fama varía y es prudente cerciorarse del destino de los graduados de la escuela o con un patrono potencial que pueda recomendar una escuela.

## ESTUDIOS DE LA ALIMENTACION, CIENCIA Y TECNOLOGIA

Estos cursos ofrecen un planteamiento científico y práctico respecto a la producción de comida, nutrición y venta, y como tales están frecuentemente conectados con cursos de ciencias, nutrición, hostelería y dirección de catering. Por ejemplo, un BSc en dirección de alimentación, incluyendo el estudio de la alimentación y el consumidor, tecnología de producción y técnicas de dirección, ayuda a obtener una posición de dirección dentro de una empresa de alimentación. Un BSc en biología de la alimentación por otro lado, tiene una base mucho más científica y la futura carrera tenderá hacia los campos industriales de desarrollo de productos e investigación. Se pueden hacer también estos cursos como un postgrado de un año con títulos de MBA o MSc.

Para mayor información sobre la ciencia y tecnología de la alimentación en el RU contactar al Institute of Food Science and Technology (5 Cambridge Court, 210 Shepherd's Bush Road, Londres W6 7NJ. Tel: 0171 603 6316).

## VINO

Prácticamente los únicos cursos específicamente dirigidos hacia el vino en el RU se ofrecen en varios centros de The Wine and Spirit Education Trust (WSET) situados por todo el país. Estos cursos van destinados a estudiantes de todos los niveles de experiencia en vinos, alcohol y otras bebidas alcohólicas, que deseen trabajar en catering o en servicios de bar. Generalmente tienen una duración de un trimestre y este curso con el que se obtiene un certificado cuesta £150. WSET también ofrece un curso con diploma (£650) que incluye unidades de viticultura, vinificación y la empresa vinícola (Wine and Spirit Education Trust, Five Kings House, 1 Queen Street Place, Londres EC4R 1QS. Tel: 0171 236 3551, Fax: 0171 329 8712, E-mail: wset @wset.co.uk.Website: www.wset.co.uk.

También pueden estudiarse la apreciación de vinos en cursos cortos a tiempo parcial en colegios y centros de educación de adultos.

## CURSOS ESPECIALIZADOS Y VOCACIONALES

### City of London College
**Dirección de Hoteles, Restaurantes y Turismo**

Este colegio privado se estableció en 1979 y está situado muy cerca del corazón financiero de la capital - la City de Londres - Se dedica a cursos de especialización para adultos a tiempo completo y tiempo parcial.

El diploma es un certificado general que forma a los estudiantes para puestos de supervisión dentro de varios campos de la industria hotelera y de catering. Los estudiantes pueden elegir entre un gran número de módulos de curso, incluyendo comunicación empresarial, producción de alimentos, salud e higiene, procedimientos contables y turismo. El diploma avanzado introduce técnicas de dirección. Los módulos de cursos incluyen contabilidad de hostelería y gestión de alimentos y bebidas. Estos estudios conducen a un curso de diploma superior diseñado para los que desean incorporarse a nivel de dirección en la industria hotelera, de catering y de turismo. Se enseña a los estudiantes a aplicar las teorías y principios generales de marketing (mercadeo) y dirección a la industria de la hostelería.

Todos los cursos tienen conexión con el programa de licenciatura BA(Hons) de Thames Valley University. Una vez completado el diploma avanzado, los estudiantes se gradúan con un diploma superior que actúa como programa de acceso al año final del programa de BA(Hons). Por otro lado, los estudiantes que hayan completado el diploma superior pueden continuar estudiando el PgDip en estudios de Dirección como preparación de acceso a un programa MBA en las universidades del RU. *Detalles p448.*

### Le Cordon Bleu, London

Le Cordon Bleu se fundó en París en 1895 y hoy existen 12 centros por todo el mundo. El colegio de Londres lo fundó en 1933 un graduado del colegio de París. Es famoso internacionalmente por su cocina y pastelería y atrae a estudiantes de todo el mundo. El colegio de Londres cuenta con una gran comunidad internacional, con estudiantes de más de 50 países diferentes.

Un grupo de "Master Chefs" enseña todos los aspectos de la alta cocina a grupos de entre ocho y doce estudiantes, lo que asegura un alto grado de atención individual. Además del profesorado de plantilla, visitan el colegio cocineros invitados que hacen demostraciones y dan clases. Las modernas instalaciones del colegio incluyen un circuito cerrado de televisión que permite examinar primeros planos de los cocineros con las manos en la masa. La Escuela de Pastel-

ería está basada en el mismo edificio y ofrece cursos para principiantes y para alumnos aventajados. Los cursos van desde el amplio curso "Classic Cycle", a una gama de clases cortas de día o nocturnas. Los conocimientos que se imparten van desde técnicas básicas a las difíciles técnicas de decoración de tartas(tortas) o clases de pastelería. *Detalles p454.*

## London Hotel School

El London Hotel School es un nuevo colegio situado en el centro del West End de Londres. El colegio ofrece dos tipos de cualificaciones: el Diploma "American Hotel and Motel Association" en Dirección de Hoteles y el Diploma "London Hotel School". Ambos cuentan como un crédito de un año para la Licenciatura BA(Hons) en Dirección de Hostelería de la Universidad de Middlesex. El Diploma "American Hotel and Motel Association" es modular y consiste en 12 unidades, lo que significa que los estudiantes pueden empezar cuando quieran y estudiar uno o dos cursos cada mes hasta que tengan los créditos de los 12 cursos necesarios para la cualificación. Los módulos generales que pueden hacerse incluyen gestión de instalaciones, informática de hostelería, gestión de alimentos y bebidas, ventas y marketing (mercadeo), contabilidad de hostelería y turismo internacional. También puede hacerse este diploma con un enfoque hacia las finanzas, recursos humanos, turismo, ventas y marketing (mercadeo). Si los estudiantes completan el curso con buenas notas y asistencia, pueden hacer el Diploma de London Hotel School, que implica un año de experiencia de trabajo a tiempo completo en un hotel de

Londres (se obtienen permisos de trabajo). Tanto el colegio como el hotel donde se trabaja supervisan la especialización del estudiante en uno o dos departamentos. El London Hotel School también organiza un Programa de Enseñanza Abierta en el que los estudiantes pueden estudiar desde casa empleando los libros de texto, auto-pruebas y ayuda telefónica. *Detalles p456.*

## The Old Vicarage

Este colegio residencial privado para chicas está situado en una gran casa de estilo regency a las afueras del pueblo de Marden, en Kent. El énfasis del colegio se sitúa en el desarrollo individual de cada joven, ayudándoles a adquirir una gama de técnicas y aptitudes desde la confección de ropa y el arte de la hospitalidad hasta la creación de trabajos con azucar y el cuidado de los niños. El Old Vicarage ofrece un ambiente relajado pero estimulante para las jóvenes al mismo tiempo que continúan con su educación y adquieren oficios prácticos para su uso en su vida futura. El colegio tiende a conseguir "chicas adultas con talento, relajadas y responsables". El programa de cocina del colegio introduce a las estudiantes a técnicas simples y continúa con tradiciones más avanzadas, como el cordon bleu. El curso incluye economía del hogar,

## Evaluaciones de Calidad de Enseñanza

### Ciencias de la Alimentación (Inglaterra e Irlanda del N) 1996/97

| | | | |
|---|---|---|---|
| Nottingham | 23 | Manchester Metropolitan | 19 |
| Huddersfield | 20 | North London | 19 |
| Oxford Brookes | 20 | South Bank | 18 |
| Lincolnshire and Humberside | 20 | | |

### Ciencias de la Alimentación (Gales) 1996/97

| | |
|---|---|
| Cardiff Institute | Satisfactorio |

### Estudios de Hostelería (Escocia) 1995

| | | | |
|---|---|---|---|
| Dundee | Muy Satisfactorio | Strathclyde | Muy Satisfactorio |
| Napier | Muy Satisfactorio | Glasgow Caledonian | Satisfactorio |
| | | Robert Gordon | Satisfactorio |
| Queen Margaret College | Muy Satisfactorio | | |

### Hotel, Turismo y Tiempo Libre (Gales) 1996/97

| | |
|---|---|
| Cardiff Institute | Satisfactorio |

### Dirección de Alimentación y Hostelería (Gales) 1996/97

| | |
|---|---|
| Llandrillo College | Satisfactorio |

*Fuente: HEFCE, SHEFC, HEFCW ultimas listas disponibles*

*Para obtener una lista más completa de las instituciones que ofrecen estos cursos a nivel de licenciatura mire el directorio de cursos pp468-486*

HOTEL Y CATERING

técnicas caseras con preparaciones de azúcar y decorado de tartas. Todas las estudiantes que completan el curso con éxito reciben el diploma del colegio. Los precios son £2.610 por un termino de 10 semanas o £7.830 por año. Los cursos cortos cuestan £326-£435 por semana, según el número de horas de clase y la materia. *Detalles p459.*

## Tante Marie School of Cookery

Fundada en 1954, la Tante Marie School of Cookery es una de las mayores y más antiguas escuelas independientes de cocina de Gran Bretaña. Es la única escuela de cocina acreditada por el British Accreditation Council y goza de una exención fiscal de Educación Vocacional (del 23% en todos los precios del curso) para los estudiantes internacionales que tengan intención de quedarse por 6 meses o más en el RU. Está situada en una gran casa Victoriana con sus propios jardines, donde se cultivan viñas y hierbas culinarias para la cocina, y tiene unas instalaciones que comprenden cinco cocinas de estudio totalmente equipadas, para grupos de no más de 12 estudiantes, un aula de conferencias y un imponente teatro para realizar demostraciones. Los cursos disponibles incluyen un Curso Diploma Tante Marie de 36 semanas de duración para principiantes que deseen realizar una carrera en catering y hostelería. El Curso Diploma Intensivo Tante Marie de 24 semanas de duración es ideal para estudiantes maduros que tengan ya alguna experiencia de cocina. Los Cursos de Certificado Tante Marie de 12 semanas de duración son muy populares con estudiantes que desean viajar y que quieren asegurarse de que cuentan con conocimientos de catering para poder buscarse un empleo. Tante Marie da la bienvenida y alienta a los estudiantes internacionales que deseen mejorar sus conocimientos del idioma inglés en un entorno acogedor y amistoso. Se pueden organizar estancias con familias. *Detalles p465.*

## West London College

El West London College se trasladó a sus actuales modernos locales situados en el corazón del West End de Londres, a unos minutos de la estación de Bond Street, en 1997 (anteriormente ocupaba otros locales desde la década de 1930). El colegio es un colegio empresarial con acreditación BAC, que atrae a más de 1.000 estudiantes al año de más de 100 países para estudiar empresa, dirección de hoteles, viajes y turismo, informática e inglés.

El colegio ofrece dos cursos princi-

## Clasificación de Investigación

### Ciencias y Tecnología de la Alimentación

| | | | |
|---|---|---|---|
| Leeds | 5* | South Bank | 2 |
| Nottingham | 5* | Lincolnshire and Humberside | 2 |
| Heriot-Watt | 4 | Cardiff Institute | 2 |
| Queen's, Belfast | 4 | Bournemouth | 1 |
| Reading | 4 | Leeds Metropolitan | 1 |
| Surrey | 4 | Manchester Metropolitan | 1 |
| Natural Resources Institute | 3b | Huddersfield | 1 |
| Robert Gordon | 2 | | |

*Fuente: RAE 1996*

pales: el Diploma de "Confederation Tourism, Hotel and Catering Management (CTHCM)" en Dirección de Hoteles, y el (CTHCM) Diploma Avanzado de Dirección de Hoteles. Ambos tienen una duración de un año y están diseñados para aquellos que aspiren a trabajos de dirección. Los estudiantes del curso Diploma Avanzado hacen la especialidad práctica en la Universidad de Thames Valley y pueden concluir sus prácticas con una experiencia de trabajo de tres meses en un Hotel de Londres. *Detalles p466.*

## CURSOS DE LICENCIATURA

### Birmingham College of Food and Tourism
**BA(Hons) Hostelería y Dirección de Empresas**
**BA(Hons) Hostelería y Turismo**

Este curso se concentra en conceptos claves de gerencia con el objetivo de desarrollar el conocimiento y comprensión de las operaciones hoteleras y de catering. Los módulos de empresa y dirección incluyen marketing (mercadeo) internacional, contabilidad, finanzas y dirección de recursos humanos. Como es el caso con todos los programas de licenciatura de hostelería en el colegio, el curso incluye un año de experiencia de trabajo en la industria, organizado por el colegio, bien en el RU o en el extranjero. Se facilita ayuda con el idioma inglés para aquellos que lo necesiten. El título es concedido por la Universidad de Birmingham.

El colegio tiene también otros programas de hostelería y catering, desde un año de cocinero de catering, o un HND en hotel y catering con estudios a nivel de master. Otros cursos de HND incluyen dirección de hoteles, catering e instituciones y hostelería y turismo. También hay programas base de lengua inglesa. Los precios de enseñanza de los programas de cocinero, catering, pastelería y dulces son de £3.300 al año. Los programas de licenciatura y postgrado cuestan £5.800 al año. *Detalles p338.*

### University of Bournemouth
**BA(Hons)Dirección de Hostelería Internacional**

La dinámica industria de la hostelería hoy en día ha creado la necesidad de directores altamente cualificados capaces de contribuir a la industria de forma significativa. Este curso, basado en la Facultad de Industrias de Servicios, que es un centro lider en cuanto a investigación sobre turismo, se dirige a desarrollar altos niveles de comprensión en la dirección de empresa, control de operaciones, estrategia de alimentos y hostelería internacionales, dirección de finanzas, personal e instalaciones. Todos los cursos dentro de la facultad van dirigidos a cubrir las necesidades de la industria y a proveer a los estudiantes con conocimientos transferibles valorados por la industria. *Detalles p340.*

### University of Strathclyde in Glasgow
### The Scottish Hotel School

Junto con la Universidad de Surrey, este es uno de los colegios que durante más tiempo ha venido ofreciendo licenciaturas en Hostelería y Catering. El colegio tiene estrechos lazos con la industria de la hostelería y vienen conferenciantes que son especialistas. El Scottish Hotel School ofrece cursos BA y BA(Hons) en Dirección de Hoteles y Hostelería y MSc/PcDip en Dirección de Hostelería Internacional, así como varios títulos de investigación. *Detalles p464.*

# Informática y Tecnología de la Información

**A** pesar de la preminencia de empresas americanas como Microsoft e Intel en la industria de la informática, Gran Bretaña tiene una larga tradición en investigación y desarrollo en este área. El primer ordenador(computador) del mundo se desarrolló en Bletchley Park durante la Segunda Guerra Mundial por un equipo en el que participaba Alan Turing (el del "Turing Test") y los primeros prototipos que funcionaron en el mundo salieron de Manchester y Cambridge en 1948.

Tradicionalmente, la potencia del R.U. en este campo ha sido el trabajo práctico basado en una teoría bien fundamentada. La informática con frecuencia se ha desarrollado en los departamentos de matemáticas de las universidades europeas, y esta infraestructura teórica es una base sólida para la aplicación práctica de la materia en campos como el de la ingeniería. En el área de la investigación de hardware, que requiere inversiones importantes en laboratorios y equipos, hay lugares en los EEUU como Stanford, MIT y Berkeley que tienen un claro liderazgo. Sin embargo, Gran Bretaña se enorgullece de varios buenos centros de investigación propios, como los laboratorios de Olivetti y Microsoft en Cambridge.

Este capítulo contiene una variedad de cursos relativos a ordenadores(computadores) y a la tecnología que los acompaña. En general el término informática abarca áreas temáticas como tecnología de la información, ingeniería de sistemas de información, sistemas de información de empresa y ciencias de la información, algunas de las cuales pueden extenderse a áreas de interés más recientes como internet o realidad virtual. Además, la informática se da en una variedad de combinaciones - por ejemplo idiomas, psicología o estadísticas.

A medida que la importancia de los ordenadores en todos los aspectos de nuestras vidas continúa creciendo, también crece la variedad de cursos que pueden hacerse. Los cursos HND, que normalmente son de uno o dos años de duración, pueden tener una tendencia más práctica y enseñar aspectos como ingeniería del software o programación de sistemas. Las licenciaturas pueden también incluir estos temas, pero dentro de una más extensa gama de opciones, incluyendo un estu-dio general de la materia así como un cierto grado de especialización. Estos cursos tienen la duración normal de tres o cuatro años y operan cada vez más como cursos "sandwich", con un año dedicado a trabajar en una empresa a fin de obtener experiencia práctica. Lo mismo que en el caso de puestos de trabajo en otras materias, los estudiantes que no pertenecen a la Unión Europea pueden tener necesidad de visados. (Para más información, ver Llegada a Gran Bretaña).

Como en el caso de la mayoría de los cursos de postgrado, los estudiantes pueden continuar sus estudios partiendo de una primera licenciatura en informática o emplear un MSc (en tecnología de la información por ejemplo) como un curso de conversión de otra materia. Existen varios cursos tanto de investigación como de clases. Los alumnos que hacen un PhD pueden también obtener fondos para sus estudios de empresas patrocinadoras, en particular si están interesados en un área especial de investigación.

En contraposición, también existen docenas de cursos cortos de informática y de TI (tecnología de la información) (por ejemplo, procesadores de palabras, spreadsheets y bases de datos) en varias instituciones del R.U. Estos cursos tienen gran aceptación entre los estudiantes internacionales que quieren hacer algo más que estudiar inglés mientras están aquí. Se pueden encontrar cursos a tiempo parcial en colegios privados especializados o en centros de educación de adultos - éstos últimos son más baratos.

## CURSOS ESPECIALIZADOS Y VOCACIONALES

### Babel Technical College

Este pequeño colegio se estableció en 1984 y tiene su base en David Game House, Notting Hill, Londres. Su director y fundador, Hassan Kubba, es un científico de la informática con experiencia en una amplia gama de áreas, incluyendo el proceso de ingeniería y educación. El colegio ofrece cursos prácticos, vocacionales y académicos en informática y tecnología de la información a un nivel adecuado para la oficina y también a niveles más avanzados de informática y programación. Todos los cursos están certificados por instituciones externas como City and Guilds, Pitman y la Universidad de Cambridge. Se pueden estudiar diplomas de City and Guilds y otros diplomas avanzados en aplicaciones de la informática, tecnología comercial y

de oficina, sistemas de procesamiento de datos e información y en programación, con una gran cantidad de módulos que incluyen diseño de páginas web, "desk top publishing" (DTP) (editorial interna) diseño con ordenador (CAD) y programación C++. Los cursos de Diploma duran dos trimestres y los de diploma avanzado tres trimestres; a tiempo completo, parcial o cursos nocturnos. Los precios van desde £300-£1.600 el trimestre, según el nivel y el número de módulos que se estudien. Los grupos de estudio son pequeños, generalmente de siete estudiantes, acudiendo a las clases y experiencia personal supervisada en los cinco laboratorios de ordenadores del colegio. También se pueden hacer cursos de GCSE y A level en informática en conjunto con el David Game Tutorial College. *Detalles p444.*

### David Game College

Este colegio independiente es parte del Grupo David Game, una extensa organización educativa de la que forman parte colegios de todo el R.U y del extranjero, incluyendo Malasia, Pakistán y Turquía. El colegio está plenamente acreditado por el Consejo de Acreditación Británico y se sitúa en edificios diseñados para sus fines, que contienen laboratorios totalmente equipados, salas de ordenadores, una biblioteca y servicios para los estudiantes.

El colegio ofrece un gran número de cursos pre-universitarios y también cursos vocacionales a tiempo completo y parcial en TI (tecnología de la información) y técnicas modernas de oficina. Los grupos reducidos de estudiantes con tutor tienen el soporte de cuatro laboratorios de informática, continuamente puestos al día con los nuevos hardware y software. Los alumnos se preparan para el City and

Guilds y otros exámenes reconocidos oficialmente, en TI (tecnología de la información) y aplicaciones de la informática.

Hay otros cursos a nivel de GCSE, A level y cursos-base que conducen a la admisión en la universidad, para lo que se facilita un servicio completo de asesoramiento. También se pueden hacer cursos vocacionales más cortos en todas las formas de técnicas modernas de secretaria y prácticas de oficina. *Detalles p449.*

## Purley Secretarial and Language College

Este colegio privado se estableció en 1928 y se sitúa en una gran casa en el centro de Purley. Se especializa en el estudio de lenguas y comercio. El colegio, al seleccionar familias locales para los estudiantes que necesitan alojamiento, les da una oportunidad extra para mejorar sus conocimientos del idioma. El colegio da clases de comercio y secretariado. Se prepara a los estudiantes para pasar exámenes externos como el OCR (RSA) y Pitman. Los que deseen ampliar sus conocimientos pueden recibir clases de inglés al mismo tiempo que sus otros estudios. Se pueden hacer cursos de comercio, secretariado y técnicas de asistente personal, que duran desde 6 a 36 semanas. Las materias incluyen procesamiento de palabras, audio transcripción, taquigrafía, administración comercial y técnicas de comunicación. También se pueden hacer cursos de mecanografía y procesamiento de palabras. *Detalles p459.*

## CURSOS DE LICENCIATURA

### University of Essex
**MSc en Redes de Informática e Información**

Este curso de nueve meses de duración se enfoca a proveer una información autorizada y puesta al día sobre los principios de las redes de informática y de los servicios que mantienen. Las asignaturas principales son redes de informática, conceptos de redes, ingeniería de redes e información a través de redes. Las opciones de especialidad comprenden trabajo de redes ATM e IP, comunicaciones internet y redes de telecomunicaciones. Este curso es relativamente nuevo y se imparte en el "Department of Electronic Systems Engineering", que tiene una historia de colaboración con los laboratorios de investigación nacionales de British Telecommunications, que se encuentran en las cercanías. En la evaluación de calidad de enseñanza de 1997, el departamento obtuvo la más alta calificación posible con 24 puntos sobre 24. Las ayudas para investigación actualmente suman £3,7 millones. En este momento hay 13 estudiantes internacionales en el curso. *Detalles p356.*

### University of Exeter
**Ciencias Informáticas**

El desarrollo del software es el principal interés del Departamento de Informática de la Universidad de Exeter. La mayor parte del software que se emplea hoy en día utiliza técnicas de inteligencia artificial - uno de los puntos fuertes de Exeter. Otros puntos fuertes son "neural computing" y sistemas multimedia. El departamento valora en los estudiantes el desarrollo de técnicas personales, tales como trabajo en equipo y dirección de proyectos. Existe una opción de trabajo para los estudiantes que ofrece la oportunidad de ganar una valiosa experiencia de trabajo durante las vacaciones de verano al final del segundo año. Además del aprendizaje de las mencionadas técnicas y experiencia profesional, los estudiantes estudian los fundamentos teóricos de las ciencias informáticas, sus métodos y anotaciones formales, y los aplican a la resolución de una amplia variedad de problemas. También se estudia el impacto social de los recientes avances en tecnología de la información, tales como el cambio en las formas de trabajo. Solamente se entrevista a los estudiantes que no tienen las calificaciones estándar. Durante el primer año se dan aproximadamente 12 horas de instrucción por semana, incluyendo clases, prácticas y seminarios de pequeños grupos. Tienen que presentarse tres ejercicios de programación, tres ejercicios de sistemas prácticos, dos anotaciones formales y asignaciones de métodos. La evaluación se realiza por medio de evaluaciones contínuas y exámenes. El primer año es una prueba de aprobar o reprobar y solamente el trabajo del segundo y tercer años cuenta para la licenciatura final. El departamento cuenta con una colección de manuales y literatura técnica. *Detalles p450.*

## Greenwich University
### MSc Tecnología Internet

Este curso va dirigido a los profesionales de la informática y a estudiantes con una experiencias en informática que deseen mejorar sus posibilidades de trabajo. Las principales tareas con que se encuentra la industria hoy en día comprenden el desarrollo de nuevos sistemas capacitados por internet, la integración de sistemas "legacy" con "intranets" o "extranets" y la editorial a través de internet. Hay necesidad de gente con conocimientos en diseño, construcción y mantenimiento de dichos sistemas, con un entendimiento del contexto empresarial tanto como de las fuerzas de mercado que empujan y son empujadas por internet. El curso intenta analizar todos

estos problemas mediante la inclusión de materias como idiomas de programación de internet, herramientas de desarrollo, software de red, protocolos, tecnología de servicio, sistemas de información distribuída, multimedia y las implicaciones comerciales y sociales de la tecnología de internet. *Detalles p362.*

## Imperial College of Science, Technology and Medicine, University of London
### Informática

El Departamento de Informática del Imperial College es uno de los mayores departamentos de su clase en el R.U. Es muy conocido especialmente por su trabajo en lógica, informática distribuída, arquitecturas de informática paralelas y bases teóricas de desarrollo de software. El tamaño del departamento asegura que cada materia sea enseñada por un especialista. El departamento organiza cursos de licenciatura tanto de tres años como de cuatro. Los dos primeros años de todos los cursos son comunes y durante este tiempo los alumnos eligen sus opciones de especialidad. Durante el primer trimestre deberá acudir a 30 horas de enseñanza por semana, que se compondrán de diez horas de clases, cinco horas de trabajo de laboratorio, cinco horas de seminarios y otros cinco seminarios con evaluación que duran dos horas cada uno. La evaluación se realiza a través de una mezcla de trabajo de laboratorio con evaluación constante, trabajo de curso y exámenes. El departamento tiene su propia biblioteca y un ordenador por cada tres estudiantes. *Detalles p453.*

## University of Kent at Canterbury
### Ciencias Informáticas

En el Departamento de Ciencias

Informáticas, los programas de licenciatura tienden a equipar a los alumnos con técnicas de programación, modelado y diseño y con los conocimientos necesarios para adaptarse a nuevos idiomas y aplicaciones. Los alumnos también estudian los principios fundamentales de la tecnología de la informática, desde la arquitectura hasta la compilación de técnicas, operación de sistemas y redes. Los estudiantes realizan proyectos individuales y en grupo en ingeniería de software. Las ofertas se acompañan normalmente de una invitación a visitar el departamento y conocer a los estudiantes actuales y profesores. Durante el primer trimestre el departamento adopta la política de la universidad de que los estudiantes deben realizar 40 horas semanales durante el año académico. Las evaluaciones se realizan mediante exámenes y evaluación continua del trabajo del curso. Su peso comparativo es de 75% a 85% en exámenes y 25% a 15% en trabajos realizados durante el curso. Los estudiantes deben hacer ocho módulos por año y examinarse de cada módulo al finalizar el año. Anthony West, el vicepresidente de Sun Micro Systems, es uno de los antiguos alumnos. El departamento tiene una colección de literatura relativa a software e informática, junto con instalaciones especializadas de gráficos, informática en paralelo y proyectos. *Detalles p453*.

## Liverpool Hope
### Tecnología de la Información

Se ofrecen cursos a nivel de licenciatura y de postgrado. El MSc en Tecnología de la Información está diseñado como curso de conversión para facilitar que los licenciados de otras materias puedan desarrollar su experiencia en IT (tecnología de la información). Los estudiantes pueden elegir hacer un curso en sonido y multimedia o tecnología de la información del medio ambiente. Los módulos de enseñanza en los cursos comprenden análisis y diseño de bases de datos, aplicaciones del web mundial, técnicas de estudio de grabación y análisis de sistemas. Los estudiantes también hacen investigación en un tópico de su elección. Tanto los cursos de licenciatura como los de postgrado son modulares y permiten un elemento importante de elección. Mientras que los estudiantes de postgrado pueden obtener experiencia de trabajo durante sus estudios, los estudiantes de licenciatura pueden realizar estudios de lengua inglesa junto con sus estudios universitarios. El curso de licenciatura enseña a los estudiantes a desarrollar aplicaciones de informática en sus áreas de interés, que pueden ser comunicaciones visuales, diseño de software, educación y formación y hardware y comunicaciones. Hay una gran demanda de licenciados de IT (tecnología de la información) en todas las áreas de empleo. *Detalles p368*

## Loughborough University
### Estudios de Informática

En 1969 la Universidad de Loughborough fué una de las primeras universidades en Gran Bretaña que introdujo una licenciatura de "single honours" en informática. El Departamento de Estudios de Informática fué el primero en el país en introducir en su enseñanza el sistema de operaciones UNIX. Se pueden hacer cuatro programas de cursos de licenciatura que implican todos ellos tanto la teoría como la práctica. Un nuevo programa de cuatro años ofrece un Master en Computer Science (MComp) que incluye el estudio de áreas como arquitecturas informáticas, sistemas digitales

TECNOLOGIA DE LA
INFORMACION

de ordenadores (computadores), idiomas de programación, análisis de algorismos y temas legales y profesionales en la informática. Los estudiantes de Loughborough pueden también combinar estudios de informática con Gerencia o lenguas. *Detalles p378.*

## University of Manchester
### BSc en Ciencias Informáticas

En 1948 el Departamento de Ciencias Informáticas desarrolló el primer ordenador de programa almacenado del mundo y la ciencia informática ha continuado manteniéndose durante los últimos cincuenta años. Hace treinta años ésto condujo al establecimiento de la primera licenciatura del R.U. en un programa de ciencias informaticas. En 1994 el departamento tuvo una inspección como parte de la evaluación de calidad de enseñanza, y los estudios de informática obtuvieron la calificación de Excelente.

La enseñanza en el departamento es modular. Es posible elegir como unidad para el curso la programación originada en objeto, ingeniería de software, sistemas operados distribuídos, redes de ordenadores, gráficos por ordenador, sistemas de información de gestión, programación A1, redes neurales, robots móviles y diseño de sistemas VLSI. *Detalles p382.*

## Oxford Brookes University
### BSc Informática

El curso en Oxford Brookes es modular de forma que los estudiantes pueden elegir las áreas en las que tengan un interés especial o que sean relevantes a su carrera futura. Esto quiere decir que es posible hacer un curso amplio de informática o especializarse en un área como ingeniería de software, sistemas basados en conocimientos o sistemas de información. También es posible combinar la informática con otras áreas como editorial, historia, estadística, ecología o derecho. Para los estudiantes con buenos diplomas de colegios locales en informática, la universidad ofrece una admisión con créditos que acortan el curso. Hasta el momento, 300 estudiantes internacionales que fueron admitidos con créditos han completado con éxito el curso. *Detalles p392.*

## Queen's University of Belfast
### BSc(Hons) o BEng (Hons) Ciencias Informáticas

Los componentes principales del curso son la programación de ordenadores, arquitectura informática, estructuras de datos y algorismos, procesamiento de datos y sistemas de base de datos, ingeniería de software, teoría de computación, programación paralela, redes & comunicaciones, sistemas multimedia, métodos formales, sistemas de software, inteligencia artificial, proceso de imágenes y redes neurales. Queen's ha provisto de numerosos licenciados a la creciente industria de software de la región. Los estudiantes internacionales tienen la opción de pasar un año obteniendo experiencia en la industria en un puesto pagado a tiempo completo, que es algo que casi todos aceptan. El departamento obtuvo un 4 en el ejercicio de evaluación de investigación. *Detalles p402.*

## Staffordshire University
### Plan de Licenciatura en Informática

Staffordshire tiene uno de los más grandes Colegios de Informática de educación superior del R.U. (aproximadamente 100 académicos, 2.000

estudiantes a tiempo completo) situado en un nuevo centro de informática que ha costado £10 millones. Dentro de un amplio portafolio, el Colegio de Informática ofrece el "Computing Degree Scheme" (Plan de Licenciatura en Informática). Este es un curso de licenciatura en el que los estudiantes tienen un primer año común estudiando ciencias informáticas antes de especializarse en una de las diez áreas diferentes, que conducen a la obtención de un BSc(Hons), un BEng(Hons) o un MEng. Los cursos varían desde los generales de Ciencias Informáticas, Ingeniería de Software y Sistemas de Información, a los especializados como Tecnología Internet, Gráficos por Ordenador, Imagen y Visualización, Informática con Matemáticas Aplicables, Informática Multimedia y Sistemas Inteligentes. Las licenciaturas comprenden una colocación en un trabajo pagado de un año y están reconocidas por la British Computer Society y el Engineering Council para aceptar a los titulados como miembros con condonación de todos los exámenes. *Detalles p420.*

## University of Teesside
### Informática y Matemáticas

Los cursos de licenciatura van desde ciencias informáticas, tecnología de la información e informática a programas innovativos en áreas tales como multimedia, visualización y visualización creativa. Los nuevos cursos se están desarrollando en realidad virtual, animación por ordenador y sistemas de diversión interactivos. Los cursos de postgrado comprenden un MSc en Tecnología de la Información, Aplicaciones de Multimedia y aplicaciones gráficas con ayuda de ordenador.

Los cursos de informática y de TI

(tecnología de la información) en Teesside han obtenido calificaciones de Excelente en las evaluaciones más recientes de calidad de enseñanza. Muchos de los cursos incluyen un año de experiencia de trabajo pagado y ésto, junto con el énfasis en técnicas prácticas, significa que la universidad tiene una buena historia en cuanto a empleo. *Detalles p428*

## University of York
### Ciencias Informáticas

El Departamento de Ciencias Informáticas en York obtuvo un 5* en el ejercicio de evaluación de investigación de 1996 y una calificación de Excelente en la evaluación de calidad de enseñanza de 1994. Su objetivo es facilitar a sus estudiantes buenas instalaciones de ordenadores y en 1997 se trasladó a un nuevo edificio especialmente diseñado. El programa de BEng/BSc cubre todos los tópicos principales de las ciencias informáticas incluyendo teoría, práctica, hardware (electrónica) y software (programas) que se integran en el diseño de los sistemas. La primera parte del curso facilita una base de conocimientos en la materia, mientras que los años segundo y tercero incluyen alguna especialización. Se hace hincapié durante todo el curso en el trabajo práctico y proyectos. El proyecto del año final ofrece la oportunidad de realizar un trabajo personal. La supervisión de los proyectos se lleva a cabo por el profesorado que también está involucrado en la investigación y desarrollo. El interés principal reside en las áreas de ingeniería de software, sistemas de tiempo-real, interacción ordenadores-humanos y aprendizaje por máquina. *Detalles p442*

# Clasificación en Investigación

## Ciencias Informáticas

| | | | |
|---|---|---|---|
| Cambridge | 5* | Hull | 3a |
| Glasgow | 5* | King's College, London | 3a |
| Imperial College | 5* | Leicester | 3a |
| Oxford | 5* | Liverpool | 3a |
| Warwick | 5* | Manchester Metropolitan | 3a |
| York | 5* | Open University | 3a |
| Bath | 5 | Stirling | 3a |
| Bristol | 5 | Strathclyde | 3a |
| Dundee | 5 | Sunderland | 3a |
| Edinburgh | 5 | Ulster | 3a |
| Lancaster | 5 | UWE, Bristol | 3a |
| Manchester | 5 | Birkbeck, London | 3a |
| Newcastle | 5 | De Montfort | 3b |
| Southampton | 5 | Keele | 3b |
| Sussex | 5 | Nottingham Trent | 3b |
| UCL, London | 5 | Paisley | 3b |
| Aberdeen | 4 | Plymouth | 3b |
| Aberystwyth | 4 | Robert Gordon | 3b |
| Aston | 4 | South Bank | 3b |
| Birmingham | 4 | Brunel | 2 |
| Cardiff | 4 | Cardiff | 2 |
| Durham | 4 | Goldsmiths, London | 2 |
| East Anglia | 4 | Huddersfield | 2 |
| Essex | 4 | Kingston | 2 |
| Exeter | 4 | Leeds Metropolitan | 2 |
| Heriot-Watt | 4 | Liverpool John Moores | 2 |
| Hertfordshire | 4 | Middlesex | 2 |
| Kent at Canterbury | 4 | Napier | 2 |
| Leeds | 4 | North London | 2 |
| Loughborough | 4 | Northumbria at Newcastle | 2 |
| Nottingham | 4 | Oxford Brookes | 2 |
| Queen Mary and Westfield, | | Sheffield Hallam | 2 |
| London | 4 | Teesside | 2 |
| Queen's, Belfast | 4 | Westminster | 2 |
| Reading | 4 | Wolverhampton | 2 |
| Royal Holloway, London | 4 | Abertay Dundee | 1 |
| Sheffield | 4 | Bournemouth | 1 |
| St Andrews | 4 | Chester College | 1 |
| Swansea | 4 | Coventry | 1 |
| UMIST (Computation) | 4 | Derby | 1 |
| UMIST (Language Engineering) | 4 | London Guildhall | 1 |
| Bradford | 3a | Luton | 1 |
| Brighton | 3a | Portsmouth | 1 |
| City, London | 3a | Staffordshire | 1 |
| Glamorgan | 3a | Swansea Institute | 1 |

*Fuente: RAE 1996*

# Derecho

Se deben tener en cuenta ciertos puntos antes de embarcarse en una licenciatura de Derecho en el R.U. Primero, si desea estudiar derecho a fines de ejercer la profesión, debe considerar si el sistema legal inglés es el mismo o similar al de su propio país. Segundo, el estudiar Derecho en Inglaterra o Gales, no es lo mismo que estudiarlo en Escocia - son sistemas legales diferentes. En Inglaterra y Gales el sistema legal está basado en el Derecho Común, que emplea el precedente jurídico más que las leyes escritas - esto quiere decir que el derecho inglés puede, en teoría, cambiar de una semana a otra. Este sistema es similar a los sistemas legales de países que pertenececieron o pertenecen a la Commonwealth y al de los Estados Unidos. El sistema escocés (y el europeo) está basado en las leyes escritas - una anomalía debida a la proximidad comercial histórica de Escocia con Europa.

A medida que el mundo comercial se hace más pequeño, aumenta la necesidad de abogados con una visión internacional y por lo tanto varias universidades ofrecen ahora módulos o materias electivas sobre derecho europeo y derecho internacional. El primero se refiere primordialmente a los acuerdos entre los estados miembros. El segundo se ocupa principalmente de los tratados y convenios de los que Gran Bretaña es parte y que obligan al RU y a las decisiones de los tribunales, que hacen referencia principalmente a contratos de navegación, territorios, fronteras y navegación aérea.

La razón más frecuente para estudiar una licenciatura en Derecho en Gran Bretaña es la de hacerse "barrister", es decir ser admitido en la barra inglesa para actuar como abogado ante los tribunales, o hacerse "solicitor", que asesora a los clientes y prepara los casos para los "barristers". Los barristers y solicitors no necesitan tener una licenciatura en Derecho (LLB) para ejercer la profesión - por el contrario, muchas firmas prefieren abogados que hayan estudiado otras materias. Sin embargo, los licenciados en Derecho están exentos de la primera parte de los exámenes profesionales. Además, otra buena razón para hacer una licenciatura en Derecho es que tendrá una perspectiva clara para decidir si desea ejercer la profesión. El ejercicio intelectual que se obtiene a través del estudio detallado de textos, análisis racional y argumentos razonados, son cualidades importantes que se practican en el estudio del derecho y que también serán de utilidad si se decide a ejercer otra profesión.

Si opta por hacerse barrister o solicitor deberá completar varias etapas. Para hacerse solicitor, una vez licenciado en derecho deberá registrarse como miembro de la Law Society y hacer un curso intensivo de un año - Legal Practice Course (LPC). Para hacer el LPC deberá solicitar a la Law Society un Certificado de haber terminado sus estudios académicos "Certificate of Completion of the academic Stage of Training". Esto prueba que se ha terminado la licenciatura en Derecho, lo que implica que se han estudiado varias materias como derecho contractual, derecho sobre daños y perjuicios extracontractuales, derecho inmobiliario, derecho Comunitario Europeo, derecho sobre equidad y fiducia, derecho penal y constitucional y derecho administrativo. La mayoría de las licenciaturas en Derecho incluyen dichas materias en los dos primeros años, pero es aconsejable asegurarse de que se estudian estas disciplinas.

El LPC puede estudiarse en uno de los Colegios de Derecho y en varias universidades a las que la Law Society ha otorgado el derecho de conceder el Diploma LPC. Aunque es un examen estandar, algunas de las grandes firmas de derecho de la City dicen que prefieren licenciados que hayan estudiado en uno de los Colegios de Derecho de Guildford, York, Chester o Londres. Sin embargo, el argumento contrario y que generalmente prevalece es que no importa donde se estudie el LPC, lo que importa es aprobarlo. Tiene más importancia dónde se estudia la primera licenciatura y el resultado obtenido. Después de aprobar el LPC se entra en una firma de solicitors para realizar un periodo de aprendizaje de dos años. Como pasante de solicitor se recibe un salario y se puede tener la oportunidad de trabajar en diferentes departamentos.

Si no se tiene una licenciatura en Derecho, se debe aprobar el "Common Professional Examination" (CPE), un curso de conversión de un año para licenciados universitarios, en un Colegio de Derecho o en una universidad, antes del LPC.

Si se desea hacer barrister, el proceso es similar pero el curso diferente. Siempre que tenga una buena licenciatura en derecho, deberá inscribirse en un "Inn of Court" y matricularse en el "Bar Vocational Course" (BVC). Hay cuatro Inns of Court y todas ofrecen ayuda académica e instalaciones recreativas para barristers y estudiantes de barrister. El curso BVC tiene un año de duración y se puede estudiar en unas pocas instituciones. Una vez se ha completado el curso satisfactoriamente y cumplido con los requisitos de asistencia, se puede solicitar al Inn la incorporación a la Barra. Después de este paso, los aspirantes a barrister tienen que completar un aprendizaje práctico mediante pupilaje en un gabinete de barristers, bajo la tutela de un barrister en ejercicio durante dos periodos de seis meses. Para ser admitido como pupilo, se debe seguir el sistema de solicitudes de pupilajes y realizar una entrevista. En calidad de pupilo el salario es bajo y no existe garantía de que el gabinete acepte definitivamente al pupilo después de los seis meses. Debe tenerse en cuenta que hay un número mayor de personas que completan el Examen Vocacional a la Barra (BVE) y el Curso de Práctica Jurídica (LPC) que puestos de trabajo como barrister o solicitor.

Como se ha indicado anteriormente, el sistema en Escocia es diferente. La profesión está dividida en "advocates" y "solicitors" - los advocates son similares a los barristers en Inglaterra. Además de tener una licenciatura en Derecho de una universidad escocesa (lo que es recomendable), se debe pasar el Diploma en Práctica Jurídica (DLP). Los aspirantes a solicitor deben estudiar derecho escocés, derecho inmobiliario, procesal, fiscal y derecho comunitario europeo. Los advocates deben también estudiar derecho internacional privado, derecho constitucional y jurisprudencia.

Los abogados cualificados tienen buen acceso a otras áreas de trabajo, como la City o la política. Un estudio llevado a cabo en 1996 mostró que el ejercicio del derecho es una de las tres profesiones con menor desempleo, después de medicina y veterinaria.

## MAS INFORMACION

**Para obtener una lista de universidades que ofrecen el LPC**
The Law Society of Scotland
0131 226 7411
The Law Society
0171 242 1222

**Para obtener una lista dónde se puede estudiar el BVC**
The Bar Council
0171 222 2525

## CURSOS DE LICENCIATURA

### University of Bristol

**Derecho, Derecho y Francés, Derecho y Alemán (LLB), Química y Derecho (BSC)**

La enseñanza de derecho en Bristol empezó muchos años antes que se estableciera la facultad en 1933 y obtuvo la calificación de Excelente en la evaluación de calidad de enseñanza más reciente. La facultad ofrece una amplia variedad de programas de licenciatura y de postgrado. Los licenciados del programa LLB tienen la oportunidad de pasarse a estudios de derecho europeo y estudiar en Europa durante un año. Además de las unidades obligatorias usuales en principios jurídicos y filosofía, se ofrece una amplia gama de campos especializados en derecho y derecho-social. Se pueden elegir programas de licenciatura combinando el estudio de derecho ya bien con francés, alemán o química. *Detalles p344.*

### University of Durham

**LLB(Hons) Derecho**

Durante el primer año de la licenciatura de derecho de la Universidad de Durham se estudia el derecho sobre daños extracontractuales, contratos y restitución con una introducción en el marco del derecho constitucional del RU y de la UE. Durante los años segundo y tercero se puede elegir entre doce cursos de una lista de materias optativas que incluyen derecho penal, derecho inmobiliario y equidad. Según los módulos que se estudien, los estudiantes pueden obtener exención del Examen Profesional Común (CPE).

Existe una activa Law Society en Durham que organiza debates, conferencias, visitas a juzgados y tribunales, así como también actividades sociales donde se mezclan el profesorado y los estudiantes. Los estudiantes también confeccionan su propio periódico jurídico, "Inter Alia". *Detalles p354.*

### King's College London
**Derecho**

Muy cercano al centro jurídico de Londres, el King's College School of Law tiene contactos con los Inns of Court, los Royal Courts of Justice y algunas de las más importantes firmas de abogados. La facultad está especializada particularmente en medicina legal y ética, derechos humanos, criminología y derecho internacional público. Los cursos de licenciatura van desde LLB "single honours" a LLB en Derecho Inglés y Francés, LLB en Derecho Inglés con Derecho Alemán y LLB con Estudios de Derecho Europeo. Aparte del curso de "single honours", todas las licenciaturas duran cuatro años e incluyen por lo menos un año en una universidad de Europa. A nivel de postgrado el colegio ofrece un LLM, un MA en Etica Médica y Derecho y varios diplomas de postgrado. *Detalles p453.*

### University of Leicester
**Derecho**

Como en muchos de los departamentos de derecho líderes en las universidades de Gran Bretaña, prevalece un ambiente cosmopolita, en parte gracias al gran número de estudiantes internacionales. Los estudiantes de licenciatura tienen un gran número de opciones. Se dan unas diez horas de enseñanza por semana aproximadamente (clases y seminarios) y se emplean una variedad de métodos de evaluación, desde exámenes escritos de tres horas de duración, a exámenes con consulta de textos, trabajos individuales y disertaciones con evaluación. Mientras que muchos de los licenciados del departamento van a ejercer la profesión legal, otros se dedican a carreras alternativas, como contabilidad, administración local, o a estudiar un postgrado. El departamento tiene una biblioteca pequeña. *Detalles p454.*

## University of Liverpool
### LLM Derecho

Se ha enseñado derecho en la Universidad de Liverpool durante más de 100 años. La facultad ofrece clases en cursos de postgrado para obtener un Master of Laws (LLM) o Diploma. En el programa de LLM los estudiantes pueden, si lo desean, especializarse en derecho internacional, derecho europeo o derecho mercantil internacional. Estas áreas son relevantes para los abogados tanto si trabajan dentro el sistema legal inglés como fuera de él. Los estudiantes que desean especializarse eligen un mínimo de cuatro unidades de entre las opciones disponibles en su área de especialización y preparan una tesina en un tema adecuado. La tesina y los exámenes escritos forman la base para la evaluación. Los candidatos al Diploma tienen que estudiar ocho unidades de entre las opciones del LLM y no tienen que preparar una tesina. También hay cursos de investigación disponibles en la facultad sobre derecho internacional y europeo. Se dispone de instalaciones de informática y todos los estudiantes reciben instrucción en tecnología de la información. *Detalles p370.*

## London School of Economics and Political Science (LSE)
### LLB Bachelor or Law

El LSE anima a los estudiantes a que tengan una apreciación abierta de las materias jurídicas y comprendan la funcion del derecho en la sociedad, del sistema legal y de las reglas formales del derecho. El LLB consta de tres partes, los exámenes intermedios, parte I y parte II que se realizan a lo largo de tres años. Durante el primer año se estudian las asignaturas necesarias para pasar el examen intermedio, con una introducción al derecho público, obligaciones, responsabilidad extracontractual y contratos, derecho inmobiliario, sistema legal y derecho penal. Durante los años segundo y tercero los alumnos estudian materias optativas, como derecho procesal, ley de propiedad intelectual y derecho de sociedades. El tercer año comprende un curso obligatorio de jurisprudencia. El LSE también ofrece un LLB en Derecho Francés y un curso de derecho de joint honours con antropología. *Detalles p456.*

## University of Luton
### LLB(Hons) Derecho

El curso de LLB va dirigido no solamente a los que están interesados en ejercer el derecho sino también a los que desean adquirir conocimientos aplicables a otras profesiones. La licenciatura está reconocida por la Law Society y el Consejo de Educación Jurídica para facilitar la exención del Examen Profesional Común (CPE), siempre que se estudien las materias adecuadas. Alternativamente se puede estudiar Derecho en conjunto con otra asignatura, ya sea como asignatura principal, secundaria o de igual entidad, dentro del plan modular de licenciaturas de la universidad, mediante el que se puede conseguir un BA(Hons) y un amplio conocimiento del Derecho en conjunto con otra disciplina, como por ejemplo marketing (mercadeo). Existen ocho módulos por año a tiempo completo, que se evalúan mediante una combinación del trabajo realizado durante el curso y exámenes. Los módulos optativos se estudian durante el segundo y tercer año. *Detalles p380.*

## University of Manchester
### LLB(Hons) y LLM Derecho

La Facultad de Derecho se estableció como parte de la Universidad de Manchester en 1872 y es una de las más antiguas del país. A lo largo del tiempo ha tenido alumnos célebres, como Christable Pankhurst, la fundadora del Movimiento Sufragista, y Sir Gordon Borrie, antiguo Director General de Fair Trading. Una buena parte del profesorado es extranjero o ha enseñado o estudiado en el extranjero.

En el programa de licenciatura LLB (Hons) de Derecho se estudian un número de asignaturas básicas que la facultad considera esenciales para adquirir un conocimiento del derecho. En el segundo y tercer año del curso se pueden elegir módulos optativos de una lista que incluye derecho comercial internacional, derecho laboral y social de la CE, derecho fiscal y medicina legal y ética. Esta licenciatura exime del Examen Profesional Común.

A nivel de postgrado la facultad ofrece cuatro cursos: Derecho Comercial Internacional, Derecho Europeo, Derecho y Política Europeos, Derecho y Económia y Diploma en Estudios Legales. *Detalles p382.*

## Univertisy of Oxford
### Derecho

Lo mismo que en Cambridge, los estudiantes que terminan la licenciatura con éxito obtienen un BA(Hons). A diferencia de la mayoría de las universidades, los estudiantes de licenciatura deben emplear fuentes primarias para realizar su trabajo en lugar de acudir a clases. Se requiere el conocimiento del idioma inglés, ya que los estudiantes de esta licenciatura deben redactar un ensayo por semana por cada asignatura que estudian. Oxford ofrece ahora un curso de cuatro años en derecho, con estudios de Derecho en Europa, que incluye un año en una universidad de la Unión Europea. A nivel de postgrado existen diversas opciones: el BCL (Bachelor of Civil Law) y el MJur (Master of Jurisprudence) que son cursos de enseñanza y el MSt (Master of Studies)que es un año de especialización en investigación legal, evaluado a través de un ejercicio presentando la investigación, que puede continuarse con un MLitt o un DPhil. *Detalles p394.*

## University of Sheffield
### Derecho

El departamento de Derecho es una de las tres mayores escuelas universitarias de derecho inglesas aparte de Oxford y Londres. El ejercicio de evaluación de investigación de 1996 concedió al departamento una puntuación de 5 y las evaluaciones de calidad de enseñanza calificaron al departamento como Excelente en 1993. El departamento tiene seis grupos de investigación: el Centro de Investigación de Criminología y de Derecho; el Centro de Derecho Comparativo, Internacional y Europeo; el Centro de Estudios Socio-legales; el Instituto para el Estudios de Derecho Mercantil y el Instituto de Sheffield para Derecho Biotécnico y Etica. Actualmente se cuenta con 65 profesores y 970 alumnos a tiempo completo, de los cuales 216 son internacionales. A nivel de licenciatura se puede elegir entre licenciaturas en derecho, derecho y criminología y derecho con francés, alemán o español. El nivel uno ofrece una introducción a las asignaturas y los estudiantes pueden después elegir un camino adecuado a su area de interés propio de entre unas 40 opciones. Los postgraduados pueden estudiar un MA en Derecho, Derecho con Criminología Internacional, Derecho de la Biotecnología y Etica o Estudios Sociolegales. El departamento ofrece también un LLM y un diploma en práctica legal. *Detalles p414.*

## University of Sussex
### LLM Derecho Mercantil Internacional

La expansión de los estudios de Derecho en Sussex ha permitido a la universidad aumentar el ámbito de la investigación e introducir un nuevo programa de clases de postgrado.

Este curso está diseñado con miras al proceso del comercio internacional. Permite a los alumnos estudiar temas en derecho doméstico e internacional de naturaleza económica y comparativa. El curso consiste inicialmente en un núcleo que comprende módulos sobre venta doméstica e internacional de mercancías, pago y financiamiento. Los alumnos pueden después estudiar una gama de módulos de naturaleza comercial, comparativa o económica. Hay una enorme elección de módulos, que incluye derecho de obligaciones francés, leyes de inversión de los países en desarrollo, derecho mercantil japonés y derecho del mercado de la CE. La evaluación de los estudiantes se efectúa mediante exámenes al final del año, amplias redacciones y una tesina. *Detalles p426.*

## Staffordshire University
### LLM en Derecho

Este curso de LLM impartido durante un año mediante clases para alumnos que hayan hecho una licenciatura en derecho o equivalente, se realiza de forma modular y los alumnos pueden acumular créditos a través de módulos de asignaturas individuales y una tesina. Se puede elegir una de las 12 opciones en oferta de forma que pueden ajustar el curso según sus intereses individuales. Las opciones incluyen derecho internacional, ley internacional del medio ambiente, criminología y derecho de salud pública y ética.

La Escuela de Derecho de la Universidad de Staffordshire está situada en una instalaciones hechas a la medida con un costo de £3 millones, que tiene incorporada una biblioteca, dos salas de juicio simuladas y gabinetes de ejercicio jurídico. La escuela de derecho es la primera del país en ofrecer opciones de derecho malasio.*Detalles p420.*

## Warwick University
### BA en Derecho y Estudios Empresariales

Esta licenciatura conjunta cubre muchas áreas de interés conjuntas entre la profesión legal y la empresarial, tales como estructura de sociedades, organización de empresas, ley de competencia y la regulación de mercados, finanzas, mercados financieros e impuestos. Actualmente hay 18 estudiantes internacionales en el curso de un total de 75 estudiantes. Los alumnos estudian tanto en la escuela de Derecho como en la Warwick Business School. *Detalles p436.*

DERECHO

## Evaluación de Calidad de Enseñanza

### Derecho (Inglaterra e Irlanda del N.) 1993/94

| | | | |
|---|---|---|---|
| Bristol | Excelente | Birmingham | Satisfactorio |
| Cambridge | Excelente | Bournemouth | Satisfactorio |
| Durham | Excelente | De Montfort | Satisfactorio |
| East Anglia | Excelente | Derby (Revisit) | Satisfactorio |
| Essex | Excelente | Exeter | Satisfactorio |
| Leicester | Excelente | Hertfordshire | Satisfactorio |
| LSE, London | Excelente | Hull | Satisfactorio |
| Manchester | Excelente | Leeds | Satisfactorio |
| Queen's Belfast | Excelente | Middlesex | Satisfactorio |
| SOAS, London | Excelente | University College | |
| Sheffield | Excelente | Northampton | Satisfactorio |
| UCL, London | Excelente | North London | Satisfactorio |
| Warwick | Excelente | Queen Mary and | |
| West of England | Excelente | Westfield, London | Satisfactorio |
| Kings College, London | Excelente | Southampton Institute | Satisfactorio |
| Northumbria at Newcastle | Excelente | Sussex | Satisfactorio |
| Nottingham | Excelente | Ulster | Satisfactorio |
| Oxford | Excelente | Westminster | Satisfactorio |
| Oxford Brookes | Excelente | Wolverhampton | Satisfactorio |

### Derecho (Escocia) 1995/96

| | | | |
|---|---|---|---|
| Aberdeen | Muy Satisfactorio | Glasgow | Muy Satisfactorio |
| Dundee | Muy Satisfactorio | Strathclyde | Muy Satisfactorio |
| Edinburgh | Muy Satisfactorio | | |

### Derecho (Gales) 1993/94

| | | | |
|---|---|---|---|
| Aberystwth | Satisfactorio | Swansea | Satisfactorio |
| Cardiff | Satisfactorio | Swansea Institute | Satisfactorio |
| Glamorgan | Satisfactorio | | |

### Estudios Jurídicos (Escocia) 1995/96

| | | | |
|---|---|---|---|
| Abertay Dundee | Satisfactorio | Napier | Satisfactorio |
| Glasgow Caledonian | Satisfactorio | Robert Gordon | Satisfactorio |

*Fuente HEFCE, SHEFC, HEFCW ultimas listas disponibles*

*Para obtener una lista más completa de las instituciones que ofrecen estos cursos a nivel de licenciatura mire el directorio de cursos pp468-486*

DERECHO

# Clasificación de Investigación

## Derecho

| | | | | |
|---|---|---|---|---|
| Cambridge | 5* | Exeter | 3a |
| Oxford | 5* | Hull | 3a |
| Aberdeen | 5 | Lancaster | 3a |
| Birkbeck | 5 | Liverpool | 3a |
| Cardiff | 5 | Newcastle | 3a |
| Essex | 5 | Queen's, Belfast | 3a |
| King's College, London | 5 | Reading | 3a |
| LSE, London | 5 | SOAS, London | 3a |
| Manchester | 5 | Sheffield Hallam | 3a |
| Nottingham | 5 | Sussex | 3a |
| Sheffield | 5 | City, London | 3b |
| Southampton | 5 | Coventry | 3b |
| UCL, London | 5 | De Montfort | 3b |
| Birmingham | 4 | Nottingham Trent | 3b |
| Bristol | 4 | Southampton Institute | 3b |
| Brunel | 4 | Swansea | 3b |
| Dundee | 4 | Ulster | 3b |
| Durham | 4 | UWE, Bristol | 3b |
| Edinburgh | 4 | Anglia Polytechnic | 2 |
| Glasgow | 4 | East London | 2 |
| Institute for Advanced | | Huddersfield | 2 |
| Legal Studies | 4 | London Guildhall | 2 |
| Keele | 4 | Manchester Metropolitan | 2 |
| Kent | 4 | Staffordshire | 2 |
| Leeds | 4 | Westminster | 2 |
| Leicester | 4 | Bournemouth | 1 |
| Queen Mary and Westfield, | | Derby | 1 |
| London | 4 | Glamorgan | 1 |
| Strathclyde | 4 | Luton | 1 |
| Warwick | 4 | Northumbria at Newcastle | 1 |
| Aberystwyth | 3a | Teesside | 1 |
| Central Lancashire | 3a | Thames Valley | 1 |
| East Anglia | 3a | Wolverhampton | 1 |

*Fuente: RAE 1996*

# Estudios de Biblioteca e Información

Para mucha gente la palabra "bibliotecario" trae a la imaginación una severa anciana que insiste que todo el mundo mantenga un estado de silencio absoluto en su biblioteca. La realidad del trabajo en esta esfera es muy diferente.

Durante cientos de años, los bibliotecarios han desarrollado sistemas de clasificar, extraer y recuperar información. Mediante la creación de un vocabulario controlado han conseguido organizar sus recursos para que otros los puedan utilizar de manera efectiva y eficaz. Dada la creciente importancia del internet existe ahora una gran necesidad para que la información a nuestra disposición nos ayude en vez de inhibirnos - en Junio de 1996 existían 230.000 páginas web en internet, pero hoy día hay tantas que se ha perdido la cuenta. Los especialistas de la información ya no trabajan solamente en las bibliotecas sino que están en gran demanda en muchos campos, por ejemplo en las grandes empresas, la banca, la educación, los medios de comunicación, la informática y en cualquier sitio que se utilicen los sistemas de información.

Existe mucha innovación en el campo bibliotecario del RU, con el desarrollo de proyectos tales como el "Electronic Libraries Programme" y el "New Library People's Network", y con frecuencia otros países adoptan los modelos de servicios bibliotecarios y de información del RU. La primera licenciatura BSc en ciencias de la información fué introducida en 1967 en la Universidad de Newcastle. Desde entonces las licenciaturas en este campo se han desarrollado muchísimo, junto con la ampliación de los trabajos en este área y los ultimos desarrollos de la tecnología de la informática. Como resultado de ello hay estudiantes procedentes de muy diversas diciplinas académicas, con cualificaciones en todas las materias, desde la química hasta el inglés. El poder hablar otro idioma además del inglés es una gran ventaja y se está haciendo más necesario. También es esencial un alto grado de conocimientos en informática.

A nivel de primera licenciatura se puede estudiar un BA o un BSc. Por ejemplo en el curso BA de estudios de información y biblioteca se pueden estudiar como asignaturas principales en el primer año tecnología y sistemas de la información, métodos de comunicación y metodología de investigación. Despues, el segundo y el tercer año permiten una especialización, por ejemplo en estudios de información comercial, servicios de información y biblioteca o edición de multimedia. Por otra parte , una licenciatura BSc puede estar más enfocada hacia las ciencias, dirección o informática y se combina frecuentemente con cursos de informática.

Sin embargo la mayoría de los cursos de biblioteca e información se estudian a nivel de postgrado. Los cursos de clases de MSc y MA son de un año de duración y pueden incluir estudios principales en areas esenciales como tecnología de la información, investigación de la información y módulos en información empresarial, información de salud, o información de diseño. Tambien se pueden hacer cursos de investigación hasta el nivel de PhD.

La mayoría de los cursos están acreditados por una de las dos organizaciones profesionales principales de directores de biblioteca e información: El Library Association (LA) y el Institute of Information Scientists (IIS). Para obtener una lista completa de estos cursos, póngase en contacto con: The Library Association, 7 Ridgmount Street, London WC1E 7AE. Tel: 0171 636 7543, Fax: 0171 436 7218, página web: www.lahq.org.uk/ o con The Institute of Information Scientists, 44 - 45 Museum Street, London WC1A 1LY, Tel: 0171 831 8003, Fax: 0171 430 1270, página web: www.iis.org.uk

# CURSOS DE LICENCIATURA

## Loughborough University
### Información/Ciencia

Loughborough es una excepción entre las instituciones del RU que imparten estudios de biblioteca ya que ofrece cursos de primera licenciatura en este campo. Se pueden estudiar cursos de BA en Dirección de Biblioteca e Información, Dirección de la Información y Estudios Empresa-

## Evaluación de Calidad de Enseñanza
### Estudios de Biblioteca e Información (Gales) 1994/95

| | |
|---|---|
| Aberystwyth | Satisfactorio |

*Fuente: HEFCE, SHEFC, HEFCW ultimas listas obtenidas*

*Para obtener una lista más completa de las instituciones que ofrecen estos cursos a nivel de licenciatura mire el directorio de cursos pp468-486*

## Clasificación de Investigación
### Dirección de Biblioteca e Información

| | | | |
|---|---|---|---|
| City, London | 5* | Manchester Metropolitan | 3b |
| Sheffield | 5* | Queen Margaret College | 3b |
| Loughborough | 5 | UWE, Bristol | 3b |
| Salford | 4 | Bath | 2 |
| Strathclyde | 4 | Central Lancashire | 2 |
| Northumbria | 3a | Leeds Metropolitan | 2 |
| Queen's, Belfast | 3a | Liverpool John Moores | 2 |
| Robert Gordon | 3a | University College | 2 |
| Aberystwyth | 3b | Bath College | 1 |
| Brighton | 3b | La Sainte Union College | 1 |
| UCE, Birmingham | 3b | Thames Valley | 1 |
| De Montfort | 3b | | |

*Fuente: RAE 1996*

riales, Edición con inglés, y Dirección de la Información e Informática durante tres o cuatro años. El curso de cuatro años incluye un año de experiencia de trabajo pagado en la industria, además de conseguir una cualificación adicional: el "Diploma in Professional Studies". El departamento tambien ofrece cursos de postgrado y recibió un 5 en el ejercicio de evaluación de investigación de 1996. *Detalles p378*

## University of Sheffield
### Estudios de Información

El Departamento de Estudios de Información de Sheffield ofrece cursos de BA en contabilidad y dirección financiera, gestión de información, estudios empresariales y gestión de información; cursos de MSc en gestión de información y sistemas de información; Diploma/MSc en gestión de información de

salud; y un certificado de aprendizaje en redes de información. El departamento recibió un 5* en el ejercicio de evaluación de investigación de 1996. *Detalles p414.*

## University of Wales Aberystwyth
### Estudios de Información y de Biblioteca

Entre los Programas ofrecidos por el Departamento de Estudios de Información y Biblioteca están los cursos de estudios de información y biblioteca, gestión de información, contabilidad y finanzas. El departamneto tambien ofrece un UDIP/MScEcon en Administración de Archivos, cursos de aprendizaje a distancia, y además organiza un curso de verano para licenciados internacionales (International Graduate Summer School). *Detalles p444*

# Matemáticas y Estadística

Isaac Newton es el abuelo de las matemáticas en el RU, y su influencia que aún prevalece en el sector de enseñanza superior, atrae a muchos estudiantes internacionales. Se ha sugerido que la herencia de Newton y una tradición de pragmatismo han contribuido tanto a la calidad de la investigación en matemáticas en instituciones del RU como al énfasis británico en la aplicación de las matemáticas.

Las matemáticas aplicadas tratan de la exploración matemática de un problema en el mundo real y pueden ser útiles a la física, la estadística o la ingeniería. Las matemáticas puras sin embargo, son cerebrales - es decir, las matemáticas por las matemáticas. Mientras los académicos del extranjero se han estrujado el cerebro pensando en los caprichos de estas últimas, el RU ha obtenido una fama de excelencia en las primeras. Esta generalización no se debe tomar demasiado literalmente, ya que las matemáticas puras también florecen en las universidades del RU, y hay países como Francia y Alemania que han demostrado sus conocimientos en matemáticas aplicadas con la calidad de su ingeniería.

En general las licenciaturas BSc en matemáticas incluyen temas como estadística e investigación operacional (el análisis de problemas en el comercio y la industria que concierne la construcción de modelos y la aplicación de técnicas cuantitativas) junto con otros temas importantes tales como algebra linear y análisis matemático. Estos se suplementan con modulos elegidos en las áreas de gráficos y redes, pronóstico, o matemáticas de finanzas. También es muy posible estudiar una licenciatura conjunta que combina las matemáticas con otro tema como por ejemplo estudios empresariales o lenguas. La estadística en particular, se encuentra raramente en las licenciaturas de un solo tema, pero es común en combinación con otros temas, por ejemplo sistemas de información, estudios empresariales y dirección o económia.

Otra opción posible es un curso de MMath de cuatro años de duración que se empieza a nivel de estudios de primera licenciatura pero que eleva los estudios de matemáticas a un nivel superior. Está diseñado para los estudiantes que desean continuar con estudios superiores o que quieran tener una profesión con un énfasis específico en las matemáticas. También hay otras opciones para postgraduados, tanto en investigación como en cursos teóricos de MSc o PgDip, que cubren todas las ramas principales de la materia, incluyendo estadística y matemáticas puras o aplicadas.

A nivel de estudios que no son de licenciatura, el estudio de matemáticas está limitado normalmente a las cualificaciones tradicionales escolares británicas (A Levels o GCSEs). Los servicios de educación para adultos y colegios privados en todo el país ofrecen la oportunidad de conseguir cualificaciones que no se pudieron obtener en la escuela. Esto puede ser útil para los estudiantes internacionales que necesitan una cualificación específica

para hacer una licenciatura.

# CURSOS DE LICENCIATURA

## University of Cambridge
### Matemáticas Aplicadas y Física Teórica

Los "tripos" de matemáticas han existido desde 1780, por lo que son los exámenes de matemáticas más antiguos del mundo. Los estudios de matemáticas están divídos entre dos departamentos: El departamento de Matemáticas Aplicadas y Física Teorica (DAMPT) y el Departamento de Matemáticas Puras y Estadística Matemática. Cambridge tiene más estudiantes de licenciatura en matemáticas que cualquier departamento comparable en el RU y casi todos los solicitantes aceptados obtuvieron una calificación A en los A Levels. La licenciatura (Partes 1 y 2 de los Tripos) tiene tres años de duración y está dedicada totalmente a las matemáticas. Los mejores candidatos de Cambridge y los estudiantes de alto nivel de otras instituciones solicitan la continuación de sus estudios presentándose a la tercera parte de los Tripos - un curso masters de clases. El laboratorio de estadística realiza investigaciones de ingeniería, servicios financieros y problemas tecnológicos. *Detalles p346*

## Imperial College of Science, University of London
### Matemáticas

El Departamento de Matemáticas de Imperial obtuvo un 5* en investigación de matemáticas puras y un 5 en matemáticas aplicadas, estadística e informática. Dos de los catedráticos del departamento han recibido premios a la enseñanza y los estudiantes del tercer y cuarto año se benefician al estudiar con tutores que van a la cabeza en sus campos y no con licenciados recientes. Este departmanto tiene fama por la amplitud y la variedad de sus cursos. En una primera licenciatura en matemáticas en Imperial se estudian matemáticas puras y aplicadas, estadística e informática en el primero y segundo año, antes de poder acceder a la especialización el último año. Un nuevo desarrollo en el programa de licenciatura es la opción de un curso de cuatro años de duración (que se debe especificar cuando se realiza la solicitud) para aquellos estudiantes que deseen seguir estudios a un nivel más profundo y avanzado. *Detalles p453*

## University of St Andrews
### Matemáticas y Ciencias de Informática

La fama del colegio se ha extendido más allá de Escocia gracias al paquete de software Mactutor que incluye un archivo histórico muy popular. El Mactutor también se utiliza para la exploración de funciones matemáticas bajo diferentes circunstancias. Los estudiantes imputan ecuaciones y observan como responden a parametros variados. Las instalaciones de TI del departamento incluyen una sala de powermac. Ya que se adhiere al sistema tradicional escocés de licenciaturas, el departamento ofrece licenciaturas de cuatro años de duración en los cuales la escuela honours (la parte del curso que cuenta para la licenciatura final) comienza al principio del tercer año. A fin de tener las cualificaciones necesarias para entrar en la escuela honours, se deben haber estudiado y pasado cuatro opciones de matemáticas en los primeros dos años. Tradicionalmente se estudian tres asignaturas en los primeros dos años, aunque el colegio permite que los estudiantes se enfoquen en matemáticas si lo desean. Tanto la facultad de Letras como la de Ciencias ofrecen matemáticas y estadística en combinación con otros temas a nivel de honours. El título de la licenciatura final dependerá de la afiliación a la facultad. La licenciatura MSci (Hons) ofrecida por la Facultad de Ciencias es una versión más intensa que el BSc (Hons) y es aproximadamente el equivalente en matemáticas a la licenciatura MEng. *Detalles p461*

## University of Teesside
### Informática y Matemáticas

Los cursos de licenciatura varían desde ciencia de la informática, tecnología de la información e informática hasta programas innovativos en áreas de vanguardia, como multimedia, visualización y visualización creativa. Se están desarrollando nuevos cursos en realidad virtual, animación por ordenador(computador), y sistemas interactivos de diversión. Los cursos de postgrado incluyen MScs en Tecnología de la Información. Aplicaciones de Multimedia y Aplicaciones Gráficas Apoyadas por Ordenador. Los cursos de Informática y de TI de Teesside se han clasificado como excelentes en las eva-luaciones de calidad de enseñanza más recientes. Muchos cursos incluyen un año de experiencia de trabajo pagado y ésto, junto con el énfasis en conocimientos prácticos, hace que la universidad tenga un buen récord de empleo en este área. *Detalles p428*

## Warwick University
### BSc en Matemáticas, Estadística y Economía de Investigación Operacional (MORSE)

En el MORSE de la Facultad de Ciencias Sociales se imparte una enseñanza equilibrada entre la teoría

MATEMATICAS

matemática y trabajos prácticos a fin de formar licenciados de alto calibre con conocimientos matemáticos para resover los problemas prácticos de las finanzas, el comercio y la industria. Es un programa interdisciplinario dividido entre cuatro de los más admirados departamentos de Warwick. MORSE acepta 70 estudiantes al año, de los cuales actualmente 22 son internacionales. Existe un variante del programa de cuatro años donde se realiza un estudio especializado de matemáticas actuariales y financieras - unos conocimientos cuya demanda está aumentando en todo el mundo. *Detalles p436*

## Evaluación de Calidad de Enseñanza

### Matemáticas y Estadística (Escocia) 1994

| | | | |
|---|---|---|---|
| Edinburgh | Excelente | Heriot-Watt | Muy Satisfactorio |
| St Andrews | Excelente | | Satisfactorio |
| Dundee | Muy Satisfactorio | Napier | Muy Satisfactorio |
| Glasgow | Muy Satisfactorio | Paisley | Muy Satisfactorio |
| Glasgow Caledonian | Muy Satisfactorio | Robert Gordon | Muy Satisfactorio |
| Aberdeen | Muy Satisfactorio | Stirling | Muy Satisfactorio |
| Abertay Dundee | Muy Satisfactorio | Strathclyde | Muy Satisfactorio |

### Matemáticas (Gales) 1995/96

| | | | |
|---|---|---|---|
| Aberystwyth | Excelente | Glamorgan | Satisfactorio |
| Bangor | Satisfactorio | Swansea | Satisfactorio |
| Cardiff | Satisfactorio | | |

*Fuente: HEFCE, SHEFC, HEFCW ultimas listas disponibles*

*Para obtener una lista más completa de las instituciones que ofrecen estos cursos a nivel de licenciatura mire el directorio de cursos*  *pp468-486*

# Clasificación de Investigación

## Matemáticas Aplicada

| | | | |
|---|---|---|---|
| Cambridge | 5* | Leicester | 3a |
| Oxford | 5* | Reading | 3a |
| Aberystwyth | 5 | Royal Holloway, London | 3a |
| Bath | 5 | Surrey | 3a |
| Bristol | 5 | York | 3a |
| Durham | 5 | City | 3b |
| Exeter | 5 | Coventry | 3b |
| Heriot-Watt | 5 | Glasgow Caledonian | 3b |
| Imperial College | 5 | Hull | 3b |
| King's College London | 5 | Nottingham Trent | 3b |
| Leeds | 5 | Northumbria | 3b |
| Nottingham | 5 | Oxford Brookes | 3b |
| Queen Mary and Westfield, | | Portsmouth | 3b |
| London | 5 | Abertay Dundee | 2 |
| St Andrews | 5 | Bangor | 2 |
| UCL, London | 5 | Bradford | 2 |
| Birmingham | 4 | Chester College | 2 |
| Brunel | 4 | De Montfort | 2 |
| Dundee | 4 | Derby | 2 |
| East Anglia | 4 | Glamorgan | 2 |
| Edinburgh | 4 | La Sainte Union | 2 |
| Glasgow | 4 | London Guildhall | 2 |
| Keele | 4 | Manchester Metropolitan | 2 |
| Liverpool | 4 | Napier | 2 |
| Loughborough | 4 | Paisley | 2 |
| Manchester | 4 | Plymouth | 2 |
| Newcastle | 4 | Staffordshire | 2 |
| Sheffield | 4 | Teesside | 2 |
| Southampton | 4 | UWE, Bristol | 2 |
| Strathclyde | 4 | Central Lancashire | 1 |
| Sussex | 4 | Goldsmiths, London | 1 |
| UMIST | 4 | Middlesex | 1 |
| Kent at Canterbury | 3a | Robert Gordon | 1 |

## Matemáticas Puras

| | | | |
|---|---|---|---|
| London, Imperial | 5* | Leeds | 5 |
| Oxford | 5* | Liverpool | 5 |
| Warwick | 5* | Manchester | 5 |
| Bath | 5 | Queen Mary and Westfield, | |
| Cambridge | 5 | London | 5 |
| Cardiff | 5 | Sussex | 5 |
| Durham | 5 | UMIST | 5 |
| East Anglia | 5 | UCL, London | 5 |
| Edinburgh | 5 | Birmingham | 4 |
| King's College | 5 | Bristol | 4 |

MATEMATICAS

# Clasificación de Investigación

| | | | |
|---|---|---|---|
| Glasgow | 4 | Goldsmiths, London | 3a |
| Hull | 4 | LSE, London | 3a |
| Lancaster | 4 | Newcastle | 3a |
| Nottingham | 4 | North London | 3a |
| Royal Holloway, London | 4 | Queen's, Belfast | 3a |
| St Andrews | 4 | Reading | 3a |
| Swansea | 4 | Sheffield | 3a |
| York | 4 | Southampton | 3a |
| Aberdeen | 3a | Aberystwyth | 3b |
| Bangor | 3a | East London | 3b |
| Central Lancashire | 3a | Leicester | 3b |
| Essex | 3a | Open University | 3b |
| Exeter | 3a | Stirling | 3b |

## Estadística e Investigación Operacional

| | | | |
|---|---|---|---|
| Cambridge | 5* | Heriot-Watt | 3a |
| Bath | 5 | Leeds | 3a |
| Bristol | 5 | Liverpool | 3a |
| London, Imperial | 5 | Manchester | 3a |
| Lancaster | 5 | Reading | 3a |
| Queen Mary and Westfield, | | Swansea | 3a |
| London | 5 | UMIST | 3a |
| Southampton | | Aberdeen | 3a |
| (Operational Reasearch) | 5 | Abertay Dundee | 3b |
| Warwick | 5 | Birkbeck | 3b |
| Birmingham | 4 | City, London | 3b |
| Brunel | 4 | De Montfort | 3b |
| Edinburgh | 4 | East Anglia | 3b |
| Glasgow | 4 | Exeter | 3b |
| Kent at Canterbury | 4 | Goldsmiths | 3b |
| LSE, London | 4 | Greenwich | 3b |
| Newcastle | 4 | Keele | 3b |
| Nottingham | 4 | Napier | 3b |
| Open University | 4 | North London | 3b |
| Oxford | 4 | Nottingham Trent | 3b |
| Salford | 4 | Sussex | 3b |
| Sheffield | 4 | Bournemouth | 2 |
| Southampton (Statistics) | 4 | Coventry | 2 |
| St Andrews | 4 | Dundee | 2 |
| Strathclyde | 4 | Northumbria at Newcastle | 2 |
| Surrey | 4 | Plymouth | 2 |
| UCL, London | 4 | UWE, Bristol | 2 |
| Durham | 3a | Oxford Brookes | 1 |
| Essex | 3a | | |

*Fuente: RAE 1996*

# Estudios de Medios de Comunicación

Los medios de comunicación (medios) es un término genérico que se refiere a los medios de comunicar noticias e información al público, como periódicos, televisión, internet, radio, cine y libros. Ya que las carreras en este campo varían desde radiolocución hasta diseño de efectos especiales en cine, y desde redacción de textos publicitarios hasta producción de cine, es importante saber que área se desea estudiar.

Los medios de comunicación tienen una imagen atractiva, que es seguramente tan engañadora como el atractivo que tiene el trabajar de modelo o actor. La realidad es que los trabajos en el campo de los medios de comunicación tienden a estar mal pagados y se trabajan largas horas y a veces con un horario inconveniente.

Los estudios de medios de comunicación se introdujeron en las instituciones de educación superior del RU en la decada de los 60, y son un tema relativamente nuevo que abarca los medios de comunicación en general. Un curso BSc de estudios de medios de comunicación de tres años de duración puede cubrir aspectos como el desarrollo histórico de los medios de comunicación de masas, política y propaganda, fotoperiodismo, o ética de los medios de comunicación. Tambien puede incluir un elemento de experiencia práctica en tecnología de la comunicación o bien en producción de videos. Sin embargo, las licenciaturas en estudios de Medios de Comunicación no son suficientes en cuanto a cualificaciones vocacionales para la producción de cine y televisión.

Para seguir una carrera en un área específica de medios de comunicación puede ser preferible realizar un curso de formación práctica apropiado. El periodismo, por ejemplo, se ofrece como curso corto a nivel de NVQ o diploma de postgrado y un curso puede incluir temas como la obtención de noticias, reportajes, edición, producción de imprenta y emisión, conocimientos de taquigrafía, tecnología, derecho y administración pública. Mucha de la teoría que se aprende se puede poner en práctica mediante la producción de periódicos de estudiantes. Sin embargo, los cursos de producción de televisión y videos están enfocados hacia las técnicas de producción, como por ejemplo la edición, operación de cámaras, guiones y dirección, con un énfasis vocacional y práctico. Se ofrecen otros muchos cursos, por ejemplo en creación de guiones, animación y areas técnicas como ingeniería de luz y sonido, que se pueden estudiar en los departamentos de ingeniería o TI de algunos colegios.

En el campo de los medios de comunicación hay otras cosas que considerar además del tipo de curso, por ejemplo dónde estudiar, y qué tiempo y esfuerzo se quieren dedicar a esta carrera. Los cursos pueden resultar en un BSc o en un NVQ, pero esto no garantiza un empleo. Es importante la fama del colegio y puede merecer la pena investigar el éxito profesional de sus licenciados o bien si los profesionales de la industria lo conocen. Los periódicos patronos prefieren licenciados de cursos

MEDIOS

267

asociados al National Council for the Training of Journalists (NCTJ). Según Skillset, la organización que se dedica a formar profesionales para las industrias de emisión, cine y video "La educación superior no le garantiza la entrada en la industria, pero le puede ayudar a avanzar". Uno de los requisitos esenciales para cualquier persona que desee seguir una carrera en medios de comunicación es la "habilidad de establecer y mantener buenas relaciones profesionales" que en el idioma del mundo de los medios de comunicación quiere decir "networking". También es importante tener pruebas del trabajo realizado (especialmente en periodismo) y de su experiencia de trabajo (especialmente en cine y televisión).

Muchos de los centros de estudios relacionados con los medios de comunicación, y que tienen fama internacional, están basados en Londres. Los estudiantes de medios de comunicación que vienen a estudiar a este país tienen la ventaja de que se encontrarán sumergidos en una de las culturas de medios de comunicación más respetadas - si no más amadas - del mundo. La BBC y el World Service son un ejemplo de la alta calidad de emisión por televisión y radio que tienen la admiración de todo el mundo. En estos momentos la televisión británica está experimentando una revolución, gracias a la introducción de la televisión digital, que tienen el proposito de ofrecer sonido e imágenes de alta calidad, una selección más amplia de programas y un servicio interactivo. También se debe considerar el periodismo escrito, que en el RU es un campo competitivo y despiadado y existen numerosos periódicos sensacionalistas, periódicos de formato de hoja grande y revistas que sirven prácticamente a todos los gustos y que son

ejemplo del mejor - y también del peor - periodismo investigativo. Esto se debe en parte a las peculiaridades de la industria de los medios de comunicación del RU; existen leyes estrictas contra la difamación que hacen difícil el evitar los pleitos. Sin embargo, no existe ninguna ley que proteja la intimidad, de modo que todo el mundo tiene el derecho a investigar la vida de cualquier persona.

## CURSOS ESPECIALIZADOS Y VOCACIONALES

### Blake College

Este colegio de arte independiente, que está situado en un almacen victoriano renovado ofrece cursos a tiempo completo y parcial, e instalaciones modernas. El departamento de video, filmación y fotografía ofrecen varios cursos, como por ejemplo producción de videos, estudios de cine, fotografía práctica, talleres de fotografía y estudios de multimedia.

En estos cursos se hace hincapie en el trabajo práctico. Los estudiantes de producción de videos consiguen experiencia en guiones, dirección, edición y operación de cámaras. Se estudian las etapas de producción de videos desde el planeamiento en la pre-producción, hasta la filmación y la edición en la post-producción. Los talleres técnicos se

Foto por cortesia de Rose Bruford College

complementan con seminarios y clases. Los temas de proyectos incluyen la narrativa no sincronizada, videos de música, do-cumentales o drama y un proyecto individual donde el equipo está formado por compañeros. El departamento tiene una sala AVID plenamente equipada para la edición, cámaras digitales y un equipo secundario completo.

La filmación se estudia como una forma de arte durante el curso de estudios de filmación. Las clases se refieren a la estructura de la industria, tipos de filmación y narrativa, historia y actitudes críticas hacia Hollywood, y los estilos de cine británico y alternativo. Los estudiantes deben realizar un estudio a fondo sobre un genero en particular. En los cursos de fotografía práctica se estudian las funciones de la cámara y técnicas de procesamiento y de cuarto oscuro, además de técnicas de imprenta y presentación. También se estudia una introducción a la fotografía digital en color mediante el uso de photoshop. Los talleres de fotografía permiten que los estudiantes exploren técnicas, equipo y materiales de fotografía. Como una parte importante del curso se realizan presentaciones, visitas a museos y a galerías, y trabajos prácticos. El curso de Historia y ciencia es teórico y completa la experiencia de los estudiantes a tiempo completo. *Detalles p445.*

## St Aldates College

St Aldates está en el mismo centro de Oxford, cerca del Christ Church College. Hay un consejero de estudiantes que trabaja a tiempo completo para ayudar con el alojamiento, y la mayoría de los estudiantes internacionales se hospedan en pisos y casas de propiedad del colegio. El colegio ofrece una serie de programas de gerencia así como un diploma sobre moda. El diploma de medios de comunicación de nueve meses de duración se ofrece en dos niveles. El curso de dirección de medios de comunicación combina una gama de opciones de estudios empresariales y está diseñado para aquellos estudiantes que desean seguir la carrera de Director de Cuentas (Account Handler) o Director de Marca (Brand Manager). El curso de asistente de medios de comunicación combina técnicas de tecnología de la información con las técnicas principales de los medios de comunicación, para aquellos que deseen trabajar como asistentes personales o de marketing en el campo de marketing o publicidad. Ambos cursos examinan el papel del marketing, los principios de la publicidad y el uso de las relaciones públicas. Se estudian técnicas prácticas de "desktop publishing" (edición por ordenador-computador). También se organizan visitas a las instituciones de medios de comunicación y se invita a redactores a hablar sobre temas como la compra de medios de comunicación y el diseño gráfico para empresas. *Detalles p461*

## CURSOS DE LICENCIATURA

### Anglia Polytechnic University
**BSc (Hons) Sistemas de Multimedia**

Este curso de licenciatura ofrece a los estudiantes creativos de todas las disciplinas la oportunidad de diseñar y desarrollar sistemas de multimedia mediante el uso de ordenadores(computadores). Se considera el amplio impacto que estos sistemas tienen sobre nuestras vidas, de modo que el curso incluye tecnología de diseño junto con psicología y aplicaciones empresariales. Durante los primeros dos años del curso se estudia una gama amplia de actividades como la evaluación del software, el desarrollo de una página web, la creación de videos, fotografía, mezcla de sonido y la construcción de quioscos de multimedia. En el último año se puede hacer una especialización en marketing (mercadeo) y medios de comunicación comerciales o multimedia en la educación. La proximidad del ULTRALAB en Chelmsford ofrece la oportunidad de tener relaciones con una empresa internacional que desarrolla CD-ROM educacionales y materiales de aprendizaje del World Wide Web. *Detalles p330*

## Falmouth College of Art
### PGDip La Escritura Como Profesión

Este programa está diseñado para dar la oportunidad a gente de muy diversos orígenes de aprender las técnicas de la escritura como profesión, combinadas con el estudio de la narrativa y las teorías literarias. Ofrece la oportunidad de familiarizarse con los generos diferentes, por ejemplo la escritura en las empresas, la escitura para representaciones, escritura para periodismo y escritura literaria. El propósito es crear escritores, editores y especialistas de medios de comunicación, que puedan coordinar la transformación de información técnica compleja en un guión entretenido, una página web o un manual fácil de entenderse. Este curso esta diseñado para crear gente capaz de producir revistas especializadas para la industria y la empresa, o para formar estudiantes en el campo de las relaciones públicas. Detalles p358

## National Film and Television School
### Medios de Comunicación

Aproximadamente el 40% del colegio está subvencionado por el Gobierno Británico y el 60% por las industrias del cine y televisión. Alrededor del 25% de los estudiantes son internacionales. Sin embargo la entrada al colegio es muy competitiva y es absolutamente necesario que los solicitantes hablen correctamente el inglés. Los cursos a tiempo completo son tan diversos como dirección de cine animado y música para cine y ofrecen una formación técnica y creativa en todas las áreas de información de cine y de la industria del espectáculo. Todos los cursos son apropiados para los postgraduados o para quienes ya tiene experiencia en estos campos. Cada año acceden al departamento entre cuatro y seis personas. El año académico es de enero a diciembre. El colegio cambiará de local en los próximos dos años - probablemente a un local en el centro de Londres - donde también estará situado el Centro Creativo de Medios, Arte y Tecnología del colegio. El colegio, que actualmente está situado en Buckinghamshire, a las afueras de Londres, no ofrece alojamiento. Sin embargo la mayoría de los estudiantes tienden a encontran alojamiento en el centro de Londres. Se ofrece un servicio gratuito de autobús por la mañana y por la tarde de ida y vuelta al NFTS desde la estación de Marylebone, en el centro de Londres. Si necesita información sobre los precios actuales o los cursos ofrecidos, pongase en contacto directamente con el colegio. *Detalles p457*

## Plymouth College of Art and Design
### BA (Hons) Fotomedia

Este es un programa de continuación, de un año de duración, para aquellos estudiantes que hayan completado el Higher National Diploma en disciplinas prácticas de medios de comunicación. Este es un curso con una base amplia en medios de comunicación prácticos e incluye fotografía, cine, televisión y nuevos medios de comunicación. Además de estos temas generales los estudiantes pueden especializarse en areas específicas de interés. Las áreas más particularmente populares de este curso son filmación, fotografía subacuática y animación. Los estudiantes deben acudir a seminarios supervisados, clases y talleres prácticos además de completar una tesina.

Después de completar con éxito el curso de BA los estudiantes pueden trabajar en varios campos, por ejemplo fotografía independiente, o bien pueden seguir otras oportunidades educativas, ya que también se puede hacer en el colegio el exámen de Calificación Profesional (Professional Qualifying Exam - PQE) del British Institute of Professional Photography (BIPP). *Detalles p398*

## University College of Ripon and York St John
### BA (Hons) Cine, Televisión, Literatura y Teatro

Este programa especializado ofrece estudios integrados de cine, televisión y teatro, complementados con el estudio de tres módulos de literatura en la primera mitad del curso de licenciatura. Aproximadamente el 70% del curso de licenciatura está dedicado a las actividades de producción de teatro y de televisión. Se ofrecen opciones de estudios de cine y oportunidades limitadas en producción de cine. El curso tiene fuertes conexiones con las empresas locales de teatro y de televisión, y actualmente hay ocho estudiantes internacionales en el curso. *Detalles p408*

## University of Stirling
### BA Estudios de Cine y Medios de Comunicación

Los estudios de Cine y Medios de Comunicación de Stirling están concentrados en el trabajo crítico y teórico centrado en las industrias del cine, televisión, radio y prensa. Se hace hincapié principalmente en el estudio académico, aunque también se ofrece algo de experiencia práctica. Los primeros tres semestres del curso de cuatro años de duración ofrecen una introducción general a los estudios de los medios de comunicación e incluyen comunicación, imágenes de cine y medios de comunicación en la Gran Bretaña contemporánea. Durante el cuarto semestre, se estudian un número de unidades avanzadas teóricas a fin de conseguir conocimientos más metódicos sobre el tema. En los últimos cuatro semestres se estudian unidades avanzadas en temas como el autor en el cine, publicidad, propaganda y relaciones públicas y la producción de documentales. Los licenciados de este curso se han colocado en la industria de medios de comunicación como perodistas y creadores de películas de cine y programas de televisión. En 1998 había 35 estudiantes internacionales en el curso. Detalles p422

## University of Stirling
### MPhil Estudios de Edición

Este curso tiene el propósito de equipar a los estudiantes con las cualidades intelectuales y prácticas necesarias para trabajar con éxito en el mundo de la edición. Tiene también el propósito de crear las mejores prácticas mundiales de la edición, y ha conseguido fama internacional. *Detalles p422*

## Warwick University
### MA en Industrias Creativas

Este es un programa nuevo de postgrado que comienza en 1999. Es un programa de clases teóricas en el cual se estudia la convergencia de las empresas de emisión y las industrias de la música, la edición y el cine. Examina la emergencia de una nueva economía cultural conducida por los empresarios creativos, y es el primer curso en el RU que se enfoca específicamente hacia este fenómeno. Se desarrolló a partir del curso MA en Política y Administración Culturales Europeas, que combina el estudio cultural con las finanzas, marketing y la dirección del arte aplicado. *Detalles p436*

## Evaluación de Calidad de Enseñanza

### Estudios de Comunicación y Medios de Comunicación (Inglaterra e Irlanda del N.) 1996/97/98

| | | | |
|---|---|---|---|
| East Anglia | 23 | College of St Mark and St John | 19 |
| Warwick | 23 | Cumbria College of Art and | |
| Central Lancashire | 22 | Design | 19 |
| Goldsmiths, London | 22 | Leeds Metropolitan | 19 |
| LSE, London | 22 | Warrington Institute | 19 |
| Liverpool John Moores | 22 | Anglia Polytechnic | 18 |
| West of England | 22 | Buckinghamshire College | 18 |
| Nene College | 21 | Coventry | 18 |
| Nottingham Trent | 21 | Derby | 17 |
| Oxford Brookes | 21 | Lincolnshire and Humberside | 17 |
| UCE, Birmingham | 21 | London Guildhall | 17 |
| Ulster | 21 | North London | 17 |
| Cheltenham and Gloucester | | Surrey Institute | 17 |
| College | 20 | East London | 16 |
| De Montfort | 20 | Wirral Metropolitan College | 15 |
| Edge Hill | 20 | Bolton Institute | 13 |
| London Institute | 20 | Sandwell College | 13 |
| South Bank | 20 | | |
| City, London | 19 | | |

### Comunicaciones de Masas (Escocia) 1996

| | | | |
|---|---|---|---|
| Glasgow Caledonian | Muy Satisfactorio | Stirling | Muy Satisfactorio |
| Napier | Muy Satisfactorio | Queen Margaret College | Muy Satisfactorio |

### Inglés y Estudios Asociados (Gales) 1994/95

| **Theatre, Film and Television Studies** | | **Mass Communication** | |
|---|---|---|---|
| | | Cardiff | Satisfactorio |
| Aberystwyth | Satisfactorio | **Theatre, Music and Media Studies** | |
| **Journalism** | | | |
| Cardiff | Satisfactorio | Trinity College, Carmarthen | Satisfactorio |

*Fuente: HEFCE, SHEFC, HEFCW ultimas listas disponibles*

*Para obtener una lista más completa de las instituciones que ofrecen estos cursos a nivel de licenciatura mire el directorio de cursos pp468-486*

MEDIOS

# Idiomas Modernos y Estudios de Area

**P**uede que inicialmente le parezca una idea extraña el estudiar un idioma que no sea el inglés en el RU. Sin embargo existen varias razones por las cuales podría ser una buena idea. Frecuentemente la calidad de la enseñanza, las oportunidades de investigación y la gama de instalaciones ofrecidas por las universidades británicas son mayores que las ofrecidas en los países donde se habla el idioma. La segunda razón es que muchas universidades tienen buenas conexiones con otras instituciones, particularmente en el resto de Europa, pero también más lejos - por ejemplo en Egipto o Reunión (una isla cerca de Madagascar). Además las universidades británicas ofrecen a los estudiantes de otras asignaturas la oportunidad de estudiar idiomas como parte complementaria del curso principal. Finalmente, los estudiantes pueden elegir entre numerosos idiomas - por ejemplo, alemán, español, francés, italiano, árabe, japonés, koreano, tailandés o urdu.

La enseñanza de idiomas varía entre el estudio tradicional, que se concentra en la lengua escrita y hablada, y los cursos más progresivos que combinan el estudio del idioma con otras disciplinas. Por ejemplo, una licenciatura en francés puede incluir el estudio opcional de política francesa, lingüística, historia, literatura o filosofía junto con el estudio principal del idioma. Como alternativa, los idiomas se pueden estudiar en combinación con otra materia principal - por ejemplo una licenciatura en francés e inglés o una licenciatura en alemán y estudios de dirección.

Los requisitos de entrada son distintos en cada institución y en cada materia. Para realizar una licenciatura en uno de los idiomas que se estudian comunmente en los colegios secundarios británicos (es decir, francés y alemán), los estudiantes deben tener buenos resultados en los A Level. Sin embargo, como opciones secundarias o en el caso de los idiomas menos comunes, frecuentemente es posible estudiarlos como principiante, aunque puede que tenga que demostrar una buena capacidad de aprender mediante pruebas de lenguas o buenas notas obtenidas en otros idiomas. Además los estudiantes internacionales deben tener en cuenta que a pesar de sus técnicas en otros idiomas, también se requiere un buen nivel en inglés para estudiar en una universidad británica.

Dados la numerosa oferta de cursos, es importante que el estudiante de idiomas no solo considere lo que quiere estudiar sino también cómo lo desea estudiar. Si le interesan los estudios culturales contemporáneos, probablemente no sería una buena idea elegir un curso que cubre 400 años de literatura. Se deben considerar también las oportunidades de uso activo del idioma. Algunos cursos aún se enfocan tradicionalmente y muchas de las clases y seminarios se realizan en inglés, mientras que otros los realizan en el idioma estudiado. Aunque la mayoría de las universidades tienen laboratorios de lenguas con cintas, videos y televisión en idiomas extranjeros, el uso de éstos varía enormemente. Algunas instituciones incluyen su uso en el programa de estudios, mientras que otras lo dejan a la motivación e iniciativa del estudiante.

Casi todas las licenciaturas en lenguas modernas duran cuatro años e incluyen una época de hasta un año en el país donde se hable el idioma. Algunas instituciones tienen una estructura muy rígida sobre las materias a estudiarse y exigen que los estudiantes completen trabajos de curso y redacciones durante esta época, que cuenta en el resultado final. Otras dejan a los estudiantes a su aire.

Existen tres opciones principales para el año en el extranjero: trabajar como asistente de lenguas en un colegio; estudiar en una universidad; o trabajar en una empresa. El programa de asistentes de lenguas se organiza normalmente mediante el departamento universitario y el Central Bureau for Educational Visits and Exchanges y los estudiantes deben hacer su solicitud por adelantado (para Diciembre del año anterior a su experiencia de trabajo). Como alternativa los estudiantes pueden aprovechar las conexiones que puedan tener sus universidades con instituciones en el extranjero para participar en esquemas de intercambio. Por ejemplo, los programas ERASMUS y SOCRATES ayudan a los estudiantes de lenguas y de otras disciplinas mientras están en el extranjero, ofreciendoles un punto de contacto en su universidad huesped, y ayudándoles a organizar el alojamiento, y algunas veces ofrecen

Foto por cortesía de University of Bristol

ayuda financiera. Como intercambio los departamentos de lenguas del RU frecuentemente actúan como anfitrionas de los estudiantes que están realizando su año en el extranjero en Gran Bretaña, que quiere decir que los estudiantes de idiomas aquí tendrán la oportunidad de integrarse con los estudiantes nativos durante su curso. Si se estudia un idioma con un tema vocacional, puede que el curso ya esté organizado con una experiencia de trabajo con una empresa extranjera, y aunque éste no sea el caso, puede ser posible organizarlo con el permiso de su departamento.

A nivel de estudios sin licenciatura, hay un gran número de instituciones que ofrecen enseñanza de idiomas, y que satisfacen todas las necesidades, desde principiantes hasta técnicas avanzadas especializadas de traducción, estudios empresariales o turismo. Puede resultar útil ponerse en contacto con la embajada apropiada en Londres para solicitar consejos, ya que muchos países tienen instituciones culturales oficiales que ofrecen una buena enseñanza de lenguas en el RU, por ejemplo el alemán en el Goethe Institute (Tel: 0171 411 3451) o francés en la Alliance Francaise (Tel: 0171 723 6439)

## ESTUDIOS DE AREA

Los cursos de estudios de área están relacionados con los temas de ciencias humanas como historia, política, antropología, económia y sociología, y se enfocan hacia un país, una región o una cultura en particular. Con frecuencia existe la opción de estudiar un idioma como parte del curso, que se puede hacer en los departamentos o las facultades de idiomas de una universidad. Por ejemplo, en una licenciatura BA de lengua y cultura africana, se estudia un idioma africano, como el Amharic, el Hausa o el Swahili, combinado con el estudio de la literatura, religión, arte o representación africanos. Uno de los cursos de creciente popularidad en algunas universidades, es el de Estudios Europeos, que puede incluir estudios de italiano y francés junto con opciones de económia, historia, antropología o planeamiento urbano. El año en el extranjero de un curso así se dividen normalmente entre los dos países respectivos.

Las diferentes áreas que se pueden estudiar en las universidades británicas incluyen estudios asiáticos, árabes, americanos, celtas, holandeses, italianos, judíos, latino-americanos, orientales, turcos y galeses.

## LINGUISTICA

La linguística es un tema que trata de la capacidad idiomática en el sentido más amplio. No se enfoca hacia una lengua en particular sino en la lengua humana en general. Los estudiantes de linguística examinan la estructura de la lengua, su función en la comunicación, sus implicaciones sobre la psicología y su relación con la cultura y la sociedad. Una licenciatura BA tiene normalmente una duración de tres años, durante los cuales se estudian las áreas claves que pueden incluir la fonética (la producción, transmisión y percepción de los sonidos de la voz), la semántica (la forma en que las palabras y su sonido transmiten el significado), la pragmática (la forma en que estos significados se combinan con otra información) y la adquisición de lengua (la forma en que los niños adquieren su primer idioma). Aunque la linguística es un tema bastante teórico frecuentemente puede tener aplicaciones prácticas en áreas como la traducción por máquina, tecnología de la información y la enseñanza de idiomas y también puede ser una combinación útil con idiomas modernos, filosofía o psicología.

## CURSOS DE LICENCIATURA

### University of Bath
#### MA Diploma de Intérprete y Traducción

Se trata de un curso de un año a tiempo completo. Los idiomas que se ofrecen incluyen chino, inglés, francés, alemán, italiano, japonés, ruso y español. El curso se lleva a cabo durante dos semestres con exámenes en verano. Los estudiantes pueden seguir uno de dos caminos: o dos idiomas extranjeros con versión al inglés, o bien un idioma con versión al o del inglés. El curso incluye temas principales como la traducción de documentales, intérprete consecutivo, intérprete simultaneo y temas electivos como por ejemplo formación de comunicación intercultural. Los candidatos que deseen hacer un MA deben presentar una tesis de 15.000 palabras, después de haber completado con éxito el curso de estudios arriba mencionado. Antiguos estudiantes han conseguido trabajos de responsabilidad en numerosas organizaciones internacionales, como por ejemplo el Jefe de Intérpretes de Inglés en el Parlamento Europeo y el Jefe de Traducción en el Instituto Monetario Europeo. *Detalles p336*

### University of Birmingham
#### Centro de Estudios de Africa Occidental

El Centro de Estudios de Africa Occidental es el único de su tipo en el país. Los estudiantes pueden elegir una licenciatura de un solo tema o combinar estudios africanos con otros temas, incluyendo lenguas europeas.

Los estudios africanos ofrecen un estudio amplio e interdisciplinario de Africa del sub-Sahara y de la sub-región de Africa Occidental. Los módulos de base del primer año introducen a los estudiantes a la historia, cultura, sociedad, situación económica y política de Africa, y también a cuestiones internacionales más amplias. Los estudiantes del segundo año pueden tener la oportunidad de pasar una época realizando trabajos en Ghana. Se exigen entre 10 y 12 horas de clases y tutoriales por semana, y se debe trabajar independientemente fuera de las clases formales. Las evaluaciones son a base de una combinación de trabajo de curso, exámenes y tesina. Los licenciados han conseguido trabajos en áreas como educación, comercio, gobierno y agencias internacionales de desarrollo. *Detalles p445.*

### University of Exeter
#### Alemán

El Departamento de Alemán de la Universidad de Exeter ofrece amplias opciones de estudio que incluyen estudios barrocos y medievales. El programa de licenciatura tiene el proposito de formar a los estudiantes a un alto nivel en lectura y alemán escrito y hablado. Durante los tres años del curso de Exeter se hace hincapié en el elemento práctico. El tercer año se pasa normalmente en una experiencia de trabajo en un país de habla alemana, frecuentemente trabajando como asistente de lenguas en un colegio alemán, donde los estudiantes reciben un salario por relativamente pocas horas de trabajo. Se ofrecen instalaciones de aprendizaje de lengua asistidos por ordenador(computador) para el estudio personal. El trabajo varía dependiendo del programa de licenciatura. Los estudiantes del primer año tendrán que realizar aproximadamente ocho horas de enseñanza y un trabajo escrito a la semana. Además tendrán entre cinco y ocho redacciones y proyectos por trimestre. La evaluación de los estudiantes de licenciatura se realiza mediante exámenes formales y evaluación continuada de sus redacciones/proyectos, y un examen oral en alemán. Las oportunidades de evaluación por trabajo de curso y redacciones evaluadas aumentan según progresa el programa. *Detalles p450.*

## University of Hull
### Estudios Hispánicos

Este departamento obtuvo 24 puntos (de 24) en las evaluaciones de calidad de enseñanza. El departamento tiene el proposito de que sus licenciados lleguen a hablar un español fluido. Incluso se anima a aquellos estudiantes que no tienen un A Level en español, y que estudian el idioma como parte de una licenciatura de "joint honors", a obtener un alto nivel de técnica lingüística al final del curso. El estudio de lenguas está integrado en el estudio más amplio de los aspectos de la cultura hispánica, que incluyen el cine español, la historia latinoamericana, o el español comercial. Los estudiantes en el segundo año tienen la oportunidad de estudiar portugués. El departamento es flexible con los estudiantes que no tengan las cualificaciones estandar de entrada y con aquellos que quieran cambiar de curso una vez aceptados. Los estudiantes de linguística en Hull se benefician de las instalaciones de la biblioteca universitaria, el Instituto de Lenguas, y el centro de informática. Las evaluaciones varian entre los módulos, pero se suelen basar sobre el trabajo de curso y una redacción larga o un examen. Los estudiantes del segundo año tienen la oportunidad de presentarse al Certifi-cado de Español Comercial de la Cámara de Comercio de Madrid y aquellos estudiantes del último año con un nivel excelente en español hablado obtienen una distinccion en español hablado como parte de su licenciatura. *Detalles p452.*

## Liverpool Hope
### BA Estudios Europeos

Los estudios europeos proporcionan a los estudiantes la comprensión sobre el desarrollo, estructura y desafios de la europa moderna. Se puede estudiar una gama amplia de opciones que incluyen estudios políticos, sociales, medio ambientales, legales y culturales. Los estudiantes empiezan el curso con seis módulos, que incluyen la historia de Europa desde 1945 y una introducción a la Unión Europea. Se ofrece un periodo opcional de estudio en el extranjero durante un semestre en una de las universidades asociadas al colegio en Francia, Alemania, Finlandia, Holanda o España. Los estudiantes deben realizar un proyecto individual, donde sea apropiado, el cual se investiga durante el año en el extranjero. También existe la oportunidad de aprender una segunda lengua europea (francés, alemán o español). Se permite el estudio de la lengua inglesa a los no nativos. Los licenciados de este curso han obtenido trabajos en exportación, banca, la administración pública, editoriales, gobiernos locales y en consultoría de investigación. *Detalles p368.*

## University of Portsmouth
### Francés

Los estudiantes de lenguas de Portsmouth tienen a su disposición una gama amplia de opciones de varias disciplinas que incluyen economía, política, historia, literatura y linguística. Esta selección quiere decir que el Colegio de Lenguas puede ser flexible con los estudiantes que quieren cambiar de curso. En el primer año el programa tiene suficiente flexibilidad para acomodar a aquellos estudiantes que cambian de interés, normalmente son posibles las transferencias a otras licenciaturas del Colegio de Lenguas y Estudios de Area. El BA en estudios de francés se concentra en el estudio de la Francia contemporánea en el contexto europeo. Los estudiantes del primer año estudian la lengua francesa, estudios franceses y un curso base en asignaturas de estudios de área. Después del primer año hay más oportunidades para especializaciones individuales. El tercer año se pasa en un país de habla francesa y algunos estudiantes acuden a cursos en la Universidad de Dakar, en Senegal. Si desea hacer una licenciatura más vocacional, puede considerar las lenguas aplicadas o lenguas y comercio internacional. La primera combina el estudio de dos o más lenguas con aplicaciones profesionales como, estudios empresariales o educación. La segunda ofrece la oportunidad de conseguir una cualificación internacional del Instituto de Exportaciones basado en Londres, además de una licenciatura en dos idiomas y comercio internacional. *Detalles p459.*

## Queen's University of Belfast

### MA Estudios Irlandeses

El Instituto de Estudios Irlandeses se estableció para fomentar el interés y coordinar las investigaciones en aquellos campos de estudio con un interés particular en Irlanda. La licenciatura "masters" organizada por el Instituto incluye el estudio interdisciplinario en áreas como historia, política, literatura y drama, geografía, arqueología, antropología social y lengua irlandesa. El Instituto recibió un 5 en el último ejercicio de evaluación de investigación, siendo el Nobel Laureado y antiguo licenciado de Queen's, Seamus Heaney, miembro honorario. *Detalles p402.*

## University of Salford

### MA/PgDip en Traducción e Interpretación

Este curso está diseñado para satisfacer la demanda internacional de traductores e intérpretes y ling,istas con un alto nivel de formación, además de satisfacer las necesidades de estudiantes que estén planeando una carrera en departamentos internacionales y gubernamentales, organizaciones regionales y el sector independiente. Hay estudiantes de todo el mundo y actualmente siguen el curso diez estudiantes internacionales. El departamento espera que todos los estudiantes hagan una pasantía de trabajo corta como intérprete. Los licenciados del curso frecuentemente trabajan en empresas, además de dedicarse a la traducción y la interpretación independientemente. Se estudian módulos en lexicografía/terminología, principios de traducción y tecnología de la información en la interpretación consecutiva y simultánea y se puede hacer una especialización en traducción o interpretación. La enseñanza consiste en una mezcla de ejercicios de laboratorio, seminarios y clases. *Detalles p412.*

## School of Oriental and African Studies (SOAS)

### BA Lengua Africana y Estudios de Desarrollo

Se trata de un curso de licenciatura

combinado de cuatro años de duración. Los estudiantes pueden visitar la región elegida y aprender el idioma de una forma segura y estructurada. Por ejemplo los estudiantes de Swahili y estudios de desarrollo, pasan los primeros dos trimestres de su tercer año estudiando en Tanzania. Las lenguas Africanas normalmente ofrecidas son Amharic, Hausa, Swahili, Somali, Yoruba, Arabe y Zulu y no se exigen conocimientos previos. La licenciatura hace hincapié sobre el papel de la lengua en el acceso a una cultura en particular, además de la importancia que tiene el mundo del desarrollo sobre la escena global en el sentido de enriquecimineto cultural, expresado a través de textos, oralidad y música. *Detalles p416.*

## University College London
### Alemán

Así como para otras universidades es suficiente la enseñanza de lengua y literatura alemana el departamento de alemán de UCL intenta combinar el estudio avanzado, que incluye el estudio de lenguas con una exploración de toda la civilización teutónica desde los dias del Imperio Romano hasta la reunificación de la República Alemana. Las áreas de estudio incluyen, estudios austriacos, filosofía alemana, literatura desde la edad media hasta la contemporánea, estudios de cine, historia y teoría social. Los estudiantes pasan una época, hasta de un año, como profesores o estudiando en una comunidad alemanoparlante, y los estudiantes que combinan el alemán con otro idioma deben pasar seis meses en el país apropiado. University College London tiene una posición única para los estudios alemanes. Además de la biblioteca de departamento, la biblioteca de UCL, y la biblioteca vecina de

Senate House, los estudiantes tienen acceso a las instalaciones del Goethe Institute, el Instituto de Estudios Alemanes y el Instituto Histórico Alemán, que están cerca. También tienen acceso al centro de lenguas de UCL, que ofrece instalaciones de informática de acceso abierto. Cada dos años el departamento presenta una obra de teatro en alemán en el teatro Bloomsbury. La mayoría de los cursos tienen una evaluación de trabajos de curso, además de dos exámenes de dos horas, aunque algunos cursos se evalúan mediante exámenes abiertos de cinco dias de duración, en los cuales los estudiantes pueden utilizar los recursos que quieran para contestar las preguntas. También hay exámenes auriculares y orales. Los estudiantes con un padre alemanoparlante, pueden también estudiar un curso adicional de escritura creativa. *Detalles p465.*

## Westminster University
### BA (Hons) Lenguas Modernas/Lenguas Modernas con Estudios Literarios y Culturales Ingleses, con Lengua Inglesa o Lingüística

Westminster tiene un departamento grande de lenguas modernas que ha conseguido buenas clasificaciones en las evaluaciones de calidad de enseñanza. Los estudiantes de este curso de cuatro años de duración, pueden elegir entre los siguientes idiomas: francés, español, italiano, ruso, chino, alemán, árabe e inglés. También pueden elegir una combinación de dos idiomas, o estudiar un idioma con lingüística o con literatura inglesa y estudios culturales. Se les anima a pasar el tercer año en una Universidad asociada en el extranjero para perfeccionar su idioma. *Detalles p440.*

# Evaluación de Calidad de Enseñanza

## Estudios Americanos (Inglaterra e Irlanda del N.) 1996/97/98

| | | | |
|---|---|---|---|
| Central Lancashire | 24 | Reading | 21 |
| Keele | 24 | Wolverhampton | 21 |
| Hull | 23 | Liverpool Hope | 19 |
| Nottingham | 22 | King Alfred's College | 18 |
| Ulster | 22 | University College Northampton | 18 |
| Canterbury Christ Church College | 21 | Ripon and York St John | 17 |
| Derby | 21 | Thames Valley | 15 |
| Kent at Canterbury | 21 | | |

## Estudios de Asia Oriental y del Sur (Inglaterra e Irlanda del N.) 1997

| | | | |
|---|---|---|---|
| Leeds | 23 | Oxford | 22 |
| SOAS, London | 23 | Sheffield | 22 |
| Westminster | 23 | | |

## Estudios del Medio Oriente y Africanos (Inglaterra e Irlanda del N.) 1997

| | | | |
|---|---|---|---|
| Birmingham | 23 | Oxford | 22 |
| Durham | 22 | | |

## Estudios del Medio Oriente y Africanos (Inglaterra e Irlanda del N.) 1997

| | | | |
|---|---|---|---|
| UCL, London | 23 | Hull | 19 |

## Estudios Rusos y de Europa Oriental (Inglaterra e Irlanda del N.) 1995/96

| | | | |
|---|---|---|---|
| Sheffield | 24 | Leeds | 20 |
| Birmingham | 23 | Nottingham | 19 |
| SSEES, London (Russian) | 23 | Portsmouth | 18 |
| Wolverhampton | 22 | SSEES, London (East European | |
| Bristol | 20 | Languages and Studies) | 18 |
| Durham | 20 | Westminster | 18 |
| Exeter | 20 | Manchester | 16 |
| Keele | 20 | | |

## Francés (Inglaterra e Irlanda del N.) 1995/96

| | | | |
|---|---|---|---|
| Portsmouth | 23 | Royal Holloway | 21 |
| Westminster | 23 | Sheffield | 21 |
| Aston | 22 | UCL, London | 21 |
| Durham | 22 | Warwick | 21 |
| Exeter | 22 | Bristol | 20 |
| Leeds | 22 | Keele | 20 |
| Liverpool | 22 | Lancaster | 20 |
| Oxford Brookes | 22 | Queen's, Belfast | 20 |
| Sussex | 22 | Ulster | 20 |
| Hull | 22 | Birkbeck, London | 19 |
| Kings College, London | 21 | Leicester | 19 |
| Reading | 21 | Manchester | 19 |

## Evaluación de Calidad de Enseñanza

| | | | |
|---|---|---|---|
| Wolverhampton | 19 | Edge Hill | 17 |
| British Institute in Paris | 18 | Sunderland | 17 |
| Birmingham | 18 | Nottingham | 16 |

### Estudios Franceses (Escocia) 1997

| | | | |
|---|---|---|---|
| Aberdeen | Excelente | Edinburgh | Excelente |
| Glasgow | Excelente | Stirling | Excelente |

### Alemán (Inglaterra e Irlanda del N.) 1995/96

| | | | |
|---|---|---|---|
| Exeter | 24 | Reading | 20 |
| UCL, London | 23 | Sheffield | 20 |
| Warwick | 23 | Westminster | 20 |
| Aston | 22 | Birmingham | 19 |
| Durham | 22 | Keele | 19 |
| Leeds | 22 | Hull | 19 |
| Nottingham | 22 | Lancaster | 19 |
| Bristol | 21 | Liverpool | 19 |
| Leicester | 21 | Oxford Brookes | 19 |
| Manchester | 21 | Royal Holloway, London | 19 |
| Portsmouth | 21 | Ulster | 19 |
| Birkbeck, London | 20 | Sunderland | 17 |
| King's College, London | 20 | Wolverhampton | 17 |

### Lenguas y Estudios Ibéricos (Inglaterra e Irlanda del N.) 1995/96

| | | | |
|---|---|---|---|
| Hull | 24 | Manchester | 20 |
| King's College, London | | Wolverhampton | 20 |
| (Portuguese) | 23 | Wolverhampton | 20 |
| Birmingham | 22 | Birkbeck, London | 19 |
| Bristol | 22 | UCL, London | 19 |
| King's College, London (Spanish) | 22 | Portsmouth | 18 |
| Leeds | 22 | Sunderland | 18 |
| Liverpool | 21 | Ulster | 18 |
| Queen's Belfast | 21 | Westminster | 18 |
| Sheffield | 21 | Nottingham | 17 |
| Exeter | 20 | Durham | 16 |
| Lancaster | 20 | | |

### Italiano (Inglaterra e Irlanda del N.) 1995/96

| | | | |
|---|---|---|---|
| Birmingham | 22 | Leicester | 20 |
| Exeter | 22 | Reading | 20 |
| Hull | 22 | UCL, London | 20 |
| Bristol | 21 | Leeds | 19 |
| Royal Holloway, London | 21 | Manchester | 19 |
| Warwick | 21 | Portsmouth | 19 |
| Durham | 20 | Westminster | 19 |
| Lancaster | 20 | | |

## Evaluación de Calidad de Enseñanza

### Galés 1994/95

| | | | |
|---|---|---|---|
| Aberystwyth | Excelente | Lampeter | Satisfactorio |
| Bangor | Excelente | Swansea | Satisfactorio |
| Cardiff | Satisfactorio | | |

### Lenguas Modernas (Inglaterra e Irlanda del N.) 1995/96

| | | | |
|---|---|---|---|
| Northumbria at Newcastle | 23 | Kent at Canterbury | 19 |
| Queen Mary and Westfield, | | La Sainte Union College | 19 |
| London | 23 | Leeds Metropolitan | 19 |
| Cambridge | 22 | Liverpool Institute | 19 |
| Newcastle | 22 | Liverpool John Moores | 19 |
| Oxford Brookes | 22 | London Guildhall | 19 |
| South Bank | 22 | Middlesex | 19 |
| York | 22 | Queen's, Belfast | 19 |
| Anglia Polytechnic | 21 | Roehampton Institute | 19 |
| Central Lancashire | 21 | Sheffield Hallam | 19 |
| Coventry | 21 | Bradford | 18 |
| Kingston | 21 | Derby | 18 |
| Manchester Metropolitan | 21 | East London | 18 |
| Oxford Brookes | 21 | Southampton | 18 |
| Staffordshire | 21 | Surrey | 18 |
| West of England | 21 | Thames Valley | 18 |
| Bournemouth (Revisit) | 20 | UMIST | 18 |
| Brighton | 20 | De Montfort | 17 |
| Luton | 20 | Goldsmiths, London | 17 |
| North London | 20 | Nottingham Trent | 17 |
| Bath | 19 | Sussex | 17 |
| Bolton Institute | 19 | Trinity and All Saints | 17 |
| Chester College | 19 | Hertfordshire | 16 |
| De Montfort (Bedford) | 19 | Huddersfield | 15 |
| East Anglia | 19 | | |

### Lenguas Europeas (Escocia) 1998

| | | | |
|---|---|---|---|
| Aberdeen | 22 | Heriot-Watt | 21 |
| Glasgow | 22 | Stirling | 20 |
| St Andrews | 22 | Napier | 19 |
| Strathclyde | 22 | Paisley | 19 |
| Edinburgh | 21 | Robert Gordon | 19 |

*Fuente: HEFCE, SHEFC, HEFCW ultimas listas disponibles*

*Para obtener una lista más completa de las instituciones que ofrecen estos cursos a nivel de licenciatura mire el directorio de cursos  pp468-486*

IDIOMAS MODERNOS

# Clasificación de Investigacion

## Estudios Americanos (Canadá, El Caribe, América Latina y los EEUU)

| | | | |
|---|---|---|---|
| Institute of Latin American | | Brunel | 3b |
| Studies | 5* | Cambridge | 3b |
| Keele | 5 | Central Lancashire | 2 |
| Nottingham | 5 | King Alfred's College | 2 |
| Sussex | 5 | Glasgow | 2 |
| Institute of United States Studies | 4 | North London | 2 |
| East Anglia | 4 | Portsmouth | 2 |
| Liverpool | 4 | Swansea | 2 |
| Birmingham | 3a | Manchester Metropolitan | 1 |
| Hull | 3a | | |

## Estudios Asiáticos

| | | | |
|---|---|---|---|
| Oxford | 5* | SOAS, London | 4 |
| Cambridge | 5 | Sheffield | 3a |
| Durham | 5 | Stirling | 3a |
| Edinburgh | 4 | Westminster | 3a |
| Hull | 4 | De Montfort | 3b |
| Leeds | 4 | Manchester Metropolitan | 2 |

## Estudios Europeos

| | | | |
|---|---|---|---|
| Birmingham | 5* | Paisley | 3a |
| Loughborough | 5 | Kingston | 3b |
| Queen's, Belfast | 5 | Oxford Brookes | 3b |
| Bath | 5 | Central Lancashire | 3b |
| Bradford, European Studies | 5 | Kent at Canterbury | 3b |
| Glasgow | 5 | Sunderland | 3b |
| Salford | 5 | UWE, Bristol | 3b |
| Aston | 4 | Wolverhampton | 3b |
| Heriot-Watt | 4 | Anglia Polytechnic | 2 |
| Queen's, Belfast, Institute of | | De Montfort | 2 |
| European Studies | 4 | Manchester Metropolitan | 2 |
| Hull | 4 | Middlesex | 2 |
| Portsmouth | 4 | Thames Valley | 2 |
| Strathclyde | 4 | Lincolnshire and Humberside | 2 |
| Surrey | 4 | Liverpool | 2 |
| Cardiff | 4 | Northumbria at Newcastle | 2 |
| South Bank | 3a | Plymouth | 2 |
| Bradford, Modern Languages | 3a | Coventry | 1 |
| Edinburgh | 3a | Abertay Dundee | 1 |
| North London | 3a | | |

## Francés

| | | | |
|---|---|---|---|
| Cambridge | 5* | Nottingham | 5* |

# Clasificación de Investigacion

| | | | |
|---|---|---|---|
| Oxford | 5* | Queen's, Belfast | 4 |
| UCL, London | 5* | Sheffield | 4 |
| Birkbeck, London | 5 | Southampton | 4 |
| Bristol | 5 | St Andrews | 4 |
| Manchester | 5 | Stirling | 4 |
| Reading | 5 | Aberystwyth | 3a |
| Royal Holloway, London | 5 | East Anglia | 3a |
| Sussex | 5 | Lancaster | 3a |
| Warwick | 5 | Nottingham Trent | 3a |
| Aberdeen | 4 | Roehampton Institute | 3a |
| Birmingham | 4 | Strathclyde | 3a |
| Durham | 4 | Swansea | 3a |
| Edinburgh | 4 | Ulster | 3a |
| Exeter | 4 | Bangor | 3b |
| Glasgow | 4 | British Institute in Paris | 3b |
| Hull | 4 | Goldsmiths, London | 3b |
| Keele | 4 | Lampeter | 3b |
| King's College, London | 4 | London Guildhall | 3b |
| Leeds | 4 | Westminster | 3b |
| Leicester | 4 | Huddersfield | 2 |
| Liverpool | 4 | La Sainte Union College | 2 |
| Newcastle | 4 | Trinity and All Saints | 2 |
| Queen Mary and Westfield, London | 4 | | |

## Alemán, Holandés y Escandinavo

| | | | |
|---|---|---|---|
| Cambridge | 5* | Southampton | 4 |
| East Anglia, Scandinavian | 5* | St Andrews | 4 |
| Institute of Germanic Studies | 5* | UCL, London, (German) | 4 |
| King's College London | 5* | UCL, London, | |
| Nottingham | 5* | (Scandinavian Studies) | 4 |
| Oxford | 5* | Warwick | 4 |
| Birmingham | 5 | Bristol | 3a |
| Manchester | 5 | Durham | 3a |
| Sussex | 5 | Glasgow | 3a |
| Swansea | 5 | Hull, Dutch | 3a |
| UCL, London (Dutch) | 5 | Keele | 3a |
| Birkbeck, London | 4 | Newcastle | 3a |
| Edinburgh | 4 | Queen's, Belfast | 3a |
| Exeter | 4 | Reading | 3a |
| Hull (Scandinavian Studies) | 4 | Royal Holloway, London | 3a |
| Lancaster | 4 | Stirling | 3a |
| Leicester | 4 | Aberystwyth | 3b |
| Liverpool | 4 | Goldsmiths, London | 3b |
| Queen Mary and Westfield, London | 4 | Hull (German) | 3b |
| Sheffield | 4 | Lampeter | 3b |
| | | Leeds | 3b |

## Clasificación de Investigacion

| | | | |
|---|---|---|---|
| Strathclyde | 3b | East Anglia (German) | 2 |
| Aberdeen | 2 | Ulster | 2 |
| Bangor | 2 | Huddersfield | 1 |

## Lenguas Ibéricas y Latinoamericanas

| | | | |
|---|---|---|---|
| Cambridge | 5* | Leeds | 4 |
| Aberdeen | 5 | Manchester | 4 |
| Birmingham | 5 | Oxford, Portuguese | 4 |
| King's College, London (Portuguese | | Queen's, Belfast | 4 |
| and Brazilian Studies) | 5 | Sheffield | 4 |
| King's College, London (Spanish | | Southampton | 4 |
| and Spanish-American Studies) | 5 | St Andrews | 4 |
| Liverpool | 5 | Swansea | 4 |
| Nottingham | 5 | UCL, London | 4 |
| Oxford (Spanish) | 5 | Edinburgh | 3a |
| Queen Mary and Westfield, | | Glasgow | 3a |
| London | 5 | Goldsmiths, London | 3a |
| Aberystwyth | 4 | Newcastle | 3a |
| Birkbeck, London | 4 | Westminster | 3a |
| Bristol | 4 | Strathclyde | 3b |
| Exeter | 4 | Durham | 2 |
| Hull | 4 | Trinity and All Saints | 2 |

## Italiano

| | | | |
|---|---|---|---|
| Cambridge | 5* | Edinburgh | 3a |
| Leeds | 5* | Exeter | 3a |
| UCL, London | 5* | Manchester | 3a |
| Oxford | 5 | Strathclyde | 3a |
| Reading | 5 | Swansea | 3a |
| Royal Holloway, London | 5 | Glasgow | 3b |
| Lancaster | 4 | Hull | 3b |
| Sussex | 4 | Leicester | 3b |
| Westminster | 4 | Aberystwyth | 2 |
| Birmingham | 3a | Oxford Brookes | 2 |
| Bristol | 3a | Warwick | 2 |

## Linguistica

| | | | |
|---|---|---|---|
| Cambridge | 5 | Lancaster | 4 |
| Manchester | 5 | Newcastle | 4 |
| Oxford | 5 | Queen Mary & Westfield | 4 |
| SOAS, London | 5 | York | 4 |
| Thames Valley | 5 | Bangor | 3a |
| UCL, London | 5 | Birkbeck, London | 3a |
| Edinburgh | 4 | Durham | 3a |
| Essex | 4 | Reading | 3a |

IDIOMAS MODERNOS

**285**

## Clasificación de Investigacion

| | | | |
|---|---|---|---|
| Sheffield | 3a | Westminster | 3b |
| Sussex | 3a | Brighton | 2 |
| De Montfort | 3b | Luton | 2 |
| East Anglia | 3b | Southampton | 2 |
| Hertfordshire | 3b | East London | 1 |
| Ripon and York St John | 3b | | |

## Estudios del Medio Oriente y Africanos

| | | | |
|---|---|---|---|
| Birmingham | 5* | SOAS, London | 4 |
| Cambridge | 5 | UCL, London | 4 |
| Manchester | 5 | Exeter | 3a |
| Oxford | 5 | Liverpool John Moores | 3a |
| Durham | 4 | Leeds | 3b |
| Edinburgh | 4 | Queen's, Belfast | 3b |

## Lenguas Rusas, Eslavónicas y de Europa Oriental

| | | | |
|---|---|---|---|
| Nottingham | 5* | SSEES, London | |
| Queen Mary and Westfield, | | (Russian Studies) | 4 |
| London | 5* | St Andrews | 4 |
| Bristol | 5 | Swansea | 4 |
| Cambridge | 5 | Birmingham | 3a |
| Oxford | 5 | Durham | 3a |
| Portsmouth | 5 | Edinburgh | 3a |
| Sheffield | 5 | Glasgow | 3a |
| Bangor | 4 | Manchester | 3a |
| Keele | 4 | Strathclyde | 3a |
| Leeds | 4 | Sussex | 3a |
| SSEES, London (East European | | Exeter | 3b |
| Languages and Literature) | 4 | | |

*Fuente: RAE 1996*

# Música

Existen un número de formas para estudiar una licenciatura de música que pueden resultar en un BA, BMus o BEng, por ejemplo en tecnología de la música. Muchas universidades también ofrecen licenciaturas de estudios combinados con artes, humanidades y ciencias sociales.

Los estudios académicos suelen incluir una base amplia en el primer año, con módulos principales en temas como historia de la música, notación, acústica, composición, analisis musical y estética.

La proporción de teoría y ejecución en cada curso puede variar enormemente. Los conservatorios como el Royal College of Music y el Royal Northern College of Music suelen concentrarse más en la ejecución y las universidades pueden seguir un método más teórico.

Los estudiantes internacionales de música en el R.U. deben recordar que los métodos de enseñanza pueden ser muy diferentes a aquellos del extranjero. El estudio de la música en el R.U. está enfocado hacia la interpretación, en contraposición por ejemplo con el método oriental, que suele ser más técnico. Es aconsejable consultar los folletos para informarse de lo que ofrece exactamente cada curso y hablar con personas del departamento antes de enviar una solicitud.

Los cursos basados en interpretación suelen demandar un nivel de dominio instrumental (incluyendo la voz) por parte de los solicitantes. En los conservatorios, es casi seguro que la evaluación se efectue mediante una audición, pero los departamentos de música de las universidades pueden pedir ciertas cualificaciones - en general el octavo grado de los exámenes del Associated Board of Music, o su equivalente. Los estudiantes deben verificar en el departamento las cualificaciones y niveles equivalentes de admisión.

El estudio de música está tradicionalmente asociado con estudios clásicos, aunque recientemente se ha introducido la música popular como asignatura académica en varias facultades de música de las universidades del R.U. El más notable es el Institute of Popular Music en la Universidad de Liverpool. Es interesante, que parece haber una predominación de sitios para estudiar música popular en el Norte de Inglaterra, mientras que en el Sur y en Londres en particular, suele estudiarse la música clásica.

Otros cursos especializados incluyen música con acústica y grabación, y etnomusicología - The School of Oriental and African Studies, de la Universidad de Londres - ofrece un enfoque sobre las formas de música no occidentales, y ofrece enseñanza en instrumentos como el koto y sitar.

Londres es famosa por la gran calidad de sus colegios de música; la opinión tradicional es que si se quiere avanzar en la carrera musical se debe venir a la capital. Las universidades de Oxford y Cambridge ofrecen a los músicos que desean estudiar otros temas no relacionados con la misma, como química o arqueología, la oportunidad de solicitar "Music Awards".

Estas becas, normalmente de tres años de duración, son para organistas, cantantes de coro e instrumentalistas. La idea consiste en proporcionar a los músicos con talento la oportunidad de un nivel alto de ejecución, mientras que prosiguen estudios en otros temas.

La mayoría de las instituciones tienen una gran variedad de grupos musicales, orquestas, coros, bandas y grupos en los cuales se puede participar. La participación en estos grupos normalmente incluye tours, por el R.U. y el extranjero. Por ejemplo la Universidad de Leeds, ofrece una licenciatura de BMus de cuatro años de duración, que incluye un año en el extranjero en el Conservatorio Enshede en Holanda, el Franz Liszt Hochcule Musik en Eimer, Alemania, o el University of North Texas School of Music en América del Norte. Las instituciones normalmente tienen conexiones con organizaciones externas, de modo que no faltan oportunidades para actuar en un ambiente totalmente profesional, dentro y fuera del colegio.

Por ejemplo, el Royal Northern College of Music, organiza funciones conjuntas con compañias profesionales de ópera, y tiene grandes contactos con dichas compañias y con la BBC. Los estudiantes se benefician de los conocimientos y experiencia de artistas profesionales ya que muchas

instituciones invitan a conferenciantes y artistas.

Es posible progresar en una gran variedad de carreras especializadas después de haber estudiado en Gran Bretaña una licenciatura en música o relacionada con la música. Por ejemplo composición para la industria de la música popular, producción, enseñanza, administración de música, producción de orquestas y óperas, además de carreras como "músico de sesión" en las grabaciones de artistas de música popular.

Cualquiera que sea el tipo de música que se prefiera, y tanto para los concertistas como para los que les gusta ir a los conciertos, el Reino

Foto por cortesía de Goldsmiths College

Unido ofrece una gama increible de oportunidades musicales. El R.U. también tiene orquestas muy buenas como la London Symphony Orchestra y la Scottish National Opera. El R.U. es el lider mundial de música pop, y parte de sus exportaciones son sus artistas pop - Elton John, George Michael, Prodigy, Oasis, y las Spice Girls, son británicos y pertenecen a una larga tradición exitosa que empezó con los Beatles y los Rolling Stones. En cuanto a la música clasica, han salido del R.U. varios grandes compositores, como Elgar, Purcell, Vaughan Williams y Britten. Londres mismo tiene varios locales de música internacionales, como Wembley Arena, Ronnie Scott's Jazz Club, el Royal Festival Hall, y el Royal Albert Hall, donde se dan conciertos tanto de música popular como de música clásica. También se celebran festivales musicales durante todo el año por todo el R.U., y muchos de éstos tienen fama internacional. Por ejemplo los Proms, celebración musical de Londres en el Royal Albert Hall que dura todo el verano, el festival de Edimburgo en Escocia, y los festivales que se celebran en Bath y Aldeburgh.

## CURSOS DE LICENCIATURA

### London Guildhall University
BSc Hons Tecnología de Instrumentos Musicales

En este curso se estudia la tecnología de los instrumentos acústicos y los sistemas de producción de música electrónica, que producen los sonidos y música que oimos. El contexto cultural, musical y tecnológico también se explora mediante clases, visitas y trabajos de curso. El tema fuerte del curso es el trabajo práctico que incluye

el diseño y la fabricación de instrumentos musicales, y el diseño, construcción y utilización de una gama de equipos basados en micro-procesadores que aumenta día a día. Los estudiantes deben completar una tesina y un estudio de investigación. Después de completar los elementos básicos del curso, los estudiantes pueden elegir entre unidades opcionales, como por ejemplo técnicas de medida electroacústica, análisis de diseño de instrumentos y conservación, restauración y arreglo de instrumentos. Además de el curso de licenciatura también se ofrece un curso vocacional de HND de dos años de duración, en el cual los estudiantes pueden especializarse para tener una pericia comercial como constructor/reparador de instrumentos, como técnico de electrónica o afinador de pianos. *Detalles p372.*

### University of East Anglia
BA Música, BA en Música Con un Curso Base de Lengua Inglesa

El primer año del BA de Música y Curso Base de Lengua Inglesa combina el estudio de la música con asignaturas de lengua inglesa. En los siguientes tres años se estudia principalmente música, con la oportunidad de continuar con el estudio de inglés en menor grado. Ambos cursos combinan los elementos principales de desarrollo de conocimientos prácticos con historia y teoría de la música. Los módulos especializados incluyen ejecución, dirección musical, musicología y composición. Las evaluaciones varían según la naturaleza del módulo. Se evalúa a los artistas mediante recitales; a los compositores mediante sus portafolios de obras; y a los directores mediante sus representaciones de obras corales y orquestales. La evaluación contínua es común en todos los cursos. El Colegio de Música que está basado en el Centro de Música tiene una sala de conciertos de multi-uso, espacios para ensayos, estudios electroacústicos y un anfiteatro al aire libre. El departamento también mantiene estrechas relaciones con organizaciones musicales de la región, como el Aldeburgh Festival y la Catedral de Norwich. *Detalles p432.*

## King's College London, University of London
### Música

En King's College London existe énfasis similar en cuanto a la ejecución y música en general, composición libre, análisis musical e historia de la música. El tema de fondo de los programas de licenciatura de BMus es su amplitud, el rigor académico de la enseñanza analítica, histórica y teórica se equilibra con los fuertes elementos prácticos del curso. La enseñanza individual se organiza a través de la Academia Real de Música y es obligatoria la participación en conciertos de música de cámara y trabajos corales. Además también es posible tocar en la orquesta. Gracias a las instalaciones de informática, de procesamiento de música y de grabación del departamento, existe la oportunidad de participar en actividades musicales extracurriculares. Los compositores potenciales de King's, tienen la oportunidad de oir sus obras ejecutadas en estudio por grupos de distinguidos profesionales. El departamento de música tiene su propia biblioteca e instalaciones de ordenadores(computadores) para los estudiantes de licenciatura. Los personajes famosos asociados con el departamento incluyen a Harrison Birtwistle (que es catedrático en King's), Michael Nyman y John Eliot Gardiner. *Detalles p453.*

## Rose Bruford College
### BA Tecnología de la Música/Diseño de Sonido e Imagen

Actualmente hay 3 estudiantes internacionales en el curso de BA en Tecnología de la Música que enseña la composición musical mediante el uso de software de ordenadores como una forma de la tecnología de la música. Se estudia grabación de sonido, secuencias, síntesis, audio digital, el lenguaje de la música, composición y proms de música pop. El BA en Diseño de Sonido e Imagen cubre muchas de éstas áreas pero también incluye la manipulación de los medios digitovisuales. Uno de los atractivos más importantes del curso es que Londres es posiblemente la capital del mundo en tecnología de la música. *Detalles p410.*

## The Royal Academy of Music
### Música

El Royal Academy of Music está situado junto a Regent's Park, en el Centro de Londres. Es uno de los mejores conservatorios de Gran Bretaña y existe una enorme competencia para conseguir un puesto. Sus antiguos alumnos incluyen varias generaciones de los mejores artistas, directores y compositores internacionales. Se ofrecen cursos de licenciatura de cuatro años de duración en ejecución, composición, jazz y música y medios de comunicación.

Los concertistas que solicitan una plaza deberán acudir a una audición y presentarse a un examen escrito. La ejecución constituye una gran proporción de la licenciatura final, aunque la evaluación también incluye el trabajo de curso en técnicas y análisis, historia y práctica de ejecuciones prácticas y un elemento de preparación profesional. Entre las instalaciones con que se cuenta hay una biblioteca amplia, un teatro de ópera y una sala de conciertos, instalaciones de grabación, una sala de ordenadores y un buen restaurante. Con la adquisición reciente del edificio vecino en 1-5 York Gate, la Academia ha aumentado sus instalaciones en una tercera parte.

En la academia se estudia todo el arte de la música, además de prepararse para los rigores de la profesión.

Si desea más detalles o quiere informarse sobre los procesos de solicitud póngase en contacto con el registro. *Detalles p461*.

## Royal College of Music
### Música

Los antiguos alumnos famosos del RCM incluyen a Benjamin Britten, Dame Joan Sutherland y Anne Dudley - ganadora de un Oscar por su composición de la música para la película "The Full Monty". Esta licenciatura comprende enseñanza de práctica con un énfasis importante en ejecución y oportunidades para actuar en público. Se dan más de 250 conciertos al año. La solicitud requiere una audición en la cual se ejecutan obras determinadas y se examinan una gama de conocimientos musicales en general. Los estudiantes de licenciatura de primer año tienen que contar con un trabajo semanal de un estudio principal, clases de aula y estudios estilísticos e históricos, además de seminarios académicos (un total de 20 horas por semana). Junto con el Imperial College of Science, Technology and Medicine se ofrece un curso de pre-licenciatura y un BSc en Física con estudios en representación musical para músicos con talento. Un número importante de licenciados encuentran trabajo con orquestas importantes internacionales, compañias de ópera, coros y grupos de cámara. Existen muchas oportunidades para que los estudiantes de RCM ganen experiencia en el R.U. y en el extranjero. Las instalaciones ofrecidas de RCM incluyen el Muséo de Instrumentos, el departamento de Retratos de Historia de la Representación, una biblioteca e instalaciones de ordenadores (computadores). El RCM también tiene sus propios estudios de grabación y composición. *Detalles p461*.

## Royal Northern College of Music
### Música

El Royal College of Northern Music es está situado cerca del centro de Manchester. El colegio promueve activamente la actuación práctica, y ofrece oportunidades regulares a los estudiantes para actuar dentro y fuera del colegio. El colegio tiene conexiones con colegios de música en Europa y otros continentes y organiza tours con regularidad. También se organizan producciones conjuntas con orquestas importantes profesionales y con la BBC. La solicitud se debe hacer directamente al Colegio. Todos los solicitantes deben acudir a una audición y una entrevista. El trabajo principal de los licenciados consiste en clases de estudio principal individual, clases master, música de cámara, práctica orquestal y formas prácticas musicales así como clases y seminarios. Además los estudiantes deben practicar todos los días y dedicar tiempo al estudio privado. Las evaluaciones se efectúan mediante una combinación de exámenes escritos, proyectos, portafolios y evaluación contínua. Más del 90% de los licenciados del colegio se dedican a alguna clase de actuación musical o a continuar estudiando. *Detalles p461*.

## Royal Scottish Academy of Music and Drama
### Música

El colegio de música del Royal

Scottish Academy of Music and Drama tiene el propósito de facilitar los conocimientos y la experiencia necesarios para todas las carreras dentro de las ramas de la ejecución musical y la enseñanza. El procedimiento de admisión consiste de una audición, una entrevista y una prueba escrita. La evaluación es continua mediante exámenes. *Detalles p461.*

## School of Oriental and African Studies
### Estudios de Música

Los estudiantes que estén interesados en algo más que una formación clásica occidental, pueden considerar los cursos de música ofrecidos por SOAS. Siguiendo el estilo de especialización de SOAS, las licenciaturas están basadas en etno-musicología y tradiciones musicales selectas de Asia y Africa. Se puede estudiar música como tema único - estudios de música, o en conjunto con otra materia a fin de crear un estudio cultural más amplio. Los cursos incluyen formas de música no occidentales y se pueden estudiar con profesionales de instrumentos específicos como el sitar o el koto. En el segundo y tercer año, los estudiantes pueden enfocarse hacia la música de dos áreas, el sudeste Asiático, Asia del Sur, Oriente Medio y Próximo Oriente, Asia Oriental o Africa. El centro también ofrece una licenciatura master de clases teóricas (MMus en Etnomusicología) y licenciaturas de investigación. *Detalles p416.*

## Thames Valley University
### MMus/PgDip Ejecución

Los programas de MMus y PgDip tratan del desarrollo de la ejecución musical a nivel avanzado. En el curso MMus de un año de duración a tiempo completo (o dos años a tiempo parcial) la ejecución activa musical constituye un 50-60% del programa. Este contenido tan alto de ejecución hace que los estudiantes no requieran un nivel muy alto de inglés, aunque se necesita un nivel de comprensión. Como el curso está basado en Londres, existen muchas oportunidades de actuación. 13 de los 27 estudiantes del curso son internacionales y proceden de varios paises como Australia, Croacia, Albania, Italia, Sudáfrica y Taiwan. El Departamento de Medios de Comunicación, Música y Comunicaciones también ofrece otros cursos de postgrado que incluyen licenciaturas MA en Estudios Culturales, Estudios Visuales y Literarios y Música Contemporánea y licenciaturas de MMus en Composición para Teatro, Composición Pura y Composición para Nuevos Medios de Comunicación. *Detalles p430.*

# Evaluación de Calidad de Enseñanza

## Música (Inglaterra e Irlanda del N.) 1994/95

| | | | |
|---|---|---|---|
| Anglia Polytechnic | Excelente | Southampton | Excelente |
| Birmingham | Excelente | Surrey | Excelente |
| Bretton Hall | Excelente | Sussex | Excelente |
| Cambridge | Excelente | Trinity | Excelente |
| UCE, Birmingham | Excelente | Ulster | Excelente |
| City, London | Excelente | York | Excelente |
| Goldsmiths, London | Excelente | Bristol | Satisfactorio |
| Hudderslfield | Excelente | Kent at Canterbury | Satisfactorio |
| Keele | Excelente | Durham | Satisfactorio |
| Kings College, London | Excelente | East Anglia | Satisfactorio |
| Lancaster | Excelente | Exeter | Satisfactorio |
| Leeds | Excelente | Hertfordshire | Satisfactorio |
| Manchester | Excelente | Hull | Satisfactorio |
| Nottingham | Excelente | Kingston | Satisfactorio |
| Open University | Excelente | Liverpool | Satisfactorio |
| Queen's Belfast | Excelente | Liverpool Institute | Satisfactorio |
| Royal Academy | Excelente | Middlesex | Satisfactorio |
| Royal College | Excelente | Newcastle | Satisfactorio |
| Royal Northern College | Excelente | Oxford | Satisfactorio |
| Salford College | Excelente | Reading | Satisfactorio |
| Sheffield College | Excelente | Royal Holloway, London | Satisfactorio |
| SOAS, London | Excelente | | |

## Música (Escocia) 1994

| | | | |
|---|---|---|---|
| Royal Scottish Academy of Music and Drama | Excelente | Glasgow | Muy Satisfactorio |
| Edinburgh | Muy Satisfactorio | Napier | Satisfactorio |

## Música (Gales) 1994/95

| | | |
|---|---|---|
| Bangor | Excelente | **Teatro, Música y Medios de Comunicación** |
| Cardiff | Satisfactorio | |
| Welsh College of Music and Drama | Satisfactorio | Trinity College, Carmarthen    Satisfactorio |

*Fuente: HEFCE, SHEFC, HEFCW ultimas listas disponibles*

*Para obtener una lista más completa de las instituciones que ofrecen estos cursos a nivel de licenciatura mire el directorio de cursos pp468-486*

MUSICA

# Clasificación de Investigación

## Música

| | | | |
|---|---|---|---|
| King's College | 5* | Lancaster | 4 |
| Liverpool | 5* | Reading | 4 |
| Manchester | 5* | Surrey | 4 |
| Oxford | 5* | Sussex | 4 |
| Royal Holloway, London | 5* | Bangor | 3a |
| SOAS, London | 5* | Bretton Hall | 3a |
| Birmingham | 5 | Canterbury Christ Church | |
| Cambridge | 5 | College | 3a |
| City | 5 | Glasgow | 3a |
| Durham | 5 | Newcastle | 3a |
| Goldsmiths, London | 5 | Salford | 3a |
| Leeds | 5 | Thames Valley | 3a |
| Nottingham | 5 | Anglia Polytechnic | 3b |
| Open University | 5 | Bath College | 3b |
| Queen's, Belfast | 5 | Central England | 3b |
| Royal Academy of Music | 5 | Dartington College of Arts | 3b |
| Royal College of Music | 5 | East Anglia | 3b |
| Royal Northern College of Music | 5 | Hertfordshire | 3b |
| Sheffield | 5 | Kingston | 3b |
| Southampton | 5 | Oxford Brookes | 3b |
| York | 5 | Ulster | 3b |
| Bristol | 4 | Brunel | 2 |
| Cardiff | 4 | Chichester Institute | 2 |
| De Montfort | 4 | Coventry | 2 |
| Edinburgh | 4 | King Alfred's College | 2 |
| Exeter | 4 | Liverpool Hope | 2 |
| Huddersfield | 4 | Nottingham Trent | 2 |
| Hull | 4 | College of St Mark and St John | 1 |
| Keele | 4 | Edge Hill College | 1 |

*Fuente: RAE 1996*

MUSICA

# Filosofía, Teología y Estudios Religiosos

## FILOSOFIA

Desde la Edad Media los pensadores de las Islas Británicas han estado en el primer plano de la filosofía occidental. Personajes como Roger Bacon y Duns Scotus que escribían en el Latin de la Iglesia fueron admirados por toda la Cristiandad Latina. Más adelante, John Locke y David Hume fueron los gigantes del Siglo Ilustrado. Y aunque Karl Marx y Friedrich Engels escribieron en alemán, pasaron ambos gran parte de su vida laboral en Gran Bretaña.

La filosofía cuestióna las ideas y suposiciones que muchos de nosotros damos por sentado en la vida cotidiana, y su estudio se desarrolla con discusiones sobre la existencia humana, la mente, el libre albedrío y el determinismo, equipando a la persona con los métodos de analisis y de debate que se necesitan para desarrollar su propia forma de pensar.

El contenido de los cursos varía de institución a institución. Algunos cursos pueden estar más basados en textos, y los estudiantes deberán estudiar las obras principales, tales como la Metafísica, Discurso y Meditaciones de Aristoteles, o la Crítica de la Razón Pura de Kant. Otros cursos tienen un énfasis más temático. Como con la mayoría de los cursos de licenciatura BA, encontrará que el primer año sirve como introducción y consiste de módulos principales - por ejemplo, epistemología, metodología, filosofía griega, lógica, metafísica y ética - y la especialización se hace en el segundo y en el tercer año. Estas opciones pueden incluir filosofía política, lógica simbólica, estética, o filosofía de la religión. Más de 40 universidades también ofrecen oportunidades de investigación a nivel de postgrado, además de varios cursos de clases de MA en temas como filosofía de la mente o la historia de las ideas.

## TEOLOGIA Y RELIGION

Uno no tiene que ser religioso para estudiar religión, aunque muchos de los estudiantes lo son. Es un área que cubre una variedad de intereses e influencias y puede ser un curso estimulante y dificil. Muchas leyes, costumbres, valores y perjuicios son producto de una religion en particular y para entender muchos acontecimientos clave de la sociedad contemporánea, es importante entender también los factores religiosos que entran en juego.

Se observa que la teología y la divinidad son los temas principales que se estudiaban en su día en las universidades más antiguas de Gran Bretaña. Hoy día, los temas de estudios religiosos han reemplazado a la teología en muchas universidades, reflejando esto la sociedad multicultural actual de Gran Bretaña. La teología suele suponer el estudio de una fe específica, como el Cristianismo. En contraste, los estudios religiosos examinan varios tipos de fe en los contextos de antropología, sociología, lengua, historia, arte y filosofía. Como estudiante de Estudios Religiosos, quizás tenga que enfrentarse a cuestiones como el concepto de Dios, la vida después de la muerte, la naturaleza del bien y el mal, y cuestiones éticas, tales como el aborto, el sustituismo paterno y la eutanásia. En algunas universidades también es posible especializarse en religiones que no están tradicionalmente asociadas con el RU, por ejemplo en estudios Islámicos o Judíos.

## CURSOS DE LICENCIATURA

### Lancaster University

Es un curso distinto a los de otras universidades. En Lancaster el tema de la religión es el centro de la licenciatura y los tipos de fe del mundo se estudian como actitudes hacia la religión.

Nuestro departamento tiene especialistas que dan cursos relacionados a las siguientes religiones: Teravada y Mahayana, Budismo, Hinduismo, relaciones chinas, Judaismo, Cristianismo e Islam. Las áreas exploradas en los cursos de esta licenciatura son la antropología y el psicoanalisis de la religion y la religión en la vida contemporánea india, que incluye una expedición de seis semanas a la India. Los estudiantes pasan el mes de agosto en el colegio Dharmaran en Bangalore, antes de empezar un tour de estudios de dos semanas de duración. *Detalles 454.*

### University of Oxford
#### Filosofía

Oxford es la mayor universidad para el estudio de filosofía en el Reino Unido, con sus 1.000 estudiantes de filosofía y aproximadamente 50 profesores a tiempo completo. Una de las diferencias importantes entre Oxford y el resto de las universidades británicas es que no se puede estudiar solamente filosofía a nivel de licenciatura en Oxford. Se ofrecen varias licenciatura de "joint honours" que combinan

filosofía con matemáticas, física, teología, lenguas modernas, fisiología o psicología. Sin embargo, los dos cursos más conocidos que incluyen filosofía son los de "literae humaniores" (o "greats") y política, filosofía y económia que se abrévia PPE. A nivel de postgrado, la licenciatura más popular es el Bachelor of Philosophy (BPhil) aunque también se ofrecen las calificaciones de DPhil, MLitt y MSt. *Detalles p394.*

### University of Sheffield
#### Departamento de Estudios Bíblicos

El Departamento de Estudios Bíblicos de la Universidad de Sheffield fué establecido en 1948, inmediatamente después de la introducción de la educación secundaria obligatoria. Muchos colegios británicos son denominacionales y el gobierno temía que faltasen profesores bíblicos para la enseñanza de RE (Educación Religiosa). Como resultado de ello, esta licenciatura y el departamento son los únicos en Gran Bretaña que se enfocan sobre la Biblia y su rol en el mundo contemporáneo. El punto fuerte de este departamento es su historial en investigación, particularmente en Hebréo clásico. Los estudiantes de licenciatura tienen la ventaja de estudiar con profesores que a su vez están llevando a cabo sus propias investigaciones. El departamento atrae a estudiantes de comunidades cristianas de todo el mundo y puede ser útil para aquella gente que aunque no sea religiosa esté interesada en el impacto del cristianismo en la formación del mundo moderno. *Detalles p414*

### University of Stirling
#### Estudios Religiosos

Stirling es una de las pocas universidades del país que ofrece programas de licenciatura en estudios religiosos en lugar de teología. Esencialmente la diferencia es que una licenciatura en estudios religiosos pone a la religión en el centro del tema, y examina los tipos de fe del mundo y las actitudes respecto a la religión. Una licenciatura en estudios religiosos comparativos como ofrecen Stirling, La Universidad de Gales, Bangor y la universidad de Lancaster, es más parecida a una licenciatura de ciencias sociales, como la antropología. En Stirling la actitud hacia la religión es temática y las opciones que se ofrecen cubren temas tales como la antropología social de la religión, la psicología de la religión y la mujer y la religión. Sin embargo, parte de la enseñanza se enfoca en tipos de fe específicos como el Budhismo Theravada, Budhismo Mahayana, Cristianismo e Islam. Los estudiantes realizan un mínimo de dos de los tres cursos principales en su primer año y medio en Stirling. Estos tres cursos principales cubren las áreas de religión, mito y significado, ética y sociedad de la religión y religión en el mundo moderno. Seguidamente pueden elegir cualquier curso de entre una gama de opciones. Durante el primer semestre se puede contar con seis horas de clases y dos horas de estudio privado por semana. La evaluación de la mayoría de los cursos se efectúa mediante exámenes y evaluación continua a partes iguales. *Detalles p422*

## Evaluación de Calidad de Enseñanza

### Filosofía (Escocia) 1995/96

| | | | |
|---|---|---|---|
| Glasgow | Excelente | St Andrews | Muy Satisfactorio |
| Aberdeen | Muy Satisfactorio | Stirling | Muy Satisfactorio |
| Edinburgh | Muy Satisfactorio | Dundee | Satisfactorio |

### Teología y Estudios Religiosos (Escocia) 1995

| | | | |
|---|---|---|---|
| Stirling | Excelente | Glasgow | Muy Satisfactorio |
| Aberdeen | Muy Satisfactorio | St Andrews | Muy Satisfactorio |
| Edinburgh | Muy Satisfactorio | | |

### Filosofía (Gales) 1995/6

| | | | |
|---|---|---|---|
| Cardiff | Excellent | Lampeter | Satisfactorio |

### Teología y estudios Religiosos (Gales) 1995/96

| | | | |
|---|---|---|---|
| Bangor | Excelente | **Teología, Estudios Religiosos y Estudios Islámicos** | |
| **Teología** | | Lampeter | Satisfactorio |
| Cardiff | Satisfactorio | **Filosofía y Teología** | |
| | | Swansea | Satisfactorio |

*Fuente: HEFCE, SHEFC, HEFCW ultimas listas disponibles*

*Para obtener una lista más completa de las instituciones que ofrecen estos cursos a nivel de licenciatura mire el directorio de cursos pp468-486*

# Clasificación de Investigación

## Filosofía

| | | | |
|---|---|---|---|
| Cambridge (History and Philosophy of Science) | 5* | Open University | 3a |
| | | Queen's, Belfast | 3a |
| Oxford | 5* | Southampton | 3a |
| Birkbeck, London | 5 | Swansea (Centre for Philosophy | |
| Cambridge (Philosophy) | 5 | and Health Care) | 3a |
| King's College, London | 5 | Warwick | 3a |
| LSE, London | 5 | Aberdeen | 3b |
| Sheffield | 5 | Dundee | 3b |
| St Andrews | 5 | Keele | 3b |
| Birmingham | 4 | Kent at Canterbury | 3b |
| Bradford | 4 | Lancaster | 3b |
| Bristol | 4 | Manchester Metropolitan | 3b |
| Durham | 4 | Sunderland | 3b |
| Essex | 4 | Cardiff | 3b |
| Hull | 4 | Lampeter | 3b |
| Leeds | 4 | Swansea (Department of | |
| Reading | 4 | Philosophy) | 3b |
| Stirling | 4 | York | 3b |
| Sussex | 4 | Anglia Polytechnic | 2 |
| UCL, London | 4 | Bolton Institute | 2 |
| East Anglia | 3a | Hertfordshire | 2 |
| Edinburgh | 3a | Manchester | 2 |
| Glasgow | 3a | Middlesex | 2 |
| Liverpool | 3a | Brighton | 1 |
| Nottingham | 3a | | |

## Teología, Divinidad y Estudios Religiosos

| | | | |
|---|---|---|---|
| Lancaster | 5* | Hull | 4 |
| Manchester | 5* | Leeds | 4 |
| Sheffield | 5* | Roehampton Institute | 4 |
| Birmingham | 5 | Lampeter | 4 |
| Cambridge | 5 | Canterbury Christ Church | |
| Durham | 5 | College | 3a |
| Edinburgh | 5 | College of St Mark and St John | 3a |
| King's College, London | 5 | De Montfort | 3a |
| Nottingham | 5 | Exeter | 3a |
| Oxford | 5 | Kent at Canterbury | 3a |
| SOAS, London | 5 | Newcastle | 3a |
| St Andrews | 5 | Open University | 3a |
| Cardiff | 5 | Bangor | 3a |
| Aberdeen | 4 | Cheltenham and Gloucester | |
| Bath College | 4 | College | 3b |
| Bristol | 4 | La Sainte Union College | 3b |
| Glasgow | 4 | Liverpool Hope | 3b |
| Goldsmiths, London | 4 | Stirling | 3b |

## Clasificación de Investigación (continuación)

| | | | |
|---|---|---|---|
| Westhill College | 3b | St Martin's College | 2 |
| Brunel University College | 2 | Sunderland | 2 |
| Chichester Institute | 2 | Trinity College, Carmarthen | 2 |
| College of Ripon and | | Westminster College, Oxford | 2 |
| York St John | 2 | Chester College | 1 |
| Derby | 2 | Edge Hill | 1 |
| King Alfred's College | 2 | Newman | 1 |
| Manchester Metropolitan | 2 | St Mary's College | 1 |
| Middlesex | 2 | | |

*Fuente: RAE 1996*

# Ciencias y Tecnología

En este capítulo Ciencias se refiere a física, química, biología (incluyendo ciencias biológicas, bioquímica y fisiología) y psicología. Vea los capitulos sobre Salud, Medicina, Agricultura y Gestión de Terrenos para temas relacionados.

Tanto a nivel de licenciatura como de postgrado, debe haber pocos lugares en el mundo que ofrezcan tanta cantidad de oportunidades para estudiar tan extensamente y a fondo las disciplinas científicas como Gran Bretaña. Con tantos de los éxitos británicos en las esferas académicas, se ha llegado a grandes alturas más en la esfera pura que en la de aplicación. El país que dió a Darwin, a Newton y a Rutherford ha tenido menos éxito en explotar sus avances para fines comerciales, aunque existen ciertas excepciones notables, como los productos farmaceuticos en lo que Gran Bretaña tiene un grupo de empresas de clase mundial, como por ejemplo GlaxoWellcome y SmithKline Beecham. Existe una concentración sorprendente de excelencia en Gran Bretaña que no es solamente histórica, y que incluye un gran número de científicos de vanguardia como Harry Kroto (fullerenes) y Geoffrey Eglington (geoquímica orgánica), que trabajan en Gran Bretaña.

La Universidad de Cambridge misma ha ganado 68 premios Nobel en temas relacionados con las ciencias, y con una historia que viene desde Newton puede reclamar un papel central en la definición de la física.

Tanto en lo referente al descubrimiento de la gravedad o a la división del átomo, ha sido la cuna de numerosos adelantos que definen nuestros conocimientos sobre el mundo natural. Pero es importante no cegarse y pensar que todos los avances científicos de Gran Bretaña ocurren en Oxford y Cambridge. Existe un colegio excelente de bioquímica en Dundee, el departamento de fisiología de Liverpool tiene fama internacional, Nottingham es muy conocido en genética y York en psicología.

También existen ciertas atracciones prácticas para estudiar ciencias en Gran Bretaña. El inglés es el idioma mundial de la ciencia, y de muchas otras esferas. Los cursos de licenciatura ofrecen varias opciones, que permiten gran flexibilidad para decidir el momento en que se desea especializarse en una esfera elegida; y los postgraduaos pueden obtener un PhD en tres años condensados en vez de los seis o siete años que podría tardar en America o en Alemania. También exite una tradición menos jerárquica en las universidades británicas que en sus equivalentes internacionales.

## FISICA

La física está en el centro de la tecnología nueva y en desarrollo. Frecuentemente los estudios realizados por los físicos son mucho más avanzados que el desarrollo de servicios prácticos. Aunque la física es un tema extremadamente variado, cubre también las disciplinas tradicionales de mecánica, teoría electromagnética, termodinámica, mecánica de estadística, óptica, teoría de quantum y relatividad. También se pueden estudiar áreas más especializadas como por ejemplo teoría del caos o física del laser. Los estudiantes solicitantes deben tener un nivel de A level o su equivalente en matemáticas o física - de hecho aproximadamente la mitad del primer año universitario se dedica al estudio de las matemáticas, que se usan contínuamente en el resto del curso.

## QUIMICA

Como estudiante de química estudiará la esencia del átomo y las moléculas, y su forma de reaccionar juntos para producir productos útiles. También se investigan las propiedades, reacciones, análisis y usos de materiales orgánicos e inorgánicos. Los resultados se interpretan en terminos de la teoría fundamental, para proveer una comprensión más profunda, y para pronosticar la forma de crear nuevas drogas y materiales. Algunos de los tópicos que se estudian en una licenciatura de química pueden incluir el estudio de la capa de ozono y el efecto de invernadero; el diseño de drogas más efectivas; el desarrollo de mejores catálisis para la industria química, y la superficie no adherente de pucheros, o los calentadores descalficadores de agua en el hogar. El estudio universitario de la química ofrece unos conocimientos inestimables para una amplia gama de profesiones y disciplinas.

## CIENCIAS BIOLOGICAS

La amplitud de la disciplina de ciencias biológicas significa que es relevante en todos los aspectos de la vida contemporánea, desde medicina a tecnología de los alimentos, cultivos y cría de ganado, política y ética. El nombre biociencia cubre numerosas ramas científicas que incluyen biología, bioquímica, ciencias biomoleculares, zoología, ecología, fisiología y genética. La bioquímica es la ciencia biológica central -

que une la biología con la química. Se trata de la interpretación de organismos vivos, y del fenómeno de la vida en términos de principios químicos y moleculares. Las investigaciones en medicina, agricultura, biotecnología y ciencias puras biológicas tienen sus raices en las ideas y las técnicas de la bioquímica. Los estudiantes pueden solicitar una plaza en el curso sandwich donde se pasa un año trabajando o rea-lizando una investigación en la industria u otra organización en el RU o en el extranjero.

## PSICOLOGIA

La psicología es el estudio científico del comportamiento y las experiencias de los seres humanos, y esto incluye sus procesos cognitivos. Es un tema de licenciatura amplio con estrechas conexiones con otras disciplinas como las ciencias de la informática, criminología, geografía, sociología, fisiología y ciencia forense. El primer año del curso se pasa estudiando los principios sólidos del tema, que es la base para un enfoque riguroso y creativo para entender el comportamiento humano. El contenido de los cursos varía pero la mayoría incluyen los temas principales de psicología social, cognitiva y de desarrollo. Los estudiantes examinan cuestiones como el efecto de la influencia genética sobre el desarrollo y el comportamiento, y los procesos de aprendizaje, memoria, pensamiento y percepción. Los estudios de estadística e informática, además de los experimentos prácticos son una parte muy importante del curso de licenciatura.

Todos los estudios cientificos en la universidad incluyen una cantidad importante de trabajo práctico, y se pasa mucho tiempo en los laboratorios y en el campo realizando experimentos. La mayoría de las universidades ofrecen cursos sandwich de cuatro años de duración, que incluyen un año de experiencia de trabajo o de investigación en la industria. Los licenciados de estos temas no solo se colocan en trabajos de investigación en sus campos respectivos, sino que además encuentran que su combinación de técnicas prácticas e intelectuales adquiridas, como por ejemplo el uso de datos, y su competencia análisis y TI, son útiles en muchas otras profesiones, como por ejemplo enseñanza, marketing (mercadeo), programación de ordenadores(computadores), contabilidad, periodísmo, la administración pública, patentes y derecho.

## CURSOS DE LICENCIATURA

### Anglia Polytechnic University
**BSc (Combined Hons) Ciencias Forenses**

Este curso de licenciatura, que es nuevo, abarca los estudios de química forense, patología forense, toxicología forense y genética humana. La universidad de Anglia Polytechnic es una de solo ocho instituciones que ofrecen el estudio de ciencias forenses como programa de licenciatura. El hecho que es un programa de "Combined Honours" permite que se estudie no solo en combinación con otras ciencias, sino también con derecho y criminología. Esto también da la oportunidad a los estudiantes internacionales de realizar estudios comparativos de las ciencias forenses en el RU en un contexto legal y social. Los estudiantes tienen acceso a instalaciones modernas y laboratorios construidos a la medida, con extensas instalaciones de TI. *Detalles p330.*

### University of Cambridge
**Ciencias Naturales**

Darwin trabajó en Christ's, Cambridge, y quizás el descubrimiento más famoso de este siglo fué el del DNA por Watson y Creek en 1953. Actualmente se están realizando trabajos de vanguardia sobre el origen de los animales de tierra, la evolución del comportamiento social en los animales, la biología molecular, los genomas humanos, y la genética de desarrollo. Los estudiantes no licenciados deben presentarse a los "tripos" en Ciencias Naturales (NatSci), donde pueden elegir tres asignaturas relacionadas con la biología (biología de las células, biología de los organísmos, fisiología). *Detalles p346.*

### University of Dundee
**Ciencias Biológicas**

Los estudios de Ciencias Biológicas de Dundee cubren la biología celular, molecular y de organismos. El trabajo práctico forma una parte importante de los cursos. Dundee y sus alrededores, con una gama de habitats naturales y controlados, es un sitio ideal para realizar estudios de campo en biología. El departamento mantiene estrechas relaciones con el Instituto Escocés de Investigación de Cosechas, el Jardín Botánico de la propia universidad y el colegio médico universitario. Se invita a los solicitantes con buenas posibilidades a visitar la universidad antes de iniciar el curso. Los estudiantes de Dundee deben estudiar tres asignaturas en el primer año. Cada asignatura requiere siete horas de aprendizaje por semana, que consiste en clases, trabajo de laboratorio y seminarios. La evaluación de los estudiantes de licenciatura se realiza mediante una combinación de redacciones, informes escritos de informática y laboratorio, además de exámenes prácticos y orales. Los licenciados de ciencias biológicas frecuentemente se dedican a la investigación y trabajan en institutos que se dedican a los campos de agricultura, medicina y el medio ambiente. *Detalles p450.*

## University of Liverpool
### BSc Programas de Ciencias de la Vida

El programa de enseñanza teórica de ciencias de la vida está organizado por el Colegio de Ciencias Biológicas, recientemente formado, y por el Departamento de Psicología de la Facultad de Ciencias, conjuntamente con temas de la Facultad de Medicina. El planteamiento interdisciplinario tiene el propósito de que sus licenciados sean versátiles, con conocimientos sobre numerosas técnicas. En los programas de licenciatura los estudiantes de todas las disciplinas reciben una base amplia y básica en el curso de base del primer año, y después se ofrece una selección de opciones en el segundo año y la especialización en el último año. Además de los cursos de tres años también se brindan licenciaturas aplicadas de cuatro años de duración que ofrecen a los estudiantes la oportunidad de obtener una experiencia en la indutria. También es posible estudiar licenciaturas separadas en ciencias biológicas y médicas, bioquímica, biología molecular, biología del medio ambiente, zoología, ciencias de las plantas, biología marina, genética, microbiología, fisiología y farmacología. *Detalles p370.*

## University of Luton
### Curso Internacional de Base (Ciencias, Tecnología y Diseño)

Este curso combina el estudio de la Lengua Inglesa con uno de los siguientes temas: ciencias, tecnología, informática o diseño. El propósito es desarrollar los conocimientos de comunicación en inglés, del indivíduo, al nivel requerido para entrar en un curso de licenciatura o un HND en la Universidad de Luton, además de proveer los conocimientos y técnicas necesarias en el tema elegido. Para matricularse en este curso debe satisfacer ciertos requisitos: la lengua materna del estudiante no debe ser el inglés, debe tener una cualificación apropiada para entrar en un programa de educación superior en el RU, y se limita la entrada a los mayores de 18 años. Para completar cada parte del curso, se deben pasar cuatro módulos principales que incluyen: lengua inglesa para estudios académicos, lengua inglesa contemporánea "A", lengua inglesa contemporánea "B" y tecnología de la información.

## University of Oxford
### Química

Con más de 70 académicos, Oxford no solo tiene el departamento de química mayor de Gran Bretaña sino el más grande del mundo occidental. El personal académico del departmaneto ha ganado varios premios Nobel, como Dorothy Hodgkin que ganó un Nobel por su trabajo en cristalografía. Margaret Thatcher también fué estudiante de química en Oxford. Además se han formado numerosas empresas importantes como resultado de la investigación a nivel de postgrado, como por ejemplo Oxford Molecular PLC. Los estudiantes de Oxford no tienen obligación de presentarse a los "tripos" en Ciencias Naturales (NatSci) como los de Cambridge, sino que pueden estudiar química solamente. Se trata de un curso de cuatro años de duración con exámenes al final del tercer año y un tema de investigación en le último año. *Detalles p394.*

## University of Plymouth
### Estudios Marítimos

Durante más de 130 años se ha enseñado e investigado el uso y los recursos de las aguas del mundo en el Instituto de Estudios Marinos, que se ha convertido en uno de los departamentos de enseñanza e investigación más grandes del RU, con más de 40 profesores, un número similar de investigadores y más de 700 estudiantes. Estos últimos son de todo el mundo, y reflejan el carácter global de la industria marina, que opera en todos los continentes y frecuentemente atraviesa fronteras. El instituto está actualmente desarrollando empresas colaborativas en el extranjero y tiene conexiones con agencias e instituciones internacionales. Hay 100 estudiantes en los programas teóricos de postgrado, y los programas de BSc (Hons) incluyen Ciencias Pesqueras, Hidrografía, Navegación Marina, Tecnología Marina, Empresa Marina, Ciencias de los Oceanos y Ciencias Submarinas. En el primer año los estudiantes obtienen conocimientos amplios de estudios marinos, antes de entrar en el programa más concreto en las últimas etapas del curso. Para más información consulte la página web de la institución en: www.science.plym.ac.uk. *Detalles p400.*

## Queen's University Belfast
### Física

John Bell, el del teorema de Bell, perteneció a Queen's; y en el área de investigación la tradición continúa con trabajos reconocidos en los campos de física de laser, materia condensada, astrofísica y física atómica. Los cursos de licenciatura de esta universidad incluyen física, física con astrofísica, física con ciencias naturales y física con matemáticas aplicadas. Es una universidad popular entre los estudiantes de licenciatura por su bajo costo de vida. *Detalles p402.*

## University of St Andrews
### Psicología

St Andrews ofrece un programa de psicología principalmente experimental, aunque recientemente se han aumentado los temas de salud y psicología social. Para los estudiantes de licenciatura, la diferencia principal entre esta y las otras instituciones es que ésta es parte del sistema escocés. Esto significa que el curso es de cuatro años de duración, y que no se hace la especialización en psicología hasta el final del segundo año. Entre los licenciados es más conocida por sus cursos de psicología cognitiva y neuropsicología, psicología evolucionaria y salud y psicología social. *Detalles p461.*

## University of Wales Institute, Cardiff
### BSc Ciencias Biomédicas

Este curso está diseñado para estudiantes que desean trabajar en ciencias biomédicas en hospitales, instituciones de investigación o la industria. Se trata de un curso de cuatro años que incluye un año de colocación clínica entre el segundo y el tercer año. El curso está organizado de manera modular. Los estudios principales de bioquímica, biología de células y molecular y fisiología son conducentes a cursos de ciencias médicas de laboratorio, farmacología y biotecnología. La evaluación de los estudiantes es contínua mediante exámenes, trabajos y proyectos. El departamento tiene una larga tradición de educar a los estudiantes internacionales, particularmente del suroeste de Asia y el Golfo Arabe. Un programa financiado por Erasmus ha establecido conexiones con varias instituciones en Francia, Dinamarca, Finlandia, Irlanda y Grecia. *Detalles p434.*

## Evaluaciones de Calidad de Enseñanza

### Biociencias (Gales) 1996/97

| | | | |
|---|---|---|---|
| Aberystwth | Excelente | Swansea | Excelente |
| Bangor | Excelente | Cardiff Institute | Excelente |
| Cardiff | Excelente | N.E.Wales Institute | Satisfactorio |

### Química (Inglaterra e Irlanda del N.) 1993/94

| | | | |
|---|---|---|---|
| Bristol | Excelente | Huddersfield | Satisfactorio |
| Cambridge | Excelente | Keele | Satisfactorio |
| Durham | Excelente | Kings College London | Satisfactorio |
| Hull | Excelente | Kingston | Satisfactorio |
| Imperial, London | Excelente | Leeds Metropolitan | Satisfactorio |
| Leeds | Excelente | Liverpool | Satisfactorio |
| Leicester | Excelente | Manchester | |
| Manchester | Excelente | Metropolitan | Satisfactorio |
| Nottingham | Excelente | North London | Satisfactorio |
| Nottingham Trent | Excelente | Portsmouth | Satisfactorio |
| Open University | Excelente | Reading | Satisfactorio |
| Oxford | Excelente | Salford | Satisfactorio |
| Southampton | Excelente | Staffordshire | Satisfactorio |
| Aston | Satisfactorio | Sunderland | Satisfactorio |
| Bath | Satisfactorio | Sussex | Satisfactorio |
| Birmingham | Satisfactorio | Teesside | Satisfactorio |
| De Montfort | Satisfactorio | UMIST | Satisfactorio |
| East Anglia | Satisfactorio | UCL, London | Satisfactorio |
| Essex | Satisfactorio | Warwick | Satisfactorio |
| Exeter | Satisfactorio | York | Satisfactorio |
| Greenwich | Satisfactorio | | |

### Química (Escocia) 1993/94

| | | | |
|---|---|---|---|
| Edinburgh | Excelente | Aberdeen | Muy Satisfactorio |
| Glasgow | Excelente | Abertay Dundee | Muy Satisfactorio |
| Glasgow Caledonian | Excelente | Heriot-Watt | Muy Satisfactorio |
| Robert Gordon | Excelente | Napier | Muy Satisfactorio |
| St Andrews | Excelente | Paisley | Muy Satisfactorio |
| Strathclyde | Excelente | Dundee | Satisfactorio |

### Química (Gales) 1993/94

| | | | |
|---|---|---|---|
| Bangor | Excelente | Swansea | Satisfactorio |
| Cardiff | Excelente | N.E. Wales Institute | Satisfactorio |
| Glamorgan | Satisfactorio | | |

### Tecnología de Materiales (Inglaterra e Irlanda del N.) 1996/97/98

| | | | |
|---|---|---|---|
| Oxford | 23 | Loughborough | 21 |
| Sheffield Hallam | 22 | Manchester with UMIST | 21 |
| Sheffield | 22 | Liverpool Community College | 20 |
| Exeter | 21 | | |

# Evaluaciones de Calidad de Enseñanza

| Queen Mary and | | Plymouth | 19 |
|---|---|---|---|
| Westfield, London | 20 | Southampton Institute | 19 |
| UMIST | 20 | Sandwell College | 17 |
| De Montfort | 19 | Staffordshire | 17 |
| North London | 19 | | |

## Biología de Organismos (Escocia) 1996/97

| Aberdeen | Excelente | St Andrews | Excelente |
|---|---|---|---|
| Dundee | Excelente | Napier | Muy Satisfactorio |
| Edinburgh | Excelente | Paisley | Muy Satisfactorio |
| Glasgow | Excelente | Stirling | Muy Satisfactorio |

## Física (Escocia) 1994

| Edinburgh | Excelente | | Satisfactorio |
|---|---|---|---|
| Glasgow | Excelente | Heriot-Watt | Muy |
| St Andrews | Excelente | | Satisfactorio |
| Strathclyde | Excelente | Robert Gordon | Muy |
| Dundee | Muy | | Satisfactorio |
| | Satisfactorio | Napier | Satisfactorio |
| Glasgow Caledonian | Muy | Paisley | Satisfactorio |

## Física (Gales) 1995/96

| Aberystwyth | Satisfactorio | **Physics and Astronomy** | |
|---|---|---|---|
| | | Cardiff | Satisfactorio |
| | | Swansea | Excellent |

## Psicología (Gales) 1995/96

| Bangor | Excelente | Swansea | Excelente |
|---|---|---|---|
| Cardiff | Excelente | Cardiff Institute | Excelente |

## Biología Celular y Molecular (Escocia) 1996/97

| Aberdeen | Excelente | Heriot-Watt | Muy |
|---|---|---|---|
| Dundee | Excelente | | Satisfactorio |
| Edinburgh | Excelente | Napier | Muy |
| Glasgow | Excelente | | Satisfactorio |
| St Andrews | Excelente | Paisley | Muy |
| Abertay Dundee | Muy | | Satisfactorio |
| | Satisfactorio | Stirling | Muy |
| Glasgow Caledonian | Muy | | Satisfactorio |
| | Satisfactorio | Strathclyde | Muy |
| | | | Satisfactorio |

*Fuente: HEFCE, SHEFC, HEFCW ultimas listas obtenidas*

*Para obtener una lista más completa de las instituciones que ofrecen estos cursos a nivel de licenciatura mire el directorio de cursos pp468-486*

CIENCIAS Y TECNOLOGIA

## Clasificación de Investigación

### Bioquímica

| | | | |
|---|---|---|---|
| Cambridge | 5* | Manchester | 5 |
| Dundee | 5* | Royal Free Hospital School | |
| Oxford | 5* | of Medicine | 5 |
| Birmingham | 5 | UCL, London | 5 |
| Bristol | 5 | Newcastle | 4 |
| Glasgow | 5 | Nottingham | 3a |
| London, Imperial | 5 | Edinburgh | 3b |
| Leeds | 5 | Liverpool John Moores | 2 |
| Leicester | 5 | Strathclyde | 2 |

### Ciencias Biológicas

| | | | |
|---|---|---|---|
| Cambridge (Genetica) | 5* | Nottingham (Ciencias de Vida) | 4 |
| Cambridge (Zoologia) | 5* | Oxford (Ciencia de Planta) | 4 |
| Institute of Cancer Research | 5* | Queen Mary and Westfield, | |
| Nottingham (Genetica) | 5* | London | 4 |
| Bath | 5 | Sheffield | 4 |
| Birkbeck, London | | Southampton | 4 |
| (Crystalografia) | 5 | St Andrews | 4 |
| Cambridge (Biotechnologia) | 5 | Aberdeen | 3a |
| East Anglia | 5 | Bangor | 3a |
| Edinburgh | 5 | Brunel | 3a |
| Glasgow (Genetica Molecular) | 5 | Cardiff | 3a |
| London, Imperial | 5 | Dundee | 3a |
| Leicester (Genetica) | 5 | Durham | 3a |
| Oxford (Zoologia) | 5 | Exeter | 3a |
| Sussex | 5 | Keele | 3a |
| UMIST | 5 | King's College | 3a |
| UCL, London | 5 | Open University | 3a |
| Warwick | 5 | Oxford Brookes | 3a |
| York | 5 | Portsmouth | 3a |
| Birmingham | 4 | Queen's, Belfast | 3a |
| Bristol | 4 | Reading | 3a |
| Cambridge (Ciencia de Plantas) | 4 | Stirling | 3a |
| Cranfield | 4 | Surrey | 3a |
| Essex | 4 | Swansea | 3a |
| Glasgow (Ecologia Funcional) | 4 | Central Lancashire | 3b |
| Glasgow (Infeccion e | | Hull | 3b |
| Inmunidad) | 4 | Liverpool John Moores | 3b |
| Insititute of Zoology | 4 | Millport | 3b |
| Kent | 4 | Nottingham Trent | 3b |
| Lancaster | 4 | Royal Holloway, London | 3b |
| Leeds | 4 | Salford | 3b |
| Leicester (Botanica and Zoologia) | 4 | Sunderland | 3b |
| Liverpool | 4 | UWE, Bristol | 3b |
| Manchester | 4 | Abertay Dundee | 2 |

## Clasificación de Investigación

| | | | |
|---|---|---|---|
| Aberystwyth | 2 | Westminster | 2 |
| Bath College | 2 | Chester College | 1 |
| Birkbeck, London (Biology) | 2 | Coventry | 1 |
| De Montfort | 2 | King Alfred's College | 1 |
| East London | 2 | Liverpool Hope | 1 |
| Luton | 2 | North London | 1 |
| Manchester Metropolitan | 2 | Staffordshire | 1 |
| Paisley | 2 | Wolverhampton | 1 |
| Plymouth | 2 | | |

## Química

| | | | |
|---|---|---|---|
| Cambridge | 5* | Salford | 3a |
| Oxford | 5* | Swansea | 3a |
| Birmingham | 5 | Warwick | 3a |
| Bristol | 5 | Aberdeen | 3b |
| Durham | 5 | University College of | |
| Edinburgh | 5 | North Wales | 3b |
| London, Imperial | 5 | Birkbeck, London | 3b |
| Leeds | 5 | De Montfort | 3b |
| Nottingham | 5 | North East Wales Institute | 3b |
| Southampton | 5 | Kent at Canterbury | 3b |
| Sussex | 5 | Open University | 3b |
| Bath | 4 | Queen Mary and Westfield, | |
| Exeter | 4 | London | 3b |
| Hull | 4 | Queen's, Belfast | 3b |
| Leicester | 4 | Surrey | 3b |
| Liverpool | 4 | Brunel | 2 |
| Manchester | 4 | Central Lancashire | 2 |
| Reading | 4 | Essex | 2 |
| Sheffield | 4 | Huddersfield | 2 |
| St Andrews | 4 | North London | 2 |
| Strathclyde | 4 | Northumbria at Newcastle | 2 |
| UMIST | 4 | Nottingham Trent | 2 |
| UCL, London | 4 | UWE, Bristol | 2 |
| York | 4 | Abertay Dundee | 1 |
| Cardiff | 3a | Coventry | 1 |
| East Anglia | 3a | Derby | 1 |
| Glasgow | 3a | Liverpool John Moores | 1 |
| Heriot-Watt | 3a | Manchester Metropolitan | 1 |
| Keele | 3a | Paisley | 1 |
| King's College | 3a | Staffordshire | 1 |
| Loughborough | 3a | Teesside | 1 |
| Newcastle | 3a | Wolverhampton | 1 |

## Metalurgia y Materiales

| | | | |
|---|---|---|---|
| UMIST, Materials and Corrosion | 5* | Birmingham | 5* |

# Clasificación de Investigación

| | | | |
|---|---|---|---|
| Cambridge | 5* | Bolton Institute | 3a |
| Liverpool | 5* | Coventry | 3a |
| Manchester | 5* | Leeds Metropolitan | 3a |
| Oxford | 5* | Manchester Metropolitan | 3a |
| Sheffield | 5* | Open University | 3a |
| Swansea | 5* | Sheffield Hallam | 3a |
| Imperial, London | 5 | Greenwich | 3a |
| Queen Mary and Westfield, | | Ulster | 3a |
| London | 5 | Kingston | 3b |
| Brunel | 4 | Napier | 3b |
| Loughborough | 4 | Nene College | 3b |
| UMIST, (Ciencia de Papel) | 4 | Scottish College of Textiles | 3b |
| UMIST, (Tejidos) | 4 | North London | 3b |
| Bath | 4 | Bournemouth | 2 |
| Leeds, (Materiales) | 4 | Buckinghamshire College | 2 |
| Leeds, (Tejidos) | 4 | Nottingham Trent | 2 |
| Nottingham | 4 | East London | 2 |
| Surrey | 4 | Huddersfield | 2 |
| Newman College | 3a | | |

## Física

| | | | |
|---|---|---|---|
| Cambridge | 5* | Newcastle | 4 |
| Oxford | 5* | Nottingham | 4 |
| Birmingham | 5 | Queen Mary and Westfield, | |
| Bristol | 5 | London | 4 |
| Durham | 5 | Reading | 4 |
| Edinburgh | 5 | Royal Holloway, London | 4 |
| Imperial College | 5 | Sheffield | 4 |
| Leeds | 5 | Southampton | 4 |
| Leicester | 5 | St Andrews | 4 |
| Liverpool | 5 | Strathclyde | 4 |
| Manchester | 5 | Surrey | 4 |
| Queen's, Belfast | 5 | Swansea | 4 |
| UCL, London | 5 | UMIST | 4 |
| Aberystwyth | 4 | Warwick | 4 |
| Armagh Observatory | 4 | York | 4 |
| Bath | 4 | Central Lancashire | 3a |
| Cardiff | 4 | Keele | 3a |
| East Anglia | 4 | Kent | 3a |
| Essex | 4 | Lancaster | 3a |
| Exeter | 4 | Loughborough | 3a |
| Glasgow | 4 | Salford | 3a |
| Heriot-Watt | 4 | Sussex | 3a |
| Hertfordshire | 4 | Birkbeck, London | 3b |
| King's College | 4 | Open University | 3b |
| Liverpool John Moores | 4 | Stirling | 3b |

# Clasificación de Investigación

| | | | |
|---|---|---|---|
| Brunel | 2 | Kingston | 1 |
| Manchester Metropolitan | 2 | North London | 1 |
| Staffordshire | 2 | Paisley | 1 |
| Brighton | 1 | | |

## Psicología

| | | | |
|---|---|---|---|
| Cambridge | 5* | Liverpool | 3a |
| Oxford | 5* | Loughborough | 3a |
| St Andrews | 5* | Plymouth | 3a |
| York | 5* | Queen's, Belfast | 3a |
| Bangor | 5 | Southampton | 3a |
| Birkbeck, London | 5 | Strathclyde | 3a |
| Bristol | 5 | Sussex | 3a |
| Cardiff | 5 | Central Lancashire | 3b |
| Reading | 5 | Glasgow Caledonian | 3b |
| Royal Holloway, London | 5 | Open University | 3b |
| Sheffield | 5 | Oxford Brookes | 3b |
| UCL, London | 5 | Portsmouth | 3b |
| Aberdeen | 4 | UMIST | 3b |
| Birmingham | 4 | Westminster | 3b |
| City, London | 4 | Manchester Metropolitan | 3b |
| Dundee | 4 | Abertay Dundee | 2 |
| Durham | 4 | Bolton | 2 |
| Essex | 4 | Coventry | 2 |
| Exeter | 4 | Derby | 2 |
| Glasgow | 4 | East London | 2 |
| Goldsmiths, London | 4 | Greenwich | 2 |
| Lancaster | 4 | Lincolnshire | 2 |
| Leeds | 4 | London Guildhall | 2 |
| Manchester | 4 | Luton | 2 |
| Newcastle | 4 | Northumbria | 2 |
| Nottingham | 4 | Nottingham Trent | 2 |
| Stirling | 4 | Paisley | 2 |
| Surrey | 4 | Roehampton | 2 |
| Swansea | 4 | Staffordshire | 2 |
| Warwick | 4 | Teesside | 2 |
| Brunel | 3a | Ulster | 2 |
| Edinburgh | 3a | Wolverhampton | 2 |
| Hertfordshire | 3a | King Alfred's | 1 |
| Hull | 3a | Liverpool Hope | 1 |
| Keele | 3a | Nene College | 1 |
| Kent | 3a | Thames Valley | 1 |
| Leicester | 3a | Worcester | 1 |

*Fuente: RAE 1996*

# Viajes, Turismo y Tiempo Libre

En los últimos 50 años, los británicos han experimentado un aumento en su tiempo libre y en sus ingresos disponibles. Al mismo tiempo también ha aumentado nuestra conciencia de aliviar el estrés y hacer ejercicio. Ambos factores han contribuído al "boom" de las industrias relacionadas con viajes, turismo y tiempo libre.

## TURISMO

El turismo es una industria mundial en crecimiento y muy competitiva y se ofrecen numerosos cursos que proporcionan las técnicas y los conocimientos necesarios para triunfar. Los cursos de turismo tienden a estar basados en la universidad, tienen tres o cuatro años de duración, y se abocan en la obtención de una licenciatura BA. Algunos cursos se enfocan en el aspecto de dirección de la industria y pueden estar relacionados con cursos de hostelería y catering. Otros están enfocados hacia el análisis de los aspectos sociológicos de la industria de turismo. También se ofrecen cursos que combinan los aspectos prácticos y teóricos. Una licenciatura general de BA en Turismo puede incluir el estudio de turismo y comunicación de masas, dirección, diversiones y acontecimientos, ley de viajes y turismo y marketing (mercadeo). También puede incluir el estudio de lenguas y una experiencia de trabajo en la indutria - por ejemplo, con lineas aéreas, hoteles, centros turísticos o el National Trust. También es posible hacer una especialización en un área de turismo en particular; en el BA de turismo de aventura se estudia canoismo, motañismo y primeros auxilios.

## VIAJES

Los temas de viajes se estudian normalmente en los colegios y escuelas privadas, más que en la universidad, ya que tienden a tener una orientación más vocacional. Se ofrecen cursos donde se estudian las técnicas necesarias para trabajar en varios sectores de la industria de viajes, como tarifas de vuelo y expedición de billetes, tripulación de vuelo y agencias de viajes, que se encuentran junto con cursos de lenguas en inglés e inglés comercial. Merece la pena averiguar si los cursos están acreditados por asociaciones como la Association of British Travel Agents (ABTA) o la International Air Travel Association (IATA) o por empresas reconocidas mundialmente como por ejemplo British Airways (BA) o GALILEO, que suministra los sistemas de reserva de las compañias aéreas más usados por los agentes de viajes.

## DEPORTES Y TIEMPO LIBRE

Recientemente el gobierno ha aumentado su promesa de mejorar la salud de la nación y actualmente es obligatoria la enseñanza de deportes a los niños, durante toda su educación en las escuelas británicas. Como consecuencia, se ofrecen varios cursos de formación práctica de profesionales para trabajar en las industrias del

privadas. Un GNVQ en estudios deportivos tiene uno o dos años de duración y puede preparar a los estudiantes para trabajos de supervisión o de dirección en centros y clubs deportivos.

## CURSOS ESPECIALIZADOS Y VOCACIONALES

### City of London College

Esta escuela privada, que fué establecida en 1979 y está situada cerca de el centro financiero de la capital - la City de Londres - se especializa en cursos de preparación de adultos a tiempo completo y parcial. Los cursos que se ofrecen pueden resultar en cualificaciones a nivel de masters en las universidades del RU, o directamente en puestos de trabajo profesionales. El colegio está acreditado por el British Accreditation Council.

El Diploma en Dirección de Viajes y Turismo facilita la preparación adecuada para empezar la profesión en la industria de viajes, o para los estudiantes que deseen aumentar sus conocimientos profesionales. En este curso también se estudia una gama amplia de temas de dirección comercial y tecnología de la información relacionados con las industrias de viajes y turismo.

El curso sigue un sistema modular y se pueden estudiar hasta cuatro módulos por trimestre. Para graduarse para trabajar en agencias de viajes aprobadas por IATA, los estudiantes deben obtener un total de 40 puntos. Los módulos del curso incluyen los Niveles 1 y 2 de IATA en tarifas de vuelos y pasajes, geografía de viajes mundiales, comunicación empresarial, marketing (mercadeo) y sistemas de

deporte, del tiempo libre y en la educación deportiva. Normalmente una licenciatura BSc se enfoca hacia la fisiología, anatomía y bioquímica del cuerpo humano y el efecto que sobre él pueden tener el deporte y el ejercicio. El curso puede incluir módulos en áreas como psicología deportiva, alimentación humana o biomecánica. También es posible combinarlo con educación para los que desean hacerse profesor de deportes. Como alternativa, los estudiantes se pueden especializar en áreas como la terápia deportiva, que incluye el estudio del cuerpo humano junto con una gama de terápias complementarias utilizadas en el tratamiento de lesiones deportivas.

Una licenciatura BA en dirección de tiempo libre y turismo internacional prepara a los estudiantes para trabajar como directores en los sectores de compañías de viajes, tiempo libre en autoridades locales o centros turísticos y puede incluir un año en el extranjero para perfeccionar sus técnicas linguísticas.

Dada la esencia vocacional de este curso, frecuentemente es posible estudiar estos temas, a nivel de no-licenciatura, en los colegios de educación superior y en las escuelas reserva computarizados.

El curso de diploma tiene una duración de tres trimestres y empieza en Enero, Abril y Septiembre de cada año. *Detalles p448*

## Greenwich School of Management

Este colegio independiente de estudios empresariales y dirección está situado cerca de Greenwich Park, en el sur de Londres. La cuarta parte de los estudiantes son internacionales, y por lo tanto el colegio está acostumbrado a organizar estancias con familias con familias locales. Muchos de los estudiantes están haciendo su primera licenciatura en el colegio o, aquellos que no poseen las cualificaciones tradicionales están matriculados en el curso de acceso.

El colegio también ofrece cursos de Lineas Aéreas y Agencias de Viajes que resultan en cualificaciones reconocidas por la IATA. Los cursos duran un semestre y empiezan en Enero, Junio y Septiembre.

Las instalaciones del colegio incluyen una biblioteca, una sala de ordenadores(computadores), una librería y un servicio eficaz de asesoramiento personal y académico. *Detalles p451*

## Hove College

La división especializada de viajes es un centro acreditado de formación práctica para British Airways, LCCI, City and Guilds, ABTA y Galileo. La industria de viajes ofrece oportunidades de empleo a personas de todas las edades, de modo que no existe un límite mínimo ni máximo de edad para presentar solicitudes a este curso. En el diploma internacional de viajes se estudian una gama de temas, entre los que están la geografía de viajes, formación práctica de tripulación de cabina, técnicas de servicio al consumidor, y formación práctica de mensajería con el extranjero. El curso es de 24 semanas de duración y cuesta £3.933. La formación práctica de reservas computarizadas Galileo incluye módulos sobre horarios y disponibilidad, tarifas, cambio de moneda y reserva de hoteles. Los precios varían entre £380 y £520 según si el estudiante hace un curso de 45 o 60 horas semanales. Hove College está a unos minutos andando del centro de la ciudad de Brighton, y está cerca de la estación principal de trenes de Hove. El colegio ofrece una gama de alojamientos desde casas compartidas hasta apartamentos de una habitación. (Vea también capítulo sobre Estudios Empresariales). *Detalles p452.*

## London City College

London City College ha operado desde 1982 y forma parte del Royal Waterloo Centre, un edificio de seis pisos donde están situadas las instalaciones del colegio, ubicado en Londres junto al Támesis y el complejo del South Bank. El colegio ofrece una gama de cursos desde Master of Business Administration (MBA) hasta cursos de lengua inglesa. Se ofrecen varios cursos de viajes y turismo, incluyendo un certificado en viajes y turismo, un diploma en dirección de viajes y turismo, tarifas y pasajes en niveles uno y dos y cursos de sistemas de reservas computarizadas Galileo. El diploma está diseñado para los estudiantes que deseen trabajar en puestos de dirección en cualquier área de la industria. El curso se puede tomar de Septiembre a Enero o de Enero a Junio, y se estudian áreas como dirección de operaciones de viajes y turismo, marketing (mercadeo), estudios de empresa comercial, contabilidad, un estudio de caso y el sistema de reservas

# 2 year BSc(Hons)Travel and Tourism Management in London

- University of Hull BSc (Hons) studied at Greenwich School of Management London
- 24 month duration
- Choice of starting dates; February, October and June
- 9 month Access course to BSc (Hons) also available

**Greenwich School of Management**
**Meridian House**
**Royal Hill, London SE10 8RT**

**Tel: +44 (0)181-516 7800**

e-mail: registry@greenwich-college.ac.uk
http://www.greenwich-college.ac.uk

*The University of Hull and*
*Greenwich School of Management*

---

## Cursos Diploma
## en Viajes y Turismo

### COMIENZO: : septiembre, enero, abrilbrii

LCIBS: El colegio de entrenamiento de carrera lider de Londres
para los estudiantes internacionales, especializado en

- Dirección Internacional de Turismo **(45 semanas)**
- Viajes y Turismo **(30 semanas)**
- Estudios de Turismo - Certificado **(15 semanas)**

SISTEMA DE RESERVAS IATA Y COMPUTERIZADO CON
ENTRENAMIENTO EN COMUNICACIONES PROFESIONALES
EN INGLÉS INCLUIDO

London College of International Business Studies
14 Southampton Place   LONDON   WC1A 2AJ
☎ +44 171 242-1004  Fax + 44 171 242-1005
e-mail  lcibs@compuserve.com

computarizadas Galileo. Los precios de los cursos van desde £1.800 a £2.050. También se puede estudiar el sistema Galileo como curso separado, y cubre áreas como disponibilidad de vuelos, alquiler de automóviles y producción de pasajes. El curso de seis semanas a tiempo parcial cuesta £345. (Vea también los capítulos sobre Estudios Empresariales y Contabilidad). *Detalles p455.*

## The Spectrum Group

Spectrum trabaja con más de 20 colegios del gobierno y privados acreditados en Londres y en otras partes de Inglaterra. Todos ofrecen buenas instalaciones de estudio para estudiantes internacionales, con clases pequeñas y un programa deportivo y social variado. La gama de alojamiento disponible es desde hostal hasta estancias con familias. Estos colegios ofrecen cursos de diplomas básicos, intermedios y avanzados además de Higher National Diploma (HND) y cursos de licenciatura en viajes y turismo, tiempo libre, estudios deportivos y dirección de turismo/tiempo libre. Estos tienen uno, dos o tres años de duración y se obtienen cualificaciones reconocidas mundialmente. Los precios varían desde £3.400 hasta £4.000 al año para los cursos de diploma ; desde £5.700 hasta £6.700 al año para los HND o licenciaturas; también se ofrecen numerosos cursos cortos intensivos de preparación de exámenes específicos como ABTAC 1 y 2, Tarifas y pasajes IATA y Sistemas de Reservas Computarizadas Galileo. *Detalles p463.*

# CURSOS DE LICENCIATURA

## Birmingham College of Food and Tourism
### BA (Hons) Dirección Empresarial de Turismo

El turismo es un sector amplio y con rápida expansión en muchas economías mundiales, y los programas

## Evaluación de Calidad de Enseñanza

### Estudios de Hostelería (Escocia) 1995

| | | | |
|---|---|---|---|
| Dundee | Muy Satisfactorio | Strathclyde | Muy Satisfactorio |
| Napier | Muy Satisfactorio | Glasgow Caledonian | Satisfactorio |
| | | Robert Gordon | Satisfactorio |
| Queen Margaret College | Muy Satisfactorio | | |

### Hotel, Turismo y Tiempo Libre (Gales) 1996/97

| | |
|---|---|
| Cardiff Institute | Satisfactorio |

### Ciencias Deportivas (Gales) 1996/97

| | |
|---|---|
| Cardiff Institute | Satisfactorio |

*Fuente: SHEFC últimas clasificaciones obtenidas*

*Para obtener una lista más completa de las instituciones que ofrecen estos cursos a nivel de licenciatura mire el directorio de cursos pp468-486*

Foto por cortesía de *University of Aberdeen*

de Birmingham College of Food and Tourism tienen el propósito de examinar esta industria desde una perspectiva empresarial. El curso explora las cuestiones contemporáneas que afectan el futuro del turismo y los estudiantes deben realizar trabajos relacionados con la industria. Esta es esencialmente una licenciatura de estudios empresariales, y muchos de los módulos tratan de la empresa y dirección de actividades turísticas. Sin embargo también existen oportunidades de estudios de lenguas (español, alemán, holandés, italiano y mandarín) y algunos elementos se pueden estudiar en el extranjero en España, Holanda, Finlandia o Irlanda como parte de un proyecto subvencionado por la Unión Europea. Además se organizan visitas residenciales ,- por ejemplo, al Mediterrraneo o al Norte de Africa. El colegio también ofrece licenciaturas BA (Hons) en turismo de aventuras, hostelería y turismo, dirección de turismo y dirección de tiempo libre. Los programas de HND que pueden estudiarse comprenden dirección de

parques de atracciones y dirección del tiempo libre. Los estudiantes internacionales también reciben ayuda con la lengua inglesa. *Detalles p338*

## University of Bournemouth
### HND Turismo y Estudios Empresariales

Los métodos de enseñanza y aprendizaje de este curso animan a los estudiantes a participar y enfocarse hacia problemas prácticos, con énfasis en el desarrollo de técnicas de comercio comunes que se pueden transferir entre disciplinas diferentes. Los módulos del curso incluyen turismo mundial sostenible, dirección de hostelería y marketing (mercadeo) de turismo. Los estudiantes con un buen HND pueden aspirar a una licenciatura de BA (Hons) en Estudios de Turismo después de completar una tesina. Los cursos realizados en el campo y las visitas son un elemento esencial del programa de licenciatura. En el primer año se organiza una visita de cinco días de duración a un área del RU, y en el segundo año, una visita de siete días de duración a un área fuera del RU. El centro ha sido designado específicamente para la investigación del turismo mundial. *Detalles p340.*

## University of Northumbria
### MSc Dirección de Deportes

Este programa se enfoca hacia la dirección de las organizaciones e instalaciones deportivas. El deporte se trata como una industria progresiva que requiere un alto nivel de técnicas de dirección. Los dirigentes del curso tienen numerosos contactos internacionales, y los estudiantes han conseguido trabajos en el Comité Olímpico Internacional, los juegos de la Commonwealth, Adidas y el Club de Futbol de Newcastle United. Las unidades de estudio incluyen: dirección de deportes comparativa, diseño de investigación, desarrollo del deporte, dirección de acontecimientos/proyectos deportivos, dirección de instalaciones deportivas, marketing (mercadeo) deportivo, dirección de rendimiento deportivo y dirección europea de deportes. Los estudiantes tienen la opción de completar el curso con un enfoque europeo y tiene la posibilidad de estudiar parte del curso en una universidad europea. *Detalles p388*

## Oxford Brookes University
### Escuela de Empresariales

Oxford Brookes ha ofrecido cursos en turismo en los últimos 10 años y aproximadamente el 30% de sus estudiantes son extranjeros. Los cursos incluyen un MBA en Dirección de Turismo y Dirección Internacional (turismo), para los estudiantes que quieren convertir su diploma en una licenciatura, y una licenciatura combinada de tres o cuatro años de duración (depende si el estudiante elige el año adicional de experiencia de trabajo en la industria, en el RU o en el extranjero) en estudios empresariales y turismo. El énfasis de los cursos se dirige a colocar al turismo en un contexto comercial, y utiliza estudios de casos de todo el mundo. Brookes tiene el propósito de ayudar a sus estudiantes a colocarse en trabajos de dirección en sus países. La universidad también es el hogar de OCTALS, el Centro de Turismo y Estudios de Tiempo Libre de Oxford, que es una consultoría de turismo y tiempo libre que ofrece experiencias de trabajo a los estudiantes de turismo y dirección de hoteles. *Detalles p392.*

## University College of Ripon and York St. John
### BA (Hons) Dirección de Tiempo Libre y Turismo.

Se trata de un curso para futuros directores de las industrias de turismo y tiempo libre. El énfasis se dirige a la adquisición de conocimientos teóricos de estudios empresariales y de técnicas prácticas en la dirección de personas y recursos. El curriculum cubre disciplinas de dirección como marketing (mercadeo), económia, contabilidad financiera, organización de comportamiento y sistemas de información, y explora estos temas en relación a las organizaciones de las indutrias de tiempo libre y turismo. El curso incluye una experiencia de trabajo industrial de ocho semanas de duración y un trabajo importante de investigación. *Detalles p408.*

## Thames Valley University
### MA Turismo, Hostelería y Tiempo Libre

La hostelería, el turismo y el tiempo libre, forman parte de una industria mundial que ofrece oportunidades de empleo a los postgraduados con una personalidad orientada hacia el consumidor. El colegio de Turismo, Hostelería y Tiempo Libre está situado en el Oeste de Londres, y se ha dedicado a la enseñanza desde hace 50 años. Los programas interrelacionados de MA en dirección de hostelería, tiempo libre y turismo, ofrecen estudios apropiados asociados con su respectiva industria especializada, y tienen el prósito de proveer información sobre las carreras disponibles. El colegio tiene conexiones con la industria y los estudiantes realizan una experiencia práctica como parte del curso. Actualmente el 60% de los estudiantes del curso son internacionales. Los requisitos de admisión son una primera licenciatura o su equivalente en una disciplina que no esté relacionada con la especialización elegida. Otros cursos que se ofrecen en el colegio incluyen una licenciatura MA en Política de Alimentación y HNDs en Dirección de Viajes y Turismo, Dirección de Tiempo Libre, Hostelería y Turismo. *Detalles p430*

## West London College

West London College se mudó a su nuevo local moderno en el corazón del West End de Londres, a solo unos minutos de la estación de Bond Street, en 1997 (había ocupado su edificio previo desde la década de los 30). El colegio está acreditado por la BAC como colegio de estudios empresariales y atrae más de 1.000 estudiantes cada año que vienen de más de 100 países a estudiar estudios empresariales, dirección de hoteles, viajes y turismo, ciencias de informática e inglés (vea capítulos sobre Estudios Empresariales, Hostelería y Catering).

El departamento de viajes y

turismo ofrece una gama de cursos de tiempo parcial que incluyen: Tarifas y pasajes de British Airways, que se puede estudiar por la noche o los fines de semana durante todo el año; programas de un año a tiempo completo de dirección de agencias de viajes y operación de tours, que empiezan en enero, junio y septiembre; programas de verano intensivos, de seis semanas de duración sobre tarifas y pasajes de British Airways; y los Sistemas de Reservas Computarizados Galileo que empiezan en junio, julio y agosto. El colegio ofrece un servicio de asesoramiento a los jovenes interesados en trabajar en la industria de viajes, y tiene un departamento de asistencia social que puede ofrecer alojamiento tipo hostal. Los estudiantes internacionales son bienvenidos y el colegio puede ofrecer asistencia con las prolongaciones de sus visados, si es necesario. *Detalles p466*

## Westminster University
### BA (Hons) Turismo y Planificación

El curso es muy flexible, con tres temas principales: industria de turismo e impactos, planificación y dirección de turismo, y comercio y dirección de turismo. Los estudiantes pueden seleccionar módulos opcionales, lo que les permite especializarse en un área de interés particular, como por ejemplo turismo, idiomas, estudios empresariales y dirección o desarrollo y planificación. Además de las asignaturas que se estudian en el curso de licenciatura, se anima a los estudiantes a desarrollar sus técnicas escritas y orales de presentación y sus técnicas en informática. Los estudiantes pueden trabajar en una industria relacionada con el turismo en el último año de sus estudios. *Detalles p440*

# Medicina Veterinaria

Si le encantan los animales, tiene un A Level en química, y le fascina la medicina, entonces puede que la medicina veterinaria sea la licenciatura ideal para Vd. Sin embargo esta combinación solamente no asegurará su cupo en uno de los seis colegios y facultades de veterinaría del RU, para los cuales existe gran competencia. Además de ser uno de los cursos de licenciatura más difíciles de conseguir una plaza en el RU, la medicina veterinaria es probablemente la más cara - aproximadamente £13.500 al año - todavía más cara que las licenciaturas de medicina.

Aquellos que estén considerando estudiar medicina veterinaria en el RU requerirán resultados excelentes en las asignaturas de ciencias: el requisito habitual es de tres notas A en los A Levels. Es casi seguro que los estudiantes que hayan tenido que repetir los A Levels seán rechazados sin tener en cuenta las notas finales obtenidas. También cuenta el que los candidatos tengan experiencia de tratar con animales antes de hacer su solicitud.

La licenciatura en ciencias veterinarias (BVSc), como las de medicina y odontología, es intensiva - se trabaja de 9am a 5pm, como mínimo, todos los días - y muy larga - cinco años en la mayoría de las universidades. Además también tendrá que trabajar durante las vacaciones, con cirujanos veterinarios licenciados, un total de 38 semanas de trabajo sin cobrar durante toda la licenciatura. Los cursos también tienen una estructura similar a los de medicina y odontología. En los primeros dos o tres años, (depende de como lo divida la universidad) pre-clínicos, los estudiantes estudian una base general y tópicos como células, anatomía, patología, genética y cría de ganado. Los dos últimos años, que son clínicos, incluyen la continuación de los estudios con prácticas clínicas.

Lo que distingue los cursos de medicina veterinaria en el RU de otros países, es que en el RU los estudiantes no se especializan pronto en el curso. La ventaja de este método es que, en general, los licenciados en el RU encuentran empleo más fácilmente que aquellos de otros países. Al graduarse, los estudiantes se hacen socios del Royal College of Veterinary Surgeons (RCVS). Esto también da derecho a los licenciados de practicar en los países de la antigua Commonwealth o en toda la UE. Pero dondequiera que esté, una vez obtenida su cualificación, tendrá que tener una dedicación increíble a su carrera elegida; los veterinarios tienen que estar disponibles 24 horas al día, y tienen la obligación de tratar las urgencias de todas las especies.

## CURSOS DE LICENCIATURA

### University of Bristol
#### Clínica

El Departamento de Ciencias Veterinarias de Bristol consiste en cuatro divisiones: salud de la ganadería, animales de compañía, ciencia de alimentación de animales, y biología molecular y de células. También, parte del Departamento de Patología e

Inmunología de la universidad está dedicado a la Patología Veterinaria. El curso de licenciatura dura cinco años y se obtiene un título de Bachelor of Veterinary Science (BVSc). Los estudiantes de la licenciatura pasan un día a la semana en el Clinical Veterinary School en Langford, y el resto del tiempo en el recientemente abierto School of Veterinary Science, el School of Medical Sciences y el School of Biological Sciences. El departamento también ofrece varios programas activos de investigación. Una de las ventajas de estudiar Ciencias Veterinarias en Bristol es que hay un zoológico a las afueras de la ciudad. *Detalles p344*

## University of Cambridge
### Medicina Veterinaria

El Departamento de Medicina Veterinaria Clínica ofrece un curso de licenciatura de seis años. En los tres primeros años se estudian ciencias preclínicas con las que se obtiene una licenciatura BA. La segunda parte del curso se concentra en instrucción clínica y se obtiene la titulación superior de VetMB. Los temas preclínicos se estudian como parte de los "tripos" en ciencias médicas y veterinarias y coinciden en gran manera con los estudios de medicina a nivel preclínico. Como parte de su enseñanza clínica, los estudiantes deben completar 12 semanas de prácticas en una granja y un mínimo de 26 semanas de "práctica visual" con un cirujano veterinario titulado en el RU. Los estudiantes en su último año tienen la oportunidad de trabajar en el Queen's Veterinary School Hospital - el único hospital veterinario universitario aprobado por el RCVS - y también se benefician de la proximidad de la Granja de la Universidad de Cambridge. *Detalles p346.*

## University of Edinburgh
### Medicina Veterinaria

Hay quienes consideran a Edimburgo como la cuna de la medicina veterinaria. La facultad consiste de cuatro departamentos, que están situados en dos locales en Edimburgo y en el Veterinary Field Station a las afueras de la ciudad. Además del curso de cinco años de licenciatura veterinaria, existe también una activa comunidad veterinaria de postgraduados en Edimburgo. La ciudad tiene un zoológico donde van los estudiantes de veterinaria a estudiar animales exóticos. *Detalles p450*

## University of Glasgow
### Medicina Veterinaria

El BVMS ofrecido en Glasgow es único en el RU, ya que el curso entero se enseña en un solo campus. Despues de la parte preclínica del curso, el énfasis pasa a las prácticas clínicas . En el último año no hay clases formales en aula y los estudiantes participan en el trabajo del hospital veterinario. También ganan experiencia en un dispensario público para animales enfermos y pasan dos semanas en la consulta Veterinaria Universitaria en Lanark. La facultad de Glasgow tiene una fama internacional en investigación

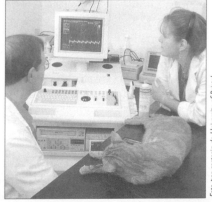

Foto por cortesía de University of Bristol

y atrae más colaboradores que cualquier otro colegio veterinario del país. *Detalles p360.*

## University of Liverpool
### Facultad de Ciencias Veterinarias

La Universidad de Liverpool concedió su primera licenciatura veterinaria en 1950. Su Facultad de Ciencias Veterinarias incorpora tres departamentos: ciencias veterinarias preclínicas, patología veterinaria, y ciencias clínicas veterinarias y cría de ganados; y además ofrece un BVSc de cinco años de duración. Hay que realizar una estancia en el Hospital Veterinario de Enseñanza en Leahurst, que incluye una temporada "viviendo" allí, también se requiere que los estudiantes participen en la rotación de servicio nocturno del Hospital para Animales Pequeños de Liverpool. Además del trabajo con veterinarios profesionales, se realizan en vacaciones diferentes trabajos en establos, perreras y granjas durante la primera parte del curso y en un matadero en el cuarto año. La universidad sugiere que los estudiantes tengan un año sabático para conseguir la experiencia necesaria antes de efectuar su solicitud al curso. *Detalles p370.*

## Royal Veterinary College
### Medicina Veterinaria

El Colegio Veterinario, predecesor del colegio actual, se fundó en 1791 y estableció la profesion veterinaria en este país. El colegio está situado en dos centros, uno en Camden y otro en Hertfordshire y está organizado en cuatro departamentos académicos: Ciencias Básicas Veterinarias, Patología y Enfermedades Contagiosas, Animales de Granja, y Medicina y Cirugía Equina. Los primeros dos años del curso están basados en Camden a fácil alcance del Zoológico de Londres y el Hospital Beaumont de Animales. La enseñanza clínica se lleva a cabo en el campus de Hawkshead que tiene 230 hectáreas, y en la granja del colegio, Bolton's Park. Hay 50 estudiantes internacionales estudiando el curso de BVetMed en el RVC. Además el colegio ofrece varios cursos de MSc y un curso de enfermería ve-terinaria. *Detalles p461.*

## Evaluación de Calidad de Enseñanza
### Medicina Veterinaria (Escocia) 1996

| Edinburgh | Excelente | Glasgow | Excelente |
|-----------|-----------|---------|-----------|

*Fuente: HEFCE, SHEFC, HEFCW ultimas listas disponibles*

*Para obtener una lista más completa de las instituciones que ofrecen estos cursos a nivel de licenciatura mire el directorio de cursos pp468-486*

## Clasificación de Investigación
### Ciencias Veterinarias

| Bristol | 4 | Glasgow | 4 |
|---------|---|---------|---|
| Cambridge | 4 | Liverpool Royal Veterinary College | 4 |
| Edinburgh | 4 | | |

*Fuente: RAE 1996*

MEDICINA VETERINARIA

# Un Centro Mundial para el Estudio de la Educación

El Institute of Education es un colegio para licenciados de la Universidad de Londres, y es un centro mundial para el estudio de la educación. Nuestra fama internacional atrae cada año a estudiantes de más de 80 países.

La provisión de licenciaturas de investigación conducentes a los títulos de MPhil, PhD o EdD en el Instituto es la mejor. También se ofrece una selección inbatible de cursos conducentes a licenciaturas Master, Diplomas Avanzados y Premios de Asociación.

EL INSTITUTO está orgulloso de su excelente biblioteca que contiene la mayor colección de libros y periódicos sobre la educación en Gran Bretaña. Se ofrece una gama de instalaciones de informática que incluye un servicio de apoyo de plena dedicación para los estudiantes de doctorado y también se ofrece apoyo antes y durante la sesión en lengua inglesa a nuestros estudiantes internacionales.

El instituto está situado en el corazón del atractivo distrito de Bloomsbury en el centro de Londres y está cerca de sus propias residencias además de las importantes atracciones culturales de la capital.

Las numerosas estaciones de metro cercanas facilitan viajes rápidos y fáciles por la zona de Londres.

PARA MÁS INFORMACIÓN SOBRE LOS PROGRAMAS DE ESTUDIO O CUALQUIER OTRO ASPECTO DE NUESTRAS ACTIVIDADES, PÓNGASE EN CONTACTO CON:

**THE REGISTRY, INSTITUTE OF EDUCATION**
**20 Bedford Way, Londres WC1H 0AL**

*Teléfono*: 0171 612 6104
*Fax*: 0171 612 6097
*Email*: enquiries@ioe.ac.uk

*En busqueda de la Excelencia en la Educación*

**INSTITUTE OF EDUCATION**
UNIVERSITY OF LONDON

EDUCACIÓN

# Universidades y Colegios

Esta sección contiene detalles de una selección de universidades y colegios de Gran Bretaña seguido por una lista con direcciones de todas las instituciones de UCAS y de algunos colegios especializados y privados en el R.U. Gran parte de la información ha sido facilitada por las mismas instituciones y,, se dirije principalmente a los estudiantes del extranjero. En los casos en que la universidad o colegio tiene un perfil que cubre dos páginas, la información figura en forma estándar para facilitar las referencias, lo que se explica en la página siguiente.

Los estudiantes ya graduados pueden dirigirse bien a la oficina de admisiones o contactar con la universidad o departamento de colegio directamente. Una buena forma de obtener detalles para estos contactos es visitar la página web de la universidad o colegio.

Dado que gran parte de la información ha sido facilitada por las universidades o colegios, que lógicamente tienen interés en presentarse bajo la mejor luz posible, deberá cerciorarse de la exactitud de sus declaraciones. Siempre es bueno pedir un folleto antes de tomar su decisión final y, si es posible, visitar y cerciorarse de que la universidad o colegio tiene la atmósfera que usted está buscando. La visita es también una buena idea para buscar alojamiento.

Si no puede efectuar una visita, podría intentar pedir a algún amigo que lo haga en su lugar. Y si esto es imposible, valdría la pena llegar unos cuantos días o una semana antes de que comience el curso, ya que la mayoría de las universidades ofrecen semanas de orientación para estudiantes internacionales, lo que podría ayudarle a instalarse. También significa que tendrá la oportunidad de resolver cualquier problema que pueda surgir antes de que comience su curso (si por ejemplo quiere cambiar de alojamiento).

Sobre todo, On Course quisiera que les informase de sus experiencias, así que por favor escríbanos, tanto si son buenas, como malas o indiferentes - intentaremos incluir sus experiencias en una futura guía, de forma que puedan beneficiar a otros estudiantes. Las mejores cartas recibirán una copia de la próxima edición o de cualquier otra Guía de On Course, si lo prefiere.

Todas las universidades tienen ya oficinas internacionales para tratar las necesidades particulares de los estudiantes extranjeros. Por esta razón, los detalles de contactos que se dan a continuación (números de teléfono, de fax, direcciones de email, etc.) son generalmente los de las oficinas internacionales. Para más información sobre códigos telefónicos internacionales, ver Uso de la Guía. (flecha hacia abajo)

El número de estudiantes comprende tanto los no graduados como los postgraduados y va seguido del número de postgraduados, si la institución ofrece estos cursos, y el número de estudiantes internacionales incluyendo generalmente los de los países de la Unión Europea.

Todas las direcciones de web que se mencionan omiten el prefijo http://.

Los requisitos de admisión se incluyen como guía aproximada únicamente y las calificaciones requeridas varían según la materia solicitada. Las universidades valoran las solicitudes individualmente y pueden recibir con gusto preguntas de estudiantes que tengan cualificaciones y experiencia menos usuales.

Los requisitos EFL se refieren a las distintas calificaciones que se pueden obtener en Inglés como Lengua Extranjera. Solamente se menciona el grado mínimo y puede que necesite un nivel más alto de Inglés para algunas materias como Literatura inglesa, derecho o medicina, lo cual deberá consultar con la universidad.

Escriba a: Mrs. L, Manders, Student Recruitment Services, University of Aberdeen, Regent Walk, Aberdeen AB24 3FX.

Tel: 01224 272 090/272 091

Fax: 01224 272 576

Email: intoff@admin.abdn.ac.uk

PaginaWeb: www.abdn.ac.uk

Alumnos: 11.020 en 1988/9 (1.696 postgraduados, 13% internacionales de 93 países; 50:50 hombre:mujer

Alojamiento: separado por sexos, casados/familia, para vacaciones. Residencias universitarias £40-56 por semana sin comidas o £69-80 con comidas; habitación en la ciudad £30-45 por semana.

Requisitos de admisión: en general Bs, Cs y Ds en dos o tres A levels o equivalente (BCC para letras, BC/CCD para ciencias; CC para ingeniería, CCD para economía agraria); Nota de Bachillerato Internacional: 24-30 puntos.
EFL: TOEFL 550, IELTS 6.0.

Curso Base: el Departamento de Ingeniería tiene un curso base de "Computer Programming for Engineers".

Costo de las matrículas: cursos de clases £6.660 al año, cursos de laboratorio £8.820 al año, medicina clínica £16.180 al año.

El alojamiento abarca los tipos de residencia disponibles en la universidad o colegio incluyendo, si es posible, la estancia en pisos o habitaciones para parejas casadas o familias o habitaciones para un solo sexo. Cuando dice un solo sexo se entiende generalmente que es solamente mujeres y puede incluir casos en que las mujeres y los hombres ocupan pisos diferentes en un mismo edificio de residencia. Esta sección indica si los estudiantes pueden quedarse en sus habitaciones durante las vacaciones y si hay un cargo extra sobre la tarifa normal. También indica si existe la posibilidad de almacenar equipajes. Los precios de las residencias universitarias/de colegios/institutos generalmente comprenden gastos de calefacción, agua, electricidad y limpieza. Los precios de las habitaciones en la ciudad generalmente excluyen todos los gastos adicionales.

Todos los precios de alojamiento y honorarios son los que nos han facilitado las instituciones al tiempo de la publicación y debe tener en cuenta que pueden cambiar.

Hay cursos base disponibles en muchas universidades y tienen por objeto preparar a los alumnos para obtener el nivel de admisión requerido para un curso universitario. Esta sección comprende las asignaturas específicas disponibles junto con técnicas de estudio y clases de lengua inglesa. Si se terminan con éxito, algunos cursos garantizan a los estudiantes un puesto en un programa de licenciatura en la universidad. Para más información consulte el capítulo de Sistema de Educación Británico y contacte con la oficina internacional.

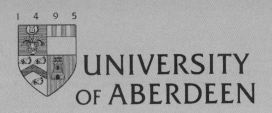

# UNIVERSITY
## OF ABERDEEN

**Escriba a:** Mrs. L. Manders, Student Recruitment Services, University of Aberdeen, Regent Walk, Aberdeen AB24 3FX

**Tel:** 01224 272 090/272 091

**Fax:** 01224 272 576

**Email:** intoff@admin.abdn.ac.uk

**Website:** www.abdn.ac.uk

**Alumnos:** 11.020 en 1998/9 (1.696 posgraduados, 13% internacionales de 93 países; 50:50 hombre:mujer

Alojamiento: separado por sexos, casados/familia, para vacaciones, Residencias universitarias £40-56 por semana sin comidas o £69-80 con comidas; habitación en la ciudad £30-45 por semana.

**Requisitos de admisión:** en general Bs, Cs y Ds en dos o tres A levels o equivalente (BCC para letras, BC/CCD para ciencias; CC para ingeniería, CCD para economía agraria); Nota de Bachillerato Internacional: 24-30 puntos.

EFL: IELTS 6.0, TOEFL 550.

**Curso Base:** el Departamento de Ingeniería tiene un curso base de

*Estudiantes en Aberdeen*

"Computer Programming for Engineers".

**Costo de las matrículas:** cursos de clases £6.660 al año, cursos de laboratorio £8.820 al año, medicina clínica £16.180 al año.

Fundada en 1495 con el nombre de Kings College en la ciudad más antigua de Old Aberdeen, por el Obispo de Aberdeen, la universidad es la tercera institución escocesa (por antig.edad). Tiene la cátedra de medicina más antigua de habla inglesa, fundada en 1497. La segunda universidad de Aberdeen se estableció en el corazón de la Nueva Ciudad en 1593. Ambas universidades se unieron en 1858 en virtud de la Ley de Universidades (Escocia), y se conocen como Universidad de Aberdeen desde 1860. Está reconocida tanto por su fundación histórica y antiguos edificios como por su investigación innovadora y modernas instalaciones. Se han concedido cuatro Premios Nobel a investigadores de la universidad - uno de ellos en reconocimientio del invento de la insulina. Conocida también como la Ciudad de Granito, debido a su cantera y elegante arquitectura de granito, Aberdeen está situada en la costa y rodeada de tierras de cultivo, playas y escarpados montes. Es una ciudad animada y próspera, con una economía diversa que comprende turismo, comercio, pesca y agricultura y una red internacional de energía para el Mar del Norte.

En las evaluaciones de enseñanza más recientes, las siguientes asignaturas obtuvieron la calificación de Excelente: medicina; biología celular y molecular; biología de organismos, y Lenguas Europeas. Los cursos más populares entre los estudiantes internacionales son ingeniería, ciencias medio ambientales/ biológicas y economía agraria en cuanto a cursos universitarios, y ciencias médicas, ciencias biológicas, estudios religiosos, derecho e ingeniería para postgraduados. Aberdeen también obtuvo calificaciones muy elevadas en una amplia gama de asignaturas en la evaluación de investigación de 1996. Comparadas con las evaluaciones de 1992, Aberdeen dobló el número anterior de 4 menciones (agricultura, informática, divinidad, económia, educación, silvicultura, francés, economía agraria, políticas y psicología). Los departamentos de derecho y español por otra parte obtuvieron la calificación 5 - el único departamento de derecho que obtuvo dicha calificación en Escocia en 1996.

El centro de la ciudad de Aberdeen tiene varias zonas comerciales, numerosos restaurantes, bares, pubs y clubs, con tanta actividad por la noche como durante el día. La ciudad también ofrece representaciones de compañías internacionales de ballet, teatro y ópera. El consejo representativo de estudiantes tiene un oficial internacional para estudiantes y existen muchas asociaciones de estudiantes. La universidad alberga una comunidad multicultural de estudiantes y dispone de instalaciones para la oración y reuniones para católicos, quáqueros, ortodoxos griegos, musulmanes, mormones, judíos y congregacionistas.

Se ofrece a los estudiantes internacionales un curso de lengua inglesa antes de comenzar el curso, de cinco semanas de duración, sin costo, durante las vacaciones de verano, además de enseñanza de lengua inglesa libre durante el trimestre. La universidad puede también organizar la recogida de aeropuertos o trenes. La semana de orientación para nuevos estudiantes, que tiene lugar en Septiembre, se suplementa con un programa de eventos especiales para estudiantes internacionales. Los estudiantes que tengan dificultades financieras pueden solicitar numerosas becas, algunas específicamente para investigación o para estudiantes de ciertas nacionalidades. También existe ayuda financiera y un fondo para emergencias disponible durante el año académico.

**Historia de un estudiante**

La investigación ha sido siempre una opción en mis estudios en la que he estado interesada, pero no existen muchas oportunidades en mi país para hacer proyectos como investigadora. Sin embargo, se me dió la oportunidad de trabajar dentro de la investigación, tanto en el laboratorio como sobre el terreno, en Wageningen - Holanda. Tuve la plena seguridad de lo que quería para mi futuro. Aunque mi carrera universitaria dura 5 años, aún tengo que hacer otros cursos de postgrado para poder trabajar en proyectos de investigación. Así que decidí solicitar admisión en el curso de Msc de Animal Production en la Universidad de Aberdeen. He disfrutado del curso que me ha facilitado una noción práctica diferente sobre las Ciencias de la Agricultura y los Animales.

*Patricia da Fonseca Nunes Da Silva, Sri Lanka*

**Escriba a:** Jan Sutton, International Office, East Road, Cambridge CB1 1PT

**Tel:** 01245 493 131

**Fax:** 01245 348 772

**Email:** international@anglia.ac.uk

**Website:** www.anglia.ac.uk

**Alumnos:** 13.000 en 1998 (2.000 posgraduados, 1.200 internacionales de más de 90 países); 66:33 hombre:mujer

**Alojamiento::**separado por sexos, casados/familia, para vacaciones. Residencias universitarias desde £50 por semana sin comidas, £70 con comidas; habitación en la ciudad £50-60 por semana.

**Requisitos de admisión:** en general uno o dos A levels aprobados o su equivalente internacional

**EFL:** para los cursos de licenciatura:

*El Learning Research Centre*

Cambridge First Certificate, IELTS 5.5, TOEFL 550

**Postgraddo:** Certificate of Proficiency, IELTS 6.5, TOEFL 650
Curso Base: Acceso a Curso de Licenciatura Internacional: IELTS 4.5, TOEFL 450.

**Costo de las matrículas:** licenciatura y postgrado £6.150 al año, curso de acceso £5.250, clases (Masters) £6.150 al año, cursos de laboratorio (Masters) £6.500 al año, MBA £6.200 al año.

Anglia Polytechnic University, está dividida entre dos campus, y tiene una tradición de 100 años de enseñanza. El campus de Cambridge está situado en el corazón de la ciudad histórica con sus patios recoletos y su grandiosa arquitectura. La ciudad antigua ha sido un mercado importante y un centro de aprendizaje durante cientos de años. Está rodeada de fenlands al norte y las ondulantes tierras calizas de Icknield Way al sur. Hay muchos paseos, y caminos para bicicletas y caballos facilitando acceso a los estudiantes a las bellezas del campo.

El campus de Chelmsford tiene una variedad de instalaciones. La Reina Isabel II inauguró el pueblo de estudiantes en 1995. El campus tiene instalaciones para inválidos, de informática y un centro médico con un dispensario. La ciudad de Chelmsford es una tranquila población con mercado y ha sido la Capital del Condado de Essex durante más de 700 años. Junto a extensos parques y campos se sitúa un centro comercial animado y una industria de alta tecnología.

En las evaluaciones de enseñanza más recientes, los cursos de Música, Inglés y Trabajo Social obtuvieron la calificación de Excelente. Existen varios cursos muy populares con estudiantes internacionales. Los más importantes son el curso internacional de MBA - que comienza en Septiembre y Febrero y se puede completar en un año - Lengua Inglesa, Informática, Música y Optometría. Muchos de los cursos están reconocidos por cuerpos profesionales tales como ICSA, ACCA, RCIS y Law Society. La universidad ofrece un sistema de módulos, y como hay más de 8.000 módulos a elegir, los estudiantes pueden disfrutar flexibilidad y diversidad en sus estudios. Ambos centros están orgullosos de su gama de instalaciones y recursos de aprendizaje. Por ejemplo estudios de arte, un área de prácticas para los estudiantes de música, una instalación de informática construida específicamente, un centro de información de entrada libre, y un centro de tecnología de aprendizaje especializado - que se concentra en el desarrollo de software y la investigación y enseñanza de informática. El centro de lenguas modernas tiene laboratorios de lenguas de multi-media, con software de lengua y traducción por máquinas e insta-

laciones de televisión y satélite.

Todos los estudiantes tienen la oportunidad de apuntarse a una gama de sociedades, según sus intereses culturales, religiosos, políticos o recreativos. Los estudiantes del campus de Cambridge socializan a menudo con los estudiantes de la Universidad de Cambridge y participan en sociedades conjuntas. Para los deportistas se ofrece una gama de instalaciones que incluyen pistas de tenis, un multigimnasio, campos deportivos para deportes al aire libre y una piscina, muy cerca. En el campus de Chelmsford el gimnasio es libre y los estudiantes pueden participar en la mayoría de deportes desde el ala-delta hasta el windsurf, golf y cricket, normalmente con grandes descuentos. La universidad también ofrece un servicio completo de apoyo para los estudiantes internacionales, en información y consejos antes de su llegada, un programa de orientación para estudiantes nuevos, módulos de lengua inglesa como parte de los estudios y un tutor especialmente asignado para los estudiantes internacionales.

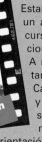

**Historia de un estudiante**

Estaba buscando un sitio interesante para estudiar cuando un amigo me dió un panfleto de información sobre los cursos de Anglia. Después de ver las maravillosas instalaciones que Anglia ofrece decidí investigarlo más a fondo. A menudo se dice que la primera impresión es importante; pues es verdad. Cuando llegué por primera vez a Cambridge los empleados de Anglia fueron tan amables y acogedores que decidí inmediatamente que éste era el sitio para hacer mi licenciatura. Desde que me he matriculado he disfrutado de un programa completo de orientación, que me introdujo a la cultura británica, a mis compañeros, a unos campos fascinantes de estudio (incluso informática - difícil pero útil) y montar en bicicleta - la mejor forma de viajar por Cambridge.

*Francisca Fernandez Gonzalez, España*

# ASTON
# UNIVERSITY

### BIRMINGHAM

**Escriba a:** Mrs. Lyn Cottrell, International Office, Aston University, Aston Triangle, Birmingham B4 7ET

**Tel:** 0121 359 7046

**Fax:** 0121 359 1139

**Email:** international@aston.ac.uk

**Website:** www.aston.ac.uk

**Alumnos:** 5.346 en 1997/8 (938 postgraduados, 340 internacionales de más de 80 países; 52:48 hombre:mujer

**Alojamiento:** separado por sexos, casados/familia, para vacaciones - cargo semanal, instalaciones de almacenamiento. Residencias universitarias desde £43.55 por semana sin comidas, £66.55 con comidas; habitación en la ciudad £37-45 por semana.

**Requisitos de admisión:** los cursos de licenciatura requieren en general tres buenos A levels o equivalente

internacional; los cursos de postgrado requieren el equivalente de un British Honours degree con una buena clasificación second class.

**EFL:** para no licenciados IELTS 6.0, TOEFL 550; para postgraduados IELTS 6.5, TOEFL 600.

**Curso Base:** estudios empresariales e ingeniería para acceso al programa de licenciatura.

**Costo de las matrículas:** cursos de clases de licenciatura £6.900 al año, cursos de clases de postgrado £6.900 al año, cursos de laboratorio £9.200 al año, MSc en estudios empresariales £9.500 al año, MBA £11.750 al año.

La Universidad de Aston se fundó hace más de 100 años y recibió su carta real en 1966. Está situada en un campus verde, en el centro de Birmingham.

Aston tiene una historia impresionante de empleo de licenciados, lo que se debe probablemente a que la enseñanza académica se combina con la formación profesional y la práctica. Tres cuartas partes de los estudiantes realizan una experiencia de trabajo durante sus licenciaturas, en colocaciones de cursos sandwich o linguísticas. Muchos de los programas de licenciatura están acreditados por instituciones profesionales.

Birmingham es una ciudad cosmopolita, con centros comerciales modernos, teatros, cines, galerías de arte, museos y restaurantes internacionales. Hay muchos lugares locales de interés histórico. Las pintorescas

*Aston University Business School*

Malvern Hills y el Black Country Museum están al oeste, Stratford-upon-Avon, el castillo de Warwick y los montes Cotswolds al sur y el Derbyshire Peak District al norte. Ya que Birmingham está en el centro de Inglaterra es una base ideal para explorar el resto del país

Aston ofrece una gama de cursos orientados profesionalmente en cuatro colegios de estudio: la Escuela de Estudios Empresariales, Ingeniería y Ciencias Aplicadas, Idiomas y Estudios Europeos, y Ciencias de la Vida más la Salud. Los cursos más populares entre los estudiantes internacionales son ingeniería, farmacia, optometría, empresa y economía internacional y económia y contabilidad para dirección. Con referencia a las evaluaciones de calidad de enseñanza, la puntuación media de los departamentos evaluados hasta el presente es 21 sobre 24.

Se incorporan en los cursos de licenciatura cursos de TI (Teoría de la Información). Hay diez salas de ordenadores en el campus y la mayoría están abiertas 24 horas al día, 7 días a la semana. Cada sala tiene una variada gama de software y bases de datos y conexiones con impresoras, plotters y scanners. Todos los estudiantes tienen su propia dirección de email y acceso libre a internet.

Hay más de 80 clubs diferentes que representan los intereses sociales, culturales, deportivos y religiosos de la comunidad estudiantil. Hay varias sociedades de estudiantes internacionales que organizan animadas actividades sociales y celebran festivales importantes todos los años.

La corporación de estudiantes es el centro de las instalaciones sociales y de diversión de la universidad. Los entusiastas de deportes también están bien servidos. Hay dos centros deportivos en el campus, una piscina, un campo deportivo para todos los climas y pistas de squash y badminton.

Los servicios de atención social comprenden asesores de estudiantes, tutores personales, un centro de asesoramiento para estudiantes y un servicio de salud en el campus mismo. Se conceden becas parciales a estudiantes internacionales en base a sus méritos académicos. También se ha establecido un fondo de emergencias internacional para ayudar a los estudiantes internacionales actuales.

**Historia de un estudiante**

Cuando se va a estudiar y vivir en el extranjero puede uno verse intimidado al principio, pero el campus aquí es pequeño y acogedor. Los empleados también ayudan mucho. Estoy ahora en el segundo año y los representantes internacionales se mantienen en contacto y frecuentemente ayudan a organizar reuniones sociales. Hay muchas sociedades de estudiantes internacionales. Este año he ayudado a fundar la Sociedad de Estudiantes de Singapur, de la cual soy Presidente. Estudio Contabilidad y Dirección en Aston Business School, que es uno de los mejores del RU. El año pasado gané el premio de Contabilidad del colegio. Verdaderamente estoy disfrutando de estudiar aquí y lo recomiendo a cualquier persona que esté pensando en venir a estudiar a Inglaterra.

*Florence Loh, Singapur*

**Escriba a:** Doris Bechstein, the International Office, Bath Spa University College, Newton Park, Bath BA2 9BN

**Tel:** 01225 875 577

**Fax:** 01225 875 501

**Email:** international-office@bathspa.ac.uk

**Website:** www.bathspa.ac.uk

**Alumnos:** 3.000 en 1997/8 (600 postgraduados, 200 internacionales de 35 países); 30:70 hombre:mujer.

**Alojamiento:** separado por sexos, para vacaciones. Facilidades de almacenamiento. Residencias universitarias £42-50 por semana sin comidas; habitación en la ciudad a partir de £50 por semana.

**Requisitos de admisión:** tres A levels o equivalente internacional
**EFL:** cursos de licenciatura y postgrados IELTS 6.0, cursos base IELTS 4.0 - 5.0

**Curso Base:** Cursos de un año de duración con inglés intensivo, arte y diseño.Los estudios comparativos internacionales (CIS) cubren una gama de temas de licenciatura.

**Costo de las matrículas:** licenciatura

£6.622 al año, postgrado £6.622 - £7.155 al año, curso de base £6.200 al año, arte y diseño pre-licenciatura £5.000 al año, programa CIS £7.200 al año.

Bath, se encuentra en el oeste de Inglaterra y es una ciudad preciosa llena de interés histórico y cultural. Ya que Bath es un destino turístico importante, hay muchas cosa que hacer y ver. Entre los numerosos museos, teatros, galerías, bares y pubs están los mundialmente famosos Baños Romanos (Roman Baths) de los cuales viene el nombre de la ciudad, el Museum of Costume, el American Museum, el Teatro Real, el Museum of East Asian Art y el Victoria Art Gallery. Estas atracciones están todas en el centro de la ciudad, desde donde siempre hay vistas a los parques, jardines y espacios abiertos que la rodean. Las hileras de casas clásicas georgianas construidas con la piedra caliza local de color miel a lo largo de sus calles, y la distinción de ser el único Patrimonio Historico Mundial del país, hacen que Bath sea un sitio incomparable para estudiar. Los estudiantes también pueden disfrutar de las atracciones de Bristol - a solo 30 minutos de viaje, los Cotswolds al norte y los Mendips y Glastonbury al sur, que están todos cerca.

El Bath Spa University College está basado en dos campus, uno en Sion Hill, al norte de Bath, donde se desarrollan todos los cursos del colegio universitario de arte y diseño, y Newton Park situada a cuatro millas del centro de Bath, donde se situa el resto de los departamentos. El campus de Newton Park es una casa de campo de estilo

*Bath Spa University College*

georgiano rodeada de un paisaje de jardines, bosques y tierras de cultivo. Hay alumnos famosos como Anita Roddick, fundadora del mundialmente famoso Body Shop.

Las evaluaciones sobre calidad de enseñanza han resultado en una calificación de Excelente para los departamentos de sociología, inglés y ciencias ambientales. Los Consejos de Calidad de Enseñanza Superior que controlan los niveles de las universidades comentaron que Bath Spa University College es "una institución muy unida con un ambiente de comunidad y objetivo común bien desarrollados". La universidad está dividida en cuatro facultades que son ciencias aplicadas, arte y música, educación y ciencias humanas y humanidades.

Los dos campus tienen bibliotecas bien surtidas, que incluyen paquetes de CD-ROM y multimedia, y salas con TI (Teoría de la información) de ordenadores redes. Además de estas instalaciones de informática la universidad también ofrece workstations de ordenadores para uso general en salas designadas y dentro de algunos temas tales como diseño y tecnología, educación, geografía y música.

La universidad tiene un Sindicato de estudiantes animado. Las instalaciones incluyen un bar en cada campus, locales para música en directo, una lavandería y una tienda general que vende material para escribir, materiales de arte y libros, entre otras cosas. Entre los logros del sindicato está el hecho de que convencieron a la compañia local de autobuses para que proveyese un servicio directo entre el campus de Newton Park y la ciudad. Hay numerosas sociedades que satisfacen los gustos religiosos, políticos, nacionales y culturales de los estudiantes e incluyen paracaidismo, ajedrez y la sociedad internacional. El primer equipo de la sociedad de fútbol ganó el campeonato del distrito de la Liga de los Sábados además de la copa del "Evening Chronicle". Se organizan noches de comedia, discotecas y fiestas de noche con tema, y acontecimientos de música en directo. Los estudiantes internacionales son acogidos en el aeropuerto, tienen un día de orientación, y reciben apoyo de lengua inglesa.

**Historia de un estudiante**

Antes de mi llegada a Inglaterra, acababa de completar el primer año en la Universidad de Barcelona. Esta es mi primera visita a Inglaterra, y me encanta. He hecho amigos de todo el mundo y actualmente estoy apren-diendo alemán, noruego, danés y sin olvidar el inglés! Estoy estudiando prácticas de enseñanza en Bath Spa, y aunque mi beca de Erasmus es solamente para un semestre me gustaría volver si tuviese la oportunidad. Bath es una ciudad preciosa con muchos sitios que visitar interesantes, y la gente es muy simpática. Si alguna vez tiene la oportunidad de venir a Bath o a Bath Spa University College no deje de hacerlo - se lo pasará de maravilla.

*Nuria, España*

# UNIVERSITY OF
# BATH

**Escriba a:** University of Bath, Bath BA2 7AY, RU

**Tel:** 01225 826 832

**Fax:** 01225 826 366

**Email:** International-Office@bath.ac.uk

**Website:** www.bath.ac.uk

**Alumnos:** 7.000 en 1998 (2.000 posgraduados, 700 internacionales de 70 países); 4:3 hombre:mujer.

**Alojamiento:** separado por sexos, algunos casados, para vacaciones Residencias universitarias £42 - £70 por semana; habitación en la ciudad aproximadamente £50 por semana.

**Requisitos de admisión:** generalmente altos: BBC o más en los A levels; se acepta el Bachiller Internacional/Europeo

EFL: TOEFL 580, IELTS 6.0

**Costo de las matrículas:** cursos de clases £6.750 al año, cursos de laboratorio £8.900 al año.

La universidad está situada a las afueras de la ciudad de Bath, una de las más bellas ciudades históricas de Inglaterra, y recibió su Carta Real en 1966. Treinta años más tarde, en 1996, después de un ejercicio nacional de Evaluación de Investigación sus excelentes resultados la han situado entre las seis mejores universidades del RU. La tasa de empleo de los licenciados de Bath es una de las más altas del país. Su campus compacto está bien suministrado con tiendas, cafeterías, aulas, un banco, laboratorios, residencias de estudiantes, un Centro de Aprendizaje y Biblioteca (la única en el RU que está abierta 24 horas al día) y un animado sindicato de estudiantes. Bath está solo a una hora y media en tren de Londres.

La universidad ofrece oportunidades de estudio de licenciatura, cursos de clases de postgrado y cursos de investigación y consiste en una Escuela de Dirección y las Facultades de Ciencias, Ingeniería y Diseño, Humanidades y Ciencias Sociales. El Departamento de Ingeniería Mecánica es el mejor del RU, con una clasificación máxima de 5* en investigación combinada con un "excelente" en enseñanza y aprendizaje. Muchos estudiantes internacionales solicitan plazas en los cursos de ingeniería, estudios empresariales y dirección,

*Centro de aprendizaje abierto 24 horas y biblioteca*

política social, administración y arquitectura. La universidad también se especializa en educación, lenguas modernas, informática, estadística, estudios europeos, biología, química, interpretación y traducción, física, matemáticas, farmacia y farmacología, ciencias sociales y ciencias deportivas. Los cursos de Master de la universidad también son muy populares. La mayoría de los cursos de Bath contienen un elemento de experiencia práctica de trabajo, con fuerte enfasis en una educación para el mundo "real". El año universitario en Bath está dividido en dos semestres de 15 semanas cada uno, que empiezan en febrero y septiembre. Todos los programas son a base de módulos, y la universidad de Bath opera un sistema de crédito transferible. Sus instalaciones excelentes de estudio incluyen una red de más de 1.600 ordenadores, la mayoría de los cuales están conectados al internet del campus.

Ya que Bath es la única ciudad que ha organizado un Festival Olímpico no es sorprendente que su campus de 200 acres haga gala de unas instalaciones deporti-vas de muy alto nivel. Por ejemplo campos deportivos, un centro deportivo cubierto, dos piscinas (de 50m y de 25m), 4 pistas interiores y 8 exteri-ores de tenis, y 2 pistas de astroturf iluminadas para todos los climas. El sindicato de estudiantes es muy activo y cuenta con más de 100 clubs y asociaciones. También tiene un periódico, una revista, un canal de televisión del campus y una estación de radio. La Oficina Internacional en Bath, junto con la Capellanía, el Centro Médico, los asesores de estu-diantes y los tutores residentes proveen una red de información y apoyo a los estudiantes extranjeros. La Oficina Internacional puede aconsejarle sobre gran cantidad de cosas, incluso dónde comprar alimentos de su propio país. Los estudiantes internacionales tienen alojamiento garantizado en el campus o en la ciudad de Bath durante todo el curso. También pueden cursar clases de inglés y de técnicas de estudio en el Centro de Lengua Inglesa.

**Historia de un estudiante**

Decidí venir aquí después de haber oído muchas cosas interesantes sobre Bath. Nunca me pude imaginar lo diferente que es ésta universidad de las universidades españolas. Lo mejor es que se puede estudiar y al mismo tiempo mejorar el inglés y conocer a gente de muchas culturas distintas. Estoy muy impresionada con el número de actividades deportivas y otras que se ofrecen a los estudiantes. Para mi, las mejores actividades son las fiestas que organizan las distintas sociedades. El campus universitario es precioso y desde la ventana de mi habitación muchas veces veo ardillas correteando, gente montando a caballo y de vez en cuando un conejo. Recomiendo a todo el mundo que venga a estudiar aquí.

*Laura Fuentes, España*

# Birmingham

### COLLEGE OF FOOD · TOURISM · CREATIVE STUDIES

## Summer Row, Birmingham B3 1JB

### A College accredited by The University of Birmingham

**Escriba a:** International Admissions Officer, Birmingham College of Food, Tourism and Creative Studies, Summer Row, Birmingham B3 1JB.

**Tel:** 0121 604 1040

**Fax:** 0121 608 7100

**Email:** marketing@bcftcs.ac.uk

**Website:** www.bcftcs.ac.uk

**Alumnos:** 4.500 en 1997/8 (86 postgraduados, 256 internacionales de 31 países); 40:60 hombre:mujer.

**Alojamiento:** separado por sexos, alojamiento. Residencias del instituto £47 - £57 por semana sin comidas; habitación en la ciudad £37-45 por semana.

**Requisitos de admisión:** en general 4 puntos en HND, GNVQ aprobado, advanced merit en GNVQ o 10 - 12 puntos en Bachillerato Internacional. **EFL:** IELTS 6.0, TOEFL 550.

**Curso Base:** en hospitalidad, turismo o estudios empresariales. Duración 8 meses Oct a Jun (25 horas por semana) o 6 meses Feb a Jul (30 horas por semana). Requerimientos de entrada: IELTS 5.0. TOEFL 450.

**Costo de las matrículas:** cursos de formación profesional £3.300 al año, cursos licenciatura/postgrado £5.800 al año.

El Birmingham College of Food, Tourism and Creative Studies es la única institución especializada en programas de empresa de educación superior en los campos de hospitalidad, turismo y dirección de tiempo libre. El colegio está situado en el centro de Birmingham, que es la segunda ciudad más grande de Gran Bretaña y está cerca de la activa zona de conferencias y hoteles, con instalaciones como el National Indoor Arena y el International Convention Centre. Los distritos de diversión, tiendas y negocios están a unos minutos paseando lo mismo que las residencias de estudiantes.

Con sus comunidades irlandesas, chinas, pakistanis, chipriotas y caribeñas, Birmingham es una ciudad de gran diversidad cultural y esto se refleja particularmente en su cocina; hay cientos de restaurantes para todos los gustos y la ciudad es famosa por sus platos de Balti - uno de los favoritos de los estudiantes. La campiña alrededor de Birmingham tiene varios sitios de interés desde las ciudades históricas de Warwick y Stratford-upon-Avon hasta la campiña de los Cotswolds y la frontera galesa. Los programas que se ofrecen van

*Birmingham College of Food, Tourism and Creative Studies*

desde los cursos de formación profesional hasta licenciaturas y cursos de postgrado, en su mayoría en los temas de tiempo libre, turismo, hospitalidad y banquetes. El colegio tiene cuatro restaurantes-escuela que dan oportunidad a los estudiantes para experimentar en la preparación de alimentos y servicio en un ambiente auténtico. Tres de estos están abiertos al público así como los salones de terápia de belleza y de peluquería. El colegio también tiene conexiones con la industria. Personajes importantes del mundo industrial forman parte de las Juntas Asesoras de Industria y el colegio organiza conferencias de la industria de la hospitalidad. Birmingham College tiene los recursos mayores de periódicos sobre hospitalidad y turismo en el RU y colecciones que van aumentando de material audiovisual. Los estudiantes tienen acceso a información por medio de CD-ROM, base de datos on-line y sistemas de red.

Con más de 30 años de expe-riencia en la enseñanza a estudiantes internacionales, el colegio tiene varios sistemas para facilitarles el estudio y la vida estudi-

antil. Acuden al programa libre de o-rientación, que dura dos semanas y que les facilita información sobre los métodos de trabajo y como presentar trabajos escritos. También hay una fiesta de bienvenida con parrilla. Los estudiantes internacionales tambien pueden acceder a un "liaison officer" que les puede ayudar en cualquier dificultad que puedan tener. Además, el Departamento de Lengua inglesa facilita clases libres de lengua inglesa, y un servicio de chequeo de trabajos escritos. Incluso existe un curso intensivo de lengua inglesa durante julio y agosto.

Existen numerosas oportunidades para participar en deportes y diversiones en el colegio. La Junta de Estudiantes comprende sociedades con actividades como fútbol, canoa, esquí, snowboard y montañismo y los estudiantes también pueden usar el club deportivo que tiene una zona de pesas, una sala de ejercicios cardiovasculares y una sala de aerobics.

**Historia de un estudiante**

Muchos de mis amigos ya han completado sus estudios en el colegio y me dijeron que es el mejor - ahora se porqué. Vivir y estudiar en Birmingham es estupendo y estoy disfrutando verdaderamente de mis estudios de postgrado en Administración de Turismo. Las instalaciones de la universidad son fantásticas. Hay gran número de instalaciones de informática y una biblioteca impresionante que ayuda con el trabajo. El personal del Colegio es muy amable y servicial - siempre están preguntando si todo va bien. Yo vivo en "The Maltings", la residencia universitaria nueva - solo a unos minutos del colegio, del centro de la ciudad y de mi trabajo a tiempo parcial en uno de los mejores hoteles de Birmingham - de modo que es muy conveniente. Birmingham es una ciudad grande y activa, y tiene unos de los mejores centros de exposiciones, restaurantes, salas de fiestas del país, de modo que siempre hay algo que hacer.

*Mayfe Donoso, España*

**Escriba a:** Bournemouth University, Mr Chris Curran, International Affairs, Poole House, PG134, Talbot Campus, Fern Barrow, Poole BH12 5BB

**Tel:** 01202 595 651

**Fax:** 01202 595 287

**Email:** curran@bournemouth.ac.uk

**Website:** www.bournemouth.ac.uk

**Alumnos:** 11.654 en 1997/8 (396 posgraduados, 316 internacionales de 63 países; 47:53 hombre:mujer

**Alojamiento:** separado por sexos, casados/familia, para vacaciones, facilidades de almacenamiento. Residencias universitarias £47 -£50 por semana sin comidas; habitación en la ciudad desde £50 por semana.

**Requisitos de admisión:** en general dos o tres A Levels o equivalente internacional
**EFL:** IELTS 6.5, TOEFL 550.

**Curso Base:** cursos de un año en psicología aplicada y diseño, arqueología, programa combinado de electrónica, protección ambiental, conservación de patrimonio artístico, y diseño de productos.

*Estudiantes disfrutando de la costa*

**Costo de las matrículas:** cursos de licenciatura/postgrado £6.900 al año.

Bournemouth se halla cobijado en la costa sur de Inglaterra, y a veces se le llama la "Riviera inglesa" - con sus siete millas de playa dorada a lo largo de su costa, y la fama de ser la "capital de las fiestas" de la costa sur. Bournemouth tiene todas las atracciones culturales de una ciudad grande pero es suficientemente pequeña para conservar su amistosidad y seguridad. A pesar de que el área no era más que un terreno baldío hace 200 años, hoy día se pueden ver los resultados de años de cuidados y cultivo que han convertido a Bournemouth en un virtual "jardín junto al mar" - una de las organizaciones de las NU la reconoció recientemente como una de las Campeonas Mundiales de las Ciudades Florales. Históricamente, Bournemouth ha sido la ciudad de numerosos escritores, poetas y artistas: Mary Shelley, la creadora de Frankenstein está enterrada en Bournemouth, junto al corazón de su esposo el poeta Percy Bysshe Shelley. Robert Louis Stevensen vivió y escribió "El Dr. Jekyll y Mr. Hyde" aquí hace unos 100 años. J.R Tolkien el creador del Hobbit también residió largo tiempo en uno de los hoteles costeros de Bournemouth.

Existen varias salas de teatro y conciertos para todos los gustos. Muy cerca está Poole Harbour - el puerto natural más grande de toda Europa - que es el centro de deportes acuáticos de toda la región, y hay muchos de pubs, cafés y restaurantes frente al mar. La ciudad histórica de Christchurch, con su priorato que tiene 900 años, está cerca, y las ondulantes montañas Purbecks y la enorme expansión del New Forest están también a fácil distancia.

La Universidad de Bournemouth está dividida en siete colegios de estudios, que reflejan el énfasis en la educación relacionada con el trabajo, como parte importante del éxito de una carrera; estudios empresariales; ciencias de la conservación; diseño, ingeniería e informática; finanzas y derecho; estudios del instituto de salud y comunidad; artes de medios de comunicación e industrias de comunicación y servicios. La escuela de artes de medios de comunicación consiguió la alta puntuación de 22 sobre 24 en la última evaluación de calidad de enseñanza y la universidad recibió el premio de Queens Anniversary en enseñanza superior y post escolar por sus innovativos programas de estudio.

Entre las instalaciones disponibles hay bibliotecas específicamente construidas, laboratorios y centros abiertos de aprendizaje. Todos los estudiantes tienen acceso 24 horas al día y 7 días a la semana a ordenadores Apple Mac y PC e instalaciones impresoras en los centros de informática. La Universidad de Bournemouth es el núcleo de númerosos centros especializados incluyendo el Centro Nacional de Animación por Ordenador, el Centro de Investigación Culinaria y el Centro Internacional de Investigación de Turismo y Hospitalidad.

El Sindicato de Estudiantes de la Universidad de Bournemouth controla todos los bares de la universidad y organiza una serie de acontecimientos tales como música en directo, comedia y noches de baile que atraen a famosos DJs (pincha discos), a lo largo del año. También se organizan frecuentemente acontecimientos más tradicionales, por ejemplo galas de estudiantes y discotecas. Los estudiantes se pueden hacer socios de numerosas sociedades que operan en el sindicato como por ejemplo ajedrez, exploración de cavernas, filmación, la asociación asiática, la china y la de apreciación de "Star Trek". Los servicios también incluyen a un gran grupo de capellanes de todas las religiones.

---

**Student Story**

Había oido decir que Bournemouth era la "Riviera inglesa" y, como estoy acostumbrada al clima de España, me quería alejar de los cielos grises y los días de lluvia del norte de Inglaterra. Sin embargo, la razón principal para elegir Bournemouth fué la buenísima fama que tiene su escuela de Medios y Comunicación. Me habían dicho que la licenciatura en Relaciones Públicas de la Universidad de Bournemouth se consi-deraba como la mejor del país y me pareció que merecería la pena intentar conseguir una plaza. Tuve éxito y llevo un año y medio en Bournemouth. Me gusta mucho estar aquí. Bournemouth, que está en Dorset, es una parte del mundo preciosa y además está muy cerca de Londres que es muy conveniente para los estudiantes internacionales. En Bournemouth hay mar, tiendas, una vida nocturna muy buena, un buen ambiente estudiantil, y el "mejor clima de Inglaterra" - como así dicen!

*Gemma Domenech Soler, España*

## UNIVERSITY OF BRADFORD

**Escriba a:** International Office, University of Bradford, Bradford, BD7 1DP

**Tel:** 01274 233 023

**Fax:** 01274 235 950

**Email:** international-office@bradford.ac.uk

**Website:** www.brad.ac.uk

**Alumnos:** 7.502 en 1998 (694 posgraduados, 740 internacionales de casi 100 países; 54:46 hombre:mujer

**Alojamiento:** separado por sexos, para vacaciones. Residencias universitarias desde £37 por semana sin comidas, desde £63 por semana con comidas; habitación en la ciudad £28-35 por semana.

**Requisitos de admisión:** en general 3 A Levels con nota C pero más alto para los cursos de estudios empresariales y los relacionados con la salud (optometría, farmacia, fisioterápia). **EFL:** IELTS 6.0, TOEFL 550

**Costo de las matrículas:** cursos de clases £ 6.396 al año, laboratorio £8.340 al año.

Bradford es una universidad de ciudad y su campus está a cinco minutos andando del centro de una de las diez ciudades más grandes de Inglaterra. El Museo Nacional de Fotografía, Cine y Televisión que tiene una pantalla de cine IMAX de cinco pisos de altura, está todavía más cerca, y también el magnífico Teatro Alhambra. Bradford ofrece una gama de atracciones culturales, deportivas e históricas, y es una base excelente para hacer excursiones al magnífico escenario de los Yorkshire Dales. El pueblo histórico de Haworth, donde está la casa de la familia Bronte, está dentro de los límites de la ciudad. El aeropuerto Internacional de Leeds/Bradford solo está a 15 kilometros. Las instalaciones deportivas del campus incluyen salas de ejercicios con el último equipo, una piscina y un pabellón deportivo para jugar al badminton, baloncesto y fútbol con equipos de cinco jugadores.

La universidad tiene puntos fuertes, particularmente en Ingeniería (química, civil, estructural

*Estudiantes de University of Bradford*

y ambiental, informática, electrica y electrónica, mecánica y de fabricación - incluyendo la de automóviles), en ciencias relacionadas con la salud (optometría, farmacia, fisioterápia y radiografía) y en estudios empresariales y dirección donde su Centro de Dirección fué uno de los primeros en el RU.

Además la universidad ofrece una gama de cursos innovativos tales como Ciencias Arqueológicas, Estudios sobre la Paz, Imaginación Electrónica, Medios de Comunicación, Cibernética, Ingeniería Médica y Estudios Humanos Interdisciplinarios.

Con excepción de los cursos en ciencias relacionadas con la salud, la mayoría de los cursos pueden admitir estudiantes que hayan realizado cursos en su propio país que les permitan pasar directamente al segundo año de los cursos de licenciatura de Bradford.

La historia de empleo de los licenciados de Bradford es notable y refleja el énfasis práctico y profesional que ofrecen los cursos.

La universidad tiene 2.000 dormitorios estudio, en el campus mismo o a

cinco minutos andando. Casi todos ellos comunicados con la red telefónica y de ordenadores, lo que permite a los estudiantes acceder a las instalaciones de ordenadores y de hacer y recibir llamadas internacionales desde sus habitaciones.

Los estudiantes internacionales solteros en cursos de clases tienen garantizado alojamiento en las residencias universitarias durante su primer año en Bradford, y frecuentemente es posible extenderlo a los otros años, si el estudiante lo desea. Sin embargo, el alojamiento en la ciudad de Bradford, cerca de la universidad, es barato y se consigue fácilmente y muchos estudiantes prefieren alquilar una casa entre cuatro o cinco personas.

Con los 7.000 estudiantes que viven en la universidad y cerca de ella, todo el mundo tiene siempre algo que hacer, cualesquiera que sea su interés.

**Student Story**

Yo quería una base de conocimiento más amplia en comunicaciones. Me tenía que asegurar que Bradford era una universidad de primera clase antes de conseguir apoyo de México. Y la he encontrado. Los laboratorios de ordenadores y microprocesadores son muy buenos y las clases también. Es una gran ayuda que distribuyen apuntes y así te puedes concentrar en escuchar en vez de escribirlo todo. Bradford no es una ciudad especialmente bonita, pero su gente me ha sorprendido. Siempre me habían dicho que los ingleses son muy fríos pero no es cierto. La gente de aquí es muy amable y acogedora. Tuve un problema poco después de mi llegada y necesitaba operarme en el hospital. El personal del Servicio de Salud de la Universidad y del hospital fueron una gran ayuda. De hecho todo el mundo me ayudó mucho para que pudiese permanecer al día con mi trabajo.

*Roberto Ramirez-Iniguez, México*

# UNIVERSITY OF BRISTOL

**Escriba a:** Admissions Office, Senate House, Bristol BS8 1TH

**Tel:** 0117 928 7678

**Fax:** 0117 925 1424

**Email:** admissions@bristol.ac.uk

**Website:** www.bris.ac.uk

**Alumnos:** 11.122 en 1998 (2.025 postgraduados a tiempo completo; aproximadamente 1.000 internacionales de más de 100 países); 51:49 hombre:mujer

**Alojamiento:** separado por sexos, algunos casados, para vacaciones. Residencias universitarias desde £45 por semana sin comidas, £55 por semana con comidas; habitación en la ciudad £50-55 por semana.

**Requisitos de admisión:** en general altos - Nota A para medicina, odontología; ciencias veterinarias; Nota A y B para muchos cursos. Se acepta el bachillerato europeo e internacional **EFL:** Certificado de Proficiency de Cambridge nota C, IELTS 6.5, TOEFL 620

**Costo de las matrículas:** cursos de clases £7.066 al año; cursos de laboratorio £9.293 al año; medicina clínica £17.220 al año.

Si le gusta la vida de ciudad le encantará estudiar en Bristol. Tiene varios locales que están esparcidos a través de esta ciudad alegre y moderna situada entre dos rios. Bristol ha sido un puerto importante comercial desde la época medieval. Fué desde Bristol que John Babot navegó en 1497 en su viaje hacia el oeste y las costas de The Newfoundland y Norteamérica. Los lugares más famosos de Bristol son sus tres puentes colgantes, uno que atraviesa la Garganta del Rio Avon y los otros dos que atraviesan el Estuario del Rio Severn que unen Inglaterra con Gales y son una ruta rápida al antiguo Bosque de Dean. Justo al este se encuentra la histórica ciudad de Bath, con sus ruinas romanas, su abadía antigua, su arquitectura Georgiana y sus maravillosos museos. Londres solo está a noventa minutos en tren.

La respetada escuela médica de Bristol se fundó en 1833 mientras que la universidad se fundó en 1876. Hoy día hay 36 solicitudes por cada plaza en la escuela de medicina y una competencia similar para los cursos de odontología y veterinaria - la escuela veterinaria, en un sito rural y lejos de los locales universitarios principales de la ciudad, es fuerte en animales de granja y equinos. También son puntos fuertes importantes los cursos de Ingeniería e Informática.

*Los Victoria Rooms, Bristol*

Las facultades recibieron calificación de Excelente en enseñanza e investigación y ambas reciben estu-diantes de todo el mundo anualmente. Los coches británicos de Formula 1 se han beneficiado de la actitud progresiva de la ingeniería aeroespacial de Bristol. Bristol es uno de los lideresmundiales en geografía; desarrolló gran parte del equipo técnico empleado en los estudios geológicos, por ejemplo ojosnocturnos y otro equipo de percepción remota.

Ya que Bristol es foco de empresas independientes de filmación y televisión, sus cursos de medios de comunicación son tan populares que todas las plazas se llenan todos los años.

Los estudiantes internacionales vienen a estudiar derecho, económia y contabilidad o solicitan cursos en los departamentos de letras y ciencias sociales por los que la universidad es también conocida.

En Bristol hay diversiones de todo tipo, desde el Old Vic, uno de los mejores teatros provinciales del país con su propia escuela teatral a una sala de conciertos de rock y muy buenos clubs. La ciudad tiene buenas tiendas - las calles en cuesta de Clifton están llenas de tiendas de antiguedades. En los muelles del rio se puede hacer vela y otros deportes acuáticos.

La universidad tiene un sindicato de estudiantes muy grande con una gama de instalaciones que incluye dos teatros y un programa de diversiones buenísimo. Sus socios participan en trabajo social en la ciudad - ayudando a la gente sin hogar y a otros grupos poco privilegiados. La ciudad de Bristol es re-lativamente segura para pasear.

Los estudiantes internacionales solteros tienen alojamiento garantizado en las residencias universitarias por la duración de sus cursos, algunas están en el centro de la ciudad y otras a las afueras en los Downs, con vistas espléndidas sobre la Garganta del Avon.

## Historia de un estudiante

Cuando tenía 20 años estudiaba una licenciatura en física en Sogang, una de las mejores cinco universidades de Seoul. Me iba bien y tenía asegurado el futuro. Pero entonces empecé un curso de inglés en el British Council y me prendió la idea de estudiar en "la tierra de la física", donde Newton descubrió la gravedad. El Suplemento de Educación de The Times incluyó Bristol como una de las mejores universidades para estudiar física, de modo que solicité entrada para el segundo año del curso BSc. Lo único que hice el primer año fué estudiar. Me encontraba muy aislado, pero me tenía que mantener al día. No entendía bien todas las clases. Las matemáticas me salvaron y unos estudiantes británicos de segundo año de mi residencia me ayudaron. Aprobé, menos mal, y este año me he presentado a las elecciones del sindicato de estudiantes. También he solicitado cambiar mi curso a un BSc de cuatro años. Despúes quizas haga un PhD en criogénica. Bristol tiene el record de haber conseguido la temperatura más baja.

*Jisu Kim, Korea*

# UNIVERSITY OF CAMBRIDGE

**Escriba a:** Mrs Anne Newbould, Kellet Lodge, Tennis Court Road, Cambridge CB2 1QJ

**Tel:** 01223 333 308

**Fax:** 01223 366 383

**Email:** ucam-undergraduate-admissions@lists.cam.ac.uk

**Website:** www.cam.ac.uk

**Alumnos:** 15.821 en 1997/8 (4.661 postgraduados, 2.339 internacionales; 55:45 hombre:mujer

**Alojamiento:** cada colegio varía, separado por sexos (3 colegios de mujeres), casados, para vacaciones. Residencias universitarias desde £33 por semana; habitación en la ciudad desde £50 por semana.

**Requisitos de admisión:** 3 As en los A levels o equivalente. (selección despues de evaluaciones rigurosas) **EFL:** IELTS 7 sin elemento individual por debajo de 6, TOEFL 600, puntuación mínima de TWE 5

**Curso Base:** no existen

**Costo de las matrículas:** letras y ciencias £6.606, ciencias, música, arquitectura, geografía £8.652, clínica £16.014 al año. Los estudiantes de licenciatura pagan honorarios de colegio de £3.670, los de postgrado pagan honorarios de £1.676.

La Universidad de Cambridge fué fundada en 1209 y los colegios se establecieron en 1284. Hoy día hay 31 colegios. Tres de ellos solo admiten mujeres, y dos solo admiten licenciados. Sus historias son muy diferentes y sus procedimientos internos también varían. Cada colegio es en muchos sentidos como una mini-universidad en si, con sus propios estatutos y reglas. Las solicitudes de matrículas se hacen a los colegios individuales de Cambridge; también existe una ruta de solicitud abierta por la cual las solicitudes se distribuyen por ordenador a cada colegio. Debe recordar varios puntos importantes: La fecha límite de solicitudes para Cambridge es el 15 de octubre; Cambridge y UCAS deben haber recibido sus impresos para esta fecha. No se permite efectuar solicitudes a Oxford y a Cambridge en el mismo año.

Cambridge es una ciudad pequeña con mercado y su centro esta dominado por estudiantes en bicicleta y, en verano por miles de turistas a pié. Los colegios de la ciudad proveen un interés histórico amplio. Sin embargo si se quiere escapar de los "quads" y la arquitectura gótica, nunca está lejos la campiña. Los viajes por el Rio Cam (del que viene el nombre de la ciudad) le conducen a la Inglaterra rural.

La Universidad de Cambridge es famosa por la alta calidad de su investigación y enseñanza en todas las materias. Consistentemente obtiene una califi-

*La Capilla de King's College*

cación alta en las evaluaciones de calidad de investigación y enseñanza. Algunos de los muchos temas que han obtenido la calificación de Excelente en recientes evaluaciones de calidad de enseñanza fueron antropología, arquitectura, inglés, química, geografía, derecho e informática. Casi todos los departamentos evaluados en investigación en 1996 obtuvieron un 5*. Los estudiantes viven y estudian en uno de los colegios y se mezclan con los estudiantes de otras disciplinas. Las clases se organizan centralmente, pero la famosa enseñanza individual o la de dos-a-uno se lleva a cabo en los colegios. Cada colegio tiene su propia biblioteca, y también hay bibiotecas de facultad o de departamento y la biblioteca de la universidad que es una biblioteca de propiedad intelectual. Existen recursos centrales de informática, pero también cada colegio tiene su sala de informática, normalmente con acceso de 24 horas al día. La universidad atrae a numerosos distinguidos oradores, lo que hace que los estudiantes formen parte de una comunidad académica más amplia que sus propios temas de estudio.

La universidad tiene el teatro de estudiantes más antiguo que está dirigido por el Amateur Dramatics Club (ADC) donde comenzaron muchos actores y comediantes actualmente famosos (por ejemplo Michael Palin, Emma Thompson, Thandi Newton y Tilda Swinton). En deportes, el remo y el rugby consiguen fama internacional con sus partidos "varsity" (competiciones entre Oxford y Cambridge). Las actividades comunes entre estudiantes son abundantes. Muchos de los colegios tienen un pequeño teatro o instalaciones para proyectar películas.. La universidad tiene muchas tradiciones. Algunos colegios son más tradicionales que otros y exigen que se lleve la toga en todas las cenas. Otros estudiantes ni siquiera tienen toga! Algunos colegios son tan antiguos como la universidad, y otros todavía están creciendo y tienen la atracción adicional de alojamientos modernos. Los estudiantes internacionales reciben el apoyo de sus colegios, y cada uno tiene un representante en su colegio para vocalizar sus preocupaciones.

Historia de un estudiante

Estoy estudiando Ciencias Naturales - Física, en New Hall (uno de los tres colegios de mujeres). Efectué una solicitud abierta a la universidad, lo que quiere decir que no especificas un colegio. Al principio estaba un poco aprensiva porque era un colegio de mujeres, pero New Hall es muy acogedor con un ambiente relajado. Estoy muy contenta de estar aquí. Estoy en el tercer año de mi carrera y he hecho muy buenas amistades con gente británica y del extranjero. El año pasado fuí el representante internacional del colegio y ayudé a organizar acontecimientos sociales para los estudiantes internacionales nuevos. También envié información sobre el colegio y la universidad a los estudiantes nuevos, con consejos sobre lo que hay que traer y qué esperar. Yo no tuve muchas dificultades con mi inglés, pero cuando tuve problemas (principalmente con palabras abreviadas) los otros estudiantes estaban encantados de ayudarme. Ahora soy la representante de estudiantes de la universidad en el comité de enseñanza de física y recientemente he empezado a hacer remo. Estoy muy ocupada!

*Yvonne Deng, Alemania*

**CARDIFF**
UNIVERSITY

**Escriba a:** Dr Tim Westlake, Head of the International Office, Cardiff University, PO Box 921, Cardiff CF1 3XQ

**Tel:** 01222 874 432

**Fax:** 01222 874 622

**Email:** internat@cf.ac.uk

**Website:** www.cf.ac.uk

**Alumnos:** 14.830 en 1997/8 (3.213 postgraduados, 710 internacionales de más de 100 países; 52:48 hombre:mujer

**Alojamiento:** separado por sexos, casados, algunos para vacaciones, facilidades de almacenamiento durante Navidad y Semana Santa. Residencias universitarias desde £56 por semana sin comidas; habitación en la ciudad £35-40 por semana.

**Requisitos de admisión:** en general altos, BBB en A Levels o equivalente para la mayoría de temas. Bachillerato europeo e internacional aceptado. EFL:

IELTS 6.5, TOEFL 570

**Costo de las matrículas:** cursos de ciencias £6.510 al año, cursos de letras £8.550 al año, MBA £9.000 al año.

Cardiff es la capital de Gales y centro de numerosas instituciones académicas, de las cuales la Universidad de Cardiff es la más antigua. Está situada en el centro de la ciudad y forma parte de la plaza central donde está situado el Ayuntamiento de la Ciudad de Cardiff, el Welsh Office y el Colegio Galés de Música y Drama. El edificio principal está construido de piedra de Portland, que le da un aire grandioso e imponente, similar a algunos de los grandes colegios de Cambridge. En la entrada verá posters indicando la buena calificación que consiguió Cardiff en las evaluaciones de investigación y calidad de enseñanza. La nueva Asamblea Galesa estará basada inicialmente en la universidad hasta que se encuentre un sitio permanente (lo cual ha causado alguna controversia en Gales)

Como ciudad, Cardiff es relativamente segura y tiene fama de ser amistosa. Lo más significativo para los estudiantes es que el costo de vida es mucho más bajo que en Londres. Si le gusta la campiña magnífica, se encuentran cerca los Brecon Beacons y la Peninsula de Gower. También hay fácil acceso a numerosas playas tales como Barry Island, Porthcawl y Penarth. Como capital de Gales ofrece una gama completa de actividades sociales, culturales y deportivas, y con las

*El edificio principal de Cardiff University*

numerosas instituciones académicas de la ciudad hay un ambiente estudiantil muy activo.

Cardiff se enorgullece de su record en investigación y enseñanza. 21 departamentos recibieron la clasificación de Excelente en enseñanza, y el 80% de las materias obtuvieron un 4 o un 5 en investigación. Los cursos de estudios empresariales son muy populares con los estudiantes internacionales y Cardiff Business School tiene una extensa gama de programas de licenciatura y para postgraduados. También son populares los cursos de arquitectura, informática, ingeniería, periodismo, filmación y emisión de radio y televisión y farmacia. En lo que se refiere a cursos de postgrados los estudiantes internacionales suelen elegir el MBA, el MA en Estudios de Periodismo o los programas de MSc en Económia. Hay 11 bibliotecas por toda la universidad y varias salas de ordenadores con acceso 24 horas.

El sindicato de estudiantes de Cardiff es uno de los mayores del RU

y tiene una gama extensa de actividades. Las instalaciones incluyen siete tiendas de comestibles istintas, varios bares, una sala de juegos, un banco, un club nocturno y el Great Hall que ha recibido en años recientes a grupos tales como Jamiroquai, Radiohead y Oasis. También hay varias sociedades internacionales muy concurridas por estudiantes británicos tanto como internacionales. Además hay capellanías anglicanas y católicas en el campus. Se ofrece una dirección de Email gratuita a todos los estudiantes. La universidad tiene tres centros deportivos que incluyen salas de ejercicios físicos, pistas de tenis y squash, un estudio de arte marcial y un campo iluminado para todos los climas. Existe un fondo de ayuda para aquellos estudiantes que tengan dificultades financieras.

**Historia de un estudiante**

Yo elegí Cardiff porque quería estudiar derecho, y me gustaba la estructura modular de su programa de licenciatura. Esto significa que me examino dos veces al año y reparto el peso, en vez de tener que concentrar todo al final del año. Cardiff es también una buena ciudad de estudiantes y siempre hay mucho que hacer, especialmente si le gustan las fiestas de vez en cuando. Pero no es tan agobiante como Londres, donde ocurren tantas cosas que yo creo que me sería difícil estudiar allí. La campiña galesa es también verdaderamente preciosa en el verano. Dicho esto, el tiempo me asustó cuando llegué - parecía que hacía frío y más frío, no como el caluroso y húmedo clima tropical al cual estoy acostumbrada!

*Erleen Mokhtar, Malasia*

**City College Manchester**

**Escriba a:** Ms Idoia Garcia, International Admissions Officer, City College Manchester, Fielden Centre, 141 Barlow Moor Road, West Didsbury, Manchester M20 2PQ

**Tel:** 0161 957 1609

**Fax:** 0161 957 8613

**Email:** igarcia@manchester-city-coll.ac.uk

**Website:** www.manchester-city-coll.ac.uk

**Alumnos:** 10.000 en 1997/8 (350 internacionales de 40 países; 40:60 hombre:mujer

**Alojamiento:** separado por sexos, casados/familia, para vacaciones, lugar de almacenamiento. Estancia en familia desde £70 por semana, incluidas cuentas (luz etc.) y comidas; habitación en la ciudad desde £40 por semana.

**Requisitos de admisión:** depende del curso, en general Certificado de Educación Superior o equivalente internacional.

**EFL:** Programas de HND IELTS 5.0, cursos de ES IELTS 4.5, cursos de base IELTS 4.0 - 5.0

**Curso Base:** programas de económia, finanzas, estudios empresariales, TI (Tecnología de la Información, arte y diseño, ciencias e ingeniería.

**Costo de las matrículas:** ESOL £2.900 al año, cursos de FE £3.900 al año, cursos de HE £5.100 al año

La ciudad de Manchester, con sus 2,5 millones de habitantes y una población de 50.000 estudiantes, es una mezcla cosmopólita de tradición e innovación. Dos de los clubs de fútbol más famosos del mundo, Manchester United y Manchester City, tienen aquí su base.

Manchester tiene una fama incomparable en música y también en diversiones. Algunos de los grupos famosos que empezaron en Manchester incluyen M-People, The Smiths, los Bee Gees, Simply Red y Oasis. Los estudiantes tienen fácil acceso a los numerosos bares, clubs, teatros, pubs y tiendas de la ciudad. La famosa Orquesta Hallé también está basada aquí. La zona de los alrededores de Manchester incluye las ondulantes montañas de los Penines, el Peak District National Park y los Cheshire Plains.

Manchester City College está basado en cinco centros situados a través de Manchester y es uno de los diez mayores colegios de educación superior de Inglaterra. El colegio aspira a tener una actitud individual hacia cada estudiante y ofrece educación y aprendizaje en diversas materias a tiempo completo, tiempo parcial, en clases de día, de noche o de fín de semana.

*Estudiantes de City College*

El colegio ofrece una gama de cursos en diversas materias con flexibilidad en la forma de estudiar y en la actitud hacia el estudio. Los estudiantes pueden estudiar temas tan diversos como el arte de actuar, informática y dirección de TI (Tecnología de la Información), y cuidado de niños. Todos los estudiantes del colegio tienen acceso a las instalaciones disponibles.

Se ofrece enseñanza de lengua inglesa, desde el nivel de principiante hasta el avanzado. Los estudiantes internacionales pueden seguir previamente cursos en el college para acceder después a las universidades británicas. Los cursos de base que se ofrecen están relacionados con una gama de programas de licenciatura universitaria. También hay cursos de formación profesional para aquellos que quieren trabajar en la industria y el comercio - los títulos de formación profesional que ofrece el colegio son aceptables y transferibles en toda Europa. Los cursos de dirección de empresa, TI (Tecnología de la Información) y administración de empresas han tenido mucho éxito con estudiantes internacionales en el pasado.

Las modernas instalaciones académicas incluyen estudios especializados de fotografía, una sala de TI (Tecnología de la Información) completamente instalada, un estudio de grabación, una sala de administración empresarial, un teatro, estudios de drama y danza, 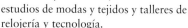 estudios de modas y tejidos y talleres de relojería y tecnología.

El sindicato de estudiantes tiene un papel importante en la rica y variada vida social del colegio. Además de los grandes comedors y salas comunes, las instalaciones deportivas incluyen varios multi-gimnasios y un centro de actividades que contiene una piscina. E l colegio tiene un gran departamento de arte, que tiene su propia marca de discos. Los conciertos de música y obras de teatro en directo son una constante en la vida del colegio. El sindicato organiza una serie de sociedades que satisfacen los intereses recreativos de los estudiantes. Con sus tres universidades y dos grandes colegios, Manchester tiene las mayores areas de concentración de estudiantes en Europa, lo cual crea un vibrante ambiente estudiantil. El colegio tiene conexiones con las universidades de Manchester.

**Historia de un estudiante**

Vine a City College Manchester como estudiante y ahora soy International Officer! Quería mejorar mi inglés después de terminar la universidad en España. Me enteré del colegio a través de uno de mis amigos. Me lo pasé muy bien en el colegio. La enseñanza fué excelente y el personal muy amable y con ganas de ayudar. El colegio tiene también buenas instalaciones. Lo que más me gustó fué la diversidad de estudiantes y la mezcla de gente de diferentes culturas.

El inglés que aprendí me permitió apuntarme a un curso de MA y encontrar trabajo. Manchester es una ciudad vibrante - el sitio ideal para vivir para una persona joven.

*Idoia Garcia, España*

**COVENTRY**
UNIVERSITY

**Escriba a:** Anne O'Sullivan, International Office, Coventry University, Priory Street, Coventry CU1 5FB

**Tel:** 01203 838 674

**Fax:** 01203 632 710

**Email:** daya.evans@coventry.ac.uk

**Website:** www.coventry.ac.uk

**Alumnos:** 16.000 en 1997/8 (5.000 postgraduados, 1.000 internacionales de 90 países); 50:50 hombre:mujer

**Alojamiento:** separado por sexos, para vacaciones, lugar de almacenamiento - cargo extra. Residencias universitarias desde £35 por semana sin comidas; habitación en la ciudad £50 por semana.

**Requisitos de admisión:** en general 2 A Levels o equivalente internacional **EFL:** IELTS 6, TOEFL 550

**Curso Base:** arte y diseño, informática empresarial, ingeniería, medio ambiente y ciencias para acceso a programas de licenciatura

**Costo de las matrículas:** para los cursos de licenciatura £5.800 al año,

cursos de base en Arte y Diseño £4.000 al año, para los cursos de clases de postgrado £5.800 al año, cursos de laboratorio, MBA y MA en Marketing(Mercadeo) £6.800 al año.

La Universidad de Coventry está basada en un campus especificamente construído en 25 acres en el centro de la ciudad. También hay otro de 20 acres a las afueras de la ciudad, que es la sede del Parque de Tecnología de la Universidad. La ciudad de Coventry tiene un pasado rico e histórico. En la época medieval Coventry era un centro manufacturero de lana y tejidos y ya en el siglo catorce era la cuarta ciudad más grande de Inglaterra. Durante la época de industrialización victoriana, Coventry disfrutó de una época productiva e inventiva donde nació la bicicleta moderna. En la primera parte del siglo veinte Coventry era el centro de la fabricación de motores y aviones de Gran Bretaña. Hoy día, una combinación de características modernas e históricas han convertido a Coventry en un centro cosmopólita lleno de vida. La impresionante catedral del siglo 20 está unida por un arco a los muros medievales del diseño original. La zona de la catedral está llena de pubs, restaurantes y cafés a lo largo de sus calles empedradas.

Todos los cursos de licenciatura de Coventry son modulares.. La universidad también ofrece programas conjuntos donde los estudiantes pueden ampliar sus estudios a uno o más temas que no estén relacionados con su licenciatura.

La biblioteca tiene casi 350.000

*Estudiantes en su graduacion*

libros y más de 2.600 periódicos académicos actuales. Hay más de 1.150 espacios de estudio, y acceso a CD-ROM, multimedia e Internet para los estudiantes.

Los estudiantes pueden acceder a los servicios de ordenador por la noche y durante los fines de semana. Además de una gama de programas de procesadores de palabras los estudiantes también pueden usar software de gráficos. Hay clases con tutores para los estudiantes que no están familiarizados con los ordenadores y un equipo de asesores está a su disposición 12 horas al día para contestar preguntas relacionadas con ordenadores.

En las evaluaciones de calidad de enseñanza más recientes los departamentos de geografía e ingeniería mecánica recibieron la clasificación de Excelente y los siguientes cursos han tenido mucho éxito con los estudiantes internacionales en el pasado: estudios empresariales, ingeniería, diseño de transporte, ingeniería automotríz, relaciones internacionales y estudios europeos.

El sindicato de estudiantes es el centro de todas las actividades estudi-

antiles. Además de ofrecer una gama de servicios de asistencia social, de desa-rrollo personal y de representación, el sindicato también organiza un apretado programa de actividades recreativas. Los estudiantes disfrutan de los bares, restaurantes, clubs y sociedades dirigidos por el sindicato, y también acuden a música en directo en la nueva sala de música, The Planet, que tiene un aforo de 1.900 personas. The Planet ofrece grupos de música en directo, o noches de baile o acontecimientos con diferentes temas cada noche.La oficina internacional organiza una serie de visitas a sitios de interés locales, y anima a los estudiantes a participar en sus actividades sociales y culturales. Hay dos personas que trabajan a tiempo completo que ofrecen ayuda a los estudiantes internacionales y están allí para dar consejos y apoyo en temas tales como los relacionados con inmigración, la salud, visados y matrículas.

Vine a Inglaterra en 1992 para hacer un HND en ingeniería mecánica en Cheltenham, después trabajé en Minolta en Malasia. Pero con el HND podía entrar directamente al segundo curso de licenciatura de modo que solicité un préstamo del gobierno. °Si consigo un first no tengo que devolver el préstamo! Solicité una plaza en Coventry porque es una universidad nueva. Solía ser un politécnico de modo que los cursos son mucho más prácticos que teóricos y están diseñados para la experiencia de trabajo. Las instalaciones son buenas - el centro de informática está abierto 24 horas - y los profesores tienen verdadera dedicación. Muchos son expertos en sus especialidades. Pero algunos hablan muy rápido, y es difícil entender. Me gusta estar en la universidad en el centro de la ciudad - el cine está al lado de la biblioteca.

**Historia de un estudiante**

*Amir Sharrifuddin, Malasia*

# University of Durham

**Escriba a:** Joanne Purves, International Office, Old Shire Hall, Durham, DH1 3HP

**Tel:** 0191 374 4694

**Fax:** 0191 374 7216

**Email:** international.office@durham.ac.uk

**Website:** www.dur.ac.uk

**Alumnos:** 9.500 en 1997/8 (1.300 postgraduados, 919 internacionales de 96 países; 49:51 hombre:mujer

**Alojamiento:** separado por sexos, casados (postgraduados solamente), para vacaciones, lugar de almacenamiento. Residencias universitarias desde £80 por semana con comidas o £40-£70 por semana sin comidas; habitación en la ciudad £40-£45 por semana, casa de familia en la ciudad desde £100 por semana.

**Requisitos de admisión:** varían según la materia
**EFL:** normalmente IELTS 6.5

**Curso Base:** no existen

**Costo de las matrículas:** cursos de clases £6.600 al año, cursos de laboratorio £8.800 al año MBA £9.750 al año.

La Universidad de Durham, que es una de las universidades más antiguas de Grán Bretaña está basada en el sistema de colegiata (como Oxford y Cambridge) que quiere decir que no solo se es miembro de la universidad, sino también de uno de sus catorce colegios. Estos facilitan alojamiento en comunidades residenciales de 300-1.000 estudiantes. Como estas residencias son multi-disciplinarias los estudiantes tienen la oportunidad de mezclarse con otros estudiantes y personal que no son de su curso.

Durham es un lugar de patrimonio mundial y se le ha llamado "la ciudad catedralicia más dramática de Gran Bretaña" a causa de su catedral normanda que asciende sobre un promontorio de árboles encima del Rio Wear. La ciudad es pequeña y relativamente segura. Tiene facil acceso a Newcastle - su aeropuerto internacional está a una hora - y Manchester y Londres sólo están a tres horas en tren.

Se ofrecen cursos a nivel de licenciatura, master o PhD. En las evaluaciones de calidad de enseñanza, Durham obtuvo la clasificación de Excelente en varias materias, incluyendo química (1993), geografía (1995), ciencias geológicas (1994), antropología (1994), historia (1993), linguística (1996), derecho (1993) e

*Estudiantyes en su graduacion*

inglés (1994). La universidad también tiene un curso de PGCE Secundario, que fué evaluado por el Office for Standards in Education (OFSTED) y recibió el grado 1 (el más alto). Puede que los estudiantes de geografía estén interesados en el curso universitario de sistemas de información geográficos (GIS) que es uno de solo nueve en todo el país.

La biblioteca principal recientemente ampliada de la universidad está abierta hasta las 10pm durante el trimestre. Tiene unas de las más importantes colecciones europeas de grabados ingleses del Siglo XVII, archivos monásticos y manuscritos medievales.

La Universidad tiene una Asociación de Estudiantes Internacionales de la cual todos los estudiantes internacionales son automáticamente socios. Organiza acontecimientos sociales y visitas a lugares de interés y el fin de semana antes del comienzo del trimestre organiza un programa de introducción para los estudiantes internacionales. También se recibe y saluda a los estudiantes internacionales cuando llegan a las estaciones de autobús y tren y al aeropuerto de Newcastle.

El Centro de Lenguas de la Universidad puede ayudar a los estudiantes con su inglés, tanto por motivos sociales como académicos. Shell concede cinco becas para ciertos cursos de clases de Master en Durham a estudiantes de países que no forman parte de la Organización para la Cooperación y el Desarrollo Económico (OECD). Se conceden algunas becas para los cursos en el campus de Stockton. Hay varios lugares de oración en la universidad, que incluyen capillas inter-denominales, salas silenciosas para uso de todas las creencias y un cuarto de oración musulmán.

El alojamiento de la Universidad cubre a más del 70% de los estudiantes. La mayoría está en los colegios mismos, pero también hay un campo nuevo en Stockton donde se ofrece alojamiento sin comidas en residencias universitarias construidas con este fin. Las sociedades y los clubs de la Universidad organizan la vida social. Hay instalaciones deportivas de badminton, baloncesto, cricket, fútbol, hockey y remo.

**Historia de un estudiante**

Me gusta vivir en una cultura y sociedad distintas y tratar con gentes en otro idioma. Me encanta Durham con su río, sus puentes y típicas casas inglesas, que lo hacen parecer como un cuento de hadas. Me ha sorprendido la entrega a la enseñanza que existe en Durham - el año pasado estaba en una clase donde sólo éramos cuatro estudiantes, pero ni se planteó el cancelarla. He hecho muy buenos amigos y es muy triste verles marchar, ya que muchos de ellos sólo están haciendo cursos de un año.

*Ana Topf, Argentina*

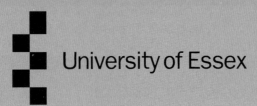

# University of Essex

**Escriba a:** Professor John Oliver, University of Essex, Wivenhoe Park, Colchester CO4 3SQ

**Tel:** 01206 873 666

**Fax:** 01206 873 423

**Email:** admit@essex.ac.uk

**Website:** www.essex.ac.uk

**Alumnos:** 5.370 en 1997/8 (1.230 postgraduados, 1.100 internacionales, de 110 países); 52:48 hombre:mujer

**Alojamiento:** sexos separados, matrimonio, para vacaciones, lugares de almacenamiento. Residencias universitarias de £39 por semana o £56 por semana, con baño y sin comida, habitación en la ciudad desde £45 por semana.

**Requisitos de admisión:** Tres A levels buenos o el equivalente. **EFL:** IELTS 6, TOEFL 540

**Curso Base:** curso base puente de nueve meses, con prácticas de inglés si se requieren. El éxito garantiza lugar en curso de licenciatura pertinente en Essex. La enseñanza tiene lugar dentro

de la universidad y los estudiantes tienen acceso a todas sus instalaciones.

**Costo de las matrículas:** cursos de clases £6.500 al año, cursos de laboratorio £8.600 al año, cursos puente £6.500 al año.

La universidad recibió la carta real en 1965. Como está concebida como ciudad universitaria más que como un edificio solo, el campús que está en un sólo lugar, incorpora edificios de enseñanza, alojamiento de estudiantes, tiendas, bancos, una galería, un teatro (el Teatro de Lakeside), bares, cafeterías e instalaciones deportivas, todo en un solo lugar. Está situado en 200 acres de parque, la mayoría del cual fué diseñado en el Siglo XVIII. Entre los alumnos famosos están Virginia Bottomley (MP) el Dr. Oscar Arias (antiguo Presidente de Costa Rica y ganador del premio Nobel) y el Dr Rodolfo Neri Vela (primero y único astronauta mexicano).

La universidad está a dos millas del centro de Colchester, que es la ciudad documentada más antigua de Gran Bretaña y fué su primera capital. Hoy día tiene más de 13.500 edificios protegidos de interés. Entre sus instalaciones culturales hay museos, galerías, un centro de arte, un teatro y un cine múltiple. Colchester está a menos de una hora de Londres. También tiene conexiones de transporte con el aeropuerto de Stanstead y el puerto de ferrys de Harwich.

Las licenciaturas de Essex tienen el propósito de ofrecer flexibilidad y

*Campus de University of Essex*

elección. Los estudiantes del primer año pueden combinar los módulos principales de su materia de estudio con opciones de otros temas, por ejemplo la linguística, filosofía o informática. Esto permite la posibilidad de cambiarse a otra licenciatura al final del año. Hay 15 departamentos académicos que están divididos en cuatro áreas de estudio - los Escuelas de Humanidades y Estudios Comparativos, Ciencias Sociales, Derecho y Ciencias e Ingeniería.

En las evaluaciones de calidad de enseñanza la Universidad de Essex consiguió la clasificación de Excelente en derecho (1993) y obtuvo una puntuación de 21 en linguística (1996), 22 en sociología (1995) y 24 en ingeniería eléctrica y electrónica (1997), siendo todas las puntuaciones sobre un total de 24 puntos. Algunas áreas de investigación de la universidad fueron evaluadas durante el ejercicio de evaluación de investigación de 1996 y los siguientes departamentos se clasificaron con un 5 o un 5*: derecho, economía y econométrica, política y estudios internacionales, sociología e historia del arte, arquitectura y diseño. La mayoría de los departamnetos ofrecen cursos de master de un año de duración, además de supervisar a los estudiantes de PhD.

Entre las instalaciones de la universidad hay nueve laboratorios de informática que ofrecen instalaciones de enseñanza y aprendizaje basados en TI (Tecnología de la Información). Tres de estos laboratorios tienen acceso 24 horas al día, mientras que los otros suelen estar abiertos entre las 7am y las 12 de la noche.

La universidad tiene un sindicato de estudiantes que ofrece servicios variados, desde apoyo académico hasta diversiones. Cuenta con más de 100 clubs y sociedades. El director de actividades recreativas, que trabaja a tiempo completo, coordina un programa de acontecimientos durante el año. Hay un centro multi religioso que usan los estudiantes anglicanos, católicos, musulmanes, budistas hindus y siks.

Essex tiene servicios de apoyo especificos para estudiantes internacionales. Al comienzo del año hay recogida en aeropuertos, clases de inglés previas al curso y un programa de orientación, mientras que las ofertas durante el año incluyen asesoramiento y consejos, clases gratuitas de inglés y un centro de salud con base en el campus.

**Historia de un estudiante**

La primera vez que oí hablar de Essex fué en una feria de educación. Estaba buscando un curso de base y me decidí por el año de puente pre-licenciatura de Essex. Particularmente quiero continuar estudiando una licenciatura en contabilidad y Essex tiene un departamento dedicado a la contabilidad y la dirección financiera. Como preparación a mi curso de licenciatura estoy haciendo cursos de matemáticas y estadística, políticas y económa, e instituciones y cultura británicas. Tengo muchos amigos de otros paises y, a pesar de que me preocupaba, fué muy fácil hacer nuevos amigos en cuanto llegué. Hay gente que dice que los ingleses son bastante frios, pero no es verdad. Yo les he encontrado amistosos y acogedores.

*Irene Ju-Yung Lai, China*

# FALMOUTH
*College* of *Arts*

**Escriba a:** International Liaison Office, Woodlan, Falmouth, Cornwall TR11 4RH

**Tel:** 01326 211 077

**Fax:** 01326 212 261

**Email:** international@falmouth.ac.uk

**Website:** www.falmouth.ac.uk

**Alumnos:** 1.500 en 1998 (10% post-graduados, 10% del extranjero; 50:50 hombre:mujer

**Alojamiento:** Residencias del colegio desde £57 por semana; habitación en la ciudad £45-£65 por semana.

**Requisitos de admisión:** normalmente un A level aprobado y tres aprobados en GCSE aprobados para el curso de base y dos o tres A levels con nota C para cursos de licenciatura de BA (Hons), con énfasis sobre aprendizaje y experiencia anteriores

**EFL:** prueba de hablar y entender inglés.

**Costo de las matrículas:** año base £4.800, BA £5.800 - £6.300 al año, PGDip/MA £6.000 - £6.500 al año.

Los muros de cristal de los estudios de Falmouth College of Arts tienen vistas sobre un jardín sub-tropical. Fueron construidos para sus fines en tierras de Rosehill House, una casa del siglo XIX situada en una colina que desciende hacia el mar. Con las variaciones de clima en Cornualles - brumas otoñales, tormentas de invierno, días templados de primavera y días brillantes y largos en verano, Falmouth, con su ancha bahía donde navegan los barcos de vela en verano, su larga playa y sus paseos por el acantilado, está lleno de escenas que los estudiantes pueden dibujar. Cornualles está en el extremo suroeste de Inglaterra y posee un clima moderado debido a la corriente del Golfo. Su clima templado tiene que atraer a estudiantes de los países cercanos a los trópicos que están interesados en arte. Falmouth es un puerto, abrigo, y destino de vacaciones en la boca del Río Fal.

El punto de enfoque de Falmouth siempre han sido las bellas artes, ya que ha evolucionado de una escuela de arte fundada a principios de siglo (el edificio original ahora forma parte del campus principal). Los temas principales del curso base de un año de duración, son dibujo, pintura, impresión y escultura y la historia del arte y diseño, que constituyen el curriculum del colegio. Entre

*Estudiantes de Falmouth College of Arts*

los cursos de licenciatura (validados por la Universidad de Plymouth) los cursos de bellas artes e ilustración son tremendamente solicitados. Una de las instalaciones del colegio es un patio de escultura para uso en toda clase de climas. Falmouth se ha hecho famoso internacionalmente por sus cursos de estudios de medios de comunicación, especialmente el diploma de postgraduado de un año de duración en periodismo emisor, que tiene como examinador externo a Robin Elias, el Editor de News at Ten, y que está reconocido por el National Council for the Training of Broadcast Journalists (NCTBJ). Varios nombres famosos del mundo de emisión de medios de comunicación obtuvieron su experiencia en Falmouth, entre ellos Hugh Pym, corresponsal político de ITN.

El talento y el compromiso con una materia son considerados muy importantes en Falmouth. Una experiencia sólida en emisión y una buena cinta

grabada de demostración son los requisitos de admisión más importantes para el curso de periodismo emisor. Los estudiantes internacionales que soliciten estudiar periodismo tendrán una entrevista por teléfono. Falmouth opera un sistema internacional de acumulación de créditos. Debe solicitar su cupo en el año de base antes del final de enero, y para el Diploma de Postgrado en Periodismo Emisor o Publicidad Creativa antes del final de febrero, y para el resto de los cursos de postgrado antes del final de junio.

Los estudiantes de Falmouth viven en una ciudad agradable con pocos problemas de seguridad y a solo unos minutos andando del colegio y de la playa. Se ha construido una residencia de estudiantes cerca de la calle principal.

## Historia de un estudiante

Al terminar el colegio, quería estudiar periodismo, pero en Noruega no existían cursos de periodismo. Encontré los cursos de periodismo de Falmouth en una exposición. Quería saber cómo era el colegio, de modo que me puse en contacto con algunos de sus estudiantes noruegos a través del Email. El colegio se enteró de esto y les pareció positivo, de modo que cuando hice mi solicitud me hicieron una oferta incondicional. El énfasis del curso de BA Honours es más sobre análisis que sobre trabajo práctico, pero en este segundo año estamos cursando 12 semanas de periodismo "on-line" e Internet, que es muy práctico. El curso tiene un amplio campo y cubre noticias en inglés, radio y televisión y fotografía... o sea que es mucho trabajo pero es la alternativa mejor. Me han concedido un beca y espero hacer seis semanas de estudios en Guatemala después de Navidades. La ciudad no es muy grande y no hay mucho que hacer. El trimestre dura 11 semanas de modo que te puedes aburrir un poco, pero yo vivo en una casa con otros estudiantes y he hecho amigos - la gente aquí es muy acogedora. Lo que me gusta hacer es salir y explorar la costa y la campiña de Cornualles cuando puedo.

***Charlotte Bergloff, Noruega***

# UNIVERSITY OF GLASGOW

**Escriba a:** Student Recruitment Office, The University, Glasgow G12 8QQ.

**Tel:** 0141 330 5185

**Fax:** 0141 330 4045

**Email:** sro@gla.ac.uk

**Website:** www.gla.ac.uk

**Alumnos:** 15.176 en 1997 (1.500 postgraduados; 1.500 internacionales, de más de 20 países); 49:51 hombre:mujer.

**Alojamiento:** Habitaciones simples y para vacaciones. Residencias universitarias de aproximadamente £45-£55 por semana sin comidas, £67 con comidas, habitación en la ciudad de £45 por semana.

**Requisitos de admisión:** Buenas cualificaciones a nivel A level o equivalente (Como para medicina, medicina veterinaria, odontología, derecho y contabilidad).
**EFL:** Cambridge Certificates, IELTS 6,0; TOEFL 580.

**Costo de las matrículas:** cursos de clase £6.730 al año, cursos de laboratorio £8,800 al año. Medicina £13,240 al año. Postgrado: varios, confirmar con la oficina de admisiones.

Las torres y pináculos de los edificios de la universidad neo-gótica de George Gilbert Scott tienen unas vistas fantásticas sobre una ciudad que vibra de actividad. Glasgow es la ciudad más grande de Escocia. Está en la costa oeste frente a Edimburgo, y es la puerta a los lagos, montañas y los Highlands, pero con sus edificios medievales, sus galerías de arte, museos y su arquitectura de Art Nouveau, la ciudad misma es una atracción turística - y recientemente se citó como el tercer sitio turístico favorito de Gran Bretaña.

Glasgow y su universidad han evolucionado juntas, ya que cuando se completó la gran catedral medieval de la ciudad, a mediados del siglo XV, el Papa dió permiso para la fundación de una universidad. Las primeras clases se impartieron en la nueva nave. En el año 1870 la universidad se mudó a su sitio actual en el alto de Gilmorehill, pero hoy día la facultad de medicina veterinaria está al norte; los cursos de ciencias de la agricultura, producción de comestibles y dirección de tiempo libre se llevan a cabo en el campus del Scottish Agricultural College, en Auch-

*El Campus Principal de la Universidad*

incruive, cerca de Ayr; y Crichton College, la base del nuevo curso MA (en Artes Liberales) está en la ciudad cercana de Dumfries. Glasgow tiene su propia Estación de Investigación de Biología Marítima en el Firth of Clyde y un reactor nuclear en East Kilbride.

La Universidad de Glasgow ha sido la cuna de innovaciones educacionales. En el Siglo XIX la ciudad medieval se vió sumergida en el desarrollo industrial y en respuesta a esto la universidad introdujo las primeras Cátedras de Ingeniería Civil y Arquitectura Naval. Hoy día, la ingeniería, desde la aeronaútica y la espacial hasta el software, es uno de sus puntos académicos fuertes más importantes, y los cursos de construcción naval con ingeniería marítima u oceánica merecen el respeto internacional. La Facultad de Medicina destacó recientemente cuando cambió el énfasis de su especialización clínica de la ciencia al cuidado de pacientes. Además de la ingeniería y la medicina, los temas de contabilidad, finanzas y estudios empresariales atraen a estudiantes de todo el mundo. La universidad obtuvo una

clasificación alta en las evaluaciones de calidad de enseñanza en estos temas y además en química, informática, geografía, geología, física, astronomía, filosofía y sociología.

Su inmensa biblioteca contiene unos dos millones de trabajos, disponibles en formas que van desde la vitela a la televisión por satélite (y acceso rápido a otras siete bibliotecas de universidades escocesas cercanas).

Glasgow tiene una cantidad proporcionalmente grande de postgraduados, en 1997/98 el 30% de los estudiantes postgraduados eran del extranjero. La universidad tiene alojamiento para postgraduados y 60-70 apartamentos en la ciudad para estudiantes casados.

Glasgow tiene una enorme nueva sala de conciertos, varios grandes teatros, fantásticas galerías de arte y el "Mayfest", cuando los actores callejeros, bandas y orquestas hacen sus números por toda la ciudad.

**Historia de un estudiante**

En mi familia es una tradición estudiar en Gran Bretaña. Desde la Segunda Guerra Mundial mi padre y mis tíos han estudiado licenciaturas de BSc en Ingeniería Mecánica en Londres o Escocia. Yo estudié en el politécnico de Singapur durante dos años, de modo que pude entrar directamente al tercer año. El venir aquí es bueno para mi inglés y yo quería vivir con gente distinta e independizarme. La gente de Singapur considera que Inglaterra es un país rico, y al principio me sorprendió ver gente pobre en la calle. Lo más dificil ha sido aprender a tratar con la gente europea. Tienen otra forma de pensar y tardé tres meses en comprender el por qué hacen ciertas cosas. Pero es muy bueno aprender a compartir las opiniones de los demás - crea éxito en el trabajo y además en las relaciones personales.

*Kelvin Hui, Singapur*

# the UNIVERSITY of GREENWICH

**Escriba a:** Enquiry Unit, Bank House, Wellington Street, Woolwich, London SE18 6PF

**Tel:** 0181 331 8590

**Fax:** 0181 331 8145

**Email:** courseinfo@gre.ac.uk

**Website:** www.gre.ac.uk

**Alumnos:** 17.835 en 1998 (9.918 postgraduados, 848 internacionales de más de 90 países; 49:51 hombre:mujer

**Alojamiento:** separado por sexos, para vacaciones. Residencias universitarias £42 - £67 por semana sin comidas, £68 por semana con desayuno y cena; habitación en la ciudad desde £45 por semana.

**Requisitos de Entrada:** generalmente 2 A levels más tres GCSEs con nota C, o equivalente. Bachillerato Internacional 24 puntos, se aceptan varios Diplomas locales y Diplomas Superiores.

**EFL:** IELTS 6.0, TOEFL 550

**Costo de las matrículas:** (en 1998) cursos de licenciatura/postgrado de horario completo £6.950 al año; MBA £9.450; MSc Financial Suite y cursos

de MA en Letras y Patrimonio £7.500.

Si empieza su curso en 1999 tendrá las mejores vistas del punto central de las celebraciones de milenio británicas. La Universidad de Greenwich era originalmente el politécnico de Woolwich, el segundo politécnico más antiguo del RU. Se fundó en 1891 cerca del edificio del Royal Arsenal del siglo XVIII. Los cinco centros principales en el suroeste de Londres y en Kent ofrecen fácil acceso al centro de Londres (aproximadamente 30-45 minutos en tren) y a la campiña y la costa en sus alrededores. La nueva adquisición del Royal Naval College (ver abajo a la izquierda) - El Campus Universitario de Greenwich Maritime, será la sede de las escuelas de PCET, Informática, Ciencias Matemáticas y Derecho.

El campus universitario de Woolwich es la sede de las escuelas de Química y Ciencias de la Vida, Estudios empresariales y Humanidades, y es un campus clásico de ciudad con edificios repartidos por toda la ciudad. El campus universitario de Dartford, que es una elegante casa clásica en Dartford, Kent, es la sede de las Escuelas de Dirección de Tierras y Construcción y Arquitectura y Paisaje. El campus universitario de Medway es la sede de las escuelas de Ciencias de la Tierra y Medioambiente, Ingeniería, y el mundialmente famoso NRI. Esta basado en edificios protegidos por su interés cerca de la histórica ciudad catedralicia de

*Royal Naval College*

Rochester. El campus universitario de Avery Hill es la sede de las escuelas de Educación, Salud y Ciencias Sociales. Es un campus situado en un parque con una mansión tipo italiano del siglo XIX que tiene un invernadero con un domo de cristal comparable solo al de Kew Gardens. Greenwich está incrementando su fama de calidad de enseñanza e investigación. Está clasificada como la mejor universidad nueva de investigación y consulta de ingresos según la información facilitada por Higher Education Statistics Agency, y es una de las dos mejores universidades nuevas en excelencia de investigación según el último ejercicio de evaluación de calidad. Las escuelas de Arquitectura y Paisaje y Dirección de Tierras y Construcción recibieron la puntuación máxima en "excelencia de enseñanza". Las Ciencias Ambientales y Sociales también recibieron la clasificación de Excelente. El curriculum de la universidad incluye cursos sobre el control

ambiental y dirección de la conservación, patrimonio y turismo, estudios empresariales y marketing(mercadeo) internacional. También pueden hacerse cursos MBA en modelos de sistemas estudios empresariales, tecnología internet, arquitectura, fisioterápia, aromaterapia para profesionales de salud con cualificaciones y ciencias deportivas y asímismo se ofrecen licenciaturas combinadas. El año académico está dividido en dos semestres de 15 semanas cada uno que empiezan en septiembre y en febrero. Los viajes al parque de Greenwich y al centro de Londres son la atracción principal de muchos fines de semana y noches, con fácil acceso a restaurantes, cines, museos y mercados. Los estudiantes de Kent tienen fácil acceso a ciudades históricas catedralicias, y a los puertos del canal con accesos a Europa.

Después de 12 años en la Marina Chilena, era hora de hacer un cambio. Fuí a trabajar al Andean Mining and Chemicals Company como representante de ventas y decidí mejorar mi carrera estudiando un MBA. Me encanta viajar, de modo que tenía que venir a Londres, y dada su proximidad al resto de Europa fué una decisón fácil. Estoy muy contento en Greenwich, el nivel de enseñanaza es muy alto y tengo unas relaciones excelentes con mis tutores, que me han ofrecido ayuda y apoyo. Cada trimestre me ha presentado nuevos obstáculos, pero el trabajo en equipo ha sido la base del éxito. Los temas estudiados me han dado una perspectiva más amplia y la oportunidad de aprender de gente con orígenes, edades y nacionalidades muy distintos. Me han ofrecido una promoción a Director Superior de Operaciones cuando vuelva, gracias a mi MBA, y mientras me preparo para irme del RU, tengo que decir que éste curso realmente ha merecido la pena.

**Historia de un estudiante**

*Alejandro Natho, Chile*

# University of Hertfordshire

**Escriba a:** Penny O'Callaghan, University Admissions, University of Hertfordshire, College Lane, Hatfield AL10 9AB

**Tel:** 01707 284 800

**Fax:** 01707 284 870

**Email:** international@herts.ac.uk

**Website:** www.herts.ac.uk

**Alumnos:** 18.000 en 1997/8 (6.000 postgraduados, 1.800 internacionales de más de 90 países; 46:54 hombre:mujer.

**Alojamiento:** separado por sexos, para vacaciones. Residencias universitarias £50 - £60 por semana sin comidas; habitación en la ciudad desde £50.

**Requisitos de admisión:** 12 - 20 puntos, (licenciaturas combinadas modulares); química, biología, 12- 14 puntos; económia, informática 16 puntos; contabilidad, turismo, dirección, 18 puntos; estudios empresariales, derecho, 20 puntos - o equivalente internacional. Cursos de arte generalmente requieren un diploma de base. Se acepta el bachillerato internacional.

**EFL:** IELTS 6.0, TOEFL 550.

**Curso Base:** Programa Internacional Base y Programa Internacional Puente (ver abajo).

**Costo de las matrículas:** todos los cursos £6.650 al año, menos el MBA £7.000 al año.

La Universidad de Hertfordshire está situada en un área del cinturón verde de conservación al norte de Londres, pero está cerca de la red de autopistas principales del RU y a sólo a 25 minutos de la capital en tren.

Está situado en cuatro centros, tres de los cuales - Hatfield, Hertford y Watford - están en áreas verdes. El cuarto está en la ciudad catedralicia de St Albans. La universidad ofrece un servicio de autobús entre ellos.

La universidad tiene ocho facultades: Arte y Diseño, Estudios Empresariales, Estudios Combinados y Contínuos, Ingeniería, Ciencias de Salud y Humanas, Ciencias de Información, Ciencias Naturales, Idiomas y Educación.

En la evaluación de calidad de enseñanza recibió la clasificación de Excelente en Ciencias Ambientales. Los temas principales que interesan a los estudiantes internacionales son informática, dirección empresarial, ingeniería, arte y diseño, psicología y derecho.

Se ofrecen dos programas base. Para los no licenciados el Programa Base Internacional dura un año y necesita un mínimo de TOEFL 450 o

*Hertfordshire Business School*

IELTS 4.5 para apuntarse al primer semestre, además de haber completado satisfactoriamente sus estudios secundarios. El Programa Internacional Puente es para postgraduados, y para matricularse necesita TOEFL 480 o IELTS 5.0, además de la licenciatura.

Hay bibliotecas en todos los centros y también hay otras instalaciones en algunos departamentos. La biblioteca principal de Hatfield está abierta de 8am a 2am (Lun-Vier) y de 11am a 11pm los fines de semana. Las otras bibiotecas tienden a estar restringidas a 12,5 horas entre semana y 7 horas los sábados y domingos. Todos los estudiantes reciben una dirección de Email sin cargo. Se están introduciendo servicios de informática de 24 horas en el Campus de Hertford. Se pueden recibir clases por Video en Hatfield y en Watford

Las instalaciones del sindicato de estudiantes están esparcidas entre los varios centros. El bar principal y el club están en el campus de Hatfield, aunque también hay bares en los otros centros. Existen sociedades que se dedican a una gran variedad de intereses, desde radio amateur hasta malabarísmo. Entre los servicios de asistencia social hay centros de salud, guarderías de día, un centro de asesoramiento, un lugar de oración musulmán y un capellán universitario, que pueden poner a los estu-diantes en contacto con un representante de su propia fé o denominación. También hay un Oficial para Estudiantes Inválidos.

Entre las instalaciones deportivas hay un gimnasio y pistas iluminadas en Hertford, un centro de ejercicios, un muro de escalar, y un campo artificial de hockey en Hatfield y un terreno de deportes para todos los climas en Watford. Los clubs deportivos varían desde "paintballing" hasta paracaidismo y desde fútbol americano hasta vuelo y esquí acuático.

Existe una sociedad internacional de estudiantes. Se organiza un programa de orientación para los estudiantes internacionales. Se ofrecen clases gratuitas de apoyo para el idioma inglés durante todo el año.

---

**Historia de un estudiante**

Vine a Hertfordshire para estudiar Ingeniería de Sistemas de Fabricación después de obtener mi licenciatura en el Colegio INTI de Malasia. Me gustó la forma en que estaba estructurado y diseñado el curso, según las necesidades actuales de la industria, y espero usar las técnicas que he aprendido en mi país e internacionalmente. Las instalaciones para estudiantes de ingeniería son fantásticas, con una gran biblioteca combinada con un centro de informática, ambos en el mismo edificio. Pero también pienso que he conseguido mucho más que un logro académico durante mi estancia. Los momentos buenos y malos de la vida universitaria han sido las experiencias más valiosas que he tenido.

*Lenny Koh, Malasia*

# INSTITUTE OF EDUCATION
### UNIVERSITY OF LONDON

**Escriba a:** Student Programmes Office, Institute of Education, University of London, 20 Bedford Way, London WC1H 0AL.

**Tel:** 0171 612 6102

**Fax:** 0171 612 6097

**Email:** overseas.liaison@ioe.ac.uk

**Website:** www.ioe.ac.uk

**Alumnos:** 4.421 en 1997/8 (todos postgraduados, 400 internacionales de más de 80 países; 32:68 hombre:mujer.

**Alojamiento:** separado por sexos, casados, para vacaciones. Residencias universitarias desde £86 por semana con comidas; habitación en la ciudad £55-£85 por semana.

**Requisitos de admisión:** normalmente una licenciatura aprobada a nivel de "second class honours", algunos cursos requieren experiencia profesional.
**EFL:** cursos base IELTS 5.0, TOEFL 500.

**Curso Base:** curso de inglés para fines académicos de 12 semanas antes de la sesión; curso de inglés de ocho meses conducente a la licenciatura.

*El Institute of Education*

**Costo de las matrículas:** £6.879 al año.

El Instituto de Educación se fundó en 1902 como el "London Day Training College", y ahora es un colegio de licenciados de la Universidad federal de Londres. Hoy día tiene fama internacional como centro de encuestas educacionales. El propósito del instituto es la formación de un profesorado de alta calidad y cada año casi 1.000 licenciados hacen un curso del Certificado de Postgrado en Educación del instituto, que se ofrece en asociación con los colegios y escuelas de la zona de Londres.

El colegio está en la zona de Bloomsbury, en el centro de Londres - un distrito famoso por sus plazas rodeadas de arboles y edificios de los siglos diecisiete y dieciocho. El edificio principal del instituto fué diseñado por el arquitecto británico Sir Denys Lasdun, creador del Royal National Theatre y la Casa de la Opera de Ginebra. Hay un pequeño número de grupos académicos y de investigación basados en las casas Georgianas de la vecindad. El sindicato, los edificios de administración y la biblioteca de la Universidad de Londres están situados en las cercanías. También están cerca las tiendas de Oxford Street, Regent Street y Covent Garden y los teatros, cines, galerías y museos, como por ejemplo el British Museum.

En años recientes el instituto ha ampliado el número de cursos premiados que ofrece, desde formación inicial de profesorado hasta desarrollo profesional adicional y programas de licenciatura de investigación. En el ejercicio de evaluación de calidad de investigación el Instituto de Educación fué una de las dos únicas instituciones que recibieron la calificación de 5*. Los cursos de mayor interés para los estudiantes internacionales son la enseñanza del inglés para personas de otros idiomas (TESOL), educación comparativa, desarrollo infantil, efectividad de los colegios y estudios de políticas. También se ofrecen varios cursos cortos para educadores a todos los niveles.

El Instituto está planeando un Centro de Aprendizaje de Futuro que será el foco central de la experimentación colaborativa y evaluación de nuevos métodos de enseñanza y aprendizaje usando los nuevos desarrollos en informática y tecnología de la comunicación. Como foro de debate, el instituto ha presentado conferencias sobre cuestiones de educación, con la participacón de los jefes de los partidos políticos principales del RU.

El Sindicato de estudiantes es uno de los principales centros sociales del instituto. Es una unidad autónoma con una gran sala común, con instalaciones de alimentación y bar, salas de

reuniones, una tienda y las oficinas del sindicato. Existen numerosas sociedades, por ejemplo la Sociedad africana, la sociedad multicultural, la sociedad helénica, la sociedad de Hong Kong, la sociedad japonesa y la sociedad latino-americana. Uno de los acontecimientos anuales de la vida del instituto es la Extravaganza Multicultural que incluye baile, música, poesía y drama de un número de países. Los estudiantes que participan llevan sus trajes nacionales.

Hay algunas actividades diseñadas para estudiantes internacionales. Al principio de cada sesión académica hay un programa de orientación grátis. Para los que necesitan clases de inglés, se ofrecen clases de conversación inglesa en los trimestres de otoño y primavera y grupos de estudio regulares sobre trabajos escritos para los estudiantes de investigación.

El alojamiento es en las propias residencias del instituto y en residencias intercolegiales. John Adams Hall está situado en una fila de casas georgianas a unos minutos andando del edificio principal.

**Historia de un estudiante**

En 1983, nada más terminar una licenciatura en psicología en Brasil, me mudé a Londres para estudiar el MSc de Psicología Educacional en el instituto. El estar expuesta a una gama tan enorme de fuentes teóricas y a una cultura tan diferente, fué una experiencia enormemente positiva. Cuando volví a casa me dediqué a la investigación y después a dar clases en la Facultad de Educación de la Universidad Federal de Pelotas. Echaba de menos al instituto y por tanto estuve encantada de volver como estudiante de doctorado una decada después. Mi segunda estancia fué tán rica e interesatnte como la primera y la calidad de supervisión ofrecida es particularmente excelente.

*Magda Flora Damiani, Brasil*

# LIVERPOOL
# H PE
## UNIVERSITY COLLEGE

**Escriba a:** International Office, Liverpool Hope University College, Hope Park, Liverpool L16 9JD.

**Tel:** 0151 291 3856

**Fax:** 0151 291 3116

**Email:** daviesj3@livhope.ac.uk

**Website:** www.livhope.ac.uk

**Alumnos:** 4.500 en 1998 (697 postgraduados, 3% del extranjero de más de 20 países; 30:70 hombre:mujer

**Alojamiento:** separado por sexos, para vacaciones. Residencias universitarias £47 - £61 por semana; habitación en la ciudad desde £45 por semana.

**Requisitos de admisión:** en general nota C en 2 A levels o equivalente.
**EFL:** Cambridge Advanced o Proficiency; IELTS 6.0; TOEFL 560.

**Costo de las matrículas:** Estudios de Lengua Inglesa £3.500 al año, todos los cursos de licenciatura y postgrado £4.000 al año y £5.950 al año con alojamiento.

La palabra clave en Liverpool Hope es cambio. En los últimos dos años, todo el colegio, desde su estructura física hasta el contenido de su curriculum y el equipo administrativo tuvieron una completa revisión. Se están ampliando y modernizando los edificios, y se están introduciendo mejores instalaciones para los estudiantes con incapacidades físicas. Hasta la sala común, que solía ser para los profesores, ha pasado a los estudiantes. Hope tiene ahora una guardería que sirve a su gran proporción de estudiantes maduros y que fué elegida recientemente como la mejor del país. También tiene una "cyber" cafetería llamada "Hope On The Waterfront" que está en los Albert Docks de Liverpool y que actúa como escaparate.

El colegio se fundó en el siglo XIX como un grupo de tres colegios de formación para profesores (dos católicos y uno anglicano) y en 1975 se diversificó en los cursos de BA y BSc. Es un Colegio Universitario y sus licenciaturas son avaladas por la Universidad de Liverpool. Hoy día retiene su dedicación a la educación y sus cursos de BEd son parte fundamental de su curriculum - aproximadamente la mitad de los estudiantes de Hope están estudiando cursos de BEd o MEd (su curso de postgrado más importante). Actualmente se está convirtiendo en un colegio de letras de estilo liberal, con una base fuerte en ciencias/letras, y que ofrece teología, estudios femeninos y deportes entre sus opciones. La mayoría de las licenciaturas que ofrece

*Estudiantes de Liverpool Hope*

son combinadas para las que los estudiantes pueden elegir entre una variedad de temas: Estudios americanos y europeos, arte y diseño, idiomas, geografía e historia, tecnología de la información, música, drama, biología y matemáticas. Entre los cursos master de tiempo completo hay cursos de tecnología de la información, ecología y estudios ambientales y regeneración urbana y dirección.

Hope está orgullosa de su fama de ser humanitaria, y la mejor forma de describir su método de educación es holístico. Los estudiantes lo reiteran constantemente y parecen genuinamente estar disfrutando de su experiencia.

El Centro de Estudios de Lengua Inglesa (CELS) ofrece enseñanza de lengua inglesa a tiempo completo y parcial a estudiantes internacionales que desean mejorar su domínio del idioma antes o durante sus estudios de licenciatura.

El año académico está dividido en dos semestres que empiezan en septiembre y febrero. Los cursos están basados en módulos y hay un sistema de transfe-rencia de créditos. Hay una biblioteca nueva construida para los propios fines e instalaciones de recursos de aprendizaje con unas instalaciones de TI (Teoría de la información) excelentes.

Hope ocupa solamente un campus en la zona residencial agradable de Liverpool, a 15 minutos en coche del centro de la ciudad. Es un sitio animado y lleno de vida con un ambiente amistoso. El Sindicato de estudiantes se benefició recientemente de una inversión importante. En Hope se hace un énfasis en los deportes en Hope, y tiene equipos a nivel de campeón de rugby, netball y fútbol. Hay un nuevo campo al aire libre iluminado de hockey y otros deportes de equipo. El colegio también tiene un centro externo de educación en Plas Caerdeon, al norte de Gales, que se usa tanto para las actividades sociales como para las relacionadas con el curso.

**Historia de un estudiante**

Me llamo Maria José de Luca, tengo 18 años y soy de Guayaquil Ecuador. Terminé mis estudios secundarios y decidí estudiar inglés antes de empezar la universidad en el Ecuador; pues es una realidad que el idioma inglés se ha convertido en la lengua universal y abre muchas puertas en futuros trabajos. Supe de Liverpool Hope University College por un amigo de mi papá que me dijo que era una institución seria y con prestigio. Así que vine a Liverpool la "ciudad de los Beatles" y ya llevo cuatro meses. Vivo con una familia inglesa y comencé mis estudios en Liverpool Hope en septiembre del 98. En realidad he constatado por mí misma la calidad del curso, la calidad excelente de los profesores que son conscientes de que deben hacer un buen trabajo y exigen a los estudiantes que den un 100%. La gente aquí en Liverpool es muy linda y cálida y sinceramente estoy pasando un tiempo que no voy a olvidar y que me va a servir muchísimo.

*Maria José De Luca, Ecuador*

# THE UNIVERSITY
## *of* LIVERPOOL

**Escriba a:** Director of International Liaison, The University of Liverpool, Schools, Colleges, International Liaison and Admissions Service (SCILAS), Student Services Centre, Liverpool L69 3GD.

**Tel:** 0151 794 5927

**Fax:** 0151 794 2060

**Email:** scilas@liv.ac.uk

**Website:** www.liv.ac.uk

**Alumnos:** 14.000 en 1998 (3.600 postgraduados, 1.359 internacionales de más de 90 países; 50:50 hombre:mujer.

**Alojamiento:** separado por sexos, casados, para vacaciones. Residencias universitarias desde £45 por semana sin comidas, £66 por semana con comidas; habitación en la ciudad £33-£35 por semana.

**Requisitos de admisión:** en general Bs y Cs (As y Bs para medicina, odontología, medicina veterinaria y derecho). Se acepta el bachillerato Europeo e Internacional.

**EFL:** normalmente IELTS 6.0, TOEFL 580

**Costo de las matrículas:** temas que se imparten en clase £6.274 al año, temas de laboratorio £8.43 al año, temas clínicos £15.251 al año.

**Cursos de base:** ciencias de vida, ingeniería, informática, TI (tecnología de la información), psicología, ciencias químicas y geografía. También se ofrecen cursos en colegios asociados.

La Universidad más antigua de Liverpool, fundada en 1881, es la universidad original de "red-brick" - su nombre describe el color de los ladrillos que se usaron para construir su edificio victoriano. Está muy cerca del centro de la ciudad, y su recinto se extiende hacia el este de la Catedral Metropolitana.

Aunque no haya visitado nunca Liverpool, seguramente le es más familiar de lo que piensa. Si pasea por la ciudad verá que Penny Lane verdaderamente existe. Culturalmente, Liverpool tiene mucho que ofrecer. Contiene una gran variedad de minorías étnicas, y presume de el barrio chino probablemente más antiguo de toda Europa. Es una ciudad cosmopolita similar a Londres, pero es distinta de Londres en cuanto a que es probablemente uno de

*El edificio de ladrillo rojo original*

los sitios más baratos para vivir en el RU. Con sus dos universidades, está bien pensada para ser una ciudad de estudiantes. El Cavern Club, donde los Beatles tuvieron su primera actuación, forma parte de su famosa vida nocturna. La Universidad de Liverpool está clasificada dentro del primer 25% de las mejores universidades del RU. Sus puntos fuertes son ingeniería, ciencias de la tierra, matemáticas, ciencias biológicas y físicas, diseño cívico, música, inglés e idiomas modernos. Ofrece una gama inmensa de cursos.

Liverpool tiene fama de ser una universidad encaminada hacia la investigación, que es más notable en el campo de la catálisis, por lo que su Departamento de Química es conocido mundialmente; en ciencia de superfície, una de las materias del Centro de Investigación Interdisciplinaria, y en el Proceso de materiales con laser, y en muchas otras áreas. El Instituto de Música Popular, que es el primero de su tipo en el RU (vea p000), y obtuvo una clasificación de 5* en el ejercicio de evaluación de investigación, es uno de los departamentos de la Universidad de Liverpool.

Hay ocho residencias universitarias, algunas están en el campus y las demás en dos parques a 3 millas (4,8 kilómetros) de la ciudad. Un servicio de autobuses comunica a los estudiantes y a residentes con la ciudad. En edificios de la universidad situados más cerca del centro de la ciudad, también existe alojamiento sin comidas para 1.000 estudiantes.

El incremento contínuo pero gradual de estudiantes internacionales indica la prudencia de la universidad en no admitir más estudiantes de los que es capaz. Todos los estudiantes con los que hablamos alabaron ampliamente el servicio de apoyo. Al principio del semestre de septiembre se recibe a los nuevos estudiantes en el aeropuerto; y durante unos cuantos días la Conferencia Internacional los ayuda a acostumbrarse a la vida universitaria británica antes de la llegada de los estudiantes británicos. The Guild (el sindicato de estudiantes) procura asegurar que todo el mundo encuentre su lugar en la vida estudiantil.

**Historia de un estudiante**

Mi padre trabaja en máquinas de procesar frutas en Malasia y pensé que le podría ayudar estudiando una licenciatura en ingeniería mecánica y dirección. Elegí la Universidad de Liverpool porque INTI, mi universidad en Malasia, tiene conexiones con ella y porque el departamento de ingeniería mecánica es mundialmente famoso. No me ha parecido demasiado duro el trabajo y las instalaciones son muy buenas. El mayor obstáculo hasta momento ha sido el clima británico. No importa cuántas veces adviertan a uno, nada te puede preparar contra el frío! Lo que sí me gusta de verdad es la sociedad multicultural de la universidad. Hay una vida social muy activa y en particular me gusta ir a los pubs y a los partidos de fútbol. Vivir en Inglaterra es caro, pero es mucho más barato vivir en Liverpool que en Londres.

*Fui Yuit Lonng, Malasia*

**LONDON GUILDHALL**
UNIVERSITY

**Escriba a:** Admissions Office, London Guildhall University, 133 Whitechapel High Street, London E1 7QA.

**Tel**: 0171 320 1616

**Fax**: 0171 320 1163

**Email**: enqs@lgu.ac.uk

**Website**: www.lgu.ac.uk

**Alumnos**: 13.442 en 1997/8 (1.886 postgraduados, 617 internacionales de 94 países fuera de la UE; 50:50 hombre:mujer.

**Alojamiento**: separado por sexos, para vacaciones, almacenamiento. Residencias universitarias £49 - £70 por semana sin comidas; desde £72 por semana con comidas; habitación en la ciudad £55-£60 por semana.

**Requisitos de admisión**: generalmente 2 A levels aprobados más dos asignaturas de GCSE o tres A levels aprobados más una de GCSE. 24 puntos Bachillerato Internacional, 60% en el Bachillerato europeo. **EFL**: IELTS 6.0, TOEFL 550.

**Curso Base**: El centro de lengua inglesa de la universidad ofrece un curso base para estudiantes internacionales (un año), clases de preparación de los exámenes Cambridge Advanced, Cambridge Proficiency y LCCI Business English, Certificado Base en Inglés como idioma extranjero (uno, dos y tres trimestres) y el curso de Cambridge First Certificate (uno, dos y tres trimestres).

**Costo de las matrículas:** cursos de HND y BA/BSc £6.000 al año. Suplementos en algunos cursos de estudio o laboratorio.

En 1998 La Universidad Guildhall de Londres celebró su 150 aniversario. Sus raices se remontan a 1848 cuando el Obispo Blomfield de Londres, mandó que los cléricos estableciesen clases nocturnas para mejorar las condiciones morales, intelectuales y espirituales de los jóvenes de la metrópolis. En 1861 las clases se reconstituyeron en el City of London College con la introducción de temas comerciales y técnicos. Hoy día, más de un siglo después la Universidad Guildhall de Londres es la única institución de educación superior situada en la "milla cuadrada" de la Ciudad de Londres. Sus seis centros de enseñanza llegan hasta Aldgate en el este de Londres, y también tiene lugares históricos como Jewry Street construido sobre los restos del muro erigido por los romanos para proteger Londinium. El Business School de la universidad, en el distrito financiero de la City, es uno de los más grandes de Europa. Entre los alumnos antiguos de la universidad figuran el comediante Vic Reeves, Mark

*Estudiantes de London Guildhall University*

Thatcher, el hijo de Margaret Thatcher y Wee Choo Keong, Miembro del Parlamento de Kuala Lumpur Central. Su patrón es actualmente Su Alteza Real el Principe Felipe de Inglaterra.

Originalmente, varios de los colegios de la universidad eran colegios privados especializados, lo cual quiere decir que se ofrece una amplia gama de diversos temas como bellas artes, relaciones internacionales, estudios empresariales y comercio, tejidos e interiores, tecnología de instrumentos musicales, tecnología de la información de empresa, idiomas, derecho y orfebrería. En las evaluaciones de calidad de enseñanza de 1998, la universidad obtuvo 23 puntos sobre 24 en arte y diseño, 20 sobre 24 en tecnología de materiales, y en 1994 la clasificación de Excelente en política social y administración.

Entre los recursos de la universidad está el centro integrado de recursos de aprendizaje que combina los servicios de informática, biblioteca y medios de comunicación en un solo lugar. También tiene una sala para se-minarios, salas de estudio en grupo y un espacio para las exposiciones. Hay otras instalaciones

esparcidas en los varios sitios de la universidad. Hay tres bibliotecas en total y la especializada Fawcett Library - una biblioteca de investigación sobre la historia de las mujeres y el movimiento femenino.

Los estudiantes internacionales pueden acudir a su llegada a un curso de orientación y bienvenida para ayudarles a acomodarse a la vida estudiantil en Gran Bretaña. Los estudiantes internacionales además se hacen sócios automáticamente de International House - un centro y club en el West End de Londres que ofrece instalaciones tales como bares, restaurantes, salas de estudio una discoteca y un club de viajes. También tienen alojamiento garantizado en las residencias. Los estudiantes que necesitan aprender inglés pueden realizar cursos de inglés en la universidad. Hay una capellanía universitaria que está abierta a los estudiantes de todas las creencias y tradiciones. Para los estudiantes que tengan dificultades financieras se ofrece ayuda.

**Historia de un estudiante**

Yo había trabajado en informática en Madrid durante varios años pero quería poder trabajar internacionalmente. Al principio vine a Londres para tres meses para mejorar mi inglés, pero me he quedado más de cinco años! Cuando llegué descubrí que necesitaba más cualificaciones para avanzar en mi área de informática. Como estaba en Londres, un compañero me recomendó el departamento de informática en la Universidad Guildhall de Londres. Después de acudir a un día abierto al público, me gustó lo que ví y me apunté. Las clases eran muy útiles y las instalaciones son muy buenas. Me gustó la universidad porque tiene una mezcla increíble de nacionalidades y minorías étnicas. Ahora trabajo en Londres para una empresa multinacional grande "blue chip" de informática lo que no hubiese sido posible sin las nuevas técnicas que aprendí y la experiencia que obtuve en la Universidad Guildhall de Londres.

*Mercedes Molina, España*

# THE LONDON INSTITUTE

**Escriba a:** Barbara Manackjee, "International Development Officer", The London Institute, 65 Davies Street, London W1Y 2DA.

**Tel:** 0171 514 6000

**Fax:** 0171 514 6212

**Email:** bm@linst.ac.uk; ck@linst.ac.uk

**Website:** www.linst.ac.uk

**Alumnos:** 26.040 en 1997/8 (1.100 postgraduados, 1.650 internacionales de 80 países; 33:67 hombre:mujer

**Alojamiento:** Facilidades para almacenaje y para vacaciones. Residencias universitarias de £51 por semana sin comidas, £80 por semana con comidas; habitación en la ciudad £85 por semana.

**Requisitos de admisión:** de tres a cuatro GCSEs más 2 dos A levels para los cursos académicos; portafolio de trabajos artísticos más una entrevista para los cursos de arte y diseño.

*Diseñado por un estudiante de London Institute*

**EFL:** Base IELTS 5,0, no graduados IELTS 6,0, masters y postgrados IELTS 7,0.

**Curso Base:** Cursos académicos cuatro cualificaciones de GCSE, de puntuación A-C; cursos de arte y diseño cinco GCSEs y portafolio de trabajos artísticos.

El London Institute une cinco colegios mundialmente famosos de arte, comunicaciones y diseño, que son: Camberwell College of Arts, Central Saint Martins College of Art and Design, Chelsea College of Art and Design, London College of Fashion y London College of Printing. Los colegios ofrecen oportunidades de estudio a todos los niveles, desde Acceso y primer diploma hasta BA, MA y PhD en temas tales como bellas artes y artes aplicadas, historia del arte, conservación, diseño gráfico y de productos, diseño de modas, periodismo, publicación y publicidad. La Galería del London Institute en Davies Street, Londres, es un punto central del trabajo de profesores y estudiantes de todos los colegios del instituto. Entre los alumnos antiguos están Alexander McQueen, Clements Ribeiro, John Galliano, Stella Mc Cartney, Anish Kapoor y Helen Chadwick.

Un gran número de los cursos llevan mucho tiempo establecidos y su enseñanza corre a cargo de profesionales, frecuentemente de fama internacional en su campo. El estatus de Londres como centro de arte y diseño también es una ventaja.

Camberwell College of Arts ofrece un curso en arte visual que permite que el estudiante elija una serie de programas a realizar junto con su tema principal. El Camberwell Press es una parte del colegio donde se diseñan y publican libros. Además está la Colección Camberwell que consiste de artefactos de cerámica, metales y tejidos usados para fines educativos. En Central Saint Martins College of Art and Design se llevan actualmente ocho proyectos de investigación que incluyen diseño para baile, diseño para la invalidez e internet como lugar para el arte. Chelsea College of Art and Design tiene un curso rápido pionero de BA en diseño que dura dos años

El London College of Fashion ofrece cursos especializados en moda que incluye trajes de teatro y maquillaje de teatro, además de cursos de terapia de belleza. El London College of Printing tiene una gama de cursos que puede que no sean obvios por su nombre. Por ejemplo gráfica, emisión, venta al por menor, publicidad, periodismo y diseño.

El sindicato de estudiantes tiene seis bares esparcidos por los colegios. De vez en cuando el sindicato alquila lugares famosos de Londres, tales como el "Ministry of Sound" y "Heaven" para noches de música y baile. Se garantiza el alojamiento a los estudiantes internacionales y un curso gratuito de seis meses de prácticas de inglés (EFL). Se ofrece un servicio de "Meet and Greet" en el aeropuerto y hay un programa especial de bienvenida/ orientación. Los estudiantes tienen acceso a un servicio de asesoramiento, guarderías y consejos financieros además de poder usar las instalaciones deportivas de Kings College. Los estudiantes que han estudiado un curso base en uno de los colegios del instituto pueden acceder a otro colegio para seguir sus estudios. Todos los colegios están situados en Londres, de modo que están al alcance de numerosas galerías de arte importantes, teatros y museos

**Historia de un estudiante**

Después de terminar mi licenciatura en pintura en Tenerife, me fuí de mi pequeño mundo en busca de aventuras, para aprender inglés, y más adelante continuar mis estudios de arte. Visité el Central Saint Martins College en 1997 y me reuní con el director del curso de BA (Hons) en Arte y Diseño que me explicó su visión para un nuevo curso: era exactamente lo que yo quería. El curso se trata de tí mismo en el mundo real; haciendote darte cuenta de los grandes cambios que está experimentando el mundo de hoy, tiene el propósito para prepararte para estos problemas. Al principio de nuestro segundo año, el "Studio 111" - así nos llamamos - expusímos en Barcelona y estamos a punto de abrir otra exposición aquí en Londres. Aparte de ser divertido y dinámico, el curso me da la oportunidad de hacer lo mejor de lo que soy capaz. Es fantástico ser parte de este curso tan emocionante y ambicioso. Lo único que echo de menos es el sol!

*Elena Rodriguez Suarez, España*

# THE LONDON SCHOOL OF ECONOMICS AND POLITICAL SCIENCE ■

**Escriba a:** Student Recruitment Office, London School of Economics, Houghton Street, London WC2A 2AE.

**Tel:** 0171 955 7440

**Fax:** 0171 955 7421

**Email:** stu.rec@lse.ac.uk

**Website:** www.lse.ac.uk

**Alumnos:** 6.736 en 1997/8 (3.654 postgraduados, 3.888 internacionales de 130 países; 56:44 hombre:mujer

**Alojamiento:** Sexos separados, casados, para vacaciones, facilidades para almacenaje. Residencias universitarias de £40-£90 por semana sin comidas, habitación en la ciudad £60 por semana.

**Requisitos de admisión:** Para los no graduados AAB-BBC a nivel de A level, Bachillerato Internacional 32-39; postgrados, Licenciatura de segunda clase de una buena universidad.

**EFL:** Para no graduados IELTS 7,0; para postgraduados IELTS 6,5, TOEFL 603.

**Curso Base:** No aplicable

**Costo de las matrículas:** cursos para no graduados £9.072 al año, cursos de postgrado £9.360 al año.

El London School of Economics and Political Science (LSE) es único en el RU por su concentración en la enseñanza e investigación que abarca toda la gama de ciencias sociales, políticas y económia. La fundaron Beatrice y Sydney Webb, miembros fundadores de la Fabian Society, en 1895 y se unió a la Universidad federal de Londres (UL) en 1900. Hoy día el LSE es una de las mayores instituciones del UL. Más de la mitad de los estudiantes del colegio vienen del extranjero, y por tanto LSE tiene una comunidad de estudiantes internacionales particularmente numerosa. Entre los alumnos antiguos figuran políticos y miembros del House of Lords de Gran Bretaña, 26 Primeros Ministros presentes y pasados y personalidades como George Soros, Maurice Saatchi y Mick Jagger.

LSE está situada en Holborn, en el centro de Londres. La British Library, la biblioteca de Senate House de la Universidad de Londres y bibliotecas especia-lizadas están al alcance fácil del colegio. Y los estudiantes naturalmente se benefician de otras oportunidades sociales y cultu-rales y de las

LSE

conexiones de viaje de Londres

El colegio ofrece otros cursos además de los de económia y ciencias políticas. La enseñanza se lleva a cabo en 18 departamentos académicos y 26 centros e institutos de investigación. Aunque las licenciaturas se conceden por la Universidad de Londres, el colegio tiene autonomía absoluta en el contenido y la estructura de sus cursos de licenciatura, algunos de los cuales incluyen la colaboración de los colegios de la universidad federal. En las evaluaciones prévias de calidad de enseñanza, LSE obtuvo un Excelente en historia en 1993, y en antropología, trabajo social aplicado, estudios empresariales y dirección, política social y administración y derecho en 1994. Después, en el ejercicio de evaluación de investigación de 1996, el colegio consiguió una calificación de 5* o 5 en diez áreas - que incluyen al 90% del personal de LSE - por ejemplo económia y econometría, política y estudios internacionales e historia económica.

La British Library of Political and Economic Science es la biblioteca normal del colegio y también sirve como colección nacional de material de investigación. El colegio está dedicado a que el personal y los estudiantes tengan acceso a los recursos de TI (Teoría de la información) y el apoyo necesarios.

LSE tiene varias redes de apoyo para sus estudiantes. Cuando necesitan consejos académicos o personales o bien apoyo, los estu-diantes pueden consultar con sus tutores. Los estudiantes tienen también tres capellanes disponibles - Católico, Anglicano y de la Iglesia Libre - y con un Rabino en el colegio. También hay una lugar de oración islámica y asociaciones de estudiantes para las religiones principales. En 1998 el colegio concedió unos £1,2 millones en ayudas de ingreso para los estudiantes de licenciatura y postgrados autofinanciados de todas las nacionalidades. Se ofrecen becas adicionales para estudiantes de ciertos países o que estudian ciertos cursos. El colegio y el sindicato de estudiantes tienen fondos para emergencias. Como socios de UL los estudiantes tienen acceso a todas las instalaciones de la universidad; por ejemplo cuidados de salud y dentista, servicios de asesoría y los bares, cafeterías gimnasio y piscina del sindicato de estudiantes.

**Historia de un estudiante**

La dimensión internacional de LSE y de Londres le permite a uno conocer, aprender y compartir experiencias con gente de todo el mundo. Recomiendo el alojamiento en las residencias durante por lo menos un año; esto le permitirá integrarse totalmente y experimentar la vida estudiantil. Las horas de clases suelen ser mínimas (unas 12 horas por semana) y esto deja mucho peso en manos del estudiante, de modo que es esencial leer mucho. Yo también intento acudir a las clases públicas del LSE que ofrecen puntos de vista muy interesantes sobre cuestiones tales como la globalización. La licenciatura de BSc en dirección del LSE me ha dado conocimientos importantes sobre la empresa y me ha permitido a acceder a trabajos basados en la dirección, donde puedo usar las técnicas que he aprendido.

*Gursheen Khandari, Kenya*

# Loughborough University

**Escriba a:** Claire Prendergast, International Recruitment Officer, Admissions Office, Loughborough University, Loughborough, Leicestersire LE11 3TU

**Tel:** 01509 222 233

**Fax:** 01509 223 905

**Email:** c.e.prendergast@lboro.ac.uk

**Website:** www.lboro.ac.uk

**Alumnos:** 10.530 en 1997/8 (2.509 postgraduados, 806 internacionales de más de 100 países; 67:33 hombre:mujer

**Alojamiento:** Separado por sexos, casados/familia, para vacaciones, Facilidades de almacenaje. Residencias universitarias de £35-£45 por semana sin comidas, £60-£65 por semana con comidas; habitación en la ciudad £32-£49 por semana.

**Requisitos de admisión:** para cursos de licenciatura una combinación de exámenes de GCSE y A Level aprobados bien en cinco asignaturas con dos A Levels, o en cuatro asignaturas con tres A Levels o su equivalente internacional.

*Loughborough University*

**EFL:** Certificate of Proficiency in English nota C, Certificate in Advanced English nota B. GCSE en inglés nota C, IELTS 6.5, TOEFL 550; para postgrados GCSE en inglés, IELTS 6.5, TOEFL 550

**Curso Base:** de un año a tiempo completo o dos años tiempo parcial, para ciencias e ingeniería o arte y diseño

**Costo de las matrículas:** cursos de clases £6.090 al año, cursos de laboratorio £7.970 al año

La Universidad de Loughborough tiene sus orígenes en 1909 cuando se estableció un instituto técnico pequeño en la ciudad de Loughborough en los East Midlands. El colegio pronto consiguió fama nacional por sus logros deportivos y en 1929 se unió a la unión de atletismo. Para el año 1952 se había expandido a cuatro escuelas especializadas en tecnología, ingeniería, especialización de maestros y arte y diseño. Se concedió el estatus universitario a las escuelas de tecnología en 1966.

La ciudad de Loughborough está a una media hora en coche de Nottingham y Leicester y aproximadamente a una hora y media de Londres en tren. El aeropuerto de los Esat Midlands también está cerca. Antiguamente Loughborough se conocía por su fabricación de encajes y fundición de campanas, y ahora es una ciudad comercial con algo de industria ligera. El corazón de la campiña inglesa se encuentra muy cerca; el Bosque de Charnwood está cerca de la ciudad y su vecino Peak District es popular para la escalada, el ala delta y el paseo.

La universidad está dividida entre las facultades de ingeniería, ciencias y ciencias sociales y humanidades. En las evaluaciones de calidad de enseñanza la universidad obtuvo 22 o 23 puntos sobre 24 en numerosas áreas tales como electrónica e ingeniería eléctrica (1997), ingeniería mecánica, náutica y de fabricación (1997) y drama, danza y cinematografía (1997). En el ejercicio de evaluación de investigación de 1996 Loughborough recibió un 5 en la investigación de profesiones aliadas a la medicina, ambiente construido, sociología, estudios europeos, dirección de bibliotecas e información y temas relacionados con deportes.

El trabajo realizado por la universidad de Loughborough realiza con la industria y el comercio, le valió la concesión del Queens Anniversary Prize en 1994 en reconocimiento de su trabajo en equipo con British Aerospace y Rolls Royce. Los estudiantes de licenciaturas sandwich frecuentemente pueden organizar su formación técnica profesional fuera del RU. Entre las instalaciones académicas de la universidad

figuran la Pilkington Library que tiene libros y artículos académicos en CD-ROM y los centros de informática a los cuales los estudiantes tienen acceso 24 horas al día.

Existen instalaciones de deportes internas y externas en el campus, además de un centro de artes, un centro médico gratuito y un edificio del sindicato de estu-diantes que tiene cuatro bancos, un dentista, un óptico y varias tiendas. El idioma inglés es una preocupación para muchos estudiantes y la unidad de lengua inglesa organiza cursos pre-sesionales, antes del comienzo de cada año académico. Los lugares de oración incluyen una sala de oración musulmana y una cape-llanía que pueden poner en contacto a los estudiantes con grupos de otras creencias religiosas. Se ofrecen un número de becas y ayudas a los estudiantes de ciertos países y para aquellos que destacan en música, deportes, ciencias e ingeniería

Decidí estudiar en Loughborough por su fama en la investigación. Las publicaciones del Departamento de Ingeniería de Fabricación fueron parte de las referencias que guiaron mi investigación en la universidad en Brasil. Después de hacer una visita, elegí Loughborough entre las tres opciones que había presentado a mi patrocinador, CNPq. El "know how" del Computer Aided Engineering Research Group, las instalaciones, la buena relación que tengo con mi supervisor de PhD y el tamaño de la "ciudad" fueron todos aspectos importantes. Después de dos años mi comprensión del tema ha incrementado consi-derablemente. Como no hay obligación de acudir a un número determinado de cursos se puede empezar con una revisión de la literatura y hacer una investigación en su área específica inmediatamente, lo que motiva mucho más. De todas formas, esto requiere una estrecha colaboración con su supervisor

*Carlos Alberto Costa, Brasil*

**Historia de un estudiante**

**Escriba a:** Tim Gutsell, International Office, University of Luton, Park Square, Luton LU1 3JU.

**Tel:** 01582 489 346

**Fax:** 01582 486 260

**Email:** tim.gutsell@luton.ac.uk

**Website:** www.luton.ac.uk

**Alumnos:** 15.000 en 1997/8 (225 postgraduados, 520 internacionales, de 110 países); 47:53 hombre:mujer

**Alojamiento:** Sexos separados, para vacaciones, facilidades para almacenaje. Residencias universitarias de £52 por semana sin comidas, habitación en la ciudad £35 por semana.

**Requisitos de admisión:** Mínimo de 14 puntos a nivel de A level o el equivalente internacional.
**EFL:** IELTS 6, TOEFL 550.

**Curso Base:** Una variedad de cursos base que se están desarrollando actualmente a nivel de licenciatura y postgrados.

**Costo de las matrículas:** cursos de licenciaturas £5.400 - £5.950 al año, cursos de postgrado £4.950 - £6.200 al año.

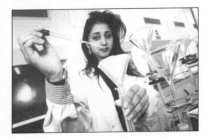

*Un estudiante de Ciencias de Luton*

La situación de Luton es excelente ya que Londres es fácilmente accesible por carretera, tren o aire. Hay un aeropuerto internacional a tres millas del campus universitario. La Universidad de Luton tiene cuatro facultades - el Luton Business School, Cuidados de Salud y Estudios Sociales, Huma-nidades y Ciencias, Tecnología y Diseño. Las instalaciones son modernas y la universidad está situada compactamente en el centro de la ciudad. Si desea visitar la Universidad de Luton puede organizar un tour. Luton es una ciudad industrial rodeada de campiña. Existen varios locales para las artes, como el St George's Theatre, Luton Museum, Art Gallery, un cine multiplex y el Stockwood Living Craft Museum. En el Arndale Centre hay más de 120 almacenes grandes y tiendas más pequeñas y también hay un mercado cubierto justo frente a la universidad. La población de Luton es multinacional.

La universidad ha crecido en los últimos años, acompañada de la inversión en nuevos recursos de enseñanza, aprendizaje y otros servicios de apoyo a estudiantes. Se han invertido más de £40 millones en el programa de desarrollo, en nuevas residencias universitarias, un estudio de diseño, un estudio de medios de comunicación, un centro de informática, un centro de recursos de aprendizaje y en un programa de restauración del centro de investigación. El esquema de licenciaturas es modular, y permite que los estudiantes creen programas de estudio que llenen sus necesidades profesionales y académicas. Los cursos ponen un énfasis fuerte en la formación vocacional. El centro de recursos de aprendizaje contiene una biblioteca e instalaciones audiovisuales además de sistemas modernos electrónicos. A través de una conexión a SuperJANET (la red de educación superior e investigación del RU) el que emplea el aparato se puede conectar con internet y acceder a información y comunicaciones con todo el mundo. En Park Square hay un estudio con instalaciones de calidad para la emisión y para editar material en video. Contiene un generador de títulos por ordenador y numerosos efectos digitales. Los programas en idiomas extranjeros se reciben a través de satélite. Los estudiantes internacionales pueden tomar módulos de apoyo de lengua inglesa como parte de sus licenciaturas o de programas de diploma. Además se ofrecen cursos nocturnos a tiempo parcial en lengua inglesa.

El sindicato de estudiantes ofrece una variedad de clubs y sociedades. Hay un bar y una sala de fiestas y un

servicio subvencionado de minibús nocturno. El baile de Mayo anual es la gala de estudiantes más grande del país a la que acuden 6.000 estudiantes. Hay muchos equipos depor-tivos. En 1998 la Universidad de Luton ganó al 80% del resto de universidades del RU en deportes de equipo. Existe una Sociedad Internacional y la ciudad de Luton ofrece lugares de oración para todas las creencias. Localmente hay una variedad de cocinas étnicas. Los estudiantes internacionales se benefician de un programa de inducción. Se puede solicitar el servicio de recogida del aeropuerto. Hay un equipo de personal para apoyo a estudiantes internacionales en todos los aspectos de asistencia social y académicos. La universidad está asociada con una consulta médica local y también se ofrece un servicio de asesoramiento gratuito y confidencial. Los estudiantes con niños se pueden aprovechar de las conexiones con guarderías en la ciudad.

**Historia de un estudiante**

Yo soy un estudiante de primer año de BSc en arquitectura. Soy de Armenia - mis abuelos emigraron a Bulgaria en la década de los 50. He pasado la mayoría de mi vida en Sofía, Bulgaria. Un amigo en Montreal Canadá, que es profesor de arquitectura, me recomendó ir a estudiar a Luton ya que había oído que es muy buen lugar. El curso es fascinante - verdaderamente te atrae. El estudio es espacioso existe la oportunidad de reunirse y de hablar con los estudiantes de los tres niveles. Los profesores son excelentes y te apoyan mucho. Socialmente aquí se sale a las nueve de la noche y se vuelve a los doce (Yo estoy acostumbrada a empezar a las doce!) Además no tengo mucho tiempo libre para actividades sociales, ya que tengo tantos proyectos - pero esto es parte del curso y se acepta.

**Susan Haroutunian, Bulgaria**

## THE UNIVERSITY
*of* MANCHESTER

**Escriba a:** Kate Cohoon, International Office, Beyer Building, The University of Manchester, Oxford Road, Manchester M13 9PL.

**Tel:** 0161 275 2059

**Fax:** 0161 275 2058

**Email:** international.unit@man.ac.uk

**Website:** www.man.ac.uk

**Alumnos:** 23.560 en 1997/8 (5.776 postgraduados, 2.489 internacionales, de más de 130 países); 48:52 hombre:mujer

**Alojamiento:** Sexos separados, matrimonio, para vacaciones - a veces cargo extra. Facilidades para almacenaje. Residencias universitarias de £43-£57 por semana sin comidas, de £72 por semana, con comidas.

*University of Manchester, Edificio Principal*

**Requisitos de admisión:** varían dependiendo de la materia, generalmente tres calificaciones altas a nivel de A level.

**EFL:** Cambridge Certificate of Proficiency en inglés nota C, lengua inglesa nota C a nivel de GCSE, IELTS promedio 7,0 (no menos de 6,0 en cualquiera de los componentes) TOEFL 550.

**Curso Base:** No hay en el campus. Dos disponibles en el City College, Manchester para acceder a los programas de ciencia e ingeniería o a estudios sociales y económicos.

**Costo de las matrículas:** cursos de clases £6.600 al año, cursos de laboratorio £8.750 al año, cursos clínicos £16.000 al año.

La Universidad de Manchester se fundó en 1851 y fué una de las primeras universidades de ladrillo rojo, o cívicas, de Inglaterra. A lo largo de los años ha sido la sede de numerosos avances importantes en los campos científico y tecnológico. La universidad está a media milla al sur del centro de Manchester.

La ciudad misma es grande y cosmopolita y es particularmente famosa por su ambiente de clubs y música. También se atienden otros intereses; es la sede de dos orquestas de sinfónicas - la Halle y el BBC Philharmonic. Recientemente la ciudad se ha rejuvenecido a través de proyectos públicos y privados como el Bridgewater Concert Hall y el sistema de tranvía Metrolink, y este renacimiento cultural y económico se ha reconocido internacionalmente dando a Manchester la oportunidad de presentar los Commonwealth Games en el año 2002

La universidad está dividida en ocho áreas académicas: las facultades de arte, administración empresarial, estudios económicos y sociales, educación, derecho, medicina (que incluye odontología y enfermería) ciencias e ingeniería y la Escuela de Ciencias Biológicas. En las evaluaciones recientes de calidad de enseñanza la universidad se clasificó como Excelente en varias áreas como derecho en 1993/4, estudios empresariales y dirección e informática en 1994 y antropología, música y geografía en 1994/5.

La bibioteca universitaria John Rylands es la tercera bibioteca universitaria más importante del país y contiene más de 3,5 millones de libros. La biblioteca también distribuye recursos de información por correo electrónico a través del campus, vía la red de ordenadores, accesible 24 horas al día.

Antes del comienzo del trimestre se les puede ir a buscar a los aeropuertos o a las estaciones de tren. Después se

ofrece un curso residencial de cuatro días a los nuevos estudiantes para ayudarles a asentarse y a conocer gente. El International Student Welfare Officer and Welfare Advisor también organiza una mesa de bienvenida durante las dos primeras semanas del trimestre y después un acontecimiento de recepción y bienvenida para todos los estudiantes internacionales nuevos. La sociedad también organiza un sistema de hospitalidad dando la oportunidad a los estudiantes internacionales de conocer y pasar una época corta con familias locales.

Entre las sociedades hay grupos religiosos y nacionales y los estudiantes tienen acceso a dos capillas - una católica, y la otra que cubre todas las denominaciones. Los dos grandes centros deportivos cubiertos tienen gimnasios, piscinas, pistas de tenis y campos de fútbol. La universidad también ofrece un servicio de salud y asesoramiento.

Cuando pensé en venir a Inglaterra por primera vez para estudiar una licenciatura en estudios hispánicos, me preocupaba lo que pensarían al ver mi solicitud y ver que un español estaba solicitando aprender español y portugués. Afortunadamente el personal me entendió y apoyaron mi interés por la cultura hispánica y me ofrecieron un curso flexible en el cual se puede uno especializar en una de las materias o combinar los aspectos literarios, lingüísticos o históricos de los mundos de habla hispana o portuguesa. Ha sido una experiencia fantástica aprender mi propia cultura en Inglaterra. La experiencia que más ha valido la pena ha sido mejorar mi inglés - me he beneficiado tanto cultural como profesionalmente de una manera que no hubiese imaginado si hubiese estudiado en mi própio país y en mi propio idioma.

**Historia de un estudiante**

*Francisco Martinez Montero, España*

# MIDDLESEX UNIVERSITY

**Escriba a:** Admissions enquiries, Middlesex University, White Hart Lane, London N17 8HR

**Tel:** 0181 362 5000

**Fax:** 0181 362 5649

**Email:** admissions@mdx.ac.uk

**Website:** www.mdx.ac.uk

**Alumnos:** 22.000 de tiempo completo en 1997 (3.000 postgraduados, 3.400 internacionales de más de 100 países; 48:52 hombre:mujer

**Alojamiento:** para una persona, separado por sexos, para vacaciones. Residencias universitarias aproximadamente £50 por semana; habitación en la ciudad desde aproximadamente £45-£65 por semana.

**Requisitos de admisión:** en general dos o tres exámenes de GCSE más tres o dos A levels aprobados, pero se considera una amplia gama de cualificaciones educacionales. Bachillerato Internacional-aprobado
**EFL:** Cambridge Advanced English, TOEFL 550, IELTS 6.0

*Middlesex University*

**Curso Base:** Cursos internacional base (vea el capítulo de EFL)

**Honorarios:** Curso internacional base £4.750. Arte, diseño y arte de actuación £7.200 al año, otros temas £6.400 al año.

Middlesex está situado en los agradables suburbios del norte de Londres, casi en la campiña, pero solo a 35 minutos en metro del centro de Londres. Es relativamente seguro, los alquileres no son demasiado elevados, y está en el centro de todo. Los viajes desde Londres son tan fáciles que puede ir a pasar el fin de semana a Paris, Amsterdam o Bruselas. Y existe otra ventaja: Middlesex es la universidad más grande de Londres de modo que ofrece una gama enorme de actividades.

El campus principal de Middlesex es el de Trent Park que es una casa majestuosa con su propio parque y lago, obeliscos, además de otras locuras arquitectónicas clásicas. Pero la universidad tiene seis centros principales y cada uno tiene su ambiente propio. Por ejemplo Bounds Green tiene una tecnología de la era espacial y Cat Hill, el centro de los cursos de Arte y Diseño, es un edificio construido para sus fines en la decada de los 70. Middlesex también tiene una facultad de salud en el hospital de Whittington, Archway en el norte de Londres. Las distintas facultades ocupan distintos centros - el Business School está en Hendon y los Talleres de Actuación en Trent Park, junto con las facultades de tecnología de la información y formación de profesores.

Como muchos de los antiguos colegios politécnicos Middlesex es una mezcla de colegios más pequeños uno de los cuales es Hornsey School of Art. El Arte y el diseño están entre los puntos fuertes de la nueva universidad. Hay cursos tan variados como historia del arte y bellas artes, modas, impresión de tejidos y diseño de productos. Middlesex recibió una clasificación de 4 en arte electrónicos y 3a en bellas artes y diseño e historia del arte en el ejercicio de evaluación de investigación. El Business School es uno de los más grandes del RU.

Los cursos de licenciatura suelen durar tres años pero los estudiantes internacionales deberían añadir un año de Curso Base Internacional en inglés intensivo, técnicas de estudio y cursos en un tema seleccionado. El año está dividido en dos semestres y la universidad opera un sistema de transferencia de créditos modulares

Cada campus tiene sus actividades especiales: discotecas en Trent Park, tenis en Tottenham, un nuevo centro deportivo en el campus de Hendon.

Para los estudiantes internacionales la Universidad de Middlesex es como su segunda casa. Tiene más estudiantes de más países extranjeros que ninguna otra universidad de Gran Bretaña, y tiene oficinas en todos los países del mundo. Desde su llegada hasta la ceremonia de concesión de su licenciatura un número de tutores académicos y asistentes sociales y otros servicios le cuidarán bien. La universidad garantiza alojamiento en el campus a todos los estudiantes internacionales - incluyendo los postgraduados -durante su primer año, y los estudiantes no tienen dificultad en encontrar alojamiento controlado por la universidad en los años siguientes.

El programa de orientación está planeado cuidadosamente para introducirle a Londres, a la cultura británica y a los demás estudiantes; hay excursiones y acontecimientos sociales a lo largo del año

**Historia de un estudiante**

Estudié los primeros dos años de mi curso en la Escuela Universitaria de Ingeniería Técnica Industrial de Valencia, España. Desde el principio quise hacer mi último año en Londres. Había estado viniendo Londres a estudiar inglés todos los veranos y siempre me lo había pasado bien. Mi escuela de ingeniería en Valencia tiene conexiones de intercambio con Middlesex, de modo que efectué mi solicitud a través del esquema ERASMUS. En Middlesex hay considerablemente más trabajo que hacer durante el curso que en España. En Valencia hacíamos menos durante el trimestre pero teníamos muchos exámenes al final. Aquí se reparte el trabajo y tienes algo que hacer todos los días. También hay más trabajo en grupo, que es una experiencia muy buena. Otra cosa que me impresiona de Middlesex es su ambiente internacional. Te mezclas con gente del RU, de Europa continental y de todo el mundo.

*Carmen Marl-Palanca, España*

**UNIVERSITY OF NORTH LONDON**

**Escriba a:** Mark Bickerton, International Office, University of North London, Holloway Road, London N7 8DB

**Tel:** 0171 753 5190

**Fax:** 0171 753 5015

**Email:** international@unl.ac.uk

**Website:** www.unl.ac.uk/international

**Alumnos:** 17.000 en 1997/8 (2.205 postgraduados, 515 internacionales de 114 países); 47:53 hombre:mujer

**Alojamiento:** Separados por sexo, para vacaciones - cargo extra en verano. Residencias universitarias £30-£70 por semana; habitación en la ciudad £50-£70 por semana.

**Requisitos de admisión:** en general tres A levels (BCD, CCC), 30 en el bachillerato internacional, 60-70 en el Bachillerato europeo

**EFL:** para cursos base IELTS 4.5, TOEFL 450, para cursos de licenciatura IELTS 5.5, TOEFL 520; para postgrados IELTS 6.0, TOEFL 550.

**Curso Base:** Cursos de un año en asociación con colegios locales incluyendo lengua inglesa y conducentes a cursos de licenciatura en arquitectura, informática, derecho, ciencias, ciencias sociales, estudios empresariales, diseño interior o ingeniería.

**Costo de las matrículas:** cursos de clases £5.990 al año, cursos de laboratorio £6.350 al año, cursos de postgrado £6.990 al año, MBA £7.900 al año.

La universidad está situada en Holloway Road, Islington, cerca del centro de Londres, y la facultad de estudios Ambientales y Sociales está cerca de Highbury Fields. Si le interesa la música, cine, danza, comedia o deportes, Londres le puede ofrecer una buena diversión.

La Universidad del Norte de Londres empezó como Northern Politechnic Institution en 1896, con el propósito de "promover las técnicas industriales, los conocimientos generales y la salud y el bienestar de los jóvenes. Hoy día su propósito sigue siendo formar a la gente para conseguir un empleo, con módulos basados en la tecnología de la información en todos los programas de licenciatura y la oportunidad para todos los estudiantes de aprender un idioma extranjero. La universidad ha desarrollado su propio "Curriculum de Capacidad" que es un método de enseñanza que tiene en cuenta la capacidad y los atributos que los patrones necesitan.

*University of North London*

Los cursos más populares con los estudiantes internacionales son los de estudios empresariales, dirección, desarrollo de turismo, tecnología de polímeros y derecho. El curso de inglés de la universidad se clasificó con un Excelente en las evaluaciones de calidad de enseñanza de 1995.

Existen varios recursos disponibles para ayudar a los estudiantes con sus estudios. El centro de aprendizaje de la universidad abrió sus puertas en 1995 en un edificio de cristal reflectivo en el campus de Holloway Road. Contiene extensas colecciones de libros y revistas académicas, instalaciones de informática y audio-visuales, áreas de trabajo en grupo y espacios individuales y tranquilos. Los estudiantes también tienen acceso a los CD-ROM e internet. La universidad continúa desarrollando sus recursos y en 1999 se completará la construcción de un espacio de 4.000 metros cuadrados - destinado a instalaciones de aprendizaje, tales como ordenadores conectados a la red - que se abrirá en el año 2000.

Además de las actividades culturales, sociales y deportivas que ofrece la ciudad, la Universidad del Norte de Londres también tiene sus propias instalaciones. Existe un popular programa

deportivo y recreativo donde se puede participar en actividades tales como aerobics, badminton, danza, volibol, fútbol y yoga. En la universidad misma hay dos gimnasios, un estudio de danza, una sala gimnasio y existe un arreglo con las piscinas locales y los centros deportivos para facilitar la práctica de canoa, cricket, squash, subacua, natación y tenis. En el nuevo centro de estudiantes las oficinas de el sindicato de estudiantes se encuentran junto a instalaciones de una tienda, bares y un local para música, comedia y baile.

Los estudiantes internacionales se pueden beneficiar de instalaciones y servicios adicionales. Al principio del primer semestre, en Septiembre, se organiza un programa de inducción y familiarización; los estudiantes reciben consejos generales sobre la vida y los estudios en Gran Bretaña y tienen la oportunidad de conocer al personal de la oficina internacional y a los profesores además de otros estudiantes internacionales nuevos. La universidad también ofrece un servicio de recogida en el aero-puerto.

**Historia de un estudiante**

Llegué a la Universidad del Norte de Londres desde Colombia donde había estado trabajando en el Anglo-Colombian Bank durante más de siete años. Obtuve mi licenciatura en sistemas de informática e ingeniería y mi carrera había cambiado mi trabajo lejos de la informática hacia la dirección general. Me di cuenta que necesitaba un mayor equilibrio en mi formación académica y mejorar mis dotes de dirección y jefatura. Decidí dejar Colombia durante un año y estudiar un MBA en la Universidad del Norte de Londres. Descubrí que a pesar de estar en el Reino Unido el estudio en la universidad es una experiencia muy internacional. He hecho amigos y contactos de todo el mundo y entre otras cosas me ha empezado a gustar ir a comer comida Tai con mis amigos.

**Oscar Fernando Gutierrez, Colombia**

# UNIVERSITY of NORTHUMBRIA at NEWCASTLE

**Escriba a:** The International Office, Ellison Building, Ellison Place, Newcastle upon Tyne NE1 8ST

**Tel:** 0191 227 4271

**Fax:** 0191 261 1264

**Email:** lyn.thompson@unn.ac.uk

**Website:** www.unn.ac.uk

**Alumnos:** 24.000 en 1997/8 (2.600 postgraduados, 2.200 internacionales de aproximadamente 100 países); 45:55 hombre:mujer

**Alojamiento:** Separados por sexo, casados, para vacaciones. Residencias universitarias £42 por semana; habitación en ciudad £40 por semana.

**Requisitos de admisión:** en general BCC en A levels o equivalente (AAB para derecho, BBB para inglés y estudios de filmación). Se acepta el bachillerato internacional y europeo y muchas otras cualificaciones extranjeras.
**EFL:** Cambridge Advanced English IELTS 5.5 - 7.5 depende del curso, TOEFL 550. Se permite la transferencia de créditos.

*El campus de la ciudad de Carlisle*

**Curso Base:** diploma en arte y diseño para estudiantes que no tiene aún un portafolio al nivel del primer año; incluye opciones de lengua inglesa. También se ofrecen en ingeniería, ciencias y tecnología.

**Costo de las matrículas:** cursos de clases desde £5.520 al año, cursos de laboratorio desde £6.090 al año; MBA £7.900 al año.

Los expertos de viajes de EEUU votaron a Newcastle recientemente como una de las ciudades con más vida del mundo, y verdaderamente Newcastle es fácil de recomendar. Es famosa por su gente acogedora, sus buenas compras y su activo ambiente de clubs. Para aquellos que prefieren la tranquilidad de la campiña, las zonas rurales de Cumbria y Northumberland están cerca. Newcastle - la capital regional del noroeste de Inglaterra - fué seleccionada como el mejor sitio de Gran Bretaña para trabajar gracias a su buen sistema de transporte (el Metro que es simple y eficiente) y su variedad de restaurantes baratos e interesantes. Su símbolo no oficial es el precioso y recientemente restaurado Puente Tyne que se extiende majestuosamente a través del Río Tyne.

La universidad se fundó en 1870 con el nombre de Rutherford College of Engineering, y en 1969 la Universidad se convirtió en Politécnico antes de convertirse en universidad en 1992. Su actitud ha sido siempre el mantenimiento de un buen nivel de enseñanza y esto se refleja en el curso premiado del

Departamento de Diseño en diseño de modas, que tiene tán buena fama debido a sus profesores. El Law School de la Universidad está muy bién considerado, habiendo recibido la clasificación de Excelente en una inspección reciente de HEFCE, así como el inglés, estudios empresariales y dirección. En el área de investigación la universidad se especializa en fotovoltaícos (la ciencia de convertir la luz solar en energía) y tiene muy buena fama en el campo de dirección de información y administración de biblioteca.

Northumbria también está orgullosa de sus otras áreas académicas tales como las ciencias sociales, estudios empresariales, estudios de dirección, ingeniería y la educación de necesidades especiales. También ofrece cursos de estudios de ambiente y dirección, un diploma de un semestre en estudios empresariales internacionales (empe-zando en septiembre o enero), un programa de licenciatura "Combined Honours" y, para los interesados en los deportes, becas para los jugadores de rugby. Northumbria tiene un centro de estudiantes de Derecho muy innovador, que ofrece a los estudi-

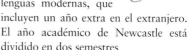

antes la oportunidad de asesorar a la gente en asuntos legales. La mayoría de los cursos duran tres años, menos las licenciaturas de lenguas modernas, que incluyen un año extra en el extranjero. El año académico de Newcastle está dividido en dos semestres

Los cuatro centros de la universidad están a distintas distancias del centro de la ciudad y se ofrece un servicio rápido de autobus gratuito que conecta los dos centros más lejanos con el centro de la ciudad. El campus de Carlisle, ganó recientemente un premio por ser un ejemplo excepcional de restablecimiento arquitectural. Todos los centros tienen residencias de estudiantes y se da prioridad a los estudiantes internacionales y a los estudiantes de licenciatura en su primer año.

Los estudiantes internacionales del primer y segundo año organizan un día de inducción, a través del sindicato de estudiantes - que es el foco de la vida estudiantil. También ayuda en la organización del servicio "Meet and Greet" del aeropuerto.

**Historia de un estudiante**

Sabía que quería estudiar derecho desde los 14 años. Debe estar en nuestra sangre, porque en mi casa Nazaret, (soy palestino) todos mis parientes trabajan en el despacho de la familia. Como soy muy joven ha sido dificil acostumbrarme a la vida estudiantil en la universidad. Antes de efectuar mi solicitud a Northumbria vine a la universidad a pasar dos meses para conocer y acostumbrarme a la ciudad. Me enamoré del sitio! Ahora que estoy estudiando aquí me sigue gustando, aunque a veces es dificil tratar con algunos de los estudiantes más ruidosos. Al principio mi experiencia universitaria fué bastante dificil, pero, desde que me he acostumbrado a estudiar bajo un sistema nuevo y en inglés han mejorado mucho las cosas. Si decide venir aquí, preparese para estudiar mucho - los profesores realmente pueden exigir mucho.

**Sammer Abu-Ahmed, Palestina**

**Escriba a:** International Office, The University of Nottingham, University Park, Nottingham NG7 2RD.

**Tel:** 0115 951 5247

**Fax:** 0115 951 5155

**Email:** international-office@nottingham.ac.uk

**Alumnos:** 14.410 a tiempo completo (2.230 postgraduados, 2.820 internacionales de 105 países); 50:50 hombre:mujer

**Alojamiento:** Separado por sexos, casados/familias, para vacaciones. Residencias universitarias de £74 pensio completa, £58 media pensión, £51 sin comidas; habitación en la ciudad desde £40 por semana.

**Requisitos de admisión:** Generalmente tres A levels buenos o el equivalente (algunos de los colegios requieren dos As y una B, algunos requieren dos Cs y una B). Se acepta el Bachillerato Internacional/Europeo 27-34 puntos; **EFL:** IELTS 6, TOEFL 550 para los programas basados en ingeniería y ciencias, IELTS 6.5, TOEFL 600 para

medicina y algunos otros programas.

**Curso Base:** Cursos en Ciencias de Informática, Dirección, Ingeniería, Ciencias (Agricultura y Ciencias de la Alimentación inclusive) y Fisioterapia.

**Costo de las matrículas:** 1999 cursos de clases £6.796 al año; clases de laboratorio £8.976 al año; medicina clínica £16.444 al año; MBAs £9.000 al año. Pedir información sobre costos de matrículas de arquitectura, geografía, matemáticas, música, mecánica teórica y cursos de postgraduado.

El origen de la Universidad de Nottingham se encuentra en el centro de la ciudad donde se fundó el University College de Nottingham en 1881.

Hoy día el campus está en un marco de bosque extenso, con parques, campos de juegos y vistas sobre el valle de Trent. La ciudad de Nottingham está a una corta distancia y es vibrante y cosmopolita con un próspero centro histórico y cultural.

Las evaluaciones de calidad de enseñanza más recientes del gobierno concedieron clasificaciones de Excelente a los siguientes temas de licenciatura: arquitectura; estudios de estudios empresariales y dirección; química; literatura y lengua inglesa; geografía; derecho; ingeniería mecánica y música. Numerosos departamentos obtuvieron la nota 5 en la evaluación de investigación de 1996, por ejemplo ingeniería civil, química, farmacia, genética y ciencia de la alimentación. Entre los descubrimientos científicos de Nottingham están el uso de imágenes de resonancia nuclear

*Nottingham University*

magnética para producir una alternativa más segura a los Rayos X en la ciencia médica; el desarrollo de la ingeniería genética para la industria de la alimentación y pruebas de una nueva vacuna para el cancer de intestino.

Existen instalaciones de apoyo extensas como por ejemplo cinco bibliotecas principales que ofrecen servicios sobre colecciones de arte, ciencias sociales y educación, ciencias e ingeniería, medicina y ciencias de salud, agricultura y ciencias de la alimentación. En el Cripps Computing Centre hay extensas instalaciones de informática para los estudiantes además de zonas de acceso público en numerosos departamentos del campus principal. El Language Centre tiene laboratorios de enseñanza, discos satélites, televisión, instalaciones de ordenadores y de audio y estaciones de trabajo de video. El centro ofrece un programa de idiomas inter-facultades para estudiantes de licenciatura. También hay un centro de artes construido con ese propósito que contiene el departamento

de música, una cafetería, una galería de arte y una sala de recitales.

El sindicato de estudiantes forma parte importante de la vida de todos los estudiantes de la Universidad de Nottingham. Ofrece asistencia social, consejos e información a los estudiantes, además de comida, alcohol y diversiones subvencionadas. Los estudiantes se pueden hacer socios de cualquiera de las 120 sociedades que sirven a sus intereses culturales, religiosos, políticos o recreativos, o bien pueden formar sus propias sociedades.

Se ofrece una capellanía para las siguientes religiones: Anglicana, Católica, Metodista, de la Iglesia Unida de Reforma y Baptistas. La capellanía también puede ofrecer información sobre grupos musulmanes, judíos, hindus, siks y budistas de la zona. La universidad misma tiene salas de reuniones en la capilla cristiana y una sala de oración musulmana.

Empecé mi vida estudiantil en Nottingham, en septiembre de 1997. Me gustaron sus preciosos lugares verdes y la cantidad de espacios abiertos - es un buen ambiente para vivir y estudiar. La universidad ofrece una estructura modular de cursos de licenciatura, y dado el presente estado de la economía y la política en Vietnam, y mi deseo de volver allí a trabajar, decidí especializarme en Finanzas y Banca. La universidad no solo ofrece una alta calidad de enseñanza sino también una gama de instalaciones deportivas para estudiantes. Además me sorprendió el sindicato de estudiantes el primer día de "Freshers Week" por la variedad de actividades, clubs y diversión que se ofrecen. Tendrá numerosas oportunidades y retos para llenar con creces su vida estudiantil.

*Nguyen Thu Hang, Vietnam*

**Historia de un estudiante**

# OXFORD
# BROOKES
## UNIVERSITY

**Escriba a:** The International Office, Oxford Brookes University, Gipsy Lane Campus, Headington, Oxford OX3 0BP.

**Tel:** 01865 484 880

**Fax:** 01865 484 861

**Email:** International@brookes.ac.uk

**Website:** www.brookes.ac.uk

**Alumnos:** 9.627 estudiantes a tiempo completo en 1997/8 (2.562 postgraduados, 1.419 internacionales de 100 países); 41:59 hombre:mujer.

**Alojamiento:** Algunos separados por sexo, para vacaciones (excepto en verano). Residencias universitarias desde £50-£55 por semana sin comidas, £65-£75 por semana con comidas.

**Requisitos de admisión:** Para los no licenciados dos A levels, Bachillerato Internacional o el equivalente - 28+ puntos.
**EFL:** Para no licenciados IELTS 6, TOEFL 550.

**Curso Base:** Diploma Base Internacional (técnica de estudio y clases de lengua inglesa); diploma base en letras

liberales (técnica de estudio, sin clases de lengua); programas base de construcción, arte y diseño. La mayoria de las licenciaturas de ingenieria incorporan un año base en un curso de cuatro años.

**Costo de la matrículas:** De £6.900 para licenciaturas y postgraduados; £6.210 para cursos base.

Oxford es una ciudad histórica con tradiciones académicas que se remontan 8 siglos. Oxford se caracteriza por su estupenda arquitectura histórica y el Río Isis, y es un centro cosmopolita y activo con industrias prósperas de editorial, fabricación de automoviles y nueva tecnología. Además se encuentra en un buen lugar, a solo una hora de Londres y sus aeropuertos internacionales. El transporte público de Oxford es seguro y barato, aunque la mayoría de la gente prefiere trasladarse en bicicleta.

Los orígenes de Oxford Brookes están en el siglo XIX cuando era una escuela de arte. Hoy día tiene una gran comunidad internacional de estudiantes y personal, con instalaciones completas para estudiantes internacionales

La fama de Oxford Brookes se ha confirmado con altas clasificaciones en las evaluaciones de calidad de enseñanza. Varios temas han conseguido la clasificación de Excelente, entre ellos antropología, inglés, geografía y derecho, y en 1998 los temas de bienes inmuebles, construcción e historia del arte obtuvieron 23 puntos sobre 24. En 1997 la Escuela de Planificación consiguió una

*El centro de la Ciudad de Oxford*

puntuación máxima de 24 sobre 24. Todos los temas evaluados obtuvieron las notas más altas en la categoría de apoyo y orientación al estudiante.

La universidad opera un programa modular de licenciatura, basado en el sistema de acumulación y transferencia de créditos y esto ofrece la oportunidad de organizar intercambios y admisión con créditos de el extranjero. La gama de cursos ofrece a los estudiantes la flexibilidad y oportunidad de diseñar programas apropiados para sus intereses y puntos fuertes individuales.

Entre los actualizados recursos de aprendizaje están las tres bibliotecas universitarias, todas con textos y salas de lectura. Se ofrecen más de 800 plazas para el estudio en las bibliotecas, además de materiales audio visuales, internet, revistas electrónicas, páginas web de la biblioteca y un catálogo de la biblioteca basado en el web. En las salas de acceso abierto, en los departamentos y en las residencias se pueden encontrar ordenadores conectados a la red. Más de la

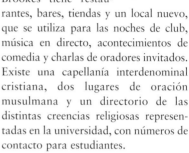

mitad de las salas de ordenadores están abiertas 24 horas al día, 365 días al año.

El sindicato de estudiantes de Oxford Brookes tiene restaurantes, bares, tiendas y un local nuevo, que se utiliza para las noches de club, música en directo, acontecimientos de comedia y charlas de oradores invitados. Existe una capellanía interdenominal cristiana, dos lugares de oración musulmana y un directorio de las distintas creencias religiosas representadas en la universidad, con números de contacto para estudiantes.

El International Student Advisory Service ofrece asesoramiento sobre las finanzas, asuntos personales y de inmigración a los estudiantes internacionales . También hay un servicio de recogida del aeropuerto y un prograaia de bienvenida. Se pueden estudiar módulos de lengua inglesa para apoyar los estudios, que a veces cuentan en la nota final.

# University of Oxford

**Escriba a:** Oxford Colleges Admissions Service, Undergraduates/Graduate Admissions Office, University of Oxford, University Offices, Wellington Square, Oxford OX1 2JD

**Tel:** 01865 270 208 (no licenciados) 01865 270 059 (licenciados)

**Fax:** 01865 270 708

**Email:** Undergraduate.admissions@ox.ac.uk o Graduate.admissions@admin.ox.ac.uk

**Website:** www.ox.ac.uk

**Alumnos:** 15.945 en 1997/8 (4.694 postgraduados, 2.280 internacionales de más de 130 países); hombre:mujer 58:42

**Alojamiento:** Varía de colegio a colegio, El Colegio de St. Hilda es solo para mujeres. Otros colegios simpatizan con las peticiones para el alojamiento separado por sexos y para casados/familias. Para vacaciones. Residencias universitarias desde £57 por semana sin comidas, £90 por semana con comidas; habitación en la ciudad desde £55 por semana.

**Requisitos de admisión:** Generalmente AAB a nivel A level o 75-80% en el Bachillerato Europeo (con puntuaciones de 8-9 en asignaturas específicas). Se requieren 36 puntos del Bachillerato Internacional, con una puntuación de 6-7 en una o más asignaturas específicas a nivel superior. Para admisión en cursos de postgrados se requiere licenciatura de upper second class honours o su equivalente. **EFL:** IELTS 7.5 o TOEFL 600 para los cursos de postgrado.

**Curso Base:** No se ofrecen cursos base.

**Costo de las matrículas:** Cursos de clases £6.489 al año; cursos de laboratorio £8.652 al año; cursos clínicos £15.861 al año. Además debe pagar los honorarios del colegio, estos son tipicamente de £3.235 al año para estudiantes no licenciados y de £1.650 al año para los postgrados.

Oxford es una de las instituciones educativas más famosas de Gran Bretaña, y tiene muchísimo que ofrecer a los estudiantes internacionales. Existe una riqueza de edificios históricos, conocidos como los "dreamy spires" y estos se combinan con los numerosos espacios verdes y un centro de ciudad moderno. Entre los antiguos alumnos famosos están Margaret Thatcher, Tony Blair y Bill Clinton, además de numerosos conocidos escritores, filósofos y científicos. Como estudiante no licenciado debe solicitar su entrada a

*Magdalen College, Oxford*

uno de los 39 colegios de Oxford en vez de directamente a la universidad, y dado que cada colegio puede tener un ambiente, instalaciones y puntos fuertes académicos muy distintos, debe hacer sus propias investigaciones detalladas antes de efectuar su solicitud (los licenciados deben efectuar su solicitud primero a la universidad y después al colegio). Puede estudiar en un colegio fundado en 1249, o bien en uno fundado en 1996! Los estudiantes de licenciatura deben tomar nota de que aunque las solicitudes se efectúan a través de UCAS, la fecha límite es el 15 de octubre y no el 15 de diciembre para entrada el año siguiente. Como ciudad, Oxford es multicultural y no cabe duda que sus numerosos estudiantes internacionales contribuyen a este hecho. Oxford solía ser una gran ciudad industrial con conexiones fuertes con la industria automotríz (Lord Cowley estableció Morris Motors en la ciudad cercana de Cowley a principios de siglo). Pero con el declive de la industria automotríz británica, este ya no es el caso, aunque tiene un ambiente de ciudad más

activo que Cambridge, que probablemente se caracteriza por ser más tranquila y apartada.

La tradición académica de Oxford se explica por sí misma. En la evaluación de investigación de 1996 no menos de 25 de sus facultades/departamentos obtuvieron una calificación de 5* (y otras 15 obtuvieron un 5). Oxford también obtiene buenísimos resultados en las evaluaciones de calidad de enseñanza, y puede ser que su profesor sea un académico de fama mundial en su campo.

Una visita a "Fresher's Fair" en su primera semana le revelará un gran número de clubs y sociedades de estudiantes muchos de los cuales estan relacionados con países y culturas específicas. Muchos estudiantes internacionales practican el remo y están bien representados en el equipo de Oxford en la carrera anual contra Cambridge.

**Historia de un estudiante**

Llegué de China a estudiar al Magdalen College de Oxford. Quizás los chinos seamos demasiado exigentes con la comida, pero la primera cosa a la que me tuve que acostumbrarme fué a la comida de estudiantes. Realmente la comida en Gran Bretaña es mucho mejor de lo que solía ser, pero salir a comer es caro, así que dependes de la calidad de comida que se sirva en tu colegio. Recuerdo que el día de San Valentín recibí una tarjeta romántica del Presidente de mi colegio. Estaba muy preocupada, y no sabía que hacer, hasta que descubrí que era una broma de un amigo inglés. Cuesta tiempo entender el sentido del humor inglés! Al principio los ingleses me parecían muy fríos, pero los amigos que he hecho son amigos para toda la vida.

*XiaoPei He, China*

# UNIVERSITY of PAISLEY

**Escriba a:** International Office, University of Paisley, High Street, Paisley PA1 2BE.

**Tel:** 0141 848 3000

**Fax:** 0141 848 3947

**Email:** international@paisley.ac.uk

**Website:** www.paisley.ac.uk

**Alumnos:** 10.800 en 1997/8 (1.080 postgraduados, 500 internacionales, de 40 países); 50:50 hombre:mujer

**Alojamiento:** para Vacaciones - facilidades para almacenaje. Residencias universitarias de £35 por semana sin comidas, habitación en la ciudad £40-£45 por semana.

**Requisitos de admisión:** varían dependiendo de la materia, generalmente cuatro Scottish Highers a nivel BCCC o dos A levels de nota CD o equivalente nacional.
**EFL:** Cambridge Certificate of Proficiency en inglés nota C, Cambridge Certificate in Advanced English nota A. IELTS 6, TOEFL 550.

**Curso Base:** la universidad forma parte del Scottish International Foudation Programme (los cursos se imparten en colegios afiliados de Glasgow).

**Costo de las matrículas:** cursos de clases £5.400 al año, cursos de laboratorio £6.900 al año.

La Universidad de Paisley se fundó al final del siglo XIX como Paisley Technical College and School of Art y celebró su centenario en 1997. Está basada en dos centros al Oeste de Escocia - en Paisley y en Ayr. Ambas ciudades están a fácil distancia de Glasgow por tren o carretera, y desde allí hay servicios regulares de tren con Londres, Manchester y Birmingham. La ciudad de Paisley tiene una población de más de 79.000 habitantes. Hoy día es el centro de diversas industrias, como las de comestibles, petróleo e informática. Sin embargo la fama y la prosperidad de la ciudad vienen de los famosos mantones de Paisley, fabricados por los tejedores locales. Muchos de los edificios de Paisley son de los siglos XVIII y XIX, tales como el Ayuntamiento de estilo del Renacimiento y el Centro de Arte que contiene un teatro, un bar una cafetería y un estudio taller.

El campus universitario de Ayr, está situado en 20 acres de parque junto al río Ayr y utiliza la mansión original del siglo XVIII que solía ser parte de una finca privada. Ayr es una ciudad costera con una población de 50.000 habitantes. En el aspecto de diversiones, ofrece pubs, clubs, restaurantes, teatros y cines. Durante mayo y junio se celebra en la ciudad el Ayrshire Arts Festival.

*Un estudiante de Paisley*

Los estudiantes de ambos centros disfrutan de numerosos recursos y material. Las salas de ordenadores ofrecen instalaciones de software que incluyen, bases de datos, CAD/CAM, aplicaciones matemáticas e idiomas de programación. Los estudiantes también tienen acceso a mesas de trabajo en video lineales e interactivos, un estudio de televisión completamente equipado, instalaciones para fotografía y equipo audio visual. El teatro del campus de Ayr de 320 plazas está equipado para conferencias producciones dramáticas y proyecciones efectuadas por la Sociedad de Filmación.

Entre las facultades universitarias estan las de estudios empresariales, educación, ingeniería, estudios de salud y sociales, y ciencia y tecnología. Muchos de los cursos incluyen una colocación sandwich como parte del programa de estudios, y los estudiantes de años anteriores han conseguido colocaciones en Rolls Royce,IBM, Marks and Spencer y la BBC.Un equipo de

asesores de asistencia social pueden ofrecer ayuda confidencial para solucionar problemas financieros.

El sindicato de estudiantes se encuentra en el centro de Paisley a cinco minutos andando del campus principal. Sus instalaciones incluyen el bar subterráneo Subway, un local para bailes, acontecimientos y proyecciones de películas. El sindicato también opera un restaurante barato entre semana y otro bar y sala de recreo. Al principio de cada año académico se forman nuevas sociedades y clubs, como los grupos de la sociedad de estudiantes internacionales, la sociedad de debate, la sociedad helénica, el club de esquí y snowboard y el club de canoa. Hay instalaciones deportivas en la universidad para badminton, hockey, netball, tenis, squash y un multi-gimnasio.

Estuve considerando muchas universidades y colegios, pero elegí Paisley porque me permitía incluir una experiencia de trabajo en la industria. Tuve dos colocaciones durante mi curso - con Semperit Ireland Ltd y BP Chemicals Ltd. Después de mi graduación en 1996 me trasladé a EEUU y desde entonces he trabajado en ingeniería en diferentes partes del país. Actualmente trabajo en CML, en Nueva Jersey, a veinte minutos de la ciudad de Nueva York, como ingeniero de diseño. Mi trabajo incluye todos los aspectos del diseño de productos para las industrias automotríz, de servicios y de telecomunicaciones y me permite usar todas las técnicas que aprendí en Paisley. Mi educación práctica y la experiencia de trabajo de la universidad me hacen fácil encontrar empleo en el sector de ingeniería. Se que mi experiencia en Paisley me ha ayudado a llegar donde estoy hoy, y me ayudará a llegar a donde quiera en el futuro

**Historia de un estudiante**

**Jeremy Freeman, Irlanda**

**PLYMOUTH**
COLLEGE OF ART AND DESIGN

**Escriba a:** Tavistock Place, Plymouth, Devon, PL4 8AT.

**Tel:** 01752 203 434

**Fax:** 01752 203 444

**Email:** enquiries@pcad.plym.ac.uk

**Web:** www.pcad.plymouth.ac.uk

**Alumnos:** 1.300 en 1998 (15 internacionales de más de 6 países); 50:50 hombre:mujer.

**Alojamiento:** No hay residencias universitarias; habitacio en la ciudad de £40 por semana.

**Requisitos de admisión:** Los estudiantes acceden por diferentes canales, los solicitantes son seleccionados por sus portfolios; los estudiantes internacionales deben enviar ejemplos de sus trabajos.
**EFL:** Debe demostrarse pleno dominio del inglés.

**Curso Base:** Curso de tiempo completo por un año que incluye módulos de muchas de las especialidades mencionadas más abajo.

*Shino Ota, Curso Base Basado en la Lente*

**Costo de las matrículas:** Año de curso base/educación post-escolar £3.507 al año; educación superior £6.345 al año (no U.E.).

Plymouth es uno de los pocos colegios pequeños especializados de arte que quedan en Gran Bretaña. Segun han ido pasando los años, los otros han tendido a convertirse en facultades de arte y diseño en las universidades nuevas. Desde su posición ventajosa en una pequeña elevación en el centro de la ciudad, el alto edificio principal del colegio tiene vistas sobre los grandes centros comerciales del centro de la ciudad libre de tráfico, con sus jardines rodeados de árboles. Los estudiantes encuentran inspiración para su trabajo, además de sitios interesantes que visitar, en las vistas del mar sobre Plymouth Sound o Plymouth Hoe, en las flotillas de barcos de pesca a lo largo de la costa y en el cercano Dartmoor National Park

El colegio empezó como departamento de arte y artesanía de un colegio fundado en el año del aniversario de la Reina Victoria, y sus instrucciones eran el enseñar artes comerciales - pintura de muros, letreo, dibujo básico y pintura básica. Hoy día el colegio sigue ofreciendo cursos de formación profesional en artesanía tradicional, artes visuales, diseño y medios de comunicación. Es poco corriente pero es un centro regional para arreglos de carrocería de vehículos. Este colegio de arte procura asegurarse que todos los estudiantes puedan hacer trabajos en su campo elegido, no solo como artistas o artesanos, sino que también sean capaces de instalar un estudio o taller y vender sus productos. Se enseñan todas las técnicas de negocio en su campo.

Plymouth es un colegio de educación post-escolar y un instituto de enseñanza superior. Está dividido en cinco colegios basados en áreas temáticas. Cualquier colegio - por ejemplo el de medios de comunicación y fotografía - puede admitir a un joven de 14 años a sus talleres para apoyarle en un GCSE de arte; después puede hacer un National Diploma en estudio de medios de comunicación o fotografía. Los estudiantes que han hecho un A level en arte en la escuela pueden ingresar en un curso base sobre medios de comunicación basados en la lente, y continuar con un Higher National Diploma, con la opción de terminarlo con un año adicional conducente a una licenciatura. La producción de medios de comunicación es el aspecto práctico de dicha industria: la filmación, fotografía, video, y animación. También hay una escuela de diseño gráfico conectado al curso de BA

en tipografía de la Universidad de Plymouth. Hay una escuela de artesanía donde los estudiantes trabajan en diseño en metal, desde la joyería hasta trabajos arquitectónicos a gran escala en metal; y en cerámica y cristal. Las otras escuelas son la de decoración y bellas artes (que cubre arte y diseño en general, moda y diseño interior) y arte industrial (el retoque y la pintura de vehículos). Plymouth también ofrece un curso base de tiempo completo de un año de duración con módulos de muchos de estos campos. La experiencia de trabajo en las industrias locales es un aspecto importante de todos los cursos.

Como colegio pequeño de formación profesional en arte, Plymouth no ofrece la gama de servicios a estudiantes que podría ofrecer una universidad. Los estudiantes viven y respiran el arte, el diseño y la artesanía y concentran la mayoría de sus energías en la organización de exposiciones.

**Historia de un estudiante**

Me habían contado que Plymouth College of Art and Design era famoso por sus cursos de fotografía, y cuando recibí una cópia del folleto me entusiasmé - me gustó el diseño y me pareció que era un buen sitio para estudiar. Había cursado algunos cursos cortos de fotografía y artesanía anteriormente, y efectué mi solicitud al colegio. En la entrevista los profesores estuvieron muy interesados en mis imágenes, y me enseñaron como hacer un portafolio. Yo soy española y la cultura británica es distinta que la de mi país, aunque el clima es muy parecido! Estoy teniendo algunos problemas con el inglés y por esta razón ha sido más difícil hacer amigos. Pero los profesores son muy educados y serviciales. Aunque todavía es pronto, creo que me gusta este sitio!

*Covadonga Fernandez, España*

**Escriba a:** The International Office, Drake Circus, Plymouth, Devon PL4 8AA.

**Tel:** 01752 233 340

**Fax:** 01752 232 014

**Email:** intoff@plymouth.ac.uk

**Web:** www.plym.ac.uk

**Alumnos:** 23.280 en 1997 (2,496 postgraduados, 1.475 internacionales de más de 100 países); 47:53 hombre:mujer.

**Alojamiento:** Sexos separados, para vacaciones. Residencias universitarias de £40-£50 por semana; habitacion en la ciudad de £35-£45 por semana, apartamento £60-£75 por semana.

**Requisitos de admisión:** Generalmente CCC a nivel de A level o el equivalente (Bs y Cs para económia, estudios empresariales y materias relacionadas, derecho, medios, ciencias sociales, biología humana, inglés, idiomas, arte y geografía). Admite Bachillerato Internacional/Europeo y otras calificaciones del extranjero. **EFL:** IELTS 6,0, TOEFL 600.

**Costo de las matrículas:** 1999 cursos de clases £6.900 al año; cursos de laboratorio £7.300 al año.

**Curso Base:** Cursos disponibles

La Universidad de Plymouth está basada en cuatro centros en Devon y es un sitio agradable para estudiar y divertirse: aquí los estudiantes estudian y disfrutan de un escenario maravilloso. El campus principal está en Plymouth, una ciudad histórica situada entre el mar y Dartmoor, con muchas oportunidades para participar en actividades al aire libre y culturales. El campus de Exeter es una de las bases de la facultad de Letras y Educación, la otra es Exmouth. Exeter es una de las ciudades más antiguas y elegantes de Inglaterra y tiene un ambiente cultural muy activo. La pequeña ciudad de Exmouth es el campus costero con su aire de mar vigorizante y sus kilometros de paseo por la playa y el acantilado. La finca única de Seale-Hayne mide 200 hectareas, de las cuales 160 están cultivadas, y está cerca de la ciudad con mercado de Newton Abbot.

La Universidad de Plymouth se fundó en 1970 pero sus raíces se remontan a 200 años cuando facilitaba

*Estudiantes graduadas*

educación y formación técnica para toda clase de actividades marítimas. Desde aquellos tiempos la universidad ha crecido muchísimo, y se ha convertido en una de las universidades más grandes del RU, ofreciendo programas modulares flexibles en 28 departamentos y colegios basados en temas. La facultad de ciencias en el campus de Plymouth fué construida cuando se fundó la universidad en 1970 y sigue siendo uno de sus puntos fuertes más importantes, junto con la tecnología, ciencias humanas y la escuela de estudios empresariales.

La universidad tiene cuatro centros en Devon, una red de colegios asociados por todo el suroeste y está desarrollando una infraestructura tecnológica para unirlos a todos. La universidad recibió la clasificación de excelente en seis de las áreas evaluadas más recientemente.

Cada centro tiene su propio sindicato de estudiantes. Los estudiantes pueden participar en prácticamente todos los deportes de mar y río imaginables, y esto incluye un Centro de Buceo y Vela en Plymouth que ofrece un curso de buceo deportivo. Puede unirse a equipos campeones en acontecimientos de vela nacional de estudiantes, esquí-acuático y surf - o tomar el sol en la playa.

La universidad organiza alojamiento para todos los estudiantes internacionales en su primer año. Hay una oficina internacional con la responsabilidad de cuidar a los estudiantes internacionales y ofrecerles apoyo.

**Historia de un estudiante**

En Octubre de 1989 empecé la carrera de Ciencias Químicas en la Universidad de Oviedo y en el último curso se presentó la oportunidad de solicitar una beca Erasmus de la CEE para continuar mis estudios en la Universidad de Plymouth. Desde mi punto de vista, ésto era un sueño hecho realidad, finalizar la carrera, conocer otro país y perfeccionar mi inglés sin casi darme cuenta.

La experiencia ha sido incluso más positiva de lo que había imaginado. Plymouth es una ciudad agradable y acogedora al lado del mar y en uno de los rincones más bonitos de Inglaterra. La Universidad de Plymouth en si es un centro moderno y en continuo desarrollo que me ha ofrecido la posibilidad de adquirir experiencia de primera mano en todo tipo de instrumentación y tecnología. Por añadidura, mi estancia en Plymouth me ha dado la oportunidad valiosa y enriquecedora de haber conocido a mucha gente nueva, incluyendo un gran número de estudiantes internacionales, como yo.

La experiencia que conseguí en mi año de "Erasmus" me sirvió para asegurarme un puesto como estudiante de tercer ciclo en el departamento de Ciencias Medio Ambientales de la Universidad, en donde he trabajado durante los últimos tres años para obtener el Doctorado en Ciencias Químicas.

*Elena Menendez Alonso, España*

**Escriba a:** Mr S.M. Wisener, The Admissions Office, The Queen's University of Belfast, Northern Ireland BT7 1NN

**Tel:** 01232 335 081

**Fax:** 01232 247 895

**Email:** admissions@qub.ac.uk

**Website:** www.qub.ac.uk

**Alumnos:** 14.000 en 1997/8 (2.000 postgraduados; 1.750 internacionales, de más de 60 países); 46:54 hombre:mujer.

**Alojamiento:** Sexos separados, para vacaciones, facilidades de almacenaje. Residencias universitarias de £34-£43 sin comidas, £49-£57 por semana con comidas, habitación en la ciudad de £35 por semana.

**Requisitos de admisión:** De CCC a ABB (para Medicina). Otras calificaciones también son consideradas. **EFL:** TOEFL 550 mínimo, IELTS 6,0-6,5.

**Curso Base:** Las ciencias, ingeniería y agricultura y ciencias de alimentación tienen dos niveles de admisión, nivel 0 (para estudiantes con calificaciones que normalmente requieren curso base) y

*Queen's University Belfast*

nivel 1. Los que requieran un curso o Cursos Base disponibles a través del Joint Training Centre, establecido conjuntamente con la Universidad de Shenzhen en el Sur de China. La realización con éxito de estos cursos de un año puede conducir a la admisión en un programa de licenciatura Honours de tres años en la Escuela de Estudios Empresariales y la Facultad de Ingenieria.

**Costo de las matrículas:** No licenciados: cursos de clases £5.790 al año, laboratorio £7.515 al año, medicina y odontología pre-clínica £9.075 al año, clínica £16.715 al año, postgrado: £6.925 al año (menos clínico) médica y odontología £10.930 al año.

Queen's celebró recientemente su 150 aniversario. Se estableció en 1845 y se convirtió totalmente en universidad en 1908. Tiene una larga historia pero su perspectiva es moderna. Tiene cuatro bibliotecas principales e instalaciones de informática para el estudio. Aunque no es una universidad de campus, todo está compacto y a fácil distancia caminando incluyendo el complejo principal de alojamiento. Durante dos semanas todos los años en noviembre, organiza el Festival de Belfast y sus 200 actuaciones son para todos los gustos. La universidad está cerca del Ulster Museum y la galería de arte de la ciudad. Los alumnos antíguos incluyen Seamus Heaney, que ganó recientemente el Premio Nobel de literatura, además de Mary McAleese la actual Presidente de Irlanda.

Muchos departamentos han tenido altas clasificaciones en las recientes evaluaciones de investigación y calidad de enseñanza. Por ejemplo: trabajo social aplicado, inglés, historia, derecho, música. Ingeniería electrica y electrónica recibió una puntuación en investigación de 5; ingeniería mecánica, aeronaútica y la fabricación obtuvo un 5*, la clasificación más alta posible. Queen's también ofrece estudios irlandeses.

El Centro de Tecnología Irlanda del Norte ofrece cursos cortos industriales a los ingenieros en funciones para mantenerles enterados de los nuevos desarrollos tales como el diseño asistido por ordenador y la robótica. El centro se halla junto a las escuelas principales de ingeniería y sus instalaciones modernas se utilizan en apoyo de los programas de licenciatura y los curriculums de postgrados.

Queen's ha establecido un nuevo Centro Multi-Media de Idiomas con un sistema de CAN-8 VirtuLab. Los cursos incorporan materiales de audio, imágenes de video y textos. Se pueden utilizar para mejorar la pronunciación, practicar la conversación, la gramática y las tecnicas de comprensión. Los estudiantes pueden

usar el area de acceso y tienen acceso a televisión por satélite y cabinas de audio. Hay una gran bibioteca de cintas de audio en más de 30 idiomas.

Queen's está a una milla del centro de la ciudad y en el corazón de la escena social y cultural. Cerca está uno de los lagos naturales más grandes de Europa. En contraste, podría visitar una de las destilerías de whiskey más viejas. El sindicato de estudiantes tiene más de 100 clubs y sociedades que incluyen las de Malasia, Singapur y China. Hay muchos bares y locales con música en directo uno de los cuales acaba de ser reacondicionado.

La Universidad tiene su propio cine de dos pantallas y un Centro dedicado a la Educación Física, campos deportivos y un circuito de atletismo. Se ofrece a los estudiantes internacionales un servicio de recogida en el aeropuerto. Se ofrece un programa de orientación de tres días con la colaboración del sindicato de estudiantes y el "international friendship association".

**Historia de un estudiante**

Quería mejorar mis conocimientos de lenguas estudiando en un centro de lenguas del RU. Uno de mis profesores estaba dando clases en Irlanda del Norte y me informó de los cursos de lengua inglesa que ofrece el Centro TEFL de la Universidad de Queen's. El proceso de paz hace que esta sea una época muy emocionante para venir a Irlanda del Norte. Me encanta la gente de aquí y Belfast es una ciudad preciosa. Voy a la universidad en bicicleta todos los días. En particular me gusta la vida estudiantil de Queen's y juego mucho al squash en el Centro de Educación Física de la Universidad. También hago numerosas excursiones organizadas por el "international friendship association". Mi curso es dificil, pero gracias a la dedicación de los profesores y a las excelentes instalaciones de estudio me va bien y me gustan las frases locales tán coloridas!

*Pere Segura Vanrell, España*

# QUEEN MARY

### AND WESTFIELD COLLEGE
### UNIVERSITY OF LONDON

**Escriba a:** Cathy Shaw, International Office, Queen Mary and Westfield College, Mile End Road, London E1 4NS

**Tel:** 0171 775 3066

**Fax:** 0171 975 5556

**Email:** international-office@qmw.ac.uk

**Website:** www.qmw.ac.uk

**Alumnos:** 8.181 (1.666 postgraduados; 20% internacionales de 130 países); 56:44 hombre:mujer.

**Alojamiento:** Sexos separados, matrimonio/familia, para vacaciones. Residencias universitarias de £53-£67 por semana. Habitación en la ciudad de £55 por semana.

**Requisitos de admisión:** BBC a nivel de A level (ABB para medicina); 26 en Bachillerato Internacional.

**EFL:** Mínimo IELTS 6,5.

**Curso Base:** Curso Base Internacional y Programa Base de Ciencias e Ingeniería (ver más abajo).

**Costo de las matrículas:** Letras, Estudios Sociales y Derecho £7.100 al año; Ingeniería y Ciencias £8.900 al año; Medicina pre-clínica y Odontología £9.300 (primer año).

Queen Mary ands Westfield es una de las únicas universidades con campus en Londres, de modo que combina las atracciones de vivir y trabajar cerca de otros estudiantes con las emociones de vivir en Londres. Es una agrupación de cuatro colegios: Queen Mary College, Westfield College, St Bartholomew's Hospital Medical School y el London Hospital Medical School (la primera escuela médica de Inglaterra). También forma parte de la Universidad federal de Londres. El campus principal de la universidad está en Mile End, donde estan situadas la mayoría de las instalaciones académicas, por ejemplo el Harold Pinter Drama Studio. La universidad tiene otros tres lugares para estudiantes de medicina y odontología: Whitechapel, West Smithfield y Charterhouse Square (ambos situados en el East End de la City). Los antiguos alumnos famosos incluyen Graham Chapman, Malcolm Bradbury, Sir Roy Strong y el Dr Barnardo. Mile End está situado en el Sur Este de Londres, y está a un viaje corto en metro del centro

*El Edificio Queen's, Queen Mary and Westfield College*

de Londres.

Académicamente, el colegio es particularmente fuerte en inglés, matemáticas, informática e ingeniería. El Medical School y el Centre for Commercial Law Studies son especialmente populares entre los estudiantes extranjeros. Más del 80% de los departamentos de QMW consiguieron una nota de 4 o 5 en el ejercicio de evaluación de investigación de 1996, y los departamentos de inglés, geografía y lenguas modernas consiguieron buenas clasificaciones en las evaluaciones de calidad de enseñanza.

El International Foundation Course es un curso de un año de duración que prepara a los estudiantes para los estudios de licenciatura en ciencias sociales, humanidades y derecho. También se ofrece un programa base en ciencias e ingeniería que viene a ser el primer año de un programa integrado de cuatro años conducente al BSc.

El sindicato de estudiantes de QMW está situado en Bancroft Road detrás de las instalaciones principales del campus. Ofrece un bar, comidas y la única tienda del campus. El sindicato de estudiantes también ofrece pistas de squash y un

local de deportes además de diversiones organizadas para todos los días de la semana. Entre los acontecimientos anuales están el Baile de San Valentín, el "Rag Week", y el Baile de Verano, y también se acaba de abrir una gran sala de fiestas.

Existen unos 75 clubs y sociedades no-deportivos. Las instalaciones del campus incluyen un Comedor de 500 plazas, el restaurante "Gallery" y el Café-Bar. Entre los servicios de asistencia social hay un servicio de autobús, una línea telefónica de noche y una guardería en el colegio, además del College Welfare Service y el Union Sabbatical Officer que brindan asistencia a los estudiantes. También se ofrecen un servicio de asesoramiento, el Centro de Salud del Colegio, una guardería y una capellanía ecuménica.

Las instalaciones deportivas incluyen un local deportivo, un gimnasio, pistas de tenis, campos deportivos y un embarcadero. Los estudiantes también pueden usar la piscina de la Universidad de Londres.

Estoy en el primer año de mis estudios de ruso en el colegio. Originalmente estudié el idioma durante tres años y decidí venir al RU para continuar con él. Encuentro que el estilo de enseñanza es muy distinto aquí y que los estudiantes deben contribuir más a las clases. El énfasis está en el uso del idioma, lo cual no había tenido la oportunidad de hacer anteriormente. Al principio del curso me alojé en las residencias universitarias pero ahora vivo en alojamiento privado cerca del colegio. Londres me parece muy interesante pero increíblemente activo y febril!

*Historia de un estudiante*

**Rosa Sanz Delgado de Molina, España**

# The University of Reading

**Escriba a:** International Office, PO Box 217, Reading RG6 6AH.

**Tel:** 0118 987 5123

**Fax:** 0118 931 4404

**Email:** intoff@reading.ac.uk

**Website:** www.rdg.ac.uk

**Alumnos:** 12.837 en 1998/9 (5.222 postgraduados, 2.360 internacionales, de 125 países); 50:50 hombre:mujer

**Alojamiento:** Sexos separados, matrimonio/familia, para vacaciones, facilidades para almacenaje. Residencias universitarias de £40-£60 por semana sin comidas, £63-£93 por semana, con comidas, habitación en la ciudad de £52 por semana.

**Requisitos de admisión:** varían de CDD a BBB o ABC a nivel de A level, dependiendo del curso. De 27-33 puntos Bachillerato Internacional.

**EFL:** IELTS 6,5, TOEFL 575 (para cursos de exigencia linguística: IELTS 7,0, TOEFL 590).

**Curso Base:** cursos preparatorios en el campus, incluye lengua inglesa y tres asignaturas opcionales pertinentes a la licenciatura escogida (el éxito en el examen garantiza un puesto en el curso de licenciatura). Los estudiantes de cursos base son miembros de la Universidad. Estos cursos están reconocidos por otras universidades.

**Costo de las matrículas:** cursos de clases £6.462 al año, cursos de laboratorio £8.370 al año.

La universidad de Reading está situada en el corazón del Thames Valley, a 60km al oeste de Londres. Aunque sus edificios principales son modernos, la universidad se estableció como colegio universitario en el siglo XIX. Consiguió su Carta Real en 1926. En 1954 se comenzó el desarrollo de Whiteknights, antiguamente el terreno feudal del Marqués de Blandford. Aún se distinguen parte de sus jardines diseñados en el siglo XVIII, y el desarrollo del parque continúa hoy día en los espacios verdes abiertos que rodean las áreas residenciales y académicas. En el centro del campus está la biblioteca, con los edificios académicos, el "Senior Common Room" y el sindicato de estudiantes agrupados a sus alrededores. La mayoría de las residencias están en el perímetro norte y en las calles residenciales cercanas. La universidad tiene también otros dos espacios, Bulmershe Court donde está la Facultad de Educación y Estudios de Comunidad y London Road.

La Universidad de Reading está dividida en cinco facultades: agricultura y alimentación, educación y estudios de comunicación, letras y ciencias sociales, ciencias y estudios úrbanos y regionales.

En el ejercicio de evaluación de investigación de 1996 la universidad obtuvo un 5 o 5* en los siguientes temas: agricultura, arqueo-logía, estudios empresariales y dirección, historia clásica, ambiente construido, ciencias ambientales, francés e italiano. También se clasificó como Excelente en las evaluaciones de calidad de enseñanza de 1994/5 en geografía, geología e ingeniería mecánica, y obtuvo un 24 sobre 24 en las evaluaciones de 1998 en drama, danza y cinemática. La universidad tiene una gama de instalaciones para ayudar el estudio académico: la bi-blioteca de la universidad ofrece más de un millón de libros, periódicos,, panfletos, archivos, manuscritos y colecciones especiales; los estudiantes tiene acceso 24 horas al día a los ordenadores conectados a la red universitaria. Además la universidad dirige más de 800 hectáreas de tierras de cultivo que se utilizan en la enseñanza e investigación agricultura.

La Universidad de Reading tiene una larga historia de actividades internacionales; su oficina internacional es

una de las más antiguas establecidas en el RU, y el primer estudiante tailandés se graduó en 1901. Todos los estudiantes nuevos internacionales pueden acudir a un programa de bienvenida que dura más de una semana, y el apoyo continúa durante todo el curso. El Centro Universitario de Estudios Aplicados de Idiomas ofrece un curso de inglés, a tiempo completo, de pre-entrada, que dura desde abril a septiembre y al que acuden 200 estudiantes al año. También es posible que los estudiantes estudien otro idioma. Existen otros servicios de apoyo e instalaciones. La capellanía de la universidad atiende a los estudiantes protestantes, católicos y judios de la universidad y para estudiantes islámicos se ofrece un Centro Musulmán. Los estudiantes que hayan estudiado un Bachillerato Internacional pueden ser eligibles para solicitar una de las tres becas que se ofrecen a los estudiantes de licenciatura.

**Historia de un estudiante**

Soy egresado de la Facultad de Ingeniería de Producción Agroindustrial de la Universidad de La Sabana de Bogotá (Colombia). Actualmente estoy desarrollando una investigación en el área de modelación matemática de procesos. El objetivo de la investigación es hacer un modelo matemático para calcular la retención de aromas durante el proceso de liofilización del café.

Muchas cosas me han gustado de la Universidad, el campus, la biblioteca, la inmensa planta piloto para procesamiento de alimentos y sobre todo la gente. La experiencia de compartir cada día con una comunidad de estudiantes tan rica culturalmente es lo que más me ha gustado. No se cuantos paises haya representado en la Universidad de Reading, ni tampoco cuantas personas de diferentes nacionalidades haya conocido, pero lo que si puedo decir es que gracias a la posibilidad de encontrar una comunidad internacional en Reading, he podido hacer de este año de estudio algo más que biblioteca y laboratorio.

*Mauricio Pardo, Colombia*

THE UNIVERSITY COLLEGE OF
# RIPON & YORK
ST JOHN

**Escriba a:** International Office, Lord Mayor's Walk, York YO3 7EX.

Tel: 01904 616 942

**Fax:** 01904 616 928

**Email:** m.williams@ucrysj.ac.uk

**Website:** www.ucrysj.ac.uk

**Alumnos:** más de 4.000 en 1997 (500 postgraduados; 200-250 internacionales cada año de más de 15 países); 33:67 hombre:mujer.

**Alojamiento:** Residencias universitarias de £50 por semana sin comidas; £68 por semana con comidas.

**Requisitos de admisión:** Normalmente dos A levels más 3 aprobados en GCSE con nota C o el equivalente; aprobado el Bachillerato Europeo, 20 puntos el Bachillerato Internacional.
**EFL:** Cambridge Certificate of Proficiency en inglés, inglés a nivel GCSE, IELTS 6,0, TOEFL 550.

**Costo de las matrículas:** (en 1999) Cursos de clases £5.400 al año; cursos de laboratorio/taller £7.900 al año, cursos base £4.200.

Los dos centros principales de University College están situados en dos de las ciudades catedráticas más preciosas y más poco estropeadas del Norte de Inglaterra. La catedral del siglo 13 de York que está rodeada de calles estrechas tiene vistas sobre los edificios medievales de sus alrededores y de los muros romanos de la ciudad. Ripon a 25 millas (40 kilómetros) al noroeste de York está construida alrededor de una plaza de mercado antigua y de una catedral del siglo 12. Ambas ciudades son excepcionalmente preciosas para estudiar. Los colegios de York y Ripon se fundaron a la mitad del siglo 19 como colegios de entrenamiento de profesores para hombres y mujeres respectivamente. El campus de York ocupa lugares por el centro de la ciudad y la oficina internacional está en un edificio medieval detrás de la catedral. La piscina, las pistas de squash, la capilla, la biblioteca y las residencias de estudiantes están todas construidas alrededor del edificio

*El campus de Ripon*

original del colegio. El campus de Ripon es espacioso y atractivamente diseñado, y cubre 50 acres (20,25 hectáreas) que incluyen pistas de tenis y campos de juegos, y la oficina internacional está situada en el campus. Está rodeada del precioso escenario del Parque Nacional de los Yorkshire Dales y se ofrecen muchas actividades externas.

Londres está a solo dos horas y Hull está cerca de York y de Ripon.

El University college ofrece una gama de programas de licenciatura validados por la Universidad de Leeds. Hay una selección amplia de combinaciones con una gama de licenciaturas especializadas. Muchas de las licenciaturas tienen un giro internacional; incluyen estudios internacionales, estudios culturales, estudios europeos y estudios ingleses. El colegio pone enfasis en los cursos de formación profesional conducente a ciertas carreras que incluyen tiempo libre y dirección de turismo, estudios de dirección, filmación, televisión, literatura y estudios de teatro, artes de comunicación con opciones de música, danza y drama, educación física, deportes y ciencia de ejercicio y terápia ocupa-

cional. El university college tambiém tiene una fuerte tradición y fama excelente en educación de profesores. Otras opciones incluyen ciencias sociales, psicología, teología y estudios religiosos, arte y diseño, geografía e historia. El International Short Couyrse Centre ofrece una variedad de programas de EFL

El University College pone mucho enfasis en el contacto internacional. Organizó su primer programa de intercambio con un colegio en New Hampshire, EEUU, hace 25 años. Los estudiantes pueden estudiar en el extranjero en América del Norte y Europa, y cada año estudiantes de América del Norte, Europa y de Asia Oriental y Sudoriental vienen a Ripon y York a estudiar. Todos los estudiantes internacionales reciben una bienvenida cálida a sus centros pequeños y acogedores con su tradición internacional, y están garantizados alojamiento en el campus. En una de las residencias del campus de Ripon todas las habitaciones están conectadas a la red de ordenadores del university college.

**Historia de un estudiante**

Al principio estaba un poco decepcionada, porque Ripon era completamente distinto a mi ciudad. Sin embargo, después de un tiempo, resultó que aunque era distinto era agradable. Los profesores y el personal en general son muy amables y procuran que nos lo pasemos bien aquí. También es bueno conocer otros de los estudiantes internacionales y aprender de las culturas de sus países. Además tenemos mucho tiempo libre que nos permite viajar por Inglaterra y visitar lugares famosos.

*Gorete Ribero, Portugal*

# Rose Bruford College

**Escriba a:** Sue Mc.Tavish (Secretario), Rose Bruford College, Admissions Office, Lamorbey Park, Burnt Oak Lane, Sidcup, Kent DA15 9DF

**Tel**: 0181 300 3024

**Fax**: 0181 308 0542

**Email**: admiss@bruford.ac.uk

**Alumnos**: 631 en 1997/8 (71 postgraduados; 53 internacionales, de 23 países); 40:60 hombre:mujer.

**Alojamiento**: Sexos separados, para vacaciones. Residencias del colegio de £63 por semana sin comidas, habitación en la ciudad de £55-£60 por semana.

**Requisitos de admisión**: dos A levels.

**EFL**: Para licencuaturas de BA IELTS 6,5; para cursos base IELTS 5,5.

**Curso Base:** Curso de un año para elevar el nivel de los estudiantes hasta los requisitos de admisión para todas las licenciaturas de Rose Bruford. La Escuela Internacional de Verano prepara a los estudiantes impartiendo la enseñanza del inglés en las aulas, interpretación de papeles e improvisación.

**Costo de las matrículas:** £7.000 al año para cursos de licenciatura.

Rose Bruford, antigua profesora del Central School of Speech and Drama y del Royal Academy of Music, concibió un colegio donde los actores y los profesores podían entrenarse juntos, compartiendo las mismas técnicas y experiencias en su preparación para sus carreras preferidas. De modo que en 1950 estableció su propia escuela de drama en Lamorbey House, con la ayuda del Poeta Laureado John Masefield, Lawrence Olivier y Peggy Ashcroft que pertenecían ambos a la Junta de Directores. El Departamento de Educación y Ciencia reconoció al Rose Bruford College y desde entonces el colegio ha permanecido en el sector público. Hoy día el colegio es una Institución del sector universitario y ofrece una gama única de cursos de licenciatura en teatro y artes relacionadas. Mantiene su contacto con el mundo de la actuación a través de la Junta de Directores del cual Gary Oldman es miembro y Simon Callo miembro honorario.

El colegio tiene dos centros. La oficina general de administración está en el Lamorbey Park, en el distrito londinense de Bexley - un parque diseñado del siglo dieciocho. El segundo campus está en Greenwich, a ocho millas de distancia. Ambos están en el lado sur del rio Támesis y a unos 25 minutos del centro de Londres. Naturalmente la ciudad tiene mucho que ofrecer a los estudiantes interesados en el teatro, desde los "shows" de Shaftesbury Avenue en el West End, hasta las pequeñas funciones innovadoras en sitios como Bush Theatre en Shepherds Bush.

*Rose Bruford College*

Todas las licenciaturas concedidas por Rose Bruford College están convalidadas por la Universidad de Manchester, y acreditadas cuando es pertinente por el National Council for Drama Training. El colegio es conocido por su trabajo innovativo en el campo de la formación teatral y ofreció la primera licenciatura en actuación del R.U. en 1976. El colegio consiguió un 20 sobre 24 en drama, danza y cinemática en las evaluaciones de calidad de enseñanza de 1997. Actualmente se ofrecen licenciaturas BA (Hons) a tiempo completo en todos los aspectos principales del teatro, y esto incluye actuación, dirección, actor-músico, tecnología de la música, diseño de sonido e imágenes, dirección de escena, diseño de iluminación, producción de trajes, construcción y propiedades de escena, diseño de teatros y artes europeas de teatro. El colegio también ofrece un curso de MA en Práctica Teatral. Mediante el aprendizaje a distancia el colegio ofrece licenciaturas de BA (Hons) en estudios de ópera y estudios de teatro y cursos de MA en teatro, estudios de actuación y escritura dramática.

Los estudiantes se consideran ser profesionales y operan como una comunidad artística. Se llevan a cabo actuaciones en los propios teatros y estudios del colegio, que incluyen el Barn Theatre y el nuevo Theatre-in-the-Round que tiene 330 localidades. El colegio también tiene estudios de iluminación, un laboratorio MIDI (estudio de programación de música) y estudios de grabación. Se han invertido grandes recursos en la construcción de una biblioteca nueva y un centro de recursos de aprendizaje.

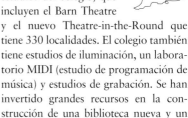

Rose Bruford tiene instalaciones que abarcan casi todos los aspectos de la vida estudiantil. El sindicato de estudiantes organiza varios acontecimientos sociales tales como conciertos, cabarets, excursiones y visitas al teatro. Se organizan reuniones y noches sociales para estudiantes internacionales y también se hacen socios automáticos sin pago de London International Student House - un centro en el West End de Londres que ofrece instalaciones como bares, restaurantes, cuartos de estudio, una discoteca y una sala de fiestas.

**Historia de un estudiante**

Soy de Singapur y descubrí el Rose Bruford College cuando acudí a una exposición de universidades británicas. La fama del teatro en Gran Bretaña es muy buena y por eso quería estudiar aquí.

En el curso estoy aprendiendo sobre todas las áreas del teatro y estoy adquiriendo los conocimientos técnicos que necesito con la ayuda y el apoyo de unos buenos tutores. Me gusta estar tan metida en las actuaciones que preparamos, lo que me proporciona la experiencia que necesito. Cuando vine a Gran Bretaña por primera vez, me resultó difícil saber donde me hallaba, pero en seguida hice amigos que me ayudaron a descubrir Londres. Antes de venir a Gran Bretaña trabajaba en teatro y televisión en Singapur como asistente de producción. Cuando termine mis estudios me gustaría quedarme en el Reino Unido y trabajar en dirección de escena en uno de los musicales del West End.

*Joy Lee, Singapur*

**Escriba a:** The International Office, University of Salford, Salford M5 4WT

**Tel:** 0161 295 5543

**Fax:** 0161 295 5256

**Email:** intoff@ext-rel.salford.ac.uk

**Website:** www.salford.ac.uk/homepage.html

**Alumnos:** 17.750 en 1998 (2.049 postgraduados; 1.275 internacionales); 56:44 hombre:mujer.

**Alojamiento:** Habitaciones simples, sexos separados, matrimonio, vacaciones. Residencias universitarias de £40 por semana sin comidas, £65 por semana pensión completa; habitación en la ciudad de £35-£43 por semana.

**Requisitos de admisión:** Normalmente altos: un mínimo de CCC a nivel A level o el equivalente para la mayoría de materias; Bachillerato Europeo: aprobado; Bachillerato Internacional: Diploma Completo (mínimo 28 puntos).

**EFL:** Cambridge Certificate of Proficiency en Inglés nota C; GCSE en Inglés nota C, IELTS 6,0. TOEFL 550 (nuevos sistemas basados en ordenadores 215).

**Costo de las matrículas:** Año Preliminar £6.375 al año (Ciencias), £5.865 al año (Letras); No licenciados cursos de clases £6.600, al año; Laboratorio/Arte y Diseño £8.500.

El campo de fútbol de Manchester United está aproximadamente a una milla (1,6 kilometros) de la Universidad de Salford, y el campo de Cricket de Old Trafford a unas 2 millas (3 km). Las conexiones de transporte de la universidad son excelentes - la universidad tiene su propia estación de trenes y el aeropuerto internacional está a seis millas. Manchester, que está a unos minutos del campus fué una ciudad textil importante durante el periodo de expansión industrial británico y tiene muchos edificios hermosos de estilo neo-gótico y una red de canales de aquella época. Es una ciudad importante, con mucha vida y atractiva, con cuatro universidades, dos equipos de fútbol, su propia orquesta y fama de innovación músical. Es una ciudad internacional con su propio barrio chino y está convenientemente situada para ir al lake District o a Londres a pasar el fin de semana y para hacer excursiones de un día a las montañas Pennines y Galesas.

Los cursos de Salford están diseñados con las carreras profesionales en mente. Muchos cursos incorporan colocaciones y se trabaja en colabo-

ración con la industria. La universidad tiene cuatro facultades que ofrecen cursos desde estudios de base hasta HNDs y licenciaturas. El Graduate School ofrece cursos de postgrado y de investigación. Puede elegir entre una gama amplia de cursos de ingeniería, por ejemplo: audio-ingeniería, acústica e ingeniería ambiental. Los programas de ciencias incluyen tecnología de la información, matemáticas y cursos futurísticos como física con optoelectrónica o tecnología espacial. Los cursos de administración y estudios empresariales también son muy populares entre los estudiantes internacionales. Los cursos de salud también están en demanda e incluyen pediatría, enfermería, obstetrícia, radiografía, terápia ocupacional, fisioterapia, rehabilitación deportiva, prostética y ortopedia y trabajo social.

La música está clasificada como Excelente y el curso de ciencias biológicas consiguió la puntuación máxima de 24 puntos en calidad de enseñanza. La Facultad de Arte y Tecnología de Diseño está situada en el nuevo edificio técnico que ganó el primer Premio de Stirling por su diseño arquitectónico.

El Instituto Internacional organiza cursos para ayudar a los estudiantes internacionales, desde el inglés y técnicas de estudio antes del comienzo de la sesión hasta módulos de lengua inglesa en el programa de estudios.

Se garantiza alojamiento a todos los estudiantes de primer año si lo solicitan a tiempo. Además los estudiantes internacionales suelen poder alojarse en las residencias universitarias o apartamentos durante todo el curso. Las residencias están bien planeadas y a poca distancia del campus. Se ofrecen apartamentos para estudiantes postgraduados y para estudiantes casados y con hijos. La universidad tiene una variedad de instalaciones deportivas que incluyen una piscina, y el sindicato de estudiantes organiza un extenso programa de diversiones.

**Historia de un estudiante**

Vine a la Universidad de Salford a estudiar un BSc (Hons) en física con tecnología espacial. Elegí Salford porque el curso ofrecía la especialidad en tecnología espacial que me interesaba. La universidad me ha dado la oportunidad de estudiar la tecnología espacial a fondo y de mejorar mi inglés al mismo tiempo. Aquí en Salford he podido poner en práctica mis conocimientos en física y participar en experimentos importantes con el cohete Starchaser III. Durante mis tres años en Salford he aprendido mucho, no sólo sobre mi tema sino también sobre las costumbres y la vida inglesa, que son muy distintas a las mías. Recomendaría a todo el mundo que estudie en el extranjero y venir a verlo por sí mismo.

*Galder Bengoa Endemano, España*

# The University *of* Sheffield

**Escriba a:** Miss Cass, University of Sheffield, The International Office, 6 Claremont Place, Sheffield S10 2TN.

**Tel**: 0114 276 8966

**Fax**: 0114 272 9145

**Email**: international@sheffield.ac.uk (a la atención de Miss Cass)

**Website**:
www.shef.ac.uk/uni/service/io

**Alumnos**: 21.726 (15.283 postgraduados; 3.884 internacionales de más de 106 países); 48:52 hombre:mujer.

**Alojamiento**: Sexos separados, matrimonio/familia, para vacaciones, facilidad de almacenaje. Residencias universitarias de £36 por semana sin comidas, de £73 por semana con comidas; habitación en la ciudad de £36.

**Requisitos de admisión:** generalmente AAB o BBC a nivel de A level para cursos de licenciatura, o licenciatura superior o equivalente.

**EFL**: Cambridge Certificate of Proficiency en inglés Notas A,B,C; GCSE u O level en inglés nota C; IELTS promedio de 6,0, no menos de 5 en ninguna sección; TOEFL al menos 550; NEAB examen de admisión universitaria, aprobado; Hong Kong Examination Authority; uso del inglés nota C o superior.

**Curso Base**: Hay cursos disponibles pero están actualmente bajo revisión. Contacte con la oficina internacional para más información.

**Costo de las matrículas:** Letras, ciencias sociales y derecho £7.050 al año; ciencia pura, ingeniería, periodismo y medicina £9.250 al año.

Sheffield está rodeado por una preciosa campiña y más de cincuenta parques. La ciudad tiene más bosques que cualquier otra ciudad inglesa. Los orígenes de la universidad se remontan al siglo diecinueve, pero la universidad, tal como es hoy se fundó en 1905. El campus principal está en el centro pero los edificios universitarios se extienden por la campiña que lo rodea y la mayor parte del alojamiento de estudiantes está en las afueras residenciales de Broomhill, que no está lejos del centro. Es una ciudad con mucha actividad. En el pasado fué famosa por su producción de acero pero desde entonces se ha convertido en una ciudad deportiva, con hockey sobre hielo en Sheffield Arena y atletismo y rugby en el estadio Don Valley. Sheffield también es una ciudad para los que les gusta hacer compras - Meadowhall, un centro comercial y de esparcimiento a las afueras

*Universidad de Sheffield*

de la ciudad, atrae a millones de personas todos los años.

Sheffield está asociada con cuatro premios Nobel, los dos más recientes en 1993 y 1996. El Dr Richard Roberts, un licenciado del Departamento de Química, fué uno de los ganadores del premio Nobel de medicina/fisiología en 1993 y 1996; y en 1996 el Professor Harry Kato, licenciado del mismo departamento fué uno de los ganadores del premio Nobel de química.

Los temas clasificados con Excelente en las recientes evaluaciones de calidad de enseñanza incluyen: trabajo social aplicado, arquitectura, estudios de Asia del Este, inglés, geografía, historia, derecho, ingeniería mecánica, ingeniería electrónica y eléctrica, materiales de ingeniería, linguística, música, ruso, sociología, política y administración social, formación de profesores, urbanismo de ciudades y regiones. Otros muchos departamentos también obtuvieron una clasificación alta. Sheffield tiene una importante facultad de ingeniería y ofrece una gama variada de cursos, desde ingeniería aero-espacial hasta la ingeniería de control (ver capítulo sobre ingeniería). El

80% de los departamentos evaluados en el ejercicio de evaluación de investigación recibieron una de las dos puntuaciones más altas (4 o 5). Algunas salas de informática ofrecen 23 horas de acceso al día. Algunos de sus antiguos alumnos famosos incluyen la primera astronauta británica Helen Sharman y también el actual Secretario de Estado para la Educación en el R.U., David Blunkett.

El sindicato de estudiantes financia más de 120 sociedades que reflejan la enorme gama de intereses de los estudiantes. Estas sociedades van desde las religiosas y culturales hasta las de música folclórica y juegos malabares. Hay más de 60 clubs dedicados al deporte. La universidad colaboró en la presentación de los World Student Games en 1991 y tiene una pista de atletismo de 500m para todos los climas, pistas de tenis y una pista de hierba artificial iluminada. Hay una piscina de 33m y 45 acres de campos deportivos Los estudiantes reciben apoyo gratuito en lengua inglesa a lo largo del curso.

**Historia de un estudiante**

Antes de venir a Sheffield yo era profesor universitario. Siempre había quierido estudiar un PHd y empecé a buscar posibles buenas opciones. Había oido hablar de la Universidad de Sheffield y su excelente tradición de investigación en psicología, y decidí hacer una solicitud. Afortunadamente fuí aceptado y ahora estoy aquí y muy contento. La gente, la investigación, las instalaciones del departamento, los servicios generales para estudiantes y todas las actividades estudiantiles hacen que ésta sea una experiencia muy agradable. Algo muy importante es la inmersión cultural: es increible. Se conoce a gente de una gran cantidad de países y se aprende mucho de ellos. Y no dejará de encontrar a alguien de su propio país o cultura.

*Nicandro Cruz-Ramirez, Mexico*

**SOAS**

University of London

**Escriba a:** Fiamma Shani, School of Oriental and African Studies (SOAS), University of London, Russell Square, London WC1H 0XG

**Tel:** 0171 691 3309

**Fax:** 0171 691 3362

**Email:** study@soas.ac.uk

**Website:** www.soas.ac.uk

**Alumnos:** 2.591 en 1997 (1.131 postgraduados, aproximadamente 29% internacionales de más de 80 países); 40:60 hombre:mujer.

**Alojamiento:** Sexos separados, matrimonio, para vacaciones. Residencias universitarias de £72.50 por semana sin comidas, habitación en la ciudad: los precios varían enormemente.

**Requisitos de admisión:** generalmente BBB a nivel de A level, de 29-30 puntos de Bachillerato Internacional.
**EFL:** IELTS: 7,0 en total y un mínimo de 5,5 en cada exámen parcial.

**Curso Base:** Varios disponibles, curso de certificado intermedio (ICC) de un año, a tiempo completo para los que

quieren hacer una licenciatura. Ofrece ayuda con el inglés; incluye módulos en estudios empresariales, relaciones internacionales, cultura europea. Diploma para los que quieren hacer una licenciatura; incluye un proyecto de estudio independiente. Los dos están reconocidos por las Universidades del R.U.

**Costo de las matrículas:** £7.730 al año.

Situado en un atractivo edificio de Rusell Square, SOAS es uno de los centros más importantes del mundo para estudios sobre Africa y Asia. Se fundó en 1916 y forma parte de la Universidad de Londres. SOAS tiene más de 300 profesores y es el centro mayor del mundo para estudios sobre Asia, Africa y el Oriente Medio. Tiene cinco departamentos regionales (Africa, Asia Oriental, Medio Oriente, Asia del Sur y Asia Sudoriental), que enseñan las lenguas y culturas de estas áreas y hay once departamentos de temas o disciplina (antropología y sociología, arte y arqueología, estudios de desarrollo, económia, geografía, historia, derecho, linguística, música, estudios políticos y el estudio de la religión. Además de cursos normales de licenciatura, SOAS también ofrece enseñanza de lenguas a indivíduos particulares y programas de lenguas, culturales y de estudios empresariales, para sus clientes corporativos tales como el Foreign and Commonwealth Office.

SOAS ha conseguido las más altas clasificaciones de investigación en música, historia, linguística, antropología, arqueología y estudios religiosos. Las licenciaturas están

*Entrada principal de SOAS*

divididas en tres categorias. Hay cursos basados en lenguas, en los que los estudiantes estudian lenguas pero además otras áreas como económia o historia. También hay licenciaturas de estudios de área como estudios Africanos o estudios de Asia Oriental. estas incluyen el estudio de lenguas, pero también requieren una más amplia variedad de otras disciplinas que se concentran en un área específica seleccionada. Por último existen licenciaturas en ciencias sociales o combinaciones como arte o arqueología. Estas no son licenciaturas basadas en lenguas aunque es posible que los estudiantes estudien una o más lenguas. Las licenciaturas basadas en lenguas no suponen el conocimiento previo de la lengua estudiada.

SOAS tiene una biblioteca mundialmente conocida que contiene casi un millón de volúmenes en 1.000 idiomas. Tiene instalaciones modernas de aprendizaje de idiomas, que incluyen instalaciones informatizadas de aprendizaje del idioma y un laboratorio de lenguas que utiliza el sistema digital Sony. Además de tener la mejores instalaciones de enseñanza e investigación SOAS abrió la galería Brunei en 1995. Fué diseñada para presentar dos áreas distintas, un

edificio de enseñanza y una galería. Hay espacio para una pequeña colección permanente de arte además de instalaciones para las exposiciones visitantes.

SOAS tiene una localización céntrica, muy cerca del British Museum, el West End y Covent Garden. A pesar de estar en el corazón de Londres, el colegio está situado en una zona verde y tranquila. SOAS hace mucho que ha tenido una comunidad internacional y tiene en cuenta las variadas religiones de los estudiantes. Existen dos salas de oración de un solo sexo, numerosas comunidades religiosas y cinco capellanías anglicanas. El sindicato de estudiantes tiene su propio periódico de estudiantes y organiza actividades recreativas de todas partes del mundo en sus fiestas semanales. Hay más de 30 sociedades registradas en el sindicato, muchas de las cuales representan una religión o país.

Los estudiantes internacionales participan en una sesión de bienvenida a su llegada, y pueden estudiar hasta cuatro horas de de inglés a la semana en el centro de lengua inglesa.

**Historia de un estudiante**

Siempre me han interesado la economía del desarrollo y me matriculé en el curso MSc en Desarrollo de SOAS por su fama y experiencia en los asuntos relacionados con los países africanos y asiáticos. Aunque estaba temerosa antes de empezar, de hecho no fué tan difícil como me había imaginado y lo más interesante fué el curso de Desarrollo Ambiental en el que hubo una serie de profesores visitantes muy buenos. SOAS es muy cosmopolita - he hecho amigos de toda Europa y Asia, no solo de Inglaterra, y claro vivir en Londres fué un aspecto muy importante.

*Yoko Hashimoto, Japón*

# SOUTHAMPTON
## INSTITUTE

**Escriba a:** International Marketing Officer, Southampton Institute, East Park Terrace, Southampton, SO14 0YN

**Tel:** 01703 319 376

**Fax:** 01703 319 412

**Email:** Peggy.Lardort@Solent.ac.uk

**Website:** www.solent.ac.uk

**Alumnos:** 15.488 estudiantes en 1997 (690 postgraduados, aproximadamente 1.373 internacionales de casi 50 países); 64:36 hombre:mujer.

**Alojamiento:** Habitacion simple, sexos separados, para vacaciones. Residencias del Instituto de £70-£74 por semana sin comidas, habitación en la ciudad: £45-£50 por semana.

**Requisitos de admisión:** Dos o tres A levels en asignaturas apropiadas o equivalente. Se acepta Bachillerato Internacional y Europeo.

**EFL:** estudiantes de licenciatura: Cambridge Advanced Certificate, o Certificate of Proficiency, dependiendo del curso, IELTS: 6,0-6,5, TOEFL 550-600.

**Costo de las matrículas:** £5.200 al año, más £50 costo anual de estudio para algunos cursos o £83 costo de matriculación para los cursos BTEC.

El clima de Southampton es más templado que el del resto de las Islas Británicas. Southampton es una ciudad medieval grande, con una rica historia marítima, pero también tiene modernos centros comerciales, deportivos y culturales. Tiene una población de 25.000 estudiantes. El campus de la ciudad del Southampton Institute está cerca del centro de la ciudad y ofrece fácil acceso a las instalaciones y a numerosos parques.

El colegio de educación superior se fundó en 1969 y se unió al Southampton College of Art en 1981. El Southampton Institute se fundó en 1984 cuando se incorporó el College of Nautical Studies de Warsash. Esta herencia se refleja en la importancia de las facultades de Diseño y Marítimas.

El propósito del Instituto es el ofrecer "Cursos para Carreras, Investigación para Resultados". Hoy día se identifica por sus cursos de formación vocacional prácticos e innovativos. Por ejemplo, ofrece un curso sandwich de

*La Biblioteca Mountbatten*

UNIVERSIDADES Y COLEGIOS

418

cuatro años para la licenciatura BA (Hons) en servicios financieros. Muchos de los trabajos de los estudiantes están conectados con las empresas locales. El curso de diseño de yates y embarcaciones de gran potencia de la Facultad Marítima tiene fama internacional. La facultad de Diseño ofrece licenciaturas en Bellas Artes y Diseño Gráfico y un BA en Diseño Internacional. La Facultad de Ambiente Construído ofrece licencia-turas de BA en Valoración de Bellas Artes y Estudios de Valoración en Bellas Artes en las cuales los estudiantes pueden emplear objetos de arte reales de la Colección de Estudios de la Facultad que es única. La Facultad de "Media Arts" ofrece cursos que combinan niveles académicos elevados con técnicas profesionales. El Southampton Business School (con más de 4.400 estudiantes) se ha formado como resultado de la unión de las facultades de "Business Finance" y "Business Management" y permite a los estudiantes más flexibilidad en la

selección de opciones.

Las licenciaturas concedidas por el Southampton Institute son convalidadas por la Universidad de Nottingham Trent. El año académico consiste en dos semestres (de enseñanza) de 15 semanas cada uno, que empiezan en Septiembre y en Febrero.

El Instituto tiene sistemas bien desarrollados para el apoyo a los estudiantes tales como, asesoria a tiempo completo, ayuda con los estudios, servicios de información y carreras, todo ello apoyado por ordenadores, software y redes muy modernos. Hay seis residencias nuevas de estudiantes que ofrecen 2.300 habitaciones (más de 1.000 con baño incluído), a una fácil distancia andando del campus principal. Las instalaciones en el campus incluyen una librería, tiendas generales, cajeros automáticos, un local de deportes y una biblioteca impresionante.

**Historia de un estudiante**

Aunque soy de EEUU me crié en Alemania y elegí el Southampton Institute porque es una de las mejores instituciones en el R.U. para estudios de filmación. Southampton también es ideal para la vida estudiantil ya que nada está más lejos que quince minutos andando. Lo único que me ha sorprendido es la cantidad de trabajo que hay que hace en el curso. El personal del International Affairs Office ofrece apoyo a lo largo del año a estudiantes internacionales, lo cual es importante ya que frecuentemente es difícil hacer amistades con los estudiantes británicos. He participado en el servicio "meet and greet" del instituto los dos últimos años. Creo que es un primer contacto muy importante para los estudiantes nuevos.

*Michael Deming, EEUU*

## Staffordshire
### UNIVERSITY

**Escriba a:** Ariel Edge, International Office, Staffordshire University, College Road, Stoke-on-Trent, ST4 2DE.

**Tel:** 01782 292 718

**Fax:** 01782 292 796

**Email:** a.m.edge@staffs.ac.uk

**Website:** www.staffs.ac.uk/welcome.html

**Alumnos:** 14.506 en 1997/8 (614 postgraduados; 537 internacionales de 76 países); 57:43 hombre:mujer.

**Alojamiento:** Habitaciones simples o dobles, para vacaciones - menos en verano. Residencias universitarias de £27-£53 por semana sin comidas.

**Requisitos de admisión:** Dos asignaturas a nivel de A level más tres asignaturas distintas aprobadas a nivel GCSE/tres asignaturas a nivel A level y una asignatura distinta aprobada a nivel GCSE, o el equivalente internacional.

**EFL:** Cambridge Proficiency Nota C, IELTS 6, TOEFL 550.

**Curso Base:** en diseño, bellas artes, ciencias aplicadas, informática, estudios empresariales, programa ampliado de tecnología, programa ampliado de ingeniería, y curso base BTEC de arte y diseño.

**Costo de las matrículas:** Cursos de clases de aula £5.645 al año; cursos de laboratorio £6.105 al año, MBA £7.400 al año.

Staffordshire está situado en el corazón de Inglaterra entre Birmingham y Manchester en una región conocida como los Midlands. El área es famosa por su parque de atracciones que desafía la muerte, Alton Towers, en la preciosa campiña de los Staffordshire Moorlands y una industria de cerámica internacionalmente conocida. Londres está sólo a una hora y 45 minutos en tren.

La Universidad de Staffordshire empezó con un número de colegios técnicos y de arte en la primera parte del siglo y se ha convertido en una institución muy activa. Basada en dos centros, la universidad ofrece una mezcla de ciudad y campiña, con uno de sus campus situado en un terreno verde de Stafford y el otro en el centro de la activa ciudad de Stoke-on-Trent. Un costo de vida relativamente bajo y matrículas competitivas atraen a los estudiantes a la región.

La universidad tiene ocho colegios académicos. La escuela de Arte y Diseño es pionera en su uso de ordenadores en la práctica de arte y diseño. Los estudiantes disfrutan de estudios bien equipados, espacios de trabajo y una galería en Nueva York. La escuela de

*Edificio Octagon*

Informática ofrece diez cursos bajo el "Computing Degree Scheme", con una gama de programas desde ciencias de informática hasta tecnología de internet y gráficos por ordenador, imágenes y visualización. La Universidad tiene una de las Escuelas de Informática de educación superior más grandes del R.U. Se ofrece un programa modular para sus cursos de licenciatura y la universidad tiene fuertes con-exiones tanto con la industria local como con instituciones internacionales. Las bibliotecas, contienen más de 30.000 libros y 2.000 publicaciones de textos académicos puestas al día, junto con 80 bases de datos en CD-ROM para catálogos de referencia. Los estudiantes pueden efectuar investigaciones por internet y beneficiarse de las sesiones gratuitas de inducción y técnicas de estudio que ofrece la bi-blioteca. Se ofrecen instalaciones de informática con acceso todas las noches y los sabados. Contienen una selección de Apple Macs y PCs con acceso a Internet.

El sindicato de estudiantes tiene una variedad de bares, tiendas y locales de abastecimiento. Los estudi-antes se pueden hacer socios de un número de sociedades según sus intereses religiosos, políticos, culturales o recreativos. La Sociedad Internacional acoge a estudiantes de todo el mundo y organiza acontecimientos sociales a lo largo del año. También existen sociedades nacionales específicas, tales como la sociedad China o Malasia. El cine presenta películas populares en el campus durante el trimestre.

Los estudiantes pueden participar en numerosos deportes en la universidad. El complejo deportivo facilita la practica de la mayoría de los deportes cubiertos y actividades desde el badminton hasta la yoga, y la escalada interna.

Los estudiantes internacionales tiene a su llegada una semana de inducción al principio del trimestre con un programa completo de orientación y actividades sociales. Se organiza transporte por autocar desde el aeropuerto de Heathrow en días específicos. Los estudiantes tienen una gran selección para sus estudios de lengua inglesa.

---

**Historia de un estudiante**

Vine por primera vez a Stoke-on-Trent a visitar a un amigo y decidí quedarme. Quería perfeccionar mi inglés y me gustó mucho la ciudad dada su situación en el medio del condado, y encontre muy simpática a la gente en mi primera visita. Ya que había estudiado en España pero no había completado mis estudios de ingeniería, decidí solicitar finalizar mi carrera en la Universidad de Staffordshire. El tiempo que llevo aquí ya ha sido muy interesante y emocionante. El sistema de la universidad va perfectamente con mi modo de estudiar, porque da la oportunidad a cada persona de estudiar a su manera, y al mismo tiempo permite el acceso a modernos la-boratorios e instalaciones.

**Pablo Borruel, España**

**Escriba a:** Student Recruitment and Admission Service. University of Stirling, Stirling FK9 4LA

**Tel:** 01786 467 046

**Fax:** 01786 466 800

**Email:** international@stir.ac.uk

**Web:** www.stir.ac.uk

**Alumnos:** 7,500 en 1997/8 (600 postgraduados, 600-900 internacionales de más de 70 países), 49:51 hombre:mujer.

**Alojamiento:** solteros, casados, sexos separados, para vacaciones. Residencias universitarias £35-£60 por semana; habitación en la ciudad £40-£45 por semana.

**Requisitos de admisión:** En la mayoría de los cursos se requieren Bs y Cs en "Scottish Highers", A levels o su equivalente (BBC para estudios empresariales, inglés, cine y medios, dirección de recursos humanos, marketing y estudios escoceses.

**EFL:** Cambridge Advanced Certificate Grade A, Cambridge Proficiency Grade C, IELTS 6, TOEFL 550.

**Costo de las matrículas:** cursos de clases £5.800 al año; cursos de laboratorio £7.650 al año; enseñanza de MA y algunos MSc, MBA £8.600 al año.

El campus de Stirling, Bridge of Allan está construído alrededor de un lago, el Airthrey Loch y rodeado de los montes y bosques de Ochil Hills. Los blancos y conspicuos edificios universitarios que asoman sobre las cimas de los árboles tienen cierta grandeza, aunque los que critican la arquitectura moderna dicen que no merecen comparación con los bellos campos verdes y las sólidas casas de piedra típicamente escocesas de la zona. Esta región guarda monumentos sagrados de la historia escocesa, por ejemplo, el Monumento a Wallace, que conmemora a uno de los más famosos luchadores escoceses por la independencia, William Wallace, que ganó en ese lugar una batalla en el siglo XIII, se perfila sobre el campus. La Universidad se halla situada a las afueras de la ciudad de Stirling, cuyo castillo albergó a los reyes escoceses. El castillo es ahora parte de la Universidad. Cerca se encuentra Bannockburn, el lugar de la batalla de 1314 en la que Robert de Bruce venció al ejército inglés, tres veces mayor que el suyo.

Hay un servicio frecuente de autobuses entre la universidad y Stirling. El servicio de

*El campus de Stirling*

ferrocarriles es puntual, limpio y eficiente y conecta con Glasgow y Edimburgo respectivamente. También tiene servicios directos con Londres, Perth y Aberdeen. No está mal para una ciudad pequeña, teniendo en cuenta que los estudiantes forman el 10% de la población.

Stirling es una de las más pequeñas universidades escocesas y una de sus más modernas, ya que se fundó tan recientemente como 1967. Es también una de las más innovativas - fué la primera en el R.U. en introducir el sistema de semestre de dos periodos de quince semanas cada uno, a partir de Septiembre y Febrero, con un semestre corto de verano, desde finales de Junio a mediados de Agosto. Se da mayor importancia a la calidad de enseñanza que a la investigación. Los evaluadores de calidad de enseñanza del país le otorgaron recientemente la calificación de Excelente en económia, ciencias del medio ambiente, estudios de religión y sociología. La universidad tiene cuatro facultades: Letras, Ciencias Humanas,

Dirección o Gerencia y Ciencias Naturales además de muchos cursos fuera de lo corriente y atractivos. La Facultad de Dirección ofrece la mayor gama, incluyendo estudios de deporte con dirección. Stirling es el centro escocés para estudios de japonés y tiene cursos importantes de cine y medios, un curso que cada vez gana más interés, la acuacultura, en su Departamento de Ciencias del Medio Ambiente, y una licenciatura en Inglés como lengua extranjera. La palabra clave es flexibilidad - existen muchos caminos a través del curriculum y licenciaturas combinadas en asignaturas que se ofrecen en distintas facultades.

El campus es el foco de la vida universitaria; existe alojamiento suficiente para todos los estudiantes y las instalaciones incluyen cafés, tiendas y el Centro de Arte McRoberts que facilita un lugar para cine, conciertos y teatro.

**Historia de un estudiante**

Llegué a Stirling al principio del semestre de Otoño para hacer un MPhill en Estudios de Editorial. Obtuve una licenciatura en Inglés en la Universidad de Beijing hace cuatro años y trabajé en una empresa editorial. Trabajo con clientes ingleses, como Longmans, Oxford University Press y BBC Books, así que ellos me han enviado a este curso para mejorar mis conocimientos editoriales en Occidente. Me enteré en el British Council de Beijing que los cursos de Estudios de Medios en Stirling eran famosos internacionalmente. Es mucho trabajo pero da fruto. Estoy aprendiendo todo acerca de la editorial - ediciones, editorial electrónica, impresión, producción, incluso marketing. Stirling es un sitio muy pacífico, vivo en un piso de la universidad y es muy cómodo, pero no tiene TV; me gustaría haberlo sabido, estaba deseando ver TV en inglés.

*Sheng Chiang, China*

# University of Sunderland

**Escriba a:** Centre for International Education, Technology Park, Chester Road, Sunderland SR2 7PS.

**Tel:** 0191 515 2648

**Fax:** 0191 515 2960

**Email:** international@sunderland.ac.uk

**Website:** www.sunderland.ac.uk

**Alojamiento:** sexos separados, algún alojamiento para matrimonios; para vacaciones. Residencias universitarias de £40 por semana; habitación en la ciudad £30-£35 por semana.

**Alumnos:** 15.700 en 1998 (1.500 postgraduados, 1.200 internacionales de 66 países); 50:50 hombre:mujer.

**Requisitos de admisión:** Normalmente dos asignaturas aprobadas a nivel de GCE A level o el equivalente. Se acepta el Bachillerato Europeo e Internacional.

**EFL:** IELTS 6, TOEFL 550.

**Costo de las matrículas:** Cursos de clases £5.850 al año para cursos de licenciatura y £5.995 para postgrados; cursos de laboratorio £6.750 al año para cursos de licenciatura, £6.900 postgrados.

La Universidad de Sunderland ha construido su nuevo campus al lado de la antigua iglesia de St Peter's en Monkswearmouth, con vistas sobre la boca del rio Wear, cerca del lugar del Monasterio de St Peter's que era uno de los principales centros de aprendizaje en Gran Bretaña en el siglo VII. El nuevo campus de St Peter's, que ha ganado premios, tiene un Escuela de Estudios empresariales, la Escuela de Sistemas de Informática e Información y una biblioteca nueva impresionante. El edificio de informática tiene instalaciones técnicas muy modernas y más de 500 pantallas en una zona abierta, y está abierto 24 horas al día. En frente, a la orilla sur del rio Wear, están los nuevos apartamentos de estudiantes. Junto a ellos está la nueva biblioteca con una terraza al aire libre y una sala de lectura con paredes recubiertas de madera.

Esta parte de

*University of Sunderland*

la costa del noreste de Inglaterra tiene mucha industria pero también existen lugares increibles para visitar. La iglesia de St Paul's en Jarrow es una iglesia sajona con reliquias del Venerable Bede, que escribió allí su historia de la iglesia cristiana. Al oeste está Durham, con su castillo, y al lado su catedral medieval. Al norte hay magníficas playas a sotavento del espectacular Castillo de Bamburg.

Los precursores de Sunderland, los colegios de mediados del siglo XIX de arte, ciencia y tecnología, hicieron historia educacional al establecer el primer curso sandwich en 1903. La Facultad de Arte y Diseño es una de las más antiguas, en un lugar con una larga historia en la producción de cristal. En ciencias de salud, el personal del departamento de ciencias deportivas esta trabajando con el equipo nacional de esquí.

Las ciencias ambientales son temas nuevos de la década de los 90. El departamento ofrece cursos de ingeniería y dirección ambiental, control de polución y control de residuos, ecoturismo y dirección de tiempo libre.

Durante la década de los 90, la universidad ha progresado en el campo de aprendizaje a distancia y ahora lo ofrece en ingeniería, estudios empresariales, e informática.

La ciudad de Sunderland se puede atravesar a pie en 15 minutos, y es mediamente segura y barata para vivir. Tiene buenos clubs y el sindicato de estudiantes es dueño de una sala de fiestas llamada "Manor Quay". De domingo a jueves Sunderland es una ciudad tranquila, pero los viernes y los sábados se despierta y es delirante. El sindicato opera un transporte nocturno para recoger a las chicas estudiantes de los sitios que cierran tarde y llevarles a casa. También hay dos teatros y el club de cine del sindicato.

Si avisa a la universidad de su llegada le darán instrucciones de cómo llegar a Sunderland y le irán a buscar cuando llegue. Se le ofrecerá alojamiento durante todo su curso y tendrá acceso a los servicios de asistencia social para estudiantes. Le animarán a conocer a gente por medio de semanas de inducción, acontecimientos sociales y sociedades.

**Historia de un estudiante**

Cuando decidí hacer una licenciatura en Filología inglesa, pensé que sería mejor estudiarla en Inglaterra, no sólo para perfeccionar mi inglés sino también porque podía conseguir la licenciatura en solamente tres años! Me gusta la división que hay en el curso entre trabajo de curso y exámenes y es estupendo poder elegir qué módulos estudiar. Fuera de los estudios hago entrenamiento de pesas, canoa y buceo scuba y las instalaciones deportivas son excelentes. Igual me quedo a hacer un curso Masters después de conseguir la licenciatura el año que viene. He hecho muchos amigos y me quiero mantener en contacto con ellos.

**Sergio Castillo Vicente, España**

UNIVERSIDADES Y COLEGIOS

# UNIVERSITY OF
# SUSSEX
AT BRIGHTON

**Escriba a:** Dr Philip Baker, International and Study Abroad Office, Arts B, University of Sussex, Falmer, Brighton, BN1 9QN

**Tel**: 01273 678 422

**Fax**: 01273 678 640

**Email**: international.off@sussex.ac.uk

**Website**: www.sussex.ac.uk

**Alumnos:** 9.085 en 1997/8 (2.281 postgraduados; 2.236 internacionales de 112 países); 46:54 hombre:mujer.

**Alojamiento**: Sexos separados (Mujeres), familias, para vacaciones. Residencias universitarias de £50 por semana sin comidas; habitación en la ciudad £45 por semana.

**Requisitos de admisión:** varían de acuerdo con la materia, generalmente BBB-BCD. Aprobado en el Bachillerato Internacional, incluyendo 14-17 en las tres pertinentes de nivel avanzado. **EFL:** Para cursos de licenciatura IELTS 6,5, TOEFL examen basado en una redacción 600 y TWE 4, examen

basado en ordenador 250; para postgraduados IELTS 6.0 - 7.0, TOEFL 550 y TWE 4 o 600 y TWE 5, exámen basado en ordenador 213 - 250.

**Curso Base:** los cursos que se ofrecen actualmente en los colegios locales son: biología, informática, matemáticas e ingeniería, que se da en la universidad.

**Costo de las matrículas:** Cursos de clases £6.645 al año; cursos de laboratorio £8.850 al año.

La Universidad de Sussex es una universidad con campus y la mayoría de sus residencias, aulas, salas de seminarios, laboratorios, restaurantes, bares e instalaciones deportivas están cerca la unas de las otras en el parque de la universidad. La universidad de Sussex es la única de Inglaterra que tiene situado su campus académico en un lugar designado como de gran belleza natural. La campiña de los South Downs, que contiene pueblos históricos, montañas y tierra agrícola, es muy concurrida por excursionistas, aficionados a caminatas y ciclistas de montaña.

A unos minutos de la universidad en tren está la ciudad costera de Brighton. Los estudiantes forman una gran proporción de la población de la ciudad - más del diez por ciento - y muchos de los bares y clubs locales organizan noches destinadas a la diversión estudiantil. El ambiente de la ciudad es liberal y cosmopolita. Una de las mayores atracciones culturales es el Festival anual de Brighton. Durante tres semanas en el mes de Mayo, músicos,

*Estudiantes relajanandose en el campus*

bailarines y actores vienen a la ciudad a celebrar el mayor festival de arte de Inglaterra.

La Universidad de Sussex ofrece casi 200 programas de licenciatura y más de 100 programas de clases de postgrado. En el ejercicio de evaluación de investigación de 1996, sussex consiguió un 5 o un 5* en los siguientes temas: estudios americanos, biología, química, informática, inglés, historia, historia del arte, matemáticas puras, francés, alemán, estudios de medios de comunicación y la unidad de política de investigación científica. El 83% del personal académico trabaja en áreas que han conseguido un 4 o un 5. Cinco de los seis temas evaluados en el actual esquema de calidad de enseñanza (es decir desde 1995) han conseguido una puntuación de 20 o más sobre 24, la sociología consiguió la puntuación máxima de 24 en 1995. Bajo el esquema anterior, los temas que se clasificaron como Excelentes fueron el inglés (en 1994), música y antropología (en 1995).

La biblioteca universitaria tiene una colección de más de 750.000 libros.  También tiene colecciones especiales, por ejemplo los papeles de Leonard y Virginia Wolf, Rudyard Kipling y un archivo de la revista New Statesman.

Se ofrecen clases de inglés antes del comienzo de la sesión, y durante el trimestre se ofrecen clases de inglés para fines académicos para aquellos que las necesiten. Los estudiantes pueden hacer los exámenes de Cambridge de Inglés General en la universidad. También puede que el plan "Host" mediante el cual pueden pasar un fin de semana con una familia inglesa interese a los estudiantes internacionales.

El sindicato de estudiantes es el foco de las muchas actividades estudiantiles, junto a sus 100 clubs y sociedades dirige un periódico, una estación de radio y una revista que ha obtenido un premio. Entre las instalaciones hay 14 acres de campos de deportes.

---

**Historia de un estudiante**

Estudié Sociología en la Universidad Complutense de Madrid y pasé el último año como estudiante de Erasmus en la Universidad de Sussex, en Brighton, haciendo una especialización de estudios de desarrollo. Decidí quedarme a hacer un MA en Estudios de Inmigración por los excelentes recursos que ofrece esta universidad y sus fantásticos profesores. Al principio fué difícil acostumbrarme a un sistema académico tan diferente, especialmente la participación en semina-rios con muy pocos estudiantes y teniendo que hacer trabajos escritos en inglés, pero todo el mundo te ayuda. Brighton es un sitio estupendo para vivir. Su situación junto al mar y el ambiente joven y cosmopolita de sus habitantes lo hacen el lugar ideal para pasar el año en el extranjero. Está cerca de Londres y hace sol con más frecuencia que en otros lugares del R.U. °...ste es definitivamente uno de los mejores lugares para elegir! (si no el mejor) °Disfrutelo!

*María Vergara, España*

# UNIVERSITY OF
# TEESSIDE

**Escriba a:** Academic Registry, University of Teeside, Middlesbrough TS1 3BA

**Tel:** 01642 218 121

**Fax:** 01642 342 067

**Email:** h.cummins@tees.ac.uk

**Website:** www.tees.ac.uk

**Alumnos:** 11.397 de licenciatura (1.766 postgraduados; aproximadamente 400 estudiantes internacionales de 45 países)

**Alojamiento:** Se da prioridad a los estudiantes internacionales, con 100 plazas disponibles en las residencias universitarias y 400 en alojamientos privados dirigidos por la universidad o cerca de Middlesbrough. Precios de £39-£47.50 por semana sin comidas; alojamiento privado en alquiler £29-£33 por semana.

**Requisitos de admisión:** HND: Aprobado a nivel A level + 3 aprobados

*Centro de Recursos de Aprendizaje*

de GCSE; Licenciaturas: 5 aprobados de GCSE + 2 A levels; Postgrados: primera licenciatura en materia pertinente.

**Curso Base:** Cursos de HND disponibles

**Costo de las matrículas:** £6.000 al año + suplementos para los cursos relacionados con la salud.

Situada en un solo campus en el centro de Middlesborough la Universidad de Teeside ofrece más de 200 cursos de tiempo completo, desde HND hasta licenciaturas y postgrados. Middlesbrough está en la región de Teeside, en el Noreste de Inglaterra. Una de las ventajas más importantes para los estudiantes es que es uno de los lugares más baratos para vivir del R.U., además de estar cerca de una costa y una campiña preciosas.

La universidad está dividida en seis colegios: Estudios Empresariales y Dirección, Informática y Matemáticas, Salud, Derecho, Arte y Humanidades, Estudios Internacionales, Ciencia y Tecnología y Ciencias Sociales. Los puntos más importantes de la universidad son la informática, en la cual consiguió un Excelente en calidad de enseñanza e ingeniería, estudios empresariales y temas relacionados con la salud. Muchos programas se ofrecen en forma modular flexible y los estudiantes pueden organizar algunos de sus estudios según sus necesidades o intereses. La mayoría de los programas de licenciatura tienen una orientación profesional y muchos incluyen la oportunidad de tener una experiencia de trabajo.

El nuevo Centro de Recursos de Aprendizaje es una combinación de aula de TI (Tecnología de la Información) y bi-blioteca y contiene más de 1.300 espacios de estudio especificamente diseñados, 300 ordenadores de acceso libre con email y software de internet, instalaciones de aprendizaje de lenguas y estaciones para ver videos.

La universidad ha invertido más de 30 millones en nuevos edificios y en mejorar sus instalaciones y muchas de estas son totalmente nuevas o han sido mejoradas recientemente. Esto incluye nuevos alojamientos para estudiantes y un Centro de Innovación y Realidad Virtual, que es la sede de la Escuela de Ciencias y Tecnologías

El sindicato de estudiantes ofrece un programa variado de acontecimientos, entre ellos noches temadas como "Fruity" y "Liquid Cool", bandas en directo, DJ's, comedias y cobertura de acontecimientos deportivos en pantalla grande. Los acontecimientos sociales tienen lugar en los tres bares del sindicato: "Union Central", "Central Cafe" y "The Zoo", un local con una

capacidad para 1.000 personas. El edificio del sindicato es totalmente accesible para estudiantes inválidos, con ascensores a todos los pisos. Los estudiantes tienen acceso a una cape-llanía, una guarde-ría, un servicio de salud, un centro de información y un servicio de asesoría. La universidad también tiene su propio cine.

La costa y los páramos de North Yorkshire ofrecen oportunidades para participar una gama de actividades externas. Los puntos fuertes en deporte a nivel nacional incluyen el rugby de liga, la canoa, las artes marciales, el rugby para mujeres, el ciclismo, atletismo y fútbol. Se organizan viajes internacionales de esquí, squash, baloncesto, fútbol y deportes acuáticos. El centro de ejercicios tiene un gimnasio, sauna y una pared de escalada y hay pistas de tenis al aire libre. Con sujeción a su disponibilidad, la universidad también ofrece cursos de lengua inglesa.

**Historia de un estudiante**

Mi gobierno me ha enviado a Inglaterra desde Qatar para estudiar un curso de HND en ingeniería de fabricación y soldadura. Me enviaron porque hablo inglés y tengo un Diploma de EEUU en Ciencias de EEUU, y tienen relación con la Universidad de Teeside. Mi esposa es americana y quería conocer Gran Bretaña, de modo que estuvimos encantados de venir. Encontramos una casa agradable rápidamente y la gente de Teeside es muy amable. Hemos traido a nuestros dos hijos mayores que van al colegio en Middlesbrough, pero echamos de menos a nuestra hija pequeña, que tiene que quedarse en su colegio en Qatar. Teeside ofrece unas instalaciones fantaticas. Los talleres tienen toda la maquinaria que jamás pudo desear y también que no habrá visto antes en su vida. Me gustaría transferirme a un curso de licenciatura de BSc y después si es posible intentar hacer un curso de Master.

*Ateeq Al-khulaifi, Qatar*

# TVU
### LONDON
# THAMES VALLEY UNIVERSITY

**Escriba a**: Thames Valley University, University Learning Advice Centre, 18-22 Bond St, Ealing, London W5 5RF

**Tel**: 0181 579 5000

**Fax**: 0181 231 2900

**Email**: learning.advice@tvu.ac.uk

**Website**: www.tvu.ac.uk

**Alumnos**: 27.567 en 1997 (5.230 post-graduados; 2% licenciatura y 5% de postgraduados internacionales) 44:56 hombre:mujer.

**Alojamiento**: No hay alojamiento universitario disponible; habitación en la ciudad £45-£85 por semana.

**Costo de las matrículas**: cursos de licenciatura £5.950 al año; postgrados £3.500 - £7.500 al año.

En términos de número de estudiantes, TVU es una de las mayores universidades del RU, pero sus dos centros - uno en el suburbio de Ealing en el oeste de Londres, y el otro al oeste de Londres en Slough, cerca de Windsor son relativamente compactos. Esta discrepancia se explica por los 18.000 estudiantes de tiempo parcial y en

*Estudiantes de TVU*

cursos de aprendizaje abierto o aprendizaje a distancia. TVU tiene una larga historia y empezó como un colegio en el local principal de St Mary' Road, Ealing, fundado en 1860 por un filantropo local. Ha tenido como alumnos a estudiantes internacionales desde 1966, cuando se convirtió en Institución de Enseñanza Superior.

El campus de Ealing está a unas pocas paradas de metro del aeropueto de Heathrow. El suburbio de Ealing es uno de los más agradables de Londres, con precios de alojamiento bastante razo-nables para Londres. Es fácil llegar a algunos de los sitios más espectaculares de Londres, por ejemplo el palacio de Hampton Court, el colegio de Eton y el Castillo de Windsor. En la dirección opuesta el centro de Londres está a solo media hora de tren.

TVU acaba de revisar completamente su curriculum de licenciaturas para ofrecer a los estudiantes la mayor flexibilidad posible en sus selecciones. Los estudiantes pueden disponer de una variedad de expertos para ayudarles a diseñar sus cursos según sus necesidades y cada estudiante tiene un Director de Estudios para aconsejarle y apoyarle. La idea es que los estudiantes aprendan independientemente, y los ordenadores, software, cintas, textos académicos, libros y otros recursos de estudio que puedan necesitar se organizan en los nuevos Centros de Recursos de Aprendizaje que están extensamente equipados.

De las ocho facultades de TVU el Wolfson Institute of Helath Sciences es el tiene más demanda. La enfermería y obstetrícia se enseñan en varios hospitales de la región. También hay cursos cortos en terapias alternativas.

La selección enorme de cursos en estudios empresariales, dirección y contabilidad varía desde el HND hasta el MBA. Todos ellos tienen un giro internacional e incluyen cursos de hospitalidad, turismo y dirección de tiempo libre. Conectados a estos, hay cursos de licenciatura en informática, sistemas de información y multimedia. El nuevo London College of Music and Media combina los temas de música y medios de comunicación y ofrece licenciaturas en todo tipo de cosas desde artes digitales hasta tambor y guitarra.

Uno de los puntos fuertes de TVU es la contabilidad como primera licenciatura y a nivel de investigación. Además existen cursos de inglés y lingüística que tiene clasificaciones altas respecto a enseñanza e investigación. El inglés puede ser un tema principal o secundario, y se ofrecen cursos de MA en enseñanza de lengua inglesa.

TVU no tiene alojamiento para estudiantes pero no es difícil encontrarlo

cerca de los centros. El servicio de alojamiento de la universidad existe para ayudar a los estudiantes a encontrar alojamiento con familias, pensiones, habitaciones, apartamentos y casas relativamente cercanos al campus.

El sindicato de estudiantes de TVU suplementa las actividades de teatros, cines, clubs y música que se pueden encontrar en el West End de Londres con su propio programa de diversiones - y con una tarjeta de deportes de estudiante que permite que los mismos utilicen las instalaciones deportivas de la Universidad y del Municipio de Ealing a precios rebajados.

Aunque Londres es grande, la oficina internacional de TVU y los servicios de apoyo a los estudiantes están diseñados para asegurar que estos tengan una fuente de ayuda e información, empezando con un curso de inglés de un mes antes del comienzo de clases que incluye técnicas de estudio.

**Historia de un estudiante**

Soy originalmente de España y vine a Inglaterra hace seis años. El motivo principal de venir aquí fué para aprender el idioma. Durante ese tiempo llegué a conocer la cultura y la gente y me enamoré del país. Durante mi estancia aquí me di cuenta que mi verdadera carrera es la informática. Busqué una buena universidad y visité varias pero vine al día abierto al público de la Universidad de Thames Valley y el ambiente era buenísimo y muy cosmopolita. Me hicieron sentirme muy bien recibida y, a pesar de que el inglés no es mi lengua materna, me dieron la confianza necesaria para hacer una licenciatura en Dirección de Información. No llevo en la universidad mucho tiempo, pero ya se que he elegido bien. El ambiente es muy amistoso ya que los grupos de enseñanza son relativamente pequeños y esto quiere decir que los tutores pueden ayudar a los estudiantes en sus necesidades particulares.

*Teresa Medina-Cabrera, España*

**UEA**
**NORWICH**

**Escriba a:** Cameron Allen, International Office, University of East Anglia, Norwich, MR4 7TJ

**Tel:** 01603 592 048

**Fax:** 01603 458 596

**Email:** ind.office@uea.ac.uk

**Website:** www.uea.ac.uk

**Alumnos:** 8.549 en 1997/8 (2.498 postgraduados, 770 internacionales de más de 90 países); 40:60 hombre:mujer

**Alojamiento:** matrimonio/familia, para vacaciones - lugar de almacenamiento, cargo extra. Residencias universitarias de £37-£55 por semana sin comidas; habitación en la ciudad £30-£40 por semana.

**Requisitos de admisión:** Dos o tres A levels aprobados o el equivalente. Diploma de Bachillerato Europeo aprobado.
**EFL:** TOEFL 500, TOEFL basado sobre ordenadores 215, IELTS 6, Lengua Inglesa a nivel GCE/GCSE.

**Curso Base:** curso base de un año en Estudios Empresariales e Inglés conducente a programa de licenciatura, se requiere IELTS nivel 5,5.

**Costo de las matrículas:** cursos de clases £6.450 al año, cursos de laboratorio £8.400, cursos de estudios empresariales £6.980 al año.

El campus de la universidad de East Anglia está situado en 320 acres de parque y bosque y fué diseñado originalmente para que ningún edificio estuviese a más de cinco minutos de paseo de cualquier otro.

Hay muchos lugares para comer y beber, por ejemplo comida caliente en el restaurante económico de self-service, un restaurante de estilo italiano y cafeterías y cafés. Entre las instalaciones comerciales hay una tienda de comestibles, una de periódicos, oficina de correos, dos librerías y una agencia de viajes. En el campus también hay un servicio de lavandería de 24 horas, y un mercado cubierto. El centro de la ciudad de Norwich está a 15 minutos en autobús y el centro de Londres está sólo a dos horas. También hay cerca una costa preciosa, que no está estropeada.

Además de los cursos tradicionales de humanidades, ciencias y ciencias sociales de UEA, también se ofrece una gran gama de cursos de formación profesional. La universidad

*University of East Anglia, Norwich*

opera un sistema modular por el cual los estudiantes reciben una introducción amplia a un tema en particular y luego tienen la oportunidad de especializarse más profundamente o de elegir una serie de módulos que satisfagan sus intereses. Algunos cursos ofrecen una experiencia de trabajo industrial de un año y otros la opción de estudiar en el extranjero.

El año académico está dividido en dos semestres y la evaluación de los estu-diantes tiene lugar al final de cada uno. Esta evaluación continua quita la presión de los exámenes finales, mientras que el programa modular rompe los límites tradicionales entre temas de letras y ciencias. Los estudiantes pueden hacer módulos de estudios empresariales, idiomas e informática, con a sus licenciaturas.

Las siguientes materias tuvieron la clasificación de Excelente en las evaluaciones recientes de calidad de enseñanza: trabajo social aplicado, ciencias ambientales, ciencias de desa-rrollo, y derecho. Los siguientes departamentos recibieron clasificaciones de 5 en el ejercicio de evaluación de investigación de 1996; ciencias biológicas, matemáticas puras, trabajo social, historia, estudios de medios y comunicación, educación, ciencias ambientales, y los idiomas alemán, escandinavo y holandés se clasificaron con la puntuación más alta de 5*.

Todos los estudiantes tienen acceso a ordenadores - existen 2.000 terminales repartidos por el campus y otros 200 disponibles en el centro de computadores, que cuenta con personal preparado para contestar preguntas. 150 habitaciones de las residencias universitarias están conectadas a la red del campus.

El sindicato de estudiantes organiza la mayoría de los acontecimientos del campus, desde proyecciones regulares de películas a conciertos en directo, noches de baile y comedia en directo. El sindicato también administra un local de música en directo en el centro de la ciudad, que recientemente presentó conciertos de Ocean Colour Scene, Finlay Quaye y Sleeper.

Los estudiantes son recibidos en la universidad, se les recoge en los aeropuertos y también hay un programa de introducción lleno de actividades. Además hay apoyo con la lengua inglesa libre de cargo a lo largo del año.

**Historia de un estudiante**

Hola! Me llamo Suraje y soy estudiante de la UEA de Norwich. Aunque mi nombre no suene muy portugués, nací en Lisboa y he vivido allí hasta el año pasado que vine a la UEA de Norwich. Actualmente estoy estudiando el segundo año de un BSc en ciencias ambientales, y estoy disfrutando mucho. Los cursos interdisciplinarios, como el que estoy haciendo, no existen en Portugal, y ésta es la razón principal por la que vine a Inglaterra a estudiar. El estudiar en Inglaterra ha sido instructivo y divertido. Además, la oportunidad de experimentar otra cultura y conocer a muchos otros estudiantes internacionales ha sido inestimable.

*Suraje Dessai, Portugal*

# UWIC

## UNIVERSITY OF WALES INSTITUTE CARDIFF

**Escriba a:** The International Office Western Avenue, Cardiff CF5 2SG.

**Tel:** 01222 506 045

**Fax:** 01222 506 928

**Email:** iphillips@uwic.ac.uk

**Website:** www.uwi.ac.uk

**Alumnos:** 7,400 en 1997/8 (418 postgraduados, unos 250 internacionales de más de 10 países), 50:50 hombre:mujer.

**Alojamiento:** sexos separados, para vacaciones. Residencias universitarias desde £45 por semana; habitación en la ciudad desde £40 por semana.

**Requisitos de admisión:** Como mínimo dos A levels, grado mínimo E, o su equivalente. Se acepta un aprobado en Bachillerato Internacional.
**EFL:** Certificados de Cambridge: Advanced English Grade A; Proficiency in English Grade C, TOEFL 600, IELTS 5,5.

**Costo de las matrículas:** Curso base £4.000, cursos de clases £6.200 al año; cursos de laboratorio y de postgrado £6.500 al año.

La UWIC está situada en Cardiff, la capital de Gales. UWIC es uno de los colegios que constituyen la Universidad Federal de Gales. Cardiff es un puerto importante en el Canal de Bristol y está en el corazón de la zona industrial sur de Gales pero cerca del glorioso Brecon Beacons, el Valle verde de Glamorgan, millas de bellas playas y muchos castillos históricos.

La UWIC tiene cuatro facultades. La Facultad de Letras, Diseño e Ingeniería está situada en un moderno campus en la atractiva ciudad catedralicia de Llandaff, a las afueras de la ciudad. Sus puntos más fuertes son arte, diseño e ingeniería - UWIC obtuvo la calificación de Excelente en la evaluación de calidad de enseñanza, en cerámica y arquitectura interior, que son cursos con un objetivo práctico y técnico y se clasificó en investigación en arte y diseño. Bellas artes, que también obtuvo la calificación de Excelente, estética, diseño gráfico e historia y teoría del arte y diseño tienen un enfoque más teórico.

*Entrada principal*

La Facultad de Letras está ligada a la ingeniería y ofrece cursos de diseño electrónico, ingeniería de diseño y diseño industrial y fabricación de productos. Los talleres de ingeniería están dotados muy ampliamente, desde nuevas salas de ordenadores a plantas de manufactura electrónica a tamaño miniatura y normal de fábrica. La experiencia industrial forma parte de muchos cursos de la UWIC, con puntos crédito transferibles. El Comercio en la Facultad de Estudios Empresariales, las Actividades Recreativas y la Alimentación en el moderno Campus de Colchester Avenue, atraen a muchos estudiantes internacionales. Se puede hacer un curso HND de dos años en empresa y finanzas o en informática y pasar a una licenciatura BA en Empresa y Administración o BScc en Sistemas Estudios Empresariales de la Información. Se enseña en esta facultad, Hostelería, turismo, banquetes y dirección de instituciones y ciencias y tecnología de la alimentación, a todos los niveles, desde un diploma en tecnología de panificadores a un HND o título en tecnología de la alimentación.

En las últimas evaluaciones de calidad de enseñanza la Psicología y comunicaciones obtuvieron la calificación de Excelente. Hay también cursos de ciencias biomédicas, terapia del habla, nutrición, pediatría y riesgos y administración del medio ambiente. La Facultad de Educación y Deportes es un centro innovador en la formación de maestros, ciencia deportiva y movimiento humano.

La Facultad de Deportes tiene también los mejores campos e instalaciones de deportes del colegio en el Campus Cyncoed. Fuera del Campus, el Centro de Deportes Nacional de Gales es uno de los 15 centros de diversión de la ciudad, que también cuenta con ocho campos de golf. Tanto la ciudad como la academia participan en la obsesión galesa del rugby, así que UWIC es claramente la mejor opción para estudiantes con una inclinación hacia los deportes; la lista de alumnos está realzada con nombres de medallistas olímpicos y figuras de antiguos internacionales del rugby.

**Historia de un estudiante**

Nací en Hong Kong, pero mi familia se fué a vivir a Vancouver, Canadá, hace unos 10 años. Me gradué en genética en la Universidad de British Columbia y después fuí a Hong Kong y trabajé con Nat West como ejecutivo de riesgo de créditos. Obtuve un empujón de la Bolsa de Hong Kong. En una Exposición de Educación descubrí este curso de un año de MBA en Cardiff que me convenció. Fué un buen paso el venir aquí, las instalaciones son buenas y el profesorado también, y la atmósfera es estupenda. La gente está verdaderamente interesada en estudiar, no solamente en obtener un título.

*Samuel Wong, Hong Kong*

**THE·UNIVERSITY·OF**

# WARWICK

**Escriba a:** The International Office, The University of Warwick, Coventry CV4 7AL.

**Tel:** 01203 523 706

**Fax:** 01203 461 606

**Email:** int.office@admin.warwick.ac.uk

**Website:** www.warwick.ac.uk

**Alumnos:** 13.764 (5.769 postgraduados, 2.292 internacionales de 106 países), 54:46 hombre:mujer.

**Alojamiento:** separado por sexos, casados/familia, para vacaciones, facilidad para almacenaje. Residencias universitarias £40 por semana sin comidas, £64 por semana con comidas; habitación en la ciudad a partir de £40 por semana.

**Requisitos de admisión:** tres A levels con una media de BBB o 32 puntos del Bachillerato Internacional.

**Curso Base:** Se pueden hacer cursos en derecho, estudios empresariales, ciencias sociales y ciencias/ingeniería, en colegios locales supervisados por Warwick.

**Costo de las matrículas:** cursos de clases £6.795 al año, cursos de laboratorio £8.750 al año.

La Universidad de Warwick obtuvo su carta real en 1965, cuando admitió a 450 alumnos. Los centros más pequeños de Westwood y Gibbert Hill se hallan a 10 minutos andando del campus central. La universidad tiene también un local en Venecia, donde van a estudiar por un tiempo los estudiantes de historia del arte. El campus de Warwick es muy moderno y facilita alojamiento a un gran número de estudiantes. Dado que incluye todas las instalaciones, hay mucha actividad y seguridad en el campus. Las diversiones organizadas por los estudiantes siempre tienen una gran audiencia.

En 1984 la universidad estableció un parque científico para promover el crecimiento de la nueva tecnología.

La campiña en sus alrededores tiene muchas atracciones históricas, como el Castillo de Warwick y la ciudad natal de Shakespeare, Stratford-upon-Avon.

*El campus de Warwick*

La universidad está dividida en tres facultades: Letras, Ciencias y Ciencias Sociales. Warwick es una de las universidades de investigación vanguardistas y ha obtenido consistentemente altas puntuaciones en las evaluaciones de calidad de investigación y enseñanza. Las matemáticas puras, informática e historia obtuvieron un 5* en investigación, y se otorgaron marcas de cinco puntos a una larga lista que comprende: ciencias biológicas, estadística e investigación operacional, económia y econometría, trabajo social, sociología, estudios empresariales y de dirección, francés, comunicaciones, estudios culturales y de medios de comunicación, drama, danza y artes de interpretación. Existen dos bibliotecas principales en el campus que están abiertas siete días a la semana durante el trimestre. Hay también una amplia red de PCs que los estudiantes pueden utilizar. Algunas salas de ordenadores están abiertas 24 horas al día.

El sindicato de estudiantes de Warwick tiene cinco bares grandes, una sala de fiestas, una estación de radio (donde el DJ de Radio 1, Simon Mayo empezó su carrera), snack bars, un restaurante, tiendas y una librería, así como tres sucursales de bancos. También dentro del campus se halla situado uno de los centros de arte mayores de Inglaterra, que alberga una gran sala de conciertos, dos teatros, un cine, un centro de música, dos librerías, un bar y restaurante.

Warwick tiene muchas instalaciones deportivas, incluyendo una piscina. Los estudiantes internacionales son recogidos a su llegada a los aeropuertos de Gatwick o Heathrow y toman parte en un programa de orientación de una semana de duración antes del comienzo del trimestre. Se dan cursos de inglés previos y clases de ayuda

**Historia de un estudiante**

Enseño inglés en México y he venido a Inglaterra a mejorar mis técnicas de enseñanza mediante el estudio de un MA en "English Language Teacher Education". Las clases son muy profesionales y especializadas en varias materias, de forma que obtenemos un tutelaje experto. He conocido a estudiantes de todo el mundo en este curso y aprendemos mucho los unos de los otros. El campus de Warwick es muy grande pero todo está al alcance de la mano. La vida social es estupenda y he hecho muchos amigos. Recomendaría Warwick a todo el mundo y el curso que yo hago me va a ser de gran ayuda cuando vuelva a México.

*Veronica Sanchez, Mexico*

## BRISTOL

# UNIVERSITY OF THE WEST OF ENGLAND

**Escriba a:** International Office, Frenchay Campus, Coldharbour Lane Bristol BS16 1QY

**Tel:** 0117 965 6261

**Fax:** 0117 976 3804

**Email:** admissions@uwe.ac.uk

**Website:** www.uwe.ac.uk

**Alumnos:** 23.435 en 1997, (3.000 postgraduados, 600 internacionales de 40 países), 50:50 hombre:mujer.

**Alojamiento:** sexos separados, residencia universitaria desde £45 por semana, sin comidas; habitación en la ciudad £42 por semana.

**Requisitos de admisión:** En general dos A levels, grado mínimo E, más tres asignaturas a nivel GCSE con Grado C. o su equivalente (se exige CC para BSc en Enfermería; BBC para BSc en Fisioterapia, BCC para BA en Estudios de Medios, Inglés, Historia, Derecho), se acepta el Bachillerato Europeo/Internacional.

**EFL:** IELTS 6.0, TOEFL 650,

**Cursos base:** disponibles

**Costo de las matrículas:** Curso base £4.998, cursos universitarioss de clases £6.150 al año; cursos universitarios de laboratorio £6.500; los cursos de postgrado varían.

UWE se estableció como universidad en 1992 y ya está en la primera división de las nuevas universidades, según cuadros de liga recientes. Sus raíces se remontan a una Escuela de Navegación fundada en el siglo XVI que ha ido creciendo y cambiando desde entonces. Sus doce facultades repartidas en cinco centros a lo largo de Bristol fueron en su tiempo sedes de escuelas de tecnología y comercio, letras, educación y salud. Su mezcla de arquitectura victoriana y moderna y de cursos clásicos e innovativos dan la impresión de que es una universidad nueva con un actitud tradicional.

Se trata de una universidad grande, con más de 24.000 nombres en su registro. Aún así tiene buena fama de ayudar a los estudiantes. Aunque ofrece más de 300 cursos, cuyo número continúa en aumento a fin de alcanzar nuevos campos, consigue algunas calificaciones altas en las evaluaciones de calidad de

*El campus de Frenchay*

enseñanza.

UWE obtiene unas calificaciones excelentes en empresa y derecho -materias que siempre atraen a los estudiantes internacionales. Su objetivo es formar alumnos bien cualificados, con experiencia en sus campos específicos de trabajo. El conseguir un puesto de trabajo en una sociedad comercial es una parte importante de los cursos de empresa. La facultad de derecho tiene una réplica de una sala de audiencias en la que los estudiantes pueden representar juicios y practicar la abogacía.

Los cursos de tecnología de la información e informática se benefician de los altos niveles de investigación en la Facultad de Estudios de Informática y Matemáticas. La cultura británica y estudios de medios también han obtenido una respetable calificación en investigación. La Facultad de Arte y Diseño imparte cursos de moda y diseño de textiles, cerámica y medios basados en tiempo (televisión, video, multimedia, radio y sonido).

En el Departamento de Inglés, el inglés como lengua extranjera puede combi-narse en un título de BA Honours con sistemas de empresa o de la información, derecho o estudios estudios empresariales.

La UWE, aunque grande, es amistosa y no impersonal. Tiene todas las ventajas que un sindicato grande y activo de estudiantes puede ofrecer: bares, cafés y tiendas, acontecimientos en todos los centros y un night-club en el centro de la ciudad, The Tube; además hay docenas de clubs que organizan charlas, actividades y excursiones. Hay buenas instalaciones para deportes y ejercicios físicos y unos 40 clubs de deportes. La universidad tiene un coro, una orquesta y grupos musicales. Bristol es una ciudad pequeña y segura, con buenas zonas de compras y de diversiones de todas clases.

Los estudiantes internacionales han sido siempre bienvenidos a UWE. Dos asesores para el bienestar y una amplia oficina internacional dan información y organizan actividades para ayudarles a instalarse.

---

**Historia de un estudiante**

Trabajé en la construcción en Hong Kong durante cinco años a fin de ahorrar dinero para estudiar aquí y estudié a tiempo parcial para obtener un HND en Estudios de la Construcción a fin de poder hacer este BSc en Dirección de Construcción en un año, en lugar de en dos o tres años como tendría que hacer en Hong Kong. He llegado solo hace dos semanas - y encuentro que me va a costar. La cultura es tan diferente, es difícil ver cómo comunicarse con la gente, especialmente en clase. Es más fácil en mi residencia. La biblioteca es muy buena - contiene amplia información. Aquí me encuentro libre - tengo cantidad de tiempo para investigar, y me gustan los seminarios. Es un sistema flexible. Lo que más me gusta en Gran Bretaña es el espacio. Qué es lo que odio? Bien, la comida es ... diferente. Y es increíble lo que cobran en los restaurantes chinos.

*David Tze Tung Ngi, Hong Kong*

# UNIVERSITY OF WESTMINSTER

**Escriba a**: The Assistant Director, International Education Office, University of Westminster, 16 Little Titchfield Street, Londres W1P 7FH

**Tel**: 0171 911 5769

**Fax**: 0171 911 5132

**Email**: international-office@westminster.ac.uk

**Website**: www.westminster.ac.uk/IEO

**Alumnos**: 19.690 en 1997, (4.155 postgraduados, 2.000 internacionales de más de 30 países), 49:51 hombre:mujer.

**Alojamiento**: sexos separados, casados, para vacaciones. Residencias universitarias cuestan £59-£70 por semana sin comidas; habitación en Londres £55-£75 por semana.

**Requisitos de admisión**: dos o tres A levels con grado C o el equivalente (BCC para estudios estudios empresariales, derecho y medios de comunicación). Contactar con la International Education Office para enterarse con detalle de las exigencias del curso. **EFL**: para estudiantes de licenciatura Cambridge Advance English, IELTS 6.0, TOEFL 550, para estudios de postgrado IELTS 6,5, TOEFL 600.

**Costo de las matrículas**: cursos de clases £6.080 al año, cursos de laboratorio £6.380 al año; cursos de clase de postgrado £5.200-£8.000, MBA £7.750 al año, títulos de investigación £7.000-£8.000.

Al pasar la impresionante entrada principal de marmol del edificio principal de la universidad (que es un edificio catalogado del centro de Londres) sentirá inmediatamente una sensación histórica y de grandeza. La universidad fué fundada como Politécnico Real en 1838. Hoy en día todavía adornan las paredes recuerdos del tiempo en que era una institución únicamente masculina. A pesar de ello, la sensación del lugar es definitivamente de modernidad al ver hombres y mujeres de todas las edades y orígenes apresurarse de un aula a otra o descansando en las escaleras de piedra de Upper Regent Street. Este contraste refleja el carácter de la institución: un sentido histórico combinado con un aspecto moderno.

La fama de la universidad es de ser innovadora y vanguardista en el amplio espectro de materias que ofrece. Prueba de ello es su recientemente introducido curso MA en Empresa y Administración Internacional por el método de estudiar a distancia, o en la oportunidad que da

*University of Westminster, Entradad Principal*

a sus estudiantes de lenguas de interpretar en directo en conferencias. Históricamente esto se prueba por el hecho de que el primer pase de una película por los hermanos Lumiere tuvo lugar en el campus de Regent Street. Uno de sus puntos fuertes especialmente es el Departamento de Diseño, Medios y Comunicaciones, de muy alta calificación, cuyos alumnos que han obtenido mayores éxitos incluyen a Michael Jackson, el anterior controlador de BBC2. Este excepcionalmente bien dotado departamento está ubicado en otro de los cuatro centros de la universidad situado en Harrow, al Norte de Londres. Anteriormente era un colegio independiente y cuando se fusionaron en 1992 se emprendió un programa, con un costo de £35 millones, para modernizarlo totalmente.

La Universidad de Westminster es conocida por sus clases de Ingles y tiene uno de los mayores colegios EFL del mundo. El curso PELAS (Preparación de Lengua Inglesa y Técnicas Académicas) está diseñado para preparar a los alumnos internacionales a estudiar en el R.U. Los cursos de PELAS tienen lugar en Junio, Julio, Agosto y Septiembre. Muchos de los empleados de la Oficina Internacional de Educación son extranjeros o han estudiado en el extranjero. La oficina también organiza un programa de estudios en el extranjero para aquellos que deseen realizar parte de su curso universitario en el R.U. y parte en su propio país. Los alumnos que siguen este curso tienen clases universitarias combinadas con clases de lengua inglesa, si se necesita, durante uno o dos semestres y pueden entonces transferir los créditos obtenidos a una universidad de su propio país. La universidad tiene centros en el centro de Londres y en sus suburbios y da prioridad de alojamiento a los estudiantes internacionales. También existe un programa de orientación para ayudarles a a saber más acerca de Londres y la universidad y conocer a.

**Historia de un estudiante**

Antes de venir aquí estudiaba en Kuala Lumpur, y trabajaba en una agencia de viajes a fin de obtener experiencia en la industria del turismo. Pude entonces obtener ayuda económica de mi gobierno y decidí venir a Westminster porque había oído que tenía un curso muy útil de Estudios empresariales con Turismo y porque me ofrecieron una plaza inmediatamente. La oficina internacional ha sido realmente una gran ayuda y la utilizo mucho. Desde que llegué he fundado una Sociedad de Estudiantes Malayos y el año pasado fundé una Sociedad de Estudiantes Internacionales cuyo fin es facilitar un lugar de encuentro a los estudiantes internacionales. Los miembros de esta sociedad son de todo el mundo. Creemos que es importante tener relaciones no solamente con nuestra propia nacionalidad sino con estudiantes de otros países y estudiantes británicos.

*Shazly Bashah, Malasia*

# THE UNIVERSITY *of York*

**Escriba a:** Simon Willis, University of York, International Office, York YO10 5DD

**Tel**: 01904 433 534

**Fax**: 01904 433 538

**Email**: international@york.ac.uk

**Website**: www.york.ac.uk

**Alumnos**: 6.044 en 1997/98 (1.508 postgraduados, 843 internacionales de 71 países), 49:51 hombre:mujer.

**Alojamiento**: garantizado para estudiantes extranjeros solteros. Algunas facilidades para familias. Es posible obtener alojamiento durante las vacaciones. Las residencias universitarias cuestan desde £35 por semana sin comidas; habitación en ciudad a partir de £40 por semana.

**Requisitos de admisión**: tres A levels o el equivalente internacional, ver el prospecto que contiene las exigencias de notas.
**EFL**: IELTS 6, TOEFL 550, Cambridge Proficiency grado C.

**Curso Base**: Un programa de seis meses de Base en Lengua Inglesa, un programa de un año de York International Foundation para admisión de estudiantes a la universidad de York u otras.

**Costo de las matrículas**: cursos de clases £6.615 al año, cursos de laboratorio £8.820 al año.

La Universidad de York está orgullosa de su fama, tanto nacional como internacional, con respecto a la excelencia de su enseñanza e investigación. Está basada en dos lugares, uno consiste en un moderno campus de 200 acres en Heslington, al borde de la ciudad, y el otro en el centro de la ciudad. El campus de Heslington es tranquilo y relativamente libre de tráfico. Existe un servicio de autobuses regular y rápido desde el campus al centro de la ciudad. El Kings Manor, el campus situado en la ciudad, alberga el Departamento de Historia del Arte y partes de los departamentos de Inglés y de Historia. Es un edificio histórico que data del periodo medieval.

La ciudad de York misma es histórica y ha sido un importante centro político, cultural, religioso y comercial desde los tiempos romanos. Su rica historia es visible en las antiguas murallas que rodean la ciudad, sus retorcidas calles medievales, sus casas adosadas estilo Georgiano, y el York Minster - la catedral medieval más antigua de Europa.

Los 24 departamentos de la Universidad ofrecen una amplia variedad de cursos tanto en letras como en ciencias y ciencias sociales. Como demuestran los grandes logros de la Universidad en los ejercicios de evaluación respecto a

*Campus de University of York*

calidad de enseñanza e investigación, York es fuerte en todas estas áreas. Los departamentos que hasta el momento han recibido calificaciones excelentes son: informática, electrónica, inglés, historia, historia del arte, lengua y lingüística, matemáticas, música, política social y sociología. Los departamentos que no han sido aún evaluados en cuanto a enseñanza pero que han tenido un gran rendimiento en las evaluaciones de investigación de 1996 comprenden biología, económia, política, física y psicología.

Los estudiantes internacionales en York siguen cursos en todas las disciplinas, siendo especialmente populares los cursos universitarios de informática, económia, electrónica, inglés, historia, música, psicología y cursos combinados de la Escuela de Política, Económia y Filosofía.

La biblioteca principal satisface todas las necesidades de información de los estudiantes universitarios. Existen más de 500 PCs en el campus, que están a disposición 24 horas al día y facilitan al estudiante programas de procesadores de palabras, spreadsheets y base de datos, así como email e internet.

Los estudiantes internacionales tienen asegurado el alojamiento durante su estancia en York y la universidad facilita alojamiento a la mayoría de los otros estudiantes. Esta gran población de residentes genera una variada y activa vida social con más de 60 clubs y asociaciones.

Los estudiantes internacionales forman una proporción considerable de la comunidad universitaria - alrededor de un 14% en 1997/98. Para muchos, el centro de atención es la Asociacion de Estudiantes de Ultramar (OSA), que representa intereses específicos de la población internacional. OSA facilita consejos y asesoramiento en un gran número de asuntos y también organiza un programa de eventos sociales durante el curso.

Todos los estudiantes internacionales tienen asignado un supervisor que es responsable de su desarrollo durante su estancia en York.

**Historia de un estudiante**

Cuando terminé mis estudios universitarios en Argentina recibí mi título de Profesor de Historia y decidí que el próximo paso consistiría en realizar un curso de postgrado en el exterior. Me involucré especialmente en el análisis de asuntos políticos. Por lo tanto, cuando llegó el momento de optar por una universidad en el Reino Unido, pensé que York sería el lugar indicado. Por un lado, el campus ofrece todas las facilidades para lograr una óptima concentración en el estudio, una diversa comunidad internacional e infraestructura para cubrir todas las demás necesidades. Claro que el motivo predominante fue la estructura del MA en Filosofía Política y su correspondencia con mis intereses y antecedentes.

*Fernando Lizárraga, Argentina*

UNIVERSIDADES Y COLEGIOS

**443**

# Detalles de contacto

## The University of Aberdeen
University Office
Regent Walk
Aberdeen AB24 3FX
Tel: 01224 272 090/272 091
Fax: 01224 272 576
Email:intoff@admin.abdn.ac.uk
Website: www.abdn.ac.uk/
Categoría: universidad

## University of Abertay Dundee
Bell Street
Dundee DD1 1HG
Tel: 01382 308 919
Fax: 01382 308 081
Email: j.salters@tay.ac.uk
Website:www.abertay_dundee.ac.uk
Categoría: universidad

## The University of Wales, Aberystwyth
Old College
King Street
Aberystwyth
Ceredigion SY23 2AX
Tel: 01970 622 021
Fax: 01970 627 410
Email: undergraduate-admissions@ aber.ac.uk
Website: www.aber.ac.uk/
Categoría: universidad

## Alan D - The School of Hairdressing
61/62 Eastcastle Street
London W1P 3RE
Tel: 0171 580 3323
Fax: 0171 580 1040
Categoría: colegio privado

## Amersham and Wycombe College
Stanley Hill, Amersham
Bucks HP7 9HN
Tel: 01494 735 500
Fax: 01494 735 566
Categoría: colegio de educación

## Anglia Polytechnic University
East Road, Cambridge CB1 1PT
Tel: 01245 493 131
Fax: 01245 348 772
Email: international@ anglia.ac.uk
Website: www.anglia.ac.uk
Categoría: university

## Askham Bryan College
Askham Bryan
York YO2 3PR
Tel: 01904 772 277
Fax: 01904 772 288
Categoría: colegio de educación

## Aston University
Aston Triangle
Birmingham B4 7ET
Tel: 0121 359 7046
Fax: 0121 359 1139
Email: international@ aston.ac.uk
Website : www.aston.ac.uk/
Categoría: universidad

## Babel Technical College
David Game House
69 Notting Hill Gate
London W11 3JS
Tel: 0171 221 1483
Fax: 0171 243 1730
Email: babel@babeltech. ac.uk
Categoría: colegio privado

## University of Wales, Bangor
Bangor
Gwynedd LL57 2DG
Tel: 01248 382 017
Fax: 01248 370 451
Email: Ainsley@bangor. ac.uk
Website:www.bangor.ac.uk/
Categoría: universidad

## Barking College
Dagenham Road
Dagenham RM7 OXU
Tel: 01708 766 841
Fax: 01708 731 067
Categoría: colegio de educación

## Barnsley College
HE Admissions Registry
Old Mill Lane Site
Church Street
Barnsley S70 2AX
Tel: 01226 730 191/216 229
Fax: 01226 216 613
Email: L.Kirk@barnsley.ac.uk
Website:
www.barnsley.ac.uk/he
Categoría: colegio de educación

## Basford Hall College
Stockhill Lane
Nottingham NG6 ONB
Tel: 0115 916 2001
Fax: 0115 916 6242
Email:
bits@basford.demon.co.uk
Website:
www.demon.co.uk./basford
Categoría: colegio de educación

## University of Bath

Bath BA2 7AY
Tel: 01225 826 832
Fax: 01225 826 366
Email: International-Office@bath.ac.uk
Contact: Admissions Office
Website: www.bath.ac.uk
Categoría: universidad

## Bath Spa University College

Newton Park
Bath BA2 9BN
Tel: 01225 875 577
Fax: 01225 875 501
Email: international-office@bathspa.ac.uk
Contact: Doris Bechstein, The International Office
Website:www.bathspa.ac.uk
Categoría: universidad

## Bell College of Technology

Almada Street,
Hamilton
Lanarkshire
ML3 OJB
Tel: 01698 283 100
Fax: 01698 282 131
Email: registry@bell.ac.uk
Contact: Registry Admissions
Categoría: colegio de educación

## The Bell Language Schools

Enquiries and Registration Department
Hillscross
Red Cross Lane
Cambridge CB2 2QX
Tel: 01223 212 333
Fax: 01223 410 282
Email: info@bell-schools.ac.uk
Website: www.bell-school.ac.uk
Categoría: colegio privado

## The University of Birmingham

Edgbaston
Birmingham B15 2TT
Tel: 0121 414 3697
Fax: 0121 414 3850
Email: prospectus@bham.ac.uk
Contact: Director of Admissions
Website: www.birmingham.ac.uk
Categoría: universidad

## Birmingham College of Food, Tourism and Creative Studies

Summer Row
Birmingham B3 1JB
Tel: 0121 604 1040
Fax: 0121 608 7100
Email: admissions@bcftcs.ac.uk
Contact: International Admissions Officer
Website: www.bcftcs.ac.uk
Categoría: colegio de educación

## Bishop Grosseteste University College

Newport
Lincoln LN1 3DY
Tel: 01522 527 347
Fax: 01522 530 243
Email: registry@bgc.ac.uk
Contact: College Registry
Categoría: universidad

## Blackburn College

Feilden Street, Blackburn
Lancashire BB2 1LH
Tel: 01254 551 440
Fax: 01254 682 700
Contact: Student Services
Categoría: colegio de educación

## Blackpool and the Fylde College

Ashfield Road
Bispham, Blackpool
Lancashire FY2 0HB
Tel: 01253 352 352
Fax: 01253 356 127
Email: visitors@blackpool.ac.uk
Contact: Admissions Office
Website: www.blackpool.ac.uk
Categoría: colegio de educación

## Blake College

162 New Cavendish Street
London W1M 7FJ
Tel: 0171 636 0658
Fax: 0171 436 0049
Email: blake@mail.bogo.co.uk
Categoría: colegio privado

## Bolton Institute of Higher Education

Deane Road
Bolton BL3 5AB
Tel: 01204 528 851/900 600
Fax: 01204 399 074
Email: admiss@uel.ac.uk.
Contact: Senior Assistant Registrar
Website: www.bolton.ac.uk
Categoría: colegio de educación

## Bournemouth University

Poole House, PG134
Talbot Campus
Fern Barrow
Poole BH12 5BB
Tel: 01202 595 651
Fax: 01202 595 287
Email: curran@bournemouth.ac.uk
Contact: Mr Chris Curran, International Affairs
Website: www.bournemouth.ac.uk
Categoría: universidad

## The Art Institute at Bournemouth

Wallisdown
Poole
Dorset BH12 5HH
Tel: 01202 533 011
Fax: 01202 537 729

Email: studentservices@bmth_poole.cad.ac.uk
Contact: Admissions
Categoría: colegio de educación

## The University of Bradford
Richmond Road, Bradford
West Yorkshire BD7 1DP
Tel: 01274 233 023
Fax: 01274 235 950
Email: international-office@bradford. ac.uk
Website: www.brad.ac.uk
Categoría: universidad

## Bradford and Ilkley Community College
Great Horton Road
Bradford
West Yorkshire BD7 1AY
Tel: 01274 753 348
Fax: 01274 736 175
Email: international@bilk.ac.uk
Website: www.bilk.ac.uk
Categoría: colegio de educación

## Bretton Hall
West Bretton, Nr Wakefield
West Yorkshire WF4 4LG
Tel: 01924 830 261
Fax: 01924 832 016
Website: www.bretton.ac.uk/
Categoría: colegio de educación

## University of Brighton
Mithras House
Lewes Road, Brighton
East Sussex BN2 4AT
Tel: 01273 600 900
Fax: 01273 642 825
Email: admissions@bton.ac.uk.
Website: www.brighton.ac.uk/
Categoría: universidad

## University of Bristol
Senate House, Tyndall
Avenue, Bristol BS8 1TH
Tel: 0117 928 7678
Fax: 0117 925 1424
Email: admissions@bristol.ac.uk
Website: www.bris.ac.uk
Categoría: universidad

## University of the West of England, Bristol
Frenchay Campus
Coldharbour Lane
Bristol BS16 1QY
Tel: 0117 965 6261
Fax: 0117 976 3804
Email: admissions@uwe.ac.uk.
Website: www.uwe.ac.uk
Categoría: universidad

## Bristol Old Vic Theatre School
2 Downside Road, Clifton
Bristol BS8 2XF
Tel: 0117 973 3535
Fax: 0117 923 9371
Website: oldvic.drama.ac.uk
Categoría: colegio privado

## British College of Naturopathy and Osteopathy
Lief House
3 Sumpter Close
120/122 Finchley Road
London NW3 5HR
Tel: 0171 435 6464
Fax: 0171 431 3630
Categoría: colegio de educación

## The British Institute in Paris, University of London
Department d'Etudes
Francaises
Institut Britannique de Paris
11 rue de Constantine
75340 Paris Cedex 07,

France
Tel: 1 44 11 73 83/4
Fax: 1 45 50 31 55
Email: campos@ext.jussieu.fr
Website: www.bip.lon.ac.uk
Categoría: universidad

## Brunel University
Registry,
Uxbridge UB8 3PH
Tel: 01895 274 000
Fax: 01895 203 167
Email: courses@brunel.ac.uk
Website: www.brunel.ac.uk
Categoría: universidad

## British School of Osteopathy
275 Borough High Street
London SE1 1JE
Tel: 0171 407 0222
Fax: 0171 839 1098
Email: Admissions@bso.ac.uk
Website: www.bso.ac.uk
Categoría: colegio de educación

## The University of Buckingham
Buckingham MK18 1EG
Tel: 01280 814 080
Fax: 01280 824 081
Email: admissions@buck.ac.uk
Website: www.buck.ac.uk
Categoría: universidad privada

## Buckinghamshire Chilterns University College
Queen Alexandra Road
High Wycombe,
Bucks HP11 2JZ
Tel: 01494 522 141
Fax: 01494 524 392
Website: www.buckscol.ac.uk
Categoría: universidad

## Buckland University College
Harberton Mead
Oxford OX3 ODX

Tel: 01865 251 218
Fax: 01865 251 238
Email:
enquiries@buckland.ac.uk
Categoría: universidad

## The Cambridge School of English
7-11 Stukeley Street
Covent Garden
London WC2B 5LT
Tel: 0171 242 3787
Fax: 0171 242 3626
Email:
cambse@cerbernet.co.uk
Website:
www.cerbernet.co.uk/cambse
Categoría: colegio privado

## Cambridge University
Kellet Lodge, Tennis Court
Road, Cambridge CB2 1QJ
Tel: 01223 333 308
Fax: 01223 366 383
Email: ucam-undergraduate-
admissions@lists.cam.ac.uk
Website: www.cam.ac.uk
Categoría: universidad

## Canterbury Christ Church colegio de educación
North Holmes Road
Canterbury
Kent CT1 1QU
Tel: 01227 767 700
Fax: 01227 470 442
Email:
admissions@cant.ac.uk.
Website: www.cant.ac.uk
Categoría: colegio de educación

## Cardiff University
PO Box 921, Cardiff
Wales CF1 3XQ
Tel: 01222 874 432
Fax: 01222 874 622
Email: internat@cf.ac.uk
Website: www.cf.ac.uk
Categoría: universidad

## University of Wales Institute, Cardiff
Western Avenue
Cardiff
Wales CF5 2SG
Tel: 01222 506 045
Fax: 01222 506 928
Email: jphillips@uwic.ac.uk
Website: www.uwic.ac.uk
Categoría: universidad

## Carmarthenshire College
Graig Campus, Sand Road
Llanelli
Dyfed SA15 4DN
Tel: 01554 748 000
Fax: 01554 756 088
Email:
eirian.davies@ccta.ac.uk
Contact: Admissions Unit
Website: www.ccta.ac.uk
Categoría: colegio de educación

## Cavendish College
35-37 Alfred Place,
London WC1E 7DP
Tel: 0171 580 6043
Fax: 171 255 1591
Email: learn@cavendish.ac.uk
Website:
www.cavendish.ac.uk
Categoría: colegio privado

## Central School of Fashion
The Registrar
37 Foley Street
London W1P 7LB
Tel: 0171 631 0984
Fax: 0171 631 0171
Categoría: colegio privado

## University of Central England in Birmingham
Academic Registry
Perry Barr
Birmingham B42 2SU
Tel: 0121 331 6650
Fax: 0121 331 6706

Email: susan.lewis@uce.ac.uk
Website: www.uce.ac.uk
Categoría: universidad

## University of Central Lancashire
Foster Building, Preston
Lancashire PR1 2HE
Tel: 01772 892 400
Fax: 01772 892 935
Email:
c.enquiries@uclan.ac.uk
Website: www.uclan.ac.uk
Categoría: universidad

## The Central School of Speech and Drama
Embassy Theatre
64 Eton Avenue
London NW3 3HY
Tel: 0171 722 8183
Fax: 0171 722 4132
Categoría: colegio de educación

## Cheltenham and Gloucester colegio de educación
The Park, Cheltenham
Glos GL50 2QF
Tel: 01242 532 824/6
Fax: 01242 256 759
Email: admissions@chelt.ac.uk
Website: www.chelt.ac.uk
Categoría: colegio de educación

## University College Chester
Co-ordinator, Parkgate
Road, Chester CH1 4BJ
Tel: 01244 375 444
Fax: 01244 373 379
Email: s.cranny@chester.ac.uk
Website: www.chester.ac.uk
Categoría: universidad

## Chichester Institute of Higher Education
Bishop Otter Campus
College Lane, Chichester

West Sussex PO19 4PE
Tel: 01243 816 000
Fax: 01243 816 080
Email:
admissions@chihe.ac.uk
Website: www.chihe.ac.uk
Categoría: colegio de
educación

## Christie's Education
63 Old Brompton Road
London N1 6AH
Tel: 0171 581 3933
Fax: 0171 589 0383
Email:
admin@citycollege.ac.uk
Website:
www.citycollege.ac.uk
Categoría: colegio privado

## Christie's Modern Art Studies
5 Bloomsbury Place
London WC1A 2QA
Tel: 0171 436 3630
Fax: 0171 436 3631
Email: courses@modernart-
studies. demon.co.uk
Categoría: colegio privado

## City University
Northampton Square
London EC1V 0HB
Tel: 0171 477 8019
Fax: 0171 477 8562
Email:
international@city.ac.uk
Website: www.city.ac.uk
Categoría: universidad

## City and Guilds of London Art School
124 Kennington Park Road
London SE11 4DJ
Tel: 0171 735 2306
Fax: 0171 582 5361
Email: cgarts@rmplc.co.uk

## City of Bristol College
Brunel Centre, Ashley Down
Bristol BS7 9BU

Tel: 0117 904 5000
Fax: 0117 904 5050
Categoría: colegio de
educación

## City Business College
178 Goswell Road
London EC1V 7DT
Tel: 0171 251 6473, 250 0610
Fax: 0171 251 9410
Categoría: colegio privado

## The City College
University House
55 East Road
London N1 6AH
Tel: 0171 253 1133
Fax: 0171 251 6610
Categoría: colegio privado

## City College Manchester
Fielden Centre, 141 Barlow
Moor Road, West Didsbury
Manchester M20 2PQ
Tel: 0161 957 1609
Fax: 0161 957 8613
Email: igarcia@manchester-
city-coll.ac.uk
Website: www.manchester-
city-coll.ac.uk
Categoría: colegio de
educación

## City of London College
Neil House
7 Whitechapel Road
London E1 1DU
Tel: 0171 247 2166
Fax: 0171 247 1226
Categoría: colegio privado

## Clarendon College, Nottingham
Pelham Avenue
Mansfield Road
Nottingham NG5 1AL
Tel: 0115 960 7201
Fax: 0115 969 3315
Categoría: colegio de
educación

## Clevedon College of Art and Design
Green Lane, Linthorpe
Middlesbrough TS5 7RJ
Tel: 01642 829 973
Fax: 01642 823 467
Categoría: colegio de
educación

## Colchester Institute
Sheepen Road, Colchester
Essex CO3 3LL
Tel: 01206 718 777
Fax: 01206 763 041
Categoría: colegio de
educación

## The College of Central London
60 Great Ormond Street
London WC1 3HR
Tel: 0171 833 0987
Fax: 0171 837 2959
Email: ccl@btinternet.com
Website:
www.centralcollege.com
Categoría: colegio privado

## Cordwainers College
182 Mare Street
London E8 3RE
Tel: 0181 985 0273
Fax: 0181 985 9340
Email: enquiries@cordwain-
ers.ac.uk
Website:
www.wwt.co.uk/cordw/co-
home.html
Categoría: colegio de
educación

## Cornwall College with Duchy College
Pool, Redruth
Cornwall TR15 3RD
Tel: 01209 712 911
Fax: 01209 718 802
Email:
enquiries@cornwall.ac.uk
Categoría: colegio de
educación

## Courtauld Institute of Art, University of London

Somerset House, Strand
London WC2R 0RN
Tel: 0171 873 2645
Fax: 0171 873 2410
Email:
jacqueline.a.sullivan@
courtauld.ac.uk
Categoría: universidad

## Coventry University

Priory Street
Coventry CU1 5FB
Tel: 01203 838 674
Fax: 01203 632 710
Email:
daya.evans@coventry.ac.uk
Website:
www.coventry.ac.uk
Categoría: universidad

## Cranfield University

Shrivenham
Swindon SN6 8LA
Tel: 01793 785 400
Fax: 01793 783 966
Email:
laxon@rmcs.cranfield.ac.uk
Website: www.cranfield.ac.uk
Categoría: universidad

## Crawley College

College Road
Crawley RH10 1NR
Tel: 01293 442 205
Fax: 01293 442 399
Email:
crawcol@rmplc.co.uk
Categoría: colegio de
educación

## Croydon College

Fairfield, Croydon
CR9 1DX
Tel: 0181 760 5999
Fax: 0181 760 5880
Email: info@croydon.ac.uk
Website: www.croydon.ac.uk
Categoría: colegio de
educación

## Cumbria College of Art and Design

Brampton Road, Carlisle
Cumbria CA3 9AY
Tel: 01228 400 300
Fax: 01228 514 491
Email: aileenmc@cumbria-
cad.ac.uk
Categoría: colegio de
educación

## Dartington College of Arts

Totnes, Devon TQ9 6EJ
Tel: 01803 861 620
Fax: 01803 863 569
Email: registry@darting-
ton.ac.uk
Website:
www.dartington.ac.uk
Categoría: colegio de
educación

## David Game College

David Game House
69 Notting Hill Gate
London W11 3JS
Tel: 0171 221 6665
Fax: 0171 243 1730
Email: david-
game@easynet.co.uk
Website: www.davidgame-
group.com
Categoría: colegio privado

## Davies, Laing and Dick College

10 Pembridge Square
Notting Hill Gate
London W2 4ED
Tel: 0171 727 2797
Fax: 0171 792 0730
Email: flt@dld.org
Website: www@dld.org
Categoría: colegio privado

## Diamond College

Mezzanine Floor
19-23 Oxford Street
London W1R 1RF
Tel: 0171 494 3445
Fax: 0171 494 3366

Email: info@diamondcol-
lege.co.uk
Categoría: colegio privado

## De Montfort University

The Gateway
Leicester LE1 9BH
Tel: 0116 255 1551
Fax: 0116 257 7515
Website: www.dmu.ac.uk
Categoría: universidad

## University of Derby

Kedleston Road
Derby DE22 1GB
Tel: 01332 622 289
Fax: 01332 622 754
Email:
m.a.crowther@derby.ac.uk
Website: www.derby.ac.uk
Categoría: universidad

## Dewsbury College

Halifax Road
Dewsbury
West Yorkshire WF13 2AS
Tel: 01924 465 916
Fax: 01924 457 047
Email: dewsbury.ac.uk
Categoría: colegio de
educación

## Doncaster College

Waterdale
Doncaster DN1 3EX
Tel: 01302 553 718
Fax: 01302 553 559
Website: www.don.ac.uk
Categoría: colegio de
educación

## Drama Centre London

176 Prince of Wales Road
Chalk Farm
London NW5 3PT
Tel: 0171 267 1177
Fax: 0171 485 7129
Email: info@dcl.drama.ac.uk
Categoría: colegio privado

## Dudley College of Technology

The Broadway
Dudley DY1 4AS
Tel: 01384 455 433
Fax: 01384 454 246
Email:
mark.ellerby@dudleycol.ac.uk
Website:
www.dudleycol.ac.uk
Categoría: colegio de educación

## University of Dundee

Dundee DD1 4HN
Tel: 01382 344 160
Fax: 01382 221 554
Email: srs@dundee.ac.uk
Website: www.dundee.ac.uk/
Categoría: universidad

## The University of Durham

Old Shire Hall, Old Elvet
Durham DH1 3HP
Tel: 0191 374 4694
Fax: 0191 374 7216
Website: www.dur.ac.uk
Categoría: universidad

## University of East Anglia

Norwich, Norfolk NR4 7TJ
Tel: 01603 592 048
Fax: 01603 458 596
Email: int.office@uea.ac.uk
Website: www.uea.ac.uk
Categoría: universidad

## University of East London

Longbridge Road,
Dagenham
Essex RM8 2AS
Tel: 0181 849 3443
Fax: 0181 839 3438
Website: www.uel.ac.uk
Categoría: universidad

## East Surrey College (incorporating Reigate School of Art and Design)

127 Blackborough Road
Reigate, Surrey RH2 7DE
Tel: 01737 766 137
Fax: 01737 768 643
Website: www.esc.org.uk/
Categoría: colegio de educación

## Edge Hill University College

Ormskirk
Lancs L39 4QP
Tel: 01695 584 312
Fax: 01695 579 997
Email:
ibisona@staff.ehche.ac.uk
Website: www.ehche.ac.uk/
Categoría: universidad

## The University of Edinburgh

57 George Square
Edinburgh EH8 9JU
Tel: 0131 650 4360
Fax: 0131 668 4565
Email: slo@ed.ac.uk
Website: www.ed.ac.uk/
Categoría: universidad

## The University of Essex

Wivenhoe Park, Colchester
Essex CO4 3SQ
Tel: 01206 873 666
Fax: 01206 873 423
Email: admit@essex.ac.uk
Website: www.essex.ac.uk
Categoría: universidad

## EF International Language Schools

The Cloisters
5 Kensington Church Street
London W8 4LD
Tel: 0171 878 3530
Fax: 0171 795 6625
Email: ils.uk.agents@ef.com
Website: www.ef.com
Categoría: colegio privado

## European Business School, London

Regent's College
Regent's Park
London NW1 4NS
Tel: 0171 487 7507
Fax: 0171 487 7465
Email: exrel@regents.ac.uk
Website: www.regents.ac.uk/
Categoría: colegio de educación

## European School of Osteopathy

Boxley House, The Street
Boxley, Kent ME14 3DZ
Tel: 01622 671 558
Fax: 01622 662 165
Categoría: colegio de educación

## Exeter College

Brittany House
Exeter EX4 4EP
Tel: 01392 205 581
Fax: 01392 279 972
Categoría: colegio de educación

## University of Exeter

Northcote House
The Queen's Drive
Exeter EX4 4QJ
Tel: 01392 263 032
Fax: 01392 263 857
Email:
J.C.Clissold@exeter.ac.uk
Website: www.ex.ac.uk/
Categoría: universidad

## Falmouth College of Arts

Woodlane, Falmouth
Cornwall TR11 4RH
Tel: 01326 211 077
Fax: 01326 212 261
Email:
international@falmouth.ac.uk
Website: www.falmouth.ac.uk
Categoría: colegio de educación

## Farnborough College of Technology
Boundary Road
Farnborough
Hants GU14 6SB
Tel: 01252 407 028
Fax: 01252 407 041
Email: admissions@farn-ct.ac.uk
Website: www.farn-ct.ac.uk/
Categoría: colegio de educación

## Foresight Business Training
105/107 High Road
Wood Green
London N22 6DE
Tel: 0181 889 2001
Fax: 0181 889 9000
Email: foresight@avnet.co.uk
Categoría: colegio privado

## Franciscan Study Centre
Giles Lane
Canterbury
Kent CT2 7NA
Tel: 01227 769 349
Fax: 01227 786 648
Categoría: colegio de educación

## Future Training
Norwood House
9 Dyke Road
Brighton BN1 3JA
Tel: 01273 735 736
Fax: 01273 743 747
Email: future@fastnet.co.uk
Categoría: colegio privado

## University of Glamorgan
Pontypridd
Mid Glamorgan CF37 1DL
Tel: 01443 482 684
Fax: 01443 482 014
Email: registry@glam.ac.uk
Website: www.glam.ac.uk/home.html
Categoría: universidad

## Glamorgan Centre for Art and Design Technology
Glyntaff Road, Pontypridd
South Wales CF37 4AT
Tel: 01443 662 800
Fax: 01443 663 313
Email: artcol@pontypridd.ac.uk
Categoría: colegio de educación

## University of Glasgow
Glasgow G12 8QQ
Tel: 0141 330 5185
Fax: 0141 330 4045
Email: sro@gla.ac.uk
Website: www.gla.ac.uk
Categoría: universidad

## Glasgow Caledonian University
City Campus
70 Cowcaddens Road
Glasgow G4 0BA
Tel: 0141 331 3334
Fax: 0141 331 3449
Email: d.black@gcal.ac.uk
Website: www.gcal.ac.uk/
Categoría: universidad

## Gloucestershire College of Arts and Technology
Brunswick Road
Gloucester
Gloucestershire GL1 1HU
Tel: 01452 426 557
Fax: 01452 426 531
Categoría: colegio de educación

## Goldsmiths College, University of London
New Cross
London SE14 6NW
Tel: 0171 919 7700
Fax: 0171 919 7704
Email: international-office@gold.ac.uk
Website:
www.goldmiths.ac.uk
Categoría: university

## University of Greenwich
Bank House
Wellington
Woolwich
London SE18 6PF
Tel: 0181 331 8590
Fax: 0181 331 8145
Email: courseinfo@gre.ac.uk
Website: www.gre.ac.uk
Categoría: universidad

## Greenwich School of Management
Meridian House
Royal Hill, Greenwich
London SE10 8RD
Tel: 0181 516 7800
Fax: 0181 516 7801
Email: enquiry@greenwich-college.ac.uk
Website: www.greenwich-college
Categoría: colegio privado

## Guildhall School of Music and Drama, London
Silk Street, Barbican
London EC2Y 8DT
Tel: 0171 628 2571
Fax: 0171 256 9438
Web: www.gsmd.ac.uk
Categoría: colegio privado

## Gyosei International College
London Road
Reading, Berkshire
RG1 5AQ
Tel: 01189 209 357
Fax: 01189 310 137
Categoría: colegio de educación

## Halton College
Kingsway, Widness
Cheshire WA8 7QQ
Tel: 0151 423 1391

Fax: 0151 420 2408
Email: halton.college@
cityscape.co.uk
Website:
www.cityscape.co.uk/
users/aj75/index.html
Categoría: colegio de
educación

## The Hampstead School of Art
King's College Campus
19-21 Kidderpore Avenue
London NW3 7ST
Tel: 0171 431 1292, 794 1439
Categoría: colegio privado

## Handsworth College
The Council House
Soho Road
Birmingham
B21 9DP
Tel: 0121 551 6031
Fax: 0121 523 4447
Categoría: colegio de
educación

## Harper Adams University College
Newport
Shropshire TF10 8NB
Tel: 01952 815 000
Fax: 01952 814 783
Email:
gpodmore@haac.ac.uk.
Website: www.haac.ac.uk/
Categoría: universidad

## Heatherley School of Fine Art
80 Upcerne Road
Chelsea
London SW10 0SH
Tel: 0171 351 4190
Fax: 0171 351 6945
Categoría: colegio privado

## Hereford College of Technology
Folly Lane, Hereford
Herefordshire
HR1 1LS
Tel: 01432 352 235

Fax: 01432 353 449
Website: www.hereford-shire.com/hct/
Categoría: colegio de
educación

## Herefordshire College of Art and Design
Folly Lane, Hereford
Herefordshire HR1 1LT
Tel: 01432 273 359
Fax: 01432 341 099
Categoría: colegio de
educación

## Heriot-Watt University, Edinburgh
Riccarton
Edinburgh EH14 4AS
Tel: 0131 451 3877
Fax: 0131 449 5153
Email:
International@hw.ac.uk
Website: www.hw.ac.uk/
Categoría: universidad

## University of Hertfordshire
College Lane
Hatfield
Herts AL10 9AB
Tel: 01707 284 800
Fax: 01707 284 870
Email:
international@herts.ac.uk
Website: www.herts.ac.uk
Categoría: universidad

## Hertford Regional College
Ware Centre, Scotts Road
Ware
Hertfordshire SG12 9JF
Tel: 01920 465 441
Fax: 01920 462 772
Email:
sfb1@sfb1.demon.co.uk
Website:
www.hertreg.ac.uk/
Categoría: colegio de
educación

## Heythrop College, University of London
Kensington Square
London W8 5HQ
Tel: 0171 795 6600
Fax: 0171 795 4200
Email:
a.clarkson@heythrop.ac.uk
Categoría: universidad

## Holborn College
200 Greyhound Road
London W14 9RY
Tel: 0171 385 3377
Fax: 0171 381 3377
Email:
hlt@holborncollege.ac.uk
Website: www.holborncol-lege.ac.uk
Categoría: colegio de
educación

## Hove College
Medina House
41 Medina Villas
Hove, East Sussex BN3 2RP
Tel: 01273 772 577
Fax: 01273 208 401
Email: courses@hovecol-lege.co.uk
Website:
www.hovecollege.co.uk
Categoría: colegio privado

## The University of Huddersfield
Queensgate
Huddersfield
West Yorkshire HD1 3DH
Tel: 01484 422 288
Fax: 01484 516 151
Email:
prospectus@hud.ac.uk
Website: www.hud.ac.uk/
Categoría: universidad

## The University of Hull
Cottingham Road
Hull HU6 7RX
Tel: 01482 466 100
Fax: 01482 442 290
Email:

admissions@admin.hull.ac.uk
Website: www.hull.ac.uk/
Categoría: universidad

## Imperial College of Science, Technology and Medicine, University of London
Registry
London SW7 2AZ
Tel: 0171 594 8014
Fax: 0171 594 8004
Email: admissions@ic.ac.uk
Website: www.ic.ac.uk/
Categoría: universidad

## The Institute for Arts in Therapy and Education
The Windsor Centre
Windsor Street
London N1 8QG
Tel: 0171 354 1761
Fax: 0171 354 1761
Email:
psychotherapy@demon.co.uk
Categoría: colegio privado

## Institute of Education, University of London
20 Bedford Way
London WC1H 0AL
Tel: 0171 612 6102
Fax: 0171 612 6097
Email:
overseas.liaison@ioe.ac.uk
Website: www.ioe.ac.uk
Categoría: universidad

## Keele University
Office, Keele
Staffs ST5 5BG
Tel: 01782 621 111
Fax: 01782 632 343
Email:
aaa20@admin.keele.ac.uk
Website:
www.keele.ac.uk/depts/aa/
homepage.htm
Categoría: universidad

## Kensington College of Business
52a Walham Grove
Fulham, London SW6 1QR
Tel: 0171 381 6360
Fax: 0171 386 9650
Email: courses@kensington-coll. demon.co.uk
Website:
www.mazware.com/kcb
Categoría: colegio privado

## The University of Kent at Canterbury
Canterbury
Kent CT2 7NZ
Tel: 01227 827 272
Fax: 01227 827 077
Email:
admissions@ukc.ac.uk
Website: www.ukc.ac.uk/
Categoría: universidad

## Kent Institute of Art and Design
Oakwood Park
Maidstone
Kent ME16 8AG
Tel: 01622 757 286
Fax: 01622 621 100
Email: intloff@kiad.ac.uk
Website: www.kiad.ac.uk
Categoría: colegio de educación

## Kidderminster College
Hoo Road,
Kidderminster
Worcs DY10 1LX
Tel: 01562 820 811
Fax: 01562 748 504
Email:
staff@kcfe.prestel.ac.uk.
Categoría: colegio de educación

## King Alfred's Winchester
Saprkford Road
Winchester
Hampshire SO22 4NR

Tel: 01962 827 491
Fax: 01962 827 436
Email:
international@wkac.ac.uk
Website: www.wkac.ac.uk
Categoría: colegio de educación

## King's College London, University of London
Ceremonies Office
57 Waterloo Road
London SE1 8TY
Tel: 0171 836 5454
Fax: 0171 836 1799
Email:
ucas.enquiries@kcl.ac.uk
Website: www.kcl.ac.uk/
Categoría: universidad

## Kingston University
Cooper House
40-46 Surbiton Road
Kingston-Upon-Thames
Surrey KT1 2HX
Tel: 0181 547 8230
Fax: 0181 547 7080
Email:
C.Gerrard@kingston.ac.uk
Website: www.kingston.ac.uk
Categoría: universidad

## King Street College
4 Hammersmith Broadway
London W6 7AL
Tel: 0181 748 0971
Fax: 0181 741 1098
Email: info@kingstreet.co.uk
Website: www.kingstreet.co.uk
Categoría: colegio privado

## The Laban Centre for Music and Dance
Laurie Grove, New Cross
London SE14 6NH
Tel: 0181 692 4070
Fax: 0181 694 8749
Email: info@laban.co.uk
Categoría: colegio privado

## Lake School of English
14 Park End Street
Oxford OX1 1HW
Tel: 01865 724 312
Fax: 01865 251 360
Email: english@lake-oxford.co.uk
Website:
www.edunet.com/lake/
Categoría: colegio privado

## The University of Wales, Lampeter
College Street, Lampeter
Ceredigion SA48 7ED
Tel: 01570 423 530
Fax: 01570 423 423
Email:
recruit@admin.lamp.ac.uk
Website: www.lamp.ac.uk
Categoría: universidad

## Lancaster University
University House
Lancaster LA1 4YW
Tel: 01524 65 201
Fax: 01524 846 243
Email:
ugadmissions@lancaster.ac.uk
Website: www.lancs.ac.uk/
Categoría: universidad

## Lansdowne College
40/44 Bark Place
London W2 4AT
Tel: 0171 616 4410
Fax: 0171 616 4401
Categoría: colegio de educación

## Le Cordon Bleu
114 Marylebone Lane
London W1M 6HH
Tel: 0171 935 3503
Fax: 0171 935 7621
Website: www.cordonbleu.net
Categoría: colegio privado

## University of Leeds
Leeds LS2 9JT
Tel: 0113 233 2332
Fax: 0113 233 2334

Email:
prospectus@leeds.ac.uk
Website: www.leeds.ac.uk/
Categoría: universidad

## Leeds, Trinity and All Saints College
Brownberrie Lane
Horsforth
Leeds LS18 5HD
Tel: 0113 283 7123
Fax: 0113 283 7200
Website: www.tasc.ac.uk/
Categoría: colegio de educación

## Leeds Metropolitan University
Calverley Street
Leeds LS1 3HE
Tel: 0113 283 6737
Fax: 0113 283 3129
Email: N.Slater@lmu.ac.uk
Website: www.lmu.ac.uk
Categoría: universidad

## Leeds College of Art and Design
Jacob Kramer Building
Blenheim Walk
Leeds
LS2 9AQ
Tel: 0113 243 3848
Fax: 0113 244 5916
Categoría: colegio de educación

## Leeds College of Music
3 Quarry Hill
Leeds
W Yorkshire LS2 7PD
Tel: 0113 222 3400
Fax: 0113 243 8798
Categoría: colegio de educación

## University of Leicester
Leicester
LE1 7RH
Tel: 0116 252 5281
Fax: 0116 252 2447

Email: admissions@le.ac.uk
Website: www.le.ac.uk/
Categoría: universidad

## Leicester South Fields College
Aylestone Road
Leicester LE2 7LW
Tel: 0116 224 2200
Fax: 0116 224 2190
Email: info@lsfe.ac.uk
Website: www.lsfe.ac.uk
Categoría: colegio de educación

## Leo Baeck College
80 East End Road
London N3 2SY
Tel: 0181 349 4525
Fax: 0181 343 2558
Email: Leo-Baeck-College@mailbox. ulcc.ac.uk
Website: www.LB-College.demon.co.uk
Categoría: colegio de educación

## University of Lincolnshire and Humberside
Cottingham Road
Kingston upon Hull,
HU6 7RT
Tel: 01482 440 550
Fax: 01482 463 532
Email:
tjohnson@humber.ac.uk
Website: www.ulh.ac.uk/
Categoría: universidad

## The University of Liverpool
Schools, Colleges,
International Liaison and
Admissions Service
(SCILAS)
Student Services Centre
Liverpool L69 3GD
Tel: 0151 794 5927
Fax: 0151 708 2060
Email: scilas@liv.ac.uk
Website: www.liv.ac.uk/
Categoría: universidad

## Liverpool Community College

Bankfield Centre
Bankfield Road
Liverpool L13 0BQ
Tel: 0151 252 3840
Fax: 0151 228 3231
Categoría: colegio de
educación

## Liverpool Hope University College

Hope Park
Liverpool L16 9JD
Tel: 0151 291 3856
Fax: 0151 291 3116
Email: daviesj3@livhope.ac.uk
Website: www.livhope.ac.uk
Categoría: universidad

## The Liverpool Institute for Performing Arts

Mount Street,
Liverpool L1 9HF
Tel: 0151 330 3232
Fax: 0151 330 3131
Email:
admissions@lipa.ac.uk
Categoría: colegio de
educación

## Liverpool John Moores University

4 Rodney Street
Liverpool L1 2TZ
Tel: 0151 231 3522/3169
Fax: 0151 707 0199
Email:
international@livjm.ac.uk
Website: www.livjm.ac.uk
Categoría: universidad

## Llandrillo College, North Wales

Llandudno Road,
Colwyn Bay
North Wales LL28 4HZ
Tel: 01492 546 666
ext 338/9
Fax: 01492 543 052
Email: admissions@llan-
drillo.ac.uk
Categoría: colegio de
educación

## University of London, External Programme

Room 1 (99/OCWW)
Senate House, Malet Street
London WC1E 7HU
Tel: 0171 862
8360/8361/8362
Fax: 0171 862 8358
Email:
enquiries@external.lon.ac.uk
Website:
www.lon.ac.uk/external
Categoría: universidad
(programa externo)

## London Academy of Dressmaking and Designing

3rd Floor
27-29 Westbourne Grove
London W2 4UA
Tel: 0171 727 2850
Fax: 0171 727 0221
Categoría: colegio privado

## The London Academy of Music and Dramatic Art

Tower House
226 Cromwell Road
London SW5 0SR
Tel: 0171 373 9883
Fax: 0171 370 4739
Email:
enquiries@lamda.org.uk
Web: www.lamda.org.uk
Categoría: colegio privado

## London Business School

Sussex Place, Regent's Park
London NW1 4SA
Tel: 0171 262 5050
Fax: 0171 724 7875
Email: mba-info@lbs.ac.uk
Web: www.lbs.ac.uk
Categoría: colegio privado

## London Centre for Fashion Studies

Bradley Close
78 White Lion Street
Islington, London N1 6PF
Tel: 0171 713 1991
Fax: 0171 713 1997
Email:
learnf@shion.demon.co.uk
Website: www.oncourse.co.uk
Categoría: colegio privado

## London City College

51/55 Waterloo Road
London SE1 8TX
Tel: 0171 928 0901
Fax: 0171 401 2231
Email: lcclist@aol.com
Categoría: colegio privado

## London College of English

178 Goswell Road
London EC1V 7DT
Tel: 0171 250 0610
Fax: 0171 251 9410
Categoría: colegio privado

## London College of International Business Studies

14 Southampton Place
Bloomsbury
London WC1A 2AJ
Tel: 0171 242 1004
Fax: 0171 242 1005
Categoría: colegio privado

## London English School

85-87 The Broadway
West Ealing,
London W13 9BP
Tel: 0181 579 9661
Fax: 0181 579 3919
Categoría: colegio privado

## London Guildhall University

133 Whitechapel High
Street
London E1 7QA

Tel: 0171 320 1616
Fax: 0171 320 1163
Email: enqs@lgu.ac.uk
Website: www.lgu.ac.uk
Categoría: universidad

**London Hotel School**
1 Bedford Avenue
London WC1B 3DT
Tel: 0171 665 0000
Fax: 0171 665 0010
Email: registrar@london
hotelschool.com
Website: www.londonho-
telschool.com
Categoría: colegio privado

**The London Institute**
65 Davies Street,
London W1Y 2DA
Tel: 0171 514 6000
Fax: 0171 514 6212
Email: bm@linst.ac.uk or
ck@linst.ac.uk
Website: www.linst.ac.uk
Categoría: universidad

**London Institute of
Technology and
Research**
213 Borough High Street
London SE1 1JA
Tel: 0171 787 4545
Fax: 0171 403 6276
Email: litrkazi@aol.com
Website: www.litr.ac.uk
Categoría: colegio privado

**London School of
Economics and
Political Science,
University of London**
Houghton Street
London WC2A 2AE
Tel: 0171 955 7440
Fax: 0171 955 7421
Email: stu-rec@lse.ac.uk
Website: www.lse.ac.uk
Categoría: universidad

**London School of
Jewish Studies**
Schaller House
Albert Road, Hendon
London NW4 2SJ
Tel: 0181 203 6427
Fax: 0181 203 6420
Email:
jewscoll@ulcc.clusi.ac.uk
Categoría: colegio de
educación

**London Study Centre**
Munster House
676 Fulham Road
London SW6 5SA
Tel: 0171 731 3549
Fax: 0171 731 6060
Email: 106153.2344@com-
puserve.com
Categoría: colegio privado

**Loughborough
University**
Admissions Office
Ashby Road
Loughborough
Leics LE11 3TU
Tel: 01509 222 233
Fax: 01509 223 905
Email:
c.e.prendargast@lboro.ac.uk
Website: www.lboro.ac.uk
Categoría: universidad

**Lowestoft College**
St Peters Street
Lowestoft
Suffolk NR32 2NB
Tel: 01502 583 521
Fax: 01502 500 031
Email: info@lowestoft.ac.uk
Website:
www.lowestoft.ac.uk/
Categoría: colegio de
educación

**Lucie Clayton College**
Lucie Clayton House
4 Cornwall Gardens,
London SW7 4AJ
Tel: 0171 581 0024

Fax: 0171 589 9693
Categoría: colegio privado

**University of Luton**
Park Square,
Luton
Beds LU1 3JU
Tel: 01582 489 346
Fax: 01582 489 260
Email:
tim.gutsell@luton.ac.uk.
Website: www.luton.ac.uk/
Categoría: universidad

**Manchester College
of Arts and
Technology**
City Centre Campus
Lower Hardman Street
Manchester M3 3ER
Tel: 0161 953 5995
Fax: 0161 953 2259
Email:
jim.whitham@mancat.ac.uk
Categoría: colegio de
educación

**The University of
Manchester**
Beyer Building
Manchester M13 9PL
Tel: 0161 275 2059
Fax: 0161 275 2058
Email:
international.unit@man.ac.uk
Website: www.man.ac.uk
Categoría: universidad

**The University of
Manchester Institute
of Science and
Technology (UMIST)**
Admissions Officer
PO Box 88
Manchester M60 1QD
Tel: 0161 200 4033
Fax: 0161 200 8765
Email:
ug.prospectus@umist.ac.uk
Website: www.umist.ac.uk/
Categoría: universidad

**The Manchester Metropolitan University**
Academic Division
All Saints
Manchester M15 6BH
Tel: 0161 247 1022
Fax: 0161 247 6310
Email:
C.D.Rogers@mmu.ac.uk
Website: www.mmu.ac.uk
Categoría: universidad

**Matthew Boulton College of Further and Higher Education**
Sherlock Street
Birmingham, B5 7DB
Tel: 0121 446 4545
Fax: 0121 446 3105
Email: bmolneux@matthew-boulton. ac.uk
Categoría: colegio de educación

**Mid-Cheshire College**
Hartford Campus
Chester Road, Northwich
Cheshire CW8 1LJ
Tel: 01606 74 444
Fax: 01606 75 101
Website: www.midchesh.u-net.com/
Categoría: colegio de educación

**Middlesex University**
White Hart Lane
London N17 8HR
Tel: 0181 362 5000
Fax: 0181 362 5649
Email: admissions@mdx.ac.uk
Website: www.mdx.ac.uk
Categoría: universidad

**Moray House Institute of Education**
Holyrood Road
Edinburgh EH8 8AQ
Tel: 0131 558 6136
Fax: 0131 557 5593

Email: Registry@mhie.ac.uk
Website: www.mhie.ac.uk/
Categoría: colegio de educación

**Napier University**
219 Colinton Road
Edinburgh EH14 1DJ
Tel: 0131 455 4330
Fax: 0131 455 4666
Email: info@napier.ac.uk
Website: www.napier.ac.uk
Categoría: universidad

**National Film and Television School**
Beaconsfield Studios
Station Road, Beaconsfield
Buckinghamshire HP9 1LG
Tel: 01494 671 234
Fax: 01494 674 042
Web: www.nftsfilm.tv.ac.uk
Categoría: colegio privado

**Nene University College, Northampton**
Boughton Green Road
Northampton NN2 7AL
Tel: 01604 735 500
Fax: 01604 726 625
Email:
cliff.dedynski@nene.ac.uk
Website: www.nene.ac.uk
Categoría: universidad

**University of Newcastle upon Tyne**
10 Kensington Terrace
Newcastle upon Tyne
NE1 7RU
Tel: 0191 222 8152
Fax: 0191 222 5212
Email: international.
office@ncl.ac.uk
Website: www.ncl.ac.uk
Categoría: universidad

**Newcastle College**
Rye Hill Campus
Scotswood Road

Newcastle upon Tyne
NE4 7SA
Tel: 0191 200 4110
Fax: 0191 272 4297
Email: sdoughty@ncl-coll.ac.uk
Website: www.ncl-coll.ac.uk/
Categoría: colegio de educación

**New College Durham**
Framwellgate Moor
Durham DH1 5ES
Tel: 0191 375 4210
Fax: 0191 375 4222
Email:
admissions@newdur.ac.uk
Website: www.newdur.ac.uk/
Categoría: colegio de educación

**Newham College of Further Education**
School of Art Design & Fashion
East Ham Campus
High Street South
London E6 4ER
Tel: 0181 257 4377
Fax: 0181 257 4308
Website:
www.newhamcfe.ac.uk/
Categoría: colegio de educación

**Newman colegio de educación**
Genners Lane
Bartley Green
Birmingham B32 3NT
Tel: 0121 476 1181
Fax: 0121 476 1196
Email:
registry@newman.ac.uk
Website: www.newman.ac.uk/
Categoría: colegio de educación

**University of Wales College, Newport**
Caerleon Campus
PO Box 101

Newport NP6 1YH
Tel: 01633 432 432
Fax: 01633 432 850
Email: uic@newport.ac.uk
Website: www.newport.ac.uk/
Categoría: universidad

### The Norwich School of Art and Design
St George Street
Norwich
NR3 1BB
Tel: 01603 610 561
Fax: 01603 615 728
Categoría: colegio de educación

### Northbrook College Sussex
Littlehampton Road,
Worthing
West Sussex BN12 6NU
Tel: 01903 606 060
Fax: 01903 606 007
Email:
admissions@MBCOL.ac.uk
Website: www.NBCOL.ac.uk
Categoría: colegio de educación

### Nescot
Reigate Road, Ewell
Surrey KT17 3DS
Tel: 0181 394 3042/3300
Fax: 0181 394 3030
Email: rwood@nescot.ac.uk
mkristensen@nescot.ac.uk
Website: www.nescot.ac.uk/
Categoría: colegio de educación

### The North East Wales Institute of Higher Education
Plas Coch
Mold Road
Wrexham LL11 2AW
Tel: 01978 290 666
Fax: 01978 290 008
Email:
k.mitchell@newi.ac.uk
Website: www.newi.ac.uk/

Categoría: colegio de educación

### North East Worcestershire College
Peakman Street,
Redditch
Worcs B98 8DW
Tel: 01527 570 020
Fax: 01527 572 901
Categoría: colegio de educación

### Northern College
Aberdeen Campus
Hilton Place
Aberdeen AB24 4FA
Tel: 01224 283 500
Fax: 01224 283 900
Website: www.norcol.ac.uk/
Categoría: colegio de educación

### University of North London
166-220 Holloway Road
London N7 8DB
Tel: 0171 753 5190
Fax: 0171 753 5015
Email:
international@unl.ac.uk
Website: www.unl.ac.uk
Categoría: universidad

### North Tyneside College
Embleton Avenue, Wallsend
Tyne and Wear NE28 9NJ
Tel: 0191 229 5000
Fax: 0191 295 0301
Email:
admissions@ntyneside.ac.uk
Website: www.ntyneside.ac.uk
Categoría: colegio de educación

### University of Northumbria at Newcastle
Ellison Building,
Ellison Place

Newcastle upon Tyne
NE1 8ST
Tel: 0191 227 4271
Fax: 0191 227 1264
Email:
lyn.thompson@unn.ac.uk
Website: www.unn.ac.uk
Categoría: universidad

### Northumberland College
College Road, Ashington
Northumberland
NE63 9RG
Tel: 01670 841200
Fax: 01670 841201
Website:
www.northland.ac.uk/
Categoría: colegio de educación

### North Warwickshire and Hinckley College
Hinckley Road, Nuneaton
Warwickshire CV11 6BH
Tel: 01203 243 000
Fax: 01203 329 056
Email: admissions@nwarks-hinkley.ac.uk
Categoría: colegio de educación

### Norwich City College
Ipswich Road
Norwich
Norfolk NR2 2LJ
Tel: 01603 773 136
Fax: 01603 773 334
Email: registry@ccn.ac.uk
Website: www.ccn.ac.uk/
Categoría: colegio de educación

### The University of Nottingham
University Park
Nottingham NG7 2RD
Tel: 0115 951 5247
Fax: 0115 951 5155
Email: international-office@nottingham.ac.uk
Website:

www.nottingham.ac.uk
Categoría: universidad

## The Nottingham Trent University

Burton Street
Nottingham NG1 4BU
Tel: 0115 948 6515
Fax: 0115 948 6528
Email: int.office@ntu.ac.uk
Website: www.ntu.ac.uk
Categoría: universidad

## Office Skills Centre

Dragon Court
27-29 Macklin Street
Covent Garden
London WC2B 5LX
Tel: 0171 404 3636
Fax: 0171 242 0568
Email:
officesk@globalnet.co.uk
Website: www.computer-skillscentre.com
Categoría: colegio privado

## The Old Vicarage

Marden
Tonbridge
Kent TN12 9AG
Tel: 01622 832 200
Fax: 01622 832 200
Categoría: colegio privado

## Oxford House College

3 Oxford Street
London W1R 1RF
Tel: 0171 580 9785/6
Fax: 0171 323 4582
Email: oxhc@easynet.co.uk
Categoría: colegio privado

## Oxford University

University Offices
Wellington Square
Oxford OX1 2JD
Tel: 01865 270 208 (under-graduates) 01865 270 059 (graduates)
Fax: 01865 270 708
Email:

undergraduate.admissions@admin.ox.ac.uk or
graduate.admissions@admin.ox.ac.uk
Website: www.ox.ac.uk
Categoría: universidad

## Oxford Westminster College

Oxford OX2 9AT
Tel: 01865 247 644
Fax: 01865 251 847
Email: registry@ox-west.ac.uk
Website: www.ox-west.ac.uk
Categoría: universidad

## Oxford Brookes University

Gipsy Lane Campus
Headington, Oxford
Oxon OX3 0BP
Tel: 01865 484 880
Fax: 01865 484 861
Website: www.brookes.ac.uk
Categoría: universidad

## Oxfordshire School of Art and Design

Broughton Road, Banbury
Oxon OX16 9QA
Tel: 01295 257 979
Fax: 01295 250 381
Email:
enquiries@northox.ac.uk
Website:
www.northox.ac.uk/Banbury/ default.htm
Categoría: colegio de educación

## University of Paisley

High Street
Paisley PA1 2BE
Tel: 0141 848 3000
Fax: 0141 848 3947
Email:
international@paisley.ac.uk
Website: www.paisley.ac.uk
Categoría: universidad

## University of Plymouth

Drake Circus, Plymouth
Devon PL4 8AA
Tel: 01752 233 340
Fax: 01752 232 014
Email:
intoff@plymouth.ac.uk
Website: www.plym.ac.uk
Categoría: universidad

## Plymouth College of Art and Design

Tavistock Place, Plymouth
Devon PL4 8AT
Tel: 01752 203 434
Fax: 01752 203 444
Email:
enquiries@pcad.ply.ac.uk
Website:
www.pcad.plymouth.ac.uk
Categoría: colegio de educación

## University of Portsmouth

University House
Winston Churchill Avenue
Portsmouth PO1 2UP
Tel: 01705 876 543
Fax: 01705 843 082
Email:
admissions@port.ac.uk
Website: www.port.ac.uk/
Categoría: universidad

## Purley Secretarial and Language College

14 Brighton Road, Purley
Surrey CR8 3AB
Tel: 0181 660 5060
Fax: 0181 666 4022
Email: purleycollege@com-puserve.com
Categoría: colegio privado

## Queen's Business and Secretarial College

24 Queensbury Place
London SW7 2DS

Tel: 0171 589 8583
Fax: 0171 823 9915
Categoría: colegio privado

## Queen Margaret College, Edinburgh

Clerwood Terrace
Edinburgh EH12 8TS
Tel: 0131 317 3247
Fax: 0131 317 3248
Email:
admissions@mail.qmced.
ac.uk
Website: www.qmced.ac.uk/
Categoría: colegio de
educación

## Queen Mary and Westfield College, University of London

Mile End Road
London E1 4NS
Tel: 0171 775 3066
Fax: 0171 975 5556
Email: international-
office@qmw.ac.uk
Website: www.qmw.ac.uk
Categoría: universidad

## The Queen's University of Belfast

Admissions Office
Belfast BT7 1NN
Tel: 01232 335 081
Fax: 01232 247 895
Email:
admissions@qub.ac.uk
Website: www.qub.ac.uk
Categoría: universidad

## The Rambert School, London

300 St Margaret's Road
Twickenham
Middx TW1 1PT
Tel: 0181 891 0121
Fax: 0181 891 0487
Categoría: colegio privado

## Ravensbourne College of Design and Communication

Walden Road
Chislehurst
Kent BR7 5SN
Tel: 0181 289 4900
Fax: 0181 325 8320
Email: info@rave.ac.uk
Website: www.rave.ac.uk/
Categoría: colegio de
educación

## Reading College and School of Arts and Design

Crescent Road
Reading
Berks RG1 5RQ
Tel: 0118 967 5555
Fax: 0118 967 5001
Categoría: colegio de
educación

## The University of Reading

PO Box 217
Reading RG6 6AH
Tel: 0118 987 5123
Fax: 0118 931 4404
Email: intoff@reading.ac.uk
Website: www.rdg.ac.uk
Categoría: universidad

## Regents Business School London

Regent's College
Regent's Park
London NW1 4NS
Tel: 0171 487 7654
Fax: 0171 487 7425
Email: rbs@regents.ac.uk
Website: www.regents.ac.uk
Categoría: colegio de
educación

## University College of Ripon and York St John

Lord Mayor's Walk
York YO3 7EX
Tel: 01904 616 942

Fax: 01904 616 928
Email:
m.williams@ucrysj.ac.uk
Website: www.ucrysj.ac.uk
Categoría: universidad

## The Robert Gordon University

Schoolhill, Aberdeen
Scotland AB10 1FR
Tel: 01224 262 105
Fax: 01224 262 147
Email:
j.youngson@rgu.ac.uk
Website: www.rgu.ac.uk/
Categoría: universidad

## Roehampton Institute London

Downshire House
Roehampton Lane
London SW19 5PH
Tel: 0181 392 3151
Fax: 0181 392 3717
Email: D.Street@roehamp-
ton.ac.uk
Website: www.roehamp-
ton.ac.uk
Categoría: colegio de
educación

## Rose Bruford College

Lamorbey Park
Burnt Oak Lane
Sidcup
Kent DA15 9DF
Tel: 0181 300 3024
Fax: 0181 308 0542
Email:
admiss@bruford.ac.uk
Categoría: colegio de
educación

## Royal Academy of Dancing

36 Battersea Square
London SW11 3RA
Tel: 0171 223 0091
Fax: 0171 924 3129
Categoría: colegio privado

## Royal Academy of Dramatic Art, London
62-64 Chenies Road
London WC1 7EX
Tel: 0171 636 7076
Fax: 0171 323 3865
Web: www.rada.drama.ac.uk/
Categoría: colegio privado

## The Royal Academy of Music
Marylebone Road
London NW5 5HT
Tel: 0171 873 7373
Fax: 0171 873 7374
Email:
h.williams@ram.ac.uk
Web: www.ram.ac.uk
Categoría: colegio privado

## Royal Agricultural College
Cirencester
Gloucestershire GL7 6JS
Tel: 01285 652 531
Fax: 01285 650 219
Email:
admissions@royagcol.ac.uk
Website: www.royagcol.ac.uk
Categoría: colegio de educación

## The Royal Ballet School, London
155 Talgarth Road
Barons Court
London W14 9DE
Tel: 0181 237 7128
Fax: 0181 237 7127
Website: www.royal-ballet-school.org.uk
Categoría: colegio privado

## Royal College of Music
Prince Consort Road
London SW7 2BS
Tel: 0171 589 3643
Fax: 0171 589 7740
Email:
dharpham@rcm.ac.uk

Web: www.rcm.ac.uk
Categoría: colegio privado

## Royal Free Hospital School of Medicine, University of London
The Registry
Rowland Hill Street
London NW3 2PF
Tel: 0171 830 2686
Fax: 0171 435 4359
Website: www.rfhsm.ac.uk/
Categoría: universidad

## Royal Holloway, University of London
Liaison Office, Egham
Surrey TW20 0EX
Tel: 01784 443 399
Fax: 01784 471 381
Email: liaison-office@rhbnc.ac.uk
Website: www.rhbnc.ac.uk/
Categoría: universidad

## Royal Northern College of Music
124 Oxford Road
Manchester M13 9RD
Tel: 0161 907 5200
Fax: 0161 273 7611
Email: info@rncm.ac.uk
Web: www.rncm.ac.uk
Categoría: colegio privado

## Royal Scottish Academy of Music and Drama
100 Renfrew Street
Glasgow G2 3DB
Tel: 0141 332 4101
Fax: 0141 332 8901
Email: j.crook@rsamd.ac.uk
Website: www.rsamd.ac.uk
Categoría: colegio privado

## Royal Veterinary College, University of London
Royal College Street
London NW1 0TU

Tel: 0171 468 5149
Fax: 0171 388 2342
Website: www.rvc.ac.uk/
Categoría: universidad

## Rycotewood College
Priest End, Thame
Oxfordshire OX9 2AF
Tel: 01844 212 501
Fax: 01844 218 809
Email:
enquiries_rycote@oxfe.ac.uk
Website:
www.oxfe.ac.uk/rycote
Categoría: colegio de educación

## St Aldates College
Rose Place
Oxford OX1 1SB
Tel: 01865 240 963
Fax: 01865 242 783
Email: courses@aldates.co.uk
Website: www.aldates.co.uk
Categoría: colegio privado

## University of St Andrews
Old Union Building
North Street, St Andrews
Fife KY16 9AJ
Tel: 01334 462 150
Fax: 01334 463 388
Email:
admissions@st.andrews.ac.uk
Website: www.st-and.ac.uk/
Categoría: universidad

## St Andrew's College, Glasgow
Duntocher Road, Bearsden
Glasgow G61 4QA
Tel: 0141 943 3400
Fax: 0141 943 0106
Website: www.stac.ac.uk/
Categoría: colegio de educación

## St George's Hospital Medical School, University of London
Cranmer Terrace

London SW17 0RE
Tel: 0181 725 5992
Fax: 0181 725 3426
Email:
w.evans@sghms.ac.uk.
Website: www.sghms.ac.uk/
Categoría: universidad

## St Helen's College
Brook Street,
St Helens WA10 1PZ
Tel: 01744 623 338
Fax: 01744 623 400
Website:
www.sthelens.mernet.org.uk/
Categoría: colegio de
educación

## St Loye's School of Occupational Therapy
Millbrook House,
Millbrook Lane
Topsham Road
Exeter EX2 6ES
Tel: 01392 219 774
Fax: 01392 435 357
Email:
A.Clark@exeter.ac.uk
Website: www.ex.uk/stloyes
Categoría: colegio de
educación

## The College of St Mark and St John
Derriford Road
Plymouth
Devon PL6 8BH
Tel: 01752 636 827
Fax: 01752 636 819
Email:
kearnh@marjon.ac.uk
Website:
http://194.80.168.100/
Categoría: colegio de
educación

## University College of St Martin, Lancaster and Cumbria
Bowerham Road
Lancaster

Lancashire LA1 3JD
Tel: 01524 384 444
Fax: 01524 384 567
Email:
admissions@ucsm.ac.uk
Website: www.ucsm.ac.uk/
Categoría: universidad

## St Mary's University College
Waldegrave Road
Twickenham TW1 4SX
Tel: 0181 240 4000
Fax: 0181 240 4255
Website: www.smuc.ac.uk/
Categoría: universidad

## The University of Salford
Maxwell Building
Salford
Greater Manchester
M5 4WT
Tel: 0161 295 5543
Fax: 0161 295 5256
Email: intoff@ext-
rel.salford.ac.uk
Website: www.salford.ac.uk
Categoría: universidad

## Salisbury College
Southampton Road
Salisbury
Wilts SP1 2LW
Tel: 01722 323 711
Fax: 01722 326 006
Categoría: colegio de
educación

## Sandwell College
Wednesbury Campus
Woden Road South
Wednesbury
West Midlands WS10 0PE
Tel: 0121 556 6000
Fax: 0121 253 6104
Categoría: colegio de
educación

## University College Scarborough
Filey Road

Scarborough
North Yorkshire YO11
3AZ
Tel: 01723 362 392
Fax: 01723 370 815
Email:
registry@ucscarb.ac.uk
Website:
www.ucscarb.ac.uk/
Categoría: universidad

## School of Oriental and African Studies (SOAS), University of London
Thornhaugh Street
Russell Square
London WC1H 0XG
Tel: 0171 691 3309
Fax: 0171 691 3362
Email: study@soas.ac.uk
Website: www.soas.ac.uk
Categoría: universidad

## The School of Pharmacy, University of London
29-39 Brunswick Square
London WC1N 1AX
Tel: 0171 753 5831
Fax: 0171 753 5829
Email:
registry@cua.ulsop.ac.uk
Contact: The Registry
Website: www.ulsop.ac.uk
Categoría: universidad

## School of Slavonic and East European Studies, (SSEES) University of London
Senate House
Malet Street
London WC1E 7HU
Tel: 0171 862 8519
Fax: 0171 862 8641
Email: c.morley@ssees.ac.uk
Website: www.ssees.ac.uk/
Categoría: universidad

## Scottish Agricultural College

Auchincruive
Ayr KA6 5HW
Tel: 01292 525 350
Fax: 01292 525 349
Email: etsu@au.sac.ac.uk
Website: www.sac.ac.uk/
Categoría: colegio de educación

## The Scottish College of Textiles

Netherdale, Galashiels
Selkirkshire TD1 3HF
Tel: 01896 753 351
Fax: 01896 758 965
Email: registry@scot.ac.uk
Website: www.scot.ac.uk
Categoría: colegio de educación

## Sels College

64-65 Long Acre
Covent Garden
London WC2E 9JH
Tel: 0171 603 0256
Fax: 0171 610 5572
Categoría: colegio privado

## The University of Sheffield

6 Claremont Place
Sheffield S10 2TN
Tel: 0114 276 8966
Fax: 0114 272 9145
Email: international@sheffield.ac.uk
Website: www.shef.ac.uk
Categoría: universidad

## Sheffield Hallam University

City Campus, Pond Street
Sheffield S1 1WB
Tel: 0114 253 3490
Fax: 0114 253 4023
Email: c.arnold@shu.ac.uk
Website: www.shu.ac.uk/
Categoría: universidad

## Sheffield College

PO Box 730
Sheffield S2 2YF
Tel: 0114 260 3007
Fax: 0114 260 2301
Categoría: colegio de educación

## Shrewsbury College of Arts and Technology

London Road, Shrewsbury
Shropshire SY2 6PR
Tel: 01743 342 342
Fax: 01743 241 684
Email: mail@s-cat.ac.uk
Categoría: colegio de educación

## Solihull College

Blossomfield Road
Solihull B91 1SB
Tel: 0121 678 7001/2
Fax: 0121 678 7200
Email: enquiries@staff.solihull.ac.uk
Website: www.solihull.ac.uk/
Categoría: colegio de educación

## Somerset College of Arts and Technology

Wellington Road, Taunton
Somerset TA1 5AX
Tel: 01823 366 366
Fax: 01823 355 418
Website: www.zynet.co.uk/scat1/
Categoría: colegio de educación

## Southampton Institute

East Park Terrace
Southampton
Hants SO14 0YN
Tel: 01703 319 807
Fax: 01703 319 412
Email: Marianne.Geach@Solent.ac.uk
Website: www.solent.ac.uk
Categoría: colegio de educación

## University of Southampton

Highfield
Southampton SO17 1BJ
Tel: 01703 595 000
Fax: 01703 593 037
Email: prospenq@soton.ac.uk
Website: www.soton.ac.uk
Categoría: universidad

## South Bank University

103 Borough Road
London SE1 0AA
Tel: 0171 815 8158
Fax: 0171 815 8273
Email: enrol@sbu.ac.uk
Website: www.sbu.ac.uk/
Categoría: universidad

## Southport College

Mornington Road
Southport PR9 0TT
Tel: 01704 500 606
Fax: 01704 546 240
Categoría: colegio de educación

## Southwark College

Waterloo Centre, The Cut
London SE1 8LE
Tel: 0171 815 1600
Fax: 0171 261 1301
Email: ucas@southwark.ac.uk
Website: www.southwark.ac.uk
Categoría: colegio de educación

## Sparsholt College Hampshire

Sparsholt
Winchester SO21 2NF
Tel: 01962 776 441
Fax: 01962 776 587
Email: enquiry@sparsholt.ac.uk
Website: www.sparsholt.ac.uk
Categoría: colegio de educación

**Spectrum Education**
The Studio
145 Burma Road
London N16 9BJ
Tel: 0171 275 7667
Fax: 0171 275 8922
Email:
gill@spedas.demon.co.uk
Categoría: colegio privado

**Stafford College**
Earl Street
Stafford ST16 2QR
Tel: 01785 223 800
Fax: 01785 259 953
Email: 104361.101@
compuserve.com
Categoría: colegio de
educación

**Staffordshire University**
College Road
Stoke on Trent ST4 2DE
Tel: 01782 292 718
Fax: 01782 292 796
Email: a.m.edge@staffs.ac.uk
Website: www.staffs.ac.uk
Categoría: universidad

**The University of Stirling**
Stirling FK9 4LA
Tel: 01786 467 046
Fax: 01786 466 800
Email:
international@stir.ac.uk
Website: www.stir.ac.uk/
Categoría: universidad

**Stockport College of Further and Higher Education**
Wellington Road South
Stockport SK1 3UQ
Tel: 0161 958 3416
Fax: 0161 958 3305
Website:
www.stockport.ac.uk/
Categoría: colegio de
educación

**The University of Strathclyde**
Graham Hills Building
50 George Street
Glasgow G1 1QE
Tel: 0141 548 2814
Fax: 0141 552 7362
Email:
j.foulds@mis.strath.ac.uk
Website:
www.strath.ac.uk/Campus/
prospect/info/index3.htm
Categoría: universidad

**Student Placement Services**
29 Bristol Street
Brighton BN2 5JT
Tel: 01273 670 412
Fax: 01273 570 653
Categoría: colegio privado

**University College Suffolk**
Ipswich IP4 1LT
Tel: 01473 255 885
Fax: 01473 230 054
Website:
www.suffolk.ac.uk/
Categoría: universidad

**University of Sunderland**
Technology Park
Chester Road
Sunderland SR2 7PS
Tel: 0191 515 2648
Fax: 0191 515 2960
Email: international@sun-
derland.ac.uk
Website:
www.sunderland.ac.uk
Categoría: universidad

**The University of Surrey**
The Registry, Guildford
Surrey GU2 5XH
Tel: 01483 300 800
Fax: 01483 300 803
Website: www.surrey.ac.uk/
Categoría: universidad

**Surrey Institute of Art and Design**
Falkner Road
Farnham Campus
Surrey GU9 7DS
Tel: 01252 722 441
Fax: 01252 892 616
Email:
registry@surrart.ac.uk
Website: www.surrart.ac.uk/
Categoría: colegio de
educación

**University of Sussex**
International and Study
Abroad Office, Arts B
Falmer
Brighton
Sussex BN1 9QN
Tel: 01273 678 422
Fax: 01273 678 640
Email:
international.off@sussex.ac.
uk
Website: www.sussex.ac.uk
Categoría: universidad

**Sutton Coldfield College**
Lichfield Road
Sutton Coldfield
West Midlands B74 2NW
Tel: 0121 355 5671
Fax: 0121 355 0799
Email:
cnewman@sutcol.ac.uk
Website: www.sutcol.ac.uk/
Categoría: colegio de
educación

**University of Wales, Swansea**
The Registry
Singleton Park
Swansea SA2 8PP
Tel: 01792 295 111
Fax: 01792 295 110
Email:
admissions@swan.ac.uk
Website: www.swan.ac.uk/
Categoría: universidad

## Swansea Institute of Higher Education
Mount Pleasant
Swansea SA1 6ED
Tel: 01792 481 094
Fax: 01792 481 085
Email: enquiry@sihe.ac.uk
Website:
www.sihe.ac.uk/home.html
Categoría: colegio de educación

## Swindon College
Regent Circus
Swindon SN1 1PT
Tel: 01793 498 308
Fax: 01793 641 794
Categoría: colegio de educación

## Tameside College
Ashton Campus
Beaufort Road
Ashton-under-Lyne
Lancs OL6 6NX
Tel: 0161 908 6600
Fax: 0161 343 2738
Email: info@tamesidecollege.ac.uk
Categoría: colegio de educación

## Tante Marie School of Cookery
Woodham House
Carlton Road
Woking
Surrey GU21 4HF
Tel: 01483 726 957
Fax: 01483 724 173
Categoría: colegio privado

## University of Teesside
Middlesbrough TS1 3BA
Tel: 01642 218 121
Fax: 01642 342 067
Email:
h.Cummins@tees.ac.uk
Website: www@tees.ac.uk/
Categoría: universidad

## Thames Valley University
18-22 Bond St, Ealing
London W5 5RF
Tel: 0181 579 5000
Fax: 0181 231 2900
Email:
learning.advice@tvu.ac.uk
Website: www.tvu.ac.uk
Categoría: universidad

## The Thomas Chippendale School of Furniture
Myreside Gardens
Gifford
East Lothian EH41 4JA
Scotland
Tel: 01620 810 680
Fax: 01620 810 701
Categoría: colegio privado

## Trinity College Carmarthen
College Road
Carmarthenshire SA31 3EP
Tel: 01267 676 767
Fax: 01267 676 766
Categoría: colegio de educación

## Guy's St Thomas's Hospital Medical and Dental Schools, University of London
Se rueaga se reiera a la dirección de King's College que esta encardaga de las solicitudes del arriba mencionado.

## University of Ulster
Cromore Road
Coleraine
County Londonderry
BT52 1SA
Tel: 01265 44 141
Fax: 01265 323 005
Email:
sda.barnhill@ulster.ac.uk
Website: www.ulst.ac.uk/
Categoría: universidad

## University College London, University of London
Gower Street
London WC1E 6BT
Tel: 0171 380 7365
Fax: 0171 380 7920
Email: degree-info@ucl.ac.uk
Website: www.ucl.ac.uk/
Categoría: universidad

## University of Wales College of Medicine
Heath Park
Cardiff CF4 4XN
Tel: 01222 742 027
Fax: 01222 742 914
Website: www.uwcm.ac.uk/
Categoría: universidad

## University College Warrington
Padgate Campus
Crab Lane
Warrington WA2 0DB
Tel: 01925 494 494
Fax: 01925 494 289
Email:
registry.he@warr.ac.uk
Website:
www.warr.ac.uk/unicoll/
Categoría: universidad

## The University of Warwick
Coventry CV4 7AL
Tel: 01203 523 706
Fax: 01203 461 606
Email:
intoff@admin.warwick.ac.uk
Website: www.warwick.ac.uk
Categoría: universidad

## Warwickshire College, Royal Leamington Spa and Moreton Morrell
Warwick New Road
Leamington Spa
Warks CV32 5JE
Tel: 01926 318 000

Fax: 01926 318 111
Email:
s.aslam@midwarks.demon.
co.uk.
Categoría: colegio de
educación

## Welsh College of Music and Drama

Cathays Park
Cardiff CF1 3ER
Tel: 01222 342 854
Fax: 01222 237 639
Email:
ROBERTSkT@wcmd.ac.uk
Website: www.wcmd.ac.uk/
Categoría: colegio de
educación

## West Herts College, Watford

Hempstead Road, Watford
Herts WD1 3EZ
Tel: 01923 812 565
Fax: 01923 812 540
Categoría: colegio de
educación

## Westhill colegio de educación

Weoley Park Road
Selly Oak
Birmingham B29 6LL
Tel: 0121 415 2206
Fax: 0121 415 5399
Email: c.evans@westhill.ac.uk
Website: www.westhill.ac.uk/
Categoría: colegio de
educación

## West London College

Parliament House
35 Norht Row
Mayfair
London W1R 2DB
Tel: 0171 491 1841
Fax: 0171 499 5853
Email: courses@w-l-c.co.uk
Website: www.w-l-c.co.uk
Categoría: colegio privado

## Weston College

Knightstone Road
Weston-super-Mare
BS23 2AL
Tel: 01934 411 411
Fax: 01934 411 410
Website: www.weston.ac.uk/
Categoría: colegio de
educación

## University of Westminster

16 Little Titchfield Street
London W1P 7FH
Tel: 0171 911 5769
Fax: 0171 911 5132
Email: international-
office@westminster
Website:
www.westminster.ac.uk
Categoría: universidad

## Westminster College

Battersea Park Road
London SW11 4JR
Tel: 0171 556 8068
Fax: 0171 498 4765
Email: tony_tucker@west-
minster-cfe.ac.uk
Website: www.westminster-
cfe.ac.uk
Categoría: colegio de
educación

## West Thames College

London Road, Isleworth
Middlesex TW7 4HS
Tel: 0181 568 0244
Fax: 0181 569 7787
Email: admissions@west-
thames.ac.uk
Website: www.west-
thames.ac.uk/
Categoría: colegio de
educación

## Wigan Leigh College

PO Box 53, Parsons Walk
Wigan
Lancashire WN1 1RS
Tel: 01942 761 601

Fax: 01942 501 533
Categoría: colegio de
educación

## Wimbledon School of Art

Merton Hall Road
London SW19 3QA
Tel: 0181 408 5000
Fax: 0181 408 5050
Email:
art@wimbledon.ac.uk
Website:
www.wimbledon.ac.uk
Categoría: colegio de
educación

## Wirral Metropolitan College

Borough Road
Birkenhead
Wirral
Merseyside L42 9QD
Tel: 0151 551 7472
Fax: 0151 551 7401
Email:
h.e.enquiries@wmc.ac.uk
Website:
http:/www.wmc.ac.uk
Categoría: colegio de
educación

## University of Wolverhampton

Compton Road West
Wolverhampton WV3 9DX
Tel: 01902 321 000
Fax: 01902 323 744
Email:
admissions@wlv.ac.uk
Website: www.wlv.ac.uk
Categoría: universidad

## University College Worcester

Henwick Grove
Worcester WR2 6AJ
Tel: 01905 855 111
Fax: 01905 855 132
Website:
www.worc.ac.uk/worcs.html
Categoría: universidad

**Worcester College of Technology**
Deansway
Worcester WR1 2JF
Tel: 01905 725 555
Fax: 01905 28 906
Categoría: colegio de educación

**Writtle College**
Chelmsford
Essex CM1 3RR
Tel: 01245 424 200
Fax: 01245 420 456
Email:
postmaster@writtle.ac.uk
Website: www.writtle.ac.uk/
Categoría: colegio de educación

**Wye College, University of London**
Wye
Ashford
Kent TN25 5AH
Tel: 01233 812 401
Fax: 01233 813 320
Email: registry@wye.ac.uk
Website: www.wye.ac.uk/
Categoría: universidad

**The University of York**
Heslington
York YO1 5DD
Tel: 01904 433 533
Fax: 01904 433 538
Email:
admissions@york.ac.uk
Website: www.york.ac.uk
Categoría: universidad

**York College of Further and Higher Education**
Tadcaster Road
York YO2 1UA
Tel: 01904 770 200
Fax: 01904 770 499
Categoría: colegio de educación

**Yorkshire Coast College of Further and Higher Education**
Lady Edith's Drive
Scarborough
North Yorkshire YO12 5RN
Tel: 01723 372 105
Fax: 01723 501 918
Email:
admissions@ycoastco.ac.uk
Website:
www.ycoastco.ac.uk
Categoría: colegio de educación

# Directorio de Cursos

Este capitulo es una lista de las instituciones que ofrecen cursos de licenciatura en los temas principales. Se puede encontrar una lista completa en el libro de UCAS (Tel: 01242 223707).

## Contabilidad y Finanzas

Aberdeen, Abertay Dundee, Aberystwyth, APU, Aston, Bangor, Bell Col, Birmingham, Blackburn Col, Blackpool Col, Bolton Inst, Bournemouth, Bradford & Ilkley Col., Brighton, Bristol, UWE, Brunel, Buckingham, Buckhinghamshire College, Buckland, Cardiff, Cardiff Inst, UCE, Central Lancashire, Chelt & Glos College, City, Coventry, Croydon Col, De Montfort, Derby, Dundee, Durham, UEA, East London, Edinburgh, Essex, Exeter Col, Exeter, Farnborough Col Of Tech, Glamorgan, Glasgow, Glasgow Caledonian, Greenwich, Heriot-Watt, Hertfordshire, Huddersfield, Hull, Keele, Kent at Canterbury, Kingston, Lancaster, Leeds, Leeds Metropolitan, Lincolnshire And Humberside, Liverpool, Liverpool John Moores, London Guildhall, LSE, Loughborough, Luton, Manchester, UMIST, Manchester Metropolitan, Mid-Cheshire Col, Middlesex, Napier, Nene, Newcastle, Newport Col, NE Wales Inst, North London, Northumbria, Norwich City Col, Nottingham, Nottingham Trent, Oxford Brookes, Paisley, Plymouth, Portsmouth, Queen's Belfast, Reading Col of Arts, Reading, Regents Business School, Robert Gordon, Royal Agricultural Col, Salford, Sheffield, Sheffield Hallam, Southampton, Southampton Inst, South Bank, Staffordshire, Stirling, Strathclyde, Uni Col Suffolk, Sunderland, Swansea, Swansea Inst, Teesside, Thames Valley, Ulster, Uni Col Warrington, Warwick, West Herts Col, Westminster, Wolverhampton.

## Agricultura y Silvicultura

Aberdeen, Aberystwyth, APU, Askham Bryan, Bangor, Bath, Birmingham, Bolton Inst, Bournemouth, Brighton, Bristol, UWE, Buckhinghamshire College, UCE, Central Lancashire, Chelt & Glos College, Chester, Cornwall College, Coventry, Cranfield, De Montfort, Derby, Dundee, UEA, East London, Edinburgh, Essex, Glamorgan, Glasgow, Greenwich, Harper Adams, Hertfordshire, Imperial, Kent at Canterbury, Leeds, Liverpool John Moores, Middlesex, Napier, Nene, Newcastle, New College Durham, Nescot, Northumbria, Nottingham, Nottingham Trent, Plymouth, Queen's Belfast, Reading, Roehampton Inst, Royal Agricultural Col, Scottish Agricultural Col, Sheffield Hallam, Southampton, Somerset Col of Art, South Bank, Sparsholt Hampshire, St Helens Col, Stirling, Strathclyde, Uni Col Suffolk, Sunderland, Sussex, Trinity Carmarthen, Warwickshire Col, Wolverhampton, Worcester, Writtle Col, Wye.

## Estudios Americanos

Aberystwyth, Birmingham, Brunel, Canterbury Col, Central Lancashire, Chelt & Glos College, Chester, De Montfort, Derby, Dundee, UEA, Edinburgh, Essex, Exeter, Glamorgan, Hull, Keele, Kent at Canterbury, King Alfred's, King's, Lampeter, Lancaster, Leicester, Liverpool Hope, Liverpool John Moores, London Guildhall, Manchester, UMIST, Manchester Metropolitan, Middlesex, Nene, Nottingham, Plymouth, Queen's Belfast, Reading, Ripon & York St John, Sheffield, Staffordshire, Sunderland, Sussex, Swansea, Thames Valley, Ulster, Warwick, Wolverhampton.

## Anatomía/Fisiología/ Genética

Aberdeen, Abertay Dundee, Aberystwyth, APU, Barnsley Col, Birmingham, Bradford, Bristol, UWE, Brunel, Brit Schl of Osteopathy, Cambridge, Cardiff, Central Lancashire, Dundee, UEA, East London, Edinburgh, Farnborough Col Of Tech, Glasgow, Greenwich, Hertfordshire, Huddersfield, Keele, King's, Kingston, Lancaster, Leeds, Leeds Metropolitan, Leicester, Lincolnshire And Humberside, Liverpool, Liverpool John Moores, Loughborough, Luton, Manchester, UMIST, Middlesex, Nene, Newcastle, Nescot, North London, Northumbria, Norwich City Col, Nottingham, Nottingham Trent, Oxford, Oxford Brookes, Plymouth, Queen Mary & Westfield, Queen's Belfast, Reading, Royal Holloway, Salford, Sheffield, Sheffield Hallam, Southampton, South Bank, St Andrews, St Mary's, Staffordshire , Strathclyde, Uni Col Suffolk, Sunderland, Sussex, Swansea, Teesside, UCL, Westminster, Wolverhampton, York.

## Arqueología

Bangor, Birmingham, Bournemouth, Bradford, Bristol, Cambridge, Cardiff, Chester, Cumbria Col of Art, Durham, UEA, East London, Edinburgh, Exeter, Glasgow, Kent at Canterbury, King Alfred's, King's, Lampeter, Leicester, Liverpool, Luton, Manchester, Manchester Metropolitan, Nene, Newcastle, Newport Col, Nottingham, Oxford, Queen's Belfast, Reading, SOAS, Sheffield, Southampton, St Andrews, Trinity Carmarthen, UCL, Warwick, York.

## Arquitectura

Bath, Brighton, UWE, Cambridge, Cardiff, UCE, Chelt & Glos College, De Montfort, Derby, Dundee, East London, Edinburgh, Glamorgan, Glasgow, Greenwich, Heriot-Watt, Huddersfield, Kent Inst of Art & Design, Kingston, Leeds, Leeds Metropolitan, Lincolnshire And Humberside, Liverpool, Liverpool John Moores, Luton, Manchester, Manchester Metropolitan, Middlesex, Newcastle, NE Wales Inst, North London, Northumbria, Nottingham, Nottingham Trent, Oxford Brookes, Paisley, Plymouth,

Portsmouth, Queen's Belfast, Robert Gordon, Sheffield, Sheffield Hallam, South Bank, Strathclyde, Swansea Inst, Ulster, UCL, Westminster, Wolverhampton.

## Arte y Diseño

Abertay Dundee, Aberystwyth, APU, Barking Col, Barnsley Col, Basford Col, Bath Spa, Blackburn Col, Blackpool Col, Bolton Inst, Bournemouth, Art Inst Bournemouth, Bradford & Ilkley Col., Bretton Hall, Brighton, UWE, Brunel, Buckinghamshire College, Canterbury Col, Cardiff Inst, Carmarthenshire Col, UCE, Central Lancashire, Ctrl Schl Speech & Drama, Chelt & Glos College, Chester, Chichester Inst, Bristol Col, City Col Manchester, Cleveland Col of Art, Colchester Inst, Cordwainers Col, Cornwall College, Coventry, Croydon Col, Cumbria Col of Art, Dartington Col of Arts, De Montfort, Derby, Dewsbury Col, Doncaster Col, Dudley Col of Tech, Dundee, UEA, East London, East Surrey Col, Edge Hill, Edinburgh, Exeter, Falmouth Col of Arts, Farnborough Col Of Tech, Glamorgan, Glamorgan Cntr For Art and Tech, Glasgow, Glasgow Caledonian, Gloucestershire Col of Arts, Goldsmiths, Greenwich, Halton Col, Handsworth Col, Herefordshire Col Of Tech, Herefordshire Col of Art, Heriot-Watt, Hertfordshire, Hertford Regional Col, Huddersfield, Keele, Kent Inst of Art & Design, Kidderminster Col, Kingston, Lancaster, Leeds, Leeds Metropolitan, Leeds Col of Art, Leicester, Leicester South Fields Col, Lincolnshire And Humberside, Liverpool Com Col, Liverpool Hope, Liverpool Inst for Perf Arts, Liverpool John Moores, Llandrillo Col, London Guildhall, London Institute, Loughborough, Lowestoft Col, Luton, Manchester Col of Arts And Tech, UMIST, Manchester Metropolitan, Mid-Cheshire Col, Middlesex, Napier, Nene, Newcastle, Newcastle Col, Newham Col, Newport Col, Norwich Schl of Art, Northbrook College, Nescot, NE Wales Inst, NE Worcestershire Col, North London, N Tyneside Col, Northumbria, N Warwickshire and Hinckley Col, Nottingham Trent, Oxford, Oxford Brookes, Oxfordshire Schl of Art, Plymouth, Plymouth Col of Art,

Portsmouth, Ravensbourne Col of Design And Comm, Reading Col of Arts, Reading, Ripon & York St John, Robert Gordon, Roehampton Inst, Rose Bruford, Rycotewood Col, Salford, Salisbury Col, Scarborough, Sheffield Hallam, Sheffield Col, Shrewsbury Col of Arts & Tech, St Martin, Lancaster & Cumbr, Solihull Col, Southampton, Somerset Col of Art, Southampton Inst, South Devon Col, South Bank, Southport Col, Southwark Col, Stafford Col, St Helens Col, Col of St Mark & St John, Staffordshire, Stockport Col, Strathclyde, Uni Col Suffolk, Sunderland, Surrey Inst Of Art, Sutton Coldfield Col, Swansea Inst, Swindon Col, Tameside Col, Teesside, Thames Valley, Trinity Carmarthen, Ulster, UCL, Uni Col Warrington, Warwickshire Col, West Herts Col, Westhill Col, Weston Col, Westminster, West Thames Col, Wigan And Leigh Col, Wimbledon School Of Art, Wirral Met Col, Wolverhampton, Worcester, Worcester Col, Writtle Col, York Col, Yorkshire Coast Col.

## Bioquímica/Biofísica/ Biotecnología

Aberdeen, Aberystwyth, APU, Bangor, Barnsley Col, Bath, Birmingham, Bradford, Bristol, UWE, Brunel, Cambridge, Cardiff, Central Lancashire, Coventry, De Montfort, Dundee, Durham, UEA, East London, Edinburgh, Essex, Exeter, Glamorgan, Glasgow, Greenwich, Halton Col, Heriot-Watt, Hertfordshire, Huddersfield, Imperial, Keele, Kent at Canterbury, King's, Kingston, Lancaster, Leeds, Leicester, Liverpool, Liverpool John Moores, Luton, Manchester, UMIST, Manchester Metropolitan, Newcastle, Nescot, North London, Northumbria, Norwich City Col, Nottingham, Nottingham Trent, Oxford, Oxford Brookes, Paisley, Portsmouth, Queen Mary & Westfield, Queen's Belfast, Reading, Robert Gordon, Royal Holloway, Salford, Sheffield, Sheffield Hallam, Southampton, South Bank, St Andrews, Staffordshire, Stirling, Stockport Col , Strathclyde, Sunderland, Surrey, Sussex, Swansea, Teesside, Ulster, UCL, Warwick, Westminster, Wolverhampton, Wye, York.

## Biología

Aberdeen, Abertay Dundee, Aberystwyth, APU, Aston, Bangor, Barnsley Col, Bath, Bath Spa, Bell Col, Birmingham, Bolton Inst, Bradford, Bradford & Ilkley Col, Brighton, Bristol, UWE, Brunel, Cambridge, Canterbury Col, Cardiff, Cardiff Inst, Central Lancashire, Chester, Cornwall College, Coventry, De Montfort, Derby, Dundee, Durham, UEA, East London, Edge Hill, Edinburgh, Essex, Exeter, Glamorgan, Glasgow, Glasgow Caledonian, Greenwich, Halton Col, Heriot-Watt, Hertfordshire, Huddersfield, Hull, Imperial, Keele, Kent at Canterbury, King's, Kingston, Lancaster, Leeds, Leicester, Lincolnshire And Humberside, Liverpool, Liverpool Hope, Liverpool John Moores, Luton, Manchester, UMIST, Manchester Metropolitan, Middlesex, Napier, Nene, Newcastle, Newman Col, Nescot, NE Wales Inst, North London, Northumbria, Norwich City Col, Nottingham, Nottingham Trent, Oxford, Oxford Brookes, Paisley, Plymouth, Portsmouth, Queen Mary & Westfield, Queen's Belfast, Reading, Robert Gordon, Roehampton Inst, Royal Holloway, Scottish Agricultural Col, Salford, Scarborough, Sheffield, Sheffield Hallam, Southampton, South Bank, Sparsholt Hampshire, St Andrews, St Mary's, Staffordshire, Stirling, Stock-port Col, Strathclyde, Uni Col Suffolk, Sunderland, Sussex, Swansea, Trinity Carmarthen, Ulster, UCL, Warwick, Westminster, Wolverhampton, Worcester, Writtle Col, Wye, York.

## Botánica

Aberdeen, Aberystwyth, Askham Bryan, Bangor, Barnsley Col, Birmingham, Bristol, Cambridge, Dundee, Durham, UEA, East London, Edinburgh, Glasgow, Imperial, Leeds, Leicester, Liverpool, Luton, Manchester, Newcastle, Nottingham, Plymouth, Queen's Belfast, Reading, Royal Holloway, Sheffield, Southampton, St Andrews, Wolverhampton, Wye.

## Construcción y Control

Abertay Dundee, APU, Bell Col, Blackburn Col, Blackpool Col, Bolton Inst, Bradford & Ilkley Col, Brighton, UWE, Brunel, Cardiff Inst, UCE, Central Lancashire, Colchester Inst, Coventry, Crawley Col, De Montfort, Derby, Doncaster Col, Dudley Col of Tech, Dundee, Edinburgh, Glamorgan, Glasgow

Caledonian, Gloucestershire Col of Arts, Greenwich, Heriot-Watt, Hertfordshire, Huddersfield, Kingston, Leeds Metropolitan, Lincolnshire And Humberside, Liverpool, Liverpool John Moores, Loughborough, Luton, UMIST, Napier, Nene, Newport Col, Nescot, NE Wales Inst, Northumbria, Nottingham, Nottingham Trent, Oxford Brookes, Paisley, Plymouth, Portsmouth, Queen's Belfast, Reading Col of Arts, Reading, Robert Gordon, Salford, Sheffield Hallam, Sheffield Col, Somerset Col of Art, Southampton Inst, South Devon Col, South Bank, St Helens Col, Staffordshire, Stockport Col, Strathclyde, Uni Col Suffolk, Swansea Inst, Teesside, Ulster, UCL, Warwickshire Col, Westminster, Wigan And Leigh Col, Wirral Met Col, Wolverhampton.

## Estudios Empresariales y Dirección

Aberdeen, Abertay Dundee, Aberystwyth, APU, Askham Bryan, Aston, Bangor, Barnsley Col, Bath, Bath Spa, Bell Col, Birmingham, Birmingham Col Of Food Tourism, Blackburn Col, Blackpool Col, Bolton Inst, Bournemouth, Art Inst Bournemouth, Bradford, Bradford & Ilkley Col, Bretton Hall, Brighton, Bristol, UWE, Brunel, Buckingham, Buckhinghamshire College, Buckland, Canterbury Col, Cardiff, Cardiff Inst, Carmarthenshire Col, UCE, Central Lancashire, Chelt & Glos College, Chester, Chichester Inst, City, Bristol Col, City Col Manchester, Colchester Inst, Cornwall College, Coventry, Cranfield, Crawley Col, Croydon Col, Cumbria Col of Art, Dartington Col of Arts, De Montfort, Derby, Dewsbury Col, Doncaster Col, Dudley Col of Tech, Dundee, Durham, UEA, East London, Edge Hill, Edinburgh, Essex, European Business Schl, Exeter Col, Exeter, Farnborough Col Of Tech, Galm-organ, Glasgow, Glasgow Caledonian, Gloucestershire Col of Arts, Goldsmiths, Greenwich, Gyosei Int Col, Halton Col, Harper Adams, Herefordshire Col Of Tech, Heriot-Watt, Hertfordshire, Holborn Col, Huddersfield, Hull, Imperial, Keele, Kent at Canterbury, King Alfred's, King's, Kingston, Lampeter, Lancaster, Leeds, Leeds, Trinity And All Saints, Leeds Metropolitan, Leicester, Lincolnshire And Humberside, Liverpool,

Liverpool Com Col, Liverpool Hope, Liverpool John Moores, Llandrillo Col, London Guildhall, London Institute, LSE, Loughborough, Luton, Manchester, UMIST, Manchester Metropolitan, Matthew Boulton Col, Mid-Cheshire Col, Middlesex, Napier, Nene, Newcastle, Newcastle Col, New College Durham, Newport Col, Northbrook College , Nescot, NE Wales Inst, NE Worcestershire Col, North London, N Tyneside Col, Northumbria, Norwich City Col, Nottingham, Nottingham Trent, Oxford, Oxford Brookes, Paisley, Plymouth, Portsmouth, Queen Margaret Col, Queen Mary & Westfield, Queen's Belfast, Reading Col of Arts, Reading, Regents Business School, Ripon & York St John, Robert Gordon, Roehampton Inst, Royal Agricultural Col, Royal Holloway, Scottish Agricultural Col, Salford, Sandwell Col, SOAS, Scarborough, Sheffield, Sheffield Hallam, Sheffield Col, Shrewsbury Col of Arts & Tech, St Martin, Lancaster & Cumbr, Solihull Col, Southampton, Somerset Col of Art, Southampton Inst, South Devon Col, South Bank, Southport Col, St Andrews, Southwark Col, St Helens Col, St Mary's, Staffordshire, Stirling, Stockport Col, Strathclyde, Uni Col Suffolk, Sunderland, Surrey, Sussex, Swansea, Swansea Inst, Swindon Col, Tameside Col, Teesside, Thames Valley, Ulster, UCL, Uni Col Warrington, Warwick, Warwickshire Col, West Herts Col, Westminster, Westminster Col, West Thames Col, Wigan And Leigh Col, Wirral Met Col, Wolverhampton, Worcester, Worcester Col, Writtle Col, Wye, York, York Col, Yorkshire Coast Col.

## Química

Aberdeen, Abertay Dundee, APU, Aston, Bangor, Barnsley Col, Bath, Bell Col, Birmingham, Bradford, Bradford & Ilkley Col, Brighton, Bristol, UWE, Cambridge, Cardiff, Central Lancashire, Coventry, De Montfort, Derby, Dundee, Durham, UEA, Edinburgh, Exeter, Glamorgan, Glasgow, Glasgow Caledonian, Greenwich, Halton Col, Heriot-Watt, Hertfordshire, Huddersfield, Hull, Imperial, Keele, Kent at Canterbury, King's, Kingston, Lancaster, Leeds, Leeds Metropolitan, Leicester, Liverpool, Liverpool John Moores, Loughborough, Manchester, UMIST, Manchester Metropolitan, Napier, Nene,

Newcastle, North London, Northumbria, Nottingham, Nottingham Trent, Oxford, Oxford Brookes, Paisley, Plymouth, Queen Mary & Westfield, Queen's Belfast, Reading, Robert Gordon, Salford, Sheffield, Sheffield Hallam, Southampton, St Andrews, St Mary's, Staffordshire, Stirling, Stockport Col, Strathclyde, Sunderland, Surrey, Sussex, Swansea, Teesside, Ulster, UCL, Warwick, Wirral Met Col, Wolverhampton, York.

## Cinemática - Cine, Televisión, Fotografía

Aberdeen, Aberystwyth, APU, Bangor, Blackpool Col, Bolton Inst, Bournemouth, Art Inst Bournemouth, Bradford & Ilkley Col, Brighton, UWE, Brunel, Buckhinghamshire College, Canterbury Col, Carmarthenshire Col, UCE, Central Lancashire, Chelt & Glos College, City Col Manchester, Cleveland Col of Art, Croydon Col, Cumbria Col of Art, De Montfort, Derby, UEA, Essex, Falmouth Col of Arts, Glamorgan, Glasgow, Greenwich, Heriot-Watt, Kent at Canterbury, Kent Inst of Art & Design, King Alfred's, Leeds Col of Art, Leicester South Fields Col, Lincolnshire And Humberside, Liverpool John Moores, London Guildhall, London Institute , Manchester, Manchester Metropolitan, Mid-Cheshire Col, Middlesex, Napier, Newcastle, Newcastle Col, Newport Col, Northbrook College, Nescot, NE Wales Inst, North London, Northumbria, Northumberland Col, Nottingham Trent, Oxfordshire Schl of Art, Plymouth Col of Art, Reading Col of Arts, Reading, Roehampton Inst, Royal Holloway, Salisbury Col, Sandwell Col, Sheffield Hallam, Southampton, Southampton Inst, St Helens Col, Staffordshire, Stockport Col, Sunderland, Surrey Inst Of Art, Swansea Inst, Tameside Col, Thames Valley, Uni Col Warrington, Warwick, Warwickshire Col, West Herts Col, Westminster, Wolverhampton.

## Informática e Ingeniería

Aberdeen, Abertay Dundee, Aberystwyth, APU, Aston, Bangor, Barnsley Col, Bath, Bell Col, Birmingham, Birmingham Col Of Food Tourism, Blackburn Col, Blackpool Col, Bolton Inst, Bournemouth, Bradford, Bradford & Ilkley Col, Brighton, Bristol, UWE, Brunel, Buckingham, Buckingham-

hamshire College, Buckland, Cambridge, Canterbury Col, Cardiff, Cardiff Inst, Carmarthenshire Col, UCE, Central Lancashire, Chelt & Glos College, Chester, City, Bristol Col, City Col Manchester, Colchester Inst, Cornwall College, Coventry, Cranfield, Croydon Col, Cumbria Col of Art, De Montfort, Derby, Doncaster Col, Dudley Col of Tech, Dundee, Durham, UEA, East London, Edge Hill, Edinburgh, Essex, Exeter, Farnborough Col Of Tech, Glamorgan, Glasgow, Glasgow Caledonian, Goldsmiths, Greenwich, Halton Col, Herefordshire Col Of Tech, Heriot-Watt, Hertfordshire, Huddersfield, Hull, Imperial, Keele, Kent at Canterbury, King's, Kingston, Lampeter, Lancaster, Leeds, Leeds, Trinity And All Saints, Leeds Metropolitan, Leeds Col of Art, Leicester, Lincolnshire And Humberside, Liverpool, Liverpool Com Col, Liverpool Hope, Liverpool John Moores, Llandrillo Col, London Guildhall, Loughborough, Luton, Manchester, UMIST, Manchester Metropolitan, Mid-Cheshire Col, Middlesex, Napier, Nene, Newcastle, Newcastle Col, Newport Col, Northbrook College, Nescot, NE Wales Inst, NE Worcestershire Col, North London, N Tyneside Col, Northumbria, Norwich City Col, Nottingham, Nottingham Trent, Oxford, Oxford Brookes, Oxfordshire Schl of Art , Paisley, Plymouth, Portsmouth, Queen Mary & Westfield, Queen's Belfast, Ravensbourne Col of Design And Comm, Reading Col of Arts, Reading, Robert Gordon, Roehampton Inst, Royal Holloway, Salford, Sandwell Col, Sheffield, Sheffield Hallam, Sheffield Col, Shrewsbury Col of Arts & Tech, St Martin, Lancaster & Cumbr, Solihull Col, Southampton, Somerset Col of Art, Southampton Inst, South Devon Col, South Bank, Southport Col, St Andrews, St Helens Col, Col of St Mark & St John, Staffordshire, Stirling, Stockport Col, Strathclyde, Uni Col Suffolk, Sunderland, Surrey, Sussex, Swansea, Swansea Inst, Swindon Col, Tameside Col, Teesside, Thames Valley, Trinity Carmarthen, Ulster, UCL, Uni Col Warrington, Warwick, Warwickshire Col, West Herts Col, Westminster, Westminster Col, West Thames Col, Wigan And Leigh Col, Wirral Met Col, Wolverhampton, Worcester, Worcester Col, Writtle Col, York, Yorkshire Coast Col.

## Odontología

Birmingham, Bristol, Dundee, Glasgow, King's, Leeds, Liverpool, Manchester, Newcastle, Queen Mary & Westfield, Queen's Belfast, Sheffield, Col of Medicine Wales.

## Teatro, Danza y Arte de Representación

Aberystwyth, APU, Bangor, Barnsley Col, Bath Spa, Birmingham, Bishop Grosseteste, Blackpool Col, Bolton Inst, Bretton Hall, Brighton, Bristol, UWE, Brunel, Buckinghamshire College, Cambridge, Carmarthenshire Col, UCE, Central Lancashire, Ctrl Schl Speech & Drama, Chelt & Glos College, Chester, Chichester Inst, City Col Manchester, Clarendon College Notts, Cleveland Col of Art, Coventry, Croydon Col, Cumbria Col of Art, Dartington Col of Arts, De Montfort, Derby, Doncaster Col, Dudley Col of Tech, UEA, East London, Edge Hill, Exeter, Glamorgan, Glasgow, Gloucestershire Col of Arts, Goldsmiths, Greenwich, Heriot-Watt, Hertfordshire, Huddersfield, Hull, Kent at Canterbury, Kidderminster Col, King Alfred's, Lancaster, Leeds, Leicester South Fields Col, Lincolnshire And Humberside, Liverpool Com Col, Liverpool Hope, Liverpool Inst for Perf Arts, Liverpool John Moores, Llandrillo Col, London Institute, Loughborough, Luton, Manchester, Manchester Metropolitan, Middlesex, Nene, Newcastle Col, Newman Col, Northbrook College, Nescot, NE Worcestershire Col, North London, N Tyneside Col, Northumbria, Nottingham Trent, Plymouth, Queen Margaret Col, Queen Mary & Westfield, Queen's Belfast, Reading, Ripon & York St John, Roehampton Inst, Rose Bruford, Royal Holloway, Salford, Salisbury Col, Scarborough, Shrewsbury Col of Arts & Tech, St Martin, Lancaster & Cumbr, Somerset Col of Art, Southampton Inst, South Devon Col, South Bank, Southwark Col, St Helens Col, St Mary's, Staffordshire , Uni Col Suffolk, Surrey, Sussex, Swansea Inst, Tameside Col, Thames Valley, Trinity Carmarthen, Ulster, Uni Col Warrington, Warwick, Warwickshire Col, Welsh Col of Mus & Drama, Westhill Col, Wigan And Leigh Col, Wimbledon School Of Art, Wolverhampton, Worcester, Worcester Col.

## Economía

Aberdeen, Abertay Dundee, Aberystwyth, APU, Aston, Bangor, Bath, Birmingham, Bolton Inst, Bournemouth, Bradford, Bristol, UWE, Brunel, Buckingham, Buckinghamshire College, Buckland, Cambridge, Cardiff, UCE, Central Lancashire, City, Coventry, De Montfort, Derby, Dundee, Durham, UEA, East London, Edinburgh, Essex, Exeter, Glamorgan, Glasgow, Glasgow Caledonian, Goldsmiths, Greenwich, Heriot-Watt, Hertfordshire, Huddersfield, Hull, Keele, Kent at Canterbury, Kingston, Lancaster, Leeds, Leeds Metropolitan, Leicester, Lincolnshire And Humberside, Liverpool, Liverpool John Moores, London Guildhall, LSE, Loughborough, Luton, Manchester, Manchester Metropolitan, Middlesex, Napier, Nene, Newcastle, North London, Northumbria, Nottingham, Nottingham Trent, Oxford, Oxford Brookes, Paisley, Plymouth, Portsmouth, Queen Mary & Westfield, Queen's Belfast, Reading, Royal Holloway, Salford, SOAS, SSEES, Sheffield, Southampton, Southampton Inst, South Bank, St Andrews, Staffordshire, Stirling, Strathclyde, Uni Col Suffolk, Sunderland, Surrey, Sussex, Swansea, Teesside, Thames Valley, Ulster, UCL, Warwick, Westminster, Wolverhampton, York.

## Estudios de Educación

Aberdeen, Abertay Dundee, Aberystwyth, Bangor, Barnsley Col, Bath, Bath Spa, Bell Col, Birmingham Col Of Food Tourism, Blackpool Col, Bradford & Ilkley Col, Bretton Hall, Bristol, UWE, Buckingham, Cambridge, Canterbury Col, Cardiff, Cardiff Inst, Central Lancashire, Ctrl Schl Speech & Drama, Chelt & Glos College, Chester, Chichester Inst, Bristol Col, De Montfort, Derby, Durham, East London, Edge Hill, Edinburgh, Essex, Exeter, Glamorgan, Greenwich, Herefordshire Col Of Tech, Heriot-Watt, Hertfordshire, Huddersfield, Keele, Kidderminster Col, King Alfred's, King's, Kingston, Lancaster, Leeds, Leeds Metropolitan, Liverpool, Liverpool Com Col, Liverpool John Moores, Llandrillo Col, Loughborough, Manchester, Manchester Metropolitan, Middlesex, Nene, Newcastle, Newman Col, Northbrook College, NE Wales Inst, NE Worcestershire Col, Northern Col, North London, N Tyneside Col, Northumbria, Norwich City Col, Nottingham Trent, Oxford Westminster Col, Oxford Brookes, Plymouth, Ripon & York St John, Roehampton Inst, Scarborough, Sheffield Hallam, Sheffield Col, Shrewsbury Col of Arts & Tech, St Martin, Lancaster & Cumbr, Southampton, Somerset Col of Art, St Helens Col, Col of St Mark & St John, St Mary's, Stirling, Stockport Col, Strathclyde, Uni Col Suffolk, Sunderland, Swansea, Tameside Col, Trinity Carmarthen, Uni Col Warrington, Warwick, Warwickshire Col, West Herts Col, Westhill Col, Wolverhampton, Worcester, York, Yorkshire Coast Col.

## Ingeniería - Aeronáutica

Bath, Brighton, Bristol, UWE, Brunel, City, Cornwall College, Coventry, Cranfield, Crawley Col, Farnborough Col Of Tech, Glasgow, Hertfordshire, Imperial, Kingston, Lincolnshire And Humberside, Liverpool, Loughborough, Manchester, UMIST, Northbrook College, NE Wales Inst, Queen Mary & Westfield, Queen's Belfast, Salford, Sheffield, Southampton, Staffordshire, Stockport Col, Strathclyde.

## Ingeniería - Química

Aston, Bath, Birmingham, Bradford, Brighton, Cambridge, Central Lancashire, Dudley Col of Tech, Edinburgh, Glamorgan, Halton Col, Heriot-Watt, Huddersfield, Imperial, Leeds, Loughborough, UMIST, Newcastle, Northumbria, Nottingham, Oxford, Paisley, Queen's Belfast, Sheffield, South Bank, Strathclyde, Surrey, Swansea, Teesside, UCL.

## Ingeniería - Civil

Aberdeen, Abertay Dundee, APU, Aston, Bath, Bell Col, Birmingham, Bolton Inst, Bradford, Brighton, Bristol, UWE, Buckinghamshire College, Cardiff, City, Coventry, Cranfield, Derby, Doncaster Col, Dundee, Durham, East London, Edinburgh, Exeter, Glamorgan, Glasgow, Glasgow Caledonian, Gloucestershire Col of Arts, Greenwich, Heriot-Watt, Hertfordshire, Imperial, Kingston, Leeds, Leeds Metropolitan, Liverpool, Liverpool John Moores, Loughborough, Manchester, UMIST, Napier, Newcastle, Newport Col, Nescot, Northumbria, Nottingham, Nottingham Trent, Oxford, Oxford Brookes, Paisley, Plymouth, Portsmouth, Queen's Belfast, Salford, Sheffield, Sheffield Hallam, Southampton, Southampton

Inst, South Bank, St Helens Col, Stockport Col, Strathclyde, Sunderland, Surrey, Swansea, Swansea Inst, Teesside, Ulster, UCL, Warwick, Westminster, Wigan And Leigh Col, Wolverhampton, Writtle Col.

## Ingeniería - Eléctrica y Electrónica

Aberdeen, Abertay Dundee, APU, Aston, Bangor, Barnsley Col, Bath, Bell Col, Birmingham, Blackburn Col, Blackpool Col, Bolton Inst, Bournemouth, Bradford, Brighton, Bristol, UWE, Brunel, Cardiff, Cardiff Inst, Carmarthenshire Col, UCE, Central Lancashire, City, Coventry, Cranfield, De Montfort, Derby, Doncaster Col, Dudley Col of Tech, Dundee, Durham, UEA, East London, Edinburgh, Essex, Exeter, Farnborough Col Of Tech, Glamorgan, Glasgow, Glasgow Caledonian, Greenwich, Halton Col, Herefordshire Col Of Tech, Heriot-Watt, Hertfordshire, Huddersfield, Hull, Imperial, Kent at Canterbury, King's, Kingston, Lancaster, Leeds, Leeds Metropolitan, Leicester, Lincolnshire And Humberside, Liverpool, Liverpool Com Col, Liverpool Inst for Perf Arts, Liverpool John Moores, Llandrillo Col, London Guildhall, Loughborough, Luton, Manchester, UMIST, Manchester Metropolitan, Middlesex, Napier, Newcastle, New College Durham, Newport Col, Northbrook College, Nescot, NE Wales Inst, North London, N Tyneside Col, Northumbria, Norwich City Col, Nottingham, Nottingham Trent, Oxford, Oxford Brookes, Paisley, Plymouth, Portsmouth, Queen Mary & Westfield, Queen's Belfast, Ravensbourne Col of Design And Comm, Reading Col of Arts, Reading, Robert Gordon, Royal Holloway, Salford, Sandwell Col, Sheffield, Sheffield Hallam, Shrewsbury Col of Arts & Tech, Southampton, Southampton Inst, South Devon Col, South Bank, St Andrews, St Helens Col, Staffordshire, Stockport Col, Strathclyde, Uni Col Suffolk, Sunderland, Surrey, Sussex, Swansea, Swansea Inst, Teesside, Thames Valley, Ulster, UCL, Warwick, Warwickshire Col, Westminster, Wigan And Leigh Col, Wolverhampton, York, Yorkshire Coast Col.

## Ingeniería - General

Aberdeen, Abertay Dundee, APU, Aston, Bangor, Barnsley Col, Birmingham, Blackburn Col, Blackpool Col, Bolton Inst,

Bournemouth, Bradford, Bradford & Ilkley Col, Brighton, Bristol, UWE, Brunel, Buckhinghamshire College, Cambridge, Cardiff, Cardiff Inst, UCE, Central Lancashire, City, Cornwall College, Coventry, Cranfield, De Montfort, Derby, Doncaster Col, Dundee, Durham, East London, Edinburgh, Exeter, Glamorgan, Glasgow, Glasgow Caledonian, Greenwich, Halton Col, Heriot-Watt, Hertfordshire, Huddersfield, Hull, Imperial, Kingston, Lancaster, Leeds, Leeds Metropolitan, Leicester, Lincolnshire And Humberside, Liverpool, Liverpool John Moores, Llandrillo Col, Loughborough, Luton, UMIST, Manchester Metropolitan, Mid-Cheshire Col, Middlesex, Napier, Nene, Newport Col, Northumbria, Norwich City Col, Nottingham, Nottingham Trent, Oxford, Oxford Brookes, Paisley, Plymouth, Portsmouth, Queen Mary & Westfield, Reading Col of Arts, Reading, Robert Gordon, Royal Agricultural Col, Salford, Sandwell Col, Sheffield Hallam, Solihull Col, Southampton, Somerset Col of Art, Southampton Inst, South Bank, Southport Col, St Helens Col, Staffordshire, Strathclyde, Sunderland, Surrey, Swansea, Swansea Inst, Teesside, Ulster, UCL, Uni Col Warrington, Warwick, Westminster, Wolverhampton, Worcester Col.

## Ingeniería - Mecánica y Producción

Aberdeen, Abertay Dundee, APU, Aston, Bangor, Barking Col, Barnsley Col, Bath, Bell Col, Birmingham, Blackburn Col, Blackpool Col, Bolton Inst, Bournemouth, Bradford, Brighton, Bristol, UWE, Brunel, Buckinghamshire College, Cardiff, Cardiff Inst, Carmarthenshire Col, UCE, Central Lancashire, City, Coventry, Cranfield, De Montfort, Derby, Doncaster Col, Dudley Col of Tech, Dundee, Durham, East London, Edinburgh, Exeter, Farnborough Col Of Tech, Glamorgan, Glasgow, Glasgow Caledonian, Gloucestershire Col of Arts, Greenwich, Halton Col, Harper Adams, Herefordshire Col Of Tech, Heriot-Watt, Hertfordshire, Huddersfield, Hull, Imperial, King's, Kingston, Lancaster, Leeds, Leeds Metropolitan, Leicester, Lincolnshire And Humberside, Liverpool, Liverpool Com Col, Liverpool John Moores, Llandrillo Col, Loughborough,

Luton, Manchester, UMIST, Manchester Metropolitan, Middlesex, Napier, Nene, Newcastle, Newcastle Col, Newport Col, Northbrook College, NE Wales Inst, Northumbria, Nottingham, Nottingham Trent, Oxford, Oxford Brookes, Paisley, Plymouth, Portsmouth, Queen Mary & Westfield, Queen's Belfast, Reading Col of Arts, Reading, Robert Gordon, Rycotewood Col, Salford, Sheffield, Sheffield Hallam, Shrewsbury Col of Arts & Tech, Southampton, Somerset Col of Art, Southampton Inst, South Bank, St Helens Col, Staffordshire, Stockport Col , Strathclyde, Uni Col Suffolk, Sunderland, Surrey, Sussex, Swansea, Swansea Inst, Teesside, Ulster, UCL, Warwick, Warwickshire Col, Westminster, Wigan And Leigh Col, Wolverhampton, Writtle Col, Yorkshire Coast Col.

## Inglés

Aberdeen, Aberystwyth, APU, Bangor, Bath Spa, Birmingham, Bishop Grosseteste, Blackburn Col, Bolton Inst, Bretton Hall, Bristol, UWE, Brunel, Buckingham, Buckinghamshire College, Cambridge, Canterbury Col, Cardiff, UCE, Central Lancashire, Chelt & Glos College, Chester, Chichester Inst, Colchester Inst, Coventry, Cumbria Col of Art, De Montfort, Doncaster Col, Dundee, Durham, UEA, East London, Edge Hill, Edinburgh, Essex, Exeter, Falmouth Col of Arts, Glamorgan, Glasgow, Goldsmiths, Greenwich, Hertfordshire, Huddersfield, Hull, Keele, Kent at Canterbury, King Alfred's, King's, Kingston, Lampeter, Lancaster, Leeds, Leeds, Trinity And All Saints, Leicester, Lincolnshire And Humberside, Liverpool, Liverpool Hope, Liverpool John Moores, London Guildhall, Loughborough, Luton, Manchester, Manchester Metropolitan, Middlesex, Nene, Newcastle, Newman Col, Newport Col, NE Wales Inst, North London, Northumbria, Norwich City Col, Nottingham, Nottingham Trent, Oxford, Oxford Brookes, Plymouth, Portsmouth, Queen Mary & Westfield, Queen's Belfast, Reading, Ripon & York St John , Roehampton Inst, Royal Holloway, Salford, SOAS, Scarborough, Sheffield, Sheffield Hallam, St Martin, Lancaster & Cumbr, Solihull Col, Southampton, South

Bank, St Andrews, Col of St Mark & St John, St Mary's, Staffordshire, Stirling, Strathclyde, Sunderland, Surrey, Sussex, Swansea, Swansea Inst, Teesside, Trinity Carmarthen, Ulster, UCL, Warwick, Westhill Col, Westminster, Wolverhampton, Worcester, York.

## Estudios del Medio Ambiente, Tecnología y Oceanografía

Aberdeen, Abertay Dundee, Aberystwyth, APU, Askham Bryan, Aston, Bangor, Barnsley Col, Bath Spa, Bell Col, Birmingham, Blackpool Col, Bolton Inst, Bournemouth, Bradford, Brighton, UWE, Brunel, Buckhinghamshire College, Cambridge, Canterbury Col, Cardiff Inst, UCE, Central Lancashire, Chelt & Glos College, Chester, Chichester Inst, Colchester Inst, Cornwall College, Coventry, Cranfield, De Montfort, Derby, Dundee, Durham, UEA, East London, Edge Hill, Edinburgh, Exeter, Farnborough Col Of Tech, Glamorgan, Glasgow Caledonian, Greenwich, Halton Col, Harper Adams, Heriot-Watt, Hertfordshire, Huddersfield, Hull, Imperial, Keele, Kent at Canterbury, King's, Kingston, Lampeter, Lancaster, Leeds, Leeds Metropolitan, Lincolnshire And Humberside, Liverpool, Liverpool Hope, Liverpool John Moores, LSE, Loughborough, Luton, Manchester, UMIST, Manchester Metropolitan, Middlesex, Napier, Nene, Newcastle, Newport Col, NE Wales Inst, North London, Northumbria, Norwich City Col, Nottingham, Nottingham Trent, Oxford Brookes, Paisley, Plymouth, Portsmouth, Queen Mary & Westfield, Reading, Ripon & York St John, Robert Gordon, Roehampton Inst, Royal Holloway, Scottish Agricultural Col, Salford, Scarborough, Sheffield, Sheffield Hallam, Sheffield Col, Southampton, Southampton Inst, South Bank, St Helens Col, Staffordshire, Stirling, Strathclyde, Uni Col Suffolk, Sunderland, Sussex, Swansea Inst, Teesside, Trinity Carmarthen, Ulster, Westminster, Wigan And Leigh Col, Wolverhampton, Worcester, Writtle Col, Wye, York.

## Estudios Europeos e Idiomas

Aberdeen, Abertay Dundee, Aberystwyth, APU, Aston, Bangor, Bath, Bath Spa, Bell Col, Birmingham, Birmingham Col Of Food Tourism, Blackpool Col, Bolton Inst, Bournemouth, Bradford, UWE, Buckingham, Buckhinghamshire College, Cambridge, Cardiff, Cardiff Inst, UCE, Central Lancashire, Chelt & Glos College, Coventry, De Montfort, Derby, Dundee, Durham, UEA, East London, Edge Hill, Edinburgh, Essex, European Business Schl, Exeter, Glamorgan, Glasgow, Glasgow Caledonian, Goldsmiths, Greenwich, Gyosei Int Col, Heriot-Watt, Hertfordshire, Huddersfield, Hull, Keele, Kent at Canterbury, King's, Kingston, Lampeter, Lancaster, Leeds, Leeds Metropolitan, Leicester, Lincolnshire And Humberside, Liverpool, Liverpool Hope, Liverpool John Moores, London Guildhall, Loughborough, Luton, Manchester, UMIST, Manchester Metropolitan, Mid-Cheshire Col, Middlesex, Napier, Nene, Newcastle, Newport Col, Northbrook College, North London, Northumbria, Nottingham, Nottingham Trent, Oxford, Oxford Brookes, Paisley, Plymouth, Portsmouth, Queen Mary & Westfield, Queen's Belfast, Reading, Ripon & York St John, Robert Gordon, Roehampton Inst, Royal Agricultural Col, Royal Holloway, Salford, SOAS, Sheffield, Sheffield Hallam, St Martin, Lancaster & Cumbr, Southampton, South Bank, St Andrews, Staffordshire, Stirling, Strathclyde, Uni Col Suffolk, Sunderland, Surrey, Sussex, Swansea, Swansea Inst, Teesside, Thames Valley, Ulster, UCL, Westminster, Wolverhampton, Worcester, York.

## Ciencia/Tecnología de los Alimentos y Alimentación

APU, Askham Bryan, Bath Spa, Birmingham Col Of Food Tourism, Blackpool Col, Bournemouth, Cardiff Inst, Central Lancashire, Chester, Coventry, Cranfield, De Montfort, Dundee, Glamorgan, Glasgow, Glasgow Caledonian, Greenwich, Harper Adams, Huddersfield, Hull, King's, Kingston, Leeds, Leeds, Trinity And All Saints, Leeds Metropolitan, Lincolnshire And Humberside, Liverpool John Moores, Llandrillo Col, Luton, Manchester Metropolitan, Newcastle, North London, Northumbria, Nottingham, Nottingham Trent, Oxford Brookes, Plymouth, Queen Margaret Col, Queen's Belfast, Reading, Robert Gordon, Roehampton Inst, Scottish Agricultural Col, Salford, Sheffield Hallam, Southampton, South Bank, Staffordshire, Uni Col Suffolk, Surrey, Teesside, Ulster, Westminster, Wolverhampton, Wye.

## Geografía

Aberdeen, Aberystwyth, APU, Aston, Barnsley Col, Bath Spa, Birmingham, Bournemouth, Bradford, Brighton, Bristol, UWE, Brunel, Cambridge, Canterbury Col, Cardiff, UCE, Central Lancashire, Chelt & Glos College, Chester, Chichester Inst, Coventry, Cranfield, De Montfort, Derby, Dundee, Durham, East London, Edge Hill, Edinburgh, Exeter, Glamorgan, Glasgow, Greenwich, Hertfordshire, Huddersfield, Hull, Keele, King's, Kingston, Lampeter, Lancaster, Leeds, Leeds, Trinity And All Saints, Leeds Metropolitan, Leicester, Liverpool, Liverpool Hope, Liverpool John Moores, London Guildhall, LSE, Loughborough, Luton, Manchester, UMIST, Manchester Metropolitan, Middlesex, Nene, Newcastle, Newman Col, Newport Col, NE Wales Inst, North London, Northumbria, Nottingham, Nottingham Trent, Oxford, Oxford Brookes, Plymouth, Portsmouth, Queen Mary & Westfield, Queen's Belfast, Reading, Ripon & York St John, Roehampton Inst, Royal Holloway, Salford, SOAS, Scarborough, Sheffield, Sheffield Hallam, St Martin, Lancaster & Cumbr, Southampton, Southampton Inst, South Bank, St Andrews, Col of St Mark & St John, St Mary's, Staffordshire, Stirling, Strathclyde, Sunderland, Sussex, Swansea, Trinity Carmarthen, Ulster, UCL, Westminster, Wolverhampton, Worcester.

## Ciencias Geológicas

Aberdeen, Aberystwyth, Bangor, Bath Spa, Birmingham, Bournemouth, Brighton, Bristol, Cambridge, Cardiff, Chelt & Glos College, Derby, Durham, UEA, Edge Hill, Edinburgh, Exeter, Glamorgan, Glasgow, Greenwich, Hertfordshire, Huddersfield, Imperial, Keele, Kingston, Lancaster, Leeds, Leicester, Liverpool, Liverpool John Moores, Luton, Manchester, Nene, Oxford, Oxford Brookes, Paisley, Plymouth, Portsmouth, Reading, Royal Holloway, Southampton, St Andrews, Staffordshire, Sunderland, UCL, Wolverhampton.

## Cuidados de Salud y Terapias

Aberdeen, Abertay Dundee, APU, Aston, Bangor, Barnsley Col, Birmingham, Birmingham Col Of Food Tourism, Blackpool Col, Bolton Inst, Bournemouth, Bradford, Bradford & Ilkley Col, Brighton, UWE, British Col of Naturopathy And Osteopathy, Brunel, Canterbury Col, Cardiff, Cardiff Inst, UCE, Central Lancashire, Chester, Chichester Inst, City, City Col Manchester, Coventry, Cranfield, De Montfort, Derby, Dudley Col of Tech, Durham, UEA, East London, Euro Schl Of Osteopathy, Glamorgan, Glasgow, Glasgow Caledonian, Greenwich, Heriot-Watt, Hertfordshire, Huddersfield, Hull, Imperial, Keele, King's, Kingston, Lancaster, Leeds, Leeds Metropolitan, Lincolnshire And Humberside, Liverpool, Liverpool Hope, Liverpool John Moores, Llandrillo Col, London Institute, Luton, Manchester, UMIST, Manchester Metropolitan, Matthew Boulton Col, Middlesex, Napier, Nene, Newcastle, New College Durham, Nescot, North London, Northumbria, Norwich City Col, Nottingham, Nottingham Trent, Oxford Brookes, Paisley, Plymouth, Portsmouth, Queen Margaret Col, Queen Mary & Westfield, Queen's Belfast, Reading, Ripon & York St John , Robert Gordon, Roehampton Inst, Salford, Sheffield, Sheffield Hallam, St Martin, Lancaster & Cumbr, Solihull Col, Southampton, Somerset Col of Art, South Bank, Southport Col, St George's Hosp Med Schl, St Loye's Schl Of Occup Ther, Col of St Mark & St John, St Mary's, Staffordshire, Stockport Col , Strathclyde, Uni Col Suffolk, Sunderland, Teesside, Trinity Carmarthen, Ulster, UCL, Col of Medicine, Wales, Warwickshire Col, Westminster, Wolverhampton, Worcester, York.

## Historia

Aberdeen, Aberystwyth, APU, Bangor, Barnsley Col, Bath Spa, Birmingham, Bishop Grosseteste, Bolton Inst, Bradford, Brighton, Bristol, UWE, Brunel, Buckingham, Cambridge, Canterbury Col, Cardiff, Central Lancashire, Chelt & Glos College, Chester, Chichester Inst, Colchester Inst, Coventry, Cumbria Col of Art, De Montfort, Derby, Dundee, Durham, UEA, East London, Edge Hill, Edinburgh, Essex, Exeter, Glamorgan, Glasgow, Goldsmiths, Greenwich, Hertfordshire, Huddersfield, Hull, Keele, Kent at Canterbury, King Alfred's, King's, Kingston, Lampeter, Lancaster, Leeds, Leeds, Trinity And All Saints, Leeds Metropolitan, Leicester, Leo Baeck Col, Lincolnshire And

Humberside, Liverpool, Liverpool Hope, Liverpool John Moores, London Guildhall, LSE, Luton, Manchester, Manchester Metropolitan, Middlesex, Nene, Newcastle, Newman Col, Newport Col, NE Wales Inst, North London, Northumbria, Norwich City Col, Nottingham, Nottingham Trent, Oxford, Oxford Brookes, Plymouth, Portsmouth, Queen Mary & Westfield, Queen's Belfast, Reading, Ripon & York St John, Roehampton Inst, Royal Holloway, Salford, SOAS, Scarborough, SSEES, Sheffield, Sheffield Hallam, St Martin, Lancaster & Cumbr, Southampton, Southampton Inst, South Bank, St Andrews, Col of St Mark & St John, St Mary's, Staffordshire, Stirling, Strathclyde, Uni Col Suffolk, Sunderland, Sussex, Swansea, Teesside, Thames Valley, Trinity Carmarthen, Ulster, UCL, Warwick, Westhill Col, Westminster, Wolverhampton, Worcester, Writtle Col, York.

## Historia del Arte

Aberdeen, Aberystwyth, APU, Birm-ingham, Bolton Inst, Brighton, Bristol, Buckingham, Buckhinghamshire College, Cambridge, UCE, Chester, Courtauld Inst of Art, Cumbria Col of Art, De Montfort, Derby, UEA, East London, Edinburgh, Essex, Falmouth Col of Arts, Glamorgan, Glasgow, Goldsmiths, Kent at Canterbury, Kingston, Lancaster, Leeds, Leicester, Liverpool, Liverpool John Moores, London Institute, Loughborough, Manchester, Manchester Metropolitan, Middlesex, Nene, Newcastle, Norwich Schl of Art, Northumbria, Nottingham, Oxford Brookes, Oxfordshire Schl of Art, Plymouth, Reading, SOAS, Scarborough, Sheffield Hallam, Southampton, St Andrews, Staffordshire, Sunderland, Sussex, Swansea Inst, Thames Valley, Trinity Carmarthen, UCL, Warwick, York.

## Dirección de Hoteles, Institucional y Recreativo

APU, Bangor, Barnsley Col, Bath, Bath Spa, Bell Col, Birmingham Col Of Food Tourism, Blackburn Col, Blackpool Col, Bolton Inst, Bournemouth, Bradford & Ilkley Col, Brighton, UWE, Brunel, Buckingham, Buckhinghamshire College, Canterbury Col, Cardiff Inst, Central Lancashire, Chelt & Glos College, Chester, Chichester Inst, Bristol Col, City Col Manchester, Colchester

Inst, Cornwall College, Coventry, Crawley Col, Croydon Col, De Montfort, Derby, Doncaster Col, Dundee, Edge Hill, Edinburgh, Farnborough Col Of Tech, Glamorgan, Glasgow Caledonian, Gloucestershire Col of Arts, Greenwich, Herefordshire Col Of Tech, Huddersfield, King Alfred's, Leeds Metropolitan, Leicester South Fields Col, Lincolnshire And Humberside, Liverpool Com Col, Liverpool John Moores, Llandrillo Col, London Institute, Loughborough, Luton, Manchester, Manchester Metropolitan, Mid-Cheshire Col, Middlesex, Napier, Nene, Newcastle Col, Nescot, NE Worcestershire Col, North London, Northumbria, Norwich City Col, Nottingham Trent, Oxford Brookes, Plymouth, Portsmouth, Queen Margaret Col, Reading Col of Arts, Ripon & York St John, Robert Gordon, Roehampton Inst, Scottish Agricultural Col, Salford, Scarborough, Sheffield Hallam, Shrewsbury Col of Arts & Tech, St Martin, Lancaster & Cumbr, Solihull Col, Southampton, Somerset Col of Art, Southampton Inst, South Devon Col, South Bank, Southwark Col, St Helens Col, Col of St Mark & St John, Staffordshire, Strathclyde, Uni Col Suffolk, Sunderland, Surrey, Swansea Inst, Teesside, Thames Valley, Ulster, Uni Col Warrington, Warwickshire Col, West Herts Col, Westminster, Westminster Col, West Thames Col, Wigan And Leigh Col, Wirral Met Col, Wolverhampton, Worcester, Worcester Col, Writtle Col, York Col, Yorkshire Coast Col.

## Lenguas - Africanas. Asiáticas y Orientales

Birmingham, Bradford & Ilkley Col, Cardiff, Central Lancashire, De Montfort, Durham, Edinburgh, European Business Schl, Hertfordshire, Hull, Leeds, Liverpool John Moores, London Guildhall, Middlesex, Newcastle, North London, Nottingham, Oxford, Oxford Brookes, Reading, Royal Holloway, Salford, SOAS, Sheffield, Stirling, Sunderland, Sussex, Ulster, Westminster, Wolverhampton, York.

## Lenguas - Celta

Aberdeen, Aberystwyth, Bangor, Bath Spa, Bolton Inst, Cambridge, Cardiff, Edinburgh, Glamorgan, Glasgow, Lampeter, Liverpool, Luton, NE Wales Inst, North London, Queen's Belfast, St Mary's, Swansea, Trinity Carmarthen, Ulster, Westminster.

## Lenguas - Clásicas y Antiguas

Birmingham, Bolton Inst, Bristol, UWE, Cambridge, Durham, Edinburgh, Exeter, Glasgow, Keele, Kent at Canterbury, King's, Lampeter, Leeds, Leo Baeck Col, Liverpool, Manchester, Newcastle, Nottingham, Oxford, Queen's Belfast, Reading, Royal Holloway, SOAS, St Andrews, St Mary's, Swansea, UCL, Warwick.

## Lenguas - Europa Oriental

Glasgow, King's, Nottingham, SSEES, Sheffield.

## Lenguas - Frances

Aberdeen, Aberystwyth, APU, Aston, Bangor, Bath, Birmingham, Bolton Inst, Bradford, Brighton, Bristol, UWE, Brit Inst in Paris, Brunel, Buckingham, Buckinghamshire College, Canterbury Col, Cardiff, Cardiff Inst, UCE, Central Lancashire, Chelt & Glos College, Chester, Coventry, De Montfort, Derby, Dundee, Durham, UEA, East London, Edge Hill, Edinburgh, European Business Schl, Exeter, Glamorgan, Glasgow, Goldsmiths, Greenwich, Heriot-Watt, Hertfordshire, Huddersfield, Hull, Keele, Kent at Canterbury, King's, Kingston, Lampeter, Lancaster, Leeds, Leeds, Trinity And All Saints, Leeds Metropolitan, Leicester, Liverpool, Liverpool Hope, Liverpool John Moores, London Guildhall, Loughborough, Luton, Manchester, UMIST, Manchester Metropolitan, Middlesex, Nene, Newcastle, North London, Northumbria, Nottingham, Nottingham Trent, Oxford Brookes, Plymouth, Portsmouth, Queen Mary & Westfield, Queen's Belfast, Reading, Ripon & York St John, Robert Gordon, Roehampton Inst, Royal Holloway, Salford, SSEES, Sheffield, Sheffield Hallam, Southampton, Southampton Inst, South Bank, St Andrews, Staffordshire, Stirling, Strathclyde, Sunderland, Surrey, Sussex, Swansea, Thames Valley, Ulster, UCL, Warwick, Westminster, Wolverhampton, York.

## Lenguas - Alemán

Aberdeen, Aberystwyth, APU, Aston, Bangor, Bath, Birmingham, Bolton Inst, Bradford, Bristol, UWE, Brunel, Buckinghamshire College, Cardiff, Cardiff Inst, UCE, Central Lancashire, Chester, Coventry, De Montfort, Derby, Dundee, Durham, UEA, East London, Edin-burgh, European Business Schl, Exeter, Glamorgan, Glasgow, Goldsmiths, Greenwich, Heriot-Watt, Hertfordshire, Huddersfield, Hull, Keele, Kent at Canterbury, King's, Kingston, Lampeter, Lancaster, Leeds, Leeds Metropolitan, Leicester, Liverpool, Liverpool John Moores, London Guildhall, Loughborough, Luton, Manchester, UMIST, Manchester Metropolitan, Middlesex, Nene, Newcastle, North London, Northumbria, Nottingham, Nottingham Trent, Oxford Brookes, Plymouth, Portsmouth, Queen Mary & Westfield, Queen's Belfast, Reading, Robert Gordon, Royal Holloway, Salford, SSEES, Sheffield, Sheffield Hallam, Southampton, Southampton Inst, South Bank, St Andrews, Staffordshire, Stirling, Strathclyde, Sunderland, Surrey, Sussex, Swansea, Thames Valley, Ulster, UCL, Warwick, Westminster, Wolverhampton, York.

## Lenguas - Italiano

Aberystwyth, APU, Aston, Bangor, Bath, Birmingham, Bradford, Bristol, Buckinghamshire College, Cardiff, Central Lancashire, Coventry, Durham, East London, Edinburgh, European Business Schl, Exeter, Glasgow, Greenwich, Hull, Kent at Canterbury, Lancaster, Leeds, Leicester, Liverpool, Liverpool John Moores, Luton, Manchester, Manchester Metropolitan, Middlesex, Nene, Nottingham, Nottingham Trent, Oxford Brookes, Plymouth, Portsmouth, Reading, Royal Holloway, Salford, Sheffield Hallam, St Andrews, Strathclyde, Sussex, Swansea, UCL, Warwick, Westminster, Wolverhampton.

## Lenguas - Medio Oriente

Durham, Edinburgh, Exeter, Glasgow, Lampeter, Leeds, Manchester, Oxford, Salford, SOAS, St Andrews, UCL, Westhill Col, Westminster.

## Lenguas - Ruso

Bath, Birmingham, Bradford, Bristol, Chester, Coventry, Durham, Edinburgh, Essex, European Business Schl, Exeter, Glasgow, Heriot-Watt, Keele, King's, Leeds, Liverpool, LSE, Manchester, Nottingham, Portsmouth, Queen Mary & Westfield, SSEES, Sheffield, St Andrews, Strathclyde, Sunderland, Surrey, Sussex, Swansea, Westminster, Wolverhampton.

## Lenguas – Escandinavas

UEA, Edinburgh, Hull, UCL.

## Lenguas - Español/ Latinoamericano

Aberdeen, Aberystwyth, APU, Bangor, Birmingham, Bolton Inst, Bradford, Bristol, UWE, Buckingham, Buckhinghamshire College, Cardiff, Cardiff Inst, UCE, Central Lancashire, Chester, Coventry, De Montfort, Derby, Dundee, Durham, East London, Edinburgh, Essex, European Business Schl, Exeter, Glasgow, Goldsmiths, Greenwich, Heriot-Watt, Hertfordshire, Huddersfield, Hull, Kent at Canterbury, King's, Kingston, Lancaster, Leeds, Leeds, Trinity And All Saints, Leeds Metropolitan, Leicester, Liverpool, Liverpool John Moores, London Guildhall, Loughborough, Luton, Manchester, UMIST, Manchester Metropolitan, Middlesex, Nene, Newcastle, North London, Northumbria, Nottingham, Nottingham Trent, Oxford Brookes, Plymouth, Portsmouth, Queen Mary & Westfield, Queen's Belfast, Roehampton Inst, Royal Holloway, Salford, Sheffield, Sheffield Hallam, Southampton, Southampton Inst, South Bank, St Andrews, Staffordshire, Stirling, Strathclyde, Sunderland, Sussex, Swansea, Thames Valley, Ulster, UCL, Warwick, Westminster, Wolverhampton.

## Derecho

Aberdeen, Abertay Dundee, Aberystwyth, APU, Aston, Bangor, Bell Col, Birmingham, Blackburn Col, Blackpool Col, Bolton Inst, Bournemouth, Bradford, Bradford & Ilkley Col, Brighton, Bristol, UWE, Brunel, Buckingham, Buckhinghamshire College, Buckland, Cambridge, Cardiff, UCE, Central Lancashire, City, Coventry, Croydon Col, De Montfort, Derby, Doncaster Col, Dundee, Durham, UEA, East London, Edge Hill, Edinburgh, Essex, Exeter, Glamorgan, Glasgow, Glasgow Caledonian, Greenwich, Herefordshire Col Of Tech, Heriot-Watt, Hertfordshire, Holborn Col, Huddersfield, Hull, Keele, Kent at Canterbury, King's, Kingston, Lancaster, Lansdowne Col, Leeds, Leeds Metropolitan, Leicester, Lincolnshire And Humberside, Liverpool, Liverpool John Moores, Llandrillo Col, London Guildhall, LSE, Luton, Manchester, Manchester Metropolitan, Middlesex, Napier, Nene, Newcastle, Newport Col, NE Wales Inst, NE Worcestershire Col, North London, Northumbria, Nottingham, Nottingham Trent, Oxford, Oxford Brookes, Paisley, Plymouth, Portsmouth, Queen Mary & Westfield, Queen's Belfast, Reading, Robert Gordon, SOAS, Sheffield, Sheffield Hallam, Southampton, Southampton Inst, South Bank, Staffordshire, Stirling, Strathclyde, Uni Col Suffolk, Sunderland, Surrey, Sussex, Swansea, Swansea Inst, Teesside, Thames Valley, Ulster, UCL, Warwick, Westminster, Wolverhampton.

## Estudios de Biblioteca y de Información

Abertay Dundee, Aberystwyth, Bell Col, Brighton, UCE, East London, Lampeter, Leeds Metropolitan, Lincolnshire And Humberside, Liverpool John Moores, London Institute, Loughborough, Manchester Metropolitan, Napier, NE Wales Inst, North London, Northumbria, Queen Margaret Col, Queen's Belfast, Robert Gordon, Sheffield, Southampton Inst, Staffordshire, Thames Valley, UCL, West Herts Col, Wolverhampton.

## Lingüística y Literatura

Aberdeen, APU, Bangor, Barnsley Col, Bolton Inst, Bradford, Brighton, UWE, Buckingham, Buckhinghamshire College, Cardiff, Central Lancashire, Chichester Inst, Cumbria Col of Art, Derby, Durham, UEA, East London, Edge Hill, Edinburgh, Essex, Glamorgan, Glasgow, Hertfordshire, Kent at Canterbury, Lampeter, Lancaster, Leeds, Leeds Metropolitan, Luton, Manchester, UMIST, Middlesex, Nene, Newcastle, Northumbria, Nottingham Trent, Portsmouth, Queen Mary & Westfield, Reading, Ripon & York St John, Salford, SOAS, Sheffield, Col of St Mark & St John, Staffordshire, Stirling, Uni Col Suffolk, Sunderland, Sussex, Thames Valley, Ulster, UCL, Warwick, Westminster, Wolverhampton, York.

## Ciencias Marinas y Tecnología

Cornwall College, Glamorgan, Glasgow, Heriot-Watt, Liverpool, Liverpool John Moores, Newcastle, Plymouth, Southampton, Southampton Inst, Strathclyde, Sunderland, UCL.

## Ciencias y Tecnología de Materiales/Minerales

Aberdeen, Bangor, Bath, Birmingham, Bolton

Inst, Bradford, Bradford & Ilkley Col, Brunel, Buckinghamshire College, Cambridge, Canterbury Col, UCE, Central Lancashire, Cordwainers Col, Cornwall College, Coventry, De Montfort, Doncaster Col, Dundee, East London, Exeter, Farnborough Col Of Tech, Glamorgan, Glasgow Caledonian, Handsworth Col, Heriot-Watt, Huddersfield, Hull, Imperial, Leeds, Leeds Metropolitan, Leeds Col of Art, Leicester South Fields Col, Liverpool, Liverpool Com Col, London Guildhall, London Institute, Loughborough, Manchester Col of Arts And Tech, Manchester, UMIST, Manchester Metropolitan, Napier, Nene, Newcastle, Northbrook College, NE Wales Inst, North London, Northumbria, N Warwickshire and Hinckley Col, Nottingham, Nottingham Trent, Oxford, Plymouth, Queen Mary & Westfield, Queen's Belfast, Sandwell Col, Sheffield, Sheffield Hallam, Shrewsbury Col of Arts & Tech, Solihull Col, Somerset Col of Art, St Andrews, Staffordshire, Strathclyde, Surrey, Surrey Inst Of Art, Sussex, Swansea, Swansea Inst, Swindon Col, Teesside, UCL, West Herts Col, Westminster, Wigan And Leigh Col, Wolverhampton.

## Matemáticas y Estadística

Aberdeen, Abertay Dundee, Aberystwyth, APU, Aston, Bangor, Barnsley Col, Bath, Bath Spa, Bell Col, Birmingham, Bolton Inst, Brighton, Bristol, UWE, Brunel, Cambridge, Canterbury Col, Cardiff, Central Lancashire, Chester, Chichester Inst, City, Coventry, De Montfort , Derby, Dundee, Durham, UEA, Edge Hill, Edinburgh, Essex, Exeter, Glamorgan, Glasgow, Glasgow Caledonian, Goldsmiths, Greenwich, Heriot-Watt, Hertfordshire, Huddersfield, Hull, Imperial, Keele, Kent at Canterbury, King's, Kingston, Lancaster, Leeds, Leeds, Trinity And All Saints, Leicester, Liverpool, Liverpool Hope, Liverpool John Moores, London Guildhall, LSE, Loughborough, Luton, Manchester, UMIST, Manchester Metropolitan, Middlesex, Napier, Nene, Newcastle, North London, Northumbria, Nottingham, Nottingham Trent, Oxford, Oxford Brookes, Paisley, Plymouth, Portsmouth, Queen Mary & Westfield, Queen's Belfast, Reading, Royal Holloway, Salford, Sheffield, Sheffield Hallam, St Martin, Lancaster & Cumbr, Southampton, St Andrews, St Mary's, Staffordshire ,

Stirling, Strathclyde, Sunderland, Surrey, Sussex, Swansea, Teesside, Ulster, UCL, Warwick, Westhill Col, Westminster, Wolverhampton, York.

## Estudios de Medios de Comunicación, Periodismo y Editorial

APU, Bangor, Barnsley Col, Bath Spa, Bell Col, Birmingham, Blackburn Col, Bournemouth, Bradford, Bretton Hall, Brighton, UWE, Brunel, Buckinghamshire College, Canterbury Col, Cardiff, UCE, Central Lancashire, Chelt & Glos College, Chichester Inst, City, Bristol Col, Cleveland Col of Art, Colchester Inst, Cornwall College, Coventry, Cumbria Col of Art, De Montfort, Doncaster Col, Dudley Col of Tech, UEA, East London, Edge Hill, Essex, Falmouth Col of Arts , Farnborough Col Of Tech, Glamorgan, Glasgow Caledonian, Goldsmiths, Greenwich, Hertfordshire, Huddersfield, King Alfred's, Lancaster, Leeds, Leeds, Trinity And All Saints, Leeds Metropolitan, Leicester, Lincolnshire And Humberside, Liverpool, Liverpool Com Col, Liverpool John Moores, Llandrillo Col, London Guildhall, London Institute, Loughborough, Luton, Manchester Metropolitan, Middlesex, Napier, Nene, Newport Col, Nescot, NE Wales Inst, NE Worcestershire Col, North London, Northumbria, Northumberland Col, N Warwickshire and Hinckley Col, Nottingham Trent, Oxford Westminster Col, Oxford Brookes, Oxfordshire Schl of Art, Paisley, Plymouth Col of Art, Portsmouth, Queen Margaret Col, Reading Col of Arts, Ripon & York St John, Robert Gordon, Roehampton Inst, Royal Holloway, Sheffield, Sheffield Hallam, Sheffield Col, Shrewsbury Col of Arts & Tech, Solihull Col, Somerset Col of Art, Southampton Inst, South Bank, St Helens Col, Col of St Mark & St John, St Mary's, Staffordshire, Stirling, Uni Col Suffolk, Sunderland, Surrey Inst Of Art, Sussex, Swansea Inst, Thames Valley, Trinity Carmarthen, Ulster, Uni Col Warrington, Warwick, Warwickshire Col, West Herts Col, Westminster, West Thames Col, Wigan And Leigh Col, Wirral Met Col, Wolverhampton, Worcester.

## Medicina

Aberdeen, Birmingham, Bristol, Camb-ridge, Dundee, Edinburgh, Glasgow, Imperial, King's,

Leeds, Leicester, Liverpool, Manchester, Newcastle, Nottingham, Oxford, Queen Mary & Westfield, Queen's Belfast, Royal Free Hosp Sch of Med, Sheffield, Southampton, St Andrews, St George's Hosp Med Schl, UCL, Col of Medicine, Wales.

## Microbiología

Aberdeen, Aberystwyth, APU, Barnsley Col, Birmingham, Bradford, Bristol, UWE, Cardiff, Central Lancashire, Dundee, UEA, East London, Edinburgh, Glamorgan, Glasgow, Heriot-Watt, Hertfordshire, Huddersfield, Imperial, Kent at Canterbury, King's, Lancaster, Leeds, Leicester, Liverpool, Liverpool John Moores, Luton, Manchester, Napier, Newcastle, Nescot, North London, Nottingham, Nottingham Trent, Paisley, Plymouth, Portsmouth, Queen Mary & Westfield, Queen's Belfast, Reading, Sheffield, South Bank, Staffordshire, Strathclyde, Sunderland, Surrey, Teesside, UCL, Warwick, Westminster, Wolverhampton.

## Música

Aberdeen, APU, Bangor, Barnsley Col, Bath Spa, Birmingham, Blackpool Col, Bolton Inst, Bretton Hall, Brighton, Bristol, UWE, Brunel, Buckinghamshire College, Cambridge, Canterbury Col, Cardiff, Central Lancashire, Chichester Inst, City, Bristol Col, City Col Manchester, Colchester Inst, Coventry, Cumbria Col of Art, Dartington Col of Arts, De Montfort, Derby, Doncaster Col, Durham, UEA, Edge Hill, Edinburgh, Exeter, Farnborough Col Of Tech, Glasgow, Glasgow Caledonian, Goldsmiths, Hertfordshire, Huddersfield, Hull, Imperial, Keele, King's, Kingston, Lancaster, Leeds, Leeds Metropolitan, Leeds Col of Mus, Lincolnshire And Humberside, Liverpool, Liverpool Com Col, Liverpool Hope, Liverpool Inst for Perf Arts, London Institute, Manchester, Manchester Metropolitan, Middlesex, Napier, Nene, Newcastle, Newcastle Col, Northbrook College , NE Wales Inst, Nottingham, Oxford, Oxford Brookes, Paisley, Plymouth, Queen's Belfast, Reading, Ripon & York St John , Roehampton Inst, Rose Bruford, Royal Holloway, Salford, SOAS, Scarborough, Sheffield, St Martin, Lancaster & Cumbr, Southampton, South Bank, St Helens Col, Staffordshire, Strathclyde, Sunderland, Surrey, Sussex, Thames Valley, Ulster, Uni Col Warrington,

Warwickshire Col, Welsh Col of Mus & Drama, Westhill Col, Westminster, Wigan And Leigh Col, Wolverhampton, Worcester Col, York.

## Enfermería

Abertay Dundee, APU, Bangor, Birmingham, Bournemouth, Bradford, Brighton, UWE, Brunel, Buckinghamshire College, Canterbury Col, UCE, Central Lancashire, City, De Montfort, UEA, Edinburgh, Glamorgan, Glasgow, Glasgow Caledonian, Greenwich, Hertfordshire, Huddersfield, Hull, King's, Lancaster, Leeds, Leeds Metropolitan, Liverpool, Liverpool John Moores, Luton, Manchester, Middlesex, Nene, NE Wales Inst, North London, Northumbria, Nottingham, Oxford Brookes, Plymouth, Queen Margaret Col, Reading, Robert Gordon, Salford, Sheffield Hallam, St Martin, Lancaster & Cumbr, Southampton, South Bank, Stirling, Uni Col Suffolk, Sunderland, Surrey, Swansea, Teesside, Thames Valley, Ulster, Col of Medicine, Wales, Wolverhampton.

## Farmacia y Farmacología

Aberdeen, APU, Aston, Barnsley Col, Bath, Bradford, Brighton, Bristol, UWE, Cambridge, Cardiff, Cardiff Inst, Central Lancashire, Coventry, De Montfort, Dundee, East London, Edinburgh, Glasgow, Greenwich, Hertfordshire, Huddersfield, King's, Kingston, Leeds, Liverpool, Liverpool John Moores, Luton, Manchester, Middlesex, Napier, Newcastle, Nescot, North London, Nottingham, Nottingham Trent, Oxford Brookes, Portsmouth, Queen's Belfast, Robert Gordon, Salford, Schl of Pharmacy, Sheffield, Southampton, St Andrews, Stockport Col, Strathclyde, Sunderland, UCL, Westminster, Wolverhampton.

## Filosofía

Aberdeen, APU, Birmingham, Bolton Inst, Bradford, Bradford & Ilkley Col, Brighton, Bristol, Brunel, Cambridge, Cardiff, Central Lancashire, Chelt & Glos College, Chichester Inst, Dundee, Durham, UEA, Edinburgh, Essex, Glamorgan, Glasgow, Greenwich, Gyosei Int Col, Hertfordshire, Heythrop Col, Hull, Keele, Kent at Canterbury, King's, Kingston, Lampeter, Lancaster, Leeds, Leeds Metropolitan, Liverpool, Liverpool John Moores, London Guildhall, LSE, Manchester, Manchester Metropolitan, Middlesex, Nene, Newcastle, Newman Col, Newport Col, North London, Nottingham, Oxford, Queen's Belfast, Reading, Roehampton Inst, Sheffield, St Martin, Lancaster & Cumbr, Southampton, St Andrews, Col of St Mark & St John, Staffordshire, Stirling, Sunderland, Sussex, Swansea, Teesside, Ulster, UCL, Warwick, Wolverhampton, York.

## Ciencia física

Aberdeen, Aberystwyth, Bangor, Barnsley Col, Bath, Birmingham, Bradford & Ilkley Col, Brighton, Bristol, Cambridge, Cardiff, Central Lancashire, De Montfort, Dundee, Durham, UEA, Edinburgh, Essex, Exeter, Glamorgan, Glasgow, Glasgow Caledonian, Heriot-Watt, Hertfordshire, Hull, Imperial, Keele, Kent at Canterbury, King's, Kingston, Lancaster, Leeds, Leicester, Liverpool, Liverpool John Moores, Loughborough, Manchester, UMIST, Napier, Newcastle, Northumbria, Nottingham, Nottingham Trent, Oxford, Paisley, Portsmouth, Queen Mary & Westfield, Queen's Belfast, Reading, Robert Gordon, Royal Holloway, Salford, Sheffield, Sheffield Hallam, Southampton, St Andrews, Staffordshire, Strathclyde, Surrey, Sussex, Swansea, UCL, Warwick, Westhill Col, York.

## Planeamiento Urbano y Rural

Aberdeen, APU, Bangor, Bell Col, Birmingham, Bradford, UWE, Cambridge, Cardiff, Cardiff Inst, UCE, Chelt & Glos College, Coventry, De Montfort, Doncaster Col, Dundee, East London, Edge Hill, Glamorgan, Greenwich, Heriot-Watt, Kent at Canterbury, Leeds Metropolitan, Liverpool, Liverpool John Moores, Luton, Manchester, Middlesex, Napier, Newcastle, Northumbria, Nottingham Trent, Oxford Brookes, Paisley, Queen's Belfast, Reading, Salford, Sheffield, Sheffield Hallam, South Bank, Strathclyde, Ulster, UCL, Westminster, Wolverhampton.

## Política

Aberdeen, Aberystwyth, APU, Aston, Bangor, Barnsley Col, Bath, Birmingham, Bradford, Bradford & Ilkley Col, Brighton, Bristol, UWE, Brunel, Buckingham, Cambridge, Cardiff, UCE, Central Lancashire, Chelt & Glos College, Coventry, De Montfort, Derby, Dundee, Durham, UEA, East London, Edinburgh, Essex, Exeter, Glamorgan, Glasgow, Glasgow Caledonian, Goldsmiths, Greenwich, Hertfordshire, Huddersfield, Hull, Keele, Kent at Canterbury,

Kingston, Lancaster, Leeds, Leeds Metropolitan, Leicester, Lincolnshire And Humberside, Liverpool, Liverpool John Moores, London Guildhall, LSE, Loughborough, Luton, Manchester, Manchester Metropolitan, Middlesex, Nene, Newcastle, North London, Northumbria, Nottingham, Nottingham Trent, Oxford, Oxford Brookes, Paisley, Plymouth, Portsmouth, Queen Mary & Westfield, Queen's Belfast, Reading, Robert Gordon, Royal Holloway, Salford, SOAS, SSEES, Sheffield, Sheffield Hallam, St Martin, Lancaster & Cumbr, Southampton, Southampton Inst, South Bank, St Andrews, Staffordshire, Stirling, Strathclyde, Sunderland, Sussex, Swansea, Teesside, Thames Valley, Ulster, Warwick, Westminster, Wolverhampton, York.

## Psicología

Aberdeen, Abertay Dundee, APU, Aston, Bangor, Bath, Bath Spa, Birmingham, Bolton Inst, Bournemouth, Bradford, Bradford & Ilkley Col, Bristol, UWE, Brunel, Buckingham, Buckhinghamshire College, Cambridge, Canterbury Col, Cardiff, Cardiff Inst, UCE, Central Lancashire, Chelt & Glos College, Chester, City, Coventry, De Montfort, Derby, Dundee, Durham, UEA, East London, Edge Hill, Edinburgh, Essex, Exeter, Glamorgan, Glasgow, Glasgow Caledonian, Goldsmiths, Greenwich, Halton Col, Hertfordshire, Huddersfield, Hull, Keele, Kent at Canterbury, King Alfred's, Kingston, Lancaster, Leeds, Leeds, Trinity And All Saints, Leeds Metropolitan, Leicester, Lincolnshire And Humberside, Liverpool, Liverpool Hope, Liverpool John Moores, London Guildhall, LSE, Loughborough, Luton, Manchester, Manchester Metropolitan, Middlesex, Napier, Nene, Newcastle, Newman Col, Newport Col, Northbrook College, NE Wales Inst, North London, Northumbria, Norwich City Col, Nottingham, Nottingham Trent, Oxford, Oxford Westminster Col, Oxford Brookes, Paisley, Plymouth, Portsmouth, Queen Margaret Col, Queen's Belfast, Reading, Ripon & York St John, Roehampton Inst, Royal Holloway, Sheffield, Sheffield Hallam, St Martin, Lancaster & Cumbr, Southampton, Southampton Inst, South Bank, St Andrews, Staffordshire, Stirling, Strathclyde, Uni Col Suffolk, Sunderland, Surrey, Sussex, Swansea, Teesside, Thames

Valley, Ulster, UCL, Warwick, Westhill Col, Westminster, Wolverhampton, Worcester, York.

## Sociología y Antropología

Aberdeen, Abertay Dundee, Aberystwyth, APU, Aston, Bangor, Barnsley Col, Bath, Bath Spa, Bell Col, Birmingham, Blackburn Col, Blackpool Col, Bolton Inst, Bradford, Bradford & Ilkley Col, Bretton Hall, Brighton, Bristol, UWE, Brunel, Buckinghamshire College, Cambridge, Canterbury Col, Cardiff, UCE, Central Lancashire, Chelt & Glos College, Chester, Chichester Inst, City, Colchester Inst, Coventry, De Montfort, Derby, Doncaster Col, Durham, UEA, East London, Edge Hill, Edinburgh, Essex, Exeter, Glamorgan, Glasgow, Glasgow Caledonian, Goldsmiths, Greenwich, Gyosei Int Col, Hertfordshire, Heythrop Col, Huddersfield, Hull, Keele, Kent at Canterbury, King Alfred's, King's, Kingston, Lampeter, Lancaster, Leeds, Leeds, Trinity And All Saints, Leeds Metropolitan, Leicester, Lincolnshire And Humberside, Liverpool, Liverpool Hope, Liverpool John Moores, London Guildhall, LSE, Loughborough, Luton, Manchester, Manchester Metropolitan, Middlesex, Napier, Nene, Newcastle, Northbrook College, NE Wales Inst, North London, Northumbria, Norwich City Col, Nottingham, Nottingham Trent, Oxford, Oxford Brookes, Paisley, Plymouth, Portsmouth, Queen Margaret Col, Queen's Belfast, Reading Col of Arts, Reading, Ripon & York St John, Roehampton Inst, Royal Holloway, Salford, SOAS, Scarborough, Sheffield, Sheffield Hallam, St Martin, Lancaster & Cumbr, Solihull Col, Southampton, Southampton Inst, South Bank, St Andrews, Southwark Col, Col of St Mark & St John, St Mary's, Staffordshire, Stirling, Strathclyde, Uni Col Suffolk, Sunderland, Surrey, Sussex, Swansea, Swansea Inst, Teesside, Thames Valley, Ulster, UCL, Uni Col Warrington, Warwick, West Herts Col, Westhill Col, Westminster, Wolverhampton, Worcester, Worcester Col, York.

## Política Social , Trabajo Social y Administración

Abertay Dundee, APU, Aston, Bangor, Barnsley Col, Bath, Bath Spa, Birmingham, Blackburn Col, Blackpool Col, Bolton Inst, Bournemouth, Bradford, Bradford & Ilkley Col, Brighton, Bristol, UWE, Brunel, Buckinghamshire College, Canterbury Col, Cardiff, Cardiff Inst,

Carmarthenshire Col, UCE, Central Lancashire, Chelt & Glos College, Chester, Chichester Inst, Bristol Col, Colchester Inst, Cornwall College, Coventry, De Montfort, Derby, Dewsbury Col, Doncaster Col, Dudley Col of Tech, Dundee, Durham, East London, Edge Hill, Edinburgh, Essex, Glamorgan, Glasgow, Glasgow Caledonian, Gloucestershire Col of Arts, Goldsmiths, Greenwich, Herefordshire Col Of Tech, Hertfordshire, Huddersfield, Hull, Keele, Kent at Canterbury, King Alfred's, Kingston, Lampeter, Lancaster, Leeds, Leeds Metropolitan, Lincolnshire And Humberside, Liverpool, Liverpool Com Col, Liverpool John Moores, Llandrillo Col, London Guildhall, LSE, Loughborough, Luton, Manchester, Manchester Metropolitan, Middlesex, Napier, Nene, Newcastle, Newcastle Col, Newport Col, NE Wales Inst, NE Worcestershire Col, Northern Col, North London, N Tyneside Col, Northumbria, Nottingham, Nottingham Trent, Oxford Brookes, Paisley, Plymouth, Portsmouth, Queen Margaret Col, Queen's Belfast, Reading, Robert Gordon, Roehampton Inst, Royal Holloway, Salford, Sheffield, Sheffield Hallam, Sheffield Col, Shrewsbury Col of Arts & Tech, St Martin, Lancaster & Cumbr, Southampton, Somerset Col of Art, Southampton Inst, South Devon Col, South Bank, Southport Col, St Helens Col, Col of St Mark & St John, Staffordshire, Stirling, Stockport Col, Strathclyde, Uni Col Suffolk, Sunderland, Sussex, Swansea, Swansea Inst, Teesside, Thames Valley, Ulster, Uni Col Warrington, Warwick, Warwickshire Col, West Herts Col, Westhill Col, Wigan And Leigh Col, Wolverhampton, Worcester, Worcester Col, York, Yorkshire Coast Col.

## Ciencias/Estudios Deportivos

Aberdeen, Abertay Dundee, APU, Bangor, Barnsley Col, Bath, Bell Col, Birmingham, Blackburn Col, Blackpool Col, Bolton Inst, Brighton, UWE, Brunel, Buckinghamshire College, Canterbury Col, Cardiff Inst, Carmarthenshire Col, Central Lancashire, Chelt & Glos College, Chester, Chichester Inst, Coventry, De Montfort, Doncaster Col, Durham, East London, Edge Hill, Edinburgh, Essex, Exeter, Glamorgan, Glasgow, Greenwich, Halton Col, Hertfordshire, Huddersfield, Hull, King Alfred's, Kingston, Leeds, Leeds, Trinity And All Saints, Leeds Metropolitan, Liverpool Hope, Liverpool John Moores, Llandrillo Col, Loughborough,

Luton, Manchester Metropolitan, Mid-Cheshire Col, Middlesex, Nene, Newcastle Col, Newport Col, Nescot, NE Wales Inst, North London, Northumbria, Nottingham Trent, Oxford Brookes, Portsmouth, Ripon & York St John, Roehampton Inst, Salford, Sheffield Hallam, Sheffield Col, Shrewsbury Col of Arts & Tech, St Martin, Lancaster & Cumbr, Solihull Col, Southampton, Somerset Col of Art, South Bank, Southwark Col, St Helens Col, Col of St Mark & St John, St Mary's, Staffordshire, Stirling, Stockport Col, Strathclyde, Sunderland, Swansea, Teesside, Trinity Carmarthen, Ulster, Uni Col Warrington, Warwickshire Col, Westhill Col, Westminster, Wigan And Leigh Col, Wolverhampton, Worcester, Yorkshire Coast Col.

## Formación de Profesores

APU, Bangor, Bath, Bath Spa, Bishop Grosseteste, Bradford & Ilkley Col, Bretton Hall, Brighton, UWE, Brunel, Cambridge, Canterbury Col, Cardiff Inst, UCE, Chelt & Glos College, Chester, Chichester Inst, De Montfort, Derby, Durham, Edge Hill, Edinburgh, Exeter, Glasgow, Goldsmiths, Greenwich, Hertfordshire, Huddersfield, Hull, Keele, King Alfred's, Kingston, Leeds, Trinity And All Saints , Leeds Metropolitan, Liverpool Hope, Liverpool John Moores, Loughborough, Manchester Metropolitan, Middlesex, Nene, Newman Col, Newport Col, NE Wales Inst, Northern Col, North London, Northumbria, Nottingham Trent, Oxford Westminster Col, Oxford Brookes, Paisley, Plymouth, Reading, Ripon & York St John, Roehampton Inst, Scarborough, Sheffield Hallam, St Martin, Lancaster & Cumbr, Southampton, Col of St Mark & St John, St Mary's, Stirling, Strathclyde, Sunderland, Surrey, Swansea Inst, Trinity Carmarthen, Warwick, Wolverhampton, Worcester.

## Teología

Aberdeen, Bangor, Bath Spa, Birmingham, Bristol, UWE, Cambridge, Canterbury Col, Cardiff, Chelt & Glos College, Chester, Chichester Inst, Derby, Durham, Edinburgh, Exeter, Franciscan Study Cntr, Glasgow, Greenwich, Hertfordshire, Heythrop Col, Hull, Kent at Canterbury, King Alfred's, King's, Lampeter, Lancaster, Leeds, Leeds, Trinity And All Saints, Liverpool Hope, Manchester, Manchester Metropolitan, Middlesex, Newcastle, Newman Col, Nottingham, Oxford, Oxford

Westminster Col, Oxford Brookes, Queen's Belfast, Ripon & York St John, Roehampton Inst, SOAS, Scarborough, SSEES, Sheffield, St Martin, Lancaster & Cumbr, St Andrews, Col of St Mark & St John, St Mary's, Stirling, Uni Col Suffolk, Sunderland, Trinity Carmarthen, Westhill Col, Wolverhampton.

## Turismo

Abertay Dundee, Aberystwyth, APU, Bangor, Barnsley Col, Bell Col, Birmingham Col Of Food Tourism, Blackburn Col, Blackpool Col, Bolton Inst, Bournemouth, Bradford & Ilkley Col, Brighton, UWE, Buckingham, Buckinghamshire College, Canterbury Col, Cardiff Inst, Central Lancashire, Chelt & Glos College, Chester, City Col Manchester, Colchester Inst, Cornwall College, Coventry, Croydon Col, Cumbria Col of Art, Derby, Dudley Col of Tech, Farnborough Col Of Tech, Glamorgan, Glasgow Caledonian, Gloucestershire Col of Arts, Greenwich, Herefordshire Col Of Tech, Hertfordshire, Huddersfield, King Alfred's, Leeds Metropolitan, Lincolnshire And Humberside, Liverpool John Moores, Llandrillo Col, London Institute, Luton, Manchester Metropolitan, Mid-Cheshire Col, Napier, Newcastle Col, Northbrook College, NE Worcestershire Col, North London, Northumbria, Norwich City Col, Oxford Brookes, Paisley, Plymouth, Portsmouth, Queen Margaret Col, Robert Gordon, Scottish Agricultural Col, Salford, Scarborough, Sheffield Hallam, Sheffield Col, Shrewsbury Col of Arts & Tech, St Martin, Lancaster & Cumbr, Solihull Col, Southampton Inst, South Devon Col, South Bank, Southport Col, Southwark Col, St Helens Col, Col of St Mark & St John, Staffordshire, Stockport Col, Uni Col Suffolk, Sunderland, Swansea Inst, Teesside, Thames Valley, Trinity Carmarthen, Ulster, Uni Col Warrington, West Herts Col, Westminster, Westminster Col, West Thames Col, Wirral Met Col, Wolverhampton, Worcester, Worcester Col, York Col, Yorkshire Coast Col.

## Ciencias Veterinarias

Bristol, UWE, Cambridge, Edinburgh, Glasgow, Liverpool, Middlesex, Royal Vet Col.

## Zoología

Aberdeen, Aberystwyth, Bangor, Barnsley Col, Birmingham, Bristol, Cambridge,

Cardiff, Dundee, Durham, UEA, East London, Edinburgh, Glasgow, Imperial, Leeds, Leicester, Liverpool, Liverpool John Moores, Manchester, Newcastle, Nottingham, Queen Mary & Westfield, Queen's Belfast, Reading, Roehampton Inst, Royal Holloway, Sheffield, Southampton, Swansea, UCL.

## Programas Combinados

Aberdeen, Abertay Dundee, Aberystwyth, APU, Bangor, Barnsley Col, Bath, Bath Spa, Birmingham, Bolton Inst, Bradford, Bradford & Ilkley Col, Brighton, UWE, Brunel, Buckingham, Cambridge, Canterbury Col, Cardiff, Central Lancashire, Chelt & Glos College, Cornwall College, Coventry, Cranfield, De Montfort, Derby, Doncaster Col, Dundee, Durham, UEA, East London, Edge Hill, Edinburgh, Essex, Exeter, Glamorgan, Glasgow, Glasgow Caledonian, Greenwich, Halton Col, Heriot-Watt, Hertfordshire, Huddersfield, Hull, Keele, Kent at Canterbury, King's, Kingston, Lampeter, Lancaster, Leeds, Leeds, Trinity And All Saints, Leeds Metropolitan, Leicester, Lincolnshire And Humberside, Liverpool, Liverpool John Moores, London Guildhall, LSE, London Schl of Jewish Studies, Luton, Manchester, Manchester Metropolitan, Middlesex, Napier, Nene, Newcastle, Newport Col, NE Wales Inst, North London, Northumbria, Norwich City Col, Nottingham Trent, Oxford, Oxford Brookes, Paisley, Plymouth, Portsmouth, Queen Margaret Col, Queen Mary & Westfield, Reading, Roehampton Inst, Royal Holloway, Scottish Agricultural Col, Salford, Sheffield, Sheffield Hallam, Shrewsbury Col of Arts & Tech, St Martin, Lancaster & Cumbr, Southampton, Somerset Col of Art, South Devon Col, Southport Col, St Andrews, Staffordshire, Stirling, Stockport Col, Strathclyde, Uni Col Suffolk, Sunderland, Sussex, Swansea, Swansea Inst, Teesside, Trinity Carmarthen, Ulster, UCL, Uni Col Warrington, Warwick, Westhill Col, Westminster, Wirral Met Col, Wolverhampton, York.

# Indice